Heinz Märtin

Erinnerungen an meinen Vater

Walter Märtin

und sein Leben

in fünf Gesellschaftssystemen Deutschlands

von 1918 bis 1999

Heinz Märtin

geboren 1948 in Friedrichroda (Thüringen). Berufsabschluss: Diplom-Ingenieurökonom. Ich bin seit 2003 als freiberuflicher Unternehmens- und Existenzgründungsberater und als Dozent sowie ab 2013 als Autor und Verleger für den Verlag Gesellschaft, Wirtschaft und Leben tätig.

Vor 2003 war ich nach meiner Schul- bzw. Berufsausbildung in verschiedenen Tätigkeiten mit betriebswirtschaftlicher Ausrichtung und von 2000 bis 2003 auch als Dozent bzw. Lehrbeauftragter in den Bundesländern Sachsen-Anhalt, Thüringen und als Dozent in Mecklenburg-Vorpommern tätig. Seit Februar 1990 lebe ich in Mecklenburg-Vorpommern.

ISBN: 978-3-944965-08-6

2. erweiterte Auflage: Dezember 2021

Verlag für Gesellschaft, Wirtschaft und Leben Bad Doberan

Herstellung: BoD – Books on Demand Norderstedt

Inhalt

1. Vorwort

Weil das Leben meines Vaters Walter Märtin nicht leicht und von vielen Entbehrungen, sondern auch von Freude gekennzeichnet war, habe ich dieses Buch vorrangig auch als Würdigung für ihn geschrieben. Trotz der schwierigen Ausgangsbedingungen hat er immer versucht, seine an ihn in seinem Leben gestellten Anforderungen zu erfüllen, und er hat dafür für seine Mitarbeiter und die gesamte Familie dafür alle seine Kräfte eingesetzt. Durch das Buch wird auch zur sozialen Herkunft, zum Charakter, seinen Einstellungen zum Leben und zu den Menschen sowie zur Weltanschauung meines Vaters Typisches geschrieben. Mein Vater hat mir selber noch zu seinen Lebzeiten aufgeschrieben:

„Mein bisheriges Leben war viel von positiven und negativen und frohen Kriterien, auch vom traurigen und bitteren Erleben, so zum Beispiel in meiner Kindheit, in der Jugend und im Zweiten Weltkrieg gekennzeichnet. Es war eine bewegte, wechselhafte Zeit, die einen Menschen, ob er wollte oder nicht, geformt und seinen Stempel aufgedrückt hat. Deshalb lohnt es sich, darüber zu berichten. Die Erlebnisse bzw. Erkenntnisse über Deutschland und den Jahrgang 1918 dürfte nicht uninteressant sein. Die Dokumentation bzw. der textliche Inhalt soll Begebenheiten und Erkenntnisse darlegen aus:

- meiner Kindheit und Jugendzeit
- den Zweiten Weltkrieg
- den Einsatz und Anstrengungen (Kampf) nach 1945
- zur Qualifizierung meiner beruflichen und gesellschaftlichen Arbeit mit dem Ziel des realen und nicht-stalinistischen Sozialismus in der DDR.

Wenn das Leben auch nicht so lang ist, um alle Probleme und Kriterien der gesellschaftlichen Entwicklung zu erkennen. so zeigt sich aus der individuellen Auseinandersetzung mit seinen Mitmenschen, mit dem

Staatsrecht, seinem persönlichen Beitrag zur gesellschaftlichen Entwicklung, mit der Arbeit, seiner internationalen Stellung bzw. seiner Progressivität oder Reaktivität, wobei zu beachten ist, dass jedes Individuum einen Entwicklungsprozess durchmacht, Einiges über Einen selbst. Die Tendenzen dieses Entwicklungsprozesses aber in ihren Grundzügen können im Wesentlichen nur sozial oder asozial sein. Das kann sehr deutlich seinen Ausdruck in unseren Ansprüchen finden. Mein bisheriges Leben war von dem Bestreben nach sozialer Gerechtigkeit und wirtschaftlichen Fortschritt sowie Humanismus und Erreichung und Beibehaltung der Einheit Deutschlands gekennzeichnet."

Das Buch beschreibt auch das gesellschaftliche Umfeld unter den Bedingungen der fünf vorherrschenden Gesellschaftssysteme, die in der bewussten Lebenszeit meines Vaters vorherrschten. Um diese Verbindung zu den in seiner Lebenszeit vorherrschenden Gesellschaftssystemen zu sichern, muss neben einzelnen Aussagen zur Bewertung zu den Auffassungen meines Vaters zu diesen Fragen zur jeweils vorherrschenden historischen Situation auch Manches zusätzlich dargelegt werden, um meinen Vater auch auf seinem Lebensweg besser zu verstehen. Weil meine Auffassungen in vielen Punkten durch meine gewonnenen Erfahrungen und Erkenntnisse auch unter Beachtung meines Alters mit den Auffassungen meines Vaters in vielen Punkten übereinstimmen und ich meinen Vater im Zeitraum von 1948 nach meiner Geburt bis 1999, dem Zeitpunkt seines Todes, kennengelernt habe, besitze ich als Familienmitglied etwas bessere Voraussetzungen, als wenn ein meinem Vater Fremder über seinen Lebensweg berichten würde.

Meine beiden Schwestern, die 1946 und 1955 geboren wurden, Enkel und Urenkel und nicht zuletzt unsere Mutter sowie die Ehefrau meines Vaters, die nahen Verwandten haben unseren Vater, Ehemann, Opa und Uropa auch kennengelernt und – aus ihrer Sicht gesehen – ähnliche oder ggf. eventuell andere Erfahrungen gemacht, aber ich kann sagen, dass wir ihn alle als Verwandten schätzen gelernt haben und achten konnten. Auch Diejenigen, die seinen Lebensweg in gewisser Weise als gute Freunde oder in ähnlicher Form begleiteten, wie mein Vater tätig oder zeitweilig Angestellte von ihm waren und noch leben, können sicherlich Ähnliches über ihn berichten.

Obwohl bereits nunmehr über 20 Jahre nach seinem Tod vergangen sind und ich viel eher ein Buch über sein Leben aus meiner Sichtweise schreiben wollte, ist es mir zeitlich nicht gelungen, diese wichtige Aufgabe, für die ich mich als Sohn verpflichtet fühle, eher wahrzunehmen.

Auch über seine Eltern, Großeltern, meine Mutter, seinen im Zweiten Weltkrieg gefallenen Bruder, andere Verwandte und uns als Kinder, Enkel und Urenkel und Bekannte und auch Diejenigen, die in seinem weiteren Lebensweg mit meinem Vater zu tun hatten, wurden von mir, soweit ich darüber Informationen hatte, ebenfalls berichtet. Es wird auch über wichtige Stationen seines Lebens und über einzelne für meinen Vater wichtige Städte auf seinem Lebensweg, wie Friedrichroda, Magdeburg, Gotha, Forst Zinna, Heiligenstadt und Worbis Einiges berichtet.

Auf Grund des sehr schwierigen persönlichen Umfelds durch das Ende des Ersten Weltkriegs von 1914 bis 1918 und durch die sich dadurch ergebenden Gegebenheiten für Deutschland sowie für viele Länder dieser Welt war das Leben für ihn, seine Eltern und andere in dieser Zeit lebende Menschen oft nicht einfach.

Die ab dem 9. November 1918 bis einen Tag (29. Januar 1933) vor dem Machtantritt Adolf Hitlers (1886 – 1945) bestandene Weimarer Republik mit allen ihren Vor- und Nachteilen, speziellen historischen Gegebenheiten, vielen Problemen und einem vielfach sehr widersprüchlichen Verhalten war entstanden. Einige Aussagen zur Entstehung und zu Besonderheiten zu diesem Gesellschaftssystem werden ebenfalls kurz dargestellt. Es ergaben sich schwerwiegende negative Auswirkungen für Deutschland und viele Länder der Welt in dieser Zeit, insbesondere durch die Weltwirtschaftskrise und andere Ereignisse in der Weimarer Republik. Aber es konnten durch Versuche auch erste Erfahrungen mit einer Demokratie auch in Deutschland gesammelt werden.

Eine weitere gesellschaftliche Entwicklung war mit dem Erstarken des Nationalsozialismus und der Machtübernahme der Nationalsozialisten ab dem 30. Januar 1933 bis zum 8. Mai 1945 entstanden. In dieser Zeit fiel der von Deutschland begonnene Zweite Weltkrieg, der sehr schlimme Auswirkungen für die davon betroffenen Menschen hatte. Der Nationalsozialismus ist für das Leben meines Vaters als zweites Gesellschaftssystem mit erheblichen negativen Folgen für viele Menschen der Welt und auch für ihn anzusehen.

Als drittes Gesellschaftssystem ist das Leben in der sowjetischen Besatzungszone nach dem Ende des Zweiten Weltkriegs vom 9. Mai 1945 bis zum 6. Oktober 1949 zu betrachten.

Der Beginn der Gründung der damaligen DDR ab dem 7. Oktober 1949 und das Ende des sozialistischen Gesellschaftssystems zum 2. Oktober 1990 stellen das vierte Gesellschaftssystem auch für meinen Vater dar.

Ab dem 03. Oktober 1990 wurde durch Mehrheitsbeschluss der teilnehmenden Wähler die Entscheidung getroffen, dass der zweite deutsche Staat, die damalige DDR, zur Bildung des gemeinsamen Deutschlands der Bundesrepublik Deutschland beitritt. Weil unser derzeitiges Gesellschaftssystem als Soziale Marktwirtschaft bezeichnet wird und in vielen Punkten, insbesondere im sozialen Bereich, systemimmanente Vorteile gegenüber der freien Marktwirtschaft, aber doch noch Mängel aufweist, wird dieser Zeitabschnitt ebenfalls beschrieben. Die damit verbundene Entwicklung bildet das fünfte Gesellschaftssystem.

Weil mein Vater in allen fünf Gesellschaftssystemen bewusst gelebt hat, können ebenfalls seine persönlichen Erlebnisse und sein Werdegang als konkreter Beitrag zur historischen Analyse der von ihm erlebten Gesellschaftssysteme beachtet werden. Auch diese Gegebenheiten und ein historischer Einblick in Deutschland in dieser Zeit unter Beachtung der verschieden Gesellschaftssysteme werden bei dieser biografischen Darstellung über das Leben meines Vaters mit berücksichtigt.

Nachfolgend werden die Erinnerungen zum Leben meines Vaters in den von ihm erlebten fünf Gesellschaftssystemen dargelegt.

2. Eltern und Ausgangspunkte für ihr Leben

Mein Vater wurde noch im Zeitraum des Ersten Weltkriegs, am 23. Oktober 1918, in Friedrichroda im damaligen Herzogtum Sachsen-Gotha geboren. Der Erste Weltkrieg wurde am 28. Juli 1914 mit der Kriegserklärung Österreich-Ungarns an Serbien begonnen und endete am 11. November 1918 mit dem zwischen dem Deutschen Reich einerseits und den beiden Westmächten Frankreich und Großbritannien andererseits geschlossenen Waffenstillstand von Compiègne. Der Kriegserklärung Österreich-Ungarns an Serbien war ein wichtiger Anlass für den Beginn des Ersten Weltkriegs, dem sich Deutschland ab dem 1. August 1914 anschloss und der 17 Millionen Menschenleben forderte. Voraus gegangen war das Attentat am 28. Juni 1914 auf den Thronfolger Österreich-Ungarns seit 1896, Erzherzog Franz Ferdinand aus der Adelslinie Habsburg-Lothringen (1863 – 1914) und seine Ehefrau Sophie Chotek von Chotkowa (1868 – 1914). Sie war eine böhmische Adelige, die 1900 Fürstin und ab 1909 Herzogin von Hohenberg war. Der bosnisch-serbische Attentäter Gavrilo Princip (1894 – 1918) war Mitglied der "Mlada Bosna" ("Junges Bosnien"), eines nationalistischen Geheimbundes von Schülern und Studenten im 1908 von Österreich-Ungarn annektierten Bosnien-Herzegowina. Das Attentat führte zur "Juli-Krise" 1914, und diese Zuspitzungen der zwischenstaatlichen Verhältnisse zwischen Österreich-Ungarn und Serbien, Deutschland und Russland, Deutschland und Belgien, Deutschland und Luxemburg, Großbritannien und Deutschland, Österreich-Ungarn und Russland sowie Großbritanniens an Österreich-Ungarn führten letztendlich zum Beginn des Ersten Weltkriegs ab August 1914.

Am 9. November 1918 wurde um ca. 14.00 Uhr in Deutschland durch Philipp Scheidemann (1865 – 1939) von der SPD die Deutsche Republik proklamiert. Damit wurde dem Ausruf der am 9. November 1918 um 16:00 Uhr vorgesehenen sozialistischen Republik Deutschlands, die eine völlig andere Entwicklung beinhaltete, zuvorgekommen. Kaiser Wilhelm II. (1859 – 1941) musste abdanken und ging ins Exil nach Doorn in die Niederlande. Danach wurde im Jahr 1919 im Ergebnis der Republikausrufung durch Philipp Scheidemann die so genannte „Weimarer Republik" gebildet.

Wie bekannt, wurden am 15. Januar 1919 im Rahmen des vom 4. bis zum 12. Januar 1919 stattgefundenen Spartakus-Aufstandes die führenden Vertreter der angestrebten sozialistischen Republik Deutschlands, die Führer des aus dem Spartakusbund am 30. Dezember 1918 in Berlin hervorgegangenen Kommunistischen Partei Deutschlands (KPD), Rosa Luxemburg (1871 – 1919) und Karl Liebknecht (1871 – 1919) bestialisch ermordet.

Zunächst wurden Karl Liebknecht und Rosa Luxemburg ins vornehme Hotel "Eden" im Berliner Stadtteil Tiergarten gegenüber dem Berliner Zoo gebracht. Dort wurden beide verhört und brutal geschlagen. Dann wurden sie auf Befehl des Hauptmanns Waldemar Pabst (1880 – 1970) durch einen Seiteneingang aus dem Hotel geschleust. Ein bereitstehender Soldat schlug ihnen mit dem Gewehrkolben gegen die Schläfe. Danach wurden Karl Liebknecht und Rosa Luxemburg getrennt in jeweils ein Auto geworfen und zum Berliner Tiergarten gefahren. Der Wagen, in dem sich Rosa Luxemburg befand, fuhr nur wenige Meter, ehe sie durch einen Kopfschuss getötet wurde. Dann hielt das Auto mit Rosa Luxemburg auf einer Brücke über dem Landwehrkanal an, und ihre Leiche wurde dann ins Wasser geworfen. Sie wurde erst im Mai 1919 gefunden. Dies könnte daran gelegen haben, dass der Landwehrkanal sich auf einer Länge von 10,73 Kilometern durch die West-Berliner Stadtteile Kreuzberg, Neukölln, Tiergarten und Charlottenburg erstreckt. Karl Liebknecht wurde nach kurzer Zeit gezwungen, aus dem Auto auszusteigen und sofort durch einen Schuss in den Hinterkopf ermordet. Seine Leiche wurde anonym in ein Leichenschauhaus gebracht. Als seine sterblichen Überreste gefunden wurden wurde er am 25. Januar 1919 in einer Trauerfeier, die einer Massenkundgebung gleichkam, zusammen mit 31 anderen Spartakisten beigesetzt.

Sechs Tage vorher, am 19. Januar 1919, wurde zum ersten Mal seit 1912 in Deutschland wieder frei gewählt. Diesmal gab es jedoch eine Besonderheit, denn auf Verordnung wurde, einen Tag nach der Ausrufung der Republik in Deutschland durch den Sozialdemokraten Philipp Scheidemann am 9. November 1918, festgelegt, dass auch Frauen erstmals in Deutschland wählen durften. Es muss auch erwähnt werden, dass in Deutschland mit dem Tag der Abdankung Wilhelms II. als letztem deutschen Kaiser auch auf

Betreibung von dessen Cousin Max von Baden (1867 – 1929), des im Zeitraum vom 03. Oktober 1918 bis zum 9. November 1918 amtierendem letztem Reichskanzlers, vom 10. November 1918 bis zum 13. Februar 1919 durch die in diesem Zeitraum amtierende provisorische Regierung Deutschlands sich der Übergang vom deutschen Kaiserreich zur Weimarer Republik vollzog. Die amtierende provisorische Regierung Deutschlands war jeweils aus drei Mitgliedern der Mehrheits-Sozialdemokraten (MSPD) und der Unabhängigen Sozialdemokraten (USPD) gebildet worden und daraus manifestierte sich der "Rat der Volksbeauftragten".

Weil sowohl die Männer, als auch die erstmals in Deutschland wahlberechtigten Frauen keine Experimente wollten, stimmten die meisten Menschen im Ergebnis der Wahlentscheidung für die so genannten „Mehrheits– Sozialdemokraten" (MSPD) unter Führung von Friedrich Ebert (1871 - 1925), des ersten Reichspräsidenten der Weimarer Republik. Philipp Scheidemann wurde mit der Regierungsbildung beauftragt. Die am 30. Dezember 1918 aus dem Spartakusbund hervorgegangene und in Berlin gegründete Kommunistische Partei Deutschlands erhielt nicht die entscheidende erforderliche Zustimmung der Wähler in Deutschland. Die katholische Zentrumspartei (die als Vorbild für die am 26. Juni 1945 erst in der sowjetischen Besatzungszone (in Ost-Berlin) und auf dem so genannten „Reichs-Treffen" in Bad Godesberg bei Bonn vom 14. bis zum 16. Dezember 1945 in den westdeutschen Besatzungszonen – außer im Freistaat Bayern – gegründete Christlich-Demokratische Union (CDU) diente) erhielt im Bündnis mit der Bayerischen Volkspartei 19,6 Prozent, die linksliberale Deutsche Demokratische Partei (DDP) 18,5 Prozent, die konservativ-nationalistische Deutschnationale Volkspartei (DNVP) 10,3 Prozent und die rechtsliberale Deutsche Volkspartei (DVP) 4,4 Prozent Die Kommunistische Partei Deutschlands beschloss, die erste Wahl nach so langer Zeit zu boykottieren. Karl Liebknecht und Rosa Luxemburg haben die Entscheidung der Parteitags-Delegierten der Kommunistischen Partei, den revolutionären Weg zu gehen, wie bereits beschrieben wurde, nicht mehr erleben können.

Bei der Wahl zur Nationalversammlung, die nicht in Berlin, sondern in Weimar im Februar 1919 zusammentreten sollte und zwar im Deutschen

National-Theater (DNT), wurde der bereits genannte Friedrich Ebert zum Reichspräsidenten Deutschlands in der neu entstandenen „Weimarer Republik“ gewählt. Aus der MSPD ging die Sozialdemokratische Partei Deutschlands hervor. Die USPD (Unabhängige Sozialdemokratische Partei Deutschlands) spaltete sich ab April 1917 von der SPD ab. Der Grund der Abspaltung lag in bestehenden Meinungsverschiedenheiten bezüglich der Zustimmung zur Finanzierung von Kriegskrediten begründet. Die SPD bzw. MSPD kam zusammen mit der USPD auf 45 Prozent der abgegebenen Stimmen und somit nicht auf den erforderlichen Stimmenanteil, um eine Mehrheit zu stellen. Deshalb wurden die ersten Minister einer frei gewählten Regierung in Deutschland von der SPD, der linksliberalen Deutschen Demokratischen Partei (DDP) und der Zentrums-Partei gestellt. Zu den wichtigsten Ministern gehörten Matthias Erzberger (1875 – 1921) von der Zentrums-Partei als Minister ohne Geschäftsbereich, der in Paris die Friedensverhandlungen mit den Alliierten führte, der Außenminister Ulrich Graf von Brockdorff-Rantzau (1868 – 1928), der der DDP zugerechnet werden konnte, ihr aber nicht angehörte und Gustav Noske (1868 – 1946) als für das Militär zuständiger Reichswehr-Minister.

Gustav Noske spielte als eine der zentralen Figuren in der „November-Revolution“ 1918, bei der Niederschlagung des Spartakus-Aufstandes im Januar 1919, der Ermordung von Karl Liebknecht und Rosa Luxemburg am 15. Januar 1919 in Berlin sowie als erster sozialdemokratischer Minister, der in seiner damaligen Funktion als Reichswehr-Minister zu Zeiten der Weimarer Republik eine Armee befehligte, auch bei der Niederschlagung von in Deutschland zwischenzeitlich entstandenen “Räte-Republiken“, zum Beispiel in Bremen und in München, eine unrühmliche Rolle.

Er rief Kaiser Wilhelm II. dazu auf, abzudanken. Dessen Cousin Max von Baden schickte Gustav Noske nach Kiel, um den Kieler Matrosen-Aufstand zu beenden. Der Kieler Matrosen-Aufstand, der am 3. November 1918 begann, löste die November-Revolution aus und führte letztendlich zum Sturz der Monarchie und zur Ausrufung der Republik am 9. November 1918. Noske konnte zwar den Matrosenaufstand mit beenden, jedoch nicht verhindern, dass die November-Revolution ganz Deutschland erfasste. Dem

Kieler Matrosen-Aufstand gingen Ende Oktober 1918 ausgedehnte Befehlsverweigerungen der Besatzungen der vor Wilhelmshaven zusammengezogenen deutschen Hochseeflotte voraus. Die Befehlsverweigerungen richteten sich gegen den für den 30. Oktober 1918 geplanten Flottenvorstoß. Die deutsche Seekriegsleitung hatte, obwohl die oberste Heeresleitung Deutschlands unter Erich Ludendorff (1865 – 1937), des Stellvertreters von Paul von Hindenburg, des damaligen Chefs der dritten obersten Heeresleitung, eine sofortige Beendigung des Ersten Weltkriegs verlangte, einen Vorstoß der deutschen Streitkräfte auf den Verkehr in der Themse-Mündung und an der Küste Flanderns in Belgien geplant. Obwohl bekannt war, dass die britische "Grand Fleet" ("Große Flotte") der deutschen Flotte haushoch überlegen war, sollte sie in einer letzten Schlacht herausgefordert werden. Man wollte sowohl die Bitte um Waffenstillstand, als auch die politische Beschädigung der legitimierten Regierung unter Max von Baden verhindern. 48 Mitglieder des ursprünglich für den Seekrieg mit Großbritannien vorgesehenen III. Geschwaders, das von Wilhelmshaven nach Kiel zurück beordert wurde, wurden verhaftet. Dagegen wurde von vielen Matrosen, Arbeitern, aber auch Mitgliedern des Heeres protestiert. Diese führten einerseits zum Kieler Matrosen-Aufstand, aber auch – darüber hinaus – zu Aufständen in ganz Deutschland, die, wie bereits beschrieben, das Ende der Monarchie und das Ende des Ersten Weltkriegs einläuteten. Bald darauf standen alle deutschen Städte unter der Kontrolle von Arbeiter- und Soldatenräten.

Dass Gustav Noske als Vertreter des reaktionären Flügels der Sozialdemokraten bei der Ermordung Karl Liebknechts und Rosa Luxemburgs eine zentrale Rolle einnahm, zeigt auch das aus dem Internet-Lexikon Wikipedia stammende Zitat aus der Abschrift eines in seinem Nachlass gefundenen von Pabst 1969, knapp ein Jahr vor seinem Tod geschriebenen Briefs (https://de.wikipedia.org/wiki/Waldemar_Pabst):

„Dass ich die Aktion ohne Zustimmung Noskes gar nicht durchführen konnte – mit Ebert im Hintergrund – und auch meine Offiziere schützen musste, ist klar. Aber nur ganz wenige Menschen haben begriffen, warum ich nie vernommen oder unter Anklage gestellt worden bin. Ich habe als Kavalier das Verhalten der damaligen SPD damit quittiert, dass ich 50 Jahre lang das Maul gehalten habe über unsere Zusammenarbeit."

Im Ergebnis des im Juni 1919 abgeschlossenen Versailler Vertrags und durch betreffende Abkommen anderer Länder wurde das Deutsche Reich zum Hauptverursacher des Ersten Weltkriegs erklärt. Dadurch mussten erhebliche Reparationen von Deutschland gezahlt werden, und es traten auch nicht geringe Verluste von Territorien im Ergebnis der Folgen des Ersten Weltkriegs ein. Im Ergebnis des Beitrags „Diese Folgen hatte der Erste Weltkrieg" der „Süddeutschen Zeitung" vom 5. November 2018 wurde u. a. geschrieben:

„**Tote und Verwundete:** Fast neun Millionen Soldaten und etwa sechs Millionen Zivilisten kamen im Krieg um. Deutschland zählte an den Fronten mehr als zwei Millionen Verluste. Österreich-Ungarn verlor fast 1,5 Millionen Mann. Auf Seiten der Kriegsgegner starben etwa 5,3 Millionen Soldaten, unter ihnen etwa 1,8 Millionen Russen und mehr als 1,3 Millionen Franzosen.

Zerfall alter Imperien: Die Kaisererreiche Österreich-Ungarn, Deutschland und Russland brachen zusammen. Aus den Trümmern ging eine Vielzahl neuer Staaten in Mitteleuropa (wie Polen und die Tschechoslowakei) und auf dem Balkan (Jugoslawien) hervor. Auch im Nahen und Mittleren Osten hatte der Untergang des Osmanischen Reiches Folgen, die bis in die Gegenwart andauern: Die Grenzziehung zwischen den heutigen Staaten Libanon, Jordanien, Syrien, Israel geht auf die damalige Zeit zurück. Die Revolution der russischen Kommunisten prägte die Weltpolitik mehr als sieben Jahrzehnte.
...."

Hunger und Not: Die von Großbritannien betriebene Seeblockade führte in Deutschland und in Österreich zu Lebensmittelmangel und Versorgungsproblemen bei Rohstoffen. 1915 kam es zu ersten Krawallen, ein Jahr später wurde etwa ein Drittel aller Lebensmittel auf dem Schwarzmarkt gekauft. Im sogenannten Steckrübenwinter 1916/17 war die Versorgung zeitweise zusammengebrochen. Etwa 700.000 Menschen starben in Deutschland an Unterernährung. Nach dem Krieg explodierte die Inflation, auch unter dem Eindruck der Reparationsforderungen. 1923 wurden Geldscheine über 100 Billionen Mark gedruckt.

Gebietsverluste und -zuwächse: Die Friedensverträge wurden in Pariser Vororten unterschrieben, die bekanntesten sind der Vertrag von Versailles der Alliierten mit dem Deutschen Reich und der Vertrag von Saint-Germain der Alliierten mit Österreich. Neben der Kriegsschuld wurden den unterlegenen Mittelmächten harte Reparationen auferlegt. Dies und die Gebietsabtretungen schufen gerade in Deutschland großen Unmut, der radikalen Nationalisten zugutekommen sollte. Am Ende des Krieges büßte Deutschland ein Siebtel seines Territoriums und ein Zehntel der Bevölkerung ein. Im Westen wurde Elsass- Lothringen an Frankreich abgetreten, im Osten Posen und Westpreußen an Polen, das Memelgebiet kam unter alliierte Kontrolle, Danzig wurde dem Völkerbund unterstellt. Das ehemals schlesische Hultschiner Ländchen wurde tschechoslowakisch. Der Vielvölkerstaat Österreich-Ungarn zerfiel in einzelne Staaten. Italien erhielt als Siegerstaat nicht nur die zumeist italienischsprachigen Regionen Trentino und Triest, sondern auch das weitgehend deutschsprachige Südtirol.

Kolonien: Nach dem Krieg teilten die Sieger die deutschen Kolonien unter sich auf, im Wesentlichen acht Gebiete mit drei Millionen Quadratkilometern und zwölf Millionen Einwohner. Die größten waren Ostafrika (heute Tansania, Burundi, Ruanda), Südwestafrika (heute Namibia), Kamerun und Neuguinea (heute Papua-Neuguinea)."

Um die damals herrschenden Gegebenheiten, als mein Vater zur Welt gekommen war, besser und in der gebotenen Aktualität zu verstehen, wurde deshalb in Kurzform die bestehende Situation nach dem Ende des Ersten Weltkriegs beschrieben.

Es herrschte nicht nur die bereits erwähnte Inflation, sondern eine erhebliche Versorgungsknappheit, Hunger, Armut und auch eine hohe Arbeitslosigkeit bei den nicht so begüterten Menschen im damaligen Deutschland in dieser sehr schwierigen Zeit vor. Dazu kam noch die sogenannte „Spanische Grippe“, die zwischen 1918 zum Ende des Ersten Weltkriegs bis 1920 in drei Wellen wirksam wurde und mindestens 20 bis 50 Millionen Menschenleben auf der ganzen Welt forderte.

Der Großvater meines Vaters väterlicherseits hieß Johann Ernst Märtin und war Briefträger. Seine Frau, die ebenfalls in Friedrichroda wohnte, hieß Johanna Elisabeth Märtin, geborene Roth. Sein Großvater mütterlicherseits wohnte mit seiner Frau ebenfalls in Friedrichroda und hieß Gustav Alfred Köllner und war Klempner. Die Großmutter meines Vaters mütterlicherseits hieß Marie Sophia Franziska Köllner, geborene Specht.

In der Zeit, in der die Großeltern meines Vaters geboren wurden, mussten viele Thüringer am im Jahr 1866 stattgefundenen preußisch-österreichischen Krieg, auch „Deutscher Krieg“ genannt, teilnehmen. Die Mehrheit der an diesem zweiten deutschen Einigungskrieg teilnehmenden Soldaten hat sich den Preußen angeschlossen. Auch die Bevölkerung hegte – mit Ausnahme der Bevölkerung im Meininger Raum – ebenfalls Sympathie für die Preußen, im Gegensatz zu ihrem langjährigen Landesfürsten Herzog Ernst II. von Sachsen-Coburg-Gotha (1818 – 1893). Er war jedoch ein glühender Vertreter der deutschen Nationalstaatsidee sowie einer deutschen Einheit.

Im Zeitraum 1860/1870 sind die Großeltern meines Vaters geboren. Davor und besonders auch in dieser Zeit hat das am 1. Mai 1920 aus den damaligen Freistaaten Sachsen-Weimar-Eisenach, Sachsen-Meiningen, Sachsen-Altenburg, Sachsen-Gotha, Schwarzburg-Rudolstadt, Schwarzburg-Sondershausen und des Volksstaates Reuß hervor gegangene Land Thüringen – der Freistaat Coburg schloss sich am 1. Mai 1920 Bayern an – eine sehr positive gesellschaftliche Entwicklung unter Berücksichtigung der möglichen Industrialisierung in der damaligen Zeit vollzogen.

Dadurch hat sich besonders auch in dieser Zeit im heutigen Freistaat Thüringen die Arbeiterbewegung stark entwickelt, in deren Folge auch besonders die Sozialdemokratie in Thüringen an Bedeutung gewann. Deshalb kam dem ab 1920 bestehenden Land Thüringen als Vorreiter der

Sozialdemokratie in Deutschland eine wichtige Rolle zu. Auch dies war mit ein Grund, warum Ferdinand August Bebel (1840 bis 1913) und Wilhelm Philipp Martin Christian Ludwig Liebknecht (1826 – 1900), der Vater von Karl Paul August Friedrich Liebknecht, 1869 in Eisenach im – wie erwähnt, 1920 gegründeten Land Thüringen – die Sozialdemokratische Arbeiterpartei gründeten. Sie fusionierte 1875 mit dem am 23. Mai 1863 in Leipzig durch Ferdinand Lassalle (1825 – 1864) gegründeten Allgemeinen Deutschen Arbeitervereins (ADAV) in Gotha, ebenfalls im Land Thüringen, zur Sozialistischen Arbeiterpartei.

Ihren heutigen Namen erhielt die Sozialdemokratische Partei Deutschlands (SPD) 1890 im am 1. Mai 1920 gegründeten Freistaat Thüringen.

Am 18. Januar 1871 erfolgte insbesondere durch die aktive Rolle des damaligen Reichskanzlers Otto Eduard Leopold Graf von Bismarck-Schönhausen (1815 – 1890), der ab 1871 den Titel „Fürst“ zusätzlich verliehen bekam (Anrede: Fürst von Bismarck), ab 1890 auch Herzog zu Lauenburg, im „Spiegelsaal“ des sich in der Nähe der französischen Hauptstadt Paris befindenden Schlosses Versailles die Gründung des Deutschen Reiches. Dadurch waren günstigere Voraussetzungen durch die Gründung des Deutschen Reiches für alle Länder des nunmehr entstandenen gemeinsamen Deutschlands und der Bevölkerung Deutschlands entstanden.

Zuvor fanden zur Vereinigung Deutschlands drei Einigungskriege statt:

Vom 1. Februar 1864 bis zum 30. Oktober 1864 fand der Deutsch-Dänische Krieg, wegen dem militärischen Konflikt um die Herzogtümer Schleswig und Holstein, insbesondere um die nationale Zugehörigkeit des Herzogtums Schleswig, auch als „Zweiter Schleswig-Holsteinischer Krieg“ bezeichnet, als erster der drei deutschen Einigungskriege statt. Kriegsgegner waren einerseits Preußen und das Kaisertum Österreich und andererseits der dänische Gesamtstaat. Im Friedensvertrag „Frieden von Wien“ wurde zwischen Dänemark, Preußen und Österreich die Abtretung der Herzogtümer

Schleswig, Holstein und Lauenburg durch Dänemark an Preußen und Österreich festgelegt.

Bis zum „Deutschen Krieg“ 1866, dem „Zweiten deutschen Einigungskrieg“, diesmal zwischen Preußen und Österreich, an dem – wie bereits erwähnt – auch Soldaten aus dem heutigen Thüringen teilnahmen, herrschten Preußen und Österreich im Rahmen eines „Kondominiums“ gemeinsam über die Herzogtümer Schleswig, Holstein und Lauenburg. Im am 14. August 1865 zwischen dem seit 1862 amtierenden damaligen preußischen Ministerpräsidenten Otto von Bismarck und dem deutschstämmigen Diplomaten in österreichischen Diensten, Politiker und Sozialreformer Gustav von Blome (1829 – 1906) im österreichischen Bad Gastein unterzeichneten "Vertrag von Bad Gastein“ wurde zwischen Preußen und Österreich festgelegt, dass sich Österreich nur noch auf die Besetzung Holsteins konzentrieren sollte. Lauenburg wurde ab diesem Zeitpunkt von Preußen verwaltet. Nachdem Preußen 1866 entgegen den Bestimmungen Holstein besetzte, Österreich daraufhin die Armee mobilisierte und Preußen aus dem „Deutschen Bund“ austrat, erklärte Preußen am 19. Juni 1866 Österreich den Krieg. An der Seite Preußens standen bei diesem Krieg – wie bereits erwähnt – die meisten thüringischen Kleinstaaten. Augusta Marie Luise Katharina von Sachsen-Weimar-Eisenach (1811 – 1890) war als Ehefrau von Wilhelm I. (1797 – 1888) von 1861 bis 1888 deutsche Königin und ab 1871 deutsche Kaiserin. Einige norddeutsche Staaten sowie Italien, das im Fall eines Sieges von Österreich Venetien erhalten sollte, waren ebenfalls mit beteiligt. Österreich war mit den deutschen Mittelstaaten Bayern, Hannover, Württemberg, Baden sowie diversen deutschen Kleinstaaten verbündet. Nach der durch die Niederlage Österreichs bei Königgrätz und dem "Frieden von Wien“ am 03. Oktober 1866, der zum einen die Abtretung Venetiens an Italien zur Folge hatte und in dessen Konsequenz außerdem die Auflösung des „Deutschen Bundes“ erfolgte, wurde durch die Annektierung der Herzogtümer Schleswig und Holstein, der deutschen Mittelstaaten Hannover, Kurhessen, Nassau und der Freien Stadt Frankfurt durch Preußen im August 1866 der „Norddeutsche Bund“ sowohl als Bundesstaat, als auch als Militärbündnis gegründet. Der „Norddeutsche Bund“ umfasste als Bundesstaat alle deutschen Staaten nördlich der Main-

Linie unter der Führung Preußens. Österreich wurde aus diesem Bund ausgeschlossen. Durch die Verfassung vom 1. Juli 1867, die bereits damals weitestgehend der Verfassung des Deutschen Kaiserreichs von 1871 entsprach, fiel dem „Norddeutschen Bund" die Rolle eines Staates zu. Der auf Grund des erst 1919 für Frauen in Deutschland eingeführten Wahlrechts damals vom männlichen deutschen Volk gewählte Reichstag sowie der Bundesrat, der die Mitgliedsstaaten des „Norddeutschen Bundes" – meist Herzogtümer – vertrat, beschlossen die Gesetze gemeinsam. Oberhaupt des „Norddeutschen Bundes" mit der Hauptstadt Berlin war der preußische König Wilhelm I. als „Inhaber" des Bundespräsidiums. Der damalige preußische Ministerpräsident Otto von Bismarck fungierte in der Zeit des „Norddeutschen Bundes" bis zur Reichsgründung 1871 als Kanzler des „Norddeutschen Bundes".

Frankreich begann im Juli 1870, um das Erstarken Preußens zu verhindern, Krieg gegen Preußen zu führen. Dieser Krieg, der, wie bereits erwähnt, in der Endkonsequenz als „Dritter Deutscher Einigungskrieg" bezeichnet werden kann, musste auf Grund der Niederlage Österreichs in der Schlacht von Königgrätz im „Zweiten Deutschen Einigungskrieg" mit Preußen damals eingegangen werden. Das Militärbündnis der süddeutschen Königreiche Bayern und Württemberg sowie der Großherzogtümer Baden und Hessen, die in den so genannten „November-Verträgen" 1870 dem „Norddeutschen Bund" mit Wirkung ab dem 1. Januar 1871 in Kraft getretenen „Verfassung des Deutschen Bundes" beigetreten sind, führte ausgerechnet zur Ausrufung des Deutschen Kaiserreichs mit dem preußischen König Wilhelm I. als Kaiser im „Spiegelsaal" des Schlosses Versailles am 18. Januar 1871 und beendete dadurch diesen Krieg mit Frankreich.

Das ebenfalls im Zeitraum vom 22. bis 27. Mai 1875 im Rahmen der Vereinigung der Sozialdemokratischen Arbeiterpartei unter August Bebel und Wilhelm Liebknecht mit dem Allgemeinen Deutschen Arbeiterverein unter dessen letztem Präsidenten Wilhelm Hasenclever (1837 – 1890) in Thüringen entstandene „Gothaer Parteiprogramm" der Sozialdemokratischen Arbeiterpartei und auch das „Erfurter Programm", das auf dem „Erfurter Parteitag" der SPD vom 14. bis zum 20. Oktober 1891 beschlossen wurde, waren ebenfalls wesentliche historisch markante Markenzeichen der Sozialdemokratie-Bewegung im Land Thüringen und für das gesamte damalige Deutsche Reich.

Bild 1: Die Großeltern meines Vaters, Johanna Elisabeth Märtin, geb. Roth und Johann Ernst Märtin im fortgeschrittenen Alter

Der Großvater meines Vaters und somit mein Urgroßvater, Johann Ernst Märtin, wurde weit über 90 Jahre alt und hatte bis ins hohe Lebensalter noch sportliche Übungen gemacht. Bezüglich seiner politischen Ausrichtung war er jedoch ein Kaisertreuer bzw. ein national Gesinnter. Er war zu seinen Lebzeiten noch ein Sympathisant des damaligen Reichspräsidenten Paul Ludwig Hans Anton von Beneckendorff und von Hindenburg (1847 – 1934). Damit stand er völlig im Gegensatz zur politischen Auffassung und zu politischen Bewegungen seines Sohnes bzw. meines Großvaters Paul Felix Märtin.

Mein Urgroßvater legte großen Wert darauf, dass auch seine Kinder, zwei Söhne und eine Tochter, immer gerecht behandelt wurden. In der damaligen Zeit war in der Schule noch die Prügelstrafe erlaubt. Manche Lehrerinnen und Lehrer nutzten diese ihnen erlaubte Möglichkeit sehr häufig zu Lasten ihrer Schülerinnen und Schüler, auch manchmal bei nur geringen Unstimmigkeiten. Durch Erzählungen ist mir eine tatsächliche Begebenheit in dieser Hinsicht bezüglich des Verhaltens meines Urgroßvaters Johann Ernst Märtin bekannt geworden:

Sein Sohn, Hugo Märtin, war immer sehr aufgeregt und nervös, u. a. auch bei Leistungskontrollen in der Schule, insbesondere wegen des harten Verhaltens eines Lehrers im Zusammenhang mit der Prügelstrafe. In der Schule musste Hugo ein Gedicht bei diesem Lehrer vortragen. Er hat das Gedicht geübt und konnte es und hat das Gedicht auch nachweislich seinem Vater vorgetragen. Den Inhalt des Gedichtes beherrschte er sehr gut, und er konnte somit das Gedicht. Dieses Gedicht sollte er nun beim besagten Lehrer vortragen. Wegen des dominanten Verhaltens des Lehrers wurde Hugo nervös und aufgeregt und konnte deshalb das Gedicht nicht so vortragen, wie er es vorher immer konnte. Dafür bekam Hugo vom Lehrer eine solche Prügelstrafe, dass er blutüberströmt war und das Blut aus dem Kopf, der Nase und aus den Ohren strömte. Mein Urgroßvater hat erfahren, dass so gegen seinen Sohn Hugo vom Lehrer vorgegangen wurde. Er ging daraufhin sofort zur Schule und wollte den betreffenden Lehrer zur Rechenschaft ziehen und sich für das ungerechte und unsensible Verhalten des Lehrers gegenüber seinem Sohn revanchieren. Dank der großen und kräftigen Statur meines Urgroßvaters hatte der Lehrer Angst vor ihm und ist deshalb aus dem Schulraum geflüchtet und vor Angst aus dem Fenster gestiegen. Dadurch, dass er aus dem Fenster flüchtete, und der Raum, in dem er ankam, in einer Etage darunter lag, verletzte er sich dabei so sehr, dass er mehrere Brüche davontrug und mehrere Monate nicht mehr als Lehrer im Schuldient tätig sein konnte. Dieses Verhalten, dass er alles dafür tat, dass Gerechtigkeit gegen Jedermann gezeigt werden muss und ungerechtes Verhalten bestraft werden sollte, fanden mein Großonkel Hugo, alle Schüler der Klasse und auch die betreffende in Frage kommende Verwandtschaft gerecht. So kann auch ein Lehrer unter den gegebenen konkreten Umständen, die beim Sohn von meinem Urgroßvater damals vorherrschten, nicht handeln. Sein Gerechtigkeitsstreben war eine typische Charaktereigenschaft meines Urgroßvaters, und diese Gene haben sich auf die nachkommenden Verwandten offenbar vererbt.

Schon damals war für unsere Familie bezeichnend, dass alle Familienmitglieder – mein Urgroßvater, mein Großvater und sein Bruder – sich erheblich für Politik interessierten. Dies ging so weit, dass sie sich – trotz dem meine Großmutter, die das Mittagessen zubereitete und auftischte – gar nicht um das Mittagessen kümmerten, sondern die Darstellung ihrer verschiedenen politischen Ansichten oft viel wichtiger als das Essen ansahen. Die völlig entgegengesetzten Lebensansichten und die verschiedene politische Gesinnung führten manchmal auch dazu, dass die Auseinandersetzungen um den anzustrebenden politischen Weg derartige Auswüchse annahmen, dass man durch die verschiedenen Meinungen und die sich dann manchmal zwangsläufig ergebenden heftigen Wutausbrüche nicht mehr zusammen Mittag gegessen hat.

Bild 2: Von hinten links nach vorne rechts: Johanna und Ernst Märtin sowie ihre Kinder Paul, Minna und Hugo Märtin

Bild 3: Clara und Paul Märtin

Bild 4: Paul Märtin

1919 zog die Familie insbesondere wegen der Möglichkeit der Arbeitsaufnahme und der Bereitstellung von Wohnraum nach Magdeburg. Dort konnte sein Vater als Reparaturschlosser bei Krupp in Magdeburg arbeiten. Die mögliche Hinterhauswohnung bestand nur aus einem Schlafraum und einer Küche. Da am 11. Februar 1922 Heinz, der Bruder meines Vaters, in Magdeburg geboren wurde, mussten vier Personen unter diesen beengten, kaum zumutbaren Wohnverhältnissen lange Zeit leben. Der 1928 eingetretene schwere Arbeitsunfall meines Großvaters bei Krupp in Magdeburg, deren Folgen und die erheblichen ungesunden Wohnverhältnisse führten dazu, dass die Eltern meines Vaters, mein Vater und sein Bruder wieder von Magdeburg nach Friedrichroda zurückzogen. Die Mutter meines Vaters und der Bruder meines Vaters zogen 1928, 1929 mein Vater und als Letzter mein Großvater 1930 wieder nach Friedrichroda.

Mein Großvater väterlicherseits bekam 1930 als Schlosser in der Gummifabrik in Waltershausen eine Arbeit. Nachdem dieses Unternehmen geschlossen wurde, konnte mein Großvater bei der Stadt Friedrichroda als

Sprengwagenfahrer arbeiten. In Friedrichroda lebten die Eltern meines Vaters, mein Vater und sein Bruder auch unter den neuen Wohnverhältnissen wieder sehr beengt, aber der Vorteil lag darin, dass die Familie meines Vaters als Gemeinschaft erneut zusammenleben konnten. Mein Großvater väterlicherseits wurde zeitweilig arbeitslos, aber die Familie der Eltern meines Vaters hatte dahingehend Glück, dass sie ab 1931 in der damaligen „Städtischen Sparkasse Friedrichroda" Arbeit als Hausmeister und in der Reinigung bekamen. Als Wohnraum wurde der Familie damals eine aus zwei Zimmern bestehende Dachkammer zur Nutzung bereitgestellt. Für die bescheidenen Ansprüche unserer Familie war dies eine sehr schöne Wohnung. Die Wohnung, die sich im Gebäude, in dem auch sich die Sparkasse in Friedrichroda befand, bestand aus sechs Räumen und musste täglich gereinigt und gebohnert werden.

Mein Großvater erlitt in den 1920er Jahren, 1928 bei der Arbeit bei der Firma Krupp in Magdeburg noch zusätzlich weitere schwere Arbeitsunfälle. Er hat seine SPD-, überhaupt seine linke Gesinnung schon damals bei vielen Mitstreitern auch während seiner Arbeit in Magdeburg vertreten und vertrat diese Gesinnung auch bei seiner neuen Arbeit in Friedrichroda. Trotz dem sein Vater, sein Bruder, seine Schwester und sein Schwager eine andere Auffassung hatten, vertrat er mit Nachdruck immer seine Auffassungen auf linker sozialdemokratischer Basis. Gleich mit der Machtübernahme durch die Faschisten wurde er deshalb aus der vorhandenen Arbeitsstelle bei der Stadt Friedrichroda fristlos entlassen. Durch dieses einschneidende Ereignis ging es den Eltern meines Vaters finanziell noch viel schlechter, und seine Eltern hatten bei der Bestreitung des notwendigen Lebensunterhalts für unsere Familie noch stärker, als vorher schon, erhebliche Probleme.

Insbesondere durch die vielen Jahre nach dem Ersten Weltkrieg, in denen der Vater meines Vaters und die ganze Familie Hunger leiden musste, die schweren Betriebsunfälle und auch die geschilderten schlechten Wohnverhältnisse insbesondere in Magdeburg und auch die mangelnden hygienischen Voraussetzungen in dieser Zeit, bekam der Vater meines Vaters eine offene TBC und wurde dadurch lungenkrank. Deshalb kam er zeitweilig in das TBC-Heim in die sogenannte TBC-Heilstätte Sophien-Heilstätte

München bei Bad Berka. Dadurch musste die ganze Familie zu regelmäßigen Kontrolluntersuchungen. Da mein Vater kein Geld für eine Eisenbahnfahrt hatte, hat er seinen Vater in der TBC-Heilstätte bei Bad Berka oft mit dem Fahrrad besucht, trotz dem die Länge einer Strecke von Friedrichroda bis Bad Berka ca. 63 Kilometer betrug.

Mein Großvater väterlicherseits bekam zwar wegen dieser Krankheit und seiner Arbeitsunfälle eine Rente. Diese betrug jedoch nur monatlich 48 Reichsmark und später sogar nur noch 36 Reichsmark/Monat. Davon konnte die Familie auch wegen der geringen Einkünfte meiner Großmutter kaum leben. Deshalb mussten meine Großmutter und die Kinder das Allernotwendigste zum Leben dazu noch beisteuern. Neben der Hausmeister- und Reinigungsstelle und der Wohnung, die seine Eltern mietfrei bekamen, konnte die Mutter meines Vaters davon verständlicherweise nicht die Familie ernähren. Auch deshalb hat seine Mutter versucht, durch weitere Tätigkeiten noch etwas Geld zu verdienen, um die Existenz der Familie zu sichern. Sie arbeitete deshalb noch als Garderobiere bei Abendveranstaltungen und am Wochenende im „Hotel Lange“ als Küchenhilfe in Friedrichroda.

Das ganze Leben der Eltern meines Vaters bzw. meiner Großeltern war von Armut und die Sorge um die Existenz ihrer Familie geprägt. Die Mutter meines Vaters musste dem damaligen Friedrichrodaer Führer der am 4. Juli 1926 auf dem 2. Reichs-Parteitag der NSDAP in Weimar gegründeten Hitler-Jugend (HJ), H. Nichetagh, der in der Sparkasse Friedrichroda arbeitete, versprechen, dass nach Abschluss der Vorreifeprüfung sein Bruder und er Mitglied der HJ werden würden. Dies tat sie, um ihre für unsere Familie so wichtige Tätigkeit und die Wohnung zu behalten. Dadurch mussten mein Vater und sein Bruder nach der Machtübernahme der Faschisten in Deutschland in die HJ eintreten.

Meine Großeltern mussten die erheblichen Probleme des Zweiten Weltkriegs und auch 1944 den Tod ihres zweitgeborenen Sohnes, des Bruders meines Vaters, der Heinz Märtin hieß und der im Krieg als Fallschirmjäger im jungen Alter von 22 Jahren gefallen war, miterleben. Das hat meine Großeltern damals sehr mitgenommen.

An meinen Großvater erinnere ich mich noch, dass er trotz seines schweren Leidensweges und seiner Krankheit seinen Humor und seinen Spaß beim Unterhalten beibehalten hat. Dies war in seiner in Magdeburg und später in Friedrichroda verbrachten Lebenszeit immer ein wichtiges Markenzeichen von ihm. An manche seiner spaßhaften Äußerungen können sich meine ältere Schwester Astrid und ich mich noch erinnern. In Magdeburg fragte er u. a. in einem Restaurant, was ein bestimmtes Essen kostete. Man nannte ihm den Preis. Dann fragte er im gleichen Restaurant auch, was nur eine Soße kostete. Man sagte ihm, dass die Soße nichts koste und Bestandteil des betreffenden Gerichts sei. Darauf sagte er im Restaurant: Er wolle einen kostenlosen Teller Soße bestellen. In Magdeburg sagte er humorvoll zu seinen Arbeitskollegen bei Krupp, als diese ihn fragten, wie es kommt, dass er an einigen Tagen ein besseres Essen hat, als sonst, dass es daran liegt, dass er zweimal im Jahr Geburtstag feiert. Solche und viel mehr schalkhafte Äußerungen machte er oft zu seinen Lebzeiten. Auch durch die Folgen seiner Krankheit bzw. gesundheitlichen Belastungen starb er bereits relativ früh mit 67 Jahren.

Die Mutter meines Vaters war immer sehr arbeitsam, um die Voraussetzungen für die Existenz ihrer Familie zu sichern. Erst mit Anspruch ihrer Rente, die auch in der damaligen DDR sehr gering war, konnte sie arbeitsmäßig etwas kürzer treten und genoss es sehr, dass sie ihr geschenkten oder mit ihren sehr bescheidenen finanziellen Mitteln, die ihr zur Verfügung standen, in dem ihr möglichen Umfang Bohnenkaffee trinken konnte. Sie hatte ein sehr gutes Herz und tat alles für sie Mögliche für ihre Familie, für Andere und auch für uns Enkelkinder. Ungerechtigkeiten konnte sie in keiner Weise akzeptieren und ist manchmal in der gebotenen Resolutheit für die Interessen der Gerechtigkeit für ihre Familienmitglieder eingetreten. Wahrscheinlich hat sie ihre Resolutheit mit den Genen ihrer Mutter Franziska geerbt. Weil unsere Großmutter nach dem relativ frühen Tod des Großvaters allein lebte und ihr dann ein großer Garten in Friedrichroda zur Verfügung stand, haben unsere Eltern und wir als Enkelkinder oft unseren Urlaub und unsere Freizeit dort verbracht, auch nachdem unsere Familie schon in Worbis wohnte. Wir haben besonders den Garten und das zur Verfügung stehende Umfeld sehr gerne mit genutzt. Unsere Großmutter ist nach einem arbeitsreichen Leben mit 76 Jahren gestorben.

3. Geburt meines Vaters und Schulzeit in Magdeburg

Mein Vater Walter Märtin wurde am 23. Oktober 1918 in Friedrichroda im damaligen – seit 1672 bis zum Ende der Monarchie in Deutschland am 9. November 1918 bestandenen – Herzogtum Sachsen-Coburg und Gotha geboren. In seiner Geburtsurkunde wurde unter Beachtung der Paten folgende Namen für ihn eingetragen: Walter Carl Artur Wilhelm Paul Märtin. Als Geburtsort wurde Friedrichroda mit der Anschrift Struth Nr. 21 vermerkt. Bereits 1919 zogen die Großeltern und mein Vater nach Magdeburg. Meine Großeltern und mein Vater wohnten als Familie in der Leipziger Straße in Magdeburg, weil mein Großvater in Magdeburg eine Arbeit als Schlosser bei Krupp bekam und meine Großeltern, mein Vater und sein Bruder ebenfalls dort eine Wohnung erhielten. Die Leipziger Straße grenzt an die Altstadt im Norden von Magdeburg und im Süden an Lemsdorf und Hopfgarten, im Osten an den Stadtteil Buckau und im Westen von Magdeburg an Sudendorf. Magdeburg gehörte zur Zeit der Weimarer Republik zum Freistaat Sachsen und war eine sehr große Stadt im genannten Freistaat mit 285.858 Einwohnern im Jahr 1919. Mit dieser Einwohnerzahl lag Magdeburg damals an 17. Stelle der Großstädte in Deutschland. Magdeburg war schon im Mittelalter eine der größten Städte Deutschlands. Trotz dem Magdeburg durch die Folgen der Pest und noch mehr durch den Dreißigjährigen Krieg (1618 – 1648) sehr gelitten hat und eine nicht geringe Zahl seiner Bevölkerung dadurch in dieser Zeit verlor und im Ergebnis der damit verbundenen Kampfhandlungen auch damals fast völlig zerstört wurde. Man hat dadurch eine solch beträchtlich hohe Einwohnerzahl, insbesondere durch die erhebliche Anzahl von Ansiedlungen und den damit verbundenen Bedarf an Arbeitskräften erreicht. Damit war eine sehr hohe Entwicklung der Industrie und auch dadurch erforderlichen Dienstleistungen sowie die Verwaltung, aber auch eine nicht geringe Anzahl an Geburten verbunden. Aus dem Internet-Lexikon Wikipedia ist auszugsweise noch Folgendes zur Einwohnerentwicklung von Magdeburg entnommen

(vgl. https://de.wikepedia.org/wiki/Einwohnenentwicklung_von_Magdeburg)

„Mit Beginn der Industrialisierung Mitte des 19. Jahrhunderts setzte ein starkes Bevölkerungswachstum ein. Lebten 1849 rund 58.000 Menschen in der Stadt, so waren es 1882 bereits 100.000, wodurch Magdeburg zur Großstadt wurde. Bis 1890 verdoppelte sich diese Zahl durch die Eingemeindung von Neustadt 1886 und Buckau 1887 auf 200.000. Die Grenze von 300.000 Einwohnern wurde im Laufe des Jahres 1930 überschritten. 1940 erreichte die Bevölkerungszahl mit 346.600 ihren historischen Höchststand. Im Verlauf des Zweiten Weltkriegs war die Stadt das Ziel zahlreicher alliierter Luftangriffe. Die größten Zerstörungen richtete der Luftangriff auf Magdeburg am 16. Januar 1945 an, bei dem die Bevölkerung über 2.500 Tote und 10.000 Verletzte zu beklagen hatte. Durch diesen Angriff wurde die Magdeburger Altstadt fast vollständig zerstört, die Stadt als Ganzes schwer beschädigt."

Bild 5: Walter und sein Bruder Heinz Märtin

Im Gliederungspunkt 7 dieses Buches werden einige der sehr schlimmen Auswirkungen durch die Folgen des Zweiten Weltkriegs, auch besonders auf Magdeburg, beschrieben.

Magdeburg war damals vor 1945 die Hauptstadt der gesamten Provinz Sachsen.

Bereits vor dem Dreißigjährigen Krieg war dort die Bevölkerungszahl – bezogen auf diesen Zeitraum – nicht kleiner als in Städten wie Hamburg oder Leipzig. Magdeburg war, wie schon erwähnt, zu dieser Zeit eine der bedeutendsten Städte Deutschlands.

Die Anzahl der Einwohner von Magdeburg wuchs, wie genannt, kontinuierlich an. Man brauchte damals durch die vorgesehene Stadtentwicklung von Magdeburg sehr viele Arbeitskräfte. Trotz der hohen Anzahl gebauter Wohnungen war auch die Wohnungsnot in der damaligen Zeit vor dem Zweiten Weltkrieg in Magdeburg sehr groß, und die hygienischen Bedingungen für die Menschen, die in Magdeburg trotzdem leben konnten, waren, wie erwähnt, sehr schlecht. Dadurch grassierten in Magdeburg sehr viele Seuchen. Erst schrittweise konnte der Wohnungsbau in Magdeburg etwas verbessert werden und wurden die in diesem Zusammenhang erforderlichen sozialen und kulturellen Einrichtungen geschaffen. Auch durch die im Laufe des Zweiten Weltkriegs zu ca. 60 Prozent erfolgte Zerstörung von Magdeburg war für viele Jahre eine nicht geringe bzw. erhebliche Wohnungsknappheit in Magdeburg eingetreten.

Bild 6: Einschulung von Walter Märtin in Magdeburg

Bild 7: Walter Märtin in der Schulzeit in Magdeburg

Magdeburg hatte als Stadt in der damaligen Zeit in der Weimarer Republik in der Herrschaftsform der Demokratie im Zeitraum von 1919 bis 1933 im Ergebnis der Wahlerfolge der Sozialdemokratie eine sozialdemokratische

Stadtführung. Oberbürgermeister in Magdeburg waren in dieser Zeit von 1919 bis 1931 der Sozialdemokrat Hermann Beims (1863 – 1931) und von 1931 bis 1933 Ernst Rudolf Johannes Reuter (1889 – 1953). Er war dann später West-Berliner Bürgermeister im Zeitraum 1948 bis 1953. Mit ihm verbunden ist die Einführung der vorher in den USA gedruckten D-Mark ab dem 20. Juni 1948 und die über West-Berlin bis 1949 auf Grund der Einführung der D-Mark in West-Berlin verhängte Wirtschaftsblockade durch die Sowjetunion. Die im Juni 1948 begonnene durch die Sowjetunion verhängte Versorgungsblockade West-Berlins führte dazu, dass in dieser schwierigen Lage im Rahmen der „Berliner Luftbrücke“ die erforderliche Versorgung West-Berlins durch die amerikanischen Alliierten mit ihren „Rosinen-Bombern“ von 1923 durchgeführt wurde. Da die Versorgung West-Berlins vom im damaligen amerikanischen Sektor in Berlin-Tempelhof sich befundenden Flughafen aus erfolgte, schrieb Ernst Reuter als damaliger Regierender Bürgermeister von West-Berlin deutschlandweit Geschichte.

Magdeburg war bis zur Mitte des 19. Jahrhunderts durch den Handel geprägt. Erst danach entwickelte sich die Industrie in Magdeburg sowohl durch die Wirkung der Schifffahrt als auch des Eisenbahnwesens. Durch die anderen entstehenden Notwendigkeiten des Aufbaus in einigen Branchen wurde in verstärktem Maße der Maschinenbau in Magdeburg wirksam. Eine wesentliche Rolle in der Entwicklung und Anerkennung des Maschinenbaus in Magdeburg, speziell der dortigen Schwerindustrie, bildeten die Gruson-Werke. Der Maschinenbau wurde besonders ab 1855 vom damaligen Inhaber der Gruson-Werke, Dr. Hermann Gruson (1821 – 1895) ab 1855 betrieben. Dr. Hermann Gruson war der Sohn des Firmengründers Louis Abraham Gruson (1793 – 1870). Er war ein Nachfahre von aus Frankreich auch nach Magdeburg immigrierten Hugenotten.

In Magdeburg wurde ein sich aus einer ursprünglichen Eisenbahngießerei entwickelnder Maschinenbau-Großbetrieb aufgebaut. 1882 wurde ein Betriebsüberlassungsvertrag von der Friedrich Krupp AG mit den bisherigen Gruson-Werken in Magdeburg abgeschlossen. Ab 1893 erfolgte durch die Krupp AG der Kauf der Gruson-Werke von Magdeburg. Das neuentstandene

Unternehmen firmierte dann unter der Bezeichnung: Friedrich Krupp AG Gruson-Werk.

Später wurde daraus ein Schwermaschinenbetrieb, der insbesondere Ausrüstungen für die metallverarbeitende Industrie und Hüttenindustrie erstellte. Neben ganzen Walzstraßen und anderen Großanlagen wurden Kräne und Bearbeitungsmaschinen errichtet. Der Standort des Betriebes befand sich im Magdeburger Stadtteil Buckau.

Die Friedrich Krupp AG – Gruson-Werk wurde als Unternehmen, das sich in der Sowjetischen Besatzungszone befand, dort nach Ende des Zweiten Weltkriegs enteignet. Am 31. Dezember 1953 wurde der damalige SAG-Betrieb VEB Schwermaschinenbau "Ernst Thälmann" gegründet.

Aus der ehemaligen Sowjetischen Aktiengesellschaft ging mit Wirkung vom 1. Januar 1969 das Schwermaschinen-Kombinat "Ernst Thälmann" (SKET) mit Sitz in Magdeburg hervor. Zum SKET gehörten viele Betriebe, auch Betriebe, die sich nicht unmittelbar in Magdeburg befanden.

In diesem Kombinat waren bis zum Ende der DDR 30.000 Menschen beschäftigt.

Nach einer Rückabwicklung von nicht erfolgreichen Unternehmensorganisationen wurden durch die Treuhand-Anstalt bzw. deren Nachfolgeorganisation „Bundesanstalt für vereinigungsbedingte Sonderaufgaben (BvS)“ am 3. Januar 1997 durch die BvS folgende Teilgesellschaften (daraus gebildet):

- SKET Maschinen- und Anlagenbau GmbH (heute: SKET GmbH)

- SKET Maschinenbau-EDV GmbH (heute SKET EDV GmbH, Tochtergesellschaft der data experts GmbH)

- SKET Ölmaschinen GmbH (heute: CPM SKET GmbH)

- SKET Verseilmaschinen GmbH

- SKET Walzwerktechnik GmbH (heute: MWE Magdeburger Walzwerk Engineering GmbH)

1998 erfolgte die erneute Privatisierung der SKET Maschinen- und Anlagenbau GmbH durch Übertragung der betreffenden Anteile an der SKET Maschinen- und Anlagenbau GmbH an die Enercon GmbH. Zum 1. Oktober 2010 wurde die SKET Maschinen- und Anlagenbau GmbH in SKET GmbH umbenannt. Das Unternehmen ist als Industriedienstleister in den Bereichen mechanische Bearbeitung von Großteilen, darunter auch als Lieferant für Enercon und Montage tätig."
(Auszug aus dem Internet-Lexikon Wikipedia zum Thema "Schwermaschinenbau-Kombinat "Ernst Thälmann", vgl. https://de.wikipedia.org/wiki/Schwermaschinenbau-Kombinat).

Die Angaben zu SKET Magdeburg erfolgten insbesondere wegen der bisherigen Bedeutung des früheren Kombinats und der jetzigen GmbH für die Arbeitsplätze in Magdeburg und der Bedeutung der Vorgänger-Unternehmen für den Schwermaschinenbau bzw. Maschinenbau für Magdeburg.

Auch wegen des Umfelds in Magdeburg unter der bis zur Nazizeit bestehenden SPD-Führung und weil Magdeburg ganz anders als das damals sehr bürgerliche Friedrichroda war und mein Großvater sich auch gut mit seinen Arbeitskollegen verstand, hat sich mein Großvater trotz der sehr beengten Wohnverhältnisse für seine Familie in Magdeburg sehr wohl gefühlt.

Mein Vater ist somit in Magdeburg aufgewachsen und hat von 1919 bis 1929 in Magdeburg gelebt und lernte dort in seiner Kinder- und Schulzeit viele gute Freunde in seinem Alter kennen. Am 11. Februar 1922 wurde, wie bereits erwähnt, der Bruder meines Vaters, Heinz Märtin, in Magdeburg geboren und hat mit seiner Mutter, wie ebenfalls bereits beschrieben, bis 1928 dort gewohnt.

Bereits im Alter von nur 5 Jahren ist mein Vater trotz der langen Eisenbahnstrecke und seines sehr jungen Alters als Kind im Auftrag seiner Eltern mit der Eisenbahn allein von Magdeburg nach Friedrichroda zu den Verwandten nach Friedrichroda gefahren. Er bekam von seinen Eltern damals ein Schild mit, damit Andere ihm auf der für ihn als Fünfjährigen schwierigen relativ langen Fahrt helfen konnten. Sein Onkel Hugo, der ihn abholen sollte, verfehlte ihn, und mein Vater stand als nur fünfjähriger Junge ganz allein längere Zeit da, aber er wurde dann doch noch von seinen Onkel gefunden.

Insgesamt in einer Zeit von ca. zwei Jahren fuhr mein Vater in seiner Kindheit während seiner Schulferien von Magdeburg zu seinen Verwandten nach Friedrichroda. Er wohnte in dieser Zeit in Friedrichroda insbesondere bei seiner Tante Minna und dem Onkel Carl, die in dieser Zeit fast Ersatzeltern für ihn wurden. Es hat ihm dort auch immer sehr gut gefallen.

Bild 8: Mitschüler der damaligen Fußballmannschaft in Magdeburg, in der mein Vater mitspielte. Mein Vater ist als Schüler unten sitzend ganz rechts zu sehen.

Er wurde dann 1925 in die III. Volks- und Knabenschule in Magdeburg eingeschult. Das Zeugnis für den Zeitraum vom Herbst 1926 bis Ostern 1927 liegt noch vor. Mein Vater war auf Grund seiner erhaltenen relativ guten Schulnoten ein guter Schüler. In Betragen und in Fleiß hat er jeweils eine 2 bekommen und in Lesen, Rechnen und Turnen hat mein Vater im betreffenden Schuljahr sogar die Note 1 erhalten.

Bereits mit 9 Jahren bis zum 10. Lebensjahr spielte er in Magdeburg im damaligen Fußballverein SV Coiket – Viktoria Magdeburg.

1929 zog mein Vater, nachdem seine Mutter und sein Bruder bereits 1928 wieder nach Friedrichroda umgezogen sind, nach Beendigung des Schuljahres ebenfalls dort hin und ging auch dort weiter zur Schule.

Die Duplizität der Ereignisse ergab sich, dass die jüngste Tochter meiner Eltern, Karin, in Magdeburg an der in dieser Form von 1961 bis 1987 bestandenen damaligen Technischen Hochschule "Otto von Guericke" studierte. Der Ehemann meiner Schwester Karin hat ebenfalls an der gleichen Technischen Hochschule in Magdeburg, aus der 1993 durch Zusammenschluss dieser Technischen Hochschule mit zwei anderen Magdeburger Hochschulen die seitdem bestehende Otto-von-Guericke-Universität entstand, studiert. Da meine Eltern Karin und ihren Mann und den Enkel Sven in Magdeburg während des Studiums manchmal besuchten, konnte mein Vater mit meiner Mutter die Stadt Magdeburg, in der er 9 Jahre gelebt hat, wieder besuchen und an die Stätten seiner Kindheit und der begonnenen Schulzeit auf diese Weise zurückkehren, was er mit viel Freude genoss. Für den Zeitraum, in dem sie meine jüngste Schwester und ihren Mann sowie ihren Enkel in Magdeburg besuchten, konnten meine Eltern immer ein Quartier im Studentenwohnheim in Magdeburg bekommen. Mein Vater hat nach Auskunft von meiner jüngsten Schwester Karin und ihrem Ehemann Rolf sehr häufig die Stätten seiner Kindheit in Magdeburg besucht.

4. Kinder- sowie Schulzeit und Situation als Jugendlicher in Friedrichroda

Der Wohnungswechsel von Magdeburg nach Friedrichroda war für meinen Vater mit unterschiedlichen Gefühlen verbunden. Sicher hat er Magdeburg, wo er viele Jahre gelebt und einen Großteil seiner bisherigen Kindheit und einen Teil der Schulzeit verbracht und dort gerne gewohnt hat, nicht mit Freude verlassen. Sein bisheriger Lebensmittelpunkt war dort, und er hatte viele gute Freunde und ging dort zur Schule und hatte dadurch viele Schulkameraden, mit denen er sich gut verstand. Er war auch das Großstadtleben in Magdeburg gewohnt. In Friedrichroda musste er auch seinen Vater kurzzeitig verlassen, weil dieser wegen seiner Arbeitserfordernisse, wie bereits beschrieben wurde, noch bis 1930 in Magdeburg blieb.

Es war auch ein Wechsel von einer Großstadt zu einer Klein- und Kurstadt, was mit vielen Änderungen in seinem Lebensumfeld verbunden war. Anderseits konnte er in seine Geburtsstadt Friedrichroda ziehen, mit der ihn auch sehr viel verband. Seine Mutter und sein Bruder lebten wieder seit 1928 dort. Auch konnte er mit ihnen wieder zusammenwohnen, und es war ihm dadurch möglich, seine Verwandten in Friedrichroda wieder aufzusuchen, die er, wie beschrieben, schon gut kannte. Auch weil Friedrichroda eine interessante Kleinstadt war und von der Umgebung auch sehr reizvoll und idyllisch ist, freute er sich auch, dass die Familie wieder nach Friedrichroda zog. Der Umzug nach Friedrichroda eröffnete ihm auch, vielfältigen Möglichkeiten der von ihm so geliebten sportlichen Betätigung nachzugehen.

Friedrichroda hatte ca. 7.000 Einwohner, aber nahezu 15.000 Urlauber im Jahr, was damals sehr viel war. Durch die schöne erholsame Umgebung mitten in einer waldreichen Umgebung war Friedrichroda nicht nur für die Urlauber anziehend.

Im chronologischen Einblick über das Schloss Reinhardsbrunn, das zur Stadt Friedrichroda gehört und eine fast 1000jährige Geschichte zwischenzeitlich aufweist, ist u. a. Folgendes zu lesen:

„1044 wird die "Schowingburg" durch Ludwig mit dem Barte errichtet. Verliehen durch den Erzbischof zu Mainz und dem deutschen Kaiserhof, trägt der Graf aus Franken den Titel „Statthalter von Thüringen" mit dem Wappen der Ludowinger: rot-weiß gestreifter Löwe auf blauem Feld. Ihm verdankt auch Friedrichroda seinen Ursprung durch sein Bemühen, weitgehend unkultiviertes Land zu erschließen und damit auch im Thüringer Wald die Grundlage für künftige politische Aktivitäten zu schaffen. Der Mainzer Erzbischof Bardo (1031 – 1051) habe (der Sage nach) Ludwig dem Bärtigen Land bei Altenbergen und Reinhardsbrunn als Lehen übertragen, das dieser durch Kauf von Thüringer Freien und durch die Ehe mit Cäcilie von Sangerhausen erweitern konnte. Wie die Reinhardsbrunner Chronik behauptet, sei in der durch den Vater errichteten Kapelle von Altenbergen, der älteste Sohn Ludwig, der Springer, durch Erzbischof Bardo getauft worden. 1080 baute Ludwig die durch die Schauenburg bei Friedrichroda gesicherte Rodungsherrschaft seines Vaters weiter aus. Auch die von ihm erbaute Wartburg bei Eisenach wurde zum westlichen Eckpfeiler seines vergrößerten Herrschaftsbereichs.

....

1085 wird berichtet, daß der Pfalzgraf Friedrich III. (1065 – 1085) an einem Februartag nahe seines Schlosses Scheiplitz auf der Jagd überfallen und umgebracht worden sei. Das Volk munkelte, Ludwig der Springer sei der Auftraggeber für diese Untat gewesen und das die folgende Ehe mit der Witwe Adelheid von Reue und Angst ums Seelenheil überschattet war. Noch im gleichen Jahr gründete Ludwig, der Springer das Benediktinerkloster Reinhardsbrunn. Die Reinhardsbrunner Tradition datierte später die Untat zurück und füllte die Zeit mit der vom Kaiser verfügten Gefangenschaft Ludwigs auf dem Giebichenstein bei Halle aus. Ein "sagenhafter" Sprung aus einem Fenster der Burg in die Saale rettete ihm das Leben und führte außerdem zur Stiftung einer Kirche in Sangerhausen. Vor allem verlieh diese Geschichte dem Beinamen "der Springer" seine Bedeutung. Zutreffend ist auf jeden Fall, daß aus dem "comes" des Kaisers inzwischen einer seiner erbittertsten Gegner geworden war. 1089 war die Berufung von Mönchen aus dem Reformkloster Hirsau für das .... Kloster Reinhardsbrunn ein Affront gegen den Kaiser. Ludwigs Politik zielte auf einen feudalen Landesstaat Thüringen. Bei der Wahl des Ortes für das

Kloster soll Ludwig einen Töpfer namens Reinhard getroffen haben, der bei einem Brunnen (dort) ein Häuschen hatte. Eben jener sah nachts Lichter. Wo sie ihm erschienen waren, entstand das Kloster. ...."

Ein Teil dieser historischen Gegebenheit wurde auch deshalb erwähnt, um Einiges zur Entstehung von Friedrichroda, das 1209 erstmals urkundlich erwähnt wurde, 1595 das Marktrecht und 1597 zusätzlich das Stadtrecht erhielt und dem Schloss Reinhardsbrunn und die Verbindung von Friedrichroda mit dem Geschlecht der Ludowinger, das mit Friedrichroda sehr stark verknüpft ist und auch mit seinem Sohn, Ludwig, dem Springer (1042 – 1123), eigentlich Graf Ludwig von Schauenburg, darzulegen.

1930, im Jahr, ab dem mein Vater wieder in Friedrichroda wohnte, wurde die Strecke der Thüringer Waldbahn von Gotha bis nach Tabarz verlängert, und es wurden drei Haltestellen in Friedrichroda errichtet, und zwar Marienglashöhle, Reinhardsbrunn und Friedrichroda.

Durch die von 1929 bis 1933 bestehende Weltwirtschaftskrise war auch in Friedrichroda die Not sehr groß. Neben der um sich greifenden Armut und den erheblichen Problemen in der Sicherung der Versorgung war besonders die Arbeitslosigkeit auch in Friedrichroda zu dieser Zeit sehr hoch. Dazu kam in Friedrichroda ein erheblicher Schuldenberg, der wesentlich höher als im Durchschnitt des Landes Thüringen war und insbesondere durch die Errichtung des neu erbauten Kurhauses in Friedrichroda verursacht wurde. Auch die frühere Vormacht der Sozialdemokraten bestand in Friedrichroda Mitte der 1920er Jahre nicht mehr, und die bürgerlichen Volksparteien hatten die Vormacht. In Friedrichroda war dadurch eine ganz andere politische Entwicklung als in Magdeburg, wo mein Vater vorher lebte, entstanden.

Mein Vater war begeistert von Friedrichroda als Ort, dessen Umgebung und insbesondere durch den Wald. Hier fand mein Vater schnell Freunde. Besonders oft war er dort bei seinem Patenonkel Carl Bause und seiner Tante Minna.

In der Kindheit sowie als Schüler hatte mein Vater Pflichten, die er erfüllen musste. Dazu gehörten u. a. Asche ausschütten, Holz, Kohlen und Kartoffeln aus dem Schuppen holen, Reinigen, Abtrocken, Bohnern, Wege in Ordnung zu bringen u. ä. Mit seinen Freunden konnte er deshalb durch diese notwendigen Erledigungen nur von ca. 15:00 bis 17:00 Uhr spielen. Seine Freunde und er gingen oft auf Berge in Friedrichroda und Umgebung. So waren sie oft auf dem „Gottlob", „Körnberg", „Schaumburg", „Reinhardsbrunn" usw. Mein Vater hat mit seinen Freunden Höhlen angelegt. Alles, was an Hausrat ausrangiert wurde und verwendet werden konnte, kam in die Höhle. Sie hatten dort immer etwas Essen, zum Trinken und Obst, alte Schränke, Umhänge für den Regen u. ä.

Mit seinem Bruder Heinz wohnte mein Vater, bevor die ganze Familie zwei Zimmer als Dachwohnung im Haus, in dem sich die Sparkasse in Friedrichroda befindet, bekam, eine kleine abgeschlagene Kommode im ersten Stock im Haus der Großeltern. Die Eltern meines Vaters wohnten in einer kleinen Kammer parterre in der gleichen Etage. Wenn unsere Familie damals in Friedrichroda im Haus der Großeltern auch sehr beengt wohnte, waren sie wenigstens als Familie wieder zusammen, und dies war verständlicherweise für die Familie sehr wichtig. Der Bruder meines Vaters und mein Vater besuchten trotz der sehr geringen Familieneinkünfte die damalige Ober-Realschule in Friedrichroda. Das Schulgeld betrug für meinen Vater und seinen Bruder jährlich 480,- Reichsmark. Die Eltern meines Vaters konnten den Betrag damals nicht bezahlen. Trotzdem konnten beide zum Teil in der Schule bleiben: der Bruder meines Vaters bis zum 15. Lebensjahr und mein Vater bis zum 17. Lebensjahr. Mein Vater und sein Bruder verdienten als Schüler für ihre Eltern bzw. meine Großeltern noch etwas für das dringend benötigte Geld dazu. Sie trugen von der Sparkasse Kontoauszüge an die betreffenden Kontoinhaber aus. Für ein Lebensmittelgeschäft führten mein Vater und sein Bruder Lieferungen zum Kurhaus, weiteren Hotels und Pensionen in Friedrichroda durch. Sie transportierten damals die Waren mit dem Handwagen zu den betreffenden Empfängern. Mein Vater gab Nachhilfestunden für Schülerinnen bzw. Schüler. Abends oder vor Beginn der Schule transportierten sie die Garderobe der Kurgäste. In den Ferien oder an Sonnabendnachmittagen halfen mein Vater und sein Bruder bei der

Reinigung der Räume in der Sparkasse in Friedrichroda. Alle sechs Räume mussten täglich – außer am Sonntag – u. a. gebohnert und die Beschläge mit Sidol geputzt werden.

Durch die viele erforderliche zusätzliche Arbeit meines Vaters und seines Bruders, um die Existenz der ganzen Familie zu sichern und durch seine verantwortungsvollen Arbeiten im Sport und spätere Tätigkeit in der HJ hatte mein Vater nicht die ausreichende genügende Zeit, alles Erforderliche zur Vorbereitung für die Schule zu machen. Dadurch konnte mein Vater nicht mehr die guten Noten in der Ober-Realschule erreichen. Er hat jedoch immer den ausreichenden Überblick über die Belange der Schule gehabt. 1935 legte mein Vater dann die sogenannte „mittlere Reifeprüfung" ab. Bis zur Primarschule zum Abitur reichte es, wie schon erwähnt, finanziell für die Familie nicht. Deshalb konnte er kein Abitur ablegen. Es gab damals folgende Fächer, die bewertet wurden, und mein Vater bekam in den jeweiligen Jahren Noten in:

Führung
Ordnung
Handschrift
Religion
Deutsch
Geschichte
Erdkunde (Heimatkunde)
Rechnen (Mathematik)
Naturkunde (Biologie)
Physik
Chemie
Zeichnen
Musik und Gesang
Leibesübungen
Französisch
Englisch
Latein

Da mein Vater zeitweilig sehr mager gewesen sein muss, waren die anderen Patienten bzw. die Besucher der TBC-Fürsorgestelle in München bei Bad Berka der Auffassung, dass er wohl der TBC-Kranke wäre und nicht sein Vater. Mein Vater hatte aber keine Tuberkulose.

Obwohl sie kaum Geld hatten, haben mein Vater und sein Bruder mit dem Fahrrad in der Ferienzeit zweimal für ein paar Tage einen Ausflug in Deutschland unternommen. Durch den sogenannten Bleibeausweis für Jugendliche der Deutschen Jugendherbergen konnten mein Vater und sein Bruder am 6. September 1936 in Hildesheim, am 7. September 1936 in Koblenz, am 9. September 1936 in Würzburg, am 10. September 1936 in Fulda, am 15.September in Mainz und am 16. September 1936 in Frankfurt am Main Quartiere über die Jugendherberge bekommen. Außerdem haben beide wegen der Fahrradwanderung nach Bad Kösen und Leipzig im Jahr 1936 ebenfalls Jugendherbergsquartiere bekommen. Diese Fahrten haben offenbar Beiden sehr gut gefallen, und mein Vater hat oftmals über die schönen Erlebnisse bei diesen Fahrten berichtet.

Bild 9: Konfirmation von Walter Märtin

Mein Vater wurde 1931 Mitglied der Deutschen Freischar (Pfadfinder-Bewegung). Er musste wegen der – bereits beschriebenen – notwendigen Zusage von seiner Mutter für sich und seinen Bruder am 1. Mai 1933 Mitglied der Hitler-Jugend (HJ) werden. Bei der Hitler-Jugend, in der eine richtige Dienstzeit herrschte, musste sehr viel Zeit aufgewandt werden. In diesem Zusammenhang war es erforderlich, dass umfangreiche Tätigkeiten von deren Mitgliedern durchzuführen waren. An jedem Montag musste die Tätigkeit in der Hitler-Jugend in allen betreffenden Klassen durchgeführt werden. Auch musste die Teilnahme an weiteren Veranstaltungen ebenfalls noch jeweils an Donnerstagen erfolgen.

Zu den Pflicht-Veranstaltungen gehörten u. a.:

Heimatkunde
Exerzieren
Geländedienst
Sportliche Übungen
Fahrten
Aufmärsche

Für alle Mitglieder der HJ war es Pflicht und somit notwendig, dass sie an allen zugrunde gelegten Veranstaltungen der Hitler-Jugend teilnehmen mussten. Die Teilnahmepflicht hatte für alle damals sogar noch Vorrang vor dem Schulbesuch. Die nationalsozialistische Denkart und die damit verbundene Macht wurde bereits 1933 ausgeübt und tangierte auch das Leben meines Vaters. Die Tätigkeit in der Hitler-Jugend wurde von den Führenden der NSDAP u. a. damit begründet:

- die sogenannte „Lüge“ von der Kriegsschuld Deutschlands vom Ersten Weltkrieg

- die sogenannte „Tapferkeit“ der deutschen Soldaten

- die militärischen Traditionen

- Alle Krisenerscheinungen und alle Schwierigkeiten in Deutschland in der damaligen Zeit wurden ausschließlich auf den verlorenen Ersten Weltkrieg zurückgeführt. Deshalb musste nach deren Auffassung eine Veränderung zur eingetretenen Situation erreicht werden.

- Wegen den Auswirkungen und den wirtschaftlichen Folgen, die im Zusammenhang mit der im Zeitraum von 1929 bis 1933 entstandenen Weltwirtschaftskrise damals eingetreten sind, wollten die Nazis den in Frage kommenden Deutschen eine Verbesserung der wirtschaftlichen Verhältnisse bieten. Dabei haben sie ihre Rasseninteressen vertreten, ihr mörderisches Verhalten gegen Juden, den damit verbundenen Antisemitismus, ihr unsägliches Verhalten gegenüber Behinderten, anderen Menschen, die eine andere politische Auffassung hatten oder manchen anderen Menschen gezeigt.

Die Nazis haben auch vor Ermordungen vieler Menschen in KZ, Gewaltakten und kriminellen Handlungen, Verfolgungen, Kriegen gegen andere Länder, gegen andere Religionen, wie u. a. das jüdische Volk und andere Ethnien sowie vielen anderen unmenschlichen Handlungen gegenüber Menschen nicht zurück geschreckt.

Es ist nicht verständlich, dass so viele Deutsche und auch manche Menschen aus anderen Ländern ihre Zustimmung in der damaligen Zeit zur nationalsozialistischen Politik gegeben haben. Nicht alle Deutschen, die damals die nationalsozialistische Politik unterstützt haben, können sagen, dass sie von allen diesen Missetaten in keiner Weise was gewusst haben. Die Sicherung der Existenz, aber auch die mögliche Erhöhung des materiellen Wohlstandes, die Wiedererlangung der Territorien von früher oder auch der mögliche Erwerb neuer Territorien war oft der Grund für das Verhalten in dieser Zeit. Man hat dies aus meiner Sicht zu wenig objektiv und dialektisch und zu wenig Ursache und Wirkung dabei gesehen und nicht ausreichend die historische Schuld, insbesondere der Deutschen, dabei betrachtet.

5. Sporttätigkeit in Friedrichroda

Mein Vater war dem Sport sehr zugetan und besonders in der möglichen Zeit als Schüler und Jugendlicher auch ein sehr guter Sportler. Durch den Krieg von 1939 bis 1945 und deren Folgen und weil manche seiner Sportfreunde im Krieg gefallen waren, konnte er leider seinen Sport als 27Jähriger nach 1945 nicht mehr richtig fortsetzen. Auch führten die betreffenden Belange bezüglich der Sicherung seiner Existenz, die Versorgungsprobleme seiner Familie nach dem Zweiten Weltkrieg und die Folgen der eingetretenen Verwundung und viele andere Ursachen dazu, dass er nicht mehr so wie früher seine vorher ausgeübten Sportarten betreiben konnte.

Besonders trug seine sehr gute Ausdauer zu diesen guten Sportergebnissen bei. Er war damals in einigen Sportarten aktiv. Zu diesen gehörten:

Fußball
Leichtathletik, Langlauf
Boxen
Bobsport
Abfahrtslauf

Mein Vater war Mitglied des Verbandes Mitteldeutscher Ballspielvereine im „Sport-Verein Friedrichroda 1921“.

Er schrieb u. a. zu seiner sportlichen Tätigkeit in Verbindung mit der sportlichen Tätigkeit seines Bruders Heinz:

„In unserer Freizeit, die nicht allzu groß war, trieben wir Sport, besonders Fußball, Leichtathletik (ich Langstreckenlauf, Heinz Schwimmen (Turnen und Kunstspringen) und im Winter außer Skilaufen, Bobfahren und Boxen. Mein Bruder war ein guter Schwimmer und Kunstspringer. Meine Stärke lag im Langstreckenlauf und Boxen. Die größte Freude bereitete uns das Fußballspielen. da wir beide dem Sport-Verein Friedrichroda 1921 angehörten und auch recht passable Fußballspieler waren. Von der Schüler-Mannschaft, in der ich sogenannter Spielführer (heute Kapitän) war, entwickelten wir uns vom Beginn bis zum Leistungsende (eigentlich bis 1937, 1938 und 1939) in der in der damaligen Zeit guten Schüler-, späteren Jugend- und Juniorenmannschaft. Oft waren wir Kreis- bzw. Wartburg-Gau-Meister. Ich spielte mit Willi Werner (auch vom Sport-Verein Friedrichroda 1921) oft in der Wartburg-Gau-Auswahlmannschaft. Wir waren Freunde, und es waren viele schöne Erinnerungen für uns. Auch haben wir über die damaligen Zeitungen („Kinder und Fußball") namhafte Jugend- und Juniorenmannschaften nach Friedrichroda eingeladen, wobei wir in den Spielen immer ganz gut aussahen. Besonders beeindruckt hat uns damals der große Idealismus und die Solidarität beim Fußballspielen. Fußballspiele, Dress, Fahrtkosten zu den Punktspielen (damals Verbandsspiele) mussten wir selbst bezahlen, und das war nicht einfach. Das Geld zweigten wir als Schüler aus unserer zusätzlichen Arbeit ab. Wir achteten darauf, dass Jeder der Mannschaft zum Spiel mitfahren konnte. Es wurden dann zusätzliche Arbeitsaktionen, wie gemeinsames Kastanien-, Eichen-, Bucheckern-Sammeln zur Ablieferung gegen Entgelt bei der herzoglichen Oberförsterei gemacht. ...."

Als Jugendmannschaft haben wir den Berliner Jugendmeister SC Tennis Borussia Berlin in einem Freundschaftsspiel über Pfingsten nach Friedrichroda eingeladen. Wir Jugendlichen haben mit echter Begeisterung dieses Spiel so vorbereitet und materiell abgesichert, so dass wir ohne Unterstützung des Vereins dies bezahlen konnten. Wir haben die Voraussetzungen u. a. geschaffen durch:

- die Fahrgeld-Finanzierung für die Berliner Mannschaft und Begleiter

- die Übernachtung und Verpflegung (der Berliner Spieler und Begleiter) haben wir dadurch geschafft, dass jeder Spieler (unserer Mannschaft) einen Berliner mit nach Hause genommen hat

- Übernahme der Kosten eines gemütlichen Abends und einer Omnibus-Fahrt zum Inselberg

Die Kosten wurden auch von den Eintrittsgeldern vom Spiel finanziert. Zum Spiel waren ca. 2.000 Zuschauer gekommen. Wir hatten vorher Plakate drucken lassen, in der Presse das Spiel angekündigt und einen regen Kartenvorkauf betrieben. Von den erzielten Einnahmen (aus dieser Veranstaltung) blieb dann noch so viel übrig, dass wir uns noch einen Fußball und für jeden einen Austauschdress (grüne Hosen) kaufen konnten. Ähnlich haben wir Spiele gegen den damaligen VfB Leipzig (heute Lok Leipzig) und FC Schweinfurt 05 durchgeführt. Die Freude am Spiel, Erfolgserlebnisse, die Freundschaft und Kameradschaft untereinander und unser großer jugendlicher Idealismus ließen deshalb die damalige Fußballzeit zu den schönsten Epochen unserer Jugendzeit werden.“

Die Gau-Liga Wartburg, in der mein Vater als Auswahlspieler ausgewählt wurde, war eine der obersten Fußball-Ligen des Verbandes Mitteldeutscher Ballspiel-Vereine (VMBV). Sie wurde 1914 gegründet und bestand bis zur Auflösung des VBMV. Der Sieger (der Gau-Liga Wartburg) qualifizierte sich für die Endrunde der mitteldeutschen Fußball-Meisterschaft. Mein Vater hat weiterhin noch diesbezüglich geschrieben:

„.. Leider sind Einige aus dem Krieg nicht wieder gekommen (und sind gefallen). (Dazu gehörten):

Walter Kienzburg (Mittelstürmer)
Franz Linz (Rechtsaußen)
Walter Ortlepp (Verteidiger)
Gerd Unbehaun (Linksaußen)
Heinz Märtin (Mittelfeld)“

Nachfolgend wird noch Einiges über die einzelnen Sportarten, die mein Vater betrieben hat, in Ergänzung zu den bisherigen Ausführungen geschrieben:

Fußball:

Ab dem 11. Lebensjahr hat mein Vater in Friedrichroda Fußball gespielt. Er war Mittelverteidiger (heute Innenverteidiger bzw. früher Libero). Mein Vater hat in manchen spielentscheidenden Punktkämpfen oder Freundschaftsspielen kurz vor Schluss im Gegensatz zu seiner bisherigen

Verteidiger-Funktion im Sturm gespielt und oft die wichtigen Tore für die Friedrichrodaer Mannschaft dabei geschossen. Er hat damals auch am Nachwuchslehrgang für kommende mögliche Nationalspieler Deutschlands in Steinach in Thüringen, der von dem damaligen besten Nationalspieler Deutschlands und Kapitän der Fußball-Nationalmannschaft, Fritz Szepan (1907 – 1974), durchgeführt wurde, teilgenommen. Fritz Szepan hat 1934 (in Italien) und 1938 (in Frankreich) für die deutsche Nationalmannschaft an der zweiten und dritten Fußball-Weltmeisterschaft als Kapitän gespielt. Mein Vater hat als Jugend- bzw. Junioren-Spieler wegen seinen sehr guten fußballerischen Leistungen und seiner hohen Kondition in der Herren- und der Junioren-Mannschaft beim Friedrichrodaer Verein gespielt. Die Spiele der Herren- und der Junioren-Mannschaft fanden in der Regel hintereinander statt, und zwei Spiele hintereinander verlangten eine sehr starke Kondition.

Nach dem Zweiten Weltkrieg mit den erheblichen Folgen an Leib und Leben, den eingetretenen Problemen nicht nur bei der Beschaffung von Nahrung und Getränken, sondern für den Erhalt von Fußballschuhen und der erheblichen Dezimierung der Friedrichrodaer Fußballmannschaft durch die früheren Mitglieder der Mannschaft, die leider im Ergebnis des Zweiten Weltkriegs gefallen waren, wurde trotzdem noch versucht, Fußball zu spielen.

Die noch verbliebene Friedrichrodaer Fußballmannschaft hat 1945 wieder gespielt und u. a. 5:3 gegen Motor Gotha gewonnen. Bis 1948 hat mein Vater noch als Kapitän in der Friedrichrodaer Mannschaft Fußball gespielt. Durch die eingetretene Schwerhörigkeit im Ergebnis des Zweiten Weltkriegs und, wie erwähnt, anderer eingetretener Verwundungen im Zweiten Weltkrieg mit Langzeitfolgen auf die Gesundheit, starken beruflichen Belastungen und erheblichen Problemen in der Versorgung auch für uns als Kinder die in dieser Zeit, die im März 1946 und im Februar 1948 geboren wurden und weitere Gründe hat mein Vater 1948 im 30. Lebensjahr mit dem Fußballspielen aufgehört. 1958 hat mein Vater ausnahmsweise noch für die Finanzschule Gotha mit 40 Jahren Fußball gespielt. Als Mittelstürmer hat er in diesem Spiel drei Tore geschossen.

Boxen:

Durch die starke Ausdauer und das Training hatte mein Vater gute Voraussetzungen für den Boxsport in seiner Gewichtsklasse und alle 15 Kämpfe, die er bestreiten konnte, hat er durch technischen KO gewonnen.

Bob-Fahren:

Mein Vater war Mitglied des Vierer-Bobs von Friedrichroda, in dem die Sportfreunde Grams, Haider und Haßmann ebenfalls noch tätig waren und ist bis 1935 dort bei Jugend-Bob-Fahrten mitgefahren.

Abfahrtslauf:

Er hat einmal die Kreis-Einzelmeisterschaft im Abfahrtslauf gewonnen.

Langstreckenlauf:

Im Alter von 13 bis 16 Jahren, in der Zeit, an der er an diesen Wettkämpfen teilnehmen konnte, ist mein Vater jeweils in jedem Jahr Kreismeister im Langstreckenlauf im Kreis Gotha geworden.

Mein Vater hat in den wenigen, ihm durch den Arbeitsdienst und den Zweiten Weltkrieg zur Verfügung stehenden Zeit damals recht gute sportliche Ergebnisse erreicht. Als äußerst ungünstig wirkte sich für seine weitere Sportbetreibung aus, dass er im Alter von 20 Jahren – bedingt durch den Zweiten Weltkrieg – in den Krieg musste und ca. sieben Jahre durch den Krieg keiner Sportbetreibung mehr in der Kriegszeit von 1939 bis 1945 nachgehen konnte. Auch die erheblichen vielfältigen Folgen des Zweiten Weltkriegs haben meinem Vater keine reale Möglichkeiten zur Fortsetzung seiner Betreibung von Sportarten gegeben.

Friedrichroda war und ist teilweise noch heute, speziell im Wintersport, eine Rodel-Hochburg. Deshalb werden nachfolgend bestimmte Ergebnisse in dieser Sportart genannt. In Friedrichroda wurden in folgenden Jahren die DDR-Meisterschaften im Rennrodeln durchgeführt:

1953
1961
1964
1968
1969

Viele Persönlichkeiten aus Friedrichroda haben im Rodelsport Vieles erreicht, sind Olympiasieger geworden, haben Olympia-Medaillen, Weltmeistertitel oder führende Ergebnisse bei Weltmeisterschaften, DDR-Meistertitel oder sehr gute Ergebnisse bei DDR-Meisterschaften errungen. Beispielhafte Persönlichkeiten aus Friedrichroda sind:

Norbert Loch (geb. 1962)
Horst Schönau (geb. 1949)
Margit Schumann (1952 – 2017)
Angelika Knösel (Höhler-Knösel) (geb. 1949)
Melitta Sollmann (geb. 1958)
Jochen Asche
Bernd Oberhoffner
Ilona Brand (Oeckel) (geb. 1958)
Karsten Albert (geb. 1968)
Ute Weiss (Oberhoffner) (geb. 1961)
Klaus-Michael Bonsack (geb. 1941)
Anna Maria Müller (Murach) (1949 – 2009)
Günter Schneider
Christa Michaelis (Jeschke)
Wolfgang Ackermann
Klaus Halbauer
Rolf Fuchs
Volker Dietrich
René Friedl (geb. 1967)
Yves Mankel (geb. 1970)
André Florschütz (geb. 1976)

6. Ausbildung bzw. Lehrzeit sowie Arbeitnehmer- und Arbeitsdiensttätigkeit

Die gesamte Ausbildung, Lehrzeit und der Arbeitsdienst erfolgten durch meinen Vater in dem Zeitraum, als das Nazi-System prägend für die gesellschaftliche Entwicklung in der damaligen Zeit war. Unter diesen Gegebenheiten müssen auch die Ausbildung, Lehrzeit und Arbeitsdiensttätigkeit meines Vaters gesehen werden.

Ich kann, wie ich dies bereits zum Ausdruck brachte, keinesfalls das gesellschaftliche System in der Nazizeit für richtig und erstrebenswert auch aus damaliger Sicht ansehen. Leider war die Zustimmung der Menschen, insbesondere in Deutschland, sehr hoch. Selbst, wenn manche Menschen, um nicht erhebliche Nachteile für ihre Familie und ihre Person zu erfahren, nicht mit Entschiedenheit sich gegen dieses System aufgelehnt haben sowie mutig als Widerstandskämpfer gegen das Nazi-Regime aufgetreten sind, ist es heute letztlich immer noch nicht zu verstehen, dass dieses faschistische System so viele Unterstützer in Deutschland hatte. Das ganze Herrschafts- und Gesellschaftssystem war von erheblicher Rassenideologie, Intoleranz, Inhumanität, Rechtlosigkeit, Revanchismus, Diktatur, Gewalt, Mord und vielen anderen negativen Faktoren gekennzeichnet. Es ist nicht verständlich, dass man in der Bundesrepublik und in West-Berlin so lange bis 1985 gebraucht hat, das ganze NS-System mit der gebotenen Entschiedenheit zu verurteilen und die Beseitigung vom Faschismus als Tag der Befreiung anzusehen. In seiner denkwürdigen historischen Rede vom 8. Mai 1985 vor dem Bundestag sprach der damalige Bundespräsident Richard von Weizsäcker (1920 – 2015) als erster deutscher Bundespräsident vom Tag der Befreiung. Warum musste die lange Zeit von 40 Jahren nach 1945 in der alten Bundesrepublik und in West-Berlin vergehen, bis man das ganze verbrecherische NS-System von höchster staatlicher Stelle verurteilt hat und als Würdigung für die Beseitigung des Faschismus dieser Tag, der 8. Mai als Ehrentag und als Tag der Befreiung in der alten Bundesrepublik und in West-Berlin gewertet wurde. Es ist auch nicht zu verstehen, dass eine hohe Anzahl dieser Leute, die mit Begeisterung den Nationalsozialismus vertreten haben und aktiv handelnde verantwortliche Mitstreiter dieses mörderischen faschistischen Systems waren, in der alten Bundesrepublik und in West-Berlin ihre frühere Tätigkeit, beispielsweise als Beamter, Richter, Staatsanwalt, Rechtsanwalt oder als Lehrer usw. wieder fortsetzen konnten.

Beispielsweise mussten der Verwaltungsjurist Hans Globke (1898 – 1973) als Chef des Bundeskanzleramts (1953 – 1963) unter dem damaligen Bundeskanzler Konrad Adenauer (1876 – 1967), der Agrarwissenschaftler Theodor Oberländer (1905 – 1998) als Bundesminister für Vertriebene, Flüchtlinge und Kriegsgeschädigte in der Zeit von 1953 bis 1960, in der er sich vehement für die Wiederherstellung des Deutschen Reiches in den Grenzen von 1937 einsetzte (Deutschland umfasste mit Stand 31. Dezember 1937 470.713 km², davon 114.296 km² jenseits der Oder-Neiße-Linie) und manche andere Politiker, die sich in den Besatzungszonen Westdeutschlands bzw. Westsektoren Berlins und in der am 23. Mai 1949 durch Verabschiedung des Grundgesetzes in diesen Gebieten gegründeten Bundesrepublik Deutschland in führenden Funktionen in der Bundesregierung sowie in den Landesregierungen der Bundesrepublik Deutschland befanden, vorrangig deshalb zurücktreten. Diese Rücktritte erfolgten insbesondere deshalb, weil die damals in der DDR für Recht Verantwortlichen die verhängnisvollen Missetaten dieser stellvertretend genannten und weiterer Politiker in der NS-Zeit einer breiten Öffentlichkeit durch Gerichtsverfahren in Abwesenheit dieser genannten Mitschuldigen eindrucksvoll dargelegt haben. Leider wurden Manche, die damals in einem bestimmten Umfang Mitverantwortung als Mitarbeiter der 1920 in München gegründeten Nationalsozialistischen Deutschen Arbeiterpartei (NSDAP) waren, nicht ausreichend und später in der Bundesrepublik Deutschland kaum bestraft. Dies betraf auch die Mitglieder und insbesondere Mitarbeiter der am 4. April 1925 – ebenfalls in München – durch Adolf Hitler gegründeten Schutzstaffel (SS) sowie der ab dem 05. Oktober 1921 bis zu deren Verbot am 10. Oktober 1945 durch das Kontrollrats-Gesetz Nr. 2 der vier Siegermächte des Zweiten Weltkrieges bestandenen Sturmabteilung (SA). Diese Leute haben, wie bereits erwähnt, insbesondere als ehemalige Mitarbeiter der SS bzw. SA nicht geringe Schuld auf sich geladen. Trotz vieler Aktivitäten von führenden Rechtsanwälten auch aus der damaligen

DDR, wie beispielsweise u. a. von Prof. Dr. Friedrich Karl Kaul (1906 – 1981), wurden diese Leute nicht oder nicht ausreichend bestraft.

Bevor der Verwaltungsjurist Hans Globke Chef des Bundeskanzleramts unter dem damaligen Bundeskanzler Konrad Adenauer und damit dessen engster Mitarbeiter und mit Aufgaben der Personalpolitik, der Kabinettsarbeit, der Einrichtung und Kontrolle des Bundesnachrichtendienstes (BND) und des Verfassungsschutzes betraut wurde, war er als Verwaltungsjurist im preußischen und später im Reichsinnenministerium als Mitverfasser und Kommentator der am 15. September 1935 erlassenen „Nürnberger Rassengesetze" tätig. Die „Nürnberger Rassengesetze" wurden im „Reichsgesetzblatt", Teil I, in der Ausgabe 100-1935 veröffentlicht. Außerdem war er verantwortlicher Ministerialbeamter für die „Zweite Verordnung zur Durchführung des Gesetzes über die Veränderung von Familiennamen und Vornamen“ („Namensänderungsverordnung“) vom 17. August 1938. Ab 1939 wurden männliche Juden dadurch im Rahmen dieser Gesetze verpflichtet, zusätzlich den Namen Israel und Jüdinnen, den zusätzlichen Vornamen Sara anzunehmen.

Vor seiner Zeit als Bundesminister für Vertriebene, Flüchtlinge und Kriegsgeschädigte betrieb Theodor Oberländer ab 1933 „Ostforschung“ mit dem Ziel, den deutschen Herrschaftsanspruch über Osteuropa wissenschaftlich zu untermauern. Außerdem arbeitete er in der „Professoren-Gruppe“ der nach dem späteren ersten Präsidenten des am 1. April 1956 gegründeten bundesdeutschen Nachrichtendienstes „Bundesnachrichtendienst“ (BND), Reinhard Gehlen (1902 – 1979), benannten „Operation Gehlen“ von 1946 bis Anfang 1948 als Experte für psychologische Kriegsführung mit.

Reinhard Gehlen selbst war an den Vorbereitungen für das “Unternehmen Barbarossa“, also für die Vorbereitungen des Überfalls auf die Sowjetunion, der am 22. Juni 1941 erfolgte, beteiligt und dabei für die Planungen des Transports und für die Reserve-Nachführung zuständig. Josef Wissarionowitsch Stalin selbst war ebenfalls darüber im Bilde, dass ein

Überfall Deutschlands auf die Sowjetunion stattfinden sollte, ignorierte jedoch diese Meldung.

Obwohl Reinhard Gehlen weder Fremdsprachen sprach, noch Kenntnisse über die Sowjetunion vorweisen konnte, wurde er im Mai 1942 zum Chef der Abteilung „Fremde Heere Ost“ des Heeres-Nachrichtendienstes ernannt.

Gehlens Vorahnung, dass die West-Alliierten den ehemaligen Verbündeten Sowjetunion nach Ende des Zweiten Weltkriegs ab Mai 1945 in der Zusammenarbeit nicht als gleichberechtigt betrachten würden, sollte sich im Nachhinein bestätigen. Bereits in amerikanischer Kriegsgefangenschaft wurde – mit Hilfe der Amerikaner – der Grundstein für die „Operation Gehlen“, aus dem am 1. April 1956 der „Bundesnachrichtendienst“ (BND) mit Reinhard Gehlen als deren Chef hervor gehen sollte, gelegt. Im Juli 1946 wurde vom US-amerikanischen Heeres-Nachrichtendienst „G2-Section“ die zunächst von den USA finanzierte spätere „Operation Gehlen“ gegründet, deren Chef Reinhard Gehlen zum Ende 1946 wurde.

Arbeitsgrundlage war folgende – aus dem Internet-Lexikon Wikipedia entnommene – mündliche Übereinkunft:

“

1. Es wird eine deutsche nachrichtendienstliche Organisation unter Benutzung des vorhandenen Potenzials geschaffen, die nach Osten aufklärt bzw. die alte Arbeit im gleichen Sinn fortsetzt. Die Grundlage ist das gemeinsame Interesse an der Verteidigung gegen den Kommunismus.

2. Die deutsche Organisation arbeitet nicht für oder unter den Amerikanern, sondern mit den Amerikanern zusammen.

3. Die Organisation arbeitet unter ausschließlich deutscher Führung, die ihre Aufgaben von amerikanischer Seite gestellt bekommt, bleibt so lange in Deutschland, bis noch keine deutsche Regierung besteht.

4. Die Organisation wird von amerikanischer Seite finanziert. ... Dafür liefert sie alle Aufklärungsergebnisse an die Amerikaner.

5. Sobald wieder eine souveräne deutsche Regierung besteht, obliegt dieser Regierung die Entscheidung darüber, ob die Arbeit fortgesetzt werden soll oder nicht. ...

6. Sollte die Organisation einmal vor der Lage stehen, in der das amerikanische und deutsche Interesse voneinander abweichen, so steht es der Organisation frei, der Linie des deutschen Interesses zu folgen."

Fritz Bauer (1903 – 1968) brachte als Generalstaatsanwalt (1956 bis 1968) des 1946 gegründeten westdeutschen Bundeslandes Hessen als einer von wenigen westdeutschen Anwälten Alt-Nazis, in seinem Fall in den ab 1963 in Frankfurt/Main stattgefundenen Auschwitz-Prozessen vor Gericht, bewertete die Rolle der antifaschistischen Widerstandskämpfer, die am Attentat auf Adolf Hitler am 20. Juli 1944 beteiligt waren, neu und gehörte zu Denjenigen, die die Entführung des ehemaligen Obersturmbannführers Adolf Eichmann (1906 – 1962), der maßgeblich an der Ermordung von sechs Millionen Juden während des Zweiten Weltkriegs verantwortlich war, durch den israelischen Geheimdienst Mossad von Argentinien nach Israel vorantrieben.

Weitgehend unbekannt ist, dass in der Französischen Besatzungszone Deutschlands auf dem Gebiet des heutigen Bundeslandes Baden-Württemberg von 1946 bis 1954 die so genannten „Rastatter Prozesse" auf Grundlage des „Kontrollratsgesetzes Nr. 10" gegen Verantwortliche des Deutschen Reichs zu Zeiten des Nationalsozialismus im Rastatter Schloss stattfanden. Dabei handelte es sich um 20 größere Prozesse gegen ca. 2.000 Personen. Diese ca. 2.000 Angeklagten konnten sich sowohl von deutschen, als auch von französischen Rechtsanwälten vertreten lassen. Bei diesen Prozessen wurden Kriegsverbrechen, Verbrechen gegen den Frieden und Verbrechen gegen die Menschlichkeit, insbesondere an Fremdarbeitern und Gefangenen, die in kleineren Konzentrationslagern, insbesondere auf dem

Gebiet des ab 1952 bestehenden Bundeslandes Baden-Württemberg, begangen wurden und die nicht vor Gerichten in den anderen Besatzungszonen Deutschlands verhandelt wurden, geahndet. Es wurden 105 Todesurteilte verhängt, von denen 62 vollstreckt wurden.

Durch Abstufungen und Unterscheidungen im bundesdeutschen Strafrecht, zum Beispiel Mord – Totschlag, Täter – Gehilfe, verjährten viele Verbrechen aus der NS-Zeit in der Bundesrepublik. Das vom früheren NS-Juristen Eduard Dreher (1907 – 1996) maßgeblich geprägte am 24. Mai 1968 in der Bundesrepublik erlassene und am 1. Oktober 1968 – auch in West-Berlin – in Kraft getretene „Einführungsgesetz zum Gesetz über Ordnungswidrigkeiten" (insbesondere Artikel 1 Ziffer 6), das auch auf das Strafgesetzbuch Einfluss hatte (veröffentlicht im Bundesanzeiger Teil I Nr. 33-1968 vom 30. Mai 1968, S. 503 – 577), wurde gemäß Artikel 57 des „Zweiten Gesetzes zur Bereinigung von Bundesrecht" vom 23. November 2007, veröffentlicht im Bundesanzeiger Teil I Nr. 59-2007 vom 29. November 2007, S. 2604 – 2630 mit Wirkung ab dem 30. November 2007 aufgehoben.

Paul von Hindenburg als damals amtierender Reichspräsident verlieh Adolf Hitler am 30. Januar 1933 den Posten des Reichskanzlers. Da Adolf Hitler österreichischer Staatsbürger war und noch keine deutsche Staatsbürgerschaft besaß, hätte er nicht amtierender Reichskanzler von Deutschland werden können. Alle davor erfolgten Versuche ab 1925, den damals staatenlosen Hitler einzubürgern und dadurch die deutsche Staatsbürgerschaft zu verleihen, scheiterten. Erst ab dem 25. Februar 1932 gelang es Adolf Hitler, durch den von der NSDAP mitregierten Freistaat Braunschweig die Staatsbürgerschaft Deutschlands auf diese Weise zu erhalten.

Damit wurde die Herrschaftsform der Demokratie bzw. die Weimarer Republik beendet, und es galt nunmehr das nationalsozialistische Führer-Prinzip als eine Herrschaftsform der Diktatur. Damit waren staatlicherseits die Ausgangsvoraus-setzungen für die NS-Herrschaft gegeben mit allen ihren uns bekannten verbrecherischen Folgen. Das NS-System nahm sich immer mehr Macht in den Folgejahren und schrak 1939 auch vor Kriegshandlungen gegen andere Länder nicht zurück.

Sven Felix Kellerhoff, der damalige leitende Redakteur Geschichte der Tageszeitung „Die Welt“, beschrieb in seinem gleichnamigen, am 11. August 2019 veröffentlichten Artikel „Die drei tödlichen Fehler der Weimarer Verfassung“, die zu deren Ende und damit zur Machtergreifung von Adolf Hitler führten. Diese werden auszugsweise aus dem genannten „Welt“-Artikel zitiert:

„..

Es waren tatsächlich die Artikel 25, 48 und 53 dieser ersten republikanischen deutschen Verfassung, die speziell ab Mai 1930 den Niedergang der gelebten Demokratie förderten und schließlich die Ernennung Hitlers am 30. Januar 1933 zum Reichskanzler ermöglichten. Am 31. Juli 1919 hatte die in Weimar tagende Nationalversammlung die 181 Artikel mit großer Mehrheit verabschiedet. Elf Tage später unterzeichnete sie Reichspräsident Friedrich Ebert am Esstisch in seinem Urlaubsort Schloss Schwarzburg in Thüringen.

Die drei berüchtigten Artikel waren eigentlich „Erbstücke“ aus der Verfassung des Kaiserreiches. Sie schrieben nämlich traditionelle Rechte des Monarchen „von Gottes Gnaden“ fort, die schon 1871 zu einem parlamentarischen System mit einer gewählten Volksvertretung (wenn auch nur Männer über 25 Jahre abstimmen durften) eigentlich nicht gepasst hatten.

„Artikel 25: „Der Reichspräsident kann den Reichstag auflösen.“

....

Artikel 25 der Weimarer Reichsverfassung (WRV) lautete: „Der Reichspräsident kann den Reichstag auflösen, jedoch nur einmal aus dem gleichen Anlass. Die Neuwahl findet spätestens am sechzigsten Tage nach der Auflösung statt.“

Laut der mehrfach geänderten monarchistischen Verfassung von 1871 hatte der Kaiser das Recht, „den Reichstag zu berufen, zu eröffnen, zu vertagen und zu schließen“. Ergänzend hieß es: „Zur Auflösung des Reichstages ist ein Beschluss des Bundesrates unter Zustimmung des Kaisers erforderlich.“ Und weiter: „Im Falle der Auflösung des Reichstages müssen innerhalb eines Zeitraumes von 60 Tagen nach derselben die Wähler versammelt werden."

Da der damalige Bundesrat (wie bereits an anderer Stelle in diesem Buch erwähnt) aus den Fürsten des Kaiserreichs bestand, nicht aus gewählten Vertretern und der Kaiser den Vorsitz führte, hatten stets die Monarchen die Befugnis, das demokratisch legitimierte Parlament aufzulösen: 1878 nach dem zweiten Attentat gegen Wilhelm I. binnen weniger Wochen, 1887 und 1893 jeweils nach dem Scheitern von Heeresvergrößerungen, 1906 wegen den Ausgaben für den Kolonialkrieg in Deutsch-Südwestafrika.

1919 (nach der Abdankung von Kaiser Wilhelm II. am 9. November 1918) schien es für Verfassungsjuristen offenbar undenkbar, dem Staatsoberhaupt das traditionelle Recht der Parlamentsauflösung zu verweigern. Allerdings versuchten sie, sich abzusichern, indem sie die Ergänzung hinzufügen: „nur einmal aus dem gleichen Anlass."

Von 1930 bis 1932 mussten dreimal Neuwahlen angesetzt werden, bei denen sowohl die Kommunisten, als auch die Nationalsozialisten Stimmenzuwächse verzeichnen konnten. Da die Kommunisten und die Sozialdemokraten jedoch keine Koalition bildeten, wurde die NSDAP auch hierdurch nachhaltig gestärkt.

Nachfolgend gehe ich auf den im bereits genannten „Welt"-Artikel beschriebenen zweiten Artikel der Weimarer Verfassung per auszugsweisem Zitat ein, der das Ende der „Weimarer Republik" beschleunigte.

„Artikel 48: „Der Reichspräsident kann die nötigen Maßnahmen treffen".

(In diesem Artikel heißt es unter anderem): „Wenn ein Land die ihm nach der Reichsverfassung oder den Reichsgesetzen obliegenden Pflichten nicht erfüllt, kann der Reichspräsident es dazu mit Hilfe der bewaffneten Macht anhalten. Der Reichspräsident kann, wenn im Deutschen Reiche die öffentliche Sicherheit und Ordnung nötigen Maßnahmen treffen, erforderlichenfalls mit Hilfe der bewaffneten Macht einschreiten. ...."

Zu diesem Zwecke darf er vorübergehend die in den Artikeln 114 (Freiheit der Person), 115 (Unverletzlichkeit der Wohnung), 117 (Briefgeheimnis, Post-, Telegraphen- und Fernsprechgeheimnis), 118 (Meinungsfreiheit), 123 (Versammlungsfreiheit), 124 (Vereinigungsfreiheit) und 153 (Eigentum) festgesetzten Grundrecht ganz oder zum Teil außer Kraft setzen."

Friedrich Ebert setzte den Artikel 48 der „Weimarer Verfassung" ca. 50 mal ein, insbesondere in den Jahren 1920, 1921 und 1923, um die Demokratie gegen Attacken von links bzw. rechts zu verteidigen.

Nicht erst in der Demokratie der Bundesrepublik Deutschland gibt es im Freistaat Thüringen seit 2014 ein rot-rotes Bündnis unter Führung des linken Ministerpräsidenten Bodo Ramelow, sondern bereits bei der Wahl zum 2. Landtag in der Geschichte des erst am 1. Mai 1920 gegründeten Freistaats Thüringen am 11. September 1921 mit 54 Abgeordneten. Von 1920 bis 1933 fanden in Thüringen sechs Landtagswahlen statt. Der Sitz des Thüringer Landtages befand sich – im Gegensatz zu heute – nicht in Erfurt, sondern in Weimar. Die Wahlbeteiligung bei der Wahl zum 2. Thüringer Landtag lag damals bei 72,45 Prozent. Die SPD erhielt 13 Sitze (22,84 Prozent der Stimmen), der von 1920 bis 1933 bestandene Thüringer Landbund (ThLB) 10 (18,94 Prozent der Stimmen), die USPD 9 (16,4 Prozent), die Deutsche Volkspartei (DVP) ebenfalls 9 Sitze (16,15 Prozent der Stimmen), die KPD 6 (10,89 Prozent), die durch Mitglieder am Kapp-Putsch 1920 beteiligte Deutschnationale Volkspartei (DNVP), deren Mitglieder sich nach Auflösung der DNVP 1933 mehrheitlich der NSDAP anschlossen, 4 Sitze (7,49 Prozent der Stimmen) und die linksliberale Deutsche Demokratische Partei (DDP) 3 Sitze (5,58 Prozent der Stimmen).

August Frölich (1877 – 1966), der nach dem Zweiten Weltkrieg in Thüringen auch in der SED Karriere machen sollte und am 7. April 1946 in Gotha auf Thüringen-Ebene die Zwangsvereinigung von KPD und SPD zur SED leitete und vom 21. November 1946 bis zur Auflösung der Länder in der DDR und

Aufteilung der Länder in Bezirke und Kreise im Rahmen einer Gebietsreform am 23. Juli 1952 Präsident des thüringischen Landtags war, war bei der Wahl zum 2. Landtag in der Geschichte Thüringens vom 7. Oktober 1921 bis zum 12. November 1923 leitender Staatsminister, zunächst ab dem 7. Oktober 1921 einer Koalition aus SPD und USPD unter Duldung der KPD und vom 16. Oktober 1923 bis zum 12. November 1923 einer Koalition aus SPD und KPD. Am 6. November 1923 rückte das Militär in Thüringen ein und verhängte per durch Friedrich Ebert erlassene „Notverordnung“ die „Reichsexekution“ mit dem Ziel, wie auch bereits wenige Tage zuvor, am 29. Oktober 1923, in Sachsen geschehen, die linken Koalitionsregierungen aus SPD und KPD durch Besetzung der Länder Sachsen und – in diesem speziellen Fall – Thüringen zu stürzen. Durch die Besetzung des Landes Thüringen durch die Reichswehr ab dem 6. November 1923 zerfiel die zweite Landesregierung Thüringens seit der Gründung des Freistaates Thüringen am 12. November 1923. Bis zum Wahltermin zum dritten Landtag Thüringens am 10. Februar 1924 gab es keine Nachwahlen. Diese Informationen wurden dem Internet-Lexikon Wikipedia entnommen.

In diesem Zusammenhang ist zu erwähnen, dass es gemäß Artikel 37 des Grundgesetzes der Bundesrepublik Deutschland einen „Bundeszwang“ gibt, der auf die „Reichsexekution“ zurückgeht. Die Bundesregierung hat in diesem Fall mit Zustimmung des Bundesrates das Recht, den Vollzug eines Bundesgesetzes durch ein Bundesland zwangsweise durchzusetzen, wenn es seinen Pflichten als Gliedstaat nicht mehr erfüllt. Die „Bundesnotbremse“, nach der sich auch die einzelnen deutschen Bundesländer an die bei festgelegten Corona-Inzidenzzahlen an die bundeseinheitlich festgelegten Maßnahmen halten müssen, ist ein gerade im Jahr 2021 notwendig gewordenes aktuelles Beispiel.

Nach dem Tod von Friedrich Ebert im Jahre 1925 wurde Paul von Hindenburg nach dem zweiten Wahlgang als Reichspräsident von Deutschland gewählt. Von Hindenburg hatte 1866 im Zweiten Deutschen Einigungskrieg in der Schlacht von Königgrätz mit teilgenommen. Er war auch am „Deutsch-Französischen Krieg“, dem „Dritten Deutschen Einigungskrieg“ 1870/1871 mit beteiligt. Am 18. Januar 1871 hatte sein

Garderegiment die Aufgabe, an der Proklamation von Wilhelm I. als deutschem Kaiser im „Spiegelsaal“ des Schlosses Versailles in der Nähe von Paris mitzuwirken. Während des Ersten Weltkriegs von 1914 bis 1918, darunter von 1916 bis 1918 als Chef der obersten Heeresleitung, war er an entscheidenden Schlachten beteiligt. Nachdem sich im ersten Wahlgang zur Reichspräsidenten–Wahl am 29. März 1925 kein Kandidat durchsetzen konnte, wurde von Hindenburg als damals parteiloser Kandidat von führenden Mitgliedern von Rechtsparteien 1925 angefragt, ob er antreten würde. Nach anfänglichem Zögern stimmte von Hindenburg zu, dass er im zweiten Wahlgang an der Reichspräsidenten-Wahl teilnehmen würde. Der damalige Duisburger Oberbürgermeister Karl Jarres (1874 – 1951) trat als Kandidat des rechtsparteilichen Reichsbürgerblocks, trotz dem er 10,8 Millionen Wahlzustimmungen erhielt, zu Gunsten von von Hindenburg zurück. Damit wurde Paul von Hindenburg als Vertreter des republikanischen „Reichsblocks“ im siegreichen Wahlkampf gegen Wilhelm Marx (1863 – 1946) vom republikanischen „Volksblock“ im zweiten Wahlgang am 26. April 1925 mit damals 77 Jahren der erste und in der bisherigen deutschen Geschichte bislang einzige Präsident Deutschlands, der direkt vom Volk gewählt wurde. Wilhelm Marx war insgesamt der am längsten (1923/1924 und 1926 bis 1928) amtierende Reichskanzler der Weimarer Republik.

In der Bundesrepublik wird, wie bekannt, der Bundespräsident zur Hälfte durch Mitglieder des Bundestages und zur Hälfte von durch die Parteien außerhalb des Parlaments bestimmter Persönlichkeiten gewählt. Wilhelm Pieck als einziger Präsident der DDR wurde auch nicht vom Volk direkt gewählt.

Paul von Hindenburg selbst missbrauchte die Anwendung des Artikels 48 der „Weimarer Verfassung“ ab 1930.

„Artikel 53: „Der Reichskanzler wird vom Reichspräsidenten ernannt“.

Nachdem die Regierung 1930 an der Frage des Beitragssatzes zur 1927 in Deutschland als erstem Land der Welt eingeführten Arbeitslosenversicherung zerbrochen war, berief von Hindenburg am 30. März 1930 bis zum 30. Mai

1932 Heinrich Brüning (1885 – 1970) von der Zentrums-Partei zum Reichskanzler. Auf Grund der von Brüning zur Bekämpfung der Weltwirtschaftskrise durchgeführten Sparmaßnahmen zerbrach die Große Koalition zwischen der SPD und der Zentrums-Partei 1930. Von Hindenburg regierte mit „Notverordnungen" nach Artikel 48 der „Weimarer Verfassung", die Brüning im Rahmen von „Präsidial-Kabinetten" am Parlament vorbei umzusetzen hatte. Da Brüning jedoch auch auf die parlamentarische Tolerierung durch Sozialdemokraten angewiesen war, wurde Brüning im Mai 1932 durch von Hindenburg entlassen. Vor seiner Flucht 1934 in die USA fiel Brüning 1933 noch die undankbare Aufgabe zu, die Zentrums-Partei als deren Vorsitzender im Juli 1933 abzuwickeln.

Auch Brünings Nachfolger Franz von Papen (1879 – 1969), der nur von Juni 1932 bis Dezember 1932 an der Macht war, in dieser Zeit jedoch nach seinem Austritt aus der Zentrums-Partei (03. Juni 1932) die SPD-geführte Regierung des Freistaats Preußen entmachtete, arbeitete wie dessen Nachfolger Kurt von Schleicher mit „Notverordnungen". Bei den Wahlen im Freistaat Preußen am 24. April 1932 war die NSDAP als Sieger hervorgegangen. Von Hindenburg setzte per „Notverordnung" am 14. Juli 1932 von Papen mit Wirkung ab dem 20. Juli 1932 mit dem Ziel, die preußische Regierung abzusetzen, weil die „öffentliche Sicherheit und Ordnung" gefährdet sei, als Reichskommissar ein. Damit wurde sowohl der Föderalismus, als auch die Demokratie in Deutschland geschwächt. Nach der Entlassung von Papens durch Paul von Hindenburg im Dezember 1932 arbeitete, wie genannt, der von Papen als Reichskanzler bis zu seinem Rücktritt am 28. Januar 1933, zwei Tage vor der Machtergreifung Hitlers am 30. Januar 1933, nachfolgende Kurt von Schleicher (1882 – 1934) ebenfalls mit „Notverordnungen" nach Artikel 48 der „Weimarer Verfassung".

Bereits vor Brünings Sturz hatte von Papen Kontakt zu den Nazis aufgenommen. Die Führung der NSDAP tolerierte eine Regierung von Papen unter zwei Bedingungen: Es sollte Neuwahlen geben und das von Brüning verhängte SA- und SS-Verbot sollte aufgehoben werden. Am 4. Juni 1932 löste Von Hindenburg das Parlament auf und am 16. Juni 1932 fiel das SA-Verbot. Dies löste viel politische Gewalt im Wahlkampf aus. Auf der

„Konferenz von Lausanne“ vom 16. Juni bis 9. Juli 1932 wollte von Papen eine Streichung der Deutschland im Zuge der Niederlage im Ersten Weltkrieg auferlegten Reparationsverpflichtungen erreichen. Dies konnte von Papen auf dieser Konferenz nicht durchsetzen. Mit Hilfe des Vorsitzenden der „Konferenz von Lausanne“, des britischen Premierministers Ramsay MacDonald (1866 – 1937), konnte von Papen jedoch eine von der NSDAP und der breiten Bevölkerungsmehrheit in Deutschland abgelehnte Abschlusssumme von 3 Milliarden Goldmark, die dem auf Grund der Weltwirtschaftskrise zahlungsunfähigen Deutschen Reich gestundet wurde, erreichen. Zwischen der NSDAP und von Papen kam es nach der Reichstagswahl am 31. Juli 1932, bei der die NSDAP die SPD als stärkste Partei ablöste und es auch für eine Koalition aus SPD und KPD nicht reichte, zum endgültigen Bruch. Hitler verlangte vom Kabinett von Papen die Kanzlerschaft sowie Schlüsselpositionen für die NSDAP im Kabinett für eine Koalitionsbeteiligung. Von Hindenburg lehnte Hitler als Reichskanzler damals noch ab. Am 6. November 1932 musste erneut gewählt werden. Die NSDAP musste zwar Verluste hinnehmen und die KPD konnte an Stimmen zulegen. Da die SPD und die Zentrums-Partei ein Regierungsbildungsangebot von Papens ausschlossen, versuchte von Papen, den „Staatsnotstand“ herbeizuführen, indem die Verfassung ausgesetzt und Neuwahlen auf unbestimmte Zeit verschoben werden sollten. Die Reichswehr sollte Proteste der Linken und der NSDAP im Keim ersticken. Nachdem Franz von Papen im Dezember 1932 gestürzt und auf Betreiben Paul von Hindenburgs durch Kurt von Schleicher ersetzt wurde, verhandelte er mit Hitler über eine Koalitionsregierung zwischen der national-konservativen Deutschnationalen Volkspartei (DNVP) und der NSDAP. Hierzu fanden Treffen mit Hitler statt: am 4. Januar 1933 und – diesmal mit den Hindenburg-Vertrauten Oskar von Hindenburg (1883 – 1960), der der Sohn von Paul von Hindenburg war und Otto Meissner (1880 – 1953), dem Büroleiter der Reichspräsidenten Friedrich Ebert und Paul von Hindenburg sowie danach bis 1945 der Präsidialkanzlei Adolf Hitlers. Von Papen saß dem Irrglauben auf, er könne so die Nationalsozialisten kontrollieren. Durch diese fatale Aktion ebnete er Adolf Hitler den Weg zur Macht ab dem 30. Januar 1933. Die drei Hindenburg-Vertrauten überzeugten Paul von Hindenburg, sich, wie erwähnt, doch für Adolf Hitler als Reichskanzler zu entscheiden. Nach einer kurzen Zeit als Vizekanzler im Kabinett von Adolf Hitler ab Januar 1933 trat von Papen im Zuge der am 1. Juli 1934 durchgeführten Ermordung des Chefs der im November 1920 zunächst als Deutsche Turn- und Sport-Abteilung und, wie an anderer Stelle dieses Buches bereits erwähnt, am 5. Oktober 1921 in Sturm-Abteilung umbenannten SA, Ernst Röhm (1887 – 1934), zurück. Als Gesandter und – ab 1936 – Botschafter des Deutschen Reiches in Österreich bereitete er den Anschluss Österreichs 1938 ans Deutsche Reich vor. Bei den „Nürnberger Prozessen" 1946 wurde er freigesprochen.

Kurt von Schleicher wollte als Nachfolger Franz von Papens die NSDAP spalten. Dies misslang. Daraufhin wollte von Schleicher das Parlament auflösen. Dies lehnte Paul von Hindenburg ab. Nach dem Rücktritt Kurt von Schleichers, der von Paul von Hindenburg eigentlich als Reichskanzler vorgesehen war, am 28. Januar 1933 war der Weg für die Machtergreifung Hitlers am 30. Januar 1933 endgültig frei. Im Zuge des „Röhm-Putsches" wurde Kurt von Schleicher im Juli 1934 erschossen.

Dadurch, dass Hitler den auch unter den Bedingungen der Weltwirtschaftskrise 1929 bis 1933 unter extremer Armut leidenden Menschen Arbeit versprach, zum Beispiel durch den Bau von Autobahnen, aber auch in Rüstungsbetrieben während des Zweiten Weltkriegs, konnte sich Hitler bis 1945 an der Macht behaupten. Auch durch die Weltwirtschaftskrise von 1929 bis 1933 und die dadurch auch für Deutsche sehr schlimmen wirtschaftlichen Verhältnisse, die von großer Not, Armut und Hunger und vielen anderen sehr ungünstigen Gegebenheiten für die Menschen geprägt waren, bestanden die Voraussetzungen, dass ein „starker Mann" gesucht wurde, der diese schlimmen Verhältnisse veränderte. Dies hat die Führung der NSDP in Person von Adolf Hitler genutzt und ist auch dadurch an die Macht gekommen. Er hat leider auch dabei Unterstützung von einer nicht geringen Zahl von Deutschen bekommen. Durch die Machtübernahme Hitlers erfolgte eine sehr schlimme Diktatur, und die Gesellschaftsform der Demokratie in Form der „Weimarer Republik" war dadurch beendet.

Nach der ausführlichen Beschreibung der Anwendung des Paragraphen 48 der „Weimarer Verfassung“ wird nachfolgend über den weiteren Weg meines Vaters unter Beachtung der wesentlichen Veränderung des Gesellschaftssystems berichtet.

Mein Vater war gerade 14 Jahre alt, als Hitler mit der NSDAP-Führung am 30. Januar 1933 an die Macht kam. Er musste u. a. in der Schule und als für ihn notwendiges Hitler-Jugend-Mitglied die bereits am 1. März 1933 sich für ihn ergebende Entwicklung vollziehen.

Die sportliche Entwicklung des Einzelnen spielte beim Nazi-Regime keine untergeordnete Rolle, denn man wollte bei der 1936 in Berlin unter NS-Herrschaft stattfindenden Olympiade einen hohen Medaillenrang erzielen. Insbesondere wegen der zu erreichenden höheren Wehrertüchtigung und auch wegen der erwähnten Olympiade in Berlin unterstützte das NS-Regime im besonderen Maße die sportliche Bewegung und Betätigung auch bei Jugendlichen.

Mein Vater lebte als Jugendlicher in Friedrichroda nur etwas länger als 3 Jahre, bevor die Nazis an die Macht kamen. Auch in Friedrichroda änderte sich unter der Führung der NSDAP Einiges.

Zwei Berufswünsche hatte mein Vater: Förster oder Kriminalist. Er musste jedoch froh sein, dass er überhaupt eine Lehr- bzw. Ausbildungsstelle nach seinem Schulabschluss in der Ober-Realschule als 17Jähriger ab dem Jahr 1935 unter den damaligen vorherrschenden Gegebenheiten bekommen konnte.

Dadurch war es leider nicht möglich, seinen eigenen gehegten Wünschen nachzukommen, und er versuchte in Ermangelung der nicht gegebenen Möglichkeit, wenigstens eine Lehre bei einer Bank aufnehmen zu können.

Er konnte mit dem damaligen Sparkassendirektor die Aufnahme einer Lehre vereinbaren. Auch für den Bruder meines Vaters, Heinz Märtin, konnte mein Vater eine Lehrstelle in Waltershausen als Fotodrogist, beginnend ab 1936, erreichen. Um die Lehrstellen hat sich deshalb mein Vater und nicht sein Vater üblicherweise gekümmert, weil sein Vater wegen seiner politischen Gesinnung in keiner Weise damit einverstanden war, dass mein Vater den besonders wegen seiner sportlichen Fähigkeiten auserwählten Posten des Hitler-Jugendführers von Friedrichroda übernehmen sollte.

Diese auserwählte Tätigkeit hat mein Vater dann nicht wahrgenommen, denn zum Prüfungstag, dem 2. März 1935, für die Hitler-Jugend-Führerschaft für Friedrichroda, hatte mein Vater eine Auseinandersetzung mit dem Unterbauführer der HJ im Beisein der damaligen Mitglieder der Hitler-Jugend in Friedrichroda, Karlheinz Schuppe und H. Rechlin. Er wurde deshalb von der Hitler-Jugend-Mitgliedschaft in Friedrichroda beurlaubt und somit für Friedrichroda degradiert. Dadurch war mein Vater nicht mehr HJ-Führer von Friedrichroda und wurde nach Ernstroda strafversetzt. Bis zum 30. September 1937 war er in der Hitler-Jugend in Ernstroda tätig. Durch die berufliche Tätigkeit in Herbsleben in Thüringen brauchte und konnte mein Vater diese Tätigkeit bei der Hitler-Jugend nicht mehr fortsetzen.

Mein Vater bekam am 19. März 1935 von der Sparkasse für das vormalige Herzogtum zu Gotha, Zweig- und Nebenstelle Friedrichroda, an seine Anschrift in Friedrichroda, Gartenstraße 19, nachfolgendes Schreiben:

„Wie teilen Ihnen mit, dass Ihre Einstellung als Lehrling bei uns für des 20. des Monats in Aussicht genommen ist. Sie wollen sich an diesem Tage vormittags 8 Uhr bei unserer Zweigstelle in Waltershausen unter Vorzeigung dieses Schreibens melden. Der Abschluss eines Lehrvertrags mit Ihrem gesetzlichen Vertreter bleibt vorbehalten.

Das vormalige Herzogtum Gotha"

Am 20. März 1935 erhielt mein Großvater Paul Märtin von der Sparkasse des vormaligen Herzogtums Gotha nachfolgendes Schreiben:

„In der Anlage übersenden wir Ihnen den Entwurf des Lehrvertrags in zwei Stücken mit dem Ersuchen, den Vertrag gemeinsam mit Ihrem Sohn zu unterzeichnen. Das von uns unterzeichnete Stück behalten Sie zurück, während das andere mit ihren Unterschriften uns zurückzugeben ist. Die Vergütung des Lehrlings beträgt im ersten Lehrjahr 25,- RM, im zweiten 36,- RM, im dritten 47,- RM. Die Lehre beginnt bei der Zweigstelle unserer Sparkasse in Waltershausen. Wir behalten uns jedoch eine zeitweilige Versetzung des Lehrlings an die Hauptanstalt in Gotha vor. Sie wollen uns Ihr Einverständnis mit dem Inhalt dieses Schreibens bestätigen. Sparkasse des vormaligen Herzogtums Gotha."

Es wurde nachfolgend zitierter Lehrvertrag erstellt, der von dem Verantwortlichen der Sparkasse des vormaligen Herzogtums Gotha und meinem Großvater als gesetzlichem Vertreter und meinem Vater unterschrieben wurde:

Lehrvertrag

Zwischen der Sparkasse für das vormalige Herzogtum Gotha zu Gotha und dem Schlosser Paul Märtin in Friedrichroda als gesetzlichem Vertreter seines Sohnes Walter Märtin, da selbst, wird hiermit folgender Lehrvertrag geschlossen:

§ 1

Die Sparkasse nimmt den Walter Märtin, geb. am 23. Oktober 1918 zu Friedrichroda, als Lehrling in ihren Dienst auf und wird ihn in den verschiedenen Geschäftstätigkeiten beschäftigen und ausbilden.

§ 2

Die Lehrzeit beträgt 3 Jahre vom Tage des Eintritts, dem 20. März 1935 ab gerechnet. Ein Anspruch auf Anstellung nach Ablauf der Lehrzeit steht dem Walter Märtin nicht zu. Eine Abkürzung der Lehrzeit bei guten Leistungen und einwandfreier Führung aus besonderen Gründen ist allein dem Ermessen der Sparkasse überlassen.

§ 3

Der Lehrling ist zur gewissenhaften Ausführung aller ihm übertragenen Arbeiten und Obliegenheiten verpflichtet. Den Anordnungen des Sparkassenvorstandes und der zuständigen Beamten hat er unweigerlich und pünktlich Folge zu leisten und sich Vorgesetzten, Mitarbeitern und Kunden gegenüber eines gesitteten, höflichen und zuvorkommenden Betragens zu befleißigen. Er ist über alle zu seiner Kenntnis gelangenden amtlichen Angelegenheiten zur Verschwiegenheit verpflichtet, auch wenn das Dienstverhältnis gelöst ist. Alle für die Beamten, Angestellten und Hilfskräfte erlassenen und künftig noch in Kraft tretenden allgemeinen Bestimmungen über Dienstpflichten finden auf das Lehrverhältnis Anwendung. Auch außerhalb des Dienstes ist der Lehrling gehalten, sich ordentlich zu führen und Nachteile und Schäden von seinem Arbeitgeber abzuwenden, soweit er persönlich dazu imstande ist.

§ 4

Der Lehrling erhält während seiner Lehrzeit eine Vergütung nach dem Tarif für Lehrlinge bei den Thüringer Staatsverwaltungen. Die Zahlung kann rechtswirksam an den Lehrling selbst erfolgen. Urlaub wird nach den bestehenden und noch zu erlassenden Bestimmungen gewährt. Im Erkrankungsfalle finden die Bestimmungen für die Hilfskräfte der Sparkasse Anwendung. Bei längerer als 6 Wochen dauernder Erkrankung entscheidet die Sparkasse über Fortzahlung der Vergütung. Dauert die Erkrankung länger als ein Vierteljahr, so kann die Sparkasse vom Kündigungsrecht Gebrauch machen.

§ 5

Während der ersten drei Monate, die als Probezeit gelten, kann das Lehrverhältnis von beiden Teilen mit achttätiger Frist gekündigt werden. Der Sparkasse steht im Übrigen das Recht jederzeitiger Kündigung zu, wenn der Lehrling seine Pflichten verletzt oder sich sonst als unwürdig erweist, weiter im Dienst der Sparkasse tätig zu sein.

§ 6

Der Lehrling hat die auf ihn entfallenden gesetzlichen Beiträge zu den reichs- oder landesgesetzlich eingeführten Versicherungen für Arbeitnehmer seiner Berufsklasse zu entrichten.

§ 7

Vorstehender Vertrag wurde zweifach ausgefertigt, von den Beteiligten unterschrieben und in je einem Stück ausgehändigt.
Gotha, den 20. März 1935
Friedrichroda

Sparkasse
des vormaligen Herzogtums Gotha

Öbler Paul Märtin

Walter Märtin

In folgenden Fächern wurden durch meinen Vater in der Berufsschule Waltershausen bei der Sparkasse für das vormalige Herzogtum Gotha die Abschlussprüfungen abgelegt:

„Kaufmännische Abschlussprüfung

mit den Einzelfächern:

Handelskunde

schriftlich
mündlich

Briefverkehr

Wirtschaftliches Rechnen

schriftlich
mündlich

Buchführung und Bilanzlehre

schriftlich
mündlich

Wirtschaftsgeographie
Staatsbürgerkunde“

Mein Vater hat in der kaufmännischen Abschlussprüfung in allen zwei Jahren der Ausbildung an der Berufsschule jedes Jahr die Gesamtnote “Gut“ bekommen. In den einzelnen Fächern hat er auch überwiegend die Note 2 bekommen.

Von der Sparkasse für das vormalige Herzogtum Gotha hat mein Vater nachfolgendes Lehrzeugnis bekommen:

„Lehrzeugnis

Herr Walter Märtin, geboren am 23.10.1918 zu Friedrichroda, trat am 20.03.1935 als Lehrling in unserer Sparkasse ein. Seine Lehrzeit war ursprünglich auf 3 Jahre festgesetzt. Infolge seines einwandfreien Verhaltens kürzten wir die Lehrzeit ab, so dass Herr Walter Märtin sie mit dem 30.09.1937 beendet. Ab 01.10.1937 übernehmen wir Herrn Märtin als Angestellten. Wir überließen Herrn Walter Märtin zur Ausbildung unserer Zweigstelle in Waltershausen. Neben den allgemeinen Lehrlingsarbeiten war ihm Gelegenheit geboten, sich mit den Arbeiten in einer neuzeitlich ausgebauten Sparkasse vertraut zu machen, insbesondere sich Kenntnisse in der Buchführung, dem Sparverkehr, dem Giro- und Kontokorrent-Verkehr, dem Scheck- und Wechselgeschäft und in den vielseitigen Abstimmungsarbeiten zu erwerben. Weiterhin konnten wir Herrn Märtin zu der gelegentlichen Führung des Journals heranziehen. Herr Märtin bearbeitete ferner in der letzten Zeit auch die periodischen Aufstellungen und statistischen Arbeiten und half bei der Aufstellung der Monatsbilanzen.

Die ihm übertragenden Arbeiten führte Herr Walter Märtin willig und mit großem Fleiß aus. Sein Verhalten in und außer Dienst war einwandfrei. Über sein Einfügen in der Gemeinschaft hatten wir Klagen nicht zu erheben.

Sparkasse für das vormalige Herzogtum Gotha

gez. Seynisch“

Bild 10: Walter Märtin während der Berufsausbildung

Somit konnte mein Vater wegen seinen guten Leistungen seine Lehre bereits eher beenden und hat gleich ein Angestelltenverhältnis nach seiner

Ausbildung bekommen. Ab dem 1. Oktober 1937 war er als Angestellter der Sparkasse für das vormalige Herzogtum Gotha in der Zweigstelle in Herbsleben (Thüringen) tätig. Herbsleben ist eine Gemeinde im heutigen Hainich-Unstrut-Kreis in Thüringen. In der DDR gehörte es zum Landkreis Langensalza. Der Landkreis Langensalza wurde mit der Gebietsreform am 23. Juli 1952 und der Auflösung der Länder in der DDR bis zur Wiedereinführung der Länder im Laufe des zweiten Halbjahres 1990 dann dem Bezirk Erfurt zugeordnet.

Herbsleben gehörte zum Zeitpunkt des Angestelltenverhältniseintritts in die Sparkasse des vormaligen Herzogtums Gotha zur Provinz Sachsen, dem Regierungsbezirk Erfurt sowie dem Kreis Langensalza an.

Mein Vater arbeitete vom 1. Oktober 1937 bis zum 30. Juni 1938 in Herbsleben in der dortigen Zweigstelle der Sparkasse für das vormalige Herzogtum Gotha. Weil Herbsleben über 70 Kilometer von Friedrichroda entfernt liegt, hat er an den Arbeitstagen auch meistens in Herbsleben übernachtet und dort gewohnt.

Am 4. Mai 1938 wurde nachfolgende Einschätzung bezüglich der beruflichen Tätigkeit meines Vaters von der Zweigstelle Herbsleben der Sparkasse für das vormalige Herzogtum Gotha schriftlich erstellt:

„Herr Walter Märtin, Herbsleben, ist seit Oktober in hiesiger Zweigstelle tätig. Er führte das Tagesjournal und die Hauptbücher. Außerdem oblag ihm die Erledigung der allgemeinen Korrespondenz. Im Schalterverkehr mit der Kundschaft hat er sich als gewandt erwiesen. Seine geschäftlichen Fähigkeiten sowie seine Auffassungsgabe sind gut. Ich schätze Herrn Märtin als wichtigen, sicheren Arbeiter, den ich ungern verliere. Herr Märtin hat einen offenen Charakter und ist solide. In unsere Betriebsgemeinschaft hat er sich gut eingefügt und war stets einsatzbereit. Seine Führung in und außer Geschäft gab nie zu Klagen Anlass. Ich kenne Herrn Märtin seit mehreren Jahren und kann ihn nur wärmstens empfehlen."
Am 30. Juni 1938 erhielt er für seine Tätigkeit in der Zweigstelle Herbsleben der Sparkasse für das vormalige Herzogtum Gotha folgendes Zeugnis:

„Zeugnis

Herr Walter Märtin, geboren am 23.10.1918 zu Friedrichroda, übernahmen wir nach Beendigung seiner Lehrzeit am 01.10.1937 als Angestellten in unsere Dienste. Wir überwiesen ihn zur Beschäftigung unserer Zweigstelle in Herbsleben. Dort wurde Herr Märtin mit allen buchhalterischen Arbeiten und mit der Wahrnehmung der Gegenbuchführung – Arbeiten unserer Zweigstelle Gräfentonna – betraut. Die ihm übertragenen Arbeiten führte Herr Märtin willig und zu unserer Zufriedenheit aus. Über sein Verhalten in und außer Dienst hatten wir Klagen nicht zu erheben, ebenso nicht über sein Einfügen in die Gemeinschaft. Im Übrigen wird auf das Herrn Walter Märtin am 30.06.1937 erteilte Lehrzeugnis Bezug genommen. Herr Walter Märtin scheidet mit dem heutigen Tag aus unseren Diensten auf eigenen Wunsch.

Sparkasse für das vormalige
Herzogtum Gotha

gez. Seynisch“

Weil die Sparkasse damals ihre Angestellten sehr schlecht bezahlte, bemühte mein Vater sich, eine andere Tätigkeit im Bankwesen zu bekommen. Am 1. Juli 1938 wurde er Mitarbeiter der Mitteldeutschen Zentralgenossenschaftsbank e. GmbH und gehörte der Zweigstelle Magdeburg an, arbeitete jedoch in Gotha. Dort konnte er nur bis zum 29. März 1939 arbeiten, weil er dann seine Arbeitsdienstpflicht wahrnehmen musste.

Am 9. Mai 1938 erhielt er folgendes Schreiben:

„Wir kommen zurück auf Ihr Bewerbungsschreiben vom 4. Mai 1938 und auf die telefonische Unterhaltung, die wir heute mit Ihnen geführt haben. Wir engagieren Sie hiermit als Angestellten zum Eintritt am 1. Juli 1938. Die Bezahlung erfolgt nach dem Reichstarif für das Bankgewerbe Gruppe III, 1. Berufsjahr. Danach erhalten Sie ein Monatsgehalt von 142,36 RM brutto.

Hierzu kommt noch das nach dem Tarif übliche dreizehnte Monatsgehalt, das je zur Hälfte am 15. April und am 15. Dezember eines jeden Jahres gezahlt wird. Die Kündigungsfrist ist die gesetzliche, das heißt sechs Wochen vor Quartal. Wie wir Ihnen schon telefonisch mitteilten, hat das Arbeitsamt Gotha auf unseren Antrag hin die Einstellung heute genehmigt. Wir haben das Engagement angenommen. Wir bitten Sie, durch Rücksendung des beigefügten Entwurfs uns zu bestätigen, dass Sie mit den Bedingungen einverstanden sind.

gez. Mitteldeutsche Zentralgenossenschaft e. GmbH"

Am 29. März 1939 erhielt er noch nachfolgendes Zeugnis von der Fachstelle Magdeburg der Mitteldeutschen Zentralgenossenschaftsbank e. GmbH:

„Zeugnis

Herr Walter Märtin, geboren am 23. Oktober 1918 in Friedrichroda, trat am 1. Juli 1938 in unsere Dienste. Er wurde in die Korrespondenzabteilung, Scheckabteilung und mit Abschlussarbeiten beschäftigt. Die ihm übertragenen Arbeiten hat Herr Märtin mit großem Fleiss und gutem Verständnis zu unserer vollen Zufriedenheit erledigt. Sein Betragen innerhalb und außerhalb des Dienstes war einwandfrei. In die Betriebsgemeinschaft hat er sich gut eingefügt. Herr Märtin verlässt uns heute, um seiner Arbeitsdienstpflicht zu genügen. Wir wünschen ihm für die Zukunft alles Gute.

gez. Mitteldeutsche Zentralgenossenschaft e. GmbH“

Mein Vater hat im Rahmen einer Fortbildung für die Teilnahme an der von der Deutschen Sparkassenschule Hannover im Februar 1938 veranstalteten 12. Lehrgangsabschlusskurs am 25. Februar 1938 nachfolgendes Zeugnis bekommen, nachdem er sich zuvor am gleichen Tag dort der Abschlussprüfung unterzogen hatte.
„Auf Grund der Leistungen in den Prüfungsfächern ist die Prüfung mit dem Gesamtergebnis „voll befriedigend“ bestanden.

Hannover, am 25. Februar 1938

Deutsche Sparkassenschule Hannover

gez. Werner
Direktor“

Nach dem 29. März 1939 bis zum Beginn des Zweiten Weltkriegs musste mein Vater gemäß der Festlegung beim Reichsarbeitsdienst (RAD) als einer Art Vorwehrpflicht und als eine Organisation im Nationalsozialistischen Reich die Arbeitsdiensttätigkeit absolvieren.

Im Gesetz zum Reichsarbeitsdienst, das 1935 verkündet wurde, war u. a. im § 1 (2) enthalten, wie nachfolgend aus dem Internet-Lexikon Wikipedia zitiert wird:
„Alle jungen Deutschen beiderlei Geschlechts sind verpflichtet, ihrem Volk im Reichsarbeitsdienst zu dienen." Im § 3 (1) dieses Gesetzes war enthalten: „Der Führer und Reichskanzler bestimmt die Zeit der jährlich einzuberufenden Dienstpflichtigen und setzt die Dauer der Dienstzeit fest."

Im § 1 dieses Gesetzes war festgelegt: „Der Reichsarbeitsdienst ist Ehrendienst am deutschen Volke. ....
Der Reichsarbeitsdienst soll die deutsche Jugend im Geiste des Nationalsozialismus zur Volksgemeinschaft und zur wahren Arbeitsauffassung, vor allem zur gebührenden Achtung der Handarbeit erziehen. Der Reichsarbeitsdienst ist zur Durchführung gemeinnütziger Arbeiten bestimmt."

Der Reicharbeitsdienst diente in erster Linie der Einhaltung der Erziehungsvorstellungen der damaligen Zeit und damit der Disziplinierung der Jugendlichen im Sinne des Nationalsozialismus. Darüber hinaus sollte auch ein Beitrag zur Wirtschaft geleistet werden. Im genannten Internet-Lexikon wurde zur Beschäftigung des Arbeitsdienstes u. a. geschrieben:

„Vor dem Zweiten Weltkrieg befasste er sich mit:

- Forst- und Kultivierungsaufgaben
- Deichbauaufgaben
- Entwässerungsaufgaben
- Landwirtschaftsaufgaben
- Urbarmachung der Moor- und Heideflächen. Dadurch sollten neue Höfe entstehen."

Außerdem wird in diesem Internet-Lexikon erwähnt, dass ab 1938 diese ursprünglichen Aufgaben des Arbeitsdienstes dann in den Hintergrund gedrängt wurden, denn die militärischen Vorbereitungsaufgaben standen für die Arbeitsdienst-Verpflichteten im Vordergrund, zum Beispiel als Einsatz in der Bautruppe der Wehrmacht.

Unter diesen Gegebenheiten trat mein Vater vom 1. April 1939 bis zum 31. August 1939 seine Arbeitsdienst-Tätigkeit in der RAD-Abteilung 6/235 in Martinroda in Thüringen an. Der kleine Ort Martinroda liegt zwischen Plaue und Ilmenau und ist nur 4 Kilometer von Ilmenau entfernt. Dort musste er vorrangig vormilitärische Arbeiten ausführen.

7. Zeit des Zweiten Weltkriegs von 1939 bis 1945

Ab dem 1. September 1939 bis zum 30. November 1939 wurde mein Vater in die Wehrmachts-Baukompanie in der Umwandlung zum Dienst als Pionier eingesetzt. Mein Vater war beim Einsatz in der Wehrmacht erst 20 Jahre alt und musste damit rechnen, dass kriegerische Kämpfe bevorstanden, ein Krieg eintreten würde und er dabei auch sein Leben verlieren könnte. Als so junger Mensch mit diesem möglichen Ausgang zu rechnen und nicht auf normalem üblichem Weg seinen Leben gestalten zu können, war bestimmt für ihn sehr niederschmetternd.

Unmittelbar danach wurde er in der ehemaligen deutschen Wehrmacht Soldat und gehörte bis zum 20. Dezember 1941, dann mit dem Dienstgrad als Gefreiter der 52. Infanterie-Division des 3. Bataillons des Infanterie-Regiments 205 und des Infanterie-Regiments 163 an. Die 52. Infanterie-Division war eine Division im Heer als ein Großverband der deutschen Wehrmacht. Im Internet-Lexikon Wikipedia wird zur Tätigkeit der 52. Infanterie-Division u. a. geschrieben:

„Die 52. Infanterie-Division wurde am 26. August 1939 als 2. Teil der Aufstellungswelle in Siegen im Wehrkreis IX aufgestellt. ....
1939 erhielt die 52. Infanterie-Division Grenzsicherungsaufgaben im Raum Saarpfalz und Trier am Westwall und diente danach als OKH-Reserve bei Kusel. Zu Beginn des West-Feldzuges 1940 marschierte die 52. Infanterie-Division unter dem Kommando der 12. Armee durch Luxemburg und Belgien nach Nordfrankreich vor. In diesem Zusammenhang war die Division an Kämpfen in der Aisne in der Champagne und in Dijon beteiligt. Am 10.05.1940 musste der Luxemburg-Feldzug unter der Führung der NSDAP begonnen werden."

In diesem Zusammenhang muss erwähnt werden, dass vor In-Kraft-Treten des ursprünglich auf 10 Jahre angelegten Hitler-Stalin-Pakts am 23. August 1939, der durch die damaligen Außenminister der Sowjetunion, Molotow und Nazi-Deutschlands, von Ribbentrop, unterzeichnet wurde, durch beide Außenminister als dessen Vorstufe am 19. August 1939 ein

„Kreditabkommen zwischen dem Deutschen Reich und der Union der Sozialistischen Sowjetrepubliken“ ausgehandelt und zweimal, am 11. Februar 1940 und am 10. Januar 1941 überarbeitet wurde. Die Sowjetunion benötigte Maschinen und Waffen und lieferte Deutschland dafür Nahrungsmittel und Rohstoffe (Getreide und Mineralöl, Transit von Nichteisenmetallen und Kautschuk aus Ostasien).

Da der Überfall von Nazi-Deutschland auf Polen bereits in Planung war, wurde von Nazi-Deutschland auf die Verträge mit der Sowjetunion gedrängt, und es wurden seitens von Nazi-Deutschland mögliche Vorteile für die Sowjetunion, die sich aus den Inhalten der Verträge ergeben würden, in Kauf genommen.

Bild 11: von links nach rechts: Clara Märtin, Heinz Märtin, Walter Märtin, Paul Märtin

Für den gleichzeitigen am 10. Mai 1940 vollzogenen Einmarsch der Heeresgruppe A der deutschen Wehrmacht in Luxemburg und der Heeresgruppe B der deutschen Wehrmacht in die Niederlande und in Belgien lieferte die Sowjetunion gemäß dem im vorangegangenen Absatz genannten Vertrag an Deutschland Rohstoffe.

Im Internet-Lexikon Wikipedia ist u. a. Folgendes zum Luxemburg-Feldzug zu lesen:

„Luxemburg wurde am ersten Tag des West-Feldzuges, am 10. Mai 1940, von der deutschen Wehrmacht besetzt. Der deutsche Angriff hatte das Ziel, die französischen Verteidigungsanlagen der Maiginot-Linie durch ein Vorrücken durch den luxemburgisch-belgischen Raum zu umgehen. Dabei war Luxemburg als Ausgangsstaat von Interesse, entscheidende Schlachten fanden einige Tage später in den französischen Ardennen und Belgien statt. Als erste die Schlacht bei Sedan (10. - 13. Mai 1940). Der Befehl zur Vorbereitung der Operation wurde bereits am 9. Oktober 1939 erteilt.

....

Am 10. Mai 1940 begann der Angriff deutscher Verbände (Fall „Gelb“) mit insgesamt sieben Armeen auf die neutralen Staaten Niederlande, Belgien und Luxemburg (unbewaffnete Neutralität).“

Man muss – historisch betrachtet – erwähnen, dass, ohne einen echten Kriegsgrund zu liefern, die deutsche Wehrmacht am 1. September 1939 in Form eines Aggressionskriegs Polen überfiel. Bereits am 28. April 1939 kündigte Nazi-Deutschland den am 26. Januar 1934 geschlossenen deutsch-polnischen Nicht-Angriffs-Pakt, auch als Piłsudski-Hitler-Pakt bekannt. Dieser damalige Pakt wurde zwischen Adolf Hitler und dem damaligen polnischen Marschall bzw. damaligen De-facto-Machthaber in Polen, Józef Piłsudski (1867 – 1935), der 1918 führend bei der Wiedererrichtung des polnischen Nationalstaats beteiligt war, geschlossen. Dieser Vertrag wurde am 26. Januar 1934 vom damaligen von 1932 bis 1938 amtierenden deutschen Außenminister Konstatin Hermann Karl Freiherr von Neurath (1873 – 1956) verhandelt. Konstatin Hermann Karl Freiherr von Neurath war nach seiner Zeit als Leiter des nach dem Überfall Hitler-Deutschlands auf die

Tschechoslowakei von 1939 bis 1943 entstandenen „Reichsprotektorats Böhmen und Mähren“ am 1. Oktober 1946 als eine von 24 Personen im „Nürnberger Prozess“ gegen die Hauptkriegsverbrecher vor dem Internationalen Militärgerichtshof in allen vier damaligen Hauptanklagepunkten schuldig gesprochen. Trotz Verurteilung zu 15 Jahren Haft kam er im Jahre 1954 wieder frei. Der vom 1934 als Botschafter Polens in Deutschland in Berlin tätigen Józef Lipski (1894 – 1958) ebenfalls unterzeichnete Vertrag sollte ursprünglich 10 Jahre Bestand haben. In diesem, bereits am 28. April 1939 einseitig von Hitler aufgekündigten Vertrag wurde ursprünglich festgelegt, zukünftige Streitfragen zwischen Deutschland und Polen friedlich zu lösen.

Deutschland erhob auf Gebiete, die es im Ergebnis der Regelungen des 1919 geschlossenen „Friedensvertrages von Versailles“ als Reaktion auf den Ersten Weltkrieg von 1914 bis 1918 abtreten musste, z. B. an Polen – in diesem Fall auf Danzig, das Gebiet des „Polnischen Korridors“ (Gebiet zwischen dem damaligen Pommern im Westen und dem Unterlauf der Weichsel im Osten) – und forderte – ebenfalls auf Polen bezogen – eine Korrektur der Grenze in Oberschlesien, das heute größtenteils ebenfalls in Polen liegt.

Trotz dem mein Vater nicht an den Kriegshandlungen in Polen als Wehrmachtsangehöriger teilnehmen brauchte, wird aus historischer Sicht Einiges über die völlig unberechtigten aggressiven Kriegshandlungen von Deutschland gegenüber Polen berichtet.

In der Folge des Überfalls Nazi-Deutschlands auf Polen am 1. September 1939 mit 1,5 Millionen Soldaten und dem damit ausgelösten Beginn des Zweiten Weltkriegs erklärten Frankreich und Großbritannien am 03. September 1939 Deutschland zwar den Krieg, griffen in diesen jedoch noch nicht ein und leisteten Polen somit keine Hilfe.

Durch den deutschen Wehrmachts-General Heinz Guderian (1888 – 1954) erging am 13. September 1939 der Befehl zum Angriff auf die Festung Brest-

Litowsk. Im Internet-Lexikon Wikipedia wird diese Schlacht im Artikel „Kampf um die Brester Festung 1939“ wie folgt in Auszügen beschrieben:

„Am Morgen des 14. September (1939) drangen erste Teile der 10. Panzer-Division (Aufklärungsabteilung und Panzerregiment 8) in die Frontlinie vor Brest vor. Um die Festung in einem schnellen Überraschungsangriff zu nehmen, setzte General Guderian das gesamte Korps zum Angriff an. Am 15. September (1939) wurde der Ring um die Stadt von Osten her geschlossen. Ein Versuch, die Festung durch einen schnellen Panzerangriff im Handstreich einzunehmen, scheiterte an den im Festungseingang quergestellten Renault-FT-Panzern, da die deutschen Panzer deshalb nicht ins Festungsinnere vordringen konnten.

Zur Vorbereitung eines größeren Angriffs auf die Festung wurde der deutsche Korpsgefechtsstand in die nahe gelegene Ortschaft Kamieniec Litewski verlegt. Am 16. September (1939) wurde die 20. Motorisierte Infanterie-Division verlegt und die 10. Panzer-Division zum Angriff eingesetzt. Hierbei sollte die Festung durch Erstürmung der Wallkrone eingenommen werden. Dieser Angriff konnte von den polnischen Verteidigern abgewehrt werden und scheiterte unter hohen deutschen Verlusten.“

Die Sowjetunion, die im Polnisch-Sowjetischen Krieg 1919 bis 1921 Gebietsverluste erlitten hatte, marschierte ab dem 17. September 1939 von Osten her in Polen ein, um Weißrussen und Ukrainer zu schützen. Die Polen hatten wiederum ab 1919 den Krieg gegen die Sowjetunion geführt, um Gebiete, die bis 1772, dem Jahr der ersten Teilung von bis 1795 insgesamt drei Teilungen Polens zwischen Russland, Österreich-Ungarn und Preußen zu Polen ursprünglich gehörten, wieder zurück zu bekommen.

Die im vorangegangenen Absatz eingeführten historischen Informationen zum Interesse der Sowjetunion, Polen von Osten her zu besetzen, vorausgeschickt, werde ich nunmehr unter weiterer Verwendung des Internet-Artikels „Kampf um die Brester Festung (1939)“ einen Teil der Auswirkungen des Hitler-Stalin-Paktes auf Polen beschreiben.

„Erst am Morgen des 17. September (1939), dem Tag des sowjetischen Überfalls auf Ostpolen, konnte die Festung eingenommen werden, als die polnische Festungsbesatzung versuchte, über die unversehrte Bug-Brücke Richtung Westen auszubrechen. Die Einnahme der Festung erfolgte durch das 76. Infanterie-Regiment unter Oberst Hans Gollnick (1892 – 1970).

Kurz darauf erreichten erste sowjetische Einheiten Brest-Litowsk. Aufgrund außenpolitischer Absprachen sollte das gesamte Festungsgebiet östlich des Bug bis zum 22. September 1939 geräumt und an die Sowjetunion übergeben werden. Dieser kurze Zeitraum reichte jedoch nicht aus, um alle deutschen Verwundeten und liegengebliebenen Fahrzeuge zu bergen. Daher wurde durch mündliche Verhandlungen in der von General Guderian und dem sowjetischen Brigade-General Semjon Moissejewitsch Kriwoschein (1899 – 1978) beherrschten französischen Sprache eine Sondervereinbarung getroffen, gemäß welcher die Räumungsfrist verlängert wurde, bis alle deutschen Fahrzeuge und Verwundeten über den Bug transportiert waren. Im Gegenzug verzichtete Guderian auf die Verbringung der in der Festung erbeuteten polnischen Vorräte über den Bug und übergab diese vollständig den sowjetischen Streitkräften.

Nach dem Ende der Kämpfe kam es am 22. September 1939 zu einer deutsch-sowjetischen Militärparade in Brest-Litowsk. Der östlich des Bugs gelegene Teil der Festung wurde an die Sowjetunion übergeben.“

Am 6. Oktober 1939 kapitulierte Polen, und am 9. April 1940 überfiel die deutsche Wehrmacht auch das neutrale Dänemark.

Nach dem Überfall der deutschen Wehrmacht im Mai 1940 auf Frankreich und Belgien, die im Mai 1940 kapitulierten, wie vorher schon Luxemburg und die Niederlande, wurde ab Juni 1940 der „Fall Rot" nach dem „Fall Gelb" in der Kriegshandlung begonnen. Mit dem „Fall Rot" wurde die zweite Phase des so genannten „Westfeldzuges" eröffnet. Nach dem Überfall der deutschen Wehrmacht und als diese bereits das menschenleere Paris in ihren Besitz bekam, wurde am 25. Juni 1940 ein Waffenstillstand mit Frankreich vereinbart, und die Kriegshandlungen zwischen Frankreich und Deutschland wurden eingestellt.

Der Waffenstillstand mit Deutschland führte dazu, dass Frankreich in zwei Zonen, zum einen in die von der deutschen Wehrmacht besetze Zone und zum anderen auf die unbesetzte Zone aufgegliedert wurde. Ca. 55 Prozent des französischen Territoriums betrug die von der deutschen Wehrmacht besetzte Zone. Die besetzten Zonen wurden, wie ebenfalls im Internet-Lexikon Wikipedia im Beitrag „Deutsche Besetzung Frankreichs im Zweiten Weltkrieg" beschrieben wurde, in der von der deutschen Wehrmacht besetzten Zone in fünf Verwaltungsbereiche aufgeteilt. Diese fünf Verwaltungsbereiche bestanden in:

- Paris (Groß Paris)

- Bezirk A (Saint Germain-en-Laye)

- Bezirk B (Angers)

- Bezirk C (Dijon)

- Bezirk D (Bordeaux)

Diese genannten fünf Verwaltungsbezirke in Frankreich wurden in das Deutsche Reich eingegliedert. In diesen fünf Verwaltungsbezirken kamen nur ca. 1200 deutschsprachige Beamte und Offiziere zum Einsatz. Ca. 50.000 Menschen führten die Verwaltungsarbeit aus. Darunter waren auch französische Verwaltungskräfte mit dabei und um die anstehenden Verwaltungsarbeiten zu erfüllen, war es notwendig, dass man trotz dem bisher vorherrschenden Krieg zusammenarbeiten musste. Damit war auch in einem gewissen Grade eine Zusammenarbeit erforderlich. Es war jedoch nicht zu verkennen, allein auch durch die bisherigen historischen Ereignisse und auch durch die Folgen des Zweiten Weltkriegs, dass Deutschland und Frankreich Erzfeinde waren.

Am 10. Juli 1940 hat die Nationalversammlung dann Entscheidungen getroffen, die zum Ende der Dritten Französischen Republik führten und von denen Deutschland davon ausgehen konnte, dass es den Krieg mit Frankreich gewonnen hatte. Daraufhin kam es zu einer Kollaboration Frankreichs mit der deutschen Wehrmacht, die zum Teil auch die unbesetzte Zone in Südfrankreich betraf. Am gleichen Tag wurde als Nachfolge der Dritten Französischen Republik durch Marschall Philippe Pétain (1856 – 1951) der État français (französische Staat) errichtet. Pétain legte damit den Grundstein für das so genannte Vichy-Regime, benannt nach dem Kurort Vichy in der Auvergne, der de facto der Hauptsitz der Regierung des von 1940 bis 1944 bestandenen État français war. Da das Vichy-Regime von 1944 bis 1945 nach Sigmaringen ins 1952 entstandene heutige Bundesland Baden-Württemberg emigrieren musste, war auch diese Stadt, in dessen Nähe die Hohenzollern ihren Hauptsitz haben und in dessen Nähe ebenfalls der zweitgrößte Fluss Europas, die Donau, entspringt, ein wichtiger Standort des Vichy-Regimes, neben Vichy und Paris.

Bild 12: Walter Märtin (Zweiter von rechts) als Wachsoldat am Grenzübergang zwischen Frankreich und Deutschland

Ab Juli 1940 kam mein Vater wegen seiner in der Ober-Realschule und späteren Realschule gewonnenen Kenntnisse der französischen Sprache im Rahmen der Aufgabenstellungen der Besatzung Nordfrankreichs in der Verwaltung als Hilfsdolmetscher zum Einsatz. Er wurde – bezogen auf diese Aufgaben – insbesondere im Verwaltungsbezirk Dijon in Frankreich eingesetzt.

Bild 13: Walter Märtin als Hilfsdolmetscher in Dijon (Frankreich)

Dijon ist die Hauptstadt des Départements Burgund und eine Stadt mit ca. 150.000 Einwohnern. Es ist eine sehr schöne Stadt mit vielen Sehenswürdigkeiten. Trotz dem Krieg und unter diesen Gegebenheiten er als Mitglied der deutschen Wehrmacht ein feindlicher Soldat war, hat er diese malerische Stadt, Dijon, unter den vorherrschenden Ausgangsbedingungen sehr reizvoll gefunden. Gegenüber dem vorherigen Krieg an der Westfront fand er das Leben ohne unmittelbare kämpferische Auseinandersetzung in Form von Kriegshandlungen in gewisser Weise erträglich. Er empfand seine Pflichtaufgabe, die er in diesen Krieg als Mitglied der Wehrmacht ausfüllen musste, als junger Mensch, der am Anfang seiner Tätigkeit erst 21 Jahre war, unter diesen gegebenen Ausgangsbedingungen als hinnehmbar. Er konnte sich dadurch auch mit Französinnen und Franzosen unter den Gegebenheiten dieses Krieges unterhalten und empfand ihre andere Lebensart gegenüber der Lebensart der Deutschen als im besonderen Maße achtenswert. Dadurch, dass er im gewissen Maße die Grundzüge der französischen Sprache beherrschte und sich mit einigen Französinnen und Franzosen unterhalten konnte, hatte er gute Ausgangsbedingungen, die Menschen in Frankreich kennenzulernen und empfand deren Auffassungen durchaus als nachvollziehbar.

Seine Tätigkeit als Hilfsdolmetscher bei der Stadtkommandantur Dijon in einem fremden Land und dass er leider durch diesen Krieg dienstverpflichtet wurde, fand er unter diesen vorherrschenden Gegebenheiten, wie erwähnt, besser als eine unmittelbare kriegerische Tätigkeit als kämpfender Soldat, die er unter diesen speziellen Erfordernissen als Mitglied des Besatzungsmacht Deutschland hätte ausführen müssen. Er hat sich gegenüber den Französinnen und Franzosen, mit denen er durch seine Arbeitstätigkeit zu tun hatte, immer anerkennend und würdevoll benommen. Für ihn persönlich war das in dieser Zeit in Frankreich vorherrschende Leben nicht so schlecht, denn er hatte – im Gegensatz zu manchen anderen Menschen in Frankreich – als deutscher Wehrmachtsangehöriger die für seine Versorgung erforderlichen Nahrungsmittel zur Verfügung. Besonders hat er manche Angebote, die es in Deutschland nicht oder in einer anderen Art gab, geschätzt. Auch dadurch und durch die anderen für ihn vorherrschenden speziellen Gegebenheiten, wie schon genannt wurde, fand er sein Leben in Frankreich unter den eigentlich für einen Krieg vorherrschenden Bedingungen, im Gegensatz zu anderen Soldaten in der Wehrmacht, die unter wesentlich schwierigeren Bedingungen ihre Tätigkeit ausführen mussten, vertretbar. Es war natürlich nicht einfach, dass mein Vater von seiner Familie und seiner Braut über lange Zeit getrennt wohnen musste und sie nicht sehen konnten. Für ihn hätte es in dieser Zeit des Krieges natürlich bis zu diesem Zeitpunkt viel schlimmer kommen können. Wenn er schon den kriegerischen Dienst verrichten und mit einer gewissen Dauer des Krieges rechnen musste, konnte er sich vorstellen, dass er unter diesen Ausgangsbedingungen seine Tätigkeit in dieser Form in Frankreich als Angehöriger der Wehrmacht, speziell auch in Dijon, fortsetzen konnte.

Bild 14: Walter Märtin (rechts) vor dem Eiffelturm in Paris

Bild 15: Walter Märtin (links) in Dijon (Frankreich)

Diese Tätigkeit konnte mein Vater nicht mehr fortsetzen, denn er musste sich von Frankreich aus in die Sowjetunion begeben, weil am 22. Juni 1941 unter dem Decknamen „Barbarossa“ auf einer Länge von ca. 1.600 Kilometern durch ca. 3 Millionen Wehrmacht-Soldaten, u. a. unterstützt durch rumänische und italienische Soldaten, der räuberische Angriffskrieg auf die Sowjetunion von Hitler-Deutschland begonnen wurde. Die Sowjetunion und ihr damaliger Staatsführer Josef Wissarionowitsch Stalin (1878 – 1953), der eigentlich Iosseb Bessarionis Dschughaschwili hieß und den Kampfnamen „Stalin“ (der „Stählerne“) 1912 annahm, glaubten nicht daran, dass trotz des bestehenden Nicht-Angriffs-Pakts zwischen der Sowjetunion und Hitler-Deutschland dieser Aggressionsangriff Deutschlands zu Stande kam. Den Hinweisen von Kundschaftern, allen voran des deutschen Kundschafters Richard Sorge (1895 – 1944), wurde kein Glauben geschenkt, dass Nazi-Deutschland die Sowjetunion in einem Krieg angreift. Diesen Hinweis auf diesen Krieg mussten Kundschafter aus vielen Ländern der Welt durch die von Stalin in Moskau angeordnete Ermordung der betreffenden Kundschafter noch mit ihrem Leben bezahlen. Am 23. August 1939 wurde dieser deutsch-sowjetische Nicht-Angriffs-Pakt zwischen dem damaligen sowjetischen Volkskommissar für Auswärtige Angelegenheiten (Außenminister) Wjatscheslaw Michailowitsch Molotow (1890 – 1986), der eigentlich Wjatscheslaw Michailowitsch Skrjabin hieß und dem Außenminister von

Nazi-Deutschland, Ullrich Friedrich Willy Joachim von Ribbentrop (1893 – 1946), abgeschlossen. Dieser Nicht-Angriffs-Pakt fand die Zustimmung Stalins, der an den Nicht-Angriffs-Verhandlungen bzw. am abgeschlossenen Pakt maßgeblich beteiligt war. In einem geheimen Zusatzprotokoll zum abgeschlossenen Nicht-Angriffs-Pakt wurde bei dessen Unterzeichnung festgelegt, dass die Sowjetunion Neutralität bei einem Angriff Nazi-Deutschlands auf Polen zeigt und damit verbunden war, dass die damalige Sowjetunion unter Führung Stalins im Falle eines positiven Verlaufs und Ergebnisses des schon lange beschlossenen Kriegs gegen Polen dann wesentliche Gebiete des früheren Russischen Reiches wiedererlangt. Deutschland sollte lt. diesem geheimen Zusatzprotokoll des Hitler-Stalin-Pakts Litauen (in das der damalige Teil Ost-Polens integriert werden sollte) und West-Polen erhalten, die Sowjetunion den Rest von Polen sowie Estland, Lettland und den Teil Rumäniens, der damals Bessarabien hieß und schon damals eine erdölreiche Region war. Das Wort „Bessarab" hat nicht mit Arabien zu tun, sondern leitet sich vom in der Walachei im heutigen Rumänien im 13. und 14. Jahrhundert herrschenden Fürsten-Geschlecht „Basarab" ab. Die Landschaft Bessarabien umfasst heute den westlich des Dnjestr gelegenen Teil Moldawiens, im Süden (Budschak) und im äußersten Nordosten (um Chotyn) ist dieses Gebiet Bessarabiens Teil der heutigen Ukraine. Die Sowjetrepublik Moldawien existierte in dieser Form von 1944 bis zur Auflösung der Sowjetunion Ende 1991. Zusätzlich besetzte die Sowjetunion neben dem Territorium Bessarabiens auch den nördlichen Teil der Bukowina. Die Besetzung der nördlichen Bukowina durch die Sowjetunion hatte für die die Bevölkerung der nördlichen Bukowina erhebliche Folgen.

Da der Konflikt um die Bukowina nicht nur in der Zeit des Zweiten Weltkriegs Auswirkungen auf Gebietsveränderungen hatte, sondern auch nach dem Zusammenbruch der Sowjetunion ab dem 1 Januar 1992 durch die am Abend des 25. Dezember 1991 gegen 19:00 Uhr Moskauer Zeit erfolgte Unterschrift des damaligen ersten und in der Geschichte der Sowjetunion einzigen Präsidenten der damaligen Sowjetunion, Michail Sergejewitsch Gorbatschow (geb. 1931), unter ein Dokument, das das Ende der Sowjetunion besiegelte, es zu einem der ersten Bürgerkriege der 1990er

Jahre in Europa kam, nämlich in der bis 1991 existierenden heutigen Ex-Sowjetrepublik Moldawien in den Jahren 1991/1992, werde ich, nachdem ich auf die Einleitung des Endes der Sowjetunion und auf die ethnischen Spannungen in Moldawien verwiesen habe, der Vollständigkeit halber kurz auf die damaligen Folgen der Besetzung der nördlichen Bukowina durch die Sowjetunion im Zweiten Weltkrieg eingehen.

In Moldawien leben auch viele Rumänen, Russen und Ukrainer. Dort wurde ab 1989 nach der vorherigen zwangsweisen Einführung der kyrillischen Schrift wieder die lateinische Schrift aus Rücksichtnahme auf die Rumänen eingeführt. Der Ostteil Moldawiens, in dem – im Gegensatz zum Rest Moldawiens, wo Rumänen oft eine Bevölkerungsmehrheit stellen – mehrheitlich Russen leben – spaltete sich im Ergebnis des Bürgerkriegs 1991/1992 als nur von wenigen Staaten der Welt, u. a. Russland, anerkannter Staat Transnistrien mit der Hauptstadt Tiraspol von Moldawien ab. Auch dieser Konflikt führte dazu, dass sich Moldawien von der wirtschaftlich einst viertreichsten Ex-Sowjetrepublik innerhalb kürzester Zeit ab den 1990er Jahren zu einem der ärmsten Länder Europas entwickelte, verbunden mit der massenhaften wirtschafts- und armutsbedingten Abwanderung der dortigen Bevölkerung insbesondere in die Nachbarstaaten, vor allem nach Rumänien.

Der Auflösung der Sowjetunion am Abend des 25. Dezember 1991 zum 31. Dezember 1991 waren zum einen Unabhängigkeitsbestrebungen der durch den Hitler-Stalin-Pakt 1940 der Sowjetunion angegliederten baltischen Republiken Estland, Lettland und Litauen von der Sowjetunion, die nach dem Ende der Sowjetunion im Rahmen der gegenseitigen Zusammenarbeit der ab diesem Zeitpunkt ehemaligen Sowjetrepubliken nicht der „Gemeinschaft unabhängiger Staaten" (GUS) beitraten und das „Abkommen von Belowesch" in Wiskuli im Urwald von Belowesch in Weißrussland am 7. und 8. Dezember 1991 vorausgegangen.

Durch das „Abkommen von Belowesch" in Wiskuli, auf einer Staatsdatscha der weißrussischen Regierung, am 7. und 8. Dezember 1991 zwischen den damaligen Präsidenten der Russischen Föderation, Boris Jelzin (1931 – 2007), der Ukraine, Leonid Krawtschuk (geb. 1934) sowie Weißrusslands,

Stanislau Schuschkewitsch (geb. 1934), dem sich – mit Ausnahme der baltischen Staaten – alle anderen ehemaligen Sowjetrepubliken anschlossen (Georgien trat 2009 jedoch wieder aus), bestanden nicht mehr die Voraussetzungen zur Beibehaltung des ursprünglichen Vielvölkerstaates der Union der Sozialistischen Sowjetrepubliken (UdSSR), die am 30. Dezember 1922 im „Beethoven-Saal“ des Moskauer „Bolschoi-Theaters“ durch den Zusammenschluss der Russischen Sozialistischen Föderativen Sowjetrepublik (RSFSR), der Ukrainischen Sozialistischen Sowjetrepublik (USSR), der Belorussischen Sozialistischen Sowjetrepublik (BSSR) (auch Weißrussische Sozialistische Sowjetrepublik genannt) sowie der aus dem Zusammenschluss 1918 aus den Kaukasus-Republiken Georgien, Aserbaidschan und Armenien entstandenen und bis zu ihrer Auflösung 1936 existierenden Transkaukasische Sozialistischen Föderativen Sowjetrepublik gegründet wurde.

1924 erhielt die Sowjetunion ihre erste Verfassung, die zunächst der Verfassung einer „Räte-Republik“ („Rat“ bedeutet auf Russisch „Sowjet“) entsprach. Im Laufe der Geschichte der Sowjetunion wurde das Rätesystem immer mehr dem Parlamentarismus angeglichen.

Ebenfalls 1924 wurden die russischen mittelasiatischen islamisch geprägten Kolonien Turkmenistan und Usbekistan, 1929 das ebenfalls in Mittelasien gelegene und auch islamisch geprägte Tadschikistan Sowjetrepublik.

Am 05. Dezember 1936 wurde die Transkaukasische SFSR (Sozialistische Föderative Sowjetrepublik) aufgelöst und ihre ehemaligen Mitglieder Georgien, Armenien und Aserbaidschan als Sozialistische Sowjetrepubliken ebenfalls Teil der Sowjetunion.

Am gleichen Tag wurden die bis dato einen Teil der Russischen Sozialistischen Föderativen Sowjetrepublik bildenden Republiken Kirgisische Autonome Sozialistische Sowjetrepublik und die Kasachische Autonome Sozialistische Sowjetrepublik als Kirgisische Sozialistische Sowjetrepublik und Kasachische Sozialistische Sowjetrepublik eigenständige Bestandteile der Sowjetunion.

Durch die, wie bereits an anderer Stelle in diesem Buch erwähnte Okkupation der baltischen Republiken Estland, Lettland und Litauen sowie der Formierung des von der Sowjetunion im gleichen Jahr besetzten Bessarabiens zu Moldawien mit Duldung Hitlers wurden 1940 vier weitere Sozialistische Sowjetrepubliken geschaffen. Die durch den Sowjetisch-Finnischen Krieg 1939/1940 von Finnland an die Sowjetunion gefallenen ca. 90 Prozent von Karelien (nördlich von St. Petersburg, dem damaligen Leningrad gelegen (benannt nach dem marxistischen Theoretiker, Revolutionär und Kommunisten Wladimir Iljitsch Lenin (1870 – 1924), der eigentlich Wladimir Iljitsch Uljanow hieß), bestanden von 1940 bis 1956 als eigenständige Karelo-Finnische Sozialistische Sowjetrepublik, wurden jedoch 1956 als Autonome Sozialistische Sowjetrepublik wieder in die Russische Sozialistische Föderative Sowjetrepublik eingegliedert.

Nach einem kurzen Überblick über die Entstehung der bis 1991 aus insgesamt 15 Teilrepubliken bestehenden Sowjetunion, wenn man vom kurzen Intermezzo der Karelischen Sozialistischen Sowjetrepublik von 1940 bis 1956 absieht, gehe ich, bevor ich mich weiter zu den Folgen des Nicht-Angriffs-Pakts zwischen Hitler und Stalin für die Teilrepubliken der Sowjetunion äußere, noch kurz auf das Ende der Sowjetunion 1991 ein.

Die genannten drei Politiker aus Russland, Weißrussland und der Ukraine schufen mit ihren Unterschriften am 8. Dezember 1991 unter das „Abkommen von Belowesch" die Voraussetzung für die Gründung der „Gemeinschaft Unabhängiger Staaten". Wenige Tage später wurde das „Abkommen von Belowesch" von den Parlamenten von Russland, Weißrussland und der Ukraine ratifiziert. Der Sitz dieser auf diese ehemaligen Sowjetrepubliken beschränkten internationalen Organisation ist Minsk. Tagungsort der „Gemeinschaft Unabhängiger Staaten" ist der Taurische Palast in Sankt Petersburg. Am 21. Dezember 1991 unterzeichnete in der damaligen kasachischen Hauptstadt Alma-Ata (heißt seit 1994 Almaty) neben den Präsidenten Russlands, Weißrusslands und der Ukraine auch der von 1990 bis 2019 amtierende kasachische Präsident Nursultan Äbischuly Nasarbajew (geb. 1940) als Präsident der damaligen flächenmäßig zweitgrößten Sowjetrepublik, in der damals mit 1.500 die drittmeisten

Atomwaffen nach den USA und Russland stationiert waren, dieses Abkommen. In diesem Zusammenhang sei erwähnt, dass am 10. Dezember 1997 die Hauptstadt Kasachstans und auch der kasachische Regierungssitz in die sich knapp 1.200 Kilometer nördlich von Almaty in der kasachischen Steppe am Ufer des Flusses Ischim, eines 2.450 Kilometer langen, durch Russland und Kasachstan fließenden linken Nebenflusses des Irtysch (4.248 Kilometer) befindende, heutzutage mit ca. 1,1 Millionen Einwohnern (Stand: 1. Januar 2021) nach Almaty (derzeit ca. 2 Millionen Einwohner (Stand: 2021)) zweitgrößte Stadt Kasachstans, Nur-Sultan, verlegt wurde. Diese Stadt wurde 1830 als damalige russische Festung Akmolinsk gegründet. Seitdem wurde ihr Name mehrfach geändert: 1961 bis 1991 in Zelinograd, 1992 bis zum 05. März 1998 in Aqmola, vom 6. März 1998 bis Mitte 2019 Astana. Georgien trat, wie bereits erwähnt, 2009 aus der „Gemeinschaft Unabhängiger Staaten" aus. Auch unter Beachtung der insbesondere seit 2014 bestehenden Spannungen zwischen der Ukraine und Russland und aus anderen Gründen hat sich die Zusammenarbeit der Mitgliedsstaaten dieses internationalen Regionalbündnisses im Laufe der Jahre als immer schwieriger gestaltet.

Wie bereits in meinem im Januar 2019 erschienenen Buch „So kann es mit unserer Lebensweise nicht weitergehen. Unsere westliche Lebensweise erfordert dringende Kurskorrekturen für ein Weiterbestehen unseres Planeten Erde und für uns selbst als Menschen." beschrieben, war auch der Enkel des Verfassers des bekannten Jugendbuches "Timur und sein Trupp", Arkadi Gaidar (1904 – 1941), Jegor Timurowitsch Gaidar (1956 – 2009) als damaliger Berater des russischen Präsidenten Boris Jelzin an der Abwicklung der Sowjetunion im Dezember 1991 in Belowesch (Weißrussland) beteiligt.

Nach diesen Vorbemerkungen gehe ich nunmehr auf die Folgen des Zuschlags der Nord-Bukowina – Bukowina bedeutet „Buchenland" – an die Sowjetunion für die damalige dortige Bevölkerung ein. Im Wikipedia-Eintrag über die Bukowina ist über diesen Zeitabschnitt u. a. Folgendes zu lesen:
„Historische Hauptstadt ist Chernowitz (Cernăuţi). ....
Am 24. August 1939 (rückdatiert auf den 23. August 1939), eine Woche vor Beginn des Zweiten Weltkriegs, schlossen (wie an anderer Stelle bereits

erwähnt) das Deutsche Reich und die Sowjetunion den deutsch-sowjetischen Nichtangriffs-Pakt. In einem geheimen Zusatzprotokoll wurden (wie ebenfalls an anderer Stelle in diesem Buch bereits erwähnt) die Interessenbereiche der beiden Diktaturen in Nord-, Ost- und Südosteuropa festgelegt. In diesem Zusatzprotokoll war zwar nur (wie ebenfalls bereits dargelegt) von Bessarabien, aber die Sowjetunion besetzte am 28. Juni 1940 neben dem Territorium Bessarabiens auch die nördliche Bukowina.

Am 5. September 1940 unterzeichneten in Moskau eine deutsche Kommission und der Beauftragte des Außenkommissariats der UdSSR die „Vereinbarung über die Umsiedlung der deutschstämmigen Bevölkerung aus den Gebieten Bessarabiens und der nördlichen Bukowina in das Deutsche Reich“. Sie vereinbarten eine Umsiedlung vom 15. September 1940 bis 15. November 1940.

Die Bukowina-Deutschen wurden in das Deutsche Reich oder in besetzte Gebiete in Polen umgesiedelt. Zehntausende Rumänen wurden getötet oder nach Zentralasien deportiert. Die Grenzziehung 1940 erfolgte nicht ganz den ethnischen Siedlungsgebieten, so dass zahlreiche Rumänen und Ukrainer auf der jeweils anderen Seite verblieben. 1941 eroberten rumänische Truppen, die an der Seite des Deutschen Reiches gegen die Sowjetunion kämpften, das sowjetisch besetzte Gebiet zurück. Viele Juden wurden in den 1940er Jahren in das rumänische Besatzungsgebiet Transnistrien vertrieben und ermordet. 1944 wurde die Bukowina erneut von der Roten Armee besetzt. Rumänien erkannte am 10. Februar 1947 in den „Pariser Friedensverträgen“, die die Friedensbedingungen mit den während des Zweiten Weltkrieges mit dem Deutschen Reich verbündeten europäischen Staaten Italien, Rumänien, Ungarn und Finnland regelten, die neuen Grenzen endgültig an.

Ausgangspunkt dafür war die vom 29. Juli 1946 bis zum 15. Oktober 1946 als Folge des Zweiten Weltkriegs stattgefundene „Konferenz der 21 Nationen“, auch „Pariser Friedenskonferenz“ genannt, die unter Führung der vier Siegermächte des Zweiten Weltkriegs, der Sowjetunion, der USA, Frankreichs und Großbritannien stattfand. Die nördliche Grenze gehört seitdem zur Sowjetunion bzw. zur Ukraine, der südliche Teil blieb bei Rumänien."

Durch die bereits erwähnte am 05. September 1940 zwischen Nazi-Deutschland und der Sowjetunion unterzeichnete „Vereinbarung über die Umsiedlung" der deutschstämmigen Bevölkerung aus den Gebieten Bessarabiens und der nördlichen Bukowina in das Deutsche Reich" waren die Voraussetzungen durch diese Zustimmung der Sowjetunion zum ab dem 1. September 1939 erfolgten Überfallkrieg Hitler-Deutschlands auf Polen gesetzt.

In das errichtete Zentral-Gouvernement Polen, in dem ein rechtsfreier Raum herrschte, wurden hunderttausende Menschen, insbesondere Polen und Juden, aus West-Polen umgesiedelt. Im durch die Sowjetunion ab dem 17. September 1939 besetzten Osten des damaligen Polens geschahen durch die Sowjetunion ebenfalls Kriegsverbrechen. Beispielsweise erschossen Angehörige des sowjetischen Volkskommissariats für Innere Angelegenheiten (NKWD) vom 03. April 1940 bis zum 11. Mai 1940 etwa 4.400 gefangene Polen, größtenteils Offiziere im Wald von Katyn, einem Dorf, 20 Kilometer westlich von Smolensk entfernt. Der Mord in Katyn, der als Symbol für eine Reihe vom damaligen sowjetischen Diktator Josef Stalin beschlossenen und vom Politbüro der Kommunistischen Partei der Sowjetunion befohlenen Morden an 22.000 bis 25.000 polnischen Berufs- und Reserveoffizieren, Polizisten und Intellektuellen steht, die zu Zeiten der Zweiten Polnischen Republik (1918 – 1939/1944) zu den polnischen Vorkriegs-Eliten zählten, ist der bekannteste Mord sowjetischer Truppen an Polen während des Zweiten Weltkriegs. Weitere sowjetische Massenmorde an den genannten Personengruppen aus Polen fanden an mindestens fünf verschiedenen Orten in den damaligen sowjetischen Unions-Republiken Russland, Ukraine und Weißrussland statt.

Darin und auch in manchen anderen historischen Gründen und Ereignissen, auch der letzten Jahre, sind mit die Ursachen des tiefen Zerwürfnisses zu sehen, die zwischen Polen und der Sowjetunion bzw. auch Russland als „Nachfolger" der Sowjetunion nach deren Zerfall ab 1992 liegen. Weil auch die baltischen Staaten Litauen, Lettland und Estland in diesem Kuhhandel mit involviert waren, ist auch das tiefe Misstrauen Polens und der baltischen Staaten zur Rolle der damaligen Sowjetunion gegenüber diesen Ländern und dem nunmehrigen Hauptvertreter der früheren Sowjetunion, Russland, zu erklären, das auf die heutige Zeit noch Auswirkungen hat.

Auch das Verhältnis zwischen den baltischen Staaten Estland, Lettland und Litauen zu Russland ist schwierig. Am 21. Juli 1940 beschlossen Estland, Lettland und Litauen – auch auf Druck Stalins – die Eingliederung dieser Staaten in die Sowjetunion.

Allein in der Nacht vom 14. auf den 15. Juni 1941 wurden in den baltischen Staaten mindestens 65.000 Menschen verhaftet und in ungeheizten Viehwaggons nach Sibirien transportiert.

Gemeinsam begingen sowjetische und deutsche Truppen Verbrechen an der jüdischen Bevölkerung im Baltikum. Am Ende des Zweiten Weltkriegs sind 90 Prozent aller litauischen und 72 Prozent aller lettischen Juden ermordet worden.

Diese historischen Gegebenheiten während des Zweiten Weltkriegs wurden deshalb dargestellt, um noch mehr die Probleme und historischen Ereignisse der Staaten der früheren Sowjetunion, der baltischen Staaten, Polens, Rumäniens usw. besser verstehen zu können.

Nachfolgend wird wieder verstärkter auf den Zweiten Weltkrieg und Belange meines Vaters in dieser sehr schweren Zeit eingegangen.

Bild 16: Walter Märtin (rechts) als Soldat im Zweiten Weltkrieg

Bild 17: Walter Märtin (Zweiter von links) als Soldat

Bild 18: Walter Märtin als Soldat

Die auszuführende Diensttätigkeit meines Vaters in diesem fürchterlichen Aggressionskrieg Nazi-Deutschlands gegen die Sowjetunion erfolgte noch als

Soldat bzw. späterer Gefreiter in der 52. Infanterie-Division in der 3. Kompanie des Infanterie-Regiments 163.

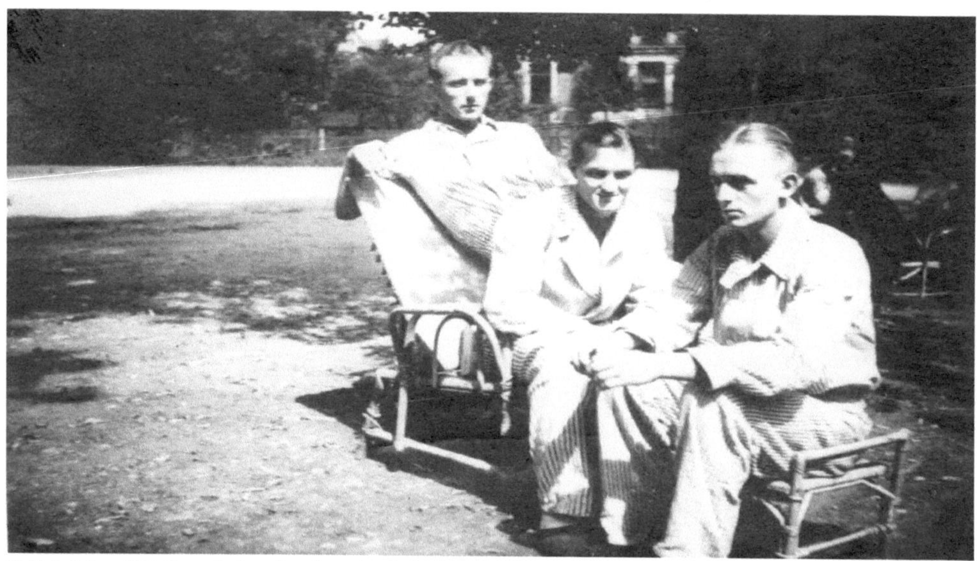

Bild 19: Walter Märtin (rechts) im Lazarett in Coburg 1941

Bis zum 20. Dezember 1941 gehörte er dieser Wehrmacht-Einheit an. Im Ergebnis der kriegerischen Auseinandersetzungen auf dem Gebiet der damaligen Sowjetunion kam es zur ersten Verwundung bei Chapany am 19. Juli 1941, verbunden mit einem Lazarett-Aufenthalt. Er wurde zuerst in einem Truppenverbandsplatz nach einer Splitterung am Kopf eingeliefert. Sein Lazarett-Aufenthalt erfolgte zuerst im Durchgangs-Lazarett in Bobruisk in der Sowjetunion (im heutigen Weißrussland bzw. Belarus) und danach im Reserve-Lazarett Coburg. Dort wurde genauer diagnostiziert, dass er sich durch den Splitter im Kopf in der linken Schläfe erheblich verletzt hatte und diese Verletzung bleibende Auswirkungen verursacht hat.

Der größte Teil der vorhandenen Splitter durch die Verwundung konnte zwar entfernt werden, Ein Splitter wurde jedoch aus medizinischen Gründen bei meinem Vater nicht herausoperiert. Er hatte auch eine Augenbinde-Verletzung. Meinem Vater wurde wegen Fieber, Gleichgewichtsstörungen, Gehörschwankungen und Ohrgeräuschen relativ lange Zeit Bettruhe verordnet. Als meine Mutter, die damals noch seine Braut war, ihn in den letzten Tagen seines Lazarett-Aufenthalts besuchte, war mein Vater infolge von Gleichgewichtsstörungen noch auf dem Coburger Bahnhof hingefallen. Die aus den Explosions-Schädeltraumata vom 18. und 19. Juli 1941 herrührende Benommenheit, die sich nach Auskunft der Ärzte zurückbilden würde, ging nur sehr schleppend und zu einem gewissen Anteil gar nicht zurück.

Bild 20: Waltraud Märtin (in der Mitte) vor dem Besuch ihres Mannes im Lazarett in Coburg

Während des Lazarett-Aufenthalts in Eschwege entstand ein Gedicht von Inge Engelhardt, der damaligen Braut und späteren Ehefrau des Kriegskameraden meines Vaters, Wilhelm Görzel, der ebenfalls durch die Verwundung im Lazarett in Eschwege lag. Diese lustige Geschichte, die von ihr nach ihren Erlebnissen geschrieben wurde, soll nachfolgend insbesondere auch deshalb zitiert werden, um auch ein besseres realitätsbezogenes Bild aus dieser Zeit zu bekommen:

„Die lustige Geschichte vom Besuch in Eschwege

Des Samstagsmorgens früh um sechs,
da rannt ich an dem Bahnexpress,
ich setzt mich in den Zug hinein
und fuhr zu meinen Sternelein.
Des Nachmittags kam ich dort an,
mein Willi wartet an der Bahn.

Er dient in einer kleinen Stadt,
wo man ihn versetzet hat.
Man fragte sich um dies und das
und hatte so nun seinen Spaß.
Der Weg war weit bis zum Quartier,
man trank zum Durst dort ein Glas Bier.
Ich war soweit hierher gereist,
nun wurde erst einmal gespeist.
Die Braut von einem Kameraden
begann wie ich die selben Taten.
Sie wollte auch zum letzten Mal
sich sehen ihren Liebsten an.
Der Tag ging nun dem Ende zu,
man ging des Abends früh zur Ruh.

Am Sonntag Morgen mußte man
um fünf schon wieder an die Bahn.
Mein Willi und noch neun Gesellen
mußten sich in Weimar stellen.
Bald war es Zeit, der Zug, er fuhr,
doch von Soldaten keine Spur.
Der Zug, er zischte langsam los,
wo bleiben unsere Jungens bloß?

Dort kommen sie, es ist zu spät,
die Puste ihnen bald vergeht.

Herr Engelhardt den Schaffner frug:
Wann fährt denn jetzt der nächste Zug?
Der nächste Zug nach sechse fährt,
doch da war Heini sehr empört.

Wir fuhren mit der Bimmelbahn
und kamen um eins in Weimar an.
Die Zehn marschierten durch die Stadt,
wie sich‘s gehört für den Soldat.
Wir beide durften nicht mitgehn,
wie hätte das auch ausgesehn!
Mit dem Koffer, gar nicht schwer,
strampeln wir hinterher.

Bis zur Kaserne war es weit,
man braucht zum Gehn `ne Menge Zeit.
Ich glaub, der Affen sie sehr drückt,
sie gehen alle so gebückt.
Das letzte Wirtshaus kam nun bald,
da hieß es für uns beide halt.
Hier wartet ihr auf uns ihr zwei,
wir kommen hierher um halb drei.
Die Zehn marschierten nun noch weiter,
die Traudel sagt: "Das wird noch heiter."
Wir gingen in das Wirtshaus rein
und tranken dort ein Gläschen Wein.
Wir unterhielten uns so schön,
die Zeit uns wollte nicht vergehn.
Es wurden zwei, es war halb drei,
doch ach, wo bleiben unsere zwei?
Die Koffer lassen wir hier stehn,
wir wollen zur Kaserne gehn.

Nun ging es auf den Berg hinan
und kamen bald dort oben an.

Ein Landser sprach uns beide an:
"Sucht ihr an eurem Talisman?"

Wo die nur jetzt werden rum rennen,
man kann von hier sie kaum erkennen.
Komm Traudel, laß uns weiter gehn,
wir werden mal dort oben sehn.
Da winkt auf einmal jemand uns,
doch halt, das sind doch unsre Jungs!

Sie waren ganz erstaunt,
daß wir auf einmal plötzlich standen hier.
Doch Zeit für uns hat man nicht viel,
das uns auch wieder nicht gefiel.
Um fünf Uhr dreißig endlich dann,
kamen unsere Gauner an.

Wir schoben los die Stadt hinunter,
jetzt wurde es erst froh und munter.
Noch kein Quartier hat man gemacht,
wo man soll schlafen diese Nacht.
Die Koffer holten wir uns ab,
die man dem Wirte vorher gab.
Mein Koffer trug mein Willi nun,
was wollte er auch anders tun.
Das Schönste war nun doch dabei,
es war kein Zimmerlein mehr frei.

Für Willi und den Walter dann
nun eine große Pflicht begann.
Sie mußten überall mal sehn,
wo man zum Schlafen hin konnt‘ gehn.
Zu viert und wie ein wilder Stier
rasten wir durch ganz Weimar wir.
Mein Koffer war nicht richtig zu

und bumstig ging er auf im Nu.
Und alles was im Koffer war,
lag auf der Straß, das war doch klar.
Die Mädchen schrien vor Lachen laut,
die diesem Drama zugeschaut.
Ich und mein Willi hoben drauf
die Sachen von der Straße auf.

Nur gut, daß uns dort niemand kannte,
der uns dort in die Quere rannte.
Mein Willi wollte es nicht wagen,
den Koffer noch einmal zu tragen.
Ich hat von allem keinen Schimmer,
da hatte man auch schon ein Zimmer.
In der Röhrstraße sollte man gehn,
und sich die Wohnung mal ansehen.
Wir waren froh, daß endlich wir
jetzt hatten mal ein fest Quartier.
Und von des Tages Arbeitslast
hielten wir nun die erste Rast.
Der Magen knurrte uns fast laut,
so hätte man bald abgebaut.

Wir saßen nun gemütlich dort
und aßen erst das Abendbrot.
Erzählen tat man sich noch schön
bis dann es Zeit ins Bett zu gehn.
Der Montag war grad nicht so schön,
daß mag ein jeder gut verstehn.
Wir waren grad zwei Tage dort,
heut hieß es immer wieder fort.

Man muß die beiden Sternelein
nun wieder lassen ganz allein.
Die Reise ging der Heimat zu,

die Tage waren um im Nu.
Das bleibt beim Wort, ja das ist klar,
sie kommen wieder übers Jahr,
ja das ist klar,
ja das ist klar.

I. Engelhardt 23.9.1941“

Von meinem Vater und seinem Kameraden Wilhelm Görzel wurde großer Wert daraufgelegt, dass sie in den Genesungsurlaub (Heimaturlaub) kommen konnten. Während seines Genesungsurlaubs, den er in seinem Heimatort Friedrichroda verbringen konnte, musste er das dortige Reserve-Lazarett aufsuchen und der dortige Chefarzt sah die gesundheitlichen Voraussetzungen meines Vaters für gegeben, dass der Genesungsurlaub von meinem Vater um eine Woche verlängert werden musste bzw. konnte.

Von Weimar aus kam mein Vater mit anderen Personen eines zusammengestellten Marsch-Bataillons Mitte des Monats Dezember 1941 wieder zum Fronteinsatz in die ehemalige Sowjetunion. Gemeinsam mit seinem Freund auch Wehrmachts-Mitglied Willi Görzel kamen sie beide zum Marsch- bzw. Feldersatz-Bataillon mit anderen betreffenden Soldaten dieses Bataillons für einige Wochen in der halbfertigen Kaserne in Witebsk in der früheren Sowjetunion (heute Weißrussland bzw. Belarus) unter. Dort musste der Ausbildungsdienst absolviert werden. Mein Vater kam wegen seiner noch vorhandenen Behinderungen in dieser Zeit zum Arbeitsdienst (weitere Winterfestmachung der Kaserne). Er wurde deshalb in seiner Tätigkeit als Soldat in der 52. Infanterie-Division nur zum Wachdienst in einem benachbarten Kriegs-Lazarett eingeteilt. In der betreffenden Kompanie bei den kriegerischen Auseinandersetzungen mit der ehemaligen Sowjetunion kam er vor seiner Verwundung als Melder des Kompaniechefs zum Bataillons-Kommandeur zum Einsatz.

Im Gegensatz zum Krieg 1940 an der so genannten „Westfront“ war der ab dem 22. Juni 1941 begonnene Angriffskrieg von Deutschland gegen die Sowjetunion ein sehr blutiger Krieg. Zur 52. Infanterie-Division ist u. a.

folgendes aus meiner Sicht Wichtiges zum Aggressionskrieg gegen die Sowjetunion zu erkennen, was auszugsweise aus dem Lexikon Wikipedia vorgetragen wird:

„...

Bei Bobruisk nahm die Division erstmals an den Kämpfen im Osten teil. Anschließend stieß die Division an die Beressina und dann zum Dnepr in den Raum Rogatschew vor mit dem Beginn des Vormarschs auf Moskau. ……..……“

Bild 21: Während des Zweiten Weltkriegs: Walter Märtin (links) und sein Kriegskamerad Karl Lasezki (rechts)

Wie erwähnt, wurden auch der Bekannte von meinem Vater und mein Vater am 19. Juli 1941 verwundet. Sie kamen dann mit den anderen Verwundeten der 52. Infanterie-Division über den Hauptverbandsplatz in das Durchgangs-Kriegs-Lazarett nach Bobruisk, das im heutigen Weißrussland liegt. Es ist deshalb davon auszugehen, dass mein Vater im genannten Zeitraum bis zum 18. Juli 1941 an den kriegerischen Auseinandersetzungen um Bobruisk für die deutsche Wehrmacht teilnehmen musste und in diesem Bereich mit verwundert wurde. Bobruisk ist eine Großstadt mit derzeit ca. 220.000 Einwohner. Die Stadt Bobruisk wurde am 27. Juni 1941 von den deutschen Truppen erobert. Die sowjetischen Soldaten waren sehr zäh und haben sehr viel Gegenwehr beim vorgesehenen Angriff als einem der drei Bestandteile des „Barbarossa"-Plans, Moskau zu erobern, geleistet. Dadurch musste mein Vater ab dem 18. Juli 1941 bis zum Anfang der dritten Dekade im Dezember 1941 durch die Verwundung und deren Folgen an keiner kriegerischen Auseinandersetzung im Krieg mit der Sowjetunion teilnehmen. Bis zum 20. Dezember 1941 war mein Vater Wehrmacht-Angehöriger in der genannten 52. Infanterie-Division.

Ab dem 21. Dezember 1941 gehörte er der 2. Panzer-Division des RGL-Schützen-Regiments 304 an. Im Internet-Lexikon Wikipedia wurde Nachfolgendes u. a. zur 2. Panzer-Division geschrieben:

„Die 2. Panzer-Division war ein Großverband des Heeres der deutschen Wehrmacht. Sie war im internationalen Vergleich eine der ersten voll motorisierten Divisionen. ....

1935 – 1938:

Die 2. Panzer-Division wurde im Oktober 1935 in Würzberg aufgestellt. .... Der Verband wurde für die Durchführung schneller Operationen voll motorisiert. Die Division wurde nach dem Anschluss Österreichs im Frühjahr 1938 nach Wien verlegt. Bei Beginn des Zweiten Weltkriegs war sie eine von sechs Panzer-Divisionen, die bis dahin aufgestellt wurden.

1939 – 1940:

Die 2. Panzer-Division nahm als Teil der 14. Armee am Überfall auf Polen teil und wurde dann in die Eifel verlegt, um am Westfeldzug teilzunehmen. Hierbei war sie Teil des XIX. Armee-Korps .... und kämpfte unter anderem in der Schlacht bei Sedan und der Schlacht von Dünkirchen. Im September 1940 wurde das 4. Panzer-Regiment an die 13. Panzer-Division abgegeben, dafür enthielt die Division das neu aufgestellte Schützen-Regiment 304.

1941 – 1943:

....

Ab Oktober 1941 wurde die Division für den Angriff auf Moskau der Heeresgruppe Mitte zugeteilt und dabei bei den Panzergruppen 3 und 4 eingesetzt. Anfang 1942 wurde sie der 9. Armee unterstellt, mit der sie mit Anfang des nächsten Jahres in der Schlacht von Rschew kämpfte. Nach einer Auffrischung nahm sie im Sommer 1943 am „Unternehmen Zitadelle" teil, bei dem sie auf der Nordseite eingesetzt wurde. Diese deutsche Offensive musste unter anderem aufgrund der sowjetischen Orjoler Operation abgebrochen werden. Den Rest des Jahres verbrachte die Division mit Verteidigungs- Aufgaben im Bereich der Heeresgruppe Mitte (vgl. „Smolensker Operation").

1944 – 1945:

Nach schweren Verlusten wurde die Division im Frühjahr 1944 zur Auffrischung nach Frankreich verlegt. Von der Alliierten-Landung in der Normandie überrascht, wurde sie im August 1944 fast völlig vernichtet und bestand im Herbst nur noch aus einer Stabsabteilung. Die Division wurde im September bei Willich und Bitburg neu aufgestellt, nahm an der Ardennen-Offensive teil und kapitulierte schließlich in Plauen."

Bild 22: Während des Zweiten Weltkriegs:
Walter Märtin (vorn)

Im Internet-Lexikon Wikipedia ist zur Rubrik „Wehrmacht" Folgendes zum Ablauf der 2. Panzer-Division u. a. zu lesen, was nachfolgend auszugsweise – bezogen auf die Dienst- und die Einsatzgegebenheiten bei meinem Vater – in zeitlicher Verflechtung durch seine Verwundung ab Dezember 1941 zitiert wird:

„...

....

Ab dem 5. Dezember (1941) begann die russische Winter-Offensive. Nach schweren Abwehrkämpfen vor Moskau zog sich die Division in die Rusa-Wolokolamsk-Stellung zurück. Bis zum 15. Januar 1942 ging die Division auf Stellungen in der Linie Juchnow – Gshats – Subzoff zurück. Hier kam der Rückzug der Division zum Stehen, und es erfolgten schwere Abwehrkämpfe, die bis Mitte April 1942 andauerten. Gegen Ende der Schlammperiode wurde die Division aus der Front gelöst und hinter der Front aufgefrischt. Anfang Juli 1942 nahm die Division am Unternehmen „Seydlitz", den Angriffskämpfen südlich von Bjelog, teil. Im Anschluß wurde die Division im Raum Smolensk - Katyn aufgefrischt, um dann ab Ende Juli 1942 an der Abwehrschlacht im Raum um Rschew teilzunehmen. Ab Ende September 1942 stand die Division südlich von Karmonowa in einer Abwehrfront. Ab Mitte Dezember 1942 nahm die Division dann an den Abwehrkämpfen in Raum Rschew und nordostwärts Sytschewka teil. Nach schweren Kämpfen musste sich die Division im März 1943 auf die Linie Spas-Demensk – Dorogobusch – ostwärts Welisch zurückziehen. Es erfolgte der Einsatz im rückwärtigen Heeresgebiet der Heeresgruppe Mitte und ab Mitte April 1943 als Armee-Reserve des AOK 9 im Raum Orel – Kromy. Im Juli 1943 nahm die Division am „Unternehmen Zitadelle", dem Angriff auf Kursk, teil. Nach Abbruch der Offensive Mitte Juli (1943) folgte die Abwehrschlacht im Raum Orel – Brjansk, der sich ab dem 8. August die Abwehrschlacht um Raum Jelnja anschloss. Vom 11. bis 15. September (1943) wurde die Division in den Raum Tschernigow – Kiew zur 4. Panzer-Armee verlegt, wo sie ab dem 16. September (1943) an den Abwehrkämpfen an der Desna und dem anschließenden Rückzug an der Dnjepr teilnahm. Nach schweren Abwehrkämpfen am Dnepr folgte ab Mitte Oktober 1943 bis zum Jahresende die Abwehrschlacht im Raum Gomel – Retschiza und am Prypjat. Anfang Januar 1944 wurde die Division zur Auffrischung und als Besatzungstruppe nach Nordfrankreich verlegt. Nach Beginn der Invasion im Juni 1944 nahm die Division an den Kämpfen um die Normandie teil. Nach dem Ausbruch der alliierten Verbände aus dem Brückenkopf der Normandie und Kämpfen südlich von St. Lô und im Raum Argentan – Trun wurden die Restteile der Division ab dem 21. August 1944 nordöstlich von Bernay, um abschließend die Seine zu überschreiten und sich bis Ende des Monats im Raum Sedan – Mézières zu versammeln.

Am 1. September (1944) bauten die Restteile der Division an der Maas eine Sicherungsfront auf und zogen sich ab dem 6. September (1944) auf den

Westwall zurück. Vom 10. September bis Mitte Dezember 1944 wurde die Division an der Front im Raum um Bitburg im Wehrkreis XII verlegt. Im November 1944 erhielt die Division neue Feldpost-Nummern. Im Anschluss nahm die Division im Rahmen der 5. Panzer-Armee an der Ardennen-Offensive teil. Die Division stieß nördlich an Bastogne vorbei und erreichte am 26. Dezember (1944) Custonne östlich der Maas. Hier endete für die Division, und bis zum Jahresende zog sie sich bis zum Clerf zurück. Bis Ende Februar 1945 folgten Kämpfe in der Eifel im Raum Prüm – Neuerburg – Bitburg. Anfang März 1945 begannen die Rückzugskämpfe an der Mosel und im Hunsrück mit anschließendem Rhein-Übergang und des Absetzung in Richtung Osten. Die Division kapitulierte vor alliierten Truppen bei Plauen im Wehrkreis IV im Mai 1945.“

Da mein Vater kein Tagebuch über seine Kriegserlebnisse geschrieben und dazu kaum was Schriftliches hinterlassen hat und ich als Sohn erst 1948, nach Ende des Zweiten Weltkriegs, geboren wurde, kann ich über den weiteren Verlauf ab Dezember 1941, ab dem Zeitpunkt, in dem er nach seiner Verwundung und der Ersatzdienst-Tätigkeit nach seiner Behinderung, über manches von ihm Erlebtes in der Zeit, als er ab dem 21. Dezember 1941 zur 2. Panzer-Division dienstverpflichtet wurde, nicht beitragen. Er hat mir zwar Manches über diese Zeit auch erzählt, aber ich habe kaum etwas Konkretes mehr in Erinnerung. Deshalb wollte ich es bei dem bereits geschilderten Kriegsablauf der 2. Panzer-Division ab Dezember 1941 bis Mai 1945 bezüglich des Ablaufs belassen und kann wegen nur noch einiger Unterlagen, die mir noch vorliegen, deshalb nur allgemeine Aussagen über den Krieg ab Dezember 1941 bis Mai 1945 und einige Ursachen und Schlussfolgerungen aus meiner Sicht zum weiteren Kriegsverlauf bzw. überhaupt zum Zweiten Weltkrieg treffen.

Meinem Vater wurden im Laufe des Zweiten Weltkriegs unter Beachtung der zeitlichen Abfolge nachfolgende Dienstgrade verliehen: Soldat, Gefreiter, Obergefreiter, Unteroffizier, Feldwebel. Aus den noch vorhandenen aus dem Lazarett mitgegebenen Papieren, Wertgegenständen und dergleichen werden darin genannte nachfolgende Orden und Ehrenzeichen meines Vaters im

Rahmen seiner ausgeübten dienstlichen Verpflichtung bezogen auf die betreffende Zeit benannt:

- 18. Juli 1941: Verwundetenabzeichen in Schwarz
- 18. Juli 1941: Infanteriesturm-Abzeichen
- 19. Juli 1941: Verwundetenabzeichen in Silber
- 20. März 1942: Winterschlacht im Osten / Medaille
- 25. Juli 1942: Panzerkampf-Abzeichen
- 15. September 1942: Kriegs-Verdienstkreuz 2. Klasse mit Scherben
- 10. Februar 1943: EK (Eisernes Kreuz) 2. Klasse
- 05. September 1943: EK (Eisernes Kreuz) 1. Klasse
- 15. Februar 1944: Nahkampfspange in Bronze
- 20. März 1945: Nahkampfspange in Silber

Für den Dienst in der Wehrmacht wurde mein Vater mit folgenden Kleidungsstücken ausgestattet:

- 1 Stahlhelm
- 2 Bekleidungssäcken
- 1 Koppel mit Zubehör
- 1 Brotbeutel mit Band
- 1 Kochgeschirr

- 1 Meldekartentasche
- 1 Hosenträger
- 3 Decken
- 1 Feldmütze
- 1 Feldbluse (Feldjacke)
- 1 Drillichzeug
- 1 Tuch, Reit- oder Feldhose
- 2 Unterhosen
- 1 Mantel, Übermantel
- 2 Kragenbinden
- 2 Hemden
- 1 Schlupfjacke
- 2 Socken, Fußlappen
- 1 Schnürschuhe

Mein Vater hat im weiteren Kriegsablauf noch sehr viele schwierige und entbehrungsreiche Zeiten erleben müssen. Neben einer Reihe von Verletzungen und schwerwiegenden Verwundungen haben ihn auch die Folgen des kalten Winters sehr getroffen. Dadurch hat er schwere Erfrierungen mit erheblichen negativen Folgen für ihn und auch manche schwierige Versorgungsprobleme neben vielen seiner anderen Kameraden erlebt. Auch hat er – bezogen auf die Wirkungen des Zweiten Weltkriegs auf ihn – eine nicht geringe Hörminderung bekommen, die sich auf sein späteres Leben sowie der Wahrnehmung seiner Arbeitsverpflichtungen ebenfalls sehr negativ auswirkte.

Nachfolgend werden einige Ereignisse kurz dargestellt, an denen mein Vater als Mitglied der 2. Panzer-Division der Wehrmacht wohl mit beteiligt war:

Schlacht um Moskau:

Sie begann am 2. Oktober 1941. Nachfolgend werden aus dem Internet-Lexikon Wikipedia einige Ausführungen zur Schlacht um Moskau, bezogen auf den Zeitpunkt, ab dem mein Vater nach seiner im Juli 1941 erlittenen Verwundung Mitglied der 2. Panzer-Division der Wehrmacht ab dem 21. Dezember 1941 war, entnommen:

„Am 25. Dezember konnte die Rote Armee Istra, Rusa, Wolakalemsk befreien. Der Gefechtsbericht des AOK der 3. Panzer-Armee vom 21. Dezember 1941 beschreibt den Rückzug mit den Worten: „Es mehren sich die zu Fuß zurückgehenden Soldaten, die ohne Waffe, ein Kalb am Strick, einen Schlitten Kartoffeln hinter sich, ohne Führung nach Westen ziehen. Die von Fliegerbomben getöteten Soldaten werden nicht mehr begraben. Die oft führerlosen Trosse geben auf der Straße den Ton an, während die fechtende Truppe aller Waffen, einschließlich Flak mit letzter Kraft vorn hält. Der gesamte Anhang der Truppe (Heerestruppen, Luftwaffe, Versorgungsverkehr) ergießt sich ohne Führung fluchtartig nach hinten.

Eine Psychose, fast eine Panik, hat die Trosse ergriffen, die nur am stürmischen Vormarsch gewöhnt sind. Ohne Verpflegung, frierend, kopflos geht es rückwärts.“

„Am 30. Dezember fiel Kaluga endgültig wieder in sowjetische Hand. Am 7. Januar Moschaisk. Am 8. Januar musste(n) .... (die) Truppen zwingend (zurückgenommen werden), um sie der drohenden Einkesselung zu entziehen. ....

Am 15. Januar (1942) befahl Hitler in Anbetracht der Notwendigkeit den Rückzug auf die Winterstellung. Doch kam dieser Befehl viel zu spät, und die größtenteils zu Fuß zurückweichenden Truppen mussten mangels Pferden, Zugmaschinen oder Betriebsstoff das gesamte schwere Gerät zurücklassen. Der Begriff „Winterstellung" hatte seinen Ursprung in der NS-Propaganda, die dem deutschen Volk einen geordneten Rückzug auf ausgebaute Stellungen vorgaukeln sollte. Von einer im militärischen Sinne ausgebauten Stellung mit Schützengräben, Bunkern, Artilleriestellungen und sonstigen Befestigungsanlagen war nicht die Rede. Tatsächlich wurde hier eine von Hitler willkürlich gezogene Linie auf der Landkarte, die sich hauptsächlich an logistischen Notwendigkeiten im Sinne von nahen Versorgungsstützpunkten und kurzen Wegen entlang der Entladebahnhöfe des Nachschubs, der fast vollständig mit der Deutschen Reichsbahn erfolgte, sowie eventuellen strategisch günstigen Aufmarschgebieten für kommende Offensiven orientierte, als „Winterstellung" bezeichnet.“

<u>Schlacht um Rschew:</u>

Auch zu dieser Schlacht werden nachfolgend einige Auszüge aus dem Internet-Lexikon Wikipedia zitiert:

„Die Schlachten um Rschew ...., die zwischen Januar 1942 und März 1943 stattfanden, zählen zu den blutigsten Schlachten des Zweiten Weltkrieges. Nachdem die Truppen der Wehrmacht, vertreten durch die 9. Armee der Heeresgruppe Mitte, Ende 1941 vor Moskau zurückgeschlagen wurden, versuchte die Rote Armee in einer Reihe von Operationen, die nördlich und östlich von Rschew stehende deutsche Abwehr zu durchbrechen und die Division der 9. Armee in diesem vorspringenden Frontbogen abzuschneiden und zu vernichten. Rschew, auf deutscher Seite oft als „Eckpfeiler" und „Wellenbrecher" der Ostfront bezeichnet, war vom Winter 1941 bis Frühjahr 1943 Schauplatz einer Serie von Materialschlachten und Stellungskämpfen. Die personell und materiell unterlegenen Verbände der Wehrmacht hatten gegenüber der Roten Armee den Nachteil, weniger auf extreme Wetterumschwünge (Temperaturstürze von Tauwetter zu Minusgraden von 49°C) und schwieriges Gelände (Morastboden nach

Regenfällen und Tauwetter) vorbereitet gewesen zu sein. Die Heeresgruppe Mitte geriet dabei in zahlreiche kritische Situationen, vor allem wegen der Versorgungslage, die sie dank .... Improvisationsfähigkeiten überstand. Der sowjetischen Heeresleitung unterliefen außerdem mehrere schwere Fehler, die die deutsche Heeresgruppenleitung taktisch nutzen konnte.

Die Schlacht währte insgesamt 15 Monate und bestand aus drei Großoffensiven der Roten Armee:

- Rschew-Wjasma-Operation vom 8 Januar bis 20. April 1942

- Erste Rschew-Sytschowka-Operation vom 30 Juli bis 1. Oktober 1942

- Zweite Rschew-Sytschowka-Operation vom 25. November bis 21. Dezember 1942

Das „Unternehmen Seydlitz“ zur Bekämpfung von Partisanen konnte Ende Juli 1942 eine zeitweilige Entspannung der Lage im rückwärtigen Raum der 9. Armee herbeiführen. Obwohl der Erhalt des insgesamt 530 Kilometer langen, exponierten Frontvorsprungs von Rschew sehr viel Kraft kostete und eine enorme Zahl von Menschen und Material band, konnte Hitler sich lange Zeit nicht entscheiden, diese Position aufzugeben. Seiner Meinung nach war es von großer psychologischer Bedeutung, die Bedrohung der Hauptstadt Moskau möglichst lange Zeit aufrechtzuerhalten. Erst die Niederlage der 6. Armee bei Stalingrad und der damit verbundene Verlust von 250.000 Soldaten ließen jegliche Möglichkeit auf eine Wiederaufnahme der Offensive auf Moskau schwinden, denn hierfür waren keine militärischen Ressourcen mehr vorhanden. Im März 1943 befahl Hitler daher den deutschen Rückzug des „Unternehmens Büffelbewegung“.

Der Frontbogen von Rschew wurde endgültig begradigt und die deutschen Front um 230 Kilometer verkürzt. Die Schlacht forderte auf beiden Seiten immense Opfer. Auf Seiten der Roten Armee starben vermutlich etwa 500.000 Mann und ca. 1.000.000 sowjetische Soldaten wurden verwundet.

Auf deutscher Seite rechnete man mit 80.000 Gefallenen und zweieinhalb- und dreieinhalb so vielen Verwundeten. Vermutlich sind die Zahlen aber noch deutlich höher anzusetzen, und diese relativ unbekannte Schlacht wäre damit noch verlustreicher als die Schlacht von Stalingrad.

....

Einer der Hauptgründe für die unzureichende Dokumentation der Kampfhandlungen um Rschew ist, zumindest laut dem russischen Historiker Igor Bunitsch (1937 – 2000), die Verheimlichung einer Vielzahl von militärischen Fehlentscheidungen und der sinnlosen und brutalen Opferung einer großen Anzahl von russischen Soldaten. ....
Der zehnfach überlegenen Roten Armee gelang es innerhalb von 14 Monaten nicht, die Stadt Rschew einzunehmen. Nach Auffassung des Generaloberststs und Historikers Dmitri Wolkogonow (1928 – 1995) gehören die Schlachten um Rschew vom Oktober 1941 bis März 1943 zu den größten Katastrophen des zweiten Weltkriegs. Ein Augenzeuge der 17. Gardeschützen-Division im Sommer 1942 berichtet: „Im ganzen Krieg habe ich nichts Schrecklicheres gesehen: Riesige Bombenkrater, bis zum Rand mit Wasser gefüllt, am Wegesrand zerstörte Fuhrwerke und Autos, tote Pferde und ringsherum nur Leichen. Und aus dem Wald das Stöhnen der Verwundeten."

Smolensker Operation:

Die Smolensker Operation .... war eine große Offensive der Roten Armee im Zweiten Weltkrieg. die vom 7. August bis zum 2. Oktober 1943 dauerte. Im Laufe dieser Operation wurden vier Unter-Operationen durchgeführt, die von russischen Militär-Historikern als:

Spas-Demensker Operation,

Jelnja-Dorogobuscher Operation,

Duchowschtschina-Demidower Operation

und

Smolensk-Roslawler Operation

bezeichnet werden.

Spas-Demensker Operation:

Am 7. August (1943) griff die 10. Gardearmee .... die 33. und 49. Armee .... der Westfront an und drohten die deutsche Gruppierung bei Spas-Demensk einzukesseln, weshalb die deutsche 4. Armee begann, sich geordnet zurückzuziehen. Beim deutschen XII. Armeekorps .... konnten zunächst neuerliche Angriffe der 49. Armee gegen Spas-Demensk abgeschlagen werden ....
Am 13. August (1943) wurde Spas-Demensk durch die 49. Armee im Zusammenwirken mit der 33. Armee .... und dem 2. Garde-Panzerkorps befreit, welche bis zum 20. August noch etwa 10 Kilometer vordrangen und dann an der Desna zur Verteidigung überging.

Jelnja-Dorogobuscher Operation:

Am 18. August änderte sich .... die Abschnittsgrenze zwischen der deutschen 9. und 4. Armee, die Straße zwischen Roslawl und Juchnow. bildete hinfort die neue Grenze. ....
Am 27. August wurde das XVI. Panzerkorps aus der Front herausgelöst und durch das Korpskommando XXXXI. ersetzt, welches den bedrohten Raum Smolensk zu schützen hatte.

Am 28. August erzielten die sowjetischen Truppen einen erneuten Durchbruch, den die Wehrmacht vergeblich mit Gegenstößen zu schließen versuchte. Im Abschnitt des deutschen IX Armeekorps .... wurde am 30. August Jelnja durch die sowjetische 33. Armee befreit und am 1. September (1943) Dorogobusch durch die sowjetische 5. Armee .... freigekämpft. Am 6. September (1943) wurden (noch Brigaden) aus der Reserve herangezogen, welche das weitere Vordringen der sowjetischen Truppen zunächst noch eindämmen konnten.

Duchowschtschina-Demidower Operation:

Nach der Umgruppierung der sowjetischen Truppen eröffneten diese am 14. / 15. September (1943) eine neue Angriffsphase, welche auch den rechten Flügel der deutschen 3. Panzerarmee erfasste. Am 14. September eröffneten Truppen der Kalinin-Front den Angriff auf Demidow und Duchowschtschina. ....

Bis zum Ende des Tages konnten die deutschen Stellungen auf 30 Kilometern Breite .... tief eingedrückt werden. Nach 4-tägigen Kämpfen war die Verteidigung des deutschen VI. und XXVII. Armeekorps vollständig durchbrochen. In der Nacht des 19. September drang die 39. Armee nach Unterstützung der 3. Luftarmee in Duchowschtschina ein. Die 43. Armee rückte am 22. September (1943) nach zweitägigem Kampf mit dem 91. Schützenkorps .... in Demidow ein.

Smolensk-Roslawer Operation:

Am 15. September (1943) wurde die Verteidigungslinie der deutschen 4. Armee fast überall durchbrochen, die sowjetischen Truppen wurden durch im Hinterland operierende Partisanen unterstützt. ....

Am 16. September eroberten Einheiten der 31. Armee die Stadt Jarzewo. Am 23. September schnitten sowjetische Truppen die Eisenbahnlinie zwischen Smolensk und Roslaw ab und bedrohten das südliche Vorfeld von Smolensk. Die Stadt Potschinok wurde von Streitkräften der 33. Armee eingenommen. Am 23. September musste infolge der Gesamtlage Smolensk vom XXXIX. Panzer-Korps geräumt werden und wurde vom sowjetischen 72. Schützen-Korps der 31. Armee besetzt. ....

Am 25. September (1943) wurde Roslawl durch die sowjetische 10. Armee befreit.

....

Durch den zusätzlichen Angriff der Brjansker Front hatte sich die Lage der Heeresgruppe Mitte bis zum 3. Oktober in andauernden Kämpfen weiter verschlechtert. ....

Die Rote Armee stieß (wiederum) auf der 400 km breiten Front 200 – 250 km nach Westen vor, zerschlug 7 deutsche Divisionen, fügte weiteren 14 schwere Verluste zu .... und verlor (weitere) 451500 Soldaten (108.000 Tote).“

Unternehmen Zitadelle:

„Unternehmen Zitadelle“ ....war der deutsche Deckname für den Angriff auf die Sowjetunion um die russische Stadt Kursk während des Zweiten Weltkrieges im Sommer 1943. Das Unternehmen gilt als letzte deutsche Großoffensive im Krieg gegen die Sowjetunion und fand in der Zeit vom 5. Juli bis zum 16. Juli 1943 statt. Sie wird auch als Schlacht bei Kursk, Panzerschlacht um Kursk oder Schlacht im Kursker Bogen bezeichnet. Auf sowjetischer Seite wurden unter dieser Bezeichnung auch die nachfolgenden Operationen zusammengefasst, die langfristiger und im größeren Maßstab angelegt waren als die deutschen Offensivbemühungen (Orjoler und die Belgorod-Charkower Operation). Sie war die größte Landschlacht sowie eine der größten Luftschlachten der Geschichte. Im Rahmen des „Unternehmens Zitadelle" fand bei der Ortschaft Prochorowka eine Panzerschlacht statt, die als größte der Geschichte gilt. Jahreswechsel und Frühjahr 1943 an der deutschen Ostfront waren geprägt von der schweren Niederlage von Stalingrad und dem darauffolgenden Sieg von Charkow. ....

Ihren fast 160 teilweise sehr geschwächten Divisionen standen auf der nach dem Stillstand der Winterkämpfe 2500 Kilometer langen Front fast 400 Verbände der Roten Armee gegenüber. Es drohte ein Verlust der Initiative und so die Gefahr, in eine Abnutzungsschacht mit der personell und materiell überlegenen Roten Armee zu geraten, die zwar in den vorangegangenen Kriegsjahren bereits 11 Millionen Mann Verluste hinzunehmen hatte, aber gleichwohl ständig stärker wurde. ....

Ein naheliegendes Ziel einer begrenzten deutschen Sommer-Offensive war der „Kursker Bogen". Dabei handelte es sich um einen Frontvorsprung der Roten Armee, der durch die Kämpfe Anfang 1943 entstanden war und tief in die deutschen Linien hineinreichte. Das Ziel des Unternehmens Zitadelle

bestand folglich darin, die starken sowjetischen Kräfte, welche sich in diesem Großraum aufhielten, in einer schnellen Zangenbewegung einzukesseln. Dadurch wären der Sowjetunion die Kräfte für eine Großoffensive genommen worden. Anschließend wollte man möglichst die Initiative an der Ostfront wieder zurückgewinnen. …………………... ....
Der Roten Armee sollten dabei so große Verluste zugefügt werden, dass zumindest für die folgenden Monate mit keinen Großangriffen mehr auf die deutsche Front mehr zu rechnen sein würde. ....

Ziel der Wehrmachtsführung war es nunmehr, den Alliierten so erfolgreich Widerstand zu leisten, dass diese zu einem Frieden bereit sein würden, der zumindest einen Teil der zuvor eroberten Gebiete bei Deutschland belassen würde. Die Schlacht war auch (deshalb) eine Prestigefrage. Sie sollte die Fähigkeit des deutschen Heeres demonstrieren, einen großen Sieg zu erringen. Hitler schrieb dazu im Operations-Bericht für die Schlacht: „Die besten Verbände, die besten Waffen, die besten Führer, große Munitionsmengen sind an den Schwerpunkten einzusetzen. Jeder Führer, jeder Mann muß von der entscheidenden Bedeutung dieses Angriffs durchdrungen sein. Der Sieg von Kursk muß für die Welt wie ein Fanal wirken." ....

Verlauf:

Am Morgen des 5. Juli 1943 um 01:20 Uhr begann die Rote Armee mit einem umfassenden Artilleriebeschluss der vermuteten Bereitstellungsräume der deutschen Truppen. ……..
……………………………...... Die sowjetische Luftwaffe griff nur wenige Minuten vor dem geplanten Start der deutschen Flugzeuge deren Flugplätze mit allen griffbaren Bombern und Jagdflugzeugen an. Da die sowjetischen Flugzeuge aber von einem weitstehenden Radargerät vom Typ „Freya“ geortet wurden, konnte die deutsche Luftwaffe rechtzeitig reagieren. So konnten die deutschen Jäger, anders als im Einsatzplan vorgesehen, vor den Bombern starten. Es kam zu einer gewaltigen Luftschlacht. Rund 120 sowjetische Flugzeuge wurden dabei abgeschossen. ……………..…………
…...

Am 5. Juli konnten die deutschen Truppen im Kampfgebiet 425 feindliche Flugzeuge abschießen. Die Luftwaffe verlor hingegen nur 36 Maschinen. Beim „Unternehmen Zitadelle" konnte die deutsche Luftwaffe das letzte Mal im Zweiten Weltkrieg die Luftherrschaft erringen. Der Angriff der 9. Armee .... auf die bis zu 30 Kilometer tief gestaffelte Verteidigung der Zentralfront .... begann um 03.30 Uhr. Das XXXXVI., XXXXVII. und XXXXI. Panzerkorps traten zum Durchbruch an. Pioniere, Infanterie und Artillerie versuchten eine Bresche in die Verteidigung zu schlagen, in die dann die Panzer verstoßen sollten. Der Angriff traf von Beginn an auf einen unerwartet zähen und verbissenen Widerstand und ein nie dagewesenes Artilleriefeuer. Auf der Nordseite ging die sowjetische Zentralfonds das Risiko des Verlustes von riesigen Munitionsbeständen bei einem Durchbruch ein und lagerte bis zu 5 Kampfsätze direkt neben den Geschützen. …………………………………………
Am Abend des 5. Juli waren die deutschen Angriffsspitzen dennoch auf einer Breite von 15 Kilometern bis zu acht Kilometer tief in die ersten Verteidigungsstreifen eingebrochen. Beide Seite verzeichneten hohe Verluste. (Es kam) umgehend zu einem massiven Gegenangriff, der am Morgen des 6. Juli im Zusammenwirken von Artillerie, Fliegerkräften und Bodentruppen gegen das deutsche XXXXVI. Panzerkorps begann und erste Erfolge zeigte. (Man) setzte nun einerseits die 2. und 9. Panzer-Division sowie die schwere Panzer-Abteilung 505 ein, wodurch es im Gebiet zwischen Ponyri und Soborowka zu einer Konzentration von mehr als 1.000 Panzern auf deutscher Seite kam. Dennoch kam der deutsche Angriff nur im Schritttempo voran, da die (Sowjetunion), dessen Kräfte nun ins Hintertreffen zu geraten drohten, ebenfalls weitere Reserven ins Gefecht warf. Als der Kampf am Abend des 6. Juli zu einem vorläufigen Ende kam, bereiteten beide Seiten ihr Vorgehen für den nächsten Tag vor. (Die Sowjetunion) befahl ihren Kräften, zur Verteidigung überzugehen. Des Weiteren (wurde befohlen), einen großen Teil der Panzer einzugraben und als feste Feuerpunkte zu verwenden, nachdem zwei Panzerbrigaden in kürzester Zeit die Masse ihrer Panzer während der schweren Gefechte mit Tigern der schweren Panzer-Abteilung 505 verloren hatten. Zwischenzeitlich führte (die Sowjetunion) weitere Reserven heran und verstärkte ihre Linien. Der (deutsche) Stab war vom langsamen Vorankommen und von dem Widerstand

der sowjetischen Truppen überrascht. Man entschied sich daher bereits jetzt, die Kampfverbände des ersten Schlags mit Kräften zu verstärken, die eigentlich für die Phase nach dem geplanten Durchbruch in Richtung Kursk vorgesehen waren. .... Trotz der Erfahrungen der ersten beiden Angriffstage hoffte das Oberkommando der 9. Armee, den von der sowjetischen 13. Armee gehaltenen zweiten Verteidigungsstreifen am 7. Juli durchstoßen zu können. Ihm entging dabei die weiter fortschreitende Kräftekonzentration der Roten Armee an diesem Frontabschnitt, die einen Durchbruch um jeden Preis verhindern wollte. Am Morgen des 7. Juli begann der massierte Angriff des XXXXI. und XXXXVII. Panzerkorps. ....“

Der erhebliche Kampf zwischen beiden Kriegsparteien zog sich ständig hin und her und war mit unterschiedlichen Folgen bzw. Ergebnissen für beide Seiten verbunden. Es wurden von deutscher Seite viele Gründe genannt, die angeblich zum Abbruch der Angriffe in Kursk führten.

Im Internet-Lexikon Wikipedia wird jedoch dazu angeführt:

„In Wirklichkeit führten also .... die sowjetischen Gegenoffensiven zum Abbruch der Kursker Schlacht. Bei der am 12. Juli gestarteten sowjetischen Offensive im Raum Orjol durchstießen sowjetische Offensivkräfte der Brjansker Front im koordinierten Zusammenwirken mit großen Partisanen-Verbänden, die sich seit Monaten auf diesen Tag vorbereitet hatten, die schwachen deutschen Linien der 2. Panzerarmee und erzielten einen unmittelbaren Einbruch von rund 20 Kilometern Tiefe. Damit bestand die Gefahr eines Durchbruchs in Richtung Orjol und des Einkesselns der vorgestoßenen 9. Armee. Die Heeresgruppe Süd musste sich der am 3. August beginnenden sowjetischen Offensive .... entgegen stellen. Für die sowjetische Seite war die Schlacht bei Kursk keineswegs beendet. Sie sah die eigenen als Reaktion auf das „Unternehmen Zitadelle“ vorgetragenen Angriffe erst als Auftakt für ihre umfassenden Angriffs-Bemühungen im Sommer 1943. Ab dem 3. August begann die Belgorod – Charkower Operation zur Rückeroberung des Gebietes um Charkow. Bis Ende September hatte die Rote Armee den Dnepr überschritten und die Heeresgruppe Süd weit zurückgeworfen. ....

.... (Der verantwortliche) Generalinspekteur für die Panzerwaffe .... schrieb in seinen Erinnerungen:

„Wir hatten durch das Mißlingen der „Citadelle" eine entscheidende Niederlage erlitten. Die mit großer Mühe aufgefrischten Panzerkräfte waren durch die schweren Verluste an Menschen und Gerät auf lange Zeit verwendungsfähig. Ihre rechtzeitige Wiederherstellung für die Verteidigung der Ostfront, erst recht aber für die Abwehr der im nächsten Frühjahr drohenden Landung der Alliierten an der Westfront war in Frage gestellt."

Orjoler Operation:

Die Orjoler Operation ...., auch als „Operation Kutosow“ bekannt, war eine Offensive der Roten Armee im Zweiten Weltkrieg, die als Teil der Schlacht am Kursker Bogen angesehen werden kann. Die Offensive begann am 12. Juli 1943 und endete am 18. August 1943. Im Rahmen der Offensive konnte zum ersten Mal das Konzept der „Operation" in der Tiefe erfolgreich umgesetzt werden. Durch Angriffe in divergierende Richtungen konnte dabei eine Zersplitterung der deutschen Verteidigungsmaßnahmen erreicht werden, die letztlich den Rückzug der deutschen Truppen aus dem Raum Orjol zur Folge hatte. Außerdem wird zur Vorgeschichte im genannten Internet-Lexikon noch geschrieben:

„Die sowjetisch–deutsche Front war Ende März 1943 zum Stehen gekommen, nachdem (1942/1943) im Winter groß angelegte Gegenoffensiven der Roten Armee die Verbände der Wehrmacht weit zurückgedrängt hatten. Nach der Niederlage in der Schlacht um Stalingrad war zeitweise der gesamte deutsche Südflügel in Gefahr geraten, abgeschnitten und überrannt zu werden, bevor ein Abwehrerfolg in der Schlacht bei Charkow die deutschen Linien stabilisierte. Absichten. diesen Erfolg zu weiteren Gegenangriffen auszunutzen, scheiterten am katastrophalen Zustand der deutschen Divisionen. Da jedoch auch die sowjetischen Truppen große Verluste erlitten hatten, beschränkten sich ab Ende März 1943 beide Seiten auf die strategische Defensive und bereiteten sich auf die Fortsetzung der Operationen nach Ende der Schlamm-Periode

vor. Noch während des Angriffs der deutschen 9. Armee startete die Westfront .... am 12. Juli ihren Angriff gegen die deutsche 2. Panzerarmee. Nach dreistündigem vorbereitenden Artilleriebeschluss folgte gegen 06:05 Uhr der sowjetische Infanterie- und Panzerangriff der 11. Gardearmee. Relativ schnell gelangen dem 36. Garde-Schützenkorps .... mehrere taktische Einbrüche in die schwachen vorderen deutschen Stellungen. ....
Am 17. Juli griff die sowjetische 63. Armee aus dem Raum westlich von Nowosil nochmals gegen Bortnoje an und brach durch das neu eingeführte 1. Garde-Panzerkorps an der Front der deutschen 36. und 56. Infanterie-Division durch. ....
Am 19. Juli bei der Brjansker Front die 3. Gardepanzerarmee ...., am 20. Juli bei der Westfront zuerst die 11. Armee .... und am 26. Juli schließlich auch die 4. Panzerarmee. Dem 46. Schützenkorps .... der sowjetischen 61. Armee gelang am 28. Juli die Eroberung von Bolchow. ....
Am 2. August (1943) (fiel der deutsche General Hans Zorn (1893 – 1943), Kommandierender der XXXXVI. Panzerkorps) südlich von Orjol durch einen sowjetischen Fliegerangriff. Am 5. August fiel die Stadt Orjol in die Hände der sowjetischen 63. Armee. Am 6. August näherten sich das 8. und 36. Garde-Schützenkorps vom Nordwesten und Südosten der Stadt Chotynez, das 16. Garde-Schützenkorps .... ging gleichzeitig auf Karatschew vor, während das 25. Panzerkorps in Richtung Banino angesetzt wurde. ....
Am 9. August schnitten das 8. Gardekorps .... und das 1. Panzerkorps die Bahnlinie nach Karatschew ab. ....

Aufbauend auf diesen Erfolg setzte die sowjetische 11. Gardearmee weiter nach Westen und begann am 12. August von Süden und aus dem Osten den Angriff auf Karatschew. .... Die Einkreisung Karatschews von Norden zwang die Deutschen am 13. August, zusätzlich die 78. Sturm-Division heranzuziehen und die Stadt am 14. August aufzugeben. Die deutsche Führung war nicht mehr in der Lage, die überlegenen sowjetischen Verbände zu stoppen. ....

Alle Wehrmachtsverbände setzten in Richtung der Hagenstellung ab. Die Hagenstellung war eine ausgebaute Stellung im Hinterland, sie verlief in Nord-Süd-Richtung und stellte für die Wehrmacht eine günstig zu verteidigende Linie dar. ....
Die Rote Armee stieß auf der 400 Kilometer breiten Front bis zu 150 Kilometer nach Westen vor, zerschlug 14 deutsche Divisionen .... und verlor 430.000 Soldaten (113.000 Tote). 2.500 Panzer, 900 Geschütze und 1.000 Flugzeuge. ...."

Schlacht am Dnjepr:

Die Schlacht am Dnepr fand zwischen Verbänden der Wehrmacht und der Roten Armee im Krieg Deutschlands gegen die Sowjetunion 1941 bis 1945 vom 26. August bis zum 20. Dezember 1943 statt. Sie bildete die Fortsetzung der sowjetischen Sommer-Offensive nach dem Scheitern des „Unternehmens Zitadelle“, der letzten deutschen Großoffensive im Osten. Die Schlacht am Dnepr stellte eines der seltenen Beispiele der Überquerung eines großen Flusses bei starker feindlicher Gegenwehr dar. Die monatelange Operationen erreichten am 6. November 1943 mit der sowjetischen Befreiung Kiews ihren Höhepunkt. ....
Vor den beiden nördliches Heeresgruppen sollte dieser von Hitler propagierte „Ostwall" etwa an der Linie Narwa – Pskow – Witebsk – Gomel zum Dnepr im Raum Kiew verlaufen und das weitere Vordringen der sowjetischen Westfront aufhalten. Nachdem am 23. August 1943 Charkow durch die Rote Armee befreit worden war, eröffneten drei sowjetische Fronten eine weitere Offensive. .... Am 16. August griffen die sowjetische Süd- und Südwestfront die deutsche 6. Armee sowie die erste Panzerarmee an. .... Die Zentralfront .... griff am 26. August an der Nahtstelle zur Heeresgruppe Mitte an. ....
....
Die deutsche 4. Panzerarmee wurde durch die Woronescher Front angegriffen. Die drei sowjetischen Fronten verfügten über 1.581.300 Mann, denen ungefähr 350.000 Soldaten auf deutscher Seite gegenüberstanden. ....

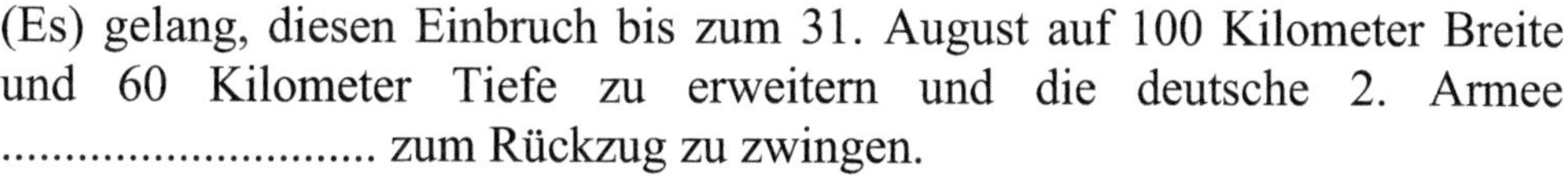
(Es) gelang, diesen Einbruch bis zum 31. August auf 100 Kilometer Breite und 60 Kilometer Tiefe zu erweitern und die deutsche 2. Armee .... zum Rückzug zu zwingen.

Im Verlauf dieser Operation nahm die Rote Armee eine Reihe größerer Städte ein, wie Sumy (2. September), Tschernigow (21. September) und Poltawa (23. September), erreichte den Dnepr und errichtete eine Reihe von Brückenköpfen an dessen linkem Ufer. Infolge der beiden sowjetischen Operationen begann die Wehrmacht mit der Planung des vollständigen Rückzugs hinter den Dnepr. ....
Am 15. September begann die Heeresgruppe Süd endlich mit dem nötigen Rückzug auf das westliche Dnepr-Ufer. ....
....
Die verfolgenden Truppen der Südwestfront ....
erreichten den Dnepr am 22. September. ....
Bis Anfang November 1943 gelang es den Truppen der 2. und 3. Ukrainischen Front sich auf 450 Kilometer Breite und bis zu etwa 100 Kilometer Tiefe auf dem westlichen Dnepr-Ufer zu etablieren. ....
Sie griff auf der 800 Kilometer breiten Front an und stieß 300 Kilometer nach Westen vor."

Bevor ich auf die weitere Entwicklung an der Ostfront während des Zweiten Weltkriegs ab 1943 eingehe, möchte ich an dieser Stelle erwähnen, dass die Alliierten, insbesondere die britische Royal Air Force, also die Königliche Luftwaffe Großbritanniens, bereits ab 1940 erste Bombardements deutscher Städte durchgeführt hat, zu einem Zeitpunkt, als auch englische Städte von deutschen Bomben getroffen wurden.

Nach ersten Angriffen auf Rostock, die größte und bevölkerungsreichste Stadt des seit dem 14. Oktober 1990 existierenden nordostdeutschen Bundeslandes Mecklenburg-Vorpommern, die durch die Royal Air Force bereits 1940 und 1941 erfolgten, wurde Rostock vom 24. bis zum 27. April 1942 im Rahmen der damals neu ausgegebenen „Area Bombing Directive“, also der „Anweisung zum Flächen-Bombardement“ in vier aufeinander folgenden Nächten insbesondere in der Altstadt bombardiert. Einige Bomben wurden auch auf die Heinkel-Flugzeug-Werke in Rostock-Marienehe abgeworfen. Rostock war nach Lübeck, dessen Altstadt in der Nacht vom 28. auf den 29. März 1942 flächendeckend bombardiert wurde, die zweite deutsche Stadt, die von der Royal Air Force im Rahmen ihrer Strategie des „Moral Bombing“ („Bomben zum Brechen der Moral der Bevölkerung“) bombardiert wurde. Insbesondere Rostocks Altstadt wies seitens der Gesamtbaumasse einen hohen Holz-Anteil auf. In den vier Bomben-Nächten im April 1942 kamen über 200 Menschen in Rostock ums Leben. Viele flüchteten in die nähere Umgebung, da sie ausgebombt wurden. Die Amerikaner flogen von Juli 1943 bis zum 25. August 1944 mit ihrer 8th Air Force mehrere Bombardements auf Rostock und Warnemünde, u. a. auch auf die Heinkel-Werke, in denen Flugzeuge hergestellt wurden. Ernst Heinkel (1888 – 1958) war einer der damaligen Pioniere im Flugzeug-Bau. Da dieses Werk eines der wichtigsten Industrie-Betriebe Mecklenburgs darstellte, wird auf die Bedeutung der Heinkel-Werke und die Auswirkungen der Bomben-Angriffe auf dieses Werk durch englische und amerikanische Bomben kurz eingegangen und aus dem im Internet-Lexikon Wikipedia veröffentlichten Artikel „Luftangriffe auf Rostock“ auszugsweise zitiert:

- „23./24. April 1942: 161 Bomber (Wellingtons, Stirlings, Whitleys, Hampdens, Manchesters und eine Lancaster) führten – bei Verlust von vier Maschinen – geplant einen „konzentrierten Brandangriff“ auf die Altstadt (143 Flugzeuge) und einen kleineren auf die Heinkel-Flugzeugwerke (18 Flug-zeuge) aus. Das Ergebnis war für das Bomber Command enttäuschend, da die Hauptmenge der für die Innenstadt bestimmten Bomben 2 bis 6 Meilen entfernt fiel und das Heinkel-Werk nicht getroffen wurde. Die Ordnungspolizei meldete sechs zerstörte Wohnhäuser, sieben tote und 32 verletzte Einwohner.

- 24./25. April 1942: 125 Bomber sechs verschiedener Typen beteiligten sich an dem Angriff, 91 gegen die Stadt und 34 gegen die Heinkel-Werke. Das Zentrum von Rostock wurde schwer getroffen: 500 Wohnhäuser zerstört oder beschädigt, Licht und Kraftstrom fielen aus. Der Massenabwurf von Brandbomben überstieg die Löschmöglichkeiten der Feuerwehren von Rostock, Güstrow, Wismar, Bad Doberan und Hamburg. .... Eine Hampden wurde abgeschossen.

- 25./26. April 1942: 128 Bomber griffen an, 110 die Stadt und 18 die Heinkel-Flugzeugwerke. Die Stadt Rostock wurde erneut schwer bombardiert, zahlreiche Flächenbrände erzeugt. Abgeworfen wurden 300 Sprengbomben, 3.635 Stabbrandbomben und 35 Flüssigkeits-Brandbomben. Große Teile der historischen Altstadt brannten: .... Die am Stadtrand gelegenen Heinkel-Werke wurden weniger getroffen. Am Morgen des 26. April waren 30.000 bis 40.000 Rostocker obdachlos, was zu Verstärkung der Massenflucht und Evakuierung in die nähere und dann weitere Umgebung führte.

- 26./27. April 1942: 106 Bomber führten den Angriff aus, die Hälfte gegen die Stadt, die andere Hälfte gegen das Heinkel-Flugzeugwerk, dem der Hauptschlag galt. Drei Bomber wurden abgeschossen. Die offizielle britische Kriegsgeschichte beschreibt den Angriff als „Masterpiece" „Meisterstück" – Anm. des Verfassers) erfolgreichen Bombardierens.

Von den 130.000 (damaligen) Einwohnern Rostocks wurden etwa 35.000 obdachlos. „Die Briten flogen gegen Rostock bis April 1943 noch weitere Angriffe. Ab Juli 1943 bombardierte die amerikanische 8th Air Force (8. Luftwaffe) Rostock und Warnemünde. An dieser Stelle sollen die dem Internet-Lexikon Wikipedia unter dem gleichen Artikel entnommenen Daten der amerikanischen Luftangriffe auf Rostock und Warnemünde durch die USA Air Force (USAAF) der Vollständigkeit halber ebenfalls erwähnt werden. Es wurden noch weitere wichtige Betriebe beschädigt bzw. zerstört.

- „29. Juli 1943: Am Vormittag griffen 54 „Fliegende Festungen" B-17 mit 129,5 Tonnen Bomben die Arado Flugzeugwerke in Warnemünde und den Ort an. Das Werk wurde schwer zerstört, auch Warnemünde selbst stark getroffen. Es gab 56 Tote, davon 14 in einem D-Zug im Bahnhof Warnemünde.

- 20. Februar 1944: 75 schwere Bomber B-17 griffen zur Tageszeit Rostock, den Gasometer und die Neptun Werft an.

- 24. Februar 1944: Um die Mittagszeit belegte ein Teil eines Verbandes von 295 B-17 die Stadt Rostock und „unidentified targets" („nicht definierte Ziele – Anm. des Verfassers) mit 685 Tonnen Spreng- und Brandbomben.

- 9. April 1944: Mittags warfen 85 „Fliegende Festungen" B-17 ihre Bombenlast auf Warnemünde: den Bahnhof, die Bootswerft Kröger und die Arado-Flugzeugwerke. Es gab 12 Tote. Zuvor hatten 18 B-17 den Flugplatz der Ernst-Heinkel-Flugzeugwerke in Rostock-Marienehe mit 180 Zehn-Zentner-Bomben belegt.

- 11. April 1944: Am späten Vormittag und mittags erfolgte ein schwerer US-amerikanischer Doppel-Angriff auf Warnemünde und Rostock. Am späten Vormittag entluden 172 B-17 700 (780) schwere Sprengbomben und 500 (1.450) Flüssigkeits-Brandbomben auf die Stadt Warnemünde und ihre Rüstungs-Industrie. Beide wurden schwer getroffen. Die Arado-Werke wurden, bis auf zwei Hallen, total zerstört. 11 „Gefallene" und 34 Verwundete wurden registriert (keine vollständigen Zahlen).

- Mittags erfolgten durch 200 schwere US-Bomber vier „Teppich-Würfe" mit 600 Spreng- und 400 Flüssigbrandbomben auf Wohngebiete der Stadt Rostock. Neben diesen wurden zwei Kliniken, die Gas- und Wasserwerke, der Güterbahnhof und ein Nebenwerk von Heinkel getroffen. Bekanntgegeben wurden 51 Gefallene, 80 Verwundete, 20 Vermisste und 4.000 bis 5.000 Obdachlose.

- 4. August 1944: Am frühen Nachmittag führten 148 B-24 Bomber „Liberator" der 2nd Bombardment Division sechs Teppich-Würfe von Bomben auf das Werk Marienehe der Heinkel-Flugzeugwerke aus. Sie warfen 1.600 Brandbomben zu 50 kg und 800 Sprengbomben von 1.000 bis 2.000 kg, davon 50 mit Langzeitzündern (Zündung 15 Minuten bis drei Tage nach dem Aufschlag). Die Sprengbomben waren zum Teil durch Ketten miteinander verbunden. Die 9.000 „Gefolgschaftsmitglieder“ waren in fünf Luftschutztürmen und fünf Luftschutzkellern untergebracht. Es gab 62 Tote, darunter 14 Deutsche. Der Gebäudeschaden wurde mit 60 % geschätzt. Dazu kamen viele beschädigte Flugzeuge Heinkel He 111 und He 111 N. Sofort nach dem Angriff wurden auch 300 Wehrmacht-Angehörige und 200 „Politische Leiter“ zu Bergungs- und Aufräumarbeiten eingesetzt.

- 25. August 1944: Mittags wurde erneut das Werk Marienehe der Heinkel-Werke angegriffen: durch 116 schwere Bomber B-24 der 2nd Bombardment Division mit 311,5 Tonnen Bombenlast. Eine andere Zahlenangabe von 250 Flugzeugen schließt wohl die Begleitjäger mit ein. Aus 4.000 bis 7.000 Metern Höhe erfolgten 12 Teppichwürfe mit 600 Sprengbomben zu 1.000 bis 2.000 kg, 8.000 Stabbrandbomben (teilweise gebündelt) und einigen Hundert Flüssigkeitsbrand-bomben. Von 8.000 im Werk befindlichen Belegschafts-angehörigen starben drei (Deutsche). Der Gebäudeschaden lag bei 30 %, wieder wurden He-111-Flugzeuge zerstört.

Nach diesen Vernichtungsangriffen entschieden die US-Amerikaner nach detaillierter Luftaufklärung, auf weitere Bombenangriffe auf Rostock und seine verbliebene Rest-Industrie zu verzichten – da es sich nicht mehr lohnte. Auf Rostock waren insgesamt 2.942 Tonnen Bombenlast abgeworfen worden, 990 t durch die britische Royal Air Force 1952 t durch die USAAF.“

In den Ausführungen zum Zweiten Weltkrieg im in der Online-Ausgabe der „Welt“ am 2. Dezember 2013 erschienenen Artikel „Als die Ostfront 1943 fast zusammengebrochen wäre“ des Autors Berthold Seewald wird u. a. dazu auszugsweise Folgendes erwähnt:

„……………………………………………………………………………………

was bedeutete, dass die nahezu pausenlosen Kämpfe, die sich an die gescheiterte deutsche Offensive gegen Kursk im Juli (1943) anschlossen, einfach weitergingen.

In einem Lagebericht von Anfang Dezember heißt es: „Es ist jetzt bei allen Teilen .... ein Grad der Erschöpfung eingetreten, der nicht mehr überboten werden kann. Der Zusammenbruch der Front schien nur noch eine Frage der Zeit. Die sogenannte „Panther-Stellung" am Dnjepr – überschwänglich auch „Ostwall" genannt –, deren Ausbau Hitler schließlich nach langem Zögern genehmigt hatte, war in weiten Teilen nur eine brüchige Linie geblieben, die von den ausgedünnten Divisionen der Wehrmacht nur notdürftig bemannt werden konnte. An vielen Stellen hatte die mit großer Übermacht nachrückende Rote Armee schnell Brückenköpfe bilden können. Anfang November (1943) gelang ihr die Rückeroberung der ukrainischen Hauptstadt Kiew."

Alle diese Umstände führten dazu, dass der Aggressionskrieg von Deutschland gegen die Sowjetunion letztlich als verloren gewertet werden musste. Auch dieser Krieg unter Führung des nationalsozialistischen Regimes erwies sich als erheblicher Fehler der Geschichte. Nicht nur eine sehr große Anzahl von gefallenen Soldaten in der Sowjetunion und in Deutschland fielen diesem unmenschlichen Krieg zum Opfer. Viele Menschen haben dadurch ihren Ehepartner verloren und wurden damit Witwe oder Witwer. Auch sehr viele zivile Menschen haben durch Mord, Vergewaltigung oder durch Hunger oder andere Ursachen ihr Leben durch diesen Krieg verloren. Es kamen viele Menschen, nicht nur Deutsche, durch die Folgen der Trümmer, Brände, Explosionen oder auch in der Zeit des Zweiten Weltkriegs durch Säuberungen, die in der damaligen Sowjetunion durch Stalin bzw. den Stalinismus veranlasst wurden, zu Tode oder mussten in Gulags (Glawnoe Uprawlenije Lagerej – Hauptverwaltung der Lager) bzw. Arbeitslagern unter Zwangsmaßnahmen arbeiten. Auch mussten Menschen vieler Länder Zwangsarbeiten verrichten und unter schwersten Bedingungen leben bzw. wohnen. Nicht zuletzt soll erwähnt werden, dass viele Menschen, insbesondere Juden, Roma und Sinti, Menschen anderer Nationen, Sozialisten, Kommunisten oder andere Verfolgte in Konzentrationslagern in Deutschland oder in anderen Stätten sehr bestialisch in der Zeit des Faschismus umgebracht wurden oder Hunger leiden mussten. Nur Wenige haben das Leben im Konzentrationslager überlebt.

Nachfolgend beschreibe ich in Kurzform anhand einiger wichtiger Städte deren Zerstörungen durch die Alliierten in den letzten Kriegstagen 1945.

Von den 38 Luftangriffen auf Magdeburg zwischen 1940 und 1945 stellte das von den Verbänden des britischen Royal Air Force Bomber Command und den amerikanischen Luftstreitkräften USAAF ausgeführte Flächenbombardement vom 16. Januar 1945 den schwersten Bombenangriff auf Magdeburg dar. Die verheerenden Folgen dieses Bombenangriffs waren mit den Verwüstungen Magdeburgs im „Dreißigjährigen Krieg" (1618 bis 1648) in den Jahren 1630/1631 durchaus vergleichbar. Die am Angriff auf Magdeburg am 16. Januar 1945 beteiligten insgesamt 5.000 Bombenflugzeuge beider Alliierter warfen insgesamt 12.500 Bomben auf die Stadt. Dabei wurden Industrieanlagen, Wohnviertel und Kulturanlagen massiv getroffen. Magdeburg insgesamt wurde zu ca. 60 Prozent zerstört, 68 % des dortigen Wohnraums, die Innenstadt fast vollständig – deshalb und auch auf Grund der Stadtplanung der Machthaber von 1945 bis 1990 ist im heutigen Magdeburger Stadtbild auch kaum Altstadt-Substanz zu erkennen – wurden vernichtet. 5.000 bis 6.000 Menschen kamen dabei ums Leben, 16.000 Menschen wurden verletzt, Tausende vermisst und über 200.000 Menschen obdachlos" (siehe Wikipedia-Quelle: „Luftangriff auf Magdeburg am 16. Januar 1945").

Bis August 1944 wurde Dresden von Luftangriffen weitgehend verschont, da es bis dahin außerhalb der Reichweite und Zielplanungen alliierter Bomber lag. Im Herbst 1944 war Dresden neben Breslau (heute Wrocław in Polen) der letzte unbeschädigte Verkehrsknotenpunkt, Wirtschafts- und Verwaltungsstandort des Dritten Reiches. Zum damaligen Zeitpunkt war Dresdens Bahnhof der drittgrößte Verkehrsknotenpunkt des Dritten Reiches, da sich hier Verbindungen nach Leipzig, Berlin, Nürnberg, Prag, Breslau und Warschau kreuzten. Die Bergbau-Betriebe Freitals und des Erzgebirges wurden über den Bahnknotenpunkt Dresden damals versorgt, da andere Bahnhöfe bereits zerstört waren. Die Reichsbahndirektion Dresden musste den Eisenbahnverkehr im größten Teil Sachsens und im Sudentenland organisieren. Über Dresden wurden auch Transporte von Truppen Material an die Kriegsfront und leider auch von Menschen in Konzentrationslager organisiert. Dresdens dicht besiedelte Innenstadt bestand vorwiegend aus Bauten des Barocks, der Renaissance, aber auch aus der Gründerzeit auf mittelalterlichem Grundriss.

Da die Bombardierung Dresdens, das zum Zeitpunkt Februar 1945 mit Flüchtlingen überfüllt war und deshalb für Dresden Zuzugsverbot bestand, aufzeigt, wie sinnlos diese Bombardierung war, wird diese Bombardierung Dresdens auszugsweise aus dem Artikel „Luftangriffe auf Dresden" beschrieben.

„.. Sechs britische Bomberstaffeln flogen am 13. Februar 1945 gegen 17:30 Uhr von ihren Basen in Ostengland über zwei Routen in das Reichsgebiet ein. Hinter der Westfront flogen Begleitjäger zur Irreführung der deutschen Luftabwehr andere Routen.

Am Faschingsdienstag, 13. Februar 1945, um 21:45 Uhr wurde in Dresden der 175. Fliegeralarm ausgelöst. Die Menschen begaben sich in die Keller ihrer Häuser oder Wohnblocks und die wenigen vorhandenen Luftschutzbunker.

Die Angriffe begannen in einer ersten Welle bei aufgeklartem wolkenlosem Nachthimmel. Um 22:03 Uhr wurde die Innenstadt von Lancaster-Bombern des No. 83 Squadron, einer „Pfadfinder"-Einheit, mit Magnesium-Lichtkaskaden („Christbäumen") ausgeleuchtet, zwei Minuten darauf warfen neun britische Mosquitos rote Zielmarkierungen auf das gut sichtbare Stadion am Ostragehege nordwestlich des Stadtkerns. Von 22:13 bis 22:28 Uhr fielen die ersten Bomben. 244 britische Lancaster-Bomber der No. 5 Bomber Group zerstörten die Gebäude mit 529 Luftminen und 1800 Spreng- und Brandbomben mit insgesamt 900 Tonnen Gewicht. Sie gingen südwestlich des Zielpunktes in einem 45-Grad-Fächer zwischen der großen Elbschleife im Westen der Stadt, dem industriell bebauten Ostragehege (heute Messegelände) und dem etwa 2,5 km Luftlinie entfernten Hauptbahnhof nieder.

In diesen 15 Minuten wurden drei Viertel der Dresdner Altstadt in Brand gesetzt. Gezielte Treffer einzelner Gebäude waren bei diesen Nachtangriffen der RAF weder beabsichtigt noch möglich. Vielmehr sollte ein Bombenteppich die gesamte Innenstadt großflächig zerstören. Die Flammen der brennenden Innenstadt nach der ersten Angriffswelle waren im weiten Umkreis am Himmel zu sehen. Manche Brände loderten noch vier Tage lang.

Um 1:23 Uhr begann (beim Nachtangriff auf Dresden vom 13. auf den 14. Februar 1945 – Anm. des Verfassers) die zweite Angriffswelle mit 529 britischen Lancaster-Bombern der Gruppen No. 1, No. 3 und No. 8 der Royal Air Force sowie der Gruppe No. 6 der kanadischen Luftwaffe. Sie warfen bis 1:54 Uhr insgesamt 458 Minenbomben, 977 hochbrisante Sprengbomben und 443.000 (650.000) Streubomben ab, das entsprach 965 Tonnen Spreng- und 891 Tonnen Brandbomben. Betroffen war die Region von Löbtau bis Blasewitz und von der Neustadt bis Zschertnitz: erneut das Gebiet des ersten Angriffs, dazu die westliche Johannstadt, die Südvorstadt, der Hauptbahnhof, die Friedrichstadt, Löbtau, Blasewitz, Striesen, Strehlen, Gruna, Plauen, Räcknitz, Tschernitz, Reick, Loschwitz und die Antonstadt. Die von der ersten Angriffswelle verursachten Brände dienten nach Augenzeugenberichten britischer Fliegerbesatzungen zur Orientierung für die nachfolgenden Bomber. Ihre Bomben trafen auch die Elbwiesen und den Großen Garten; wohin viele Dresdner nach der ersten Welle geflüchtet waren. Die Frauenklinik Pfotenhauerstraße des Stadtkrankenhauses Dresden-Johannstadt und die Diakonissenanstalt in der Neustadt wurden schwer beschädigt. Beide Bombardements betrafen ein Stadtgebiet von etwa 15 Quadratkilometern.

Die zweite Angriffswelle zerstörte die Technik der ausgerückten Feuerschutzpolizei und verhinderte weitere Löschaktionen, so dass sich die zahlreichen Einzelfeuer rasch zu einem orkanartigen Feuersturm vereinten. Dieser zerstörte ganze Straßenzüge. In der extremen Hitze schmolzen Glas und Metall. Der starke Luftsog wirbelte größere Gegenstände und Menschen umher oder zog sie ins Feuer hinein. Sie verbrannten, starben durch Hitzeschock und Luftdruck oder erstickten in den

Luftschutzkellern an Brandgasen. Wer sich ins Freie retten konnte, war auch dort dem Feuersturm und detonierenden Bomben ausgesetzt.

Von 12:17 bis 12:31 Uhr flogen (am 14. Februar 1945) 311 B-17-Bomber und 200 Begleitjäger P-51 "Mustang" der (amerikanischen) 8th Air Force einen Angriff auf die noch brennende Stadt. Die Bevölkerung konnte wegen ausgefallener Großalarmanlage und sonstiger Nachrichtenmittel nicht gewarnt werden. Die B-17 warfen bei wolken- und rußbedecktem Himmel über Dresden nach Zielradar 1.800 Spreng- und Minenbomben (474,5 t) und 136.800 Stabbrandbomben (296,5 t) ab. Ihre Angriffsziele waren einige Rüstungsbetriebe und erneut der Bahnhof und das Reichsbahn-Ausbesserungswerk Dresden in Friedrichstadt. Getroffen wurden dort auch das Krankenhaus und umliegende Stadtteile. Wegen einer Wetterfront wichen zwei Bombergruppen etwa 100 km südwestlich vom Kurs ab und bombardierten nach Ausfall des Anflugradars einen Ortsteil von Prag, im Glauben, es sei Dresden. Im etwa 35 km entfernten Neustadt in Sachsen ging am 14. Februar ein von den Nachtangriffen verursachter Ascheregen nieder. Am 15. Februar stürzte die ausgebrannte Frauenkirche etwa um 10:15 Uhr ein.“

Nordhausen war die während des Zweiten Weltkriegs am meisten zerstörte Stadt Thüringens. Bei den verheerenden Bombenangriffen am 3. und 4. April 1945 kamen ca. 8.800 Menschen, darunter viele Geflüchtete und ehemalige KZ-Häftlinge, ums Leben. Beim ersten Bombenangriff am 3. April 1945 warfen die Alliierten 1170 Tonnen Sprengbomben, am nächsten Tag 1220 Tonnen Spreng- und Brandbomben innerhalb kürzester Zeit auf Nordhausen ab. Die Nordhäuser Innenstadt war weitgehend zertrümmert, sämtliche Straßen verschüttet. Kurz vor Kriegsende wurde Nordhausen damit zu mehr als 70 Prozent zerstört. Militärisch war Nordhausen zwar relativ unbedeutend. In dessen Nähe befand sich jedoch das KZ Mittelbau-Dora. Dass dort die von Wernher von Braun konzipierten V1- und V2-Waffen auch durch Häftlinge hergestellt wurden, dürfte den Alliierten bekannt gewesen sein. Um die Häftlinge in Mittelbau-Dora möglicherweise zu schützen, wurde stattdessen Nordhausen angegriffen und, wie erwähnt, zu einem Großteil, darunter ca. 10.000 Wohnungen, zerstört. 1991 ernannten die Stadtverordneten Nordhausen zur „Stadt des Friedens“.

Bevor ich auf die letzte große Schlacht des Zweiten Weltkriegs in Europa, die Schlacht um Berlin vom 16. April bis zum 2. Mai 1945 eingehe, möchte ich erwähnen, dass sich am 25. April 1945 sowjetische und amerikanische Truppen in Torgau an der Elbe an der dortigen Elbbrücke die Hände reichten und somit zum baldigen Ende des Zweiten Weltkriegs, zumindest in Europa, beitrugen.

Wie bereits erwähnt, fand zu diesem Zeitpunkt in Berlin die letzte große Schlacht vor der deutschen Kapitulation statt. Die Schlacht um Berlin hatte die Besetzung Berlins durch die Rote Armee und einige polnische Einheiten zu Folge. In dieser Schlacht fielen 170.000 Soldaten, 500.000 Soldaten wurden verwundet und auch Zehntausende Zivilisten fielen dieser Schlacht zum Opfer.

Generaloberst Alfred Jodl (1890 – 1946) unterschrieb, nachdem er vom Nachfolger Adolf Hitlers als Reichspräsident, Großadmiral Karl Dönitz (1891 – 1980) dazu autorisiert worden war, in Berlin-Karlshorst die Kapitulationsurkunde für Deutschland, so dass der Krieg am 8. Mai 1945 in Europa bedingungslos vorbei war. In diesem Zusammenhang muss erwähnt werden, dass in den Nachfolgestaaten der ehemaligen Sowjetunion der Tag des Sieges über Deutschland erst am 9. Mai begangen wird.

Auf der „Potsdamer Konferenz“, auf der 1945 von den vier Siegermächten Sowjetunion, Großbritannien, Frankreich und den USA über das Schicksal der Menschen in Europa beraten und für die Folgejahre entschieden wurde, war bereits bekannt, dass es Pläne der USA gab, Japan mit Hilfe von Atombomben zur Aufgabe zu zwingen.

Unter der Überschrift „Atombombenabwürfe auf Hiroshima und Nagasaki“ ist im Internet-Lexikon Wikipedia hierzu Folgendes vermerkt:

„Den Befehl zum Einsatz der neuen Waffe gab US-Präsident Harry S. Truman (1884 – 1972), Nachfolger des am 12. April 1945 verstorbenen Franklin D. Roosevelt (1882 – 1945) (dessen Stellvertreter Truman bereits war), im Haus „Erlenkamp" in Potsdam, wo die amerikanische Delegation während der Potsdamer Konferenz (vom 17. Juli bis 2. August 1945) Quartier bezogen hatte. Truman .... hatte bis zum Amtsantritt keine Kenntnis vom „Manhattan-Projekt", der Entwicklung der Atombombe. Das Motiv für den Einsatz der Bomben war, Japan möglichst schnell zur Kapitulation zu bewegen und so den Krieg zu beenden. Einerseits befürchtete Truman, dass die Sowjetunion Forderungen auf japanisches Gebiet stellen würde, andererseits, dass die geplante amerikanische Landung auf den japanischen Hauptinseln viele Opfer unter den US-Soldaten fordern würde. Zum damaligen Zeitpunkt waren noch große Gebiete Asiens von Japan besetzt. ....
Die Atombomben-Explosionen töteten insgesamt ca. 100.000 Menschen sofort – fast ausschließlich Zivilisten und von der japanischen Armee verschleppte Zwangsarbeiter. An Folgeschäden starben bis Ende 1945 weitere 130.000 Menschen. In den nächsten Jahren kamen etliche hinzu. ...."

Sechs Tage nach den US-amerikanischen Atombomben-Abwürfen auf Hiroshima (6. August 1945) und Nagasaki (9. August 1945) gab der japanische Kaiser (Tenno) Hirohito (1901 – 1989), der von 1926 bis zu seinem Tod 1989 als der 124. Tenno Japans die Beendigung des in Japan dort so genannten „Großostasiatischen Krieges" bekannt. Mit der Kapitulation Japans endete am 2. September 1945 der Zweite Weltkrieg auch in Asien.

Viele wurden in Folge des Krieges Flüchtlinge, weil sie ihren bisherigen Wohnsitz verloren und dadurch ein sehr schweres Leben nach 1945 hatten, bevor sie für ihre Familie oder sich selbst eine bleibende Wohnung bekommen konnten. Das gleiche Schicksal galt auch für die vielen deutschen Gefangenen nach 1945 bis zur endgültigen Heimkehr aus alliierter, insbesondere sowjetischer Kriegsgefangenschaft. 1956 wurde durch ein entsprechendes Abkommen zwischen dem damaligen sowjetischen Staatschef Nikita Chruschtschow (1891 – 1974) und dem zu dieser Zeit amtierenden Bundeskanzler der Bundesrepublik Deutschland, Konrad

Adenauer, eine Rückkehr der Gefangenen nach Deutschland vereinbart. Die Heimkehr erfolgte damals sowohl in die damalige Bundesrepublik und nach West-Berlin, als auch in die spätere DDR, also nach Ostdeutschland. In der sowjetischen Besatzungszone bzw. frühen DDR mussten nicht wenige Ostdeutsche auch Wiederaufbau-Hilfe in der Sowjetunion leisten. Vielen durch die sowjetische Justiz in der Sowjetischen Besatzungszone bzw. DDR der 1950er Jahre Verurteilten standen erhebliche unmenschliche Arbeits- und Wohnbedingungen unter klimatisch schwierigen Bedingungen in der Sowjetunion bis 1956 bevor.

Auch dieser Krieg ist ein Zeichen der Unmenschlichkeit gegenüber den Belangen der Menschen anderer Völker, nur, um Macht rücksichtslos auszuüben und manche Menschen, die nicht den Vorstellungen der Faschisten entsprachen, zu vernichten. Man begründete dies u. a. damit, dass die von den Faschisten für würdig angesehenen Menschen einen höheren Wohlstand bzw. mehr materielle Güter bekommen sollten. Andere Menschen, die darunter leiden mussten und dieses unsägliche Verhalten des Nazi-Regimes mit ihrem Leben oder anderen erheblichen Entbehrungen bezahlen mussten, waren ihnen bezüglich ihres Schicksals völlig egal.

Man hat auch bei diesem Krieg in der Überheblichkeit bzw. Hochnäsigkeit der Faschisten überhaupt nicht beachtet, dass die Sowjetunion einen gerechten Verteidigungskrieg führte und sich sehr viele Menschen, nicht nur sowjetische Soldaten, Partisanen und andere beteiligte Menschen aus der Sowjetunion, weil sie ihr Land verteidigten wollten, an dieser gerechten Reaktion beteiligten. Auch in materieller Hinsicht – bezogen auf die Erfordernisse einer kriegerischen Auseinandersetzung – besaßen sie wesentlich bessere Voraussetzungen als die deutsche Wehrmacht. Man hatte mehr und bessere Panzer, Flugzeuge, andere Kriegsmaschinen und Munition. Es wurde auch von der faschistischen Führung überhaupt nicht beachtet, dass man schon gegen mehrere Länder Krieg führte und manche Länder nach der kriegerischen Auseinandersetzung mit ihnen von Hitler-Deutschland besetzt wurden und auch dafür Kapazitäten notwendig sind. Selbst, wenn die sowjetische Führung auch mit dem abgeschlossenen Nicht-Angriffs-Pakt der Sowjetunion mit Hitler-Deutschland einen Angriff, trotz der bereits geschilderten Hinweise, nicht ausreichend beachtet hat, hat die Sowjetunion sich anfangs sehr unvorbereitet auf den gegen sie geführten Angriffskrieg gezeigt. Dadurch hat die Sowjetunion am Anfang relativ viele kriegerische Auseinandersetzungen verloren, und die deutsche Wehrmacht hatte durch die Kriegshandlungen bereits viele Gebiete gewonnen. Im Ergebnis hat man seitens der Sowjetunion die richtigen Schlussfolgerungen gezogen und die Herstellung der Kriegsmaterialien im Ural-Gebiet durchgeführt. Das von der Sowjetunion hergestellte Kriegsmaterial konnte deshalb von der deutschen Wehrmacht nicht genutzt werden. Zusehends konnten Gebiete durch die Sowjetunion wieder zurückerobert und viele militärische Kriegshandlungen wieder gewonnen werden. Am Ende 1943 konnte davon ausgegangen werden, dass der gerechte Verteidigungskrieg der Sowjetunion gegenüber dem nationalsozialistischen Deutschland erfolgreich war.

Wie beschrieben, hat mein Vater insbesondere ab Beginn der kriegerischen Auseinandersetzungen an vielen Kriegshandlungen im Rahmen seiner Dienstpflicht als Wehrmacht-Angehöriger an den verschiedensten Schlachten als Mitglied der 2. Panzer-Division teilgenommen. Im Rahmen seiner neuen Tätigkeit ab dem 21. Dezember 1941 gab es sehr viele kriegerische Auseinandersetzungen, die verloren wurden oder bei denen eine große Anzahl deutscher Soldaten verunfallten.

Trotz der erheblichen Probleme und der sehr hohen Gefahr für sein Leben in diesen schwerwiegenden kriegerischen Auseinandersetzungen hat mein Vater in diesen schlimmen Kriegen sein Leben erhalten können.

Ab Anfang Januar 1944 mussten die noch verbliebenen Kräfte der 2. Panzer-Division, in der mein Vater seinen Dienst verrichten musste, am Krieg an der Westfront teilnehmen. Der neue Einsatz an der Westfront erfolgte deshalb zum einen, weil der Angriff an der Ostfront wegen den genannten Gründen schon im Grunde als verloren gewertet werden musste. Der noch wichtigere Grund lag darin, dass die Alliierten unter vorrangiger Teilnahme der USA, Englands, Kanadas und Frankreichs einen Gegenangriff gegen die deutsche Wehrmacht durchführen wollten, um die bisher verlorenen Gebiete, insbesondere in Frankreich und den Benelux-Ländern, durch eine Befreiung dieser betreffenden Gebiete zurückzugewinnen.

Die USA hatten lange trotz des besonderen Bemühens von Großbritannien, Frankreich und den Benelux-Ländern nicht am Krieg gegen Deutschland teilgenommen. Die Hauptursache lag insbesondere darin, dass ca. 90 Prozent der Bevölkerung der USA wollten, dass die USA nicht am Krieg teilnehmen sollten. Dieser Wunsch der Bevölkerung wurde von der amerikanischen Regierung lange Zeit beachtet. Dies änderte sich erst dann, als Japan, das Verbündeter von Deutschland war, den USA den Krieg erklärte und am 7. Dezember 1941 durch einen Überraschungsangriff große Teile der auf Anker liegenden amerikanischen Pazifikflotte in Pearl Harbor auf Hawaii vernichtet hatte. Über 2.400 Amerikaner kamen dabei ums Leben. Dadurch haben auch die USA dem Aggressor Japan den Krieg erklärt. Unter Beachtung der Beistandsregelungen zwischen Japan und manchen anderen Ländern zu Deutschland wurde von Deutschland den USA der Krieg erklärt. Deshalb haben die USA am Krieg der beteiligten Alliierten als wichtiger Verbündeter teilgenommen.

Trotz dem alle dafür möglichen Einsatzkräfte Deutschlands am Krieg gegen die Alliierten am Westfeldzug teilnehmen mussten, war die deutsche Wehrmacht den möglichen Einsatzkräften der Alliierten erheblich unterlegen. Man hatte nur 30 Prozent der zum Einsatz kommenden Kräfte in der Wehrmacht gegenüber den Alliierten. Auch war man wesentlich unterlegen in der Anzahl der Panzer, der Flugzeuge, der Flaks und anderen für die Kriegshandlungen zum Einsatz kommender Kriegsmaschinen, Treibstoff, Munitionen usw. Außerdem waren die noch möglichen Einsatzkräfte durch ihren sehr kräftemäßig belasteten mehrjährigen Einsatz im Ostfeldzug erheblich geschwächt und hatten dadurch wesentlich schlechtere Ausgangsbedingungen als die vorrangig noch nicht zum kriegerischen Einsatz gekommenen Alliierten.

Bild 23: Walter Märtin (Mitte) nach Ende des Zweiten Weltkriegs 1945 – Rückankunft ohne Gefangenschaft in Friedrichroda

Trotz der geschilderten ungleichen Voraussetzungen hat der Westfeldzug mehr als ein Jahr gedauert. Die Ergebnisse in den genannten Schlachten waren sehr differenziert, und der Ausgang war lange Zeit offen. Es wurde eine Befreiung der französischen Hauptstadt Paris erreicht. In den einzelnen Orten der Normandie wurden erhebliche kriegerische Auseinandersetzungen geführt. Von der Wehrmacht wurde die Ardennen-Offensive in Verbindung mit einem zeitweiligen Vormarsch zum Westwall geführt. Die alliierten Kräfte schlugen diese Offensive zurück. Auch durch die am 10. Februar 1945 gewonnene Schlacht im Hürtgenwald in der Nord-Eifel im heutigen Bundesland Nordrhein-Westfalen waren die Voraussetzungen zum Vormarsch der Alliierten auf den Rhein gegeben. Durch die „Operation Lumberjack“ („Unternehmen Holzfäller“), die im Zeitraum vom 1. bis zum 7. März 1945 stattfand, konnte der Vormarsch zum Rhein durchgeführt werden.

Im Internet-Lexikon Wikipedia ist unter der Überschrift „Deutsche Westfront 1944/1945“ ein Artikel enthalten.

Bild 24: Walter Märtin (links) nach Ende des Zweiten Weltkriegs 1945 in Friedrichroda

„Amerikanische Truppen überquerten in der Nacht vom 22. auf den 23. März 1945 bei Nierstein den Rhein und stießen durch das Hessische Ried, das bis zum 24. März 1945 unter teils schweren Kämpfen erobert wurde, vor. Anschließend kesselten die Truppen unter General Patton das am 11. September 1944 durch einen Luftangriff, die sogenannte Brandnacht, zerstörte Darmstadt ein, das am 25. März 1945 (Palmsonntag) kapitulierte. Am 23. März begann die Rheinüberquerung. Am 8. Mai 1945 kapitulierten die letzten verbliebenen deutschen Einheiten. Alfred Jodl unterschrieb, wie bereits erwähnt, die bedingungslose Kapitulation in Reims und Wilhelm

Keitel (1882 – 1946) in Berlin–Karlshorst. Damit war der Krieg in Europa beendet,

Im Mai 1945 war auch der Krieg für die Menschen, die noch lebten und nicht in Gefangenschaft gekommen waren, für die im erheblichen Maße dezimierte Anzahl der noch verbliebenen Angehörigen der 2. Panzer-Division im vogtländischen Plauen beendet. Mein Vater gehörte noch zu den verbliebenen Angehörigen der 2. Panzer-Division der Wehrmacht. Vier weitere Angehörige dieser Panzer-Division und er kämpften sich von Plauen bis nach Friedrichroda, in den Heimatort meines Vaters, durch. Zur Vermeidung möglicher Gefahren, damit sie nicht in Gefangenschaft gerieten oder noch erschossen wurden sind sie nur nachts marschiert und haben sich am Tag aus Sicherheitsgründen vergraben. Sie haben alle noch die erste Nacht im Scheunen-Gehöft des Hauses meiner Eltern in Friedrichroda verbracht, da sie auch nicht wissen konnten, was sie danach erwartete.

8. Heirat und Eltern meiner Mutter

Meine Eltern lernten sich schon 1937 während ihrer Ausbildung kennen, da sie in der gleichen Straßenbahn und im Regelfall zur gleichen Zeit in der Straßenbahn fuhren. Meine Mutter trat ab den 1. April 1937 eine Ausbildung als Lehrling bei der Gewerbebank in Waltershausen an und hatte vorher ab dem 1. April 1936 eine Ausbildung für kaufmännische Berufe in der Privaten Handelsschule in Gotha begonnen. Mein Vater hatte auch eine Lehrstelle ab dem 20. Mai 1935 in der Zweigstelle Waltershausen der Sparkasse des vormaligen Herzogtums Gotha. Wie erwähnt, war für meinen Vater eine dreijährige Lehrstelle bei der Sparkasse vorgesehen, die er wegen guter Leistungen in der betreffenden Ausbildung schon am 30. September 1937 in der Zweigstelle Waltershausen beenden konnte. Dadurch sind sie sechs Monate gemeinsam nach Waltershausen gefahren und haben sich während dieser Zeit kennen gelernt. Meine Mutter hat ihre Lehrausbildung bei der Gewerbebank in Waltershausen bis zum 30. November 1939 absolviert. Obwohl mein Vater seine Angestelltentätigkeit ab dem 1. Oktober 1937 in Herbsleben ausübte und Herbsleben von Friedrichroda, wie schon erwähnt, über 70 Kilometer entfernt liegt und auch Waltershausen fast die gleiche Entfernung zu Herbsleben aufweist, ist die zwischen meiner Mutter und mein Vater bestehende Gemeinschaft in keiner Weise zerbrochen. Trotz dem sie arbeitsmäßig weiter voneinander getrennt leben mussten, hat diese Verbindung immer weiter angehalten.

Mein Vater hat, wie erwähnt, seine Tätigkeit in der Sparkassen-Zweigstelle Herbsleben am 30. Juni 1938 und überhaupt in der Sparkasse beendet. Ab dem 1. Juli 1938 konnte er bis zum 31. März 1939 seine Bankkorrespondenztätigkeit in Gotha bei der Mitteldeutschen Zentralgenossenschaft fortsetzen und da von Gotha bis Waltershausen bzw. Friedrichroda nur eine kurze Entfernung zurückgelegt werden muss, haben sie nicht mehr so entfernt voneinander gelebt und konnten sich, wenn die Möglichkeit bestand, treffen.

Meine Mutter konnte nach Beendigung ihrer Berufsausbildung in Waltershausen vom 1. Dezember 1939 bis zum 30. September 1940 weiterhin in der gleichen Gewerbebank als Bankbuchhalterin arbeiten. Im Zeitraum vom 1. Oktober 1940 bis zum 31. März 1941 musste meine Mutter ihrer Arbeitsdienstpflicht beim Reichsarbeitsdienst Thüringen an den Standorten Jena und Erfurt nachkommen.

Bild 25: Waltraud Hasert als Kind (Zweite oben rechts)

Wie bereits erwähnt, musste mein Vater seine Arbeitsdiensttätigkeit vom 1. April 1939 bis zum 31. August 1939 ausüben und ab dem 1. September 1939 seinen Dienst bei der Wehrmacht antreten.

Bild 26: Meine Mutter Waltraud Märtin

Während mein Vater seine Dienstpflicht im Zweiten Weltkrieg wahrnehmen musste, konnte meine Mutter als Bankbuchhalterin und Kundenberaterin vom 15. April 1941 bis zum 31. Mai 1945 bei der Sparkasse des vormaligen Großherzogtums Gotha in der Nebenstelle der Sparkasse in Friedrichroda arbeiten. Meine Mutter Waltraud Märtin wurde am 20. März 1922 in Friedrichroda geboren. Leider waren die wirtschaftlichen Möglichkeiten der Eltern meiner Mutter sehr schwierig, und das Schulgeld für eine weitere Schulausbildung konnte für meine Mutter von ihren Eltern nicht gezahlt werden. Dadurch konnte sie nur die Volksschule besuchen, obwohl sie relativ gute Voraussetzungen für eine weiterführende Schulausbildung hatte. In den betreffenden Fächern, die sie nur in der Volksschule belegen konnte, hatte sie recht gute Noten bzw. Bewertungen.

Betragen	1
Fleiß	1
Ordnung	1
Religionskunde / Lebenskunde	1,5
Lesen	1
Sprachlehre / Rechtschreibung	1
Sprachlicher Ausdruck	1,3
Rechnen	1,7
Raumlehre	1,8
Geschichte	1,3
Erdkunde	1,8
Naturgeschichte	2,2
Naturlehre	2,0
Schreiben	1,1
Zeichnen	2,0
Musik / Singen	1,1
Leibesübungen	2,8
Werkunterricht / Weibliche Handarbeit	1,9

Meine Mutter bekam folgendes Entlassungszeugnis nach Austritt aus der Volksschule:

„Waltraud Hasert (dies war der Geburtsname meiner Mutter) ist immer bestrebt, genaustens die Anforderungen der Schule mit Elan und Gewissenhaftigkeit mit Bodenhaftung. Wissen und Können zu erfüllen. Sie zeigte in ihrer Schulzeit sehr viel Fleiß und war sehr engagiert, Eine besondere musikalische Begabung wird ihr zukünftiges Leben verschönern. Sie ist immer rechtzeitig im Lehrerzimmer ihrer Schule und bekleidet eine gute Stellung in der Jungmädchenschaft.

Ostern 1936
Klassenleiter Förster“

Vor der Heirat mussten sehr viele Nachweise erbracht werden, die aus meiner Sicht gesehen überbürokratisch und damals auch typisch für das nationalsozialistische System waren. Zu den Nachweisen, die zur Durchführung einer Hochzeit gebraucht wurden, gehörten:

Führungszeugnis
Aufgebotsbescheinigung
Eheunbedenklichkeitsbescheinigung
Heiratserlaubnisschein
Einverständniserklärung der Eltern

Erst, wenn diese Dokumente vorlagen und richtig ausgefüllt waren, konnte der Standesbeamte nach vollzogener Trauung am Tag der Eheschließung eine mit Dienstsiegel versehene Heiratsurkunde ausstellen.

Bild 27: Verlobungsfeier meiner Eltern: Walter Märtin, Clara Märtin, Waltraud Hasert, Paul Märtin (von links nach rechts)

Am 17. Oktober 1942 heirateten meine Eltern, nachdem mein Vater für diese Zeit aus dem Krieg Heiratsurlaub bekommen hat, im Beisein ihrer Eltern, in Verbindung mit einer feierlichen Veranstaltung an diesem würdigen Tag. Im Mai 1942 feierten meine Großeltern väterlicherseits ihre Silberne Hochzeit. Mein Vater musste nach der Hochzeit bzw. nach dem Hochzeiturlaub gleich wieder an die Front im Rahmen seiner Dienstpflichten bei der Wehrmacht. Meine Eltern mussten damit rechnen, dass mein Vater auch nach der Hochzeit noch im Krieg fallen konnte. Die Gefahr war sehr groß, dass dies eintreten konnte. Am 6. Mai 1942 sind 90 Prozent der Restkompanie, der auch mein Vater angehörte, gefallen, verwundet oder in Gefangenschaft gekommen.

Bild 28: von links nach rechts: Clara Märtin, Walter Märtin, Waltraud Hasert, Marie Hasert, Paul Märtin

Meine Eltern konnten sich während der Krieges nur wenig sehen, weil die Dienstpflichten während des Krieges den absoluten Vorrang vor persönlichen Begegnungen, auch von Eheleuten, hatten.

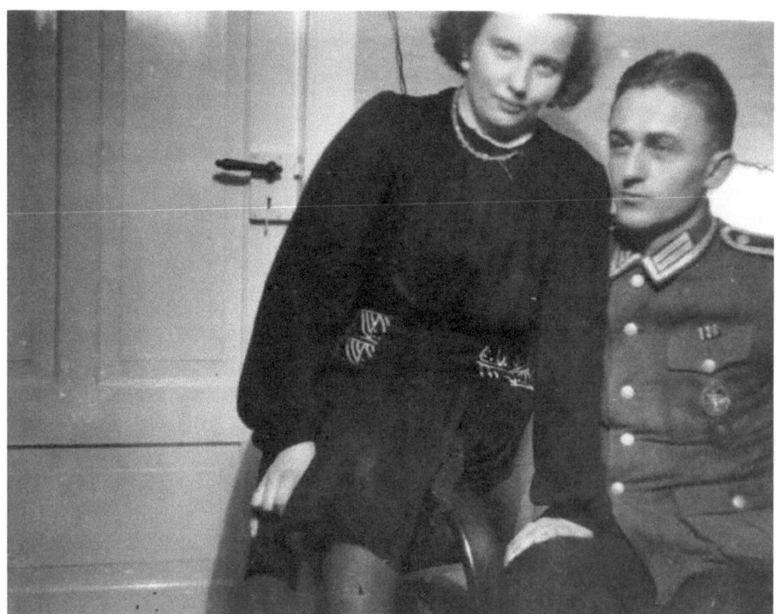

Bild 29: Waltraud und Walter Märtin

Bild 30: Waltraud Märtin (links) und ihre Mutter Marie Hasert (rechts) während des Zweiten Weltkriegs

Die Eltern meiner Mutter bzw. meine Großeltern mütterlicherseits hießen Ernst Paul Arno Hasert mit dem Hauptnamen Paul und Marie Juliana Hasert, geborene Schatt, mit dem Hauptnamen Marie. Mein Urgroßvater hieß Carl Wilhelm Hasert und wurde am 24. September 1866 ebenfalls in Friedrichroda geboren und war selbständiger Maler. Meine Urgroßmutter hieß Liane Hasert, geborene Grosch und wurde am 8. Juni 1867 in Friedrichroda geboren. Der Vater meiner Großmutter hieß Friedrich Louis Schatt, wurde am 28. September 1855 in Friedrichroda geboren und übte den Beruf eines Malers aus. Die Mutter meiner Großmutter hieß Anna Dorothea Schatt, geborene Eccarius und wurde am 1. August 1855 in Friedrichroda geboren.

Mein Großvater bzw. der Vater meiner Mutter, Paul Hasert, wurde am 1. Februar 1890 in Friedrichroda geboren. Er wurde bei seinem Vater zum Maler ausgebildet, der als selbständiger Maler tätig war. Als Malergeselle hat er, wie dies bei Vielen damals so üblich war, sehr bescheidene finanzielle Voraussetzungen gehabt. Mein Großvater verdiente bei seinem Vater monatlich im Durchschnitt nur 10,- Reichsmark. Da meine Großmutter als Schneiderin bzw. als Hausfrau sehr wenig verdiente, konnten sie davon nicht die Schulkosten für meine Mutter und ihre Schwester bezahlen, und deshalb war für Beide nur ein Volksschulbesuch möglich.

Mein Großvater war aber sehr vielseitig und sehr künstlerisch talentiert. Er beherrschte fast alle Musik-Instrumente, und man hat zu Hause sehr viel musiziert. Sicherlich hat dadurch und durch die Gene ihres Vaters meine Mutter sehr viel in musischer Hinsicht, wie auch ihr Klassenlehrer in ihr Entlassungszeugnis schrieb, mit auf den Weg bekommen.

Bild 31: Meine Großeltern Marie und Paul Hasert

Bild 32: von links oben nach rechts unten: Paul Hasert, Paul Märtin, Ernst Märtin, Marie Hasert, Waltraud Hasert, Walter Märtin, Clara Märtin

Neben seiner Tätigkeit als Maler war mein Großvater auch als Kunstmaler tätig und hat viele doch sehr gelungene Bilder, insbesondere über Friedrichroda und die Umgebung, gemalt. Seine gemalten Bilder hat er seinen Verwandten *oder* guten Bekannten gegeben. Neben anderen regionalen Produkten sind diese Bilder heute noch im Internet zu sehen. Aber er hat noch vieles Andere auf künstlerischem bzw. kulturellem Gebiet geleistet. So hat er das „Friedrichrodaer Heimatlied“ und viele lustige Stücke geschrieben, die in Friedrichrodaer Mundart den Interessenten an diesen Volksstücken vorgeführt wurden. Es waren sehr viel Menschen an seinen Theaterstücken interessiert, insbesondere, weil diese die Belange des Volkes betrafen und auch sehr humoristisch waren. Außerdem hat er manche Schriften über historische Belange von Friedrichroda und das sich in der Nähe befindende Schloss Reinhardsbrunn und die Umgebung veröffentlicht.

Er hat, wie erwähnt, für das „Friedrichrodaer Heimatlied“ den Text geschrieben. In diesem Heimatlied hat er die besondere Anziehungskraft von Friedrichroda verarbeitet. Dieser Text meines Großvaters Paul Hasert wurde später vom bekannten Thüringer Komponisten und Sänger Herbert Roth (1926 – 1983), der ab 1948 auch Friseurmeister war, vertont.

Friedrichrodaer Heimatlied

Am Gottlobsberg am Körnbehang
Dir, liebe Heimat, gilt mein Sang.
Wie schön bist du.
Die Berge rings um’s Heimatland.
Euch alle grüß‘ ich tausendmal.
Ich möchte singen immerzu.
Heimat, ach wie schön bist du!

Mein Friedrichroda Heimatort.
Wie lieb‘ ich dieses Wunderwort.
Wie schön bist du.
Kein Ort dir, meiner Heimat, gleicht.
Soweit der blaue Himmel reicht.

Ich möchte singen immerzu.
Heimat, ach wie schön bist du!

Im zarten Grün der Frühlingszeit
Und wenn du trägst dein Sommerkleid.
Stets schön bist du.
Stets schön bist du.
Zur Herbstpracht, wenn es schnell und kalt
Ist wunderbar mein Heimatland.
Ich möchte singen immerzu.
Heimat, ach wie schön bist du!

Rauscht linder Weg im Tannenwald.
Von Berg zu Berg das Echo schallt.
Stets schön bist du.
Wie lieblich singen Vöglein.
Im Busch, im Feld, im grünen Hain.
Ich möchte singen immerzu:

Heimat, ach wie schön bist du!
Dich, Friedrichroda, liebe ich
Mit Stolz und Freud herzinniglich.
Denn schön bist du.
Du bist berühmt, du bist bekannt.
Als schönster Ort in uns'rem Land.
Ich möchte singen immerzu.
Heimat, ach wie schön bist du!

Paul Hasert"

Über den Dreißigjährigen Krieg (1618 bis 1648) hat er einen Roman geschrieben, der noch heute erhältlich ist und beim betreffenden Verlag bestellt werden kann. Der Roman heißt: „Volkmar Steinsbruck – Der Müllersohn aus Steinforst". Am 1. Oktober 2014 ist auf Deutsch eine gebundene Ausgabe dieses Buches vom Herausgeber Heiko Stasjulevics nochmals erschienen. Nachfolgend wird dieses Buch sowie dessen Autor in Kurzform vorgestellt:

„Die Geschichte vom Müllersohn Volkmar Steinsbruck führt in eine Zeit, die alles andere als heiter und heimelig war. Im 17. Jahrhundert in der Zeit des Dreißigjährigen Krieges, litten die einfachen Menschen unter Armut, Not, Seuchen, Verwahrlosung unter ständiger Angst vor den Kriegsvölkern, Plünderungen und Brandschatzungen und Morden. Ein bedrückendes Bild der einstigen Lebenswirklichkeit zeigt die Geschichte vom Müllersohn Volkmer Steinsbruck, die der Friedrichrodaer Paul Hasert einst aufgeschrieben und veröffentlicht hat.

Der Wert eines Menschen hatte während jenen Kriegsjahren absolut an Bedeutung verloren. Auch in der meist bäuerlichen Gesellschaft war die Auffassung von Moral und Sittlichkeit, Ehre, Rechten und Pflichten verschwunden. So herrschten neben furchtbaren hygienischen Verhältnissen und bedrückender Enge auch unvorstellbar rauhe Sitten. Zumindest der Obrigkeit ging es besser. Wie es den einfachen Menschen wirklich ging, ist nicht so genau belegt, denn Selbstzeugnisse der unteren Schichten sind so gut wie nicht überliefert. Kein Wunder. Kaum ein Underdog konnte lesen und schreiben. Die Geschichte von Paul Hasert erinnert auch ein wenig an die des "Simplicius Simplicissimus". Der Schelmenroman ist das Hauptwerk von Hans Jacob Christoffel von Grimmelshausen und erschien zwanzig Jahre nach Kriegsende. Er gilt als der erste Abenteuerroman und als das wichtigste Prosawerk des Barocks in deutscher Sprache. Die Erzählung von Paul Hasert führt allerdings in die Region um Friedrichroda. Der Protagonist, Volkmar Steinbrück, kann dabei auf ein ähnliches Schicksal wie die Grimmelshausen-Gestalt verweisen. Paul Hasert hat die Geschichte über einen längeren Zeitraum in der Lokalpresse als Serie veröffentlicht. Die Serie erschien in der „Friedrichrodaer Zeitung" im Verlag von Jacob Schmidt & Co. in den 1930er Jahren.

Der Autor Paul Hasert wurde am 1. Februar 1890 in Friedrichroda geboren, war vom Beruf Maler, beschäftigte sich als Chronist, Heimatdichter, malte Bilder – Stadtansichten seiner Heimatstadt. Er verstarb am 6. August 1968 in

Friedrichroda. Der Friedrichrodaer René Bodenstein hat diese Beiträge ausgegraben und sich um eine erneute Veröffentlichung bemüht. Das hiermit vorliegende Werk gibt interessante Einblicke in eine längst vergangene Zeit und führt an den Nordhang des Thüringer Waldes, in die Gegend zwischen Friedrichroda und Ernstroda, Reinhardsbrunn und bezieht die Wüstung Bossenroda mit ein. Es berichtet über das schwierige Leben der einfachen Leute in jener Zeit des grauenvollen Krieges vor 400 Jahren."

Bild 33: Marie Hasert (links) und Paul Hasert (rechts)

Wie im Beitrag erwähnt, hat er auch als Chronist insbesondere für die „Friedrichrodaer Chronik" gearbeitet und war auch als Standesbeamter tätig und hat viele Leute in Friedrichroda und Umgebung getraut. Auch zur Heirat meiner Eltern am 17. Oktober 1942 hat mein Großvater mütterlicherseits die Standesbeamten-Funktion ausgeübt. Alle zu Trauenden waren von der Art und der Empathie, wie er für die zu Vermählenden die Hochzeit als Standesbeamter arrangiert hat, sehr begeistert, weil er dies sehr nachdrücklich und sensibel für die dann entstehenden Eheleute tat.

An einen Vers, den er mir, seinem Enkel, als ich ein Kind war, gesagt hat, kann ich mich noch erinnern. Er sagte: „Gelle, bist mich gelle gut. Gelle, Dich doch auch. Wenn ich Dich sehe, dann lächelts mich. Gelle, Dich doch auch." Er sagte uns und mir viele humoristische Aussagen und Verse.

Wenn er bei mir war, hat er sich sehr um mich gekümmert. Kurz vor seinem Tod hat er mir noch seine Gitarre geschenkt, und er wollte, dass ich Gitarre erlernte. An seine würdige Beerdigung erinnere ich mich noch. Es waren sehr viele Menschen auf seiner Beerdigung anwesend und er hatte sich als Musik vor seinem Tode das Lied „Im schönsten Wiesengrunde“ gewünscht. Der Text dieses Liedes wurde 1851 vom späteren Amtsrichter von Cannstadt, heute Bad Cannstadt, einem Vorort von Stuttgart, Wilhelm Ganzhorn (1818 – 1880) auf die Melodie des alten Volksliedes „Drei Lilien, drei Lilien“ verfasst. Vollständig hatte dieses Lied „Im schönsten Wiesengrunde“, das ursprünglich „Im stillen Tal“ hieß, 13 Strophen. Leider sind im Internet nur verkürzte Versionen veröffentlicht. In Erinnerung an meinen Großvater Paul Hasert wird der Text zum Lied „Im schönen Wiesengrunde“ in einer im Internet verfügbaren Version nachfolgend veröffentlicht.

„Im schönsten Wiesengrunde

Im schönsten Wiesengrunde ist meiner Heimat Haus,
da zog ich manche Stunde ins Tal hinaus.

Dich, mein stilles Tal, grüß ich tausendmal!

Da zog ich manche Stunde ins Tal hinaus.

Müsst aus dem Tal ich scheiden,
wo alles Lust und Klang;
das wär mein herbstes Leiden,
mein letzter Gang.

Dich, mein stilles Tal,
grüß ich tausendmal,

das wär mein herbstes Leiden,
mein letzter Gang.

Sterb ich – in Tales Grunde
will ich begraben sein;
singt mir zur letzten Stunde
beim Abendschein:
Dir, o stilles Tal, Gruß zum letzten Mal!

Singt mir zur letzten Stunde beim Abendschein.“

Meine Großmutter konnte ja durch die erfolgte Scheidung nicht zur Beerdigung meines Großvater bzw. ihres früheren Ehemanns gehen, sie hat extra ihr schwarzes Kleid zur Beerdigung ihres früheren Mannes angezogen und hat trotz ihres nicht möglichen Daseins bei der Beerdigung sehr viel Trauer zum Tod ihres früheren Mannes gezeigt.

Meine Großmutter bzw. die Mutter meiner Mutter hieß Marie Hasert, geborene Schatt. Sie wurde am 22. April 1891 in Friedrichroda geboren. Sie hat den Beruf Schneiderin erlernt und, soweit Aufträge an sie gestellt wurden, diese Tätigkeit als Selbständige neben ihrer Hausfrauentätigkeit ausgeübt. Auch meine Großmutter hat sich um ihre Familie sehr gekümmert und auch ihren in dieser Zeit noch lebenden Ehemann, Paul Hasert, sehr geliebt. Seine künstlerischen Fähigkeiten und überhaupt die ausgeübte Tätigkeit ihres früheren Ehemanns, Paul Hasert, fand sie sehr bedeutungsvoll. Leider wurde die Ehe nach 44 Jahren noch geschieden, und meine Großmutter hat unter dieser Scheidung sehr gelitten.

9. Der Bruder meines Vaters

Der Bruder meines Vaters hieß Heinz Märtin und wurde am 11. Februar 1922 in Magdeburg geboren. Er wurde in Friedrichroda eingeschult, da meine Großmutter und er bereits 1928 von Magdeburg nach Friedrichroda wegen den bereits genannten Gründen wieder zurückgezogen sind. Mein Vater hat mir noch aufgeschrieben, dass er nicht nur Bruder von Heinz war, sondern auch Freund, Sportsfreund und Kamerad von ihm war. Sie fühlten sich deshalb aus folgenden Gründen besonders verbunden:

- In der Kindheit war mein Vater, da er älter war, der Beschützer seines Bruders.

- Die Zusammenarbeit im Sport in folgenden Sportarten:

  - Fußball (beide spielten in einer Mannschaft)

  - Wintersport (Auch der Bruder meines Vaters war im Abfahrtslauf tätig und wurde ebenfalls zu einer anderen Zeit und Altersgruppe Kreismeister im Abfahrtslauf.)

  - Kunstspringen (Er war Kreismeister im Kunstspringen.)

- Gemeinsam durchgeführter Radtourismus, u. a. waren beide in:

  Köthen
  Bernburg
  Halle
  Würzburg
  Frankfurt am Main und weiteren Städten am Main
  Koblenz und andere Städten am Rhein
  Städten an der Mosel

- Beide waren in der damaligen Jugendorganisation.

- Die gemeinsame Diensttätigkeit in der Wehrmacht im Krieg.

- Heinz war Fallschirmjäger.

- Mein Vater war vorrangig Panzergrenadier.

- Man hat dem anderen Bruder je nach konkreter Möglichkeit Schokolade, Zigaretten usw. in Päckchen geschickt.

- Die Möglichkeiten der Verbindungen wurden entsprechend den konkreten dafür vorhandenen Gegebenheiten genutzt, aber durch die Tätigkeit an der Front scheiterte oft die Verbindung und konnte so nicht nach den beiderseitigen Vorstellungen erfolgen.

Bild 34: Heinz Märtin, der Bruder von Walter Märtin, als Kind 1928

Bild 35: Heinz Märtin als

Der Bruder meines Vaters hat alles ihm Mögliche für seine Eltern, seinen Bruder und alle anderen Mitglieder unserer Familie getan. Seine Drogistenlehre hat er erfolgreich abgeschlossen und auch auf diesem Gebiet aufgrund seiner Fachkenntnisse viel für die Familie und andere Bekannte getan. Er konnte Vieles und ist auch sehr gut mit Menschen klargekommen.

Heinz wurde im Dezember 1940 in den Kriegsdienst eingezogen. Er war zum Zeitpunkt der Einberufung erst 18 Jahre alt. Er musste insbesondere als Fallschirmjäger im Krieg tätig werden. Ab dem 27. Januar 1940 bis zum 21. November 1940 war er Soldat in der 3. Panzer-Division im Infanterie-Regiment 163. Im Internet-Lexikon Wikipedia wurde Nachfolgendes über die Tätigkeit des 163. Infanterie-Regiments geschrieben:

„Die 163. Infanterie-Division wurde ab dem 18. November 1939 auf den Truppenübungsplätzen Döberitz und Jüterbog im Wehrkreis III als Division der 7. Welle aufgestellt. Durch Zuweisung der Feldersatz-Bataillone 3, 5 und 23 wurde sie ab dem 1. Januar 1940 zur vollwertigen Division verstärkt. Bis April 1940 erfolgten Aufstellung und Ausbildung, dann verlegte die Division im Schiffstransport nach Norwegen und wurde dort im Verband der Gruppe XXI (später Armee Norwegen) als Besatzungstruppe eingesetzt. Zum Beginn des Überfalls auf die Sowjetunion verlegte man die Division in den Verband der finnischen Armee. Dort kämpfte sie in Südkarelien, stieß bis zum Fluss Swir vor und wurde im Februar 1942 im Tausch gegen finnische Gruppen nach Lappland in den Raum westlich von Kandalakscha verlegt. Mehr als zweieinhalb Jahre Stellungskrieg folgten. Die 163. Infanterie-Division ist im Verband mit der Armee Norwegen, später in der 20. Gebirgsarmee durchgehend im Kampfraum westlich Kandalakscha verbracht. ....“

Bis zum 6. September 1941 war der Bruder meines Vaters im Dienst der 163. Infanterie-Division. Nachdem er vom 7. September 1941 bis zum 18. Dezember 1941 im Feldersatz-Bataillon war, ist er vom 19. Dezember 1941 bis zum 22. Februar 1942 in der 7. Panzer-Division-Garnison im Regiment 1 gewesen und kämpfte in dieser Zeit an der Ostfront. Dort war er der Heeresgruppe Mitte zugeteilt. Vom 22. Februar 1942 bis zum 19. Januar 1943 war der Bruder meines Vaters der 1. Panzer-Division zugeordnet und musste dort bis zum 23. Februar 1943 tätig sein. Im Internet-Lexikon Wikipedia ist für den Zeitraum von 1941 bis 1943 zur besseren Verdeutlichung Folgendes zur 1. Panzer-Division vermerkt:

„Beim Angriff auf die Sowjetunion operierte die Division bei der Heeresgruppe Nord im Rahmen der Panzergruppe 4 und war dem XXXXI. motorisierten Armeekorps .... unterstellt. Sie durchquerte Estland und erreichte am 14. Juli die Luga, 65 km von Leningrad. Dort blieb die Division drei Wochen, während die Front begradigt wurde. Mit dem Beginn der Leningrader Blockade und dem Erreichen des Ladogasees durch die Wehrmacht begann die Division als Panzerspitze in Richtung des Stadtzentrums von Leningrad vorzugehen. Die Division erreichte den Stadtperimeter am 8. September, wurde aber am 18. von der Front abgezogen, da sich die Operation gegen den Ladogasee festgefahren hatten. Im Oktober wurde die Panzer-Division zum Schlacht um Moskau abgestellt und unter das Kommando der Panzergruppe 3 gesellt. Die Division stand Ende November etwa 20 km vor Moskau, konnte die Stadt aber nicht erreichen, bis am 6. Dezember die sowjetische Gegenoffensive begann. In den nächsten zwei Monaten war die Division in schwere Abwehrkämpfe verwickelt. Der Rückzug der Division begann in Klin und bewegte sich im Bereich von 100 bis 200 km westlich von Moskau. Ende des Jahres stand sie bei Rschew, von wo sie am Januar 1943 nach Frankreich zur Wiederaufrüstung verlegt wurde."

Bild 36: Heinz Märtin als Soldat im Zweiten Weltkrieg

Unter Berücksichtigung der bis zum 9. April 1943 geführten Soldbuches war er im Ergebnis von Verwundungen – insgesamt hat er vier Verwundungen und deren Folgen überstehen müssen – im Lazarett bzw. im Genesungsurlaub vom 24. Februar 1943 bis zum 9. April 1943 und konnte am 9. April 1943 von der Heeresentlassungsstelle 21 X., Kassel, wieder als dienstbereit erklärt werden.

Bis zu dem Zeitpunkt, als das 163. Infanterie-Regiment am Ostfeldzug im Jahre 1941 teilnahm, war der Bruder meines Vaters ab dem Beginn seiner Einberufung im Dezember 1940 in Norwegen und in Finnland. Vom 9. April 1940 bis zum 8. Mai 1945 erfolgte die Besatzung Norwegens durch Deutschland. Deutschland war Besatzungsmacht in Norwegen und musste ca. 300.000 Personen einsetzen, um die Besetzung von Norwegen sicherzustellen. Der Bruder meines Vaters gehörte in der Zeit, bis er nach Finnland musste, auch zur Besatzungsmacht in Norwegen. Die Deutschen und die Finnen waren Waffenbrüder, und deshalb erfolgte keine deutsche Besatzung Finnlands. Erst 1944 wurde der Lappland-Krieg begonnen. Danach war, wie zeitlich und örtlich beschrieben, der Bruder meines Vaters vorrangig an der Ostfront im Einsatz.

Bild 37: Heinz Märtin als Soldat im Zweiten Weltkrieg

Bild 38: Heinz Märtin im Zweiten Weltkrieg

Bild 39: Heinz Märtin (rechts) im Zweiten Weltkrieg

Der Bruder meines Vaters hat im Krieg zum Muttertag seiner Mutter folgendes Gedicht eigenständig geschrieben. Daraus zeigt sich auch seine Dankbarkeit und Liebe, die er seiner Mutter entgegengebracht hat. Das Gedicht hatte die Überschrift: „Zum Muttertag":

„Zum Muttertag

Schon als ich noch klein und niedlich ward,
da hast du dich um mich geschärt.
Hast dich gesorgt, gequält um Deinen Jungen,
hast mir des Abends ein Schlaflied gesungen;
oft hast du dir Kummer und Sorge gemacht,
du hast mich immer treu bewacht.

Wenn ich krank war oder mir was fehlte,
wie nett dein Mutterherz mich immer beseelte;
und heut bin ich wieder fern von deinem vollen Herzen
und wieder trägst du die gleichen Schmerzen,
und wieder bettelst du bei Gott und bittest,

dass er gesund zurück dir schicket.
Doch ich bereit‘ dir keine Schmerzen
und kehr zurück zu deinen Mutterherzen –
Mach um mich dir keine Sorgen,
in Gottes Hand bin ich geboren.
Noch liegen vor uns noch lange Tage,
nur Kampf und Sieg verlangt die Lage,
doch ich kehre einst wieder
mit Deutschlands tapferem Sieger.

Wenn dann die Glocken läuten so fein,
dann werd ich wieder bei euch sein.

Und an deinem Ehrentag,
dem schönen Muttertage
will ich besonders an dich denken
und dies Gedicht dir schenken.

Dein Sohn Heinz.“

Er hat, wie es damals auch in dieser Zeit üblich war, viele Briefe an seine Eltern und seinen Bruder geschrieben. Auch am 8. Juni 1943 während des Krieges schrieb er einen sehr liebevollen Brief an seine Eltern, der mir noch vorliegt. Mein Vater teilte mir u. a. noch Folgendes zu seinem Bruder mit:

„Zu Beginn bzw. einige Tage vor der Invasion Anfang Juni 1944 hatte ich Gelegenheit und mit einem Flugzeug am Pas de Calais ihn zu besuchen. Das Flugzeug stürzte beim Landen auf dem Flugplatz in Amicos (Nordfrankreich) ab. Er kam besinnungslos in das „Amicos-Lazarett.“ Ich war abkommandiert zu einem Offiziers-Lehrgang in dieser Gegend und sollte nach 6 Wochen eine Kompanie als Chef übernehmen. Als Heinz am 9. bzw. 10.06.1944 mich von Amicos besuchen sollte, war unsere 2. Panzer-Division in der Normandie in Marsch. Wenn alles gelungen wäre, hätten wir uns bei Amicos das letzte Mal begegnen können.“

Nachfolgend wird der Brief zitiert, den der Bruder meines Vaters noch 9 Tage vor dem Tag, an dem er gefallen ist, geschrieben hat:

„Halberstadt, den 12.08.1944

Liebe Eltern!

Nachdem ich nun gut hier gelandet bin, will ich Euch auch gleich wieder ein paar Zeilen schreiben. Von Halle aus habe ich Euch einen kleinen Kartengruß geschickt. Ich hatte in Halle von abends 20.20 Uhr bis heute Morgen 05.21 Uhr Aufenthalt. Habe allerdings im Hotel übernachtet. War also ganz in Ordnung noch. Heute Morgen um 9 Uhr war ich hier bei meinen Rest-Kameraden, wo mir mitgeteilt wurde, dass ich am Montagmittag in Marsch gesetzt werde und ich ganz in Richtung Osten fahren muss. Ich schreibe Euch vor der Fahrt ein paar Zeilen, sobald ich bei meiner Truppe bin, sende ich Euch meine neue Anschrift. Sonst, liebe Eltern, geht es mir soweit ganz gut. Habe heute Vormittag Irmchen schon angerufen. Sie wird es Euch ja schon erzählt haben. Heute Nachmittag will ich einmal ins Kino und morgen zum Sonntag noch ein paar Stunden ins Schwimmbad. Ab Montag sind die schönen Tage dann wieder vorbei, und es geht etwas „lustiger" zu. Nun, liebe Eltern, wünsche ich Euch alles Gute! Für heute seid herzlich gegrüßt von Eurem Heinz.

Viele liebe Grüße an Traude, Irmchen und die Verwandtschaft. Ich schreibe ihnen, sobald ich eine Anschrift habe.“

Am 16. August 1944 hat der Bruder meines Vaters noch folgende letzte Karte geschrieben:

„o. U. am 16.08.44

Liebe Eltern!

Sende Euch von hier die herzlichsten Grüße. Hatte bisher immer guten Anschluß. Heute Mittag geht es weiter zur Einheit. Grüßt bitte die

Verwandtschaft sowie Traude und Irmchen herzlichst. Euch wünsche ich alles Gute. Seid herzlichst gegrüßt von Eurem Heinz."

Als er diese Karte geschrieben hat, muss er schon im Osten des damaligen Deutschlands gewesen sein, denn die Karte kam aus der Stadt Gumbinnen aus Ostpreußen von der Ostfront an. Gumbinnen lag nicht weit entfernt vom heutigen Kaliningrad, das heute zu Russland gehört und bis 1947 Königsberg hieß. Als Fallschirmjäger musste er im Krieg, als eigentlich der Krieg schon verloren war, im Rahmen der Gegenangriffe an Kampfhandlungen in Ostpreußen teilnehmen.

Am 22. August 1944 ist er dort im Kriegslazarett an den Folgen einer Bauchverletzung durch Granaten gestorben und ist auf dem Heldenfriedhof Gumbinnen, Fichtenwalde im Grab 169 bestattet worden.

Bild 40: Gedenkstätte der toten Soldaten – Heinz Märtin unten rechts als Gefallener

Bild 41: Ehrenstätte für den Gefallenen Heinz Märtin

Bild 42: Paul und Clara Märtin am Grab ihres Sohnes Heinz

Bild 43: Grabstätte des Gefallenen Heinz Märtin

Am 8. September 1992 erhielt mein Vater nach Versuchen bei der Deutschen Dienststelle für die Benachrichtigung der nächsten Angehörigen von Gefallenen der ehemaligen deutschen Wehrmacht dieses Schreiben:

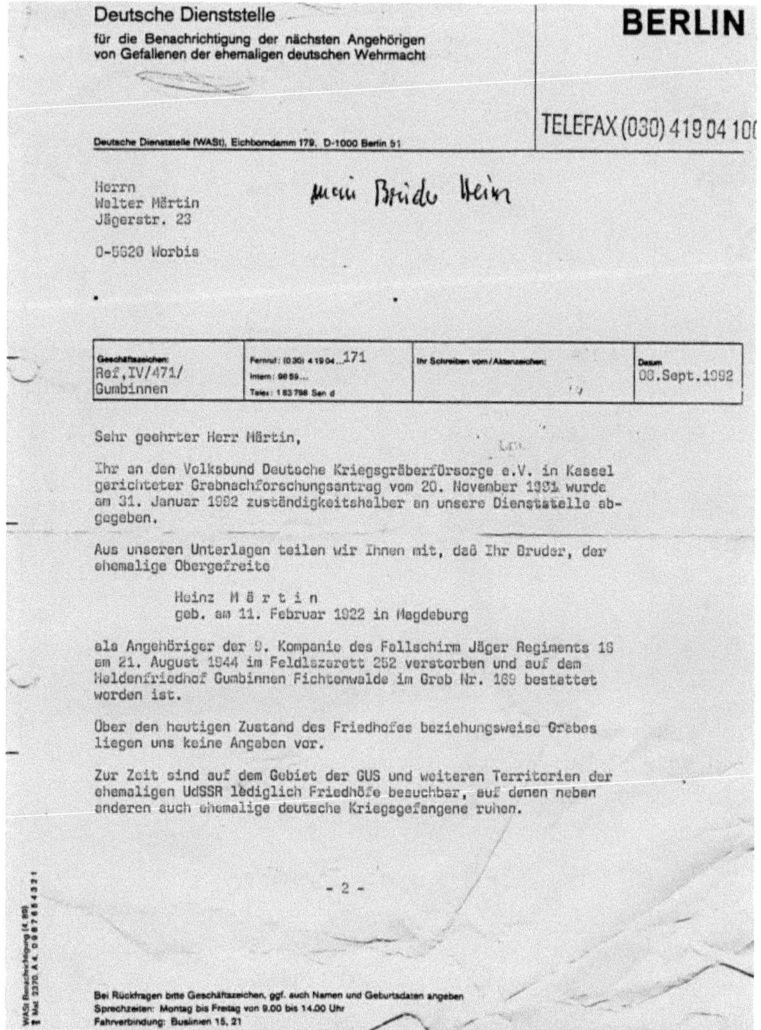

Deutsche Dienststelle
für die Benachrichtigung der nächsten Angehörigen von Gefallenen der ehemaligen deutschen Wehrmacht

BERLIN

TELEFAX (030) 419 04 10[illegible]

Deutsche Dienststelle (WASt), Eichborndamm 179, D-1000 Berlin 51

Herrn
Walter Märtin
Jägerstr. 23

O-5620 Worbis

mein Bruder Heinz

Geschäftszeichen: Ref.IV/471/ Gumbinnen	Fernruf: (030) 41904..171 Intern: 9659... Telex: 183798 Sen d	Ihr Schreiben vom / Aktenzeichen:	Datum 08.Sept.1992

Sehr geehrter Herr Märtin,

Ihr an den Volksbund Deutsche Kriegsgräberfürsorge e.V. in Kassel gerichteter Grabnachforschungsantrag vom 20. November 1991 wurde am 31. Januar 1992 zuständigkeitshalber an unsere Dienststelle abgegeben.

Aus unseren Unterlagen teilen wir Ihnen mit, daß Ihr Bruder, der ehemalige Obergefreite

Heinz M ä r t i n
geb. am 11. Februar 1922 in Magdeburg

als Angehöriger der 9. Kompanie des Fallschirm Jäger Regiments 16 am 21. August 1944 im Feldlazarett 252 verstorben und auf dem Heldenfriedhof Gumbinnen Fichtenwalde im Grab Nr. 169 bestattet worden ist.

Über den heutigen Zustand des Friedhofes beziehungsweise Grabes liegen uns keine Angaben vor.

Zur Zeit sind auf dem Gebiet der GUS und weiteren Territorien der ehemaligen UdSSR lediglich Friedhöfe besuchbar, auf denen neben anderen auch ehemalige deutsche Kriegsgefangene ruhen.

- 2 -

Bei Rückfragen bitte Geschäftszeichen, ggf. auch Namen und Geburtsdaten angeben
Sprechzeiten: Montag bis Freitag von 9.00 bis 14.00 Uhr
Fahrverbindung: Buslinien 15, 21

Bild 44: Amtliche Mitteilung der Deutschen Rentenversicherung, dass Heinz Märtin im Zweiten Weltkrieg 1944 gefallen ist

Schwer traf uns die Nachricht, daß unser lieber hoffnungsvoller Sohn, Bruder, Schwager, Enkel und Neffe

Heinz Märtin

Obergefreiter in einem Fallschirmjäger-Regt.
Jnh. des Erdkampf-Fallschirmschützen- und Verwundeten-abzeichens in Silber

am 21. August 1944 noch nicht 23 Jahre alt, im Osten den Heldentod fand.

Jn stiller Trauer

Paul Märtin u. Frau Clara
geb. Köllner

Uffz. Walter Märtin, z. Zt. im Westen
u. Frau Traude geb. Hasert

zugleich im Namen aller Angehörigen.

Friedrichroda/Thür., den 4. 9. 1944

L/0248

Bild 45: Traueranzeige zum Tod von Heinz Märtin

10. Ende des Zweiten Weltkrieges – Ausgangssituation

Nahezu 70 Millionen Menschen starben durch die Folgen des Krieges. Insbesondere durch die bestialische Nutzung von Konzentrationslagern und durch die Ghettos und Handlungen an anderen Orten wurden allein über 6 Millionen Menschen jüdischen Glaubens im Zweiten Weltkrieg durch den Rassenwahn der damaligen Zeit ermordet. Die Sowjetunion trug die Hauptlast des Zweiten Weltkriegs. Sie hatte über 27 Millionen Tote insgesamt, darunter ca. 11 Millionen tote sowjetische Soldaten zu beklagen. In Deutschland, dessen Politik der Nazi-Führung die entscheidenden maßgeblichen Aggressionsgründe für das Entstehen des Zweiten Weltkrieges verursachte, waren ca. 6,5 Millionen Tote im Ergebnis des Zweiten Weltkriegs zu beklagen. Viele Menschen anderer Völker dieser Welt hatten auch in nicht geringer Anzahl den Tod der betreffenden Menschen zu verzeichnen. Eine sehr große Zahl der Menschen waren verwundet oder erlitten erhebliche gesundheitliche Folgen durch die Ereignisse des Zweiten Weltkriegs.

Der Zweite Weltkrieg hatte auch sehr viel negative Folgen für die Versorgung vieler Menschen gebracht. Eine nicht geringe Anzahl von Menschen erlitten erheblichen Hunger und Manche mussten auch deshalb sterben. Seuchen und andere Krankheiten waren auch die Folgen der Lebensumstände im und nach dem Zweiten Weltkrieg. Der Aggressor Deutschland und die mit ihm verbündeten Länder wurden durch ihre Angriffspolitik im Zweiten Weltkrieg entstehenden Folgen auch territorial bestraft. Nicht nur, dass alle von den Nationalsozialisten für Deutschland annektierten Gebiete im vollen Umfang an die bisherigen Länder zurück gegeben wurden, wurde durch die Ergebnisse des Zweiten Weltkriegs vereinbart, dass Deutschland ca. ein Viertel seines ursprünglich nach dem Ende des Ersten Weltkriegs noch vorhandenen Territoriums an die jeweiligen Länder abzutreten hatte. Die Ostgebiete Deutschlands – Pommern, Schlesien und Ostpreußen – wurden Polen bzw. der Sowjetunion zugeordnet. Das Sudetenland musste an die Tschechoslowakei abgetreten werden. In den betreffenden Gebieten durften im Regelfall keine Deutschen mehr leben. Ca. 14 Millionen Menschen hatten auf diese Weise keine Wohnung mehr und verloren fast alle ihre bisher vorhandenen Habseligkeiten. Da die neuen Besitzer dieser Gebiete, unter Beachtung auch eigener negativer Erlebnisse in der Nazi-Zeit durch Deutschland, mögliche Revanche-Maßnahmen teilweise mit großer Brutalität durchführten, haben die Menschen aus den bis 1945 zum damaligen Deutschen Reich gehörenden Gebieten alles getan, so schnell wie möglich aus den bis 1945 noch zu Deutschland gehörenden Gebieten heraus zu kommen. Deshalb gab es die bereits genannte Zahl von 14 Millionen Flüchtlingen im verbleibenden Deutschland, die eine neue Unterkunft, Essen und Arbeit suchten. Sie hatten es unerhört schwer, dies zu erreichen und sehr viele Schwierigkeiten und Probleme, die sie ertragen mussten. Viele deshalb geflüchtete Menschen, wahrscheinlich ca. zwei Millionen Flüchtlinge, verloren hierbei auf diesem Weg ihr Leben.

Die derzeit in Deutschland lebende Zahl an Flüchtlingen steht in keinem Verhältnis zur Zahl von Flüchtlingen in Deutschland in der damaligen Zeit, und man kann manche Reaktionen auf die Flüchtlingsbewegung oder überhaupt zu Flüchtlingen in der Gegenwart nicht verstehen, angesichts auch der Umstände, die damals für die Flüchtlinge durch die Folgen des Zweiten Weltkriegs herrschten.

Das verbleibende deutsche Gebiet wurde in die folgenden vier Besatzungszonen aufgeteilt:

- Amerikanische Besatzungszone
- Britische Besatzungszone
- Französische Besatzungszone
- Sowjetische Besatzungszone

Sie teilten das verbliebene deutsche Gebiet im Februar 1945 in Jalta auf. Jalta, auf der Krim gelegen, gehörte damals zur Sowjetunion, ab 1992, nachdem die Sowjetunion nicht mehr bestand, seit 1954 zur Ukraine und seit 2014 wieder zu Russland.

Am 1. August 1945 wurde das Abschluss-Protokoll der Verhandlungen bzw. des Abkommens von Potsdam unterzeichnet. An dieser geheim gehaltenen Konferenz, die im Schloss Cäcilienhof in Potsdam stattfand, nahmen die Vertreter der USA, Großbritanniens und der Sowjetunion teil. Der Inhalt des Abschlussprotokolls des „Potsdamer Abkommens“ beinhaltete folgende konkret zu treffenden Regelungen sowie Themenpunkte, die dem Internet-Lexikon Wikipedia entnommen wurden:

„Inhalt des Protokolls:

- Ablauf der Konferenz
- Errichtung eines Rates der Außenminister
- Grundsätze für die Besetzung Deutschlands
- Bestimmungen über die Reparationen
- Betrachtung Deutschlands als wirtschaftliche Einheit
- Verfügung über die deutsche Kriegs- und Handelsmarine
- Behandlung von Kriegsverbrechern
- Regelungen über territoriale Fragen bzgl. der deutschen Ostgebiete (bis zur endgültigen Friedensregelung unter einstweiliger polnischer Verwaltung), Österreich und Polen
- Abschluss von Friedensverträgen
- territoriale Treuhänderschaft (frühere italienische Kolonialgebiete)
- „ordnungsgemäße Überführung der deutschen Bevölkerung oder Bestandteile derselben, die in Polen, der Tschechoslowakei und Ungarn zurückgeblieben sind, nach Deutschland“ (Kap. XIII.)“

Folgende politischen Grundsätze wurden in diesem Abschlussprotokoll vereinbart:

Politische Grundsätze

„Die politischen Grundsätze für die Besetzung des Deutschen Reiches stellen praktisch eine Arbeitsanweisung für den Alliierten Kontrollrat in Berlin dar. Sie werden auch als die „4 D" bezeichnet.“

Denazifizierung (auch Entnazifizierung)

„Die Entnazifizierung war eine Initiative der Alliierten nach ihrem Sieg über das nationalsozialistische Deutschland ab Mitte 1945. Bekräftigt durch das „Potsdamer Abkommen“ sollte eine „Säuberung" der deutschen und österreichischen Gesellschaft, Kultur und Presse, Ökonomie, Jurisdiktion und Politik von allen Einflüssen des Nationalsozialismus erfolgen. Für Deutschland verabschiedete der Kontrollrat in Berlin ab Januar 1946 eine Vielzahl von Entnazifizierungsdirektiven, mittels derer man bestimmte Personengruppen definierte und anschließend einer gerichtlichen Zukunft zuführte.“

Demilitarisierung (auch Entmilitarisierung)

„Die Demilitarisierung beziehungsweise Entmilitarisierung hatte den vollständigen Abbau der Armee und die Abschaffung jeglicher deutschen Rüstungsindustrie zum Ziel, damit von Deutschland nie wieder die Gefahr eines militärischen Angriffs ausgehen konnte. Aufgrund des Kalten Krieges und der damit verbundenen gegenseitigen Drohungen sahen sich aber beide deutsche Staaten im Rahmen ihrer Bündnisse zur Wiederbewaffnung gezwungen. In der Bundesrepublik Deutschland wurde dazu die Rüstungsproduktion wieder aufgenommen und die Bundeswehr (1955) und in der DDR die Nationale Volksarmee (NVA) danach (1956) gegründet.“

Demokratisierung

„Die endgültige Umgestaltung des deutschen politischen Lebens auf demokratischer Grundlage sollte vorbereitet sowie in ganz Deutschland alle demokratischen Parteien und Gewerkschaften erlaubt und gefördert werden. Unter Berücksichtigung militärischer Sicherheit wurde die Freiheit der Rede, der Presse und Religion gewährt. Das Erziehungswesen in Deutschland sollte so überwacht werden, dass eine erfolgreiche Entwicklung der demokratischen Ideen möglich gemacht werden.“

Dezentralisierung

„Ziel der Dezentralisierung war die Übertragung von politischen Aufgaben, Zuständigkeiten, Ressourcen und Entscheidungsbefugnisse an mittlere (z. B. Provinzen, Distrikte und Regionen) und untere Ebenen (Städte, Gemeinden, Dörfer). In der Wirtschaft sollte die exzessive Konzentration von Macht wie beispielsweise in Kartellen, Syndikaten, Großunternehmen und anderen monopolistischen Wirtschaftsunternehmen beseitigt werden."

Das war – vereinfacht und verkürzt dargestellt – die politische Ausgangssituation für Deutschland.

Mein Vater kam als früherer Soldat der deutschen Wehrmacht nach Deutschland in seine Heimat Friedrichroda zurück. Er wusste nicht, was ihn als Soldat, der nicht in Gefangenschaft gekommen war, erwartete. Er hatte vom Lazarett Kulmbach mit Datum 9. März 1945 der Hauptverwaltung der Wehrmacht einen vorläufigen Entlassungsschein für die Wehrmacht mit folgendem Inhalt:

„Vorläufiger Entlassungsschein

Der Feldwebel Walter Märtin, geboren am 23.10.1918 in Friedrichroda, letzter Truppenteil V. Kp. II. Pz. Gre. Rgt. 304 wird wegen WDR III. (nähere Krankheitsbezeichnung siehe Gesundheitspapiere) mit dem Verwendungsvertrag e. V. aus der Wehrmacht entlassen. Fw. Märtin hat sich bis zum 25.3.1945 bei dem für seinen Heimatbezirk zuständigen Arbeitsamt unter Vorlage des vorläufigen Entlassungsscheins zu melden. Die Aushändigung des endgültigen Entlassungsscheines erfolgt nach Fertigstellung von der Heeresentlassungsstelle Hamburg. Das zuständige Wehrbezirkskommando ist durch Vorlage dieser Bescheinigung auszuweisen die Personalpapiere von M. beschleunigt an die Heeresentlassungsstelle Hamburg zu übersenden. Bis zum Eintreten des endgültigen Entlassungsscheines kann Märtin in seinem Beruf "Bankangestellter" zu Arbeiten herangezogen werden. Sein späterer Arbeitseinsatz wird zur gegebenen Zeit durch eine militärisch-ärztliche Untersuchung noch festgelegt. Der Krankheitsbefund und die erforderlichen Entlassungspapiere (Unterlagen) sind von hier an die Heeresentlassungsstelle Hamburg abgesandt. Das Eintreffen von M. im Heimatbezirk und die Meldung zur Arbeit ist von dem zuständigen Wehrbezirkskommando an die Heeresentlassungsstelle Hamburg zu melden. Nach Aushändigung des Wehrpasses durch die Heeresentlassungsstelle hat M. sein noch im Besitz befindliches Soldbuch an die zuständige WBK abzuliefern.

i. V. Müller
Hauptverwaltung Res. Lazarett W"

Am nächsten Tag, nachdem er von der Wehrmacht zurück gekommen war und aus Vorsichtsgründen sich hauptsächlich noch im Stallgebäude in Friedrichroda aufgehalten hatte, musste er sehen, dass sein Onkel und seine Tante, die ebenfalls in der gleichen Wohnung in Friedrichroda wohnten, durch Erhängen Selbstmord begangen hatten. Mein Vater musste sie als erste Handlung nach dem Krieg abhängen und zur Bestattung vorbereiten. Das war auch für ihn sehr schwer, da er seinen Onkel Carl und seine Tante Minna, die Schwester seines Vaters, sehr gemocht hat und sie sich sehr um meinen Vater früher gekümmert haben. Sein Onkel Carl war früher, vor der Nazi-Herrschaft in Friedrichroda, 1. Beigeordneter in der Stadtverwaltung Friedrichroda und dann später leitend im Schloss Reinhardsbrunn tätig. Leider war er auch Mitglied der NSDAP und meines Wissens wohl Kassierer in Friedrichroda für die NSDAP.

Seit dem 16. April 1945 wurde Thüringen bzw. der preußische Regierungsbezirk Erfurt von der amerikanischen Militärregierung in den betreffenden Stadt- und Landkreisen beherrscht. Das Hauptquartier der damals zuständigen Militärverwaltung für die damalige Provinz Thüringen befand sich in Weimar, und ab Mitte Juni 1945 war eine amerikanische Militär-Regierung für Thüringen sowie den Stadtbezirk Erfurt zuständig. Am 2. und 3. Juli 1945 zogen die amerikanischen Soldaten ab, und ab dem 1. Juli 1945 war Thüringen, wie ursprünglich vereinbart war, Bestandteil der Sowjetischen Besatzungszone. Die amerikanischen Soldaten gingen nach Kenntnis der bestialischen Verhältnisse, die Deutsche veranlasst hatten und die sie sahen, auch speziell beim KZ Buchenwald auch gegen Mitglieder der NSDAP sehr ruppig vor. Durch die Beschäftigung mit Listen wurden alle Mitglieder der NSDAP, u. a. auch in Friedrichroda, bekannt und mussten deshalb mit Repressalien rechnen, selbst, wenn sie manchmal nicht die Hauptschuldigen dieser eingetretenen Entwicklung bzw. konkreter eingetretener Ereignisse waren. Wahrscheinlich wurden alle NSDAP-Mitglieder damals verhört und als Zeugen gehört. Auch der Onkel meines Vaters und seine Frau wurden mit verhört, da dieser, wie schon erwähnt, Mitglied der NSDAP war. Nachdem der Onkel und die Tante zweimal die für sie nicht einfachen Verhör-Methoden in Weimar, noch unter amerikanischer Verwaltung, mitgemacht haben und ihnen am nächsten Tag ein drittes Verhör bevor stand und sie wahrscheinlich auch wussten, dass Friedrichroda, das zur bisherigen Provinz Thüringen gehörte, ab dem 1. Juli 1945 die Zugehörigkeit zur Sowjetischen Besatzungszone bekommen würde und sie dort weitere, eventuell noch schlimmere Verhörmethoden erwarteten, haben sie deshalb wohl keinen Ausweg mehr für sich gesehen und gemeinsam Suizid betrieben.

Mein Vater warf, nachdem er wieder aus dem Krieg zurückgekehrt war, damals nachts einen Stein auf das Fenster meiner Mutter. Obwohl meine Mutter ihn nicht sehen konnte und auch nicht wusste, ob er noch durch den Krieg am Leben oder in Gefangenschaft war, hat sie damals aus dem Fenster gerufen, ohne ihn zu sehen: „Walter, bist du es?" Obwohl sie unter den bestehenden Gegebenheiten gar nicht damit rechnen konnte, dass es der Ehemann meiner Mutter war, hat sie diese Aussage getroffen und eine Vorahnung gehabt, dass es sich um ihren Ehemann handelte. Sie hat es also geahnt, dass es mein Vater war. Wahrscheinlich haben Energien und ein besonderes Empfinden meiner Mutter dazu beigetragen, dass sie diese Aussage schon damals treffen konnte. Mein Vater hat mir noch folgende Mitteilung hinterlassen:

„Ich bin mit dem Fahrrad am 03.05.1945 ohne Ausweis zur Sparkasse nach Gotha gefahren und habe mit dem Verwaltungsverantwortlichen gesprochen und dem amtierenden Direktor deshalb einen Brief gegeben. Auf der Fahrt nach Gotha beim damaligen Kurhaus in der Reinhardsbrunner Straße in

Friedrichroda (wurde ich von) einer amerikanische Streife gestoppt. Zwei amerikanische Sergeanten haben mich (dabei) gestoppt, und es kam zu nachstehendem Ergebnis. Sie forderten meinen Ausweis. Ich hatte von Bürgermeister Groß von Friedrichroda ein Schreiben, dass ich Geld von der Sparkasse holen sollte. Als Ausweis habe ich ihnen, weil ich keinen anderen hatte, mein Wehrmacht-Bildnis gezeigt. Es war noch Krieg, und ich war ebenfalls Sergeant (Feldwebel), nur bei einer Armee, die mit den USA im Krieg stand. Sie haben geschmunzelt und mich passieren lassen."

Mein Vater hat erhebliches Glück gehabt, dass er damals nicht in Gefangenschaft kam oder man noch schlimmere Maßnahmen gegen ihn, da ja noch Krieg war, eingeleitet wurden.

Am 7. Juni 1945 wurde meinen Vater vom amerikanischen Gouvernement für Deutschland (Military Government of Germany) registriert.
Er bekam damals von der amerikanischen Militär-Regierung folgenden Registrierungsnachweis:

TEMPORARY REGISTRATION Zeitweilige Registrierkarte

Name: Walter Märtin	Alter: 29 Jahre Age:	Geschlecht: Männlich Sex:
Ständige Adresse: Present Address:	Friedrichroda Lindenstraße 8	Beruf: Sparkassen-Angestellter Occupation:

Der Inhaber dieser Karte ist als Einwohner der Stadt Friedrichroda vorschriftsmäßig registriert, und es ist ihm oder ihr strengstens verboten, sich von diesem Platz zu entfernen. Zuwiderhandlung dieser Maßnahme führt zu sofortigem Arrest. Der Inhaber dieses Scheins muss diesen Ausweis stets bei sich führen.

The holder of this card is duly registered as a resident of the town of Friedrichroda and it is prohibited from leaving the place designated. Violation of this restriction will lead to immediate arrest. Registrant will at all times have this paper on his person.

Friedrichroda	E. Hull
Legitimations-Nummer: 2203	Man f. OAB
Identity Card Number:	
Walter Märtin	7. Juni 1945
Unterschrift des Inhabers	Datum der Ausstellung
Signature of Holder	Date of Issue

(Dies ist kein Personal-Ausweis und erlaubt keine Vorrechte.)
(This is not an identity document and allows no privileges.)"

Am 9. August 1945 hat mein Vater vom Ortspolizei-Beauftragten im Auftrag des Bürgermeisters von Friedrichroda als Nachweis der polizeilichen Meldung einen Personalausweis bekommen.

Diese Nachweise waren sehr wichtig für ihn und sehr bedeutungsvoll in und nach den Ereignissen in der damaligen Zeit. Er hat mir noch folgende Angaben hinterlassen:

„Die amerikanischen Besatzer forderten mich Anfang Juli 1945 auf, mit ihnen in den westlichen Teil Deutschlands überzusiedeln. Nachdem meine ehemaligen Kameraden Robert Siebert und Kröger (ehemaliger Ministerialdirektor im Wirtschaftsministerium) mich aufgefordert hatten, mit ihnen nach Kriegsende in die Schweiz zu gehen. Ihre Familien hätten dort ein Wohngebäude, wurde ich im Beisein von Hans Tschernitz und den damaligen Mitarbeitern der Sparkassenzweigstelle in Friedrichroda durch Herrn Sanitätsrat Dr. med. Bieling (bekannter Sportarzt in Deutschland vor dem Zweiten Weltkrieg) mündlich aufgefordert, mit meiner Frau oder vor den abziehenden Besatzungstruppen mit nach Westdeutschland zu gehen. Ein Teil eines US-Lkw's für Transporte bzw. Geselligkeiten stünde uns zur

Verfügung. Er bemerkte, dass er diesen Auftrag vom ehemaligen Stadtkommandanten von Gotha ausführe. Ich lehnte ab, weil ich meine Eltern und auch meine Heimat nicht verlassen wollte.

Nach der Wende erinnerte uns Hans Tschernitz an die Ablehnung von 1945. Er meinte: „Wärst Du damals mitgegangen und hättest auch mich mitgenommen, wäre es für uns besser gewesen als heute. Hans war in Gotha mein bester Mitarbeiter."

Am 10. Mai 1945 bekam mein Vater auf seine Bewerbung bei der Sparkasse für das vormalige Herzogtum Gotha folgende Antwort:

„Unter Bezugnahme auf Ihr Bewerbungsschreiben vom 04. dieses Monats teilen wir Ihnen mit, dass wir bereit sind, Sie anstelle Ihrer bei uns beschäftigten Ehefrau Waltraud Märtin bei unserer Hauptzweigstelle Friedrichroda vorerst zu den gleichen Bedingungen wie Ihre Ehefrau zu beschäftigen, vorausgesetzt, dass Ihre Ehefrau aus unseren Diensten mit dem Zeitpunkt ausscheidet, an dem Sie Ihre Tätigkeit bei unserer Hauptzweigstelle in Friedrichroda aufnehmen. Die Frage einer höheren Einstufung wird von dem Verwaltungsrat der Sparkasse später geprüft werden.

Wir bitten Sie hiermit, uns den Empfang dieses Schreibens zu bestätigen und uns Ihr und Ihrer Ehefrau Einverständnis mitzuteilen. Zu diesem Zweck wollen Sie den beiliegenden Briefdurchschlag benutzen.

Sparkasse für das vormalige Herzogtum Gotha"

Am 24. Mai 1945 erhielt mein Vater folgendes Schreiben von der Sparkasse für das vormalige Herzogtum Gotha:

„Aufgrund der von der Militärregierung ergänzenden Anweisung müssen wir Herrn Zweigstellenleiter Schütz mit Wirkung vom 31.5.1945 aus unseren Diensten entlassen. Wir beauftragen Sie hiermit mit der vorläufigen kommissarischen Verwaltung der Hauptzweigstelle in Friedrichroda und bitten Sie, sich sofort mit Herrn Schütz wegen der Übergabe der Zweigstelle in Verbindung zu setzen. Herr Schütz ist von uns entsprechend benachrichtigt worden. Bis zum 31. Mai ist uns zu melden, dass die Zweigstelle von Ihnen ordnungsgemäß übernommen worden ist. Falls sich Beanstandungen ergeben sollten, sind uns diese mitzuteilen. Wegen der Neufestsetzung Ihrer Bezüge geben wir Ihnen noch Nachricht. Wir bitten Sie, vor dem 1. Juni bei uns einmal vorzusprechen.

Sparkasse für das vormalige Herzogtum Gotha"

Mein Vater schrieb dazu folgende Anmerkung:

„Diejenigen nominellen Mitglieder der ehemaligen NSDAP und deren Gliederung, die nach Wiederzulassung sogenannter demokratischer Parteien deren Mitglied wurden, kamen nicht in dem Reinigungsausschuss."

Am 11. Juni 1945 bekam mein Vater folgende schriftliche Mitteilung von der Sparkasse für das vormalige Herzogtum Gotha:

„Wir teilen Ihnen hierdurch mit, dass wir Ihnen voraussichtlich für die Dauer Ihrer Tätigkeit als Zweigstellenleiter in Friedrichroda, und zwar ab 1. Juni 1945 neben der Aufwandsentschädigung von monatlich 15,- RM noch eine jederzeit widerrufliche Sonderzulage von 10,- RM zahlen werden.

Sparkasse für das vormalige Herzogtum Gotha"

Es war ein nicht leichter Anfang nach 1945 nach dem Krieg, um einen neuen Lebensabschnitt in dieser sehr schwierigen Zeit zu beginnen. Meine Mutter hat erst am 20. Mai 1950 ihre berufliche Tätigkeit, auch unter Berücksichtigung ihrer beiden am 12. März 1946 und am 12. Februar 1948 geborenen Kinder, aufgenommen bzw. aufnehmen können.

11. Nach dem Zweiten Weltkrieg von 1945 bis 1949 in der Sowjetischen Besatzungszone

Die Stunde Null und das Ende des Zweiten Weltkrieges war noch nicht lange vergangen, da zeigte sich schon in der „Konferenz von Jalta“ die Uneinigkeit der zukünftigen Alliierten. Im Februar 1945, die Kapitulation Deutschlands erfolgte jedoch bekannterweise erst am 8. Mai 1945, zeigte sich, dass mit schwierigen Verhandlungen durch die zu erwartenden Siegermächte zu rechnen war. Es war aufgrund des von den Alliierten unterzeichneten Abschlussprotokolls vom 2. August 1945 im „Potsdamer Abkommen“ vorgesehen, dass ein Alliierter Kontrollrat, der anfangs nur aus den Regierungen der USA, Englands und der Sowjetunion bestand und bei dem später Frankreich noch hinzugezogen wurde, die Regierungsgewalt über Deutschland ausüben sollte. Frankreich schloss sich den getroffenen Beschlüssen an, und es wurde beschlossen, dass dieser Alliierte Kontrollrat die vorläufige Regierungsgewalt für Deutschland innehaben soll. Deutschland sollte in die bereits genannten vier Besatzungszonen aufgeteilt werden. Sie legten außerdem fest, dass jedes Besatzungsgebiet des Alliierten Kontrollrates die für das jeweilige Besatzungsgebiet festzulegenden Regelungen alleine bestimmen konnte und kein anderes Land der Alliierten bezüglich der eingeschlagenen Entwicklungen reinreden sowie ein anderes Vorgehen festlegen konnte. Die Besatzungszonen, die das jeweilige Hoheitsgebiet für die Besatzung Deutschland darstellten, sollten im Ergebnis der abschließend getroffenen Regelungen, wie folgt, in Besatzungszonen aufgeteilt werden, vgl. die Ausführungen im Internet-Lexikon Wikipedia:

„Amerikanische Besatzungszone:

Die amerikanische Besatzungszone umfasste die ehemalige preußische Provinz Hessen- Nassau ohne den Landkreis Herrschaft Schmalkalden (mit dem Volkstaat Hessen zu „Groß-Hessen" fusioniert, die nördlichen Teile des früheren Freistaates Baden und Württemberg (zu Württemberg-Baden fusioniert) und den Freistaat Bayern ohne die Rheinpfalz und den Landkreis Lindau (Bodensee). Hauptquartier war das IG-Farben-Haus in Frankfurt am

Main. Auf dem Gebiet der US-Zone wurden am 15. September 1945 folgende Länder gebildet:

- Bayern, ohne den Landkreis Lindau (Bodensee))
- Bremen erst am 23. Januar 1947
- Hessen
- Württemberg-Baden.

<u>Britische Besatzungszone:</u>

Zur britischen Besatzungszone zählten die ehemaligen preußischen Provinzen Schleswig-Holstein, Hannover (später Niedersachsen) ohne das zum Landkreis Lüneburg gehörende Amt Neuhaus, dafür jedoch mit dem mecklenburgischen Kaltenhof, Westfalen und die nördlichen Bezirke Aachen, Düsseldorf und Köln der Rheinprovinz (später Nordrhein-Westfalen), die Freie und Hansestadt Hamburg, die Freistaaten Lippe (1947 zu Nordrhein-Westfalen), Braunschweig ohne den Ostteil des Landkreises Blankenburg und die Exklave Calvörde, Oldenburg und Schaumburg-Lippe (alle 1946 zu Niedersachsen). Das Gebiet des heutigen Bundeslandes Freie Hansestadt Bremen war ein Sonderfall, da es sowohl zur britischen als auch zur amerikanischen Zone gehörte. Das Hauptquartier der Briten befand sich in Bad Oeynhausen. Weitere Stützpunkte waren in Münster, Düsseldorf, Kiel und Hannover.

Die Briten bedienten sich in ihrer Zone nicht ausschließlich eigener Besatzungstruppen, sondern u. a. auch belgischer und kanadischer Truppen, polnischer Exiltruppen und eines dänisch-norwegischen Kontingents. Bei den räumlich abgegrenzten Sondergebieten, die durch Truppen anderer Nationen besetzt waren (also nicht in Gebieten gemischter Truppen), entstanden Begriffe wie „belgischer Korridor" oder „belgische Besatzungszone" oder „polnische Besatzungszone“, diese standen aber nicht auf gleicher politischer Stufe wie die Besatzungszonen der Siegermächte – und die Verwaltungshoheit blieb auch grundsätzlich bei den Briten. Die sogenannte polnische Besatzungszone bestand von Mai 1945 bis Mai 1947 im Emsland.

Ab 1946 zogen sich die britischen Besatzungstruppen aus dem Rheinland und dem Süden ihrer Zone zurück. Sie wurden dort von Einheiten der belgischen Armee abgelöst (so genannte belgische Besatzungszone).

Auf dem Gebiet der britischen Besatzungszone wurden 1946 erst folgende Länder gebildet:

- Braunschweig
- Hamburg
- Hannover
- Lippe
- Nordrhein-Westfalen am 17. Juli 1946
- Oldenburg
- Schaumburg-Lippe
- Schleswig-Holstein

Aus den Ländern Braunschweig, Hannover, Oldenburg und Schaumburg-Lippe entstand am 8. November 1946 rückwirkend zum 1. November das Land Niedersachsen. Das Land Lippe wurde im Januar 1947 aufgelöst und Nordrhein-Westfalen zugeschlagen.

Französische Besatzungszone:

Zur französischen Besatzungszone gehörten die südlichen Bezirke Koblenz und Trier der ehemaligen preußischen Rheinprovinz, die preußische Provinz Hohenzollern mit dem Südteil Württembergs (der französische Teil lag südlich der Autobahn Karlsruhe – Stuttgart – Ulm) zu Württemberg-Hohenzollern fusioniert, der Südteil des Freistaates Baden (ebenfalls die ausschließlich südlich der Autobahn Karlsruhe – Stuttgart liegenden Kreise), die bayerische Pfalz, der linksrheinische Teil Rheinhessens, die Landkreise Oberwesterwaldkreis, St. Goarshausen, Unterlahnkreis und Unterwesterwaldkreis, die ehemalige preußische Provinz Nassau und der Landkreis Lindau des Freistaates Bayern. Sitz der französischen

Militärregierung war Baden-Baden. Analog zur „polnischen Besatzungszone" innerhalb der britischen gab es innerhalb der französischen Zone vorübergehend eine „luxemburgische Besatzungszone“.

Auf dem Gebiet der französischen Besatzungszone wurden folgende Länder gebildet:

- Südbaden
- Rheinland-Pfalz am 30. August 1946
- Württemberg-Hohenzollern

Ein besonderer Fall der Bildung von Ländern ist das Saargebiet, das 1945 Teil der französischen Besatzungszone wurde. Im Oktober 1946 wurde es, erweitert um zwei Kreise des späteren Landes Rheinland-Pfalz, aus der französischen Zone ausgegliedert und einer eigenen Behörde unterstellt, die dem französischen Militärgouverneur Gilbert Grandval (1904 – 1981), der mit bürgerlichem Namen eigentlich Gilbert Hirsch-Ollendorf hieß, mit Sitz in Saarbrücken unterstand. An den nächsten Landtagswahlen am 03. Oktober 1947 und der Verabschiedung der Verfassung des Saarlandes am 15. Dezember 1947 übte Grandval die Kontrolle über die Landesregierung des Saarlandes im Amt eines hohen französischen Kommissars aus. Das Saarland wurde zu einer autonomen Region mit ab 1947 eigener Staatsbürgerschaft und wirtschaftlichem Verbund mit Frankreich. Nach einer Volksbefragung im Jahre 1955 wurde das Saarland am 1. Januar 1957 ein Gliedstaat der Bundesrepublik Deutschland, der wirtschaftliche Anschluss erfolgte am 6. Juli 1959, dem sogenannten „Tag X“.

Sowjetische Besatzungszone:

Zur sowjetischen Besatzungszone wurden die preußische Provinz Brandenburg, das Land Mecklenburg ohne Randgebiete bei Ratzeburg unter Einschluss Vorpommerns, das aus der Provinz Sachsen und dem Freistaat Anhalt gebildete Land Sachsen-Anhalt, der Freistaat Sachsen (einschließlich des westlichen Teils der Neiße gelegenen Teils Niederschlesien), das Land

Thüringen sowie das hannoversche Amt Neuhaus, der hessische Landkreis Herrschaft Schmalkalden und der Ostteil des Landkreises Blankenburg zusammengefasst. Die sowjetische Militäradministration in Deutschland (SMAD) hatte ihren Sitz in der ehemaligen Heerespionierschule der Wehrmacht (heute Deutsch-Russisches Museum) in Berlin-Karlshorst.

Auf dem Gebiet der sowjetischen Besatzungszone wurden folgende Länder gebildet:

- Brandenburg
- Mecklenburg-Vorpommern (ab 1947 Mecklenburg)
- Sachsen (inklusiv eines Teils von Niederschlesien)
- Sachsen-Anhalt
- Thüringen.

Berlin:

Die inmitten der sowjetischen Zone gelegene, jedoch nicht zu ihr gehörende frühere Reichshauptstadt Berlin wurde zur koordinierenden Verwaltung und Kontrolle Deutschlands in vier Sektoren aufgeteilt, in denen die Oberbefehlshaber der vier Besatzungsmächte ihren Sitz hatten. De facto wurde nach Kriegsende Groß-Berlin rund zwei Monate lang von der Sowjetunion verwaltet, bis die drei Westsektoren von ihr geräumt wurden.

Das war der wesentliche Ausgangspunkt Deutschlands in der Gliederung von vier Besatzungszonen."

Thüringen, wo mein Vater und die meisten Verwanden lebten, gehörte somit ab dem 1. Juli 1945 zur Sowjetischen Besatzungszone. Bis zum Zeitpunkt nach der Kapitulation übte, wie schon erwähnt, zeitweilig bis dahin ein Militär-Gouvernement der US-Truppen die Regierungsgewalt in Thüringen aus. Bei den nachfolgenden Betrachtungen wird sich, weil die amerikanische Führung von Thüringen sehr kurz war, nur mit der sowjetischen Besatzungszone und den Wirkungen auf Thüringen beschäftigt. Die Lage der vom Zweiten Weltkrieg Betroffenen war sehr schlimm, besonders in Deutschland. Viele Frauen hatten ihre Ehemänner im Krieg verloren, Manche mussten die Gefangenschaft erdulden. Auch manche Söhne mussten sinnlos im Krieg sterben oder kamen in Gefangenschaft. Für die durch diese Folgen oft allein gebliebenen Frauen und auch Kinder war es sehr schwer, alle Aufgaben, die auf die Familie zukamen und die Existenz der Aufrechterhaltung des Lebens zu sichern. Auch durch die Wirkungen der Bomben sowie andere schwerwiegende Ereignisse und Maßnahmen der Nazi-Führung waren viele Menschen gestorben oder haben, was auf Viele zutraf, die bisherige Wohnung verloren oder überhaupt keine Wohnung mehr gehabt und hatten kaum etwas an Nahrung zum Leben. Dazu kam die sehr hohe Zahl an Geflüchteten bzw. Vertriebenen, die in ihren ursprünglichen Heimatgebieten nicht mehr leben konnten bzw. durften und dadurch heimatlos waren und fast alles, was sie vorher an Hab und Gut besaßen, verloren gegangen ist. Wie erwähnt, sind ca. zwei Millionen Flüchtlinge bzw. Vertriebene auf dem Weg in ein neues Leben unter den sehr schwierigen Lebensbedingungen auf der Flucht und während des Transports nach Deutschland ums Leben gekommen.

Viele Häuser waren durch die Wirkungen der Bomben nicht mehr vorhanden, bzw., sofern sie noch vorhanden waren, wurden sie oft zerstört. Viele Städte Deutschlands und natürlich die davon betroffenen Menschen haben, wenn sie trotz der Bomben noch am Leben waren, erheblich unter den Trümmern gelitten. Es war eine sehr, sehr schwere Zeit in Deutschland, die auch noch viele Jahre nach 1945 bestand und sich nicht nur durch die Trümmer bemerkbar machte, sondern in der erheblicher Hunger vorherrschte, worunter besonders die städtische Bevölkerung litt, die keine oder kaum die notwendige Versorgung zur Sicherung ihres Lebens hatte.

Durch den wohl höheren Grad der Zerstörung der Städte im östlichen Gebiet Deutschlands, das in der sowjetischen Besatzungszone lag und von der sowjetischen Besatzungsmacht verwaltet wurde und die extreme Höhe der an die Sowjetunion zu leistenden Reparationen bestanden für die Sowjetische Besatzungszone sehr ungünstige wirtschaftliche Ausgangsbedingungen. Die damalige Sowjetische Besatzungszone musste 98 Prozent der Reparationen für ganz Deutschland an die Sowjetunion leisten. Die sehr schlechten wirtschaftlichen Ausgangsbedingungen der in der Sowjetunion lebenden Menschen, die selber so gut wie nichts hatten und da auch durch die vehementen Kriegswirkungen in der Sowjetunion erhebliche Auswirkungen bestanden, sind auch beträchtliche Unterschiede zu den Gebieten in Deutschland entstanden, in denen die westlichen Alliierten USA, Großbritannien und Frankreich ihre Besatzungszonen errichtet haben.

Dadurch konnte den Menschen in westlichen Besatzungszonen Deutschlands auch durch benötigte Lebensmittel geholfen werden und taten sich durch die Wirkungen des so genannten „Marschall-Plans", der nur für die westlichen Besatzungszonen Deutschlands und für die westlichen Sektoren Berlins wirksam wurde, sehr ungleiche Ausgangsbedingungen für die Wirtschaft und die Bevölkerung in Ostdeutschland bzw. der Sowjetischen Besatzungszone gegenüber Westdeutschland und die dort die Verwaltung inne habenden Besatzungsmächte auf.

Der nach dem von 1947 bis 1949 als Außenminister amtierenden amerikanischen Politiker George Cartlett Marshall, jr. (1880 – 1959) benannte Plan, offiziell European Recovery Program (Europäisches Wiederaufbau-Programm) genannt, diente dem Wiederaufbau insbesondere westeuropäischer Staaten. Aber auch Länder wie das ehemalige Jugoslawien, heute bestehend aus Kroatien, Slowenien, Serbien, Bosnien-Herzegowina, Montenegro, Mazedonien und dem damals zum serbischen Teil des früheren Jugoslawien gehörenden und heute unabhängigen Kosovo, haben vom Marshall-Plan profitiert. Lt. dem Internet-Lexikon Wikipedia entsprach die Hilfe des Marshall-Plans von 1948 bis 1952 einem Wert von 13,12 Mrd. US-Dollar (entsprach 2020 einem bereinigten Wert von 141,67 Mrd. US-Dollar (siehe Link: https://de.wikipedia.org/Marshallplan). Die durch den Marshall-Plan erbrachten Leistungen umfassten die Gewährung von Krediten sowie die Lieferungen von Lebensmitteln und Rohstoffen. Die Gewährung der Wirtschaftshilfen durch den Marshall-Plan war an Bedingungen geknüpft wie dem Abbau von Handelshemmnissen, der Stabilisierung der eigenen Währung und der zwischenstaatlichen Kooperation. Da die Sowjetunion, der Hilfe durch den Marshall-Plan ebenfalls angeboten wurde, die Stalin jedoch ablehnte, ihr später unterstellten Staaten ebenfalls verbot, Hilfen aus dem Marshall-Plan anzunehmen, wie der Sowjetischen Besatzungszone Deutschlands, wurde dadurch der Grundstein für die 1949 erfolgte Gründung des „Rates für gegenseitige Wirtschaftshilfe“ (RGW) in Moskau gelegt. Ihm gehörten spätere sozialistische Länder an.

Die Reparationen an die Sowjetunion, die eine Art „Wiedergutmachung“ für den eingetretenen Schaden beinhalteten, mussten, wie erwähnt, in besonders hohem Maße von den in der Sowjetischen Besatzungszone verbliebenen Ostländern an die Sowjetunion gezahlt werden, da die Sowjetunion am meisten durch den Krieg leiden musste. Bis 1953, also nicht nur im Zeitraum der Sowjetischen Besatzungszone bis zum 6. Oktober 1949, sondern auch noch durch die auf dem Gebiet der Sowjetischen Besatzungszone am 7. Oktober 1949 gebildeten DDR wurden Reparationen im Gegenwert von 98 Milliarden DM an die Sowjetunion gezahlt. Um die enorme Höhe an Reparationssummen zu zahlen, wurden die Reparationsleistungen in Form von Demontagen, insbesondere der verbliebenen Industrie der Sowjetischen Besatzungszone und anderer auch lebenswichtiger Güter bzw. Leistungen oder auch Kunstgegenstände an die Sowjetunion erbracht. In seinem in der Ausgabe 19/2007 im „Museums-Kurier“ des Sächsischen Industrie-Museums im Industrie-Museum Chemnitz erschienenen Artikel von Wolfgang Bönitz schreibt der genannte Autor u. a.:

„...
Schwerpunkte waren: Werke für die Herstellung von Maschinenbauteilen aller Art und Werkzeugmaschinen, Anlagen für den Schiff- und Flugzeugbau, allgemeine Rüstungsbetriebe, Elektrizitätswerke, Betriebe für chemische und optische Erzeugnisse. ....

Im Vergleich mit dem 1936 im Bereich der SBZ verfügbaren Kapazitäten werden die anteiligen Verluste durch die Demontage (im Ergebnis der nach 1945 vorgenommenen Reparationen der SBZ an die Sowjetunion) wie folgt eingeschätzt:

- Metallurgische und Metallindustrie = 80 Prozent
- Walzwerke = 82 Prozent
- Zementindustrie = 45 Prozent
- Papierindustrie = 45 Prozent
- Energieindustrie = 35 Prozent
- Textilindustrie = 25 Prozent
- Braunkohletagebau = 20 Prozent

....

Zu beachten ist bei den Demontagen in Ostdeutschland, dass sich hier besonders um jene Zweige der deutschen Industrie befanden, die für den Wiederaufbau in Frieden hervorragend geeignet gewesen wären. Die in Sachsen sehr konzentriert vertretene Auto- und Zubehörindustrie wurde zu 90 Prozent demontiert und einschließlich der noch vorhandenen Materialvorräte in die UdSSR gebracht. ....

....

Die Demontagen in der SBZ haben die industrielle Substanz viel stärker geschädigt als die Zerstörungen im Krieg. Die Gesamtkapazität der Industrien der SBZ betrug 1948 nach der Einstellung der Demontagen (nur) noch ca. 60 - 70 Prozent des Standes von 1936. Durch die zielstrebig auf industrielle Schwerpunkte gerichtete Demontagen entstanden sehr viele Struktur- und Branchenschäden, die die spätere Wettbewerbs- und Leistungsfähigkeit erheblich beeinflussten. ...."

In die Sowjetische Besatzungszone waren über 4 Millionen Flüchtlinge und Vertriebene im Ergebnis der Folgen des Zweiten Weltkrieges geflüchtet. Dies entsprach 24,2 Prozent aller Flüchtlinge und Vertriebenen von Deutschland nach 1945, obwohl der verbleibende Anteil der Bevölkerung in den Ländern Deutschlands, die zur Sowjetischen Besatzungszone gehörten, etwas über 19

Prozent an der damaligen Bevölkerung in ganz Deutschland betrug. Auch auf diesem Gebiet – bezogen auf die Anteilsunterschiede – hatte die SBZ auch in dieser Hinsicht schwierige Ausgangsvoraussetzungen gegenüber den anderen Besatzungszonen.

Im Rahmen der Verwaltungstätigkeit in der Sowjetischen Besatzungszone hat man das sowjetische Führungsverhalten beibehalten, was von stalinistischen Methoden gekennzeichnet war. Die Maßnahmen, die die Sowjetische Besatzungszone für ihr Gebiet einleitete, wurden auf der Grundlage einheitlich geltender Befehle, die für die ganze SMAD galten, festgelegt. Alle Menschen in der Sowjetischen Besatzungszone mussten sich nach den Beschlüssen der SMAD richten, so lange die SMAD als Alliierte ein Verwaltungsrecht besaß.

In den anderen Besatzungszonen Deutschlands herrschte nicht so sehr ein strenges System wie in der Sowjetischen Besatzungszone. Die Alliierten in den anderen Besatzungszonen haben demokratische Gesichtspunkte stärker beachtet, als die sowjetischen Alliierten in der Sowjetischen Besatzungszone. Es herrschte in der Sowjetischen Besatzungszone eine Diktatur nach sowjetischer Führung.

Für Deutschland wollte man das kapitalistische System nicht als System wieder restaurieren, sondern den Sozialismus vorbereiten. Viele Menschen, auch in Deutschland, waren diesen Führungsstil nicht gewöhnt und mussten sich in ihrem Verhalten darauf einstellen. Die Sowjetische Besatzungszone beinhaltete die Zeit der Kapitulation am 8. Mai 1945 bis zur Gründung der DDR, die am 7. Oktober 1949 erfolgte.

Durch die schrittweise Verstaatlichung des Grundbesitzes, der Industrieanlagen und eine mögliche Vereinheitlichung des Parteiensystems, eine andere Art der Erziehung bzw. der Kulturarbeit sollte ein neuer, anderer Mensch entstehen und geformt werden. Die Nazis, die die Schuldigen an diesem Krieg waren und mit mörderischen Methoden, bei denen das weitere Leben und dessen Bewahrung von bestimmten Menschen bei ihrem Rassenwahn keine Rolle spielte, sollten mit aller Schärfe bestraft werden.

In manchen Besatzungszonen und besonders in Westdeutschland hat man sich meines Erachtens, wie erwähnt, oft nicht ausreichend im Sinne der Regelungen des „Potsdamer Abkommens“, auch bezogen auf das Verhalten von schuldigen Nazis, verhalten.

Die Sowjetunion, speziell ihr bis zu seinem Tod am 05. März 1953 regierender Staatsführer Stalin, auf dessen Befehl viele Menschen sterben mussten, das System der Gulags bzw. der Arbeitslager müssen dabei auch sehr, sehr kritisch gesehen werden und sind nicht beispielgebend für das System der Sowjetischen Besatzungszone. Viele unschuldige Menschen mussten darunter leiden und dieses schlimme Verhalten gegenüber ihnen mit dem Leben bezahlen. Auch manche Deutsche mussten nicht nur in der Gefangenschaft erheblich darunter leiden, denn unter der damaligen sowjetischen Führung wurden ab dem 10. August 1945 bis nach der Gründung der DDR Straflager in manchen Orten in Deutschland betrieben, u. a. auch in den früheren Konzentrationslagern Buchenwald in Weimar (Sowjetisches Speziallager Nr. 2 von August 1945 bis Februar 1950) und in Sachsenhausen bei Berlin (Sowjetisches Speziallager Nr. 7 von August 1945 bis März 1950, in dem auch der bekannte deutsche Schauspieler Heinrich George (1893 – 1946) ums Leben kam) und in das auch Gefangene des ehemaligen Konzentrationslagers Oranienburg gebracht wurden, Bautzen (Sowjetisches Speziallager Nr. 4 von Mai 1945 bis Februar 1950, aus dem Gefangene teilweise in sowjetische Gulags, z. B. nach Workuta, transportiert wurden) und auch in Mecklenburg-Vorpommern in Fünfeichen bei Neubrandenburg (Sowjetisches Speziallager Nr. 9 von April 1945 bis Oktober 1948).

In Fünfeichen wurde auch der spätere Fernseh-Unterhaltungskünstler Horst Köbbert (1928 – 2014) interniert. Horst Köbbert hat u. a. auch diese Zeit in seinem 1999 im Weymann-Bauer-Verlag Rostock erschienenen Buch „Erinnerungen an meinen Appetit“ verarbeitet. Diese Lager wurden auf Grundlage des Befehls 315 zur „Säuberung des Hinterlandes der kämpfenden Truppen der Roten Armee von feindlichen Elementen“ durch die sowjetische Geheimpolizei NKWD (Narodnyj kommissariat wnutrennich del – Volkskommissariat für Innere Angelegenheiten) betrieben.

Im Internet-Lexikon Wikipedia wird aufgeführt, dass ca. 122.000 Deutsche ohne, dass ein Verfahren vorlag oder die Rechtmäßigkeit überprüft wurde, in diese Straflager aufgenommen und zum Teil auch in die Sowjetunion deportiert wurden. Mindestens 42.000 Menschen kamen in diesen Straflagern ums Leben.

Aber auch in ehemaligen deutschen Ostgebieten wurden sowjetische Speziallager betrieben. Auch im nördlich von Prag gelegenen Lager Terezin (Theresienstadt) wurden von den Sowjets, ähnlich, wie in den Speziallagern auf dem Gebiet der späteren DDR und in anderen ehemaligen deutschen Ostgebieten, Jugendliche und Alte oftmals ohne triftige Gründe eingesperrt. Einige Häftlinge in diesen ehemaligen Ostgebieten wurden auch in sowjetische Speziallager auf dem Gebiet der späteren DDR weiter transportiert. Überlebende der bis 1950 noch bestehenden sowjetischen Speziallager Buchenwald, Bautzen und Sachsenhausen wurden teilweise nach Waldheim gebracht und in den „Waldheim"-Schauprozessen in den 1950er Jahren abgeurteilt.

„Sowjetische Militärtribunale wurden nach dem Ende des Zweiten Weltkriegs 1945 bis 1955 nicht nur auf dem Gebiet der Sowjetischen Besatzungszone bzw. – ab dem 07.10.1949 – Deutschen Demokratischen Republik (DDR) u. a. auch in den Hauptstädten der bis Juli 1952 bestehenden ostdeutschen Länder errichtet, z. B. in Schwerin, sondern anfangs auch in heute zu Polen, Litauen und Tschechien gehörenden ehemaligen deutschen Ostgebieten. Da die Sowjetunion bis 1955 auch einen Teil Österreichs und einen Sektor der österreichischen Hauptstadt Wien unter ihrer Verwaltung hatte, bis zur Verpflichtung Österreichs, keinem Militärbündnis beizutreten, wurden auch dort gemäß dem Wikipedia-Eintrag „SMT-Verurteilte" (durch sowjetische Militär-Tribunale Verurteilte) „zwischen 1945 und 1955 etwa 2200 Zivilisten verhaftet, von denen mindestens 1000 verurteilt und in die Sowjetunion deportiert wurden."

Auch bei einem dortigen Urteilsspruch konnte es passieren, dass man in ein sowjetisches Arbeitslager deportiert wurde.

In Bezug auf Deutsche, die durch sowjetische Militär-Tribunale verurteilt wurden, wird im Wikipedia-Eintrag „SMT-Verurteilte“ (durch sowjetische Militär-Tribunale Verurteilte) u. a. geschrieben:

„Rund 40.000 Deutsche wurden verurteilt, entweder zu hohen Haftstrafen (meist 25 oder 10 Jahre), zur Deportation in die Sowjetunion oder zum Tode. Von 1945 bis zur zeitweiligen Abschaffung der Todesstrafe in der Sowjetunion 1947 wurden insgesamt 1797 Todesurteile verhängt und vollstreckt, von 1950 bis 1953 waren es 606. Das einzige öffentliche SMT-Verfahren in der sowjetischen Besatzungszone war der „Sachsenhausen-Prozess.“ ....

In drei der zehn sowjetischen Speziallager (auf dem Gebiet der Sowjetischen Besatzungszone bzw. – ab dem 7. Oktober 1949 – späteren DDR), nämlich in Bautzen, Sachsenhausen und Torgau ….., wurden dafür ab November 1945 spezielle Unterkünfte errichtet oder hergerichtet. So kamen vor die Zellenfenster in Bautzen Blechblenden, die nur einen schmalen Schlitz Tageslicht senkrecht von oben hereinließen. In Bautzen gab es in den Jahren 1945 bis 1950 den härtesten Strafvollzug; dorthin kamen diejenigen, die zu 25 Jahren Zwangsarbeit verurteilt worden waren. Die zu zehn Jahren Verurteilten lieferte man in Sachsenhausen ein. Während es in Sachsenhausen einen Lagerbetrieb gab, herrschte in Bautzen Käfighaltung. Die Häftlinge wurden zu viert in die Ein-Mann-Zelle zusammengepfercht, in einen Saal kamen 400 Mann. ....
Bis zum 30. Juni 1947 wurden nach sowjetischen Angaben von Militärtribunalen verurteilt: 8980 Deutsche, 1746 UdSSR-Bürger und 120 Personen anderer Nationalität.

Viele Todesurteile wurden in Moskau vollstreckt. Für 927 in Moskau hingerichteten Deutschen wurde am 1. Juli 2005 ein Gedenkstein auf dem Moskauer Donskoi-Friedhof eingeweiht.“

Eine der bekanntesten Personen, die vom sowjetischen Militärtribunal in Schwerin abgeurteilt wurden, war der liberale Jura-Student Arno Esch (1928 – 1951). Nach ihm wurde inzwischen auch ein Hörsaal der 1419 gegründeten ältesten Universität Nordeuropas, der Universität Rostock, benannt. Arno Esch war 1946 zum einen Mitbegründer der FDJ, bei der es sich um die zweite FDJ-Gründung im eigentlichen Sinne handelte, lehnte jedoch deren alleinigen Führungsanspruch ab und war stattdessen Mitbegründer der Jugendgruppe der LDP der Universität Rostock. Aus der LDP ging später die LDPD (Liberal-Demokratische Partei Deutschlands) hervor, die nach der Wiedervereinigung Deutschlands ab dem 03. Oktober 1990 in die Freie Demokratische Partei (FDP) integriert wurde. Durch seine Erfahrung als Marineflakhelfer, als der er bis April 1945 tätig sein musste, wurde er zum Pazifisten und setzte sich für Kriegsdienstverweigerung ein. Er setzte sich für einen sozial orientierten Liberalismus, für Gewaltenteilung, Bürgerrechte und die Abschaffung der Todesstrafe ein. Sein Ausspruch „Ein liberaler Chinese steht mir näher, als ein deutscher Kommunist“ machte ihn für die damals herrschenden Kommunisten suspekt. Am 18. Oktober 1949 wurde er mit 13 weiteren jungen LDP-Mitgliedern aus Mecklenburg verhaftet, im Juli 1950 in Schwerin von einem sowjetischen Militärtribunal wegen angeblicher Spionage und Bildung einer konterrevolutionären Organisation nach dem Strafrecht der Russischen Sozialistischen Föderativen Sowjetrepublik (RSFSR) zum Tode verurteilt und nach Moskau gebracht. Am 26. Mai 1951 wurde er dort erneut zum Tode verurteilt und am 24. Juli 1951 in der Lubljanka, dem damaligen Sitz des NKWD bzw. späteren KGB (Komitet gossudarstwennoi besopasnosti pri Sowjete Ministrow SSSR – Komitee für Staatssicherheit beim Ministerrat der UdSSR), der von 1954 bis 1991 bestand, weiterer Rechtsnachfolger und des heutigen, seit dem 3. April 1995 bestehenden und vom damaligen russischen Präsidenten Boris Nikolajewitsch Jelzin gegründeten russischen Inlandsgeheimdienstes FSB (Federalnaja sluschba besopasnosti Rossijskoi Federazii - Föderaler Dienst für Sicherheit der Russischen Föderation“) erschossen. Seine Asche wurde auf dem Moskauer Donskoi-Friedhof beigesetzt. Ein Großteil dieser Informationen wurde dem Wikipedia-Link https://de.wikipedia.org/wiki/Arno_Esch entnommen.

Neben Arno Esch wurden noch weitere Menschen durch ein sowjetisches Militär-Tribunal verurteilt. Nachfolgend werden einige von ihnen erwähnt, die auszugsweise dem bereits mehrfach erwähnten Wikipedia-Eintrag „SMT-

Verurteilte" unter dem Link https://de.wikipedia.org/wiki/SMT_Verurteilte entnommen wurden:

- Leo Bauer (1912 – 1972), NS-Verfolgter, Politiker und Publizist (KPD und SED sowie als SPD-Politiker später Berater von Willy Brandt), Spionage-Vorwurf

- Hermann Becker (1905 – 1981), 1946 Thüringer Landtagsabgeordneter für die LDP (später LDPD), Herausgeber der „Thüringischen Landeszeitung", Spionage

- Siegfried Becker (1918 – 2002), Ingenieur, Streikführer am 17. Juni 1953 und sozialdemokratischer Widerstandskämpfer gegen die DDR-Diktatur, war illegal für das Ost-Büro der SPD in der DDR tätig, wurde zu sieben Jahre Haft im Arbeitslager Workuta verurteilt und kehrte 1955 zurück.

- Erich Besser (1890 – 1972), nicht linientreuer kommunistischer Politiker, der sowohl aus der KPD, als auch von der SED ausgeschlossen und von beiden Parteien nach einiger Zeit wieder aufgenommen wurde, während der NS-Zeit zeitweise in einem Konzentrationslager inhaftiert war, 1950 zu Zwangsarbeit in der Sowjetunion verurteilt und nach seiner Rückkehr 1955 wieder in die SED aufgenommen wurde.

- Ernst Busse (geboren 1897 in Solingen, gestorben 1952 im Lager in Workuta), war ein deutscher KPD- und SED-Politiker, der als KPD-Mitglied von 1932 bis 1934 Reichstagsabgeordneter, 1937 Funktionshäftling im KZ Buchenwald (also lt. Wikipedia-Eintrag „Funktionshäftling" „ein Gefangener im Konzentrationslager-System, das zur Zeit des Nationalsozialismus von den SS-Bewachern als Aufseher im Arbeitseinsatz oder zu anderen Kontroll-, Ordnungs- und Verwaltungsaufgaben gegenüber Mitgefangenen eingesetzt wurde. Funktionshäftlinge wurden von der Lager-SS vornehmlich in Konzentrations- und Arbeitslagern eingesetzt. So lange sie ihre Aufgaben zur Zufriedenheit der Bewacher erledigten, blieben ihnen Übergriffe und körperliche Schwerstarbeit erspart, und sie erhielten überdies Vergünstigungen, die die Chancen eines Überlebens im KZ vergrößerten") und zunächst als KPD- und danach als SED-Mitglied von Juli 1945 bis Mai 1947 thüringischer Innenminister war. Von einer Besprechung am 18. April 1950 mit sowjetischen Stellen in Berlin-Karlshorst kehrte er nicht zurück. Er wurde am 27. Februar 1951 vom Militärtribunal der Garnison des sowjetischen Sektors der Stadt Berlin als angeblicher Kriegsverbrecher zu lebenslanger Haft verurteilt. Er starb am 11. November 1952 im Sonderlager Nr. 6 RetschLag (Flusslager) in Workuta in der autonomen Teilrepublik Komi der Russischen Sozialistischen Föderativen Sowjetrepublik. Am 31. März 1990 wurde er durch die Zentrale Schiedskommission der PDS (Partei des Demokratischen Sozialismus, die Nachfolgepartei der Sozialistischen Einheitspartei Deutschlands, heute Die LINKE) rehabilitiert, da festgestellt wurde, dass er auf Grund stalinistischer Willkür verfolgt wurde. Seitens der Sowjetunion erfolgte keine Rehabilitierung.

- Fritz Drescher (1904 – 1982), SPD- und SED-Politiker, der nach seiner Verhaftung durch den NKWD 1949 zu 25 Jahren Zwangsarbeit wegen „Förderung einer sozialdemokratischen Untergrundbewegung" durch ein sowjetisches Militärgericht verurteilt wurde. Nach der Deportation nach Workuta wurde er nach dem Besuch von Konrad Adenauer in Moskau 1955 amnestiert und siedelte in die BRD über. Dort war er anschließend für den Deutschen Gewerkschaftsbund (DGB) in Düsseldorf tätig.

- Max Emendörfer (1911 – 1974), KPD-Widerstandskämpfer gegen den Nationalsozialismus und Journalist. Er wurde nach seiner Desertation von der Wehrmacht an der Ostfront zur Roten Armee 1942 Mitglied und Vizepräsident des unter sowjetischer Führung 1943 initiierten „Nationalkomitees Freies Deutschland" (NKFD), dem u. a. auch Walter Ulbricht (1893 – 1973) und Wilhelm Pieck (1876 – 1960) angehörten. Nach seiner Rückkehr 1947 wurde er unter dem Vorwurf, V-Mann der Gestapo gewesen zu sein, zunächst im sowjetischen Speziallager Nr. 7 – dem ehemaligen KZ Sachsenhausen – und ab 1947 in der Sowjetunion inhaftiert. 1952 wurde er zu zehn Jahren Verbannung nach Sibirien verurteilt und 1956 in die DDR entlassen. Das Verfahren gegen ihn wurde wegen mangelnden Tatbestands eingestellt. Er wurde nach Halle (Saale) abgeschoben, wo er bis 1969 für die SED-Bezirkszeitung des Bezirkes Halle, „Freiheit“ arbeitete. Sein 1963 geborener Sohn Jan Emendörfer wurde ebenfalls Journalist, u. a. Chefredakteur bei der Rostocker „Ostsee-Zeitung“ (OZ) und später bei der „Leipziger Volkszeitung“ (LVZ). 1990 wurde Max Emendörfer durch die damalige PDS (Partei des Demokratischen Sozialismus) politisch rehabilitiert.

- Walter Kempowski (geboren 1929 in Rostock, gestorben 2007 in Rotenburg/Wümme), Schriftsteller. Er wurde 1948 bei einem Besuch seiner Mutter in Rostock vom MWD (Ministerstwo wnutrennich del – Ministerium für innere Angelegenheiten), dem Nachfolger des NKWD, verhaftet und mit seinem Bruder Robert Kempowski (1923 – 2011) wegen Spionage zu 25 Jahren Arbeitslager verurteilt, weil Walter Kempowski Frachtpapiere, die sein Bruder Robert Kempowski aus dem Frachtkontor der väterlichen Reederei gesammelt hatte, die beweisen sollten, dass die sowjetische Besatzungsmacht große Mengen an Demontagegütern aus Deutschland abtransportieren ließ, als mit den West-Alliierten vereinbart war, an die Amerikaner übergeben sollte. Walter Kempowski musste seine Haft bis 1956 in der Haftanstalt Bautzen, in der auch das Sowjetische Speziallager Nr. 4 untergebracht war, absitzen. Diese Erlebnisse in Bautzen verarbeitete er 1969 in seinem Erstroman „Im Block. Ein Haftbericht“. Die Hafterlebnisse seines ebenfalls zu 25 Jahren Arbeitslager verurteilten Bruders bzw. seiner zu zehn Jahren Zuchthaus verurteilten Mutter Margarethe Kempowski, geb. Collasius (1896 – 1969) verarbeitete Walter Kempowski 1975 in seinem Roman „Ein Kapitel für sich“.

- Erwin (1901 – 1951) und Charlotte Köhler (1907 – 1951), Gründungsmitglieder der Ost-CDU, die beide die Demokratiefeindlichkeit der SED kritisierten, wurden 1951 im sowjetischen Butyrka erschossen.

- Karl-Heinz Kurras (1927 – 2014), ab 1950 West-Berliner Polizei-Beamter, der am 2. Juni 1967 während einer Demonstration gegen den Besuch des damaligen Schahs von Persien, Mohammad Reza Pahlawi (1919 – 1980) den Studentenführer Benno Ohnesorg (1940 – 1967), der an der Freien Universität (FU) in West-Berlin Romanistik und Germanistik studierte, im Innenhof des damaligen Gebäudes Krumme Straße 66/67 (heute Schillerstraße 29), das sich in der Nähe der „Deutschen Oper" im West-Berliner Stadtteil Charlottenburg befindet, erschoss. Im Dezember 1946 wurde Kurras vom MWD, dem Nachfolger des NKWD, wegen illegalen Waffenbesitzes festgenommen und am 9. Januar 1947 von einem sowjetischen Militärtribunal in Berlin nach Artikel 58, Absatz 14 des Strafgesetzbuches der RSFSR („Gegenrevolutionäre Sabotage" – hier: „Nichterfüllung einer Verpflichtung"), des Waffenverbots, wegen der „Absicht, der Macht der Regierung und das Funktionieren des Staatsapparates zu erschüttern", zu zehn Jahren Straflager verurteilt. Er war im sowjetischen Speziallager Nr. 7 in Sachsenhausen inhaftiert und wurde 1950 entlassen. Trotz seiner Tätigkeit als Polizei-Beamter in West-Berlin arbeitete Karl-Heinz Kurras von 1955 bis mindestens 1967 für das Ministerium für Staatssicherheit. Er war zeitweise gleichzeitig Mitglied der SED und der SPD.

- Fritz Meyer-Scharffenberg, eigentlich Friedrich Meyer (geboren 1912 in Wittenburg, gestorben 1975 in Rostock), Schriftsteller aus Mecklenburg, der Werke des niederdeutschen Schriftstellers Fritz Reuter (1810 – 1874) aus dem Niederdeutschen ins Hochdeutsche übertrug, wurde wegen „Nichtanzeige" eines Bekannten 1948 durch ein sowjetisches Militärtribunal in Schwerin zu einer zehnjährigen Haftstrafe verurteilt und musste bis zu seiner Entlassung 1953 diese Haftstrafe u. a. in Sachsenhausen absitzen.

- Erika Riemann (geboren 1930 in Mühlhausen als Erika Grabe), die, weil sie als 14Jährige in einem Porträt Stalins Bart mit Lippenstift bemalte, von 1945 bis 1954 in verschiedenen sowjetischen Straflagern, u. a. in

Sachsenhausen, inhaftiert wurde, schrieb später ihren Roman „Die Schleife an Stalins Bart“.

- Günter Stempel (1908 – 1981), Politiker der LDP, aus der später die LDPD entstand. Ab September 1945 war er LDP-Sekretär für Organisation und von 1948 bis 1950 LDP-Generalsekretär. Im gleichen Zeitraum war Günter Stempel Mitglied des Deutschen Volksrats und der Provisorischen Volkskammer der DDR. Wegen der Ablehnung des Wahlgesetzes der DDR, das Einheitslisten aller Parteien vorsah, wurde Günter Stempel unter Missachtung seiner Immunität als Abgeordneter am 8. August 1950 verhaftet und am 6. September 1950 aus der LDP ausgeschlossen. Ein Sowjetisches Militärtribunal verurteilte Günter Stempel am 7. Januar 1952 zu 25 Jahren Zwangsarbeit. Im April 1952 wurde er ins Arbeitslager Workuta in die Sowjetunion gebracht. Im Dezember 1953 wurde nach Berlin zurückgebracht. Im Mai 1954 musste Günter Stempel im Schauprozess gegen den ehemaligen LDPD-Vorsitzenden und DDR-Minister für Handel und Versorgung (jeweils von 1948 bis 1952), Karl Otto Hamann (1903 – 1973), aussagen. Nach seiner erneuten Verlegung ins Straflager Workuta im August 1954 wurde er im Dezember 1955 den Behörden der DDR übergeben und am 28. April 1956 aus dem Zuchthaus Bautzen entlassen. Nach seiner Freilassung arbeitete Günter Stempel als Verwaltungsangestellter und setzte sich mit Thomas Dehler (1897 – 1967), dem ehemaligen Bundesminister der Justiz (1949 bis 1953) und von 1954 bis 1957 Bundesvorsitzenden der Freien Demokratischen Partei (FDP), die – bis auf wenige Ausnahmen – ab 1990 viele ostdeutsche Mitglieder der LDPD bzw. der Nationaldemokratischen Partei Deutschlands (NDPD) in ihre Reihen aufnahm, für die Freilassung von Karl Otto Hamann ein.

Während der Zeit der Sowjetischen Besatzungszone wurden u. a. folgende Befehle gegeben, wie dem Internet-Lexikon Wikipedia entnommen wurde:

1945

Am 9. Juni 1945 wurde gemäß Befehl Nr. 1 der Sowjetischen Militär-Administration in Deutschland (SMAD) die militärische Administration zur Verwaltung der sowjetischen Okkupationszone in Deutschland organisiert.

Einen Tag später, am 10. Juni 1945, wurde durch den Befehl Nr. 2 der Sowjetischen Militär-Administration in Deutschland die Bildung von Parteien und Gesellschaften auf dem Gebiet der Sowjetischen Besatzungszone gestattet.

Am 11. Juni 1945 wurde die Kommunistische Partei Deutschlands (KPD) in der Sowjetischen Besatzungszone wieder gegründet.

Am 26. Juni 1945 wurde die Christlich-Demokratische Union in Berlin (Ost) mit dem ersten Vorsitzenden in der Sowjetischen Besatzungszone, Andreas Hermes, einem Widerstandskämpfer gegen die Nazis, gegründet.

Gemäß dem Internet-Lexikon Wikipedia ist zur Abgrenzung von der CDU in den westdeutschen Besatzungszonen, der späteren BRD bis 1990, Folgendes geschrieben:

„Eine gesamtdeutsche CDU konnte es aufgrund der Lizenzbestimmungen der Besatzungsmächte nicht geben. Auf dem Reichstreffen der CDU in Bad Godesberg im Dezember 1945 einigte man sich auf den reichsweit (außer Bayern) einheitlichen Namen CDU. Bis zum Prozess der Blockparteiwerdung der Ost-CDU erfolgte die reichsweite Koordinierung der politischen Arbeit der Union im „Zonenverbindungsausschuss“. An der Mitwirkung hier wurden die CDU-Vertreter der SBZ durch die SMAD gehindert.“

Andreas Hermes war auch auf dem Gründungsparteitag der westdeutschen CDU vom 14. bis zum 16. Dezember 1945 in Bad Godesberg bei Bonn dabei.

Am 13. Juni 1945 wurde der Freie Deutsche Gewerkschaftsbund (FDGB) in der SBZ gegründet.

Die Deutsche Volkspolizei wurde im Juli 1945 in der Sowjetischen Besatzungszone gegründet.

Am 14. Juli 1945 wurde der „Demokratische Block" aus KPD, SPD, CDU (Ost) und LDP (Liberal-Demokratische Partei), der das Parteiwesen in der SBZ zur „Einheitsfront der antifaschistisch-demokratischen Parteien" umgestaltete, gegründet.

Durch einen entsprechenden SMAD-Befehl wurde am 23. Juli 1945 das Finanz-, Bank-, Sparkassen- und Versicherungswesen in der Sowjetischen Besatzungszone reorganisiert.

Im August 1945 wurde die Deutsche Zentralverwaltung für Volksbildung (DZfV) in Berlin auf Grund des SMAD-Befehls Nr. 17 vom 27. Juli 1945 zum Aufbau eines antifaschistischen, weltlichen und sozialistischen Schul- und Bildungswesens nach sowjetischem Vorbild mit der dringenden Aufgabe der Auswahl und Einarbeitung von Neulehrern auf Grund der vorherigen notwendigen Entlassung von nationalsozialistisch gesinnten Lehrkräften gebildet. 28.000 Alt-Lehrer wurden durch 40.000 Neu-Lehrer ersetzt. Diese Neu-Lehrer hatten bei der Ortswahl ihrer Ausübung der Lehrer-Tätigkeit keine Wahl.

Vom 03. September 1945 bis zum 11. September 1945 wurden Verordnungen zur Durchführung der Bodenreform in Deutschland durch die Provinz- und Landesverwaltungen in der SBZ mit entschädigungsloser Enteignung von Landbesitzern mit einem Besitz von mehr als 100 Hektar Fläche erlassen. Bis 1960 entstanden so mehr als 19.000 Landwirtschaftliche Produktionsgenossenschaften (LPG).

Im Oktober 1945 erfolgte die Bewaffnung der Deutschen Volkspolizei in der Sowjetischen Besatzungszone.

Da die ab dem 18. Dezember 1945 in der Sowjetischen Besatzungszone wieder zugelassenen Konsum-Gesellschaften neben den Einrichtungen der im November 1948 in Berlin auf dem Gebiet der Sowjetischen Besatzungszone errichteten „Handelsorganisation“ eine wichtige Rolle spielten, wird auf wesentliche Aspekte der Konsum-Genossenschaften in der Sowjetischen Besatzungszone bzw. späteren DDR gemäß dem entsprechenden Wikipedia-Eintrag „Konsum (Handelskette)“ eingegangen.

„Durch den SMAD-Befehl Nr. 176 wurde am 18. Dezember 1945 die Wiederherstellung der Konsum-Genossenschaften in der Sowjetischen Besatzungszone genehmigt. Der Grafiker Karl Thewaldt gestaltete 1959 das Konsum-Logo „K“ in Form der Verbindung eines Industrieschornsteins mit einer Handsense. Werbefiguren, Werbefilme und Werbefotos hat man in Zusammenarbeit mit der DEWAG (Deutsche Werbe- und Anzeigengesellschaft) hergestellt. Viele Jahre betrieben der Konsum und die im November 1948 gegründete HO (Handelsorganisation parallel Werbung. Später wurde dann auch Gemeinschaftswerbung produziert.

Organisiert waren die im Jahr 1989 existierenden 198 Konsumgenossenschaften in 14 Bezirksverbänden, diese wiederum im VDK (Verband Deutscher Konsumgenossenschaften), heute Zentralkonsum e. G. Dem Verband selbst als wirtschaftsleitendes Unternehmen unterstand das zentrale Unternehmen (ZU) “Konsument“, das Kaufhäuser unter dem Namen “Konsument“ betrieb. Weiterhin gehörten zum Verband 28 Industrie-Unternehmen (Teigwaren Riesa, Gewürzmühle Schönbrunn, Röstfein Magdeburg, Melde Cottbus (Kornbrennerei), Bürstenfabrik Stützengrün (Sachsen), Zündwaren Riesa, Seifenfabrik Riesa), mehrere Schulungseinrichtungen und das Konsum-Erholungsheim Oberhof (heute 4-Sterne-Hotel “Berghotel Oberhof“). .... Konsumgenossenschaften waren bereits in der DDR private Unternehmen und gehörten ausschließlich ihren 4,5 Millionen Mitgliedern.“

1946

Am 7. März 1946 wurde die Freie Deutsche Jugend offiziell gegründet, jedoch in Wahrheit zum zweiten Mal.

Da dieser Fakt der FDJ-Gründung wenig bekannt ist, gehe ich auf die erste FDJ-Gründung ausführlicher ein, bevor ich weitere wichtige, dem Internet-Lexikon Wikipedia entnommene Ereignisse nenne.

Bereits im Juni 1936 in Paris, am 8. Mai 1938 in Prag sowie ab April 1939 in Großbritannien gab es einige FDJ-Gruppen. Nur in Großbritannien konnte sich die FDJ bis zu deren Auflösung dort im Sommer 1946 durchsetzen. Mit dem Einmarsch der deutschen Truppen während des Zweiten Weltkrieges kam die Arbeit der FDJ in der Tschechoslowakei und in Frankreich zum Erliegen, da ihre Mitglieder fliehen mussten. In Großbritannien gründeten sich in 23 Städten Gruppen mit insgesamt 600 Mitgliedern. Ihre Mitglieder rekrutierte die FDJ in Großbritannien meistens aus 14- bis 18jährigen jüdischen Emigrantinnen und Emigranten, die mit Kindertransporten von Deutschland nach Großbritannien geschickt wurden. Westdeutsche und West-Berliner FDJ-Gruppen wurden 1951 in der späteren Bundesrepublik und in West-Berlin verboten.

Wie erwähnt, entstanden bereits im Exil im Juni 1936 in Paris, am 8. Mai 1938 in Prag und im April 1939 in Großbritannien erste FDJ-Gruppen. Während viele FDJ-Mitglieder aus der damaligen Tschechoslowakei und Frankreich nach Einmarsch der deutschen Wehrmacht fliehen mussten und die Organisation dort aufgelöst wurde, konnten in Großbritannien 23 FDJ-Gruppen entstehen, die sich vorrangig aus 10 Prozent der im Rahmen von Kinder-Transporten aus Deutschland, insbesondere von jüdischen Kindern und Jugendlichen vorrangig im Alter von 14 bis 18 Jahren zusammensetzte.
FDJ-Vorsitzende in der Zeit vor der zweiten Gründung am 7. März 1946 waren: der Wirtschaftsfunktionär Adolf Buchholz (1913 – 1978), der ab 1947 erster Chefredakteur der anfangs als Wochen- und später – bis auf am Sonntag – täglich erscheinenden Zeitung „Junge Welt“ und später in leitenden Funktionen in der Hütten- und Stahlindustrie der DDR tätig war, vom 8. Mai 1938 in Paris und bis März 1942 in London, der spätere stellvertretende DDR-Kulturminister (1966 – 1969) Horst Brasch (1922 – 1989) vom 12. April 1942 bis März 1945 und – bis zu seiner Rückkehr nach Deutschland – Alfred Kleeberg von Ende 1945 bis Sommer 1946.

Erster Vorsitzender der FDJ in der Sowjetischen Besatzungszone und in der DDR war Erich Honecker (vom 7. März 1946 bis zum 27. Mai 1955).

Nach der Einführung in die Geschichte der ersten FDJ-Gründung, die der zweiten – diesmal offiziellen – FDJ-Gründung, an der neben Kommunisten auch Sozialdemokraten, Christen, aber auch Liberale, wie Arno Esch, der, wie bereits erwähnt, vor einem sowjetischen Militärtribunal in Schwerin wegen seiner liberalen Gesinnung abgeurteilt und später in Moskau hingerichtet wurde, beteiligt waren, führe ich nunmehr weitere Ereignisse auf.

Am 21. und 22. April 1946 wurde die Sozialistische Einheitspartei Deutschlands durch den Vereinigungsbeschluss der KPD und SPD mit erheblichem Druck der SMAD auf die SPD mit den ersten beiden Vorsitzenden Wilhelm Pieck von der KPD und Otto Grotewohl (1894 – 1964) von der SPD gebildet.

Am 23. April 1946 erschien die Erstausgabe der Zeitung „Neues Deutschland“, des späteren Zentralorgans der SED.

Am 30. Juni 1946 wurde die entschädigungslose Enteignung von Großgrundbesitzern, Kriegsverbrechern und NSDAP-Mitgliedern durch Volksentscheid in Sachsen unter der Losung „Junkerland in Bauernhand“ beschlossen.
Am 30. Juli 1946 wurde die Deutsche Verwaltung des Inneren (DVdI) zur Koordinierung der Polizei gebildet. Diese bestand bis zum 6. Oktober 1949, dem letzten Tag vor der Gründung der Deutschen Demokratischen Republik (DDR) auf dem Gebiet der Sowjetischen Besatzungszone in Deutschland und des sowjetischen Sektors in Berlin.

Am 20. Oktober 1946 fanden Wahlen zu den Kreis- und Landtagen in der SBZ statt.
Am 22. Oktober 1946 wurden 2.500 Ingenieure, insbesondere aus der Kern- und Raketentechnik, im Rahmen der „Aktion Ossawakim“ mit ihren Familien in die Sowjetunion gebracht.

Ab Dezember 1946 erfolgte in der Sowjetischen Besatzungszone (SBZ) der Aufbau der Deutschen Grenzpolizei (DGP).

1947

Im April 1947 wurde die Deutsche Treuhandstelle zur Verwaltung des beschlagnahmten Vermögens von Nazi- und Kriegsverbrechern gegründet.

Am 4. Juni 1947 wurde die Deutsche Wirtschaftskommission (DWK) in der SBZ eingerichtet.

Am 16. August 1947 erging der SMAD-Befehl 201 zur Entnazifizierung und vollständigen Säuberung aller öffentlichen Ämter und der Wirtschaft von aktiven Faschisten, Militaristen und Kriegsverbrechern.

Vom 20. bis zum 24. September 1947 fand der II. Parteitag der SED statt.

Am 6. und 7. Dezember 1947 wurde auf seinem ersten Treffen der „Volkskongress für Einheit und gerechten Frieden“ gebildet.

Am 20. Dezember 1947 wurde der CDU-Parteivorstand in der Sowjetischen Besatzungszone abgelöst und die CDU in diesem Teil Deutschlands durch die Sowjetische Militär-Administration in Deutschland (SMAD) in eine Blockpartei umgewandelt.

1948

Am 26. Februar 1948 wurde die Entnazifizierungs-Kommission in der Sowjetischen Besatzungszone aufgelöst mit der Folge, dass über eine halbe Million Menschen aus Dienststellen und staatlichen Einrichtungen in der SBZ entlassen wurden.

Am 17. und 18. März 1948 wurde der Deutsche Volksrat im Ostteil Berlins mit dem Auftrag gebildet, unter dem Vorsitz von Wilhelm Pieck (SED), Dr. Wilhelm Külz (1875 – 1948) (LDP) und Otto Nuschke (1883 – 1957) (CDU) und unter Leitung von Otto Grotewohl (SED) eine Verfassung für eine deutsche demokratische Republik für ganz Deutschland auszuarbeiten.

Am 20. März 1948 verließ die Sowjetunion den Alliierten Kontrollrat aus Protest gegen die Nicht-Einladung der Sowjetunion zur Sechs-Mächte-Konferenz in London, die durch die Außenminister in den drei westdeutschen Besatzungszonen (Großbritanniens, Frankreichs und der USA) sowie Belgiens, der Niederlande und Luxemburgs dort abgehalten wurde und zur Vorbereitung der Gründung der Bundesrepublik Deutschland aus den drei westdeutschen Besatzungszonen diente.

Am 5. Mai 1948 wurde der Ausschuss zum Schutz des Volkseigentums (ASW) gegründet.

Am 20. Juni 1948 wurde mit in den USA gedrucktem Geld (D-Mark) zunächst in den westlichen Besatzungszonen Deutschlands und – am 23. Juni 1948 – auch in den West-Sektoren Berlins eine Währungsreform durchgeführt. Alle Bürgerinnen und Bürger der westlichen Besatzungszonen Deutschlands und der West-Sektoren Berlins bekamen ein im Verhältnis 1:1 umtauschbares Startguthaben von 40 DM.

Daraufhin wurden vom 24. Juni 1948 bis zum 12. Mai 1949 die Warenströme in die drei West-Sektoren Berlins durch die Sowjetische Besatzungszone aus Protest gegen die Währungsreform in den drei westlichen Besatzungszonen und in den drei Westsektoren blockiert. Aus diesem Grund landeten im

Rahmen der „Berliner Luftbrücke“ in diesem Zeitraum viele amerikanische Versorgungsflugzeuge auf dem sich im amerikanischen Sektor Berlins befundenen Flughafen Tempelhof, der im Oktober 2008 auch seine zivile Nutzung endgültig einstellte.

Als Reaktion auf die Einführung DM in den westdeutschen Besatzungszonen ab dem 20. Juni 1948 und in den Westsektoren Berlins am 23. Juni 1948 wurde im Zeitraum vom 24. Juni 1948 bis zum 28. Juni 1948 in der Sowjetischen Besatzungszone sowie im sowjetischen Sektor Berlins in dessen Ostteil eine eigene Währungsreform durchgeführt.

Am 3. Juli 1948 wurde die kasernierte Bereitschaft (KVP) durch die Deutsche Volkspolizei gebildet.

Am 16. September 1948 wurde die Zentrale Partei-Kontroll-Kommission (ZPKK) gebildet.

Am 13. Oktober 1948 konnte der sächsische Bergmann Adolf Hennecke (1905 – 1975) in einer Schicht seine Förder-Norm auf 387 Prozent steigern. Aus diesem Grund wurde am gleichen Tag die Adolf-Hennecke-Aktivisten-Bewegung begonnen. Die Adolf-Hennecke-Bewegung sollte später auch für die Normsteigerung in anderen Produktionsbereichen dienen.

Am 22. Oktober 1948 wurde der erste Entwurf einer Verfassung in der Sowjetischen Besatzungszone Deutschlands erarbeitet.

Auf Weisung der Deutschen Wirtschafts-Kommission in der Sowjetischen Besatzungszone wurde am 15. November 1948 die Handelsorganisation (HO) als staatliches Einzelhandelsunternehmen im Ost-Berliner Stadtteil Friedrichshain gegründet. Bis zu deren Auflösung im August 1990 gab es in der gesamten Sowjetischen Besatzungszone bzw. – ab dem 7. Oktober 1949 – in der gesamten DDR ein dichtes Netz aus Einzelhandelsunternehmen und Gaststätten, die der Handelsorganisation (HO) unterstellt waren.

Am 15. November 1948 begann der erste von zwei „Leipziger Prozessen" vor der Ersten Großen Strafkammer Leipzig gegen 25 Angeklagte des Leipziger Unternehmens Hugo und Alfred Schneider AG (HASAG), des größten sächsischen Rüstungsunternehmens, im „Prozess Kamienna – Tschenstochau" zu den Verbrechen an den jüdischen Zwangsarbeitern in Skarzysko-Kamienna, von denen am 22. Dezember 1948 vier Angeklagte zum Tode verurteilt wurden. War die HASAG ursprünglich eine Lampen- und Metallwaren-Fabrik, wurden dort während des Zweiten Weltkriegs Panzerfäuste entwickelt. Außerdem mussten dort während der Zeit des Zweiten Weltkriegs mehr als 10.000 Kriegsgefangene und KZ-Häftlinge aus ganz Europa auch Kriegsmunition herstellen. Auf dem Unternehmensgelände der HASAG in Leipzig befand sich auch ein Außengelände des Konzentrationslagers Buchenwald. Außerdem befanden sich an anderen Orten in Deutschland und Polen Außenstellen der HASAG. Ehemals leitende Mitarbeiter, wie Wilhelm Renner (1890 – 1952), der Vater von Hannelore Kohl (1933 – 2001), geb. Renner, der späteren Ehefrau des von 1982 bis 1998 amtierenden deutschen Bundeskanzlers Helmut Kohl (1930 – 2017) und Edmund Heckler (1906 – 1960), der nach dem Ende des Zweiten Weltkriegs in Bayern eine eigene Waffenfirma aufbaute, konnten sich rechtzeitig nach Westdeutschland absetzen.

Am 13. Dezember 1948 wurde die Pionierorganisation "Ernst Thälmann" in der Sowjetischen Besatzungszone gegründet. Die Pionierorganisation "Ernst Thälmann" war ähnlich wie die Pionierorganisation in der Sowjetunion aufgebaut. Im August 1990 wurde diese Organisation in der DDR, dem Nachfolgestaat der Sowjetischen Besatzungszone in Deutschland, aufgelöst. Erste Vorsitzende wurde Margot Feist (1927 – 2016), die 1953 Erich Honecker heiratete und dessen dritte Ehefrau wurde. Nach Stationen bei der FDJ war Margot Honecker von November 1963 bis November 1989 Volksbildungsministerin der DDR.

Am 28. Dezember 1948 wurde die Hauptverwaltung zum Schutz der Volkswirtschaft als Vorläufer des Ministeriums für Staatssicherheit (MfS) auf Grund eines am gleichen Tag durchgeführten Beschlusses der Kommunistischen Partei der Sowjetunion (KPdSU) gebildet.

1949

Am 14. Januar 1949 beschloss die Deutsche Verwaltung des Inneren (DVdI) die „Reinigung der Polizei zur unerwünschten Elementen“.

Vom 25. Januar 1949 bis zum 28. Januar 1949 wurde das Politbüro gebildet und das Prinzip des demokratischen Zentralismus beschlossen.

Am 6. Mai 1949 wurde das Ministerium des Innern (MdI) gebildet.

Wie bereits erwähnt, wurde am 12. Mai 1949 die Blockade West-Berlins durch die Sowjetische Besatzungszone aufgehoben.

Am 15. und 16. Mai 1949 fanden Wahlen zum 3. Volkskongress statt.

Am 24. Mai 1949 fand der zweite der „Leipziger Prozesse“ gegen die HASAG (Hugo und Alfred Schneider AG) statt.

Vom 29. Mai bis zum 03. Juni 1949 fand der 3. Deutsche Volkskongress statt, deren Mitglieder den 2. Deutschen Volksrat als ständiges Organ wählten.

Am 30. Mai 1949 wurde die Verfassung der Deutschen Demokratischen Republik durch den 3. Deutschen Volkskongress einstimmig beschlossen.
Am 7. Oktober 1949 wurde durch die Verfassung der DDR wirksam und die Deutsche Demokratische Republik (DDR) durch die Konstituierung des Zweiten Deutschen Volksrats als Provisorische Volkskammer gebildet.

Von der Vielzahl der Befehle, die die Sowjetische Besatzungszone festgelegt hat, war auch die Währungsreform 1948 sehr einschneidend für die weitere Entwicklung in Deutschland und für die Menschen, die in Deutschland lebten. Die erheblichen Ausgaben des Nazi-Regimes für dessen faschistische Aggressionspolitik und für die Rüstungspolitik gegen die entsprechenden Länder wurden vorrangig über die „Notenpresse“ finanziert. Das dafür erforderliche Geldvolumen wurde immer höher, und die Deckung des Geldes durch Waren, was eigentlich in einer Volkswirtschaft durch die Erfordernisse eines richtigen Geldumlaufs gesichert sein muss, war besonders in Deutschland kaum noch gegeben. Es war also im Übermaß, Geld durch die Missachtung der Geldumlauferfordernisse vorhanden, aber es hatte im Grunde kaum noch Wert, weil so gut wie keine Waren mehr zur Verfügung standen. Ein eventueller Ausgleich hätte in gewisser Weise nur erzeugt werden können, wenn die Preise so erheblich verteuert worden wären, dass eine Inflation in einer äußerst gewaltigen Größenordnung erforderlich wäre. Fast die gesamte Bevölkerung hätte mit ihren nur möglichen Einkommen die erhebliche Preiserhöhung nicht mehr zahlen können. Es gab nur eine Möglichkeit, diese erhebliche Disproportion wieder in gewisser Weise auszugleichen, indem eine erhebliche Währungsreform mit gewaltigen Wirkungen durchgeführt wurde. Im „Potsdamer Abkommen“ war geregelt, dass die Wirtschaftsmaßnahmen gemeinsam von allen Besatzungszonen beschlossen und dann entsprechend den gemeinsam abgeschlossenen Vereinbarungen durchgeführt werden. Eine Währungsreform, die solche gewaltige Auswirkungen hatte, gehörte auf jeden Fall dazu, weil sich dadurch wesentliche wirtschaftliche Auswirkungen für alle Besatzungszonen und alle Menschen, die in Deutschland lebten oder noch leben, sich ergaben. Die Besatzungszonen der Westmächte, insbesondere die USA als Hauptinitiator, haben die Währungsreform völlig überraschend nur in den westlichen Besatzungszonen, ohne eine ausreichende Abstimmung mit der Sowjetischen Besatzungszone, entgegen den gemeinsamen Abstimmungen der Alliierten im „Potsdamer Abkommen“, durchgeführt. Man hat in diesem Zusammenhang diese Aktion so durchgeführt, dass man die Deutsche Mark (DM) als neue Währung für die bisherige Reichsmark eingeführt hat, so dass die Reichsmark dann keine Gültigkeit in den westlichen Besatzungszonen Deutschlands mehr besaß.

Auf Grund genau festgelegter Tagessätze erfolgte eine gewaltige Reduzierung der geltenden Tauschsätze. Manche Menschen verloren den größten Teil ihrer bisherigen Ersparnisse in Reichsmark. Als erste Aktion bekam jeder Einwohner bzw. jede Einwohnerin der westlichen Besatzungszonen ein vorläufiges Kopfgeld von 40,- DM. Der Tauschsatz der nur für einen bestimmten Betrag an Reichsmark-Vermögen zugrunde gelegt werden konnte, betrug 100,- RM = 5,67 DM. Nach zwei Monaten bekam jeder Einwohner bzw. jede Einwohnerin der westlichen Besatzungszonen Deutschlands noch mal 20,- DM. Durch die gesonderte Währungsreform der westlichen Länder Deutschlands waren die ersten Ausgangsbedingungen für die eigenständige Bildung der westlichen Bundesländer für einen gesonderten Staat in Deutschland, basierend auf die westlichen Besatzungszonen, geschaffen. Damit wurden auch mit wesentliche Voraussetzungen für eine Spaltung Deutschlands eingeleitet.

Die Sowjetische Besatzungszone, einschließlich Berlin und die Menschen, die dort lebten, waren ziemlich unvorbereitet. Auch die Führung der Sowjetischen Besatzungszone wusste erst nicht recht, wie sie auf die neue erheblich veränderte Situation, die gewaltige Auswirkungen mit sich brachte, reagieren sollte. So konnte es unter diesen Umständen nicht weitergehen, dass die Reichsmark, die in den westlichen Besatzungszonen im Grunde nach der Währungsreform keinen Wert hatte, in der Sowjetischen Besatzungszone noch als Geldmittel zur Verfügung stand. Tür und Tor für alle möglichen finanziellen Manipulationen wurden dadurch geöffnet. Weil man nicht so schnell die Voraussetzungen dafür schaffen konnte, eine eigene Währungsreform durchzuführen, hat man in der Not eine Blockade um West-Berlin errichtet, dass man durch eine Gegenmaßnahme die Voraussetzungen versuchte, schaffen zu können.

Im Internet-Lexikon Wikipedia ist Folgendes über die Berlin-Blockade zu lesen:

„Als Berlin-Blockade (Erste Berlin-Krise) wird die Blockade West-Berlins durch die Sowjetunion vom 24. Juni 1948 bis zum 12. Mai 1949 bezeichnet. Als Folge dieser Blockade konnten die West-Alliierten West-Berlin, das als Enklave in der Sowjetischen Besatzungszone (SBZ) lag, nicht mehr über die Land- und Wasserverbindungen versorgen. Die Blockade war Druckmittel der sowjetischen Seite mit dem Ziel, über West-Berlin schließlich Deutschland in das eigene wirtschaftliche System einzuordnen. (Dies) entsprach einer Monate zuvor entwickelten Strategie der sowjetischen Seite und kann als „erste Schlacht des Kalten Krieges" verstanden werden.

Begründet wurde die Blockade zunächst mit der Tage zuvor von den West-Alliierten in der Trizone eingeleiteten Währungsreform. Die West-Alliierten begegneten der Blockade mit der „Berliner Luftbrücke“ und mit einer Gegenblockade."

Die von den Alliierten geschaffene „Berliner Luftbrücke“ diente der Versorgung der Menschen des Teils West-Berlins, die von der Versorgung abgeschnitten waren. Die „Berliner Luftbrücke“ wurde erst zum 30. September 1949 beendet.

Die in den Medien oft beschriebene historische Darstellung der Abläufe, die zur „Berliner Luftbrücke“ führten beachtet aus meiner Sicht völlig unzureichend die Ursache der Entstehung der „Berliner Luftbrücke“ und deren Wirkung.

Unter diesen geschilderten Voraussetzungen und der durch die West-Alliierten für ihre Besatzungszonen eigenständig am 20. Juli 1948 in Kraft getretenen Währungsreform musste unbedingt schnellstens eine Währungsreform für die Sowjetische Besatzungszone erfolgen, denn in der Sowjetischen Besatzungszone galt jedoch noch die wertlos gewordene und nicht mehr in den westlichen Besatzungszonen anwendbare Reichsmark als offizielle Währung.

So führte die Sowjetische Besatzungszone für ihr Gebiet nach sehr lange durchgeführten Vorbereitungsmaßnahmen eine eigenständige Währungsreform vom 24. bis zum 28. Juni 1948 durch. Die alliierten Westmächte erklärten die Reichsmark für die betreffenden Teile von West-Berlin, entgegen den Festlegungen des „Potsdamer Abkommens“, für aufgehoben bzw. für ungültig und haben die D-Mark dort als Zahlungsmittel einen Tag später, als die Währungsreform in den westdeutschen Besatzungszonen wirksam war, stattdessen für die westlichen Stadtteile von Berlin eingeführt. Das Zahlungsmittel, das im Zusammenhang mit der Währungsreform in der Sowjetischen Besatzungszone im Austausch zur Reichsmark als offizielle Währung eingeführt wurde, wurde als Deutsche Mark der Deutschen Notenbank (MDN) bezeichnet. Die daraus hervor gehenden Banknoten wurden am 24. Juni 1948 für das Gebiet der Sowjetischen Besatzungszone in Umlauf gebracht. Jeder Einwohner der Sowjetischen Besatzungszone konnte vorerst 70 Reichsmark im Verhältnis 1:1 gegen die Mark umtauschen. Der Umtauschsatz 1:5 der Mark zur Reichsmark galt für höhere Summen bis zu 1.000,- RM. Ab 1.000.- RM wurde ein Tauschverhältnis zur Mark von 1:10 zugrunde gelegt. Auch für die Menschen, besonders für Diejenigen, die gespart hatten, bedeutete der neue Umtauschsatz eine Geldentwertung bzw. letztlich eine Enteignung, da ein Sparvermögen nun den Festlegungen des Umtauschsatzes in der Sowjetischen Besatzungszone unterlag.

Der Beginn der Währungsreformen, die zuerst in den westlichen Besatzungszonen eingeführt wurden, haben mit die Voraussetzungen zur Spaltung und sich dann ergebenden Entstehung zweier deutscher Staaten geschaffen. Die gesellschaftliche Entwicklung Deutschlands in den westlichen Besatzungsgebieten war bereits damals vom Markt und vom Wettbewerb gezeichnet und die Entwicklung der Sowjetischen Besatzungszone auf die Planwirtschaft ausgerichtet.

Wie schon beschrieben, musste mein Vater, weil der bisherige Sparkassen-Leiter der Zweigstelle in Friedrichroda aus politischen Gründen seine Tätigkeit laut Beschluss der amerikanischen Militär-Verwaltung nicht mehr ausüben durfte, ab dem 1. Juni 1945 mit gerade mal 26 Jahren Zweigstellenleiter bei der Sparkasse in Friedrichroda werden. Mit 21 Jahren wurde er in die Kriegshandlungen einbezogen. Nahezu sechs Jahre war er im Krieg und hatte unter Einbeziehung der Arbeitsdienst-Tätigkeit über sechs Jahre keine Arbeit in einer Bank mehr ausgeführt und seinen Beruf nicht mehr ausgeübt. Er hatte nach dem Abschluss seiner Lehre nur 1,5 Jahre bei der Bank gearbeitet und sollte nun gleich Zweigstellenleiter der Sparkasse in Friedrichroda werden und war dadurch auch für einige Mitarbeiter in seinem jungen Alter zuständig. Deshalb war es nicht nur fachlich für ihn bezüglich der Aufnahme dieser verantwortungsvollen Tätigkeit eine schwere Zeit, sondern gleich nach dem Krieg und unter den neuen Bedingungen der auszuübenden Tätigkeit in der Sowjetischen Besatzungszone eine erhebliche Herausforderung.

Dazu kam, dass er durch die Verwundung und durch die Wirkungen des Krieges als Soldat auch gesundheitliche Probleme außer der im Krieg erlittenen Kopfverletzung hatte. Sein Hörvermögen verschlechterte sich. Er konnte immer gut hören und hatte bisher vor dem Krieg keine Hörprobleme. Mein Vater hoffte aber, dass sich das Hörleiden wieder zum Positiven gestalten würde.

Die Tätigkeit als Zweigstellen-Leiter hat er mit dem gebotenen Verantwortungsgefühl und der erforderlichen Intensität durchgeführt. In dieser Funktion bei der Sparkasse hatte mein Vater viele zu lösende Probleme zu bewältigen. Für ihn war es auch deshalb nicht einfach, weil gewaltige Herausforderungen auch durch die vom 24. bis 28. Juni 1948 erforderliche Währungsreform, bei der eine wesentliche Verantwortung als Zweigstellenleiter von Friedrichroda insbesondere auch für diese Währungsreform bestanden.

Mein Vater wurde nunmehr mit Wirkung vom 1. Juli 1948 als kommissarischer Leiter der Zweigstelle der Sparkasse in Friedrichroda eingesetzt. Folgendes Schreiben wurde in diesem Zusammenhang an ihn gerichtet:

„Wir bitten Sie, davon Kenntnis zu nehmen, dass Sie mit Wirkung vom 01.07.1948, beginnend am 5.7.1948, die kommissarische Leitung der Hauptzweigstelle Friedrichroda übertragen bekommen. Wir bitten Sie, sich bis zu diesem Tage noch mit allen besonders gelagerten Geschäftsvorfällen vertraut zu machen und zu gegebener Zeit die Übernahme der Hauptzweigstelle protokollarisch festzuhalten und das Protokoll uns zu übersenden. Ihre Gehaltsbezüge bleiben vorläufig dieselben, doch erhöhen sie sich um den Betrag des Aufwandsgeldes und des Kassiererfehlergeldes. Wir geben der Erwartung Ausdruck, dass Sie sich bald in die anfallenden Geschäfte einarbeiten.

Hochachtungsvoll!

Kreissparkasse Gotha
(vorm. Gothaer Stiftungssparkasse)"

Mein Vater schrieb dazu folgende Anmerkung:

„Zum 1. Juni 1945 wurde ich schon einmal Zweigstellenleiter in Friedrichroda. Friedrichroda war die größte Zweigstelle der Herzogtum-Sparkasse des Kreises Gotha. Da ich ja vor dem Krieg dieser Sparkasse den Rücken gekehrt hatte, d. h., ich habe (damals mit Wirkung vom 30.06.1938) gekündigt. Es wurde mir gesagt (im Mai 1945): „Es gibt noch von uns leitende Mitarbeiter, die ältere Rechte für die Sparkassenzweigstellenleitertätigkeit haben, die noch nicht wieder aus dem Krieg zurückgekommen sind. Dann würde einer von diesen "Alten" Zweigstellenleiter sein. Sie werden dann zweiter Mann nach ihm.“ Ich erwiderte: „Ich möchte nicht unbescheiden sein, und ich bin immer gütlich gewesen. Die beiden Kollegen, die Sie nochmals nach Friedrichroda versetzt haben wollen, wurden gute Freude von uns und durch die SBZ hat sich Vieles verändert, und dies müssen Sie auch berücksichtigen. Sie würden es auch nicht machen."

Die Tätigkeit als Zweigstellenleiter in Friedrichroda hat mein Vater vom 1. Juni 1945 bis zum 30. September 1950, also über 5 Jahre und somit sowohl während nahezu der gesamten Zeit des Bestehens der Sowjetischen Besatzungszone, als auch nahezu vollständig im ersten Jahr des Bestehens der aus der Sowjetischen Besatzungszone am 7. Oktober 1949 hervor gegangenen Deutschen Demokratischen Republik (DDR) ausgeübt.

Bild 46: Meine Großmutter Marie Hasert mit mir

Bild 47: Meine Mutter Waltraud Märtin mit mir, Heinz Märtin

Meine Schwester Astrid wurde am 12. März 1946 und ich am 12. Februar 1948 in Friedrichroda geboren. Es war für die gesamte Familie nicht einfach, wie bei vielen anderen Menschen auch, durchzukommen bzw. etwas zu essen in dieser schwierigen Zeit zu haben. Meine Eltern haben nahezu alles von den bescheidenen Wertsachen, die sie nur hatten, Bauern im Austausch für etwas zu essen gegeben, damit die Familie das Notwendigste an Nahrung hatte, um nicht zu verhungern. Meine Mutter hat in manchen Wochen bei Bauern gearbeitet, um eine kleine Menge nur zum Essen für die Familie zu bekommen. Für die Arbeit hat man damals nur sehr wenige Lebensmittel von den Bauern bekommen. Mein Vater betrieb einen Garten und baute Tabak an, um Zigaretten gegen Essen tauschen zu können.

In der Sowjetischen Besatzungszone gab es ab dem 12. Juni 1945 Lebensmittelkarten. Die Lebensmittelkarten wurden auch noch in den ersten Jahren nach der Gründung der DDR ausgegeben. Damit wurden die möglichen Lebensmittel rationiert. Dies betraf u. a. Brot, Fleisch, Fett, Zucker, Kartoffeln. Kaffer-Ersatz und Tee wurden ebenfalls in nur sehr geringem Umfang ausgegeben. Nicht-Erwerbstätige im Alter von 18 bis 65 Jahren bei den Männern und Frauen im Alter zwischen 18 und 45 Jahren haben keine Lebensmittelkarten bekommen. Dadurch mussten die Familien im besonderen Maße damals unter der unzureichenden Versorgung leiden, die keine Lebensmittelkarten bekamen, wie dies für Kinder und aus den verschiedensten Ursachen begründete Nicht-Erwerbstätige zutraf. Die Vergabe von Lebensmittelkarten in der Sowjetischen Besatzungszone sicherte je nach Kategorie der Lebensmittelkarten eine lebensnotwendige Versorgung bis maximal einem Drittel des Lebensmittelbedarfs zu. Der erforderliche Rest, der meistens unter den damaligen Bedingungen nicht gesichert werden konnte, konnte nur anderweitig über die so genannten „freien Spitzen", wenn die entsprechenden Waren bzw. Nahrungsmittel vorhanden waren und erworben werden konnten, unter Anwendung recht hoher Preise gekauft werden. Dies war aber den meisten Familien unter Berücksichtigung ihrer relativ sehr geringen Einkommen kaum oder überhaupt nicht möglich. Das System der Lebensmittelkarten in der Sowjetischen Besatzungszone funktionierte gemäß den Angaben aus dem Internet-Lexikon Wikipedia wie folgt:

Kategorie I: Schwerstarbeiter und Funktionäre

Kategorie II: Schwerarbeiter

Kategorie III: Arbeiter

Kategorie IV: Angestellte

Viele Menschen, auch meine Mutter und wir als Kinder, haben keine Lebensmittelkarten in der Sowjetischen Besatzungszone bekommen. Dadurch war die Not noch größer und die erforderlichen sozialen Belange wurden leider in dieser Zeit unter Beachtung heutiger Erfordernisse nur unzureichend erfüllt.

Das sehr wenige Essen, was es damals nur gab, hat viele Menschen, die in dieser Zeit gelebt haben, bezüglich ihres Verhaltens und auch später bis zur heutigen Gegenwart geprägt. Verschwendung oder Wegwerfen, wie es leider bei manchen Menschen gerade in der Gegenwart der Fall ist, kam und kommt dann bei diesen schwierigen Ausgangsbedingungen, die damals herrschten, auch bei diesen Menschen, wenn sie noch leben, bis heute nicht in Frage.

Mein Vater hatte lange Zeit die strikte Verweigerungsmeinung, einer Partei beizutreten. Man hat damals nach dem Krieg nach dem SMAD-Beschluss vom 21. / 22. April 1946 zur Bildung der SED durch die Zwangsvereinigung der SPD und der KPD alles versucht, Menschen mit Leitungsfunktionen für eine Mitgliedschaft in der SED zu gewinnen. Auch bei meinem Vater hat man es vielfach versucht, aber man hatte keinen Erfolg, und er hat lange Zeit auch im praktischen Handeln seiner Verweigerungshaltung, keiner Partei beizutreten, standgehalten. Trotz dem er ähnliche Auffassungen, wie sein Vater vertrat, der nach seinem Eintritt immer Mitglied der SPD aus Überzeugung war und nach der Zwangsvereinigung Mitglied der SED dadurch geworden ist, hat er sehr lange Zeit seine strikte Verweigerungshaltung beibehalten. Wahrscheinlich haben auch die Gräuel des faschistischen Nazi-Regimes, die im Auftrag der NSDAP durchgeführt wurden und da die NSDAP auch eine Partei war, mit dazu beigetragen, dass er auch aus den Schlussfolgerungen der Ereignisse des Zweiten Weltkrieges sich möglichst neutral verhalten hat. Egal, welche Auffassungen die eine Partei hat, selbst, wenn bei den Auffassungen der Partei eine gewisse Ähnlichkeit zu seinen Lebensauffassungen besteht, wollte er keine Partei-Zugehörigkeit anstreben.

Nach dem Krieg wurden teilweise nach sowjetischem Vorbild fragwürdige Säuberungsaktionen – bezogen auf die Belange der Entnazifizierung – auch auf dem Gebiet der Sowjetischen Besatzungszone durchgeführt. Am 16. August 1947 wurde in dieser Hinsicht ein SMAD-Beschluss durch die Sowjetische Besatzungszone veranlasst:

„Zur Entnazifizierung und vollständigen Säuberung aller öffentlichen Ämter und der Wirtschaft von Faschisten, Militaristen und Kriegsverbrechern". Ein wichtiges Ziel dieses unter der Befehlsnummer 201 wirksamen SMAD-Befehls war, dass man einen Unterschied zwischen aktiv Schuldigen und so genannten „Mitläufern“ machen und damit den Entnazifizierungsprozess zum Ende bringen wollte.“

In der Veröffentlichung „Demokratisierung durch Entnazifizierung und Erziehung“ der Bundeszentrale für politische Bildung (bpb) vom 11. April 2005 von Prof. Dr. Wolfgang Benz ist dazu auszugsweise Folgendes enthalten:

„... Das Ziel war die baldige Beendigung des Säuberungsprozesses. Der SMAD-Befehl gab den Mitläufern das Wahlrecht ganz und die übrigen bürgerlichen Rechte weitgehend zurück. Den deutschen Gerichten wurde gleichzeitig mit der Auflösung der meisten Entnazifizierungskommissionen die Aburteilung der NS- und Kriegsverbrecher übertragen. Bis zum März 1948 waren seit Beginn der Entnazifizierung in der Sowjetzone insgesamt 530734 Personen aus ihren Ämtern und Funktionen entlassen und nicht wieder eingestellt worden. Das war die rechnerische Schlussbilanz der politischen Säuberung in der sowjetischen Besatzungszone, als sie durch Befehl der Militärregierung im Frühjahr 1948 abgeschlossen wurde. ...."

Obwohl mein Vater kein NSDAP-Mitglied und auch kein Schuldiger war und weder dem führenden NS-Regime angehört und meines Wissens auch keine Kriegsverbrechen begangen hat, hätte man ihn als früherem Feldwebel des Heeres der Wehrmacht allein, weil er am Zweiten Weltkrieg teilgenommen hat, entweder auch entlassen können, auch bezogen auf seine aktuelle Stellung als Angestellter bei der betreffenden Sparkasse.

Wie er mir damals zu einem späteren Zeitpunkt mitteilte, hat er sehr lange gebraucht und ist vor dieser Entscheidung drei Tage wegen der zu treffenden Entscheidung, die seiner bisher gehegten Grundauffassung, einer Partei nicht beizutreten, überhaupt nicht entsprach, im Wald aus Verzweiflung wegen der zu treffenden Entscheidung umhergelaufen.

Mein Vater ist dann ab dem 1. Februar 1948 nach langen für ihn sehr schweren persönlichen Entscheidungen Mitglied der SED geworden.

Er hat damals noch Folgendes persönlich geschrieben:

„Die jungen gemischten Mitglieder der ehemaligen NSDAP und deren Gliederung, die nach Wiederzulassung sogenannter demokratischer Parteien deren Mitglieder wurden, brauchten nicht durch den Reinigungsausschuss. Ich habe eine Mitgliedschaft einer Partei bis 1948 (immer) abgelehnt."

12. Leben und Arbeit von 1949 bis 1952 ab der Gründung der DDR

Am 7. Oktober 1949 wurde, wie schon erwähnt, die DDR gegründet. Die Gründung der DDR musste zwangsläufig dadurch, dass die westlichen Besatzungszonen in den Gebieten der amerikanischen, britischen und französischen Besatzungszone Deutschlands am 20. Juni 1948 und in Berlin (West) am 23. Juni 1948 entgegen den Festlegungen und bisherigen getroffenen Vereinbarungen des „Potsdamer Abkommens“ eigenmächtig Handlungen durchgeführt haben, erfolgen. Ohne, dass die Sowjetische Besatzungszone ihre Zustimmung gab und ausreichend über diesen Schritt und Zeitpunkt unterrichtet wurde, wurde im westlichen Teil Deutschlands, wie bereits erwähnt, eine Währungsreform durchgeführt. Damit wurden grundlegende erste Voraussetzungen zu einer Spaltung Deutschlands geschaffen, und die Bewahrung der Einheit Deutschlands wurde damit leichtfertig aufs Spiel gesetzt.

Am 23. Mai 1949 wurde ohne Zustimmung von Bayern – die Zwei-Drittel-Mehrheit erreicht. In Bonn wurde auf der Grundlage des beschlossenen Grundgesetzes als eine erste Vorstufe einer Verfassung die Schaffung der Bundesrepublik Deutschland feierlich verkündet. Wie auch aus der späteren „Hallstein-Doktrin“ hervor geht, hat man mit der Schaffung der Bundesrepublik Deutschland das Alleinvertretungsrecht, dass man im Namen aller Deutschen spricht, für sich in Anspruch genommen. Die Belange der Bevölkerung der Sowjetischen Besatzungszone wurden hierbei überhaupt nicht beachtet und nicht ausreichend zur Kenntnis genommen. Man hat dieses Gebiet und damit auch die Menschen in der Sowjetischen Besatzungszone, die ja auch Deutsche waren und sind, leichtfertig zur Zone bzw. zu Zonen-Bewohnern erklärt und die Menschen, die in dieser Besatzungszone lebten, nicht ausreichend für voll genommen. Damit wurden sie gemäß meiner Wertung diskriminiert. Alle diese genannten Ursachen und dass man zuerst die Währungsreform mit entscheidenden Folgen für die weitere gesellschaftliche Entwicklung in ganz Deutschland beschlossen und durchgeführt hat, haben dazu geführt, dass zwangsläufig dadurch zwei deutsche Staaten entstanden sind. Die nicht gewährte Zustimmung der damals in der sowjetischen Besatzungszone Verantwortlichen und die damit erfolgte Entscheidung der westlichen Alliierten in Deutschland ohne Beachtung der Interessen der sowjetischen Besatzungszone haben zu diesem unbefriedigenden Ergebnis geführt. Dass die Bundesrepublik Deutschland zuerst gebildet wurde und in den westlichen Besatzungszonen Deutschlands ein anderes Gesellschafts- und Wirtschaftssystem vorherrschte, führte zwangsläufig dazu, dass ein zweiter deutscher Staat, die Deutsche Demokratische Republik, am 7. Oktober 1949 entstand und gegründet wurde.

Die DDR war ein sozialistischer Staat und wurde auf der Grundlage der „Diktatur des Proletariats" und nicht als eine Demokratie geführt und betrieben, trotz dem im Gesellschaftssystem der DDR auch einige demokratische Züge enthalten waren. Das Gesellschaftssystem in der DDR basierte auf der Wirtschaftsmethode des „demokratischen Zentralismus" mit seinem wesentlichen Element der Anwendung einer Planwirtschaft. Als Beispiel diente, wenn auch teilweise und zeitweilig kritisch betrachtet und auch in manchen Punkten anders und später teilweise erfolgreicher als in der Sowjetunion betrieben, das Gesellschafts- und Wirtschaftssystem der damaligen Sowjetunion. Die DDR war aber gerade auch in der Zeit von 1949 bis 1952 von den stalinistischen Vorstellungen vom Sozialismus geprägt. Diese erforderten in vielerlei Hinsicht Veränderungen, damit ein besserer Sozialismus entstehen konnte. Leider waren viele führende Regierungsvertreter der DDR, aber auch anderer sozialistischer Länder der damaligen Zeit vorher in die Schule des stalinistischen Sozialismus in ihrer Vergangenheit gegangen. Dadurch haben sie manche dieser damals vorherrschenden Verfahrensweisen zum Schaden eines besseren Sozialismus und auch zum Schaden der DDR weitergeführt. Tiefgreifend notwendige Veränderungen an dieser Gesellschaftsordnung des Sozialismus waren auch damals schon erforderlich. Leider wurden Viele, die dies für notwendig und für erforderlich sahen, als Oppositionelle angesehen, anstatt zu begreifen, dass man den Sozialismus anders betreiben musste.

Die Gründung der DDR wurde auf der Basis des Beschlusses einer Verfassung der DDR durchgeführt. Aus dem Internet-Lexikon Wikipedia werden auszugsweise einige Aussagen zur Verfassung der DDR von 1949 nachfolgend zitiert:

„Vom 15. April 1948 an begannen die Mitglieder des Verfassungsausschusses auf den im Abstand von zwei Wochen stattfindenden Zusammenkünften die gemeinsame Arbeit mit einleitenden Grundsatzreferaten zu rechts-philosophischen und historischen Aspekten einer deutschen Verfassung. Erst Anfang Juli (1948) setzten konkrete Diskussionen über Verfassungsinhalte ein, die recht bald Einigkeit über ein Zwei-Kammer-System, allgemeine gleiche und geheime Verhältniswahl und die ausschließlich repräsentative Funktion eines Staatspräsidenten erbrachte. Kontrovers blieben weiterhin die Gewaltenteilung sowie die Kompetenzen eines Parlaments und dessen Verhältnis zur Regierung. Dennoch konnte man sich in einem Kommuniqué auf einheitliche Richtlinien der Verfassung festlegen, die bereits nach dem letztlich angewandten Prinzip der Dreiteilung in „A Grundlagen der Staatsgewalt", „B Inhalt und Grenzen der Staatsgewalt" und „C Aufbau der Staatsgewalt" untergliedert waren. Im ersten Abschnitt wurden die „Einheit der Nation" und die „Volkssouveränität" als Grundfesten des Staates näher umschrieben. Abschnitt B enthielt Bestimmungen über eine verhältnismäßig liberale Wirtschaftsordnung, das Bildungswesen und die Bürgerrechte. Der letzte Bereich umfasste die Institutionen des Staates, deren Funktionen und Befugnisse. Demnach stellte ein Präsident das Staatsoberhaupt dar, doch als oberster Vertreter der Staatsgewalt wurde das Nationalparlament benannt. Zur Parlamentswahl sollten neben Parteien auch Massenorganisationen zugelassen werden. Das sogenannte „Block-Prinzip" sollte die Regierungsbildung in Form eines Ministerrates unter Beteiligung aller Fraktionen ermöglichen. Zwar stellte man dem Parlament eine Länder-Kammer gegenüber, doch wurde diese nur mit geringen Kompetenzen versehen. Durch die Abschaffung des Berufsbeamtentums sollten sämtliche Verwaltungsebenen neu organisiert werden, womit insbesondere die von sozialistischer Seite geforderte Absetzbarkeit der Richter einherging. ……………………………………………………………………………

Auf seiner vierten Sitzung im August 1948 verabschiedete der Deutsche Volksrat beanstandungslos diese ihm vom Ausschuss vorgelegten Richtlinien

und beschloss einen auf acht Mitglieder umfassenden Unterausschuss mit dem Auftrag zur Formulierung eines vollständigen Verfassungsentwurfs zu bilden. ....
Nach abgeschlossener Arbeit des Unterausschusses wurde das fertige Dokument dem Verfassungsausschuss mit einer eingehenden Erläuterung der einzelnen Paragraphen zur Diskussion vorgelegt. Es bedurfte zweier Sitzungen in der Zeit von September bis Oktober (1948) und einige rhetorische Drohgebärde Grotewohls, um die bürgerlichen Vertreter zum Einverständnis bei der entschädigungslosen Enteignung des Großgrundbesitzes und dem Verbot von Privatschulen zu bewegen. Kurz nachdem somit im Ausschuss eine Einigkeit erzielt worden war, gab auf seiner fünften Zusammenkunft Ende Oktober (1948) der Deutsche Volksrat dem Entwurf seine Zustimmung, wenige Tage später billigte dann auch die sowjetische Seite das Verhandlungsergebnis, obwohl man es bevorzugt hätte, den Satz: „Kein Bürger darf an kriegerischen Handlungen teilnehmen, die der Unterdrückung eines Volkes dienen" ausgestrichen zu wissen. Nun galt es durch die Initiierung einer „allgemeinen freien Diskussion" des Entwurfes in der Bevölkerung das eigene Verfassungsmodell zu propagieren und zugleich die Arbeit des westdeutschen Parlamentarischen Rates als unterwürfige, volksverräterische Machenschaft zur Bildung eines fremdbestimmten Vasallenstaates zu stigmatisieren. Durch Rundfunk, Flugblätter und Veranstaltungen wurde die Verfassungsdebatte an die Öffentlichkeit der SBZ getragen und auch sämtliche Ministerpräsidenten, Minister, Staatssekretäre und sonstige höhere Mitarbeiter der westdeutschen Landesregierungen erhielten den Verfassungsentwurf des Volksrates zugesandt. Die Initiative erbrachte ca. 15.000 Einsendungen mit Änderungsvorschlägen von Gemeinden und Belegschaftsversammlungen, Schulen und Universitäten der sowjetischen Zone, die sich in ihrer Summe auf etwa 30 Kritikpunkte zusammenfassen ließen.

....

Die dringliche Aufgabe war es nun sämtliche Änderungsvorschläge auszuwerten und unter Berücksichtigung der Ergebnisse des bisherigen Entwurfs zu überarbeiten. Die Sichtung der Zusendungen wurde wiederum an einen Unterausschuss verwiesen, dessen Arbeit mit dem Zusammentragen von über 100 einzelnen Korrekturanträgen Anfang März (1949) abgeschlossen war. Auf der anschließenden letzten Sitzung des Verfassungsschutzes wurden an 52 Artikeln Änderungen vorgenommen, die jedoch überwiegend dem Sprachstil und der juristischen Präzision geschuldet waren und sich nur in den seltensten Fällen auf Inhalte bezogen. Einige dieser wenigen Änderungen betrafen beispielsweise die Abmilderung des später dennoch berücksichtigt gewordenen Artikels 6 (der Verfassung) zur „Boykotthetze" oder die Beschränkung der Absetzbarkeit der Richter. Somit war ein Verfassungstext entstanden, der zwar in seiner bewussten Anlehnung an die Weimarer Tradition grundsätzlich ein Bekenntnis zu einem freiheitlichen Rechtstaat nach bürgerlichem Verständnis war, doch hatte auch besonders im Bereich der Rechtsprechung und des Staatsaufbaus der SED-Entwurf von 1946 entscheidenden Einfluss genommen.

Im März 1949 bestätigte der Deutsche Volksrat auf seiner sechsten Sitzung einhellig den nun im Wortlaut endgültig vorliegenden Verfassungsentwurf und beschloss durch eine Resolution, mit dem Parlamentarischen Rat Verbindung aufzunehmen, um die beiden Verfassungsbestrebungen zu einer einheitlichen Initiative zusammenzuführen. Doch herrschte in Bonn, von zwei Vertretern der KPD abgesehen, unter den Abgeordneten sämtlicher Parteien Einigkeit in der Einschätzung der Volkskongressbewegung als demokratisch illegitimes Instrument sowjetischer Machtpolitik, so dass die von der ostdeutschen Seite vorgeschlagene Zusammenkunft des Rates mit einer sechzig Mitglieder umfassenden Volksratsdelegation nicht zu Stande kam. Damit erschien eine deutsche Einigung auf der notwendigen Grundlage eines gemeinsamen Verfassungsgebungsprozesses höchst unwahrscheinlich geworden zu sein, und folglich änderte die SED ihre weitere Taktik, indem sie nun, jedoch ohne die Hoffnung auf ein gesamtdeutsches Konzept vollständig aufzugeben, als verbleibende Option das Ziel einer Teilstaatengründung verfolgte. .... Da somit auch die Inkraftsetzung des verfertigten Verfassungsentwurfs bevorstand, erachtete die Parteiführung im Einvernehmen mit der SMAD für notwendig, zu diesem Zweck einen „Dritten Deutschen Volkskongress" einzuberufen. Obwohl die Zusammensetzung der beiden vorigen Kongresse auch durch eine Quotenregelung bestimmt wurde, kam nun erstmals das spezielle Verfahren der Einheitslistenwahl offiziell zur Anwendung, bei dem schon vor dem Wahlgang das Verhältnis der politischen Kräfte bestimmt wird und die Bürger lediglich ihre Zustimmung oder Ablehnung der ihnen vorgelegten Verhältnisliste bekunden können. Unter dem Vorbehalt von CDU und LDPD, lediglich einer Interimslösung ihre Zustimmung zu erteilen, fanden am 15./16. Mai (1949) die Wahlen zum Dritten Deutschen Volkskongress statt. Als dieser Ende Mai 1949 zusammentraf, wurde zwar einhellig der Verfassungsentwurf angenommen, doch war das weitere Vorgehen nach den ergebnislosen Verhandlungen auf der Außenministerkonferenz der Alliierten in Paris auch der Parteiführung noch ungewiss. Zwar galt der Volkskongress immer noch als gesamtdeutsche Initiative, doch schien sich der SED in Anbetracht der Verabschiedung des Grundgesetzes und des beginnenden Wahlkampfes für den ersten Deutschen Bundestag die Gründung eines ostdeutschen Teilstaates nun endgültig als einzige verbleibende Alternative zur Sicherung ihrer Machtposition herauszustellen. Nachdem die Parteiführung Josef Stalin in einem Brief konkrete Vorschläge über das Vorgehen zu einer ostdeutschen Staatsführung unterbreitet hatte, erteilte die sowjetische Seite ihre Erlaubnis. Am 7. Oktober 1949 trat der bereits zuvor durch den Dritten Deutschen Volkskongress gewählte Zweite Deutsche Volksrat zusammen, konstituierte sich die Provisorische Volkskammer und erklärte als Akt der Staatsgründung die Verfassung der Deutschen Demokratischen Republik zu geltendem Recht. Diese Verfassung wies Strukturelemente und -prinzipien eines parlamentarisch-demokratischen Systems mit föderalistischen und rechtsstaatlichen Zügen auf."

Der Werdegang, wie das Land DDR und die Verfassung für diesen Staat entstand, wurde deshalb sehr ausführlich erläutert, damit Diejenigen, die noch nichts oder zu wenig über die Entstehung der DDR wissen, darüber informiert werden und sich ein eigenes Urteil bilden können.

Nachfolgend werden die Grundzüge des Gesellschaftssystems des Sozialismus unter den Bedingungen der damaligen Gründung der DDR auszugsweise in vereinfachter Form dargestellt:

Gesellschaftssystem:	Sozialismus
Herrschaftsform:	Diktatur des Proletariats
Organisations-Wirtschaftsmethode:	Demokratischer Zentralismus auf der Grundlage der Anwendung der Planwirtschaft
Eigentum der Betriebe:	vorrangig verstaatlicht in Form von Volkseigenen Betrieben (VEB).

Es bestanden jedoch noch andere Eigentumsformen in der DDR, jedoch in relativ geringem Umfang, wie u. a.:

- Genossenschaften
- Eigentum gesellschaftlicher Organisationen und Einrichtungen
- Produktionsgenossenschaften des Handwerks (PGH)
- Landwirtschaftliche Produktionsgenossenschaften (LPG)
- Volkseigene Güter (VEG)
- SAG-Betriebe zum Anfang der DDR (Sowjetische Aktiengesellschaften, z. B. das ehemalige ostdeutsche Bergbau-Kombinat Wismut)
- In relativ geringem Umfang Einzelbetriebe in der Wirtschaft und Einzelbetriebe in der

Landwirtschaft (Zwangsverstaatlichung 1972 ab einer Mitarbeiter-Größe von 11 Mitarbeiterinnen bzw. Mitarbeitern, wobei die Firmeninhaber im dann staatlichen Betrieb oftmals Betriebsdirektoren werden durften)

Geschlechter-verhalten:	Es herrschte eine Gleichberechtigung zwischen den Geschlechtern. Frauen, die arbeiteten, konnten ab einem bestimmten Alter bis zum Ende der DDR monatlich einen „Haushaltstag" nutzen. Bei der Geburt von Kindern konnte man diese zeitweilig auch während der Berufstätigkeit u. a. durch das „Stillen" weiter versorgen. Bei Geburt der Kinder bekam man auch in der Zeit, in der man in seinem angestammten Betrieb nicht arbeiten konnte, bis zu 3 Jahre 90 Prozent des vorangegangenen Lohns bzw. Gehalts und konnte zusätzlich 120 DDR-Mark pro Monat dazuverdienen. Bei Krankheit des Kindes wurde die Mutter umgehend von der Arbeit freigestellt. Alle Geschlechter sollten einen Beruf ausüben können.
	Es bestand eine Arbeitspflicht. Nur bei bestimmten Gegebenheiten war die Pflicht zur Arbeit nicht notwendig (u. a. bei der Geburt und Erziehung der Kinder - 6 Wochen vor und bis 26 Wochen nach der Geburt, für Rentnerinnen und Rentner, bei Pflegebedürftigkeit (z. B. bei Behinderung oder Krankheit)
Arbeitslosigkeit:	Arbeitslosigkeit war in der DDR nicht üblich. Wenn es sich tatsächlich ergab, dass jemand als

Berufstätiger zeitweise kein Arbeitsverhältnis wahrnahm, hatte das Amt für Arbeit für den Betreffenden sofort eine Arbeit zu organisieren und diesem zuzuweisen. Eine Kündigung gab es so gut wie nicht. Alleinstehende standen unter besonderem Kündigungsschutz.

Kinderkrippe, Kindergarten, Hort: Durch eine hohe Anzahl geschaffener Kinder-Kombinationen bzw. für Schüler und Jugendliche konnte nahezu Jeder, deren Kinder einen solchen Platz benötigten, einen Platz in Anspruch nehmen.

Bildung: Üblicherweise kamen Kinder mit 6 (Stichtag: 31. Mai eines Jahres) bzw. 7 Jahren in die Allgemeinbildende Polytechnische Oberschule. Bis zum Beginn der 8. Klasse konnte durch die Eltern ein Antrag gestellt werden, wenn zu erkennen war, dass die Leistungen in der Schule zu einer erfolgreichen Beendigung der Schule nicht ausreichen würden, die Schule bis zum Ende der 10. Klasse zu absolvieren. Die Schülerin bzw. der Schüler konnte mit Beendigung der 8. Klasse von der Schule abgehen, um danach einen Beruf erlernen zu können. Es musste in diesem Zusammenhang gewährleistet werden, dass die Anforderungen, die an das Erlernen des jeweiligen Berufs gestellt wurden, dem Leistungsniveau eines 8-Klassen-Abschlusses entsprachen.

Bei bestimmten Noten bzw. der Erfüllung bestimmter Leistungskriterien hatte man die Möglichkeit,

a) ab der 3. Klasse (bei einem vorherigen

Notendurchschnitt von 1,5 und guten „Kopf"-Noten in Betragen, Fleiß, Ordnung und Mitarbeit am Ende der 2. Klasse) konnte dann eine so genannte „R-Klasse" mit erweitertem Russisch-Unterricht bei Erfüllung dieser Voraussetzungen besucht werden. Der Russisch-Unterricht begann an „normalen" Polytechnischen Oberschulen erst ab Beginn der 5. Klasse. Im Gegensatz zur „normalen" Polytechnischen Oberschule – mit der Pflicht, ab der 7. Klasse – je nach entsprechender Fachlehrer-Verfügbarkeit – konnte man fakultativ, also freiwillig – Englisch oder Französisch erlernen. Wenn entsprechende Fachlehrer zur Verfügung standen, konnte man ab der 9. Klasse auch eine 3. Fremdsprache erlernen, wie Griechisch oder Latein, sofern, wie bereits erwähnt, Lehrer für diese Altsprachen zur Verfügung standen oder – bei gleicher Ausgangslage – Französisch oder Spanisch. Dies traf lange Zeit nicht für naturwissenschaftliche Klassen der Erweiterten Oberschule (EOS) zu.

b) vom Beginn der 9. bis zur 12. Klasse (ab 1983 in der Regel erst von der 11. bis zur 12. Klasse) konnte man eine Erweiterte Oberschule (EOS) besuchen und auf diese Art und Weise das Abitur ablegen.

Leider konnten Manche trotz guter schulischer Leistungen, weil ihre Eltern nicht zur Klasse der Arbeiter und Bauern gehörten („Diktatur des Proletariats") nicht das Abitur über die EOS ablegen. Es gab auch andere Schulformen (1948 bis 1966, im Fall von Freiberg/Sachsen und Halle (Saale) bis 1990 Arbeiter- und Bauern-Fakultäten (ABF) mit dreijähriger Vorbereitung auf ein Studium, außerdem Volkshochschulen, an denen man auch weitere notwendige Ausbildungen absolvieren konnte. Bei entsprechenden Vorausbildungen und dem Erreichen eines Studienplatzes und dafür weiteren notwendigen Qualifikationen bei entsprechendem Bedarf konnte man ein Studium absolvieren. Für alle Studenten und Werktätigen stand in der DDR ein Arbeitsplatz zur Verfügung.

Auch eine Berufsausbildung war auf dualer Grundlage möglich. Man konnte bei Erfüllung der entsprechenden Voraussetzungen und dem Erhalt eines Studienplatzes auch bei einer Delegierung ein Fernstudium an allen Hoch- und Fachschulen sowie anderen Einrichtungen, die eine Ausbildungsberechtigung besaßen, absolvieren. Schul- und Studiengebühren gab es nicht. Als Student erhielt man ein Stipendium.

<u>Steuern und Sozialabgaben:</u>

Diese waren sehr gering und als Arbeitnehmer brauchte man nur Lohnsteuer bezahlen. Die Beiträge zur Sozialversicherung, die Krankenversicherung, Rentenversicherung und Unfallversicherung betrugen für alle Arbeitnehmer nur 60 DDR-Mark/Monat.

Wenn man wollte, konnte man ab einem Verdienst von 600 DDR-Mark/Monat zu einem späteren Zeitpunkt (ab dem 1. März 1971), um seine spätere Rente zu erhöhen, gegen einen relativ geringen Betrag noch die Freiwillige Zusatzrentenversicherung (FZR) abschließen.

Es gab in der DDR das System der Freiwilligen Zusatz-Rente. Hierzu wird unter dem Link https://www.ihre-vorsorge.de/service/lexikon/F/freiwillige-zusatzrentenversicherung-fzr.html Folgendes ausgesagt:

„In der ehemaligen DDR konnte in der Sozialpflichtversicherung bis zum 30. Juni 1990 nur ein Verdienst von bis zu 600 MDN (Mark der Deutschen Notenbank in der DDR vor Einführung der DM) monatlich versichert werden. Im Zeitraum vom 1. März 1971 bis zum 30. Juni 1990 gab es die Möglichkeit, für den über 600 Mark monatlich hinaus-gehenden Verdienst Beiträge zur FZR zu zahlen. Bis zum 31. Dezember 1976 konnten zunächst bis zu weiteren 600 Mark monatlich und ab 1. Januar 1977 auch darüber hinaus bis zur Höhe des tatsächlichen Verdienstes FZR-Beiträge gezahlt werden. Der Verdienst, für den Beiträge zur FZR gezahlt worden sind (FZR-Verdienst), wird neben dem in der Sozialpflichtversicherung versicherten Arbeitsverdienst (SV-Verdienst) bei der Rentenberechnung berücksichtigt. Der FZR-Verdienst wirkt sich dadurch rentenerhöhend aus.

Die im DDR-Ausweis für Arbeit und Sozialversicherung eingetragenen SV- und FZR-

Verdienste spielten bei der Rentenberechnung dann keine Rolle, wenn die Versicherten bereits am 18. Mai 1990 in den alten Bundesländern gewohnt haben und vor dem 1. Januar 1937 geboren wurden. In diesen Fällen erhielten die Versicherten für die vor dem 19. Mai 1990 liegenden DDR-Beitragszeiten ausschließlich Verdienste auf der Grundlage der Werte des Fremdrenten-Gesetzes zugeordnet, also Arbeitsverdienste auf dem Niveau der Einkommensverhältnisse in den alten Bundesländern."

Die in der DDR zurückgelegten Renten- und Sozialversicherungszeiten werden in der Bundesrepublik nach dem dort gültigen „Fremdrentengesetz" vom 25. Februar 1960 bewertet. Da der Arbeits- und Sozialausweis der DDR, trotz dem die politische Einheit Deutschlands zum 03. Oktober 1990 bereits vollzogen wurde, wurden durch die Deutsche Rentenversicherung (DRV) nur die ab dem 1. Januar 1992 erhaltenen Bezüge von auf dem Gebiet der ehemaligen DDR in Ostdeutschland lebenden Arbeitnehmerinnen und Arbeitnehmern erfasst. Die Rentenansprüche aus den Verdiensten und sonstigen rentenrechtlichen Zeiten ostdeutscher Arbeitnehmerinnen und Arbeitnehmer bis zum 31. Dezember 1991, die zu diesem Zeitpunkt in Ostdeutschland gelebt haben, werden bei Vorlage des Arbeits- und Sozialversicherungsaus-weises bei der zuständigen Rentenstelle eingepflegt, so dass die „im Beitrittsgebiet" (Amtsdeutsch der Deutschen Rentenversicherung für die ostdeutschen

Bundesländer und Ost-Berlin) zurück gelegten rentenrechtlichen Zeiten zu einer ordnungsgemäßen Rentenberechnung herangezogen werden können.

Mietkosten:

Nach lange Zeit bestehendem Wohnraummangel, insbesondere bedingt durch die Nachwirkungen des Zweiten Weltkriegs und weitere Faktoren, hatten sich zunehmend, insbesondere durch die Ergebnisse des auf dem VIII. Parteitag der SED 1971 beschlossenen Wohnungsbau-Programms die Wohnverhältnisse für Familien zum Teil wesentlich verbessert.

Die Mietpreise für den Wohnraum in der DDR waren sehr gering und betrugen im Durchschnitt für Altbauten pro Quadratmeter zwischen 30 und 50 Pfennig/Monat und 1 Mark/m²/Monat für Plattenbauten. In diesen genannten Preisen für den Wohnraum waren auch die Heizungskosten und viele andere Neben- bzw. Betriebskosten enthalten.

Freizeitangebot:

Das Freizeitangebot in der DDR war sehr vielfältig und oftmals kostenlos oder mit nur geringen Preisen verbunden.

Preise für Lebensmittel und Dienstleistungen:

Die Preise für Lebensmittel und Dienstleistungen waren in der Relation sehr gering. Es gab auch manchmal Versorgungsprobleme, aber die hielten sich auch dadurch im Rahmen, weil bei einem Großteil der Menschen auch die Bedürfnisse nicht so hoch waren. Manche Lebensmittel, die die Menschen recht viel brauchten, wie Brot und Brötchen und andere

Produkte wurden subventioniert. Dadurch wurde besonders beim Brot eine artfremde Verwendung die Manche nutzten, zugelassen. Das Angebot an Südfrüchten, wie Bananen, Pfirsiche, Aprikosen u. ä. war sehr gering, und es war eine Rarität, wenn man diese Produkte bekommen konnte. Dies lag auch daran, dass die Beschaffung dieser Produkte mit der Bezahlung von Devisen verbunden war, die die DDR mit ihrer aus politischen Gründen nur vorhandenen Binnenwährung in nicht ausreichendem Maße besaß. Auch für die verschiedensten Dienstleistungen, wie die jeweiligen Transport-, Friseur-, gastronomischen Kosten und die Kosten ähnlicher Dienstleistungen waren die Preise in Relation zur gegenwärtigen Höhe sehr gering. Hochwertige Industriegüter, wenn man diese überhaupt bekam, weil sie vorrangig in der westlichen Welt verkauft wurden, hatten einen sehr hohen Preis und waren deshalb für Viele nicht erschwinglich.

Urlaub und Reisen:

Bekam man einen Urlaubsplatz in einem FDGB-Heim (Heim des Freien Deutschen Gewerkschaftsbundes), brauchte man nur relativ wenig für die Sicherung der Übernachtung, der Verpflegung und der kulturellen Betreuung ausgeben. Nicht-FDGB-Mitglieder mussten für sich und ihre Familien das 5-fache bezahlen. Der Betrag dafür lag in der Regel bei Mitgliedschaft im FDGB unter 100,- M für die ganze teilnehmende Familie und war deshalb, weil alle Kosten, wie Verpflegung, Übernachtung, kulturelle Betreuung in diesem Preis enthalten waren, in Relation sehr gering. Durch die

Nutzung des Kultur- und Sozialfonds sowie des Leistungsfonds hatten manche Betriebe auch Urlaubsangebote durch eigene Einrichtungen. Auch innerhalb der sozialistischen Länder wurden Urlaubsangebote ausgetauscht, und deshalb standen noch weitere Angebote zur Verfügung. Man konnte sich auch alleine um Urlaubsmöglichkeiten kümmern. Insgesamt gesehen standen auch in der DDR unter den damaligen Gegebenheiten, dass man im Regelfall nicht in westliche Länder und nach Jugoslawien und Albanien reisen konnte, trotz dem in zunehmender Anzahl Reise- und Urlaubsmöglichkeiten auch in der DDR und im damaligen sozialistischen Ausland zur Verfügung.

Jahr	**Durchschnittliche Höhe des Brutto-Einkommens/Monat in der DDR**
1949	290,- M
1955	432,- M
1960	555,- M
1965	633,- M
1970	755,- M
1975	889,- M
1980	1.021,- M
1985	1.130,- M
1989	1.300,- M

Tabelle 1: Gegenüberstellung einiger ausgewählter Aspekte von Gegebenheiten in der DDR und in der Bundesrepublik

Es ist doch ein relativ hoher Zuwachs im Bruttoeinkommen in der DDR in den letzten Jahren der DDR eingetreten. Trotz dem das Einkommen wesentlich geringer als vergleichbar in der alten Bundesrepublik war, müssen meines Erachtens, um eine objektive Bewertung durchzuführen, eine Reihe anderer wichtiger Faktoren bei einem Vergleich des unterschiedlichen Bruttoeinkommens zwischen der damaligen DDR und der alten Bundesrepublik herangezogen werden. Nachstehend werden die Vorteile der bis zum 2. Oktober 1990 bestandenen DDR und der damaligen alten Bundesrepublik aus meiner Sichtweise gegenübergestellt:

Vorteile der damaligen DDR:

- wesentlich geringere Steuern
- wesentlich geringere Beiträge zur Sozialversicherung
- geringere Preise für benötigte übliche Lebensmittel
- wesentlich geringere Preise für Miete und Mietnebenkosten
- wesentlich höhere Staatsbeteiligung an kultureller Betreuung unter vergleichbaren Kosten und kulturellen Leistungen
- kaum notwendige private Ausgaben für Leistungen des Bildungswesens
- geringe notwendige

Vorteile der alten BRD:

- geringere Preise für Industriewaren
- höheres Angebot an Industriewaren und Lebensmitteln
- höherer und besserer Versorgungsgrad
- Reisemöglichkeit in andere westliche Länder, die die DDR-Bürger mehrheitlich nicht nutzen konnten und somit höheres Urlaubs- und Reiseangebots
- höherer Grad der Freiheitsnutzung
- höheres Bruttoeinkommen für den einzelnen Beschäftigten, wenn Dieser einer Arbeit nachging oder ein vergleichbares Entgelt verschiedenster Art

Privatausgaben auf Grund von staatlichen Kultur- und Sozialfonds sowie Leistungsförderung für vergleichbare Reise- und Urlaubs-veranstaltungen, die natürlich nicht im westlichen Ausland stattfinden konnten	beziehen konnte.
	- wesentlich günstigere Möglichkeiten der Schaffung und des Erhalts möglicher Betriebsrenten, die es in der DDR nicht gab sowie von Lebensversicherung und der Risikovorsorge
- Es muss, wie bereits erwähnt wurde, bei diesem Vergleich auch beachtet werden, dass in der DDR durch die hohe Frauen-Beschäftigung von über 90 Prozent den Familien, die verheiratet oder in fester Lebensgemeinschaft wohnten, wie erwähnt, zwei Einkommen zur Verfügung standen, was in der alten Bundesrepublik oft nicht der Fall war, da dort nur eine geringe Frauenbeschäftigungsquote bestand und man politisch insbesondere bis Mitte der 1970er Jahre von einer anderen Rolle der Frau in der Familie ausgegangen ist und diese oft nur als Anhängsel des Ehemanns gesehen hat.	- wesentlich bessere Möglichkeiten, eine selbständige Tätigkeit auszuüben, als in der DDR

Tabelle 2: Gegenüberstellung der Vorteile der DDR und der BRD

Bei diesem Vergleich mussten natürlich auch die sozialen Probleme und die soziale Unsicherheit, die in der alten Bundesrepublik gegenüber der damaligen DDR wesentlich höher waren, selbst, wenn man gegenwärtig den Vergleich nicht mehr ziehen kann und wir schon seit 30 Jahren andere Verhältnisse haben, jedoch trotzdem im Zusammenhang mit den Belangen der Gründung der DDR genannt werden.

Es muss auch beachtet werden, dass nicht alle Maßnahmen, die mit der Gründung der DDR verbunden waren, im Zeitraum von 1949 bis 1952 aus den schwierigen wirtschaftlichen Gegebenheiten, den Folgen des Zweiten Weltkriegs heraus und den damit verbundenen hohen Reparationszahlungen an die Sowjetunion und den aus diesen resultierenden ungleichen Wirtschaftsvoraussetzungen der nunmehr entstandenen beiden deutschen Staaten erfolgen konnten. Manche der beschriebenen Maßnahmen der Gründung der DDR sind nach 1952 entsprechend den wirtschaftlichen Möglichkeiten in der DDR erst durchgeführt worden.

Trotz dem die DDR einen eigenen Staat gegründet hatte, weil alle Versuche, um zu einem einheitlichen Deutschland zu kommen, durch die eigenständig begonnene Währungsreform in den Westzonen Deutschlands, die Gründung der Bundesrepublik Deutschland am 23. Mai 1949 durch das Inkrafttreten des Grundgesetzes in den Westzonen Deutschlands fast viereinhalb Monate vor der Gründung der DDR, die, wie bereits erwähnt, am 7. Oktober 1949 erfolgte und alle Verfassungsbegehren, noch ein einheitliches Deutschland unter Teilnahme von 60 Mitgliedern des Deutschen Volkskongresses zu erreichen, sind an der späteren Bundesrepublik damit verbundene zu treffende Entscheidungen letztlich gescheitert.

Die Gründung der DDR zum 7. Oktober 1949 musste zwangsläufig erfolgen. Auch die Vorschläge Stalins im Jahr 1952, trotz der inzwischen entstandenen beiden deutschen Staaten noch eine Wiedervereinigung unter neutralen Verhältnissen zu erreichen und weitere noch anzusprechende mögliche Aktivitäten im Jahr 1953 und durch die damalige SPD 1959 haben zu keinem Erfolg geführt und wurden vom damaligen Kanzler der Bundesrepublik

Deutschland, Konrad Adenauer und den westlichen Alliierten mit Entschiedenheit abgelehnt bzw. zurückgewiesen.

Im Beitrag des Gemeinschafts-Projekt-Portals „Lebendiges Museum“ der Stiftung Deutsches Historisches Museum Berlin, der Stiftung Haus der Geschichte der Bundesrepublik Deutschland Bonn und des Bundesarchivs Koblenz wird in der Rubrik „Geschichte“ Folgendes zu den „Stalin-Noten“ geschrieben, vgl. https://www.hdg.de/lemo/kapitel/geteiltes-deutschland-gruenderjahre

„Stalin-Noten:

Der stellvertretende sowjetische Außenminister Andrei Gromyko (der eigentlich Andrei Andrejewitsch Bumakow hieß – Anm. des Verfassers) (1909 – 1989) übermittelt am 10. März 1952 eine Note Stalins an die USA, Großbritannien und Frankreich. Darin schlägt er ein vereintes, souveränes, demokratisches Deutschland vor, das über eine begrenzte Armee verfügen darf. Dafür soll das Land Neutralität wahren, und alle Besatzungstruppen sollen abgezogen werden. Mit einer gesamtdeutschen Regierung soll dann ein Friedensvertrag ausgehandelt werden. Die Westmächte lehnen ab. Sie sehen in dem Vorschlag einen Versuch, die Westintegration und die Wiederbewaffnung der Bundesrepublik zu verhindern.

Reaktion der Westmächte:

Die Westmächte weisen den Vorschlag am 25. März 1952 zurück und fordern freie Wahlen als Voraussetzung für eine gesamtdeutsche Regierung. Zudem lehnen sie eine Neutralität Deutschlands ab. Bis September des Jahres (1952) kommt es zu weiteren Notenwechseln, in denen sich die Positionen verhärten, bevor der Austausch ergebnislos abbricht.

Debatte in der Bundesrepublik:

Wurde mit der Ablehnung von Stalins Vorschlag eine Chance für die deutsche Wiedervereinigung vertan? Vor allem die SPD unter Kurt Schumacher fordert, dass nichts unversucht bleiben darf, um Stalins Angebot zu prüfen. Wie die Westmächte wertet die Regierung unter Bundeskanzler Konrad Adenauer die Stalin-Noten als „Bluff" und „Störmanöver", das die Einbindung der Bundesrepublik in den Westen verhindern soll und setzt ihren Kurs fort. In der westdeutschen Öffentlichkeit wird noch jahrelang darüber gestritten, ob vorschnell ein ernsthaftes Angebot für die deutsche Einheit ausgeschlagen wurde.

1952 wurde der Aufbau des Sozialismus in der DDR beschlossen und verkündet. Die bisherige Struktur des Staates hat sich dahingehend geändert, dass im Ergebnis der Verwaltungsreform aus dem Jahr 1952 ab dem 23. Juli 1952 aus den bisherigen fünf Ländern 15 Bezirke und 217 Kreise entstanden und im Rahmen der weiteren Bildung von Volkseigenen Betrieben (VEB) größere Privatunternehmen enteignet wurden.

Im privaten Bereich meines Vaters, meiner Mutter und in unserer gesamten Familie hat sich in der Zeit von 1949 bis 1952 auch Einiges verändert. Wie schon geschrieben, ist meine Schwester Astrid am 12. März 1946 geboren, und ich wurde am 12. Februar 1948 in dieser ebenfalls nicht leichten Zeit geboren. Die sehr kleine Wohnung unserer Familie in der Lindenstraße in Friedrichroda reichte nicht mehr aus, und meine Eltern haben für unsere damals vierköpfige Familie eine Wohnung in der Bachstraße in Friedrichroda bekommen. Ich kann mich noch gut an den Erhalt der neuen Wohnung damals erinnern, als ich die Ereignisse bewusster wahrnehmen konnte.

Ich fand es gut, dass wir nun mehr Platz hatten und unweit dieser Wohnung uns ein kleiner Fluss zur Verfügung stand, den wir auch zum Spielen nutzen konnten. In dieser Zeit, als ich geboren werden sollte, stand, wie ich später erfahren habe, kein Licht zur Verfügung und da man das Licht auch für die Geburt brauchte, hat mein Vater noch alles versucht, durch Gespräche mit den Mitarbeitern des Elektrizitätswerkes in Friedrichroda, dass wenigstens für diese Zeit das benötigte Licht zur Verfügung stand. Er hat damit Erfolg gehabt, und ich konnte am 12. Februar 1948 um 17:50 Uhr in Friedrichroda geboren werden.

Angesichts der damals durch die Folgen des Zweiten Weltkriegs nur sehr geringen Möglichkeit, das existenznotwendige Essen zu bekommen, wurde zu meiner Mutter damals von Bekannten von ihr, weil ich damals sehr dünn war, gesagt: „Den bekommst du wohl nicht durch.“ Auch wohl aus diesem Grund hat mich meine Mutter verhältnismäßig sehr lange gestillt. Sehr ungünstig für die Familie wirkte sich aus, als ich dann Milchnahrung von Flaschen bekam, dass ich aus meinem Bett lange Zeit die Nuckelflasche, nachdem ich die mögliche Milch getrunken habe, immer rausgeworfen habe, so dass die Nuckelflaschen, die nur schwer in dieser Zeit zu bekommen waren, oft zerbrachen. Sicher habe ich dadurch meinen Eltern manche Probleme in dieser Beziehung bereitet.

Meine älteste Schwester, die nahezu zwei Jahre älter als ich war, hat solche Schwierigkeiten, die ich dadurch der Familie bereitet habe, nicht gemacht.

Wie schon erwähnt, war mein Vater bis zum 30. September 1950 in der Zweigstelle Friedrichroda als Sparkassen-Leiter tätig. Ab dem 20. Mai 1950 konnte meine Mutter auch wieder arbeiten und arbeitete wiederum in der Zweigstelle Friedrichroda der Sparkasse Gotha als Kundenberaterin. Dadurch war es so, dass unsere Eltern beide arbeiteten, wir aber aufgrund unseres noch jungen Alters als Kinder betreut werden mussten.

Meine Mutter kam nach Zustimmung meines Vaters und der Großeltern auf die Idee, dass wir doch bei den Großeltern wohnen und am Wochenende dann zu Hause bei den Eltern in der Bachstraße in Friedrichroda sein konnten. Meine Schwester sollte bei ihren Großeltern väterlicherseits in Friedrichroda in der Tabarzer Straße und ich bei meinen Großeltern mütterlicherseits in der Lindenstraße in Friedrichroda wohnen. Meine Mutter hat im Interesse von uns vorgeschlagen, dass wir – bis auf an den Wochenenden – auch nachts dort schlafen könnten. Diesen Vorschlag hat sie deshalb gemacht, damit wir nicht unter den Witterungsunbilden im winterlichen Friedrichroda leiden mussten und nicht noch weitere Transporte am Abend und am Morgen erfolgen brauchten. Meine Schwester und ich fanden die Idee sehr gut, da wir auch mit unseren Großeltern gut auskamen.

Mein Großvater hat meiner Schwester viel beibringen können, u. a., wie man die Uhrzeit erkennen kann, wie das Leben in der großen weiten Welt und zum früheren Leben von ihm und seiner Familie in Magdeburg zu seiner Jugendzeit war. Es wurde meiner Schwester auch gezeigt, wie man Kaninchen schlachtet und Vieles andere, was man als Kind wissen sollte. Unser Großvater war ja zu dieser Zeit wegen seiner offenen TBC-Erkrankung und seinen für ihn schwerwiegenden Arbeitsunfällen in den Krupp- und Gruson-Werken in Magdeburg schon lange Erwerbsunfähigkeitsrentner. Unsere Großmutter war noch immer sehr traurig und gezeichnet wegen des Todes ihres Sohnes Heinz, der ja im August 1944 gefallen war und weil es bis zu diesem Zeitpunkt noch nicht so lange her war.

Meine Schwester Astrid ist 1952 noch in Friedrichroda zur Schule gekommen. Dadurch hat meine Schwester mehr die Praxisverbundenheit gelernt und deshalb schon – prägend als Kind – ein anderes Verhältnis zu diesen Fragen bekommen. Nicht nur ich, sondern auch meine Schwester haben uns im Kindergarten nicht sehr wohlgefühlt und sind oft von dort weggelaufen. Meine Schwester hat mich dabei auch im Ziehwagen mal mitgenommen.

Bild 48: Astrid, Heinz, Clara Märtin und Waltraud Märtin in Friedrichroda

Bild 49: Heinz Märtin und Schwester Astrid

Meine Kindheit nahm in dieser Zeit, als ich bei meiner Großmutter Marie wohnte, einen in vielen Punkten anderen Verlauf als bei meiner älteren Schwester. Ich musste die Sorgen und Folgen, die meine Großmutter ertragen musste, früh miterleben, weil sie nach 44jähriger Ehe noch, wie erwähnt, geschieden wurde. Verursacht wurde dies, weil mein Großvater damals die zugezogene und in der Stadtverwaltung Friedrichroda arbeitende Frau Hessert kennengelernt hat und bereits in dieser Zeit schon bei ihr gewohnt hat. Das hat meine Großmutter damals sehr getroffen, da sie ihren Ehemann sehr liebte. Mein Großvater kam auch in dieser Zeit oft auch noch zu uns, und er hat mir manchmal auch etwas zu essen mitgebracht und mich als Kind dabei gefüttert. Ich kann mich noch erinnern, dass er mich manchmal mit Brot und Speck fütterte, was ja zu dieser Zeit bei den erheblichen Problemen in der Versorgung ja noch eine Rarität war. Besonders haben mich seine Bücher, speziell Bildbände, interessiert, da ich damals ja verständlicherweise noch nicht lesen konnte. Dabei waren auch damals Bildbände aus der Kaiserzeit oder von anderen bekannten Persönlichkeiten aus vergangenen Epochen. Diese Menschen, die auf den Bildbänden zu sehen waren, haben mich schon immer sehr beeindruckt. Am liebsten, so kam bei mir damals als

Kind schon der Gedanke, hätte ich ihnen nachgeeifert. Mein Großvater, Paul Hasert, hat mir auch viel von der damaligen Zeit und manche Geschichten und Sagen erzählt. Er wusste sehr viel und konnte mir dadurch sehr viel Interessantes aus der Vergangenheit und früheren Geschichte erzählen. Dadurch ist mein Interesse an geschichtlichen und auch an politischen Ereignissen stark gewachsen, das auch in der heutigen Zeit noch anhält.

Ich habe in dieser Zeit vorrangig bei meiner Oma Marie gelebt und konnte mich gut beschäftigen und hatte immer was zu tun und zu spielen gehabt. Neben den Bildbänden bzw. historischen Persönlichkeiten interessierte ich mich besonders für Kämpfe und Wettkämpfe von Rittern, Zinnsoldaten oder anderen mir zur Verfügung stehenden Figuren und Spielzeugen. Ich brauchte nicht unbedingt Freunde, da ich genug Beschäftigung hatte., Anfangs bin ich noch mit meiner Großmutter zum Einkaufen oder anderen Erledigungen gegangen. Mir gefiel jedoch nicht, dass dabei sehr viel Zeit verloren ging, weil sie sich mit Vielen oft sehr lange unterhielt. Ich wollte lieber spielen, als an den Gesprächen teilzunehmen. Mit Zustimmung meiner Großmutter brauchte ich dann nicht mehr an den Erledigungen teilzunehmen und hatte die gewünschte Zeit für mich. Durch das Radiohören konnte ich auch manche Lieder und Schlager in der Musik hören, die ich teilweise nachahmte und meiner Großmutter zur Erreichung einer Bewertung bzw. Bepunktung vorsang. Trotz dem meine Großmutter nur die Mindestrente von 100,- M je Monat bekam und wir auch aus diesem Grunde manches Mittagsessen bis zu viermal hintereinander aßen und damals auch ohne Kühlschrank leben mussten, habe ich mich immer satt gefühlt und war mit dem möglichen Essen und Trinken nie unzufrieden und habe immer alles gegessen, was auf den Tisch kam. Wenn ich noch anfangs in den Kindergarten musste, in dem ich mich nie wohlfühlte, bin ich aus dem Kindergarten abgehauen und dann überhaupt nicht mehr hingegangen. Einmal kann ich mich erinnern, als ich wieder aus dem Kindergarten weg ging, dass ich überall gesucht wurde, meines Wissens sogar von der Polizei. Ich hatte mich versteckt, dass ich nicht leicht zu finden war. Meine Großmutter, die mich immer sehr gut betreute, hat, so kann ich mich erinnern, zu meinen Eltern oder zu anderen Bekannten gesagt, die ggf. wollten, dass ich mit Anderen spielen oder mich mit Freunden und deren Belangen beschäftigen sollte, mich in meinem Handeln unterstützt, indem sie zu den Betreffenden sagte: „Der Junge spielt so schön. Warum soll er etwas anders machen?" Andere haben verlangt, dass ich bei einem gemütlichen Treffen für Kinder anlässlich des 1. Mai teilnehmen sollte. Vielleicht lag es an der mangelnden Widerstandskraft, oder aus anderen Gründen bekam ich danach eine doppelte Lungenentzündung und Keuchhusten, und mein Vater ist nachts noch im Wald von Friedrichroda nach Tabarz gelaufen, um für mich lebensnotwendige Medikamente in der Apotheke zu besorgen.

Die praktischen Erfordernisse, die man auch im Leben braucht, habe ich im Gegensatz zu meiner älteren Schwester, wie erwähnt, nicht ausreichend gelernt. So kam es vor, als ich bei meinen Eltern in der Bachstraße in Friedrichroda war und etwas über drei Jahre alt war, dass ich noch Schuhe verkehrt herum angezogen habe. Beispielsweise war dies auch noch später zu erkennen, dass ich zum Schulbeginn 1954 in Worbis noch nicht in der Lage war, meine Schuhe zuzubinden.

An unseren Aufenthalt an den Wochenenden in dieser Zeit bis 1952 in der Bachstraße in Friedrichroda habe ich ähnlich, wie meine Schwester Astrid, zumindest in dieser Zeit nicht ausreichende Erinnerungen, denn die Zeit bei den Großeltern war dominierend für uns.

Als Zweigstellenleiter musste mein Vater auch an verschiedenen Qualifizierungslehrgängen der Sparkasse teilnehmen. Diesbezüglich liegt mir ein Zeugnis für einen Qualifizierungslehrgang des damaligen Ministeriums des Innern, Hauptabteilung Personal und Schulung, vom 03. Juni 1949 vor, an der er mit gutem Erfolg in der Verwaltungsschule Finsterbergen (Thüringen) erfolgreich teilgenommen hat. Bei dieser Weiterbildung, die vom 15. Mai 1949 bis zum 4. Juni 1949, wie erwähnt, in Finsterbergen stattfand, wurden u. a. folgende Themen behandelt:

- Die Entwicklung der menschlichen Gesellschaft

- Staat und Gesellschaft

- Formen der Demokratie
- Das Kreditsystem in unserer Zone
- Die Satzung des Sparkassenverbandes Thüringen
- Die demokratische Entwicklung der Ostzone
- Die Sparkassensatzung
- Die demokratische Kreis- und Gemeindeordnung
- Der rechtliche Grundbegriff für die Sparkassenarbeit
- Der Sparkassenverkehr Teil I
- Der Sparkassenverkehr Teil II
- Die neuen Aufgaben der Einlagensammlung
- Politische Ökonomie
- Der Giroverkehr
- Der Zwei-Jahres-Plan: Der Weg zum wirtschaftlichen Aufstieg aus eigener Kraft
- Scheckpapier, Wertpapier und Depotgeschäft
- Haushaltswesen der Sparkasse und Betriebsorganisation
- Der volkseigene Betrieb im Zwei-Jahres-Plan

- Der neue Tarif
- Durchführung und Jahresabschluss der Sparkassen
- Wirtschaftsentwicklung in Ost und West
- Das Kreditgeschäft (Grundsätzliches)
- Revision und Kontrolle
- Aufgaben der Gewerkschaften
- Der kurzfristige Kredit
- Finanzpolitik als wirtschaftlicher Faktor
- Kurz-, mittel- und langfristiges Kreditgeschäft der Sparkassen
- Sparkassenstatistik
- Der Kampf um den Frieden in der Welt

Auch wurde festgelegt, was von jedem Teilnehmer zum Lehrgang mitzubringen war:

- Die Sparkassen-Satzung
- Der Kontenplan
- Henze, Werner/Schmidt, Hans: „Grundriss für die Sparkassenarbeit"
- Dr. Schaarschmidt: „Die Sparkassenkredite"

- Schmidt: „Revision und Kontrolle im Sparkassenbetrieb"

- Dienstanweisung für den Sparkassenrevisor

- Der Zwei-Jahr-Plan

Unter Berücksichtigung des veränderten Tarifvertrages bekam mein Vater vom Land Thüringen, Kreissparkasse Gotha, nachfolgenden Arbeitsvertrag mit Schreiben vom 15. September 1950:

„Wir bestätigen Ihre Einstellung bei der Kreis-Sparkasse Gotha als Zweigstellenleiter seit 01.07.1948 zu nachstehenden Bedingungen: Das Dienstverhältnis begann mit dem 01.05.1945. Grundlage bildet das Arbeitsverhältnis und der Tarifvertrag IG 15 vom 01.02.1949 mit dem Nachtrag vom 01.08.1949 (Tarifregister für das Land Thüringen. Nr. XXIV/-1a) und die Dienstordnung. Während der Probezeit von - Monaten kann das Dienstverhältnis von beiden Vertragspartnern während der ersten 14 Tage täglich zum Schluss des gleichen Arbeitstages, von dann ab am Letzten eines jeden Monats zum 15. des nächsten Monats oder am 15. eines Monats zum Monatsschluss gekündigt werden. Die Vergütung erfolgt nach § 5 des Tarifvertrages. Ihre Vergütung beträgt für die Tätigkeit als Zweigstellenleiter nach Vergütungsgruppe V, Ortsklasse B ab 01.09.1949 monatlich 376,- M brutto. Die Vergütung wird am Ende eines jeden Monats für den laufenden Monat gezahlt. Die Kündigungsfristen und der Urlaub regeln sich nach den tariflichen Vereinbarungen. Über alle Änderungen ihrer persönlichen Verhältnisse, insbesondere Wohnungswechsel ist unverzüglich der Personalabteilung Kenntnis zu geben. Sie verpflichten sich hiermit durch ihre Unterschrift, über alle dienstlichen Angelegenheiten strengstens Stillschweigen zu bewahren und zwar auch nach Beendigung des Dienstverhältnisses. Ihre Stellung bei der Kreissparkasse Gotha ist eine besondere Vertrauensstellung, die bedingt, dass Sie Ihre Aufgaben in tiefem Verantwortungsbewusstsein gegenüber der Deutschen Demokratischen Republik zuverlässig erfüllen. Soweit abweichend vom Tarifvertrag besondere Vereinbarungen getroffen werden, haben sie nur Gültigkeit, wenn sie schriftlich niedergelegt sind. Durch Gegenzeichnung dieses Schreibens und des gleichlautenden Durchschlages erklären Sie Ihr Einverständnis mit vorstehender Regelung.

Unterschrift des Antragstellers Unterschrift des Sparkassenleiters“

Wegen der ursprünglich nur vorgesehenen Vertretung des bisher in der Hauptstelle Gotha bei der Kreisparkasse Gotha tätigen Innenrevisors, der sich zu einem Verwaltungslehrgang beim Sparkassenverband Thüringen befand, bekam mein Vater den Auftrag, für diese Zeit dort tätig zu sein. Die Tätigkeit als Innenrevisor bei der Sparkasse Gotha musste er auch noch weiterhin ausüben und hat dadurch seine Tätigkeit als Zweigstellenleiter in Friedrichroda für den Kreis Gotha beenden müssen. Vom 1. Oktober 1950 bis zum 10. Oktober 1951 war er als Innenrevisor in der Hauptstelle Gotha der Kreissparkasse Gotha tätig.

Mit Schreiben vom 4. Dezember 1950 aus Weimar vom Sparkassenverband Thüringen, das als Antwort auf das Anfrageschreibens meines Vaters als Rückantwort kam, erhielt mein Vater folgendes Schreiben:

„Mit der von Ihnen vorgeschlagenen Regelung, bis zum 31.01.1951 im Revisionsdienst der Kreissparkasse Gotha zu verbleiben, sind wir einverstanden. Wir werden fristgerecht auf Ihre weitere Verwendung zurückkommen."

Am 30. Januar 1950 kritisierte mein Vater unter Beachtung eines von ihm erarbeiteten Materials einen Vorschlag, den er an die entsprechenden zuständigen Stellen weitergeleitet hat. Der mir noch teilweise zur Verfügung stehende Vorschlag meines Vaters beinhaltete Folgendes:

„Man erteilte in der damaligen Sparkasse für das vormalige Herzogtum Gotha äußerst korrekt bürokratische Sicherheitskontrollen und nahm eine umständliche Bearbeitung auf Basis alteingelaufener Vordrucke vor, die viel Doppelarbeit brachten und einen großen Materialverbrauch. Die Mitarbeiter konnten dies nicht ändern. Sie sahen deshalb ihre erste Aufgabe darin, diese bürokratische Arbeitsweise konsequent durchzusetzen. Als relativ junger Mann machte ich deshalb Verbesserungsvorschläge, die auch vom fortschrittlichen damaligen neuen Leitungspersonal aus Furcht, dass etwas schief gehen könnte, abgelehnt wurden. Die aufgeführten Gründe waren albern. Später wurden dann in den Sparkassen der DDR diese Neuerungen generell eingeführt."

Weiterhin hat mein Vater einen Vorschlag zur Ablehnung einer nicht fristgerechten Kündigung von Leistungsspannen unterbreitet. Darüber hat er Folgendes geschrieben:

„Diese Maßnahme war eigentlich im Auftrage aller Betroffenen. Hier ging es mir nur um die Einhaltung des Arbeitsrechts und damit um das Vertrauen der Mitarbeiter zur staatlichen und gewerkschaftlichen Leitung. Im Ergebnis meines Vorschlages wollte man im Wege der Umverteilung eine zusätzliche Leistungsspanne (das heißt die 2. Leistungsspanne ca. brutto 40,- M monatlich mir mehr Geld zahlen.“

Außerdem unterbreitete mein Vater auch einen Vorschlag zur Prüfung der oder sämtlicher ausgereichter Kredite (kurzfristige Kredite) der Kreisparkasse Gotha.

Dazu hat er Folgendes notiert:

„Das Ergebnis der Prüfung (praktisch die kritische Beanstandung aller ausgereichten kurzfristigen Kredite) beweist, dass die Jugend (ich war damals 32 Jahre) mehr leisten kann als manche „Ältere", die verantwortliche, langjährige alte Fachleute im Kreditabteilungscenter sind. Wenn ich das heute mit meinen Nachfolgern oder die alten Mitarbeiter mit dem heute jungen Mitarbeiter vergleiche, dann ist das jetzt gerade umgekehrt. Die Ursache für das Versagen (oder der ungenügenden Leistungsbereitschaft großer Teile der Jugend) zu ergründen und daraus die pädagogischen Schlussfolgerungen zu ziehen, sehe ich als eine der wichtigsten Aufgaben unserer Epoche an."

Anfang des Jahres 1950 wurde mein Vater aus den Mitarbeitern von 76 Sparkassen Thüringens (Stand 1950) als Nachwuchskader zur weiteren Qualifizierung für die damalige Deutsche Verwaltungsakademie (DVA) “Walter Ulbricht" delegiert. Vier Aufnahmeprüfungen im Zeitraum 1949/1950 mussten alle 80 vorab aus Thüringen ausgewählten Kandidaten als weitere Qualifizierung absolvieren. Nur drei von den 80 Kandidaten wurden im Ergebnis aller Prüfungen ausgewählt. Mein Vater wurde mit ausgewählt und konnte gemeinsam mit Frau Hockart aus Gotha, Herrn Müller aus Greiz sein Studium an der Deutschen Verwaltungsakademie beginnen. Im Internet-Lexikon Wikipedia ist auszugsweise über die Verwaltungsakademie Forst Zinna zu lesen:

„Ab 1947 nutzte die auf Beschluss der SED gegründete Deutsche Verwaltungsakademie (DVA) "Walter Ulbricht" die durch die Wehrmacht geschaffenen Baulichkeiten. Diese umfassten außer den eigentlichen Kasernen und Technikbereichen, Kino- und Theatersäle, Restauranträume, Sportstätten in einer gefälligen Architektur inmitten einer parkähnlichen Landschaft und boten ideale Bedingungen für eine Akademie. Aufgabe der Bildungseinrichtung war, die politischen Eliten für die schrittweise entstehende Selbstverwaltung der sowjetischen Besatzungszone und der 1949 gegründeten DDR heranzubilden. In den rund fünf Jahren, als sich die Verwaltungsschule in Forst Zinna befand, haben zahlreiche bekannte Personen dort gewirkt. Vizepräsident und Dekan der Agrarpolitischen Fakultät war (beispielsweise) ab 1949 Edwin Hoernle (1883 – 1952). ....
Bedeutende Künstler wurden für die repräsentative Einrichtung und den Ausbau der Akademie verpflichtet. ....
....
Im Februar 1953 musste daraufhin die Verwaltungsakademie nach Potsdam-Babelsberg umziehen, wo sie mit der dort bestehenden Deutschen Hochschule für Justiz zur Deutschen Akademie für Staats- und Rechtswissenschaft “Walter Ulbricht" zusammengeschlossen wurde."

Fast alle Fach-Eliten auf ihren jeweiligen Gebiet, die die Sowjetische Besatzungszone und die spätere DDR damals zu bieten hatte, gehörten zum

Lehrkörper der Verwaltungsakademie in der damaligen Zeit. Aus den ausgewählten Studenten und Fachpraktikern der jeweiligen Gebiete, in denen sie bisher zum Einsatz kamen, sollten die späteren Eliten der DDR auf den jeweiligen Gebieten durch eine gezielte Ausbildung in der Verwaltungsakademie gewonnen werden.

Mein Vater hat mit großem Interesse und Fleiß die damalige Ausbildung aufgenommen. Durch die Ausbildung in Forst Zinna konnte mein Vater nicht mehr an jedem Wochenende nach Hause kommen, wie das vorher möglich war. Manche Ausbildungseinheiten wurden auch bis abends und an den Wochenenden absolviert, und aus diesem Grund musste man dort in der Verwaltungsakademie bleiben. Es herrschte dort ein sehr strenges Regime. Die Ausbildung muss sehr gut gewesen sein, und man konnte sehr viel lernen. Aber die stalinistischen Belange waren im Verhalten und auch in der erwarteten Disziplin gerade auch von den Studenten nicht zu übersehen. Diese Zeit war in der DDR von der Sowjetunion und deren stalinistische Führung geprägt. Bei vielen führenden Kadern der späteren DDR, die sich manche stalinistische Methoden zu eigen machten, war dies nicht zu verkennen. Besonders auf ideologischem Gebiet kam dies stark zum Ausdruck. Die Studenten mussten damals bei ihrer Rückreise oder Heimreise von ihrem Heimatort noch Pflichtgespräche oder Unterhaltungen mit Menschen führen. Dies war ihnen vorgeschrieben worden, und daraus waren eindeutig die noch vorhandenen stalinistischen Methoden bei dieser Einrichtung ebenfalls zu erkennen. Mein Vater wollte trotz allem diese Ausbildung, für die er ausgewählt worden war, erfolgreich abschließen.

Leider wurden die Hörprobleme, die durch die Folgen des Zweiten Weltkrieges bei ihm entstanden sind, immer schlimmer. Er konnte das, was die Lehrkräfte in Vorlesungen vorgetragen hatten, durch seine Hörprobleme nicht mehr ausreichend hören. In der DDR gab es damals keine solchen Hörgeräte, damit er das Gesprochene von Vorlesungen hören konnte. In den Ausführungen seines bereits verstorbenen früheren Mitarbeiters bei der Kreisparkasse Gotha, Hans Tschernitz, die Dieser am 30. Mai 1994 anfertigte, ist Folgendes zur Hörproblematik – bezogen auf die damalige Zeit – zu entnehmen:

„Nach Antritt des Dienstes von Herrn Walter Märtin in Friedrichroda wurde mir und den anderen Mitarbeitern bewußt, dass sich Herr Märtin im Kriege einen Gehörschaden zugezogen hatte, der im Laufe der Zeit weiter zunahm. Herr Märtin hat anfänglich wegen dieser Behinderung Ärzte für Allgemeine Medizin in Friedrichroda aufgesucht und dann später verschiedene HNO-Fachärzte bzw. Spezialisten. Er hatte davon erfahren, dass im Gebiet der früheren BRD Gehörschäden operativ behoben werden. In der ehemaligen DDR fehlten nach dem ihm erteilten medizinischen Auskünften, u. a. der Universitätschirurgie Berlin und der Uniklinik Jena, noch die mikroskopischen Voraussetzungen. Er hatte Probleme bei der Ausübung von Leitungs- und Revisionstätigkeiten, auch deshalb, weil es in der ehemaligen DDR bis Mitte der 1950er Jahre noch keine brauchbaren elektrischen Hörgeräte gab. Die dann in der zweiten Hälfte 1951 hier möglich gewordene Operation brachte leider keinen Erfolg. Er konnte jedoch dann – damals für uns illegal –

a) ein mit Taschenlampenbatterien und dann mit

b) ein elektrisches Hörgerät in West-Berlin beschaffen. ....

Um sein Studium evtl. fortsetzen zu können, blieb ihm nur eine Wahl einer Höroperation. So nahm er in dieser Richtung die notwendigen Versuche, für die noch Nachweise beigebracht werden mussten, auf, die nachfolgend noch dokumentiert werden können:

Schreiben der Sozialversicherungskasse Gotha an meine Mutter:

„19.07.1950

Hörapparat Ihres Ehemannes

Wir nehmen Bezug auf Ihr Schreiben vom 17.07.1950 und teilen Ihnen mit, dass eine Kostenübernahme des verauslagten Hörapparates erst dann erfolgen kann, wenn ein fachärztliches Gutachten vorliegt. Eine Begutachtung eines praktischen Arztes ist in diesem Fall nicht ausreichend. Wir bitten Sie deshalb um Zusendung eines entsprechenden Attestes eines Ohrenarztes.

Hauptabteilung VIII
gez. Haucke"

„Universitäts-Hals-, Nasen- und Ohrenklinik und Poliklinik, Charité Berlin
Berlin, Luisenstraße 11-13

Sehr geehrter Herr Märtin,

auf Ihre Anfrage vom 14.04.1951 teile ich Ihnen mit, dass die Operationsmöglichkeit für Sie evtl. gegeben ist. Zur Entscheidung über die Frage, ob Ihr Leiden für dieses operative Verfahren in Frage kommt, bitten wir Sie, sich an einem Wochentag vorm. zwischen 09:00 und 11:00 Uhr in unserer Klinik einzufinden und sich unter Vorlage dieses Schreibens bei Frl. Dr. Stöppler vorzustellen.
Dr. Becks
Assistent der Klinik

Dr. med. habil. F. Moser
Chefarzt der Städt. Hals-, Nasen-, Ohren-Klinik Erfurt"

“06.08.1951

Sehr geehrter Herr Märtin,

im Auftrage von Herrn Chefarzt Dr. Moser teile ich Ihnen mit, dass in unserer Abteilung, Gartenstraße 2 (früher Bethesda) für den 19.06.1951 für Sie zur Operation ein Bett reserviert ist. In der Anlage den Antrag auf Krankenhausaufnahme, den Sie von der SVK abstempeln lassen müssen, ferner sind die Abmeldung der Lebensmittelkarte für Gemeinschaftsverpflegung und Bettwäsche erforderlich. Sollte Ihnen dieser Termin nicht passen, bitten wir um rechtzeitige Benachrichtigung, damit wir über das Bett gleich weiter verfügen können.

Mit besten Grüßen

Lobstadt
Sekretärin“

Wie erwähnt, wurde zwar die Operation in Erfurt zum festgelegten Tag durchgeführt, aber es konnte kein positives Ergebnis durch diese Operation erreicht werden.

Mein Vater sah aufgrund der erheblichen Gesundheitsbeeinträchtigungen und der schwerwiegenden Hörprobleme keine Möglichkeit mehr, sein Studium an der Verwaltungsakademie in Forst Zinna fortsetzen zu können, und er schrieb am 20. September 1950 an Herrn Müller vom Sparkassenverband Thüringen einen Brief in dieser Angelegenheit. Daraufhin bekam er mit Datum vom 25. September 1950 aus Weimar vom Sparkassenverband Thüringen folgendes Schreiben an die aktuelle Anschrift seines Studienorts, an die Deutsche Verwaltungsakademie “Walter Ulbricht" Forst Zinna:

„Werter Kollege Märtin!

Ich habe von dem nicht gerade erfreulichen Inhalt Ihres Briefes vom 20. dieses Monats Kenntnis genommen und bedaure Ihr Mißgeschick außerordentlich. Selbstverständlich haben Sie bei uns entsprechende Entwicklungsmöglichkeiten. Ich würde Ihnen vorschlagen, bei Abbruch Ihres Studiums sich zunächst einmal persönlich mit mir in Verbindung zu setzen, damit wir Ihre weitere Verwendung besprechen können.
Für Ihre Mitteilungen über das Leben in der Deutschen Verwaltungsakademie danke ich Ihnen und werde Ihre Zeilen gelegentlich werbend für künftige Studienkandidaten auswerten.

Indem ich Ihnen bis zur Beendigung des Studiums nicht zu große Schwierigkeiten wünsche, erwarte ich Ihren Besuch.

Hochachtungsvoll
Rudolf Müller"

Mein Vater hat aus den genannten Gründen sein Studium beenden müssen und danach, wie vorgesehen, ein Gespräch mit dem Verbandsdirektor des Sparkassenverbandes Thüringen, Herrn Müller geführt. Im Ergebnis dieses Gesprächs bekam er am 23. Oktober 1950 folgendes Schreiben:

„Ihr Arbeitsverhältnis

Unter Bezugnahme auf die mit Ihnen hier im Verband geführte Unterredung bitten wir Sie, uns möglichst umgehend mitzuteilen, inwieweit ihr Gesundheitszustand einen anderweitigen Einsatz zulässt. Wir hatten Ihre Verwendung bis zur Rückkehr des Herrn Minuth vom Lehrgang zurückgestellt.

Sparkassenverband Thüringen
Müller
Verbandsdirektor"

Mit Schreiben vom 28. November 1950 an den Sparkassenverband Thüringen hat mein Vater folgendes Antwortschreiben auf das Schreiben des Sparkassenverbandes Thüringen vom 23. Oktober 1950 geschrieben:

„Betr.: Ihr Schreiben vom 23.11.1950

Unter höflicher Bezugnahme auf Ihre obige Anfrage teile ich Ihnen mit, dass mein Gesundheitszustand einen anderweitigen Einsatz zulässt. Ich bitte Sie jedoch, wenn möglich, mich bis zum 30.01.1951 in meiner jetzigen Tätigkeit (Revisions-Abteilung) zu belassen, hierdurch hätte ich Gelegenheit, praktisch an der Aufstellung des Jahresabschlusses mitzuarbeiten, was mir in meiner weiteren beruflichen Arbeit sehr zu statten kommen würde. Ab 1. Februar nächsten Jahres würde ich Ihnen dann zur Verfügung stehen.

Ich bitte Sie, mir Ihre Entscheidung mitzuteilen.

Hochachtungsvoll

Walter Märtin“

Dazu schrieb mein Vater, dass es ursprünglich wie folgt angedacht war:

„Ich sollte zunächst Revisionsgruppenleiter beim Verband werden und wollte evtl. noch den Jahresabschluss in Gotha fertig machen und prüfen. Die bestehende Gesundheitsmission bezüglich der Operation des Gehörs sollte ich deshalb vornehmen.“

Mein Vater hat dann seine berufliche Tätigkeit in der Hauptstelle Gotha der Kreisparkasse Gotha als Innenrevisor bis zum 10. Oktober 1951 weitergeführt.

Am 5. Februar 1951 hat der Sparkassenverband Thüringen schon mitgeteilt, dass er zukünftig die Funktion als Stellvertretender Sparkassenleiter der Kreissparkasse Heiligenstadt übernehmen sollte.

Unter Beachtung einer aktuellen Operation und in Vorbereitung des vorgesehenen neuen Einsatzes in der Kreissparkasse Heiligenstadt schrieb mein Vater mit Schreiben vom 27. August 1951 nachfolgendes Schreiben an den Sparkassenverband Thüringen:

„Betr.: Heiligenstadt

In Beantwortung Ihres Schreibens vom 20. des Monats teile ich Ihnen mit, dass ich meinen Dienst vor Ablauf der vorgesehenen Schonzeit wieder aufnehmen konnte. Eine Reise nach Heiligenstadt wäre mir daher möglich. Betreffs Einladung an der am 7. und 8.9. stattfindenden Schulung beim Sparkassenverband möchte ich Sie jedoch bitten, mich dieses Mal nochmals von der Schulung zu befreien. Die zweitägige Tagung würde nach der eben überstandenen Kopfoperation für mich noch etwas anstrengend werden. Die mir mitgeteilten Literaturangaben werde ich selbstverständlich zum Selbststudium benutzen.

Für Ihre guten Wünsche danke ich Ihnen. Ihren weiteren Nachrichten sehe ich entgegen.

Hochachtungsvoll

Walter Märtin“

In Vorbereitung der am 11. Oktober 1951 in der Kreisparkasse Heiligenstadt begonnenen neuen Tätigkeit erhielt mein Vater am 10. Oktober 1951 von seinem bisherigen Tätigkeitsbereich der Kreissparkasse Gotha nachfolgendes Zeugnis für seine bisherige berufliche Tätigkeit in dem Verantwortungsbereich des Kreises Gotha.

„Gotha, 10.10.1951

Zeugnis

Kollege Walter Märtin – geb. 23.10.1918 – wohnhaft in Friedrichroda, Bachstr. 21, trat am 20.03.1935 als Lehrling in unser Institut ein. Infolge seiner bereits als Lehrling gezeigten guten Leistungen und einwandfreier Führung konnte die ursprünglich auf 3 Jahre festgesetzte Lehrzeit bereits am 30.09.1937 beendet werden. Ab 01.10.1937 ist Kollege Märtin als Planangestellter übernommen worden und seit dieser Zeit ununterbrochen – mit Ausnahme seiner Militärdienstleistung – im Sparkassensektor in allen vorkommenden Zweigen tätig. Mit bestem Erfolg wurde er auf Grund seiner sehr guten fachlichen Grundlage in der Innenrevision der Hauptzweigstelle Gotha eingesetzt. Vorher leitete er unsere Hauptzweigstelle in Friedrichroda zu unserer vollsten Zufriedenheit. Neben seiner guten fachlichen Eignung ist auch seine besondere Qualifikation auf gesellschaftlichem Gebiet hervorzuheben. Märtin ist ein im Kollegenkreis geachteter und beliebter Mitarbeiter, der es in ausgezeichneter Weise versteht, den richtigen Kontakt zwischen Betriebsleitung und Belegschaft herzustellen. Sein nimmermüder Arbeitseifer sowie sein ehrliches, offenes Auftreten zeichnen ihn als einen Kollegen aus, von dem wir uns nur ungern trennen. Seine Einstellung gegenüber den Belangen der neuen Zeit ist in jeder Hinsicht als äußerst positiv zu bezeichnen. Mit Wirkung vom 10.10.1951 scheidet Kollege Märtin auf Veranlassung des Sparkassenverbandes aus unseren Diensten aus, um die Dienststellung des Stellvertretenden Leiters bei der Kreissparkasse Heiligenstadt zu übernehmen.

Kreissparkasse Gotha

Der Vorsitzende der Verwaltung“ — Der Sparkassendirektor

Damit hat mein Vater seine Tätigkeit in Heiligenstadt begonnen. Er hat hierbei wieder sehr viel Fleiß und Arbeitseifer gezeigt. Trotz seiner

Bemühungen, um eine Wohnung zu bekommen, hat er in Heiligenstadt für sich bzw. für uns als Familie keine Wohnung bekommen. Als Nachweis des Bemühens nach einer Wohnung werden folgende noch vorliegende Nachweise gegeben:

„Der Kreisrat des Landkreises Worbis in Heiligenstadt, Abt. Wohnungswesen

Heiligenstadt, den 15. November 1951

Betr.: Ihre Wohnungsangelegenheit
Bezug: Ihr Schreiben vom 24.10.1951

Wegen Ihres o. a. Schreibens haben wir uns mit dem Stadtwohnungsamt in Verbindung gesetzt und die Mitteilung erhalten, dass Ihr Antrag in die Wohnungssuchenden-Liste eingetragen wurde und Sie im I. Quartal 1952 berücksichtigt werden.

Wir bitten um Kenntnisnahme!“

Da mein Vater trotz der Zusage, im I. Quartal 1952 eine Wohnung in Heiligenstadt bzw. im dortigen Umkreis zu bekommen, hat der Sparkassenverband Thüringen nachfolgendes Schreiben an den Landrat des Landkreises Worbis nach Heiligenstadt gerichtet:

„17. April 1952

Ihre Wohnungsfrage

Werter Kollege Märtin!

Die Anfrage der Kreissparkasse Worbis in Heiligenstadt vom 27.03.1952 wegen Ihrer Trennungsentschädigung nahmen wir zum Anlaß, um beim Landrat des Landkreises Worbis wegen der Zuweisung einer Wohnung für Sie vorstellig zu werden. Die erhaltene Mitteilung geben wir Ihnen anliegend zur Kenntnis und bitten Sie, Ihrerseits alles zu tun, damit Sie möglichst bald in den Genuß einer Wohnung in Heiligenstadt kommen.

Sparkassenverband Thüringen“

Vom Landrat des Kreises Worbis erfolgte nachfolgendes Antwortschreiben an den Sparkassenverband Thüringen:

„Betr.: Wohnungsangelegenheit des stellvertretenden Leiters der Kreissparkasse Worbis in Heiligenstadt

Koll. Märtin!

In Beantwortung Ihres o. g. Schreibens teile ich Ihnen mit, dass mir die Wohnungsverhältnisse des Kollegen Märtin bekannt sind. Wenn Sie schreiben, dass auch mir viel daran gelegen sein musste, dass diese Frage schnellstens geklärt wird, so stimme ich mit Ihnen vollkommen überein. Die Wohnungsverhältnisse in Heiligenstadt sind allerdings so schwierig, dass es uns bisher noch nicht möglich war, eine Wohnung für M. freizubekommen. Der Kollege Märtin wird in der Liste der Wohnungssuchenden unter „dringend" geführt. Sobald eine geeignete Wohnung frei wird, bekommt er diese zugewiesen.

Ich bedaure es sehr, Ihnen keine positive Mitteilung machen zu können, versichere aber, alles zu tun, damit diese Frage bald geklärt wird.

gez. i. A. Hans Teubert
Landratsamt des Landkreises Worbis“

Weil keine Wohnung zur Verfügung gestellt wurde und es von der Entfernungs- und der Kostenseite sowie auch der Anschlussmöglichkeiten meinen Vater nicht zugemutet werden konnte, täglich an allen Arbeitstagen von Heiligenstadt nach Friedrichroda und zurück mit dem Zug zu fahren, musste mein Vater, um überhaupt eine Unterkunft zu haben, nahezu zwei

Jahre fast nur auf dem Liegestuhl in der Kreissparkasse Heiligenstand übernachten.

Ich kann mich erinnern, dass wir als Kinder zusammen mit unserer Mutter meinem Vater meines Erachtens einige Male am Wochenende besucht haben. Er konnte, dann für uns eine Pensionsübernachtung sichern. Dadurch haben wir als Familie Heiligenstadt als Kinder bereits 1952 etwas kennengelernt und wir fanden es landschaftlich sehr schön.

Bereits 1952 hat mein Vater, wie er mir mitgeteilt hat und er dies selber so geschrieben hat, von der Partei in der DDR den Auftrag bekommen, eine selbständige Kreissparkasse im damals neu gebildeten Kreis Worbis als Leiter aufzubauen. Die Tätigkeit als Stellvertreter in der Kreisparkasse Heiligenstadt sollte der Vorbereitung für die Aufnahme dieser Tätigkeit dienen. Eigentlich hatte man ihn ursprünglich im Rahmen der Nachwuchsplanung dafür vorgesehen, Landessparkassenleiter für das gesamte Land Thüringen zu werden, aber durch seine eingetretene Behinderung, des erheblichen Hörschadens, musste von dem Verantwortlichen dann anders entschieden werden.

Vom 11. Oktober 1951 bis zum 30. November 1952 war mein Vater als Stellvertretender Leiter der Kreisparkasse Heiligenstadt tätig.

Vom 1. Dezember 1952 bis 1956 war er als Kreissparkassenleiter des Kreises Worbis wirksam, und ab 1956 wurde die Bezeichnung der Funktion des Kreissparkassenleiters in Direktor der Kreissparkasse umgewandelt. Bis zum 31. Oktober 1983, dem Beginn seiner Rente – und somit über 30 Jahre – hat er im Kreis Worbis die genannte Funktion ausgeübt. Nachfolgend wird auf die Tätigkeit meines Vaters ab Beginn der Tätigkeit als Sparkassenleiter des Kreises Worbis sowie als Direktor der Sparkasse des Kreises Worbis bis zum Ende der Berufstätigkeit am 31. Oktober 1983 und auch auf die gesellschaftliche Entwicklung und das gesellschaftliche Umfeld eingegangen.

13. Leben und Arbeit in der Sparkasse von 1952 bis 1983

Bevor ich zu meinem Vater über seine Zeit bei der Sparkasse ab Dezember 1952 bis zum Ende seiner Berufstätigkeit am 31. Oktober 1983 schreibe, gehe ich noch auf die Belange der historischen und politischen Entwicklung der DDR in dieser Zeit in bestimmtem Umfang ein.

Die hohen Reparationszahlungen an die Sowjetunion durch die DDR ergaben nicht geringe Probleme für die Aufrechterhaltung der Wirtschaft.

Außerdem bestanden noch immer erhebliche Auswirkungen durch die Folgen des Zweiten Weltkriegs. Die Nicht-Einladung sowie Nichtberücksichtigung der DDR bei der Entschuldung Deutschlands – im Vergleich zur in den damaligen Grenzen bestehenden damaligen Bundesrepublik Deutschland – bei der Londoner Schulden-Konferenz im Februar 1953 haben erhebliche Schwierigkeiten für die aus der Sowjetischen Besatzungsorgane entstandene DDR gebracht.

Viele Wirtschaftsgrundlagen bestanden dadurch in der DDR nicht mehr. In nicht geringem Umfang sind in Westdeutschland durch die Unterstützung der Westmächte Kredite zum Wiederaufbau Westdeutschlands in die damalige alte Bundesrepublik geflossen. Nur ca. 2 Prozent und somit sehr geringe Reparationszahlungen an die Sowjetunion sind von den westlichen Zonen Deutschlands bzw. der alten Bundesrepublik für das gesamte Deutschland gezahlt worden. Die Sowjetische Besatzungszone und die ab dem 7. Oktober 1949 aus dieser hervor gegangene DDR hat nahezu alle Reparationsleistungen, wie, bereits beschrieben, zu ca. 98 Prozent der gesamten deutschen Verpflichtungen an die damalige Sowjetunion übernehmen müssen.

Die deutsche Wirtschaftsjournalistin und Publizistin Ulrike Herrmann (geb. 1964 in Hamburg) schreibt in ihrem Buch „Deutschland, ein Wirtschaftsmärchen. Warum es kein Wunder ist, dass wir reich geworden sind", veröffentlicht im Westend-Verlag 2019, zu den Reparationen, die damals von der Sowjetischen Besatzungszone bzw. der DDR im genannten Umfang für das gesamte Deutschland gezahlt wurden, u. a.

„...

Bis zum Frühjahr 1948 wurden insgesamt 3.400 Betriebe in Ostdeutschland abgebaut.

.... Zudem wurde etwa die Hälfte der Eisenbahnschienen entfernt. Selbst Hauptstrecken waren danach nur noch eingleisig, was den Verkehr auf Jahre behindern sollte. Das Gesamtergebnis war katastrophal. 1948 waren in der Ostzone nur noch 74,3 Prozent der Industriekapazität von 1936 übrig. ...."

Auch die westlichen Länder außerhalb Deutschlands, ohne die westlichen Besatzungszonen in der alten Bundesrepublik zu beachten, sind, wenn man Großbritannien nicht einbezieht, kaum im Laufe des Zweiten Weltkriegs so zerstört worden.

Dadurch waren sehr ungleiche wirtschaftliche Ausgangsvoraussetzungen zwischen beiden deutschen Staaten vorhanden. Im Ergebnis der Wirkungen des Marshall-Plans und der übrigen Hilfe der USA und der anderen alliierten Westmächte, die die DDR – auch wegen des Verbots durch Stalin –, wie bereits erwähnt, nicht hatte, wurden weitere Voraussetzungen der wirtschaftlichen Ungleichheit geschaffen. Dies lag insbesondere daran, dass die Sowjetunion gegenüber den westlichen Ländern nicht die Wirtschaftskraft besaß.

Die Sowjetunion musste an den Folgen des Zweiten Weltkriegs bei 27 Millionen Toten dieses Krieges, die alleine die Sowjetunion zu beklagen hatte, besonders auch wirtschaftlich leiden. Die Anzahl der Opfer der Sowjetunion des Zweiten Weltkriegs entsprechen im Vergleich mehr als 28 Prozent der gegenwärtigen Bevölkerung Russlands. Deshalb waren die Voraussetzungen für die wirtschaftliche Unterstützung der DDR durch die Sowjetunion nicht gegeben.

Es ist zu bemerken, dass die Gebiete Ostdeutschlands vor dem Zweiten Weltkrieg – bezogen auf eine vergleichbare Wirtschaft – eine durchschnittlich relativ höhere Wirtschaftskraft als die Gebiete Westdeutschlands aufwiesen. Damit lagen die Ausgangsursachen für die ungleiche Entwicklung nicht nur in der Wirtschaftskraft nach dem Zweiten Weltkrieg begründet.

Die möglichen geschilderten unterschiedlichen Ausgangsbedingungen waren neben der Einführung der Sozialen Marktwirtschaft auf dem Gebiet der alten Bundesländer der Hauptgrund für die sich abzeichnende gute Wirtschaftsentwicklung in der alten Bundesrepublik durch die Einführung des Grundgesetzes in den westdeutschen Besatzungszonen und in West-Berlin ab dem 23. Mai 1949.

Dadurch bestanden bessere Ausgangsbedingungen und erheblich günstigere Voraussetzungen für die damals im zunehmen Maße ansteigende wirtschaftliche Entwicklung in der alten Bundesrepublik. Es wurde damit eine Grundlage für das sogenannte „Wirtschaftswunder“ in der alten Bundesrepublik geschaffen.

Diese ungleichen Gegebenheiten in der Wirtschaftskraft beider deutscher Staaten bekamen natürlich auch viele Menschen in der DDR bzw. in der früheren Sowjetischen Besatzungszone mit. Die unterschiedlichen Ausgangsbedingungen wurden von vielen Menschen der DDR aus meiner Sicht nicht ausreichend gesehen oder gewürdigt. Sie sahen immer die nicht geringen Versorgungsprobleme, das Noch-Vorhanden-Sein von Lebensmittelkarten in der DDR bis 1958, die in den westdeutschen Besatzungszonen und in West-Berlin mit Einführung der D-Mark ab der dritten Dekade des Monats Juni 1948 schon längst abgeschafft werden konnten, weil durch diese Maßnahme dort eine Versorgungsknappheit nicht mehr bestand.

Den erheblichen Rückstand in der wirtschaftlichen Entwicklung der DDR zur Bundesrepublik Deutschland wollte man durch verstärkte Normen und andere Vorgaben weiter verringern. Es wurde diesbezüglich ein harter Kurs gegen die Bevölkerung der DDR gefahren. Das betraf besonders Diejenigen, die nicht so mitmachten wollten, wie es die DDR-Führung verlangte.

Walter Ulbricht erwies sich in dieser Zeit als harter Einpeitscher. Selbst der damaligen sowjetischen Führung, die nach dem Tod von Stalin, der am 05.03.1953 starb, bestand, ging dies zu weit. Diese Mitglieder der nach dem Tod von Stalin bestandenen sowjetischen Staatsführung ermahnten die damalige DDR-Führung, ihren harten Kurs gegen die Bevölkerung der DDR, der zu Gunsten der vorgesehenen wirtschaftlichen Entwicklung erfolgen sollte, im eigenen Land zu ändern, da die Bevölkerung der DDR für diese harten Maßnahmen noch nicht soweit wäre.

Die Erhöhung der Leistungsnormen stieß bei einer Reihe von Menschen in der DDR, die sofort eine bessere Versorgung und einen höheren Lebensstandard wollten, auf nicht geringen Widerstand. Auch durch die noch weiter bestandene stalinistische Doktrin in der DDR und ihre Auswirkungen hatte eine nicht geringe Anzahl von Menschen in der damaligen DDR auch politische Forderungen und Änderungswünsche. Sie verstanden die erheblich unterschiedlichen Wirtschaftsergebnisse der DDR gegenüber der alten Bundesrepublik Deutschland nicht mehr und beachteten aus meiner Sicht damit nicht immer ausreichend die verschiedenen Ausgangsgegebenheiten in beiden deutschen Staaten.

Am 5. März 1953 bestand durch den plötzlichen Tod des bis dahin herrschenden sowjetischen Staatsführers Stalin und da er keine Regelungen zu seiner Nachfolge vorbereitet und festgelegt hatte, ein erhebliches Machtvakuum in der Sowjetunion und dadurch auch in der DDR. Die Wirkung auf die DDR war dadurch gegeben, da die sowjetische Staatsführung, trotz des Entstehens der DDR ab dem 7. Oktober 1949, noch immer die letztliche Führung sowie führende Rolle auch im Jahr 1953 ausübte.

In der Ausgabe 24/1983 der Zeitschrift „Der Spiegel" vom 13. Juni 1983 wurde unter der Überschrift „Berija wollte die DDR liquidieren“ vom “Spiegel“-Redakteur Heinz Höhne die politische Situation in der DDR im Juni 1953 vor dem Aufstand am 17. Juni 1953 dargestellt:

„...
Seit dem Tod Josef Stalins im März 1953 hatte die neue Machtgruppe im Kreml um den Ministerpräsidenten Georgij Malenkow (1902 – 1982) und dem Polizeiminister Lawrentij Berija (1899 – 1953) keine Gelegenheit ungenutzt gelassen, Distanz zum Ulbricht-Regime zu bekunden. Wiederholt war der SED-Chef von Stalins Erben ermahnt wurden, die Politik des verschärften Klassenkampfes zu mildern und die wachsende Mißstimmung der Bevölkerung durch Kurskorrekturen abzubauen.

Als sich Ulbricht dem sowjetischen Rat versagte, verloren die Genossen in Moskau schließlich die Geduld: Am 3. Juni (1953) erschien in Ost-Berlin der Berija-Vertraute Wladimir Semjonow (1911 – 1992) als sowjetischer Hochkommissar und diktierte dem SED-Politbüro einen Kurswechsel auf, der alles in Frage stellte, was in der DDR unter dem Stichwort „Aufbau des Sozialismus" praktiziert worden war.

Semjonows „neuer Kurs" verlangte den deutschen Genossen nicht nur weitgehende Konzessionen an bürgerliche Bevölkerungsschichten ab, sondern auch ein Reuebekenntnis von dem ganzen Staatsvolk. Im „Neuen Deutschland", dem zentralen Parteiblatt, stand es dann am 11. Juni (1954) als Politbüro-Erkenntnis: SED und Regierung hätten „in der Vergangenheit eine Reihe von Fehlern" begangen.

Dass dies alles gegen Ulbricht ging, hatte Semjonow schon bei seiner ersten Begegnung mit dem Politbüro offenbart. Plötzlich sagte er lächelnd ohne jede Vorwarnung: „Wir möchten dem Genossen Ulbricht raten, seinen 60. Geburtstag so zu feiern wie der Genosse Lenin seinen 50." Jeder der Anwesenden wusste, dass eine Sonderkommission der SED seit Monaten zu Ulbrichts Geburtstag am 30. Juni Jubelfeiern im ganzen Land vorbereitete, die Erinnerungen an den Stalinschen Personenkult weckten. Wie habe denn nun Lenin seinen Geburtstag gefeiert, wollte ein SED-Mann von dem Hochkommissar wissen. Semjonow: „Genosse Lenin lud zum Abend ein paar Gäste." Die Ulbricht-Feiern wurden sofort abgesagt. Das konnte jedoch Ulbricht in Semjonows Optik nicht mehr retten. Denn: Schon vor dessen Gegenspieler im Politbüro, der Berija-Konfident Rudolf Herrnstadt (1903 –

1966), Chefredakteur des "Neuen Deutschland", von den Russen beauftragt, ein neues Politbüro zusammenzustellen und eine politische Plattform für eine SED ohne Ulbricht auszuarbeiten.

Herrnstadt zog noch einen anderen Berija-Mann hinzu: Wilhelm Zaisser (1893 – 1958), den Staatssicherheitsminister der DDR. Gemeinsam formulierten sie ein Programm, das sie im Politbüro unter Ulbricht-Gegnern zirkulieren ließen.

Als Spitzengenossen das Herrnstadt-Zaisser-Papier zu Gesicht bekamen, dämmerte ihnen, dass es nicht nur um Ulbrichts Sturz ging. Hier war mehr im Spiel: Moskau bot den Westmächten praktisch die DDR als Verhandlungsobjekt an – als Preis für die Schaffung eines neutralisierten Gesamtdeutschland, als Faustpfand für absolute Ruhe an den Westgrenzen der Sowjet-Union.

Jetzt begriffen die eingeweihten Genossen: Berija, Semjonow, Herrnstadt, Zaisser – diese Namen markierten einen neuen Deutschlandkurs Moskaus.

....

Doch Wladimir Semjonow und seine Auftraggeber in Moskau erhielten nie Gelegenheit, ihr Konzept zu erproben. Noch suchte Herrnstadt Männer für ein neues Politbüro, da traten aufrührerische Bauarbeiter auf der Stalinallee in Ost- Berlin ahnungslos dazwischen: Der Arbeiteraufstand des 17. Juni 1953 ruinierte alle Ansätze zu einer neuen Deutschland– und Europapolitik Moskaus. ...."

Man muss auch beachten, dass die DDR in dieser Zeit angesichts der geschilderten Ereignisse durch die sowjetische Führung praktisch führungslos war und auch dadurch keine richtigen Reaktionen auf manche berechtigen Vorwürfe von einer DDR-Führung erfolgen konnten.

Bei aller Berechtigung der Bauarbeiter, die manche Missstände in der DDR anprangerten, kam aus meiner Sichtweise die als „Volksaufstand“ bezeichnete Bewegung angesichts der turbulenten Ereignisse an diesem Tag in der ganzen DDR zur Unzeit. Man muss dabei bedenken, dass alles von der damaligen sowjetischen Führung für eine Änderung der politischen und wirtschaftlichen Verhältnisse in der DDR schon vorbereitet war und die Durchführung in den darauf folgenden Tagen erfolgen sollte.

Dadurch war es wieder nicht möglich, zu diesem aktuellen Zeitpunkt zur Einheit Deutschlands zu kommen. Man hätte dann eventuell Möglichkeiten für ein gemeinsames Deutschland nutzen können.

Unter Beachtung der eingetretenen tatsächlichen Ereignisse, die am 03. Oktober 1990 mit dem Beitritt der DDR zur Bundesrepublik Deutschland erfolgt sind und damit eher wirksam geworden wären, hätte eine schnellere Deutsche Einheit und gegenüber der dann ab 1990 vollzogenen Entwicklung wesentliche Vorteile für die davon betroffenen Menschen, insbesondere in der früheren DDR, gebracht. Bereits zu der Zeit im Jahre 1953 bestand die Möglichkeit, um ein gemeinsames Deutschland entstehen zu lassen. Manche der eingetretenen Missstände in der ab 1990 wirksamen deutschen Wiedervereinigung hätten nicht oder nicht in dem erheblichen Maße – wie eingetreten – entstehen brauchen.

Die Deutsche Einheit wurde 1953 auch damals verspielt, weil nunmehr sowjetische Panzer unter Berücksichtigung der konkreten Ereignisse dieses Tages zum Einsatz kamen. Mit 15 Divisionen hatten die sowjetischen Panzer ein leichtes Spiel und schlugen den unorganisierten, nicht geleiteten Aufstand nieder. Einige Führer des Aufstandes wurden erschossen, und andere fanden im Rahmen der Auseinandersetzungen den Tod. Bemerkt sei noch, dass man den Führern in der damaligen Sowjetunion die Liquidation der DDR und den kampflosen Übergang an die Westmächte vorwarf und die führenden leitenden Verantwortlichen in der sowjetischen Führung bestraft und Berija im gleichen Jahr am 23. Dezember 1953 sogar hingerichtet hat.

Die Ereignisse des 17. Juni 1953 hatten jedoch Folgen hinterlassen, denen sich die Führung der DDR nicht verschließen konnte. Den Kurs konnte man unter Berücksichtigung der erheblichen Proteste in der Bevölkerung der DDR so in dieser Form, wie ausgeübt, nicht mehr fortsetzen. Deshalb hat man die folgende Epoche als Politik des „neuen Kurses" bezeichnet. Die Hauptziele des Aufbaus des Sozialismus und der damit im Zusammenhang stehenden Maßnahmen, die die Parteiführung für richtig erachtet hat, hat man jedoch konsequent beibehalten. Man hat einige Maßnahmen damals festgelegt, die von den Menschen in der DDR oft nicht akzeptiert werden konnten. So hätte beispielsweise die Festlegung der neuen Lohngruppen dazu geführt, dass fast alle Menschen, die damals in der DDR Lohn erhielten, ca. 20 bis 30 Prozent Einkommensverluste hätten hinnehmen müssen.

Auch die so bezeichnete „Aktion Rose" hat erheblichen Unmut bei den damaligen Eigentümern von Ferieneinrichtungen ausgelöst. Die „Aktion Rose", die 1953 in Mecklenburg-Vorpommern durchgeführt wurde, führte dazu, dass die bisherigen Eigentümer ab Februar 1953 ihr Eigentum an den verschiedensten Ferieneinrichtungen an den DDR-Staat verloren haben.

Unter der Überschrift „1953: Enteignungswelle an der DDR-Ostseeküste“ veröffentlichte der Norddeutsche Rundfunk (NDR) am 9. Februar 2018 folgenden – auszugsweise zitierten Artikel:

„10. Februar 1953: 400 Volkspolizisten stürmen an der Ostseeküste der DDR Hotels, Pensionen und Restaurants. Bewaffnet mit Pistolen und ausgestattet mit Taschenlampen. Sie haben den Befehl, die Besitzer der Objekte zu vernehmen und gegebenenfalls festzunehmen. Die “Aktion Rose" beginnt.

....

Das tatsächliche Ziel der Durchsuchungen und Verhaftungen sind die privat betriebenen Feriendomizile auf Rügen, Usedom, in Warnemünde und Kühlungsborn in die volkswirtschaftlichen Strukturen der DDR zu überführen. Dem Freien Deutschen Gewerkschaftsbund (FDGB), der den Arbeitern des jungen sozialistischen Staates Urlaubsreisen vermittelt, sind die privaten Anbieter ein Dorn im Auge. In der staatlich gelenkten Presse wird gehetzt gegen die "Schieber" und "kriminellen Elemente" gegen eine “verfaulende kleinbürgerlich kapitalistische Schicht". Offiziell soll das "bürgerliche Privileg einer Urlaubsreise ersetzt werden durch die Idee ‘Urlaub für alle‘".

Inoffiziell heißt es in den Unterlagen des Ministeriums des Inneren der DDR: „Wir zerschlagen die noch vorhandenen Brutstätten des Imperialismus in der DDR. Unser Kampf richtet sich gegen die bürgerlich-reaktionären Kreise, die unseren Fortschritt hemmen, die durch ihre Machenschaften versuchen, die gestürzten Kräfte zu restaurieren, somit also die Errungenschaften der Arbeiterklasse sabotieren."

Seit Ende Januar (1953) haben Vorbereitungstrupps der Volkspolizei geeignete Objekte ausgeforscht. Haben sich als Bau- oder Sachverständige – ausgestattet mit Ausweisen des Rates des Kreises Rostock – Zugang zu den Hotels und Pensionen verschafft. Der Zugriff am 10. Februar (1953) soll überraschend erfolgen. Die Besitzer sollen keine Gelegenheit bekommen, mögliches Beweismaterial zu vernichten. ....

....

Doch wonach suchen die 400 Volkspolizisten? Sie durchwühlen die Vorratskammern der Hotels, Pensionen und Restaurants suchen nach "gehorteten" Lebensmitteln, nach Kaffee aus dem Westen. Sie beschlagnahmen die Gästebücher - vielleicht lässt sich darin etwas finden über die "Verfehlungen" der Gastgeber. Sie erschleichen sich das Vertrauen der Angestellten, um sie auszuhorchen. ....

Am 10. März 1953 – nach nur einem Monat – werden 440 Hotels, Pensionen und Restaurants in das Volkseigentum der DDR überführt, deren Besitzer enteignet. 447 von ihnen festgenommen. 408 unter Vorwänden in Schnellverfahren verurteilt, viele zwangsausgesiedelt wegen Steuerhinterziehung, illegalen Einführens von Westwaren, Preisvergehen. ....“

In Bereichen der DDR-Landwirtschaft waren die Abgabeverpflichtungen zu hoch, so dass fast alle Bauern die Verpflichtungen nicht schaffen konnten. Eine Nichterfüllung der Abgabeverpflichtungen wurde manchmal als Sabotage ausgelegt, und Diejenigen, die die vom Staat vorgegebenen Erfüllungsnormen nicht schafften, wurden oftmals entlassen. Es war unter diesen Bedingungen nicht einfach, der Bauernarbeit nachzugehen. Alle

Bauern, deren Besitz von landwirtschaftlicher Fläche über 100 ha betrug, wurden zwangsenteignet, weil man alle diese Bauern, die eine landwirtschaftliche Fläche in einer solchen Größe – insbesondere über 100 ha – besaßen, auch, egal, ob sie es waren, oder nicht, als Großgrundbesitzer bezeichnete. Man hatte bereits vor 1953 mit der Kollektivierung der Bauern begonnen. Durch die Ereignisse des 17. Juni 1953 kam es auch bei den Bauern zu erheblichen Widersprüchen, und einige Bauern haben sich vom Zwang zur Kollektivierung befreit. Die DDR-Führung hat deshalb die Abgabeverpflichtungen verringert und auf manche andere Forderungen an die Bauern in der DDR verzichtet. Man ging auch darauf ein, dass finanzielle Forderungen an die Bauern entweder erlassen oder gestundet wurden. Im September 1953 wurde in Anbetracht der im erheblichen Maße brachliegenden Flächen und der immer noch nicht ausreichend gesicherten Versorgung beschlossen, der Kollektivierung in der DDR Vorrang zu geben.

Nachfolgend werden einige wichtige aus dem Internet-Lexikon Wikipedia entnommene Ereignisse in der weiteren Entwicklung der DDR von 1954 bis 1960 genannt.

1954

Zum 1. Januar wurden die Betriebe, die bisher der Sowjetischen Aktiengesellschaft (SAG) zugeordnet wurden, in Volkseigentum übertragen. Nur die Wismut gehörte noch zur SAG.

Johannes R. Becher (1891 – 1958) wurde im Januar 1954 DDR-Minister für Kultur.

Vom 30. März 1954 bis zum 4. April 1954 fand der IV. Parteitag der SED statt.

Vom 5. bis zum 7. Juni 1954 fand in Berlin das 2. Deutschland-Treffen statt.

1955

Ab dem 10. Januar 1955 müssen Westdeutsche, die sich in der DDR aufhalten, mit Westgeld im Verhältnis von 1:1 bezahlen.

Am 25. Januar 1955 erklärte die Sowjetunion den Kriegszustand mit Deutschland für beendet.

Ab dem 14. Mai 1955 wurde die DDR Mitglied des Militärbündnisses „Warschauer Pakt“.

Das ZK der SED verabschiedete am 10. Juni 1955 ein 10-Punkte-Programm zur Wiedervereinigung Deutschlands.

Am 26. Juni 1955 lehnte Nikita Chruschtschow in Ost-Berlin eine Wiedervereinigung ab und favorisiert die Zwei-Staaten-Theorie.

Am 20. September 1955 wurde die volle Souveränität der DDR erklärt und ein Beistandsvertrag mit der DDR abgeschlossen, Ein sowjetisches Hochkommissariat besteht seitdem nicht mehr.

Auf seiner 25. Tagung des ZK der SED am 27. Oktober 1955 wurde eine Staatsbeteiligung an Privatunternehmen zugrunde gelegt.

Am 29. November 1955 erklärte die Sowjetunion als Alliierter, dass der sowjetische Sektor Berlins (Ost-Berlin) Bestandteil der DDR sei. Dies wurde von den West-Alliierten zurückgewiesen.

1956

Ab dem 1. Januar 1956 galt der zweite 5–Jahres–Plan in der DDR.

Am 18. Januar 1956 wurde eine Aufstellung einer Nationalen Volksarmee (NVA) beschlossen.

Vom 14. bis zum 25. Februar 1956 wurde in Moskau der XX. Parteitag der KPdSU der Sowjetunion abgehalten. Dort hielt Nikita Chruschtschow seine berühmte Geheimrede, und damit wurde der Beginn der Entstalinisierung beschlossen.

Am 1. März 1956 wurde das Ministerium für Nationale Verteidigung gegründet, und aus der bisherigen Kasernierten Volkspolizei (KVP) wurde die Nationale Volksarmee gebildet.

Die achtklassige Grundschule wurde am 18. März 1956 in die zehnklassige Polytechnische Oberschule (POS) umgewandelt.

Ab Juni 1956 wurden im Zuge der Entstalinisierung 25.000 Häftlinge entlassen.

Auf der 28. Tagung der ZK der SED vom 27. bis zum 29. Juli 1956 wurde die „Dogmatisierung" kritisiert und führende Genossen, denen „Dogmatisierung“ vorgeworfen wurde, wurden rehabilitiert.

Bertolt Brecht starb am 14. August 1956 in Berlin.

Bis zum 20. September 1956 haben bis dahin 1,72 Millionen Menschen die DDR verlassen.

Der Volksaufstand in Ungarn wurde am 24. Oktober 1956 durch sowjetische Truppen niedergeschlagen, worauf ca. 120.000 Menschen Ungarn insbesondere Richtung Österreich verließen, und es wurden führende Intellektuelle der DDR der Bildung einer staatsfeindlichen Gruppe bezichtigt und zu Freiheitsstrafen verurteilt. Dies betraf u.a. den Philosophen und Journalisten Prof. Wolfgang Harich (1923 – 1995), den Dramaturgen und Verleger sowie ehemaligen Leiter des Berliner Aufbau-Verlags, Walter Janka (1914 – 1994), Gustav Jost usw.

1957

Vom 30. Januar 1957 bis zum 1. Februar 1957 fand das 30. Plenum des ZK der SED statt. Es wurde eine neue Deutschland-Konzeption vorgelegt, in der von einer Konföderation beider deutscher Staaten ausgegangen wurde.

Am 28.April wurde der Deutsche Turn- und Sportbund (DTSB) als Massenorganisation der DDR gegründet.

Die Sowjetunion startete am 4. Oktober 1957 den ersten Weltraumsatelliten „Sputnik 1" (deutsch: „Trabant“ bzw. „Satellit“).

Die Amtszeit des Präsidenten der DDR, Wilhelm Pieck, wurde um weitere 4 Jahre verlängert.

Am 7. November 1957 lief im VEB Sachsenring Zwickau der erste Pkw „Trabant“ (der „Begleiter“) vom Band, am 30. April 1991 der letzte „Trabant“.

Am 11. Dezember 1957 wurde ein neues Passgesetz für die DDR beschlossen. Eine Flucht aus der DDR wurde als „Republikflucht" bezeichnet und als kriminell verfolgt.

1958

Erich Honecker (1912 – 1994) wurde am 03. Februar 1958 Mitglied des Politbüros und des Sekretariats des ZK der SED. Ihre Funktionen im Politbüro verloren aufgrund von Säuberungen Karl Schirdewan (1907 – 1998), Ernst Wollweber (1898 – 1967), Fred Oelßner (1903 – 1977) und Andere.

Am 11. Februar 1958 wurde die „Staatliche Plankommission" gebildet. Deshalb bestand der „Wirtschaftsrat" nicht mehr.

Am 29. Mai 1958 wurden die Lebensmittelkarten in der DDR abgeschafft.

Vom 10. bis 16 Juli fand der V. Parteitag der SED statt. Es sollte die Zielstellung erreicht werden, dass bis 1961 der Lebensstandard der Bundesrepublik übertroffen wurde. Die „zehn Gebote der sozialistischen Moral und Ethik" wurden verkündet.

Walter Ulbricht erklärte am 27. Oktober 1958 Ost-Berlin zur DDR zugehörig.

Nikita Chruschtschow forderte am 10. November 1958 die Revision des „Berliner Abkommens“. Damit beginnt die „Berlin-Krise“.

Am 16. November 1958 fanden in der DDR Wahlen zur Volkskammer statt.

Am 8. Dezember 1958 wurde die Länderkammer der DDR aufgelöst und Otto Grotewohl als Ministerpräsident wiedergewählt.

1959

Am 24. und 25. April 1959 fand die 1. Bitterfelder Konferenz über kulturpolitische Probleme statt.

Vom 11. Mai 1959 bis zum 20. Juni 1959 und vom 13. Juli 1959 bis zum 05. August 1959 fand in Genf eine Außenministerkonferenz der „vier Mächte" statt. An ihr nahmen Delegationen aus beiden deutschen Staaten als Beobachter teil.

Am 3. Juni 1959 wurde das „Gesetz über landwirtschaftliche Produktions-Genossenschaften“ (LPG) verabschiedet. Damit wurde die endgültige Kollektivierung in der Landwirtschaft begonnen.

Am 1. Oktober wurde der Sieben-Jahres-Plan erarbeitet.

Am 1. Oktober 1959 wurde das „Gesetz zur Änderung der Staatsflagge" beschlossen. Die Fahne zeigte jetzt als Wappen Hammer und Zirkel im Ährenkranz auf schwarz- rot-goldenem Hintergrund.

Am 22. November lief im Deutschen Fernsehfunk die 1. Folge von „Unser Sandmännchen".

1960

Am 14. April 1960 wurde die Kollektivierung der Landwirtschaft für abgeschlossen erklärt.

Die DDR verfügte Beschränkungen im Reiseverkehr zwischen West- und Ost-Berlin.

Am 7. September 1960 starb Wilhelm Pieck, der Präsident der DDR.

Am 8. September 1960 ordnete das DDR-Innenministerium an, dass Bundesbürger, die nach Ost-Berlin einreisten, eine Aufenthaltsgenehmigung benötigten. West-Berliner waren von der Genehmigung ausgenommen.

Am 12. September 1960, nur fünf Tage nach dem Tod Wilhelm Piecks, wurde das Amt des Präsidenten der DDR abgeschafft. Es wurde ein Staatsrat gebildet. Erster Vorsitzender wurde Walter Ulbricht.

Nachfolgend wird der weitere Werdegang meines Vaters und unserer Familie ab Dezember 1952 bis 1960 in Verbindung mit der historischen und politischen Entwicklung dieser Zeit beschrieben.

Am 30. Oktober 1952 bekam mein Vater folgendes Schreiben vom Sparkassenverband Thüringen bezüglich der Besetzung der Leiterstelle bei der neu zu errichtenden Kreissparkasse Worbis:

“30. Oktober 1952

Besetzung der Leiterstelle bei der neu zu errichtenden Kreissparkasse Worbis

Werter Genosse Märtin!

Unter Bezugnahme auf die am 15.10.1952 in Heiligenstadt geführte Unterredung bitten wir, sofort folgende Personalunterlagen an die Kreisleitung der SED in Worbis zu übersenden:

1. Personalfragebogen mit Lichtbild
2. Lebenslauf

in einfacher Ausfertigung. Außerdem bitten wir, an den Sparkassenverband zwei Personalfragebögen mit Bild und zwei Lebensläufe zu senden. Sobald Sie wieder bei Ihrer Dienststelle in Heiligenstadt sind, bitten wir Sie zu veranlassen, dass uns durch den Sparkassenleiter eine Beurteilung kurzfristig übersandt wird. Wir rechnen damit, dass uns diese Unterlagen bis spätestens 03.11.1952 vorliegen. Sowohl mit dem Sekretariat des Rates des Kreises Worbis als auch mit der Kreisleitung der SED wurde die Frage der dringlichen Zuweisung einer Wohnung an den Sparkassenleiter in Worbis besonders behandelt. Eine baldige Lösung dieser Frage ist uns zugesandt.

Unterschrift"

Mein Vater sollte am 10. November 1952 vom Vorstand zum Direktor der Kreissparkasse Worbis berufen werden.

Im Dezember 1952 kam es zu einem Neuanfang in Worbis, da er die neu zu bildende Sparkasse als Sparkassenleiter für den gesamten Kreis Worbis aufbauen sollte.

Dazu schrieb er in seinen Aufzeichnungen, dass er eine große Unterstützung der Belegschaft dabei gespürt hat und ein großer Arbeitseinsatz aller

Mitarbeiterinnen und Mitarbeiter in der Sparkasse des Kreises Worbis erfolgte. Durch die gemeinsame Tätigkeit in der Kreissparkasse Worbis kam es zu einem immer besseren Zusammenwachsen und zu einer festen Verbundenheit mit der Belegschaft, unabhängig von den jeweiligen Weltanschauungen der einzelnen Mitarbeiter. Bei den Funktionären in der Kreissparkasse Worbis gab es mehr CDU-Funktionäre und wenig SED-Funktionäre. Ein Mitarbeiter der Kreissparkasse Worbis behauptete damals, dass die Belegschaft der Kreissparkasse politisch nicht aktiv wäre und nicht genug Parteinahme für das Neue wählte. Mein Vater hat damals in einer harten Auseinandersetzung Folgendes entgegengesetzt: „Ihr fleißiger enthusiastischer Einsatz für relativ wenig Geld ist mehr wert und bringt viel größeren Nutzen als der mancher politischer Schwätzer".

Oft hat er gegen den Willen alter Eichsfelder handeln müssen, um bestimmte notwendige, auch humanistische Handlungen umzusetzen. Manchmal musste er große Härte anwenden, um die erforderlichen Entscheidungen umzusetzen. Beispiele für die notwendigen Aktivitäten bei der Sparkasse waren u. a.:

- Abschaffung der befristeten Arbeitsverhältnisses und Umwandlung in Dauerarbeits- bzw. Vollzeitarbeitsstellen die notwendige Schaffung einer Vollzeitstelle für Herrn Pfitzenreuter

- notwendige Einstellung von weiteren 5 erforderlichen Mitarbeitern

- Einführung von erforderlichen Leistungsspannen

- ständiger Kampf zur Verbesserung der Bezahlung und des Urlaubs für die Mitarbeiter (Sonderregelungen für Urlaub)

- ständiges Zusammenwirken mit dem Kollektiv (Keinen aus politischen Gründen zurücklassen)

- Toleranz des kirchlichen Glaubens der Mitarbeiterinnen und Mitarbeiter und ihrer Familien, da das Eichsfeld vorrangig katholisch geprägt ist und mein Vater keiner Religionsgemeinschaft angehörte

Viel weiterer Einsatz wurde von meinem Vater für seine Mitarbeiter gezeigt. Auch kritisierte er auch Andere in ihrem Handeln unabhängig davon, dass dadurch auch seine Mitarbeiter und auch er betroffen waren. Er tat bei seinen konkret zu treffenden Entscheidungen alles, dass immer gerecht gehandelt wurde und er tat alles dafür, dass nicht gegen die erforderlichen Gerechtigkeitsbemühungen verstoßen wurde.

Nachfolgende Orte gehörten damals zum Geschäftsgebiet der Kreissparkasse Worbis:

Worbis
Leinefelde
Dingelstädt
Bischofferode
Breitenworbis
Kirchworbis
Gernrode
Bernterode
Niederorschel
Deuna
Rüdigershagen
Helmsdorf
Küllstedt
Großbartloff
Effelder
Wintzingerode
Hundeshagen
Haynrode
Holungen
Großbodungen

Brehme
Jützenbach
Stöckey / Steinrode
Weißenborn-Lüderode
Zwinge
Bockelnhagen
Silkerode
Ecklingerode
Brehme
Teistungen
Wehnde
Berlingerode
Neuendorf

In folgenden Orten befanden sich Zweigstellen, die im Grunde die Arbeit der Agenturen der Kreissparkasse Worbis mit erfüllt haben:

Zweigstellen des Kreises Worbis
Worbis (außerdem Kreissparkasse)
Leinefelde
Dingelstädt
Breitenworbis
Küllstedt
Bischofferode
Großbodungen
Teistungen

Zum damaligen Kreis Worbis gehörten viele Orte. Der Kreis wies eine sehr große Fläche in Quadratkilometern auf. Auch deshalb war in der Kreissparkasse Worbis sehr viel zu erledigen bzw. zu tun.

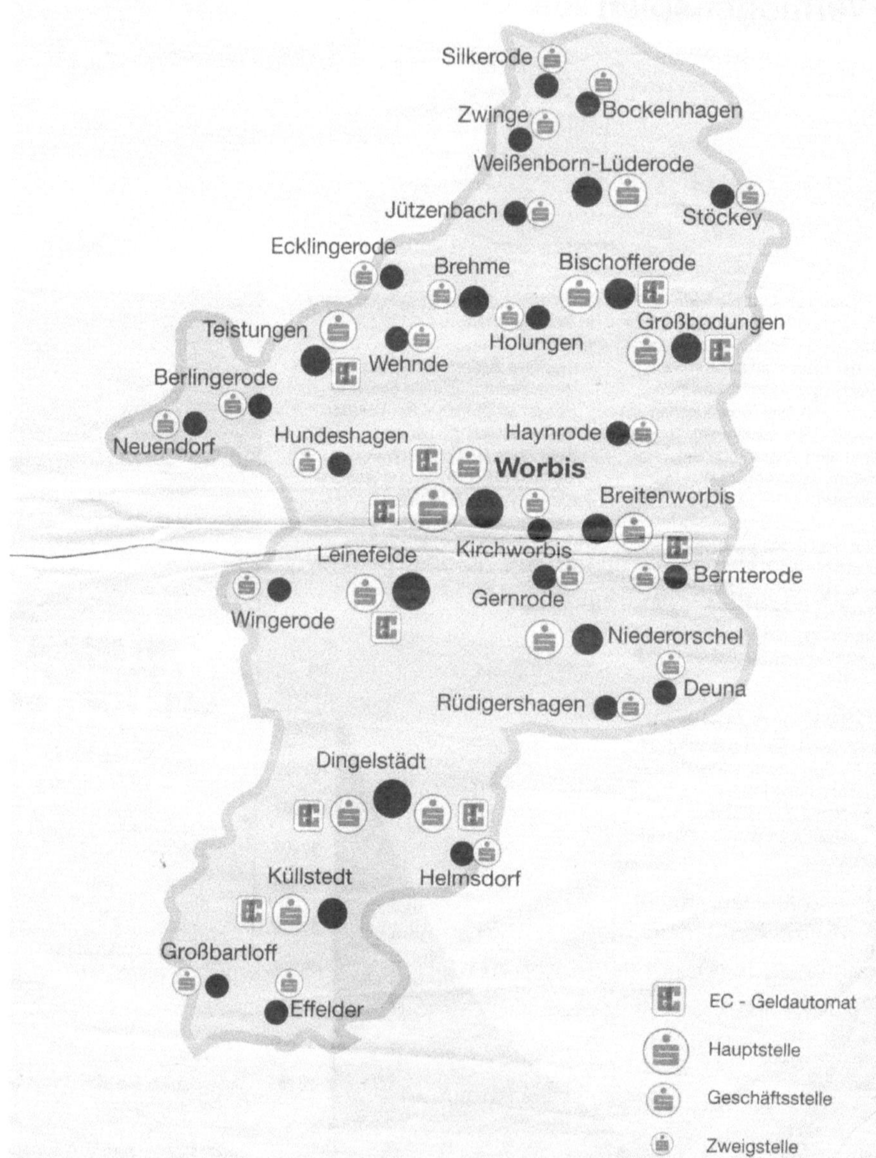

Bild 50: Geschäftsgebiet der Kreissparkasse Worbis

Bild 51: Gebäude der Kreissparkasse Worbis, rechts

Der am 10. Januar 1928 ebenfalls in Friedrichroda geborene Walter Eckardt war der Stellvertreter meines Vaters bei der Kreisparkasse Worbis. Mein Vater schrieb, dass Walter Eckardt damals Lehrling bei meinem Vater in der Hauptzweigstelle Friedrichroda der Sparkasse für das vormalige Herzogtum Gotha sowie späteren Kreissparkasse Gotha war. Beide haben sich sehr gut verstanden.

Über ihn hat mein Vater damals Folgendes – bezogen auf ihre Beziehung – geschrieben: „Ich habe Walter nach meiner Rückkehr aus dem Krieg kennengelernt. Er war, obwohl 10 Jahre jünger, menschlich ein sehr guter Kollege. Walter hatte Interesse, beruflich voranzukommen. Ich konnte ihn fördern. Er wurde Revisionsassistent. Das war in der Sparkassenarbeit. Walter heiratete meine Kollegin Ursel Vonhoff aus Gotha, mit der ich bei Fritz Schneider aus Hannover (Sparkassenlehrgang) vorbereitet wurde. Als ich vom Sparkassenverband Thüringen den Auftrag bekam, als Direktor nach

Worbis zu gehen und dort eine neue Kreissparkasse errichten sollte, hat er mich gebeten, ihn mitzunehmen. Er wurde in Worbis mein Stellvertreter. Hier leistete er eine gute Arbeit. Wir wohnten mit unseren Familien im Gebäude der Sparkasse und hatten ein sehr gutes Verhältnis zueinander (u. a. auch gemeinsame Tierhaltung und hatten gemeinsam einen Fernsehapparat). Wenn wir nach Friedrichroda in unsere gemeinsame Heimat fuhren, dann war seine Familie (Ehefrau, Schwiegermutter, Zwillinge) oft in der damaligen Wohnung in Friedrichroda. Seine Frau Ursel, geborene Vonhoff, starb sehr früh, meines Erachtens im Laufe des Jahres 1954. Er stand dadurch plötzlich mit seinen Kindern alleine da und heiratete damals noch einmal. Seine zweite Ehefrau war Irmgard Eckardt, geborene Hartmann. 1959 setzte er sich auch für mich überraschend in die alte Bundesrepublik ab. Er wurde dann Direktor der Frankfurter Bank für Wiederaufbau. Wir haben uns nur noch einmal in Friedrichroda, kurz vor seinem Tod getroffen. Er ist sehr früh, mit 47 Jahren, schon gestorben."

Da mein Vater für seine Familie und für sich im Jahr 1953 immer noch keine Wohnung bekommen hat, musste er dadurch schon ca. zwei Jahre, wie schon erwähnt, vorrangig auf einem Liegestuhl in der Kreissparkasse Worbis übernachten. Die Schwierigkeiten mit seinem Hörschaden wuchsen noch an, und er wollte deshalb wegen der fehlenden Wohnung eine Tätigkeit als Innenrevisor in Erfurt aufnehmen. Dort wurde zu dieser Zeit ein Mitarbeiter für die Innenrevision gesucht. Trotz dem er sich in der Tätigkeit in der Kreissparkasse Worbis wohl fühlte, hat er am 9. April 1953 an die Kreissparkasse Erfurt aus den genannten Gründen eine Bewerbung geschrieben.

Weil mein Vater bis dahin immer noch keine Wohnung bekommen hat, hat der Sparkassenverband Thüringen ein erneutes Schreiben wegen der Wohnungsproblematik an den Rat des Kreises Worbis mit folgendem Inhalt geschickt:

„19. Dezember 1952

Einweisung einer Wohnung für den Sparkassenleiter der Kreissparkasse Worbis

„Der Koll. Märtin, der seit der Neubildung der Kreissparkasse in Worbis als Sparkassenleiter in Worbis tätig ist, wurde von uns vor mehr als einem Jahr als Stellvertretender Sparkassenleiter an die Kreissparkasse Heiligenstadt versetzt. Seit dieser Zeit ist der Koll. Märtin von seiner Familie getrennt. Der ehemalige Landrat des Kreises Worbis in Heiligenstadt hatte uns des Öfteren versprochen, sich persönlich um die Zuweisung einer Wohnung zu bekümmern, Das ist bisher nicht erfolgt. Da es jedoch unseres Erachtens aus menschlichen, als auch aus fachlichen Gründen sich nicht länger vertreten läßt, die unerträglichen Umstände, unter denen der Koll. Märtin leben muß, aufrecht zu erhalten, bitten wir Sie dringend, sich um die Beschaffung einer Wohnung in möglichst kürzester Zeit zu bemühen. Die Zuweisung einer Wohnung würde eine erhebliche Steigerung der Schaffenskraft des Koll. Märtin zur Folge haben.

Sparkassenverband Thüringen"

Erst 1954 hat mein Vater dann für unsere Familie und für sich eine Wohnung bekommen. Bezüglich einer gestellten Anfrage an den Sparkassenverband Thüringen wurde mit Schreiben vom 12. Dezember 1952 von diesem Verband eine Antwort gegeben und in Verbindung mit einer Information zur Überstundenbezahlung an die Kreisparkasse Worbis gesendet.

„Überstundenbezahlung

Auf der Arbeitstagung der Innenleiter wurde mitgeteilt, dass über die Bezahlung der Überstunden bei den Überleitungsarbeiten für die Gehaltsgruppen V bis IA der Sparkassenleiter unter Berücksichtigung der gesetzlichen Bestimmungen in eigener Verantwortung entscheiden muß. Die Gewerkschaft VBV steht auf dem Standpunkt, dass alle Kollegen außer dem Sparkassenleiter und dem Innenleiter angeordnete und tatsächlich geleistete

Überstunden bezahlt erhalten müssen. Wir haben den Tatbestand dem MdF in Berlin mitgeteilt und um eine allgemein verbindliche Klärung ersucht.

Sparkassenverband Thüringen“

Im Zeitraum vom 01.10.1955 bis 30.06.1959 hat

Walter Märtin

die Fachschule für Finanzwirtschaft Gotha besucht und die staatliche Abschlussprüfung in der Fachrichtung Geldzirkulation und Kredite mit der Note

"Gut"

bestanden und erhält die Berechtigung zur Führung der Berufsbezeichnung

"Finanzwirtschaftler".

Die Leistungen wurden wie folgt beurteilt:

Politische Ökonomie	2
Finanzsystem der DDR	2
Spezialisierung I	
Geldzirkulation und Kredite	1
Spezialisierung II	
Sparkassen	1
Grundlagen des Marxismus-Leninismus	2
Deutsch	2
Mathematik	3
Rechnungswesen der VE-Industrie	2
Statistik	bestanden
Technologie	bestanden

Das Thema der Abschlussarbeit im Spezialfach lautete:

„Die sorgfältige Durchführung der Spareinlagenplanung im Kreis Worbis – ein Mittel zur verstärkten Mobilisierung der freien Einkommensteile der Bevölkerung“

Die Arbeit hat die Beurteilung "sehr gut" erhalten. Gotha, den 15. Juli 1959

Die Prüfungskommission

gez. Lammich
Vorsitzender der Fachprüfungs-
kommission

gez. Weidenbecher
1. stellvetr. Direktor
Fachschule für
Finanzwirtschaft Gotha“

Mein Vater hat schon damals sehr früh, meistens in der Zeit ab 04:00 Uhr bzw. 05:00 Uhr mit der Arbeit begonnen, trotz dem er meistens erst gegen 22:00 Uhr bis 23:00 Uhr seine Arbeit beendete. Auch in der Zeit seines Fernstudiums stand er früh auf. Meines Wissens hat er an den betreffenden Wochenenden ab 02:00 Uhr sein Fernstudium bzw. seine Arbeit begonnen, um ab 14:00 Uhr dann schon wieder Zeit für seine Familie zu haben.

Im Ergebnis seiner Arbeit und gesellschaftlichen Tätigkeit bekam mein Vater in dieser Zeit folgende Medaillen sowie Auszeichnungen:

1955 Medaille für ausgezeichnete Leistungen

1957 Ehrennadel der Nationalen Front

1959 Verdienstmedaille der DDR

Die Verdienstmedaille der Deutschen Demokratischen Republik bekam er am 1. Oktober 1959. Der Wortlaut der damaligen Auszeichnung lautet wie folgt:

„Vorsitzender des Rat des Kreises Worbis 01.10.1959

Sehr geehrter Herr Märtin!

Auf Vorschlag der Gemeinsamen Kommission zur Vorbereitung des 10. Jahrestages der Gründung der Deutschen Demokratischen Republik wurden Sie für die Auszeichnung mit der

"Verdienstmedaille der Deutschen Demokratischen Republik"

vorgeschlagen.

Die Regierung der Deutschen Demokratischen Republik hat sich unserem Vorschlag angeschlossen, und wir laden Sie zur feierlichen Auszeichnung in der Festsitzung des Kreistages herzlich ein.

gez. Flächsig
- Vorsitzender des Rates des Kreises - "

1954 hatte endlich nicht nur mein Vater, sondern dadurch unsere ganze Familie eine Wohnung erhalten.

Meine Mutter konnte auch dadurch am 30. Juli 1954, da wir als Familie eine Wohnung in Worbis bekamen, wieder berufstätig werden. Sie konnte dann bis zum 26. Mai 1955 in der Kreissparkasse Worbis als Bankbelegarbeiterin arbeiten.

Bild 52: Heinz Märtin mit beiden Großvätern Paul Märtin und Paul Hasert

Bild 53: Heinz Märtin mit Großonkel Hugo Märtin

Bild 54: Walter Märtin mit Sohn Heinz Märtin im Urlaub in Rathen

Bild 55: Walter Märtin mit Sohn Heinz Märtin auf der Vogelwiese in Pirna

Meine ältere Schwester, die, wie bereits erwähnt, die ersten zwei Schuljahre in der Schule in Friedrichroda verbrachte, konnte zum Beginn des 3. Schuljahres die Schule in Worbis besuchen. Ich wurde durch unseren Umzug nach Worbis gleich dort in die 1. Klasse eingeschult. Wir hatten am gleichen Standort, an dem meine Eltern auch ihren Beruf ausüben konnten, eine sehr schöne und große Wohnung. Dadurch brauchten unsere Eltern von unserer Wohnung aus nur nach unten gehen, um an ihren Arbeitsplatz zu kommen. Das war sehr bequem.

Bild 56: Wir als Kinder: Astrid, Karin und Heinz

Am 15. Mai 1955 wurde meine jüngste Schwester Karin in Worbis geboren. Weil wir nun ausreichenden Wohnraum hatten, waren auch günstige räumliche Bedingungen für unsere Familie, auch wenn wir jetzt zu fünft waren, vorhanden. Meine Mutter ist längere Zeit nicht berufstätig gewesen, um sich ausreichend um meine jüngste Schwester Karin kümmern zu können. Am 25. Januar 1957 nahm sie ihre Berufstätigkeit als Sachbearbeiterin Zahlungsverkehr in Worbis wieder auf. Die Großeltern waren in dieser Zeit von 1954 bis 1960 im Winter oft bei uns in Worbis.

Astrid – meine ältere Schwester – und auch ich besuchten zum Schulbeginn 1954 die Grundschule und spätere POS (Polytechnische Oberschule) Worbis. Wir besuchten zwar die gleiche Schule, aber Jeder in einer anderen Klassenstufe, und damit hatten wir mit uns zu tun und haben deshalb nach meiner Erinnerung gar nicht so viel Kontakt miteinander gehabt.

Meine ältere Schwester war eine gute Schülerin und ist bis 1960 in die spätere POS Worbis gegangen und danach wegen ihren guten Leistungen zum Schulbeginn 1960 in die Erweiterte Oberschule gekommen. Die Erweiterte Oberschule (EOS) in Worbis war unmittelbar mit der POS in Worbis verbunden.

Bild 57: Waltraud Märtin mit Sohn Heinz auf dem Elbdampfer im Urlaub in Rathen

Bild 58: Waltraud Märtin mit Sohn Heinz im Leipziger Zentralstadion

Ich hatte damals solche eigenartige Vorstellungen, dass ich keine Hilfe vom anderen Geschlecht annehmen wollte. Dies traf auch auf meine ältere Schwester zu. Das damalige Verhalten war falsch, und ich sehe es heute anders, aber ich kann nichts ändern, denn ich war damals so. Bei Regen hat meine ältere Schwester auch für mich den Regenschirm aufgebaut, aber ich bin nicht mit unter den Schirm mit meiner Schwester gegangen und habe lieber den Regen abbekommen.

Bild 59: Waltraud Märtin und Heinz Märtin auf dem Amselsee in Rathen

Bild 60: Waltraud Märtin mit den Kindern Astrid und Heinz im Schwimmbad in Friedrichroda

Der Schulbeginn war eine ganz erhebliche Umstellung für mich, denn ich hatte so gut wie keinen Kontakt mit Anderen vor der Schule. Meine Mitschüler hatten untereinander schon vor der Schule sicherlich mehr Kontakt und sind größtenteils vor der Schule in den Kindergarten gegangen und haben sich auch dadurch schon kennengelernt. Trotz dieses für mich gewaltigen Neubeginns bin ich unabhängig von meinen Rückständen gegenüber anderen Mitschülern in praktischen Dingen überraschenderweise in der Schule gut klargekommen. Ich hatte gleich Freunde, und wir haben Vieles in der Schule gemeinsam gemacht. Dies war völlig im Gegensatz zu meinem bisherigen Verhalten vor der Schule. Es gab einige Fächer, in denen ich keine guten Leistungen bringen konnte und die mich deshalb weniger ansprachen. Zu den Fächern, die mich nicht so ansprachen, gehörten Zeichnen, Schreiben und das unmittelbare Geräteturnen. Rechnen hat mir damals in den ersten zwei Schuljahren sehr viel Spaß gemacht, besonders Wettrechnen. Weil ich im Wettrechnen recht gut war, hat die Mathematik-

Lehrerin und haben auch manche Mitschüler mich als „Rechenmaschine" bezeichnet.

Bild 61: Walter Märtin mit den Kindern und unserer Tante Marie (mit Hund usw.) und meinem Cousin Hubertus

Bild 62: Waltraud Märtin mit den Kindern Heinz, Astrid und Karin sowie meinem Großvater Paul Hasert

Bild 63: Astrid und Heinz Märtin in Friedrichroda

Bild 64: Geschwister Astrid, Karin und Heinz

Obwohl ich im Sport nicht so gut und talentiert war wie mein Vater, war auch ich im Sport damals sehr ehrgeizig. Ich habe damals fast alle Sportarten betrieben, wie Fußball, Leichtathletik, die verschiedensten Wintersportarten, Tischtennis, Radfahren (kleine Friedensfahrt). Im Fußball habe ich in einer Mannschaft in Worbis mitgespielt, und wir sind sogar einmal Kreismeister geworden. In der Leichtathletik habe ich in den ersten Schuljahren nur mittelmäßige Ergebnisse erzielt. In den verschiedenen Wintersportarten und im Radfahren hatte ich oft Probleme mit der Technik gehabt (Skilanglauf, Radsport). Dann haben wir viel Leichtathletik betrieben und hatten speziell eine Punktbewertung für den bei uns in Worbis durchgeführten, selbst organisierten Zehnkampf. Wir haben die Sportanlagen selber gebaut und durch die Kenntnisse, die Gerhard Hunold, der später Elektroingenieur geworden ist, in der Elektrik und auch auf anderen Gebieten hatte und mit dem ich viel gespielt habe (sein Vater war ein Arbeitskollege von meinem Vater), haben wir Veranstaltungen, bei denen es notwendig war, mit selbst gebauten Lichtanlagen sowie unter Einsatz von ebenfalls selbst gebauten Lautsprechern durchgeführt.

Bild 65: Fußballmannschaft der Kreissparkasse Worbis, unten u. a. als Zweiter sowie Torwart Paul Wachtel. Oben ganz links Richard Roth, Fünfter von links: Heinz Begau, Sechster von links: Emil Schneegans, Achter von links Hans Josef Nolte. Daneben mein Vater, Herbert Ziesing und ebenfalls als Trainer bzw. Betreuer Paul Hunold

Auch von der damals schon entstandenen Hobby-Fußballmannschaft der Kreissparkasse Worbis wurden damals auch Sportwettkämpfe ausgetragen, wie aus dem beigefügten Bild zu erkennen ist.

Unsere sportliche Betätigung hat auch zu Kollisionen mit einigen Mitarbeitern und überhaupt mit der Kreisparkasse in Worbis geführt. Ich habe aber von meinem Vater deshalb nie einen Vorwurf bekommen.

Bild 66: Heinz Märtin in Worbis

Bild 67: Heinz Märtin beim Versuch Auto zu fahren

Insbesondere zum Hausmeister der Kreissparkasse hatten wir damals kein gutes Verhältnis, weil er unsere mühsam erarbeiteten und weiter ausgebauten Sportanlagen oftmals zum Teil wieder vernichtete. An den fast an jedem Tag von uns durchgeführten Zehnkämpfen, die von Gerhard und mir organisiert wurden, nahmen damals viele meiner Mitschüler und andere Schüler aus Worbis teil. Überhaupt haben wir damals fast nur Sport betrieben. Meistens erreichte damals Gerhard das beste Ergebnis, weil er auch, wie ich, richtig den Stabhochsprung konnte, was nicht allen gelang. Besonders Langläufe hatten es mir sehr angetan. Ich hatte auch eine gute Ausdauer, und weil sich Manche über meinen Laufstil lustig machten, habe ich diese Sportart nicht als Wettkampf betrieben, was ich sonst wahrscheinlich getan hätte.

Bild 68: Paul Märtin mit den Enkeln Astrid und Heinz auf dem Inselberg

Bild 69: Astrid und Heinz in Friedrichroda

Ich habe mir auch extra eine Kugel gekauft, damit ich Kugelstoßen trainieren konnte. Damals hat mich der amerikanische Leichtathlet und Kugelstoßer Neal Steinhauer (geb. 1944) sehr begeistert. Um größere Erfolge in dieser Sportart erreichen zu können, hätte ich aber größer werden müssen. Ich trank, wie er, damals deshalb viel Milch, aber ich wurde nicht so groß, wie ich eigentlich deshalb werden wollte. Ich habe es zwar in dieser Sportart mal bis zu einem Kreisfinale geschafft, aber die erwünschten Erfolge blieben aus.

Gerade nur wenige Wochen hatte ich in der dritten Klasse absolviert (meines Erachtens war es noch nicht einmal ein Monat), da wurde ich schwer krank und musste in Worbis ins Krankenhaus eingeliefert werden. Dort hatte ich sehr schlimme Schmerzen, und die Ärzte wussten nicht, was es war. Damals habe ich deshalb sehr viel vor Schmerzen geweint, und meine Eltern haben wohl nachts mein Schreien aus dem Krankenhaus gehört, weil sie wegen meiner schweren Krankheit auch nachts am Krankenhaus vorbei gingen.

Bild 70: Geschwister Astrid und Heinz

Bild 71: Heinz Märtin

Bild 72: Geschwister Heinz, Karin und Astrid

Bild 73: Geschwister Heinz, Karin und meine Mutter sowie der Kollege meines Vaters, Emil Schneegans in Worbis

Meine Eltern und auch ich dachten, dass ich sterben müsste. Mein Vater hat dem damaligen Krankenhauschef ein Ultimatum gestellt, nachdem ich fast eine Woche die schlimme Krankheit hatte und kein Arzt wusste, was ich habe. Er hat ihm wohl nur ganz wenig Zeit gegeben, um doch noch heraus zu bekommen, was ich habe. Er hat dem betreffenden Krankenhausleiter gesagt, wenn er die Krankheit nicht bis zum genannten Termin heraus fände, dass mein Vater mich dann in ein anderes Krankenhaus bringen würde. Kurz vor

Ablauf des Ultimatums hat der Chefarzt des Krankenhauses Worbis heraus gefunden, dass ich Sepsis bzw. eine starke Blutvergiftung hatte. Deshalb hatte ich so schlimme Schmerzen. Es war im Jahr 1956, und die DDR hatte noch kein Gegenmittel gegen die Sepsis. Dadurch mussten fast alle sterben, die zu dieser Zeit Sepsis hatten. Die Sepsis-Sterberate lag, soweit ich weiß, damals in der DDR bei 94 Prozent. Penicillin als Antibiotikum wäre nicht ausreichend, um gegen die Sepsis wirkungsvoll vorzugehen. Der Chefarzt des Krankenhauses sagte zu meinem Vater, wenn ich in wenigen Stunden mit dem Medikament Streptomycin noch geimpft werden könne, hätte ich noch eine Chance, um zu überleben. Das Streptomycin gab es damals nicht in der DDR, nur in den alten Bundesländern. Mein Pate bzw. der Neffe meiner Großmutter sowie der Cousin meines Vaters und dessen Frau aus Aachen und die Eltern von meinen Paten. die alle in den alten Bundesländern wohnten, setzten alle erdenklichen Bemühungen ein, dass mir schnell Streptomycin geliefert werden konnte. Durch diese Hilfe konnte noch abgesichert werden, dass für mich Streptomycin besorgt werden konnte. Ich bekam mindestens drei Injektionen pro Tag, und mit der Zeit ging es mir etwas besser. Dadurch musste ich jedoch bis zum Ende der 3. Klasse noch im Krankenhaus behandelt werden. Man tat alles, damit ich wieder gesund werden würde.

Ich hatte mir durch die gewonnenen Erfahrungen der damals bestandenen unzureichenden Versorgung mehr oder weniger eingeimpft, dass ich viel essen müsste, um die erforderliche Energie nach der Krankheit wieder zu bekommen. Meine Mutter hat durch die damals von ihr getätigten Äußerungen mit dazu beigetragen, dass ich mich auch in dieser Zeit so verhalten habe. Auch viele Andere haben mir wegen meiner Krankheit gesagt, dass ich viel essen sollte. So habe ich mein übliches Essen im Krankenhaus bekommen und viele Verwandte und Bekannte haben mir zusätzlich noch Einiges zu essen gegeben. Man hat mir auch Schlagsahne oder – wie man es im Eichsfeld nannte – Schmand – und außerdem noch viele Süßigkeiten gegeben. Das gute Meinen und die Hilfe und Unterstützung für mich und da ich nicht Nein sagen konnte, führten dazu, dass ich erheblich zunahm und mächtig dick wurde. Ich hatte natürlich vom Stoff der 3. Klasse überhaupt nichts mitbekommen. Eine damalige Mitschülerin aus meiner Klasse, Christa Wolff, hat es sehr gut mit mir gemeint und wollte mir manches Versäumte beibringen. Ich habe auch damals gegenüber Christa, ähnlich, wie gegenüber meiner älteren Schwester, bezüglich ihrer angebotenen Hilfe sowie Unterstützung gedacht und leider auch gehandelt. Weil ich die Hilfe von einem Mädchen bekommen sollte, habe ich diese – aus heutiger Sicht unverständlicherweise – nicht genutzt und die Hilfe zurückgewiesen.

Ich wurde in die 4. Klasse versetzt, obwohl ich die 3. Klasse krankheitsbedingt so gut wie nicht besucht habe. Die damals getroffene Entscheidung fand ich gut. Dadurch konnte ich mit meinen bisherigen Mitschülern wieder in einer Klasse sein, und auch deshalb fand ich diese Entscheidung aus damaliger Sicht richtig, dass ich gleich in die 4. Klasse gehen konnte. Die Klassenlehrerin meinte, dass sie auch, obwohl ich die 3. Klasse mehr oder weniger nicht besucht hatte, diese Entscheidung so treffen könnte. Wahrscheinlich hat sie deshalb ihre Entscheidung so getroffen, weil ich damals nicht schlecht in der Schule war. Diese Entscheidung erwies sich jedoch im Zusammenhang mit meinem nicht ausreichenden Fleiß in der damaligen Zeit und des nicht erfolgten Nachholens des versäumten Stoffs im Nachhinein gesehen als nicht richtig. Von mir wurde damals die falsche Auffassung vertreten, dass ich das Versäumte nicht nachholen brauche.

1960 erlernte ich im Alter von 12 Jahren das Schachspielen. Ich konnte im Schach mit ca. 70 Personen, die wir damals anfangs noch waren, mittrainieren. Das Schachtraining führte für uns der damalige Arbeiterveteran und aktive Schachspieler Willy Gunkel aus Worbis durch. Im gleichen Alter konnte ich schon an der Bezirks-Einzelmeisterschaft der Jugend im Schach in Bad Langensalza teilnehmen und ebenfalls im gleichen Alter schon in der I. Schach-Männermannschaft von Einheit Worbis mitspielen. Ich war in den Folgejahren im Schach sehr ehrgeizig und habe dann zusehends die Ausübung anderer Sportarten zu Gunsten von Schach beendet.

Ich wollte anfangs auch Boxen trainieren und bin auch zu einer Boxübungsstunde gegangen. Ein Freund von mir, der auch Schach spielte und ebenfalls Mitglied der 1. Schach-Männermannschaft in Worbis war, war 3. der DDR-Junioren-Meisterschaft im Boxen. Seine Vorbildwirkung hat mich damals für den Boxsport angeregt. Dazu kam vielleicht mein Interesse am Boxen, weil mein Vater damals sehr gute Erfolge in dieser Sportart hatte und ich als Sohn ihm nacheifern wollte. Ich habe auch einmal, wie erwähnt, am Boxtraining teilgenommen und mir einen harten Kampf mit einem anderen Boxfreund geliefert. Weil ich hart im Boxen zugeschlagen habe und damals annahm, dass dies notwendig wäre, hat der damalige Boxtrainer in Worbis zu mir gesagt: „Den will ich im Boxen nicht mehr sehen." Damit war meine mögliche Boxerlaufbahn beendet.

Falls unsere Familie in den Urlaub fahren konnte, haben wir den Urlaub meistens in Friedrichroda in der Bahnhofstraße und Umgebung verbracht und viele interessante Reiserouten erkundet. Oftmals sind unser Opa väterlicherseits – Paul – und unser Onkel Hugo mitgewandert. Wir sind auch manchmal in die Pilze gegangen und haben oft erstaunlich viele Pilze nach mühseligem Suchen gefunden. Es war ein regelrechter Wettbewerb, und wir haben damals beim Pilzsuchen auch keine Rücksicht auf uns genommen. Wir haben ähnlich, wie besonders unser Onkel Hugo, Pilze im Dickicht gesucht und konnten dabei nicht verhindern, dass wir auch Striemen beim gemeinsamen Pilzsuchen bekamen.

Bild 74: Heinz Märtin, mein Großvater Paul Märtin und meine Mutter

Bild 75: Karin, Heinz mit unserer Mutter Waltraud und Großvater Paul Märtin

Bild 76: Waltraud Märtin mit den Kindern Heinz und Astrid auf dem Inselberg

Bild 77: Meine Großeltern Paul und Clara Märtin mit meiner Mutter, Heinz und Karin

Manchmal sind wir neben den anderen bekannten Ausflugsstätten in der Umgebung von Friedrichroda auch zum Inselberg gewandert. Bei unseren Spaziergängen haben wir dann auch Picknick mit eigenen Vorräten gemacht und uns von den anstrengenden Ausflügen erholt. An diesen schönen Wanderurlauben haben in dieser Zeit neben meinen Eltern auch meine beiden Schwestern und auch die anderen genannten Verwandten teilgenommen. Einmal haben auch der Cousin meines Vaters, dessen Frau und unsere beiden Großcousins und unsere Großcousine aus Cuxhaven teilgenommen. Ich kann mich erinnern, dass ich mir damals mit meinem Großcousin Jürgen aus Cuxhaven, der nahezu genauso alt wie ich war, einen ziemlichen Kampf geliefert habe, denn wir wollten beide als Erste von beiden Familien auf den Großen Inselberg ankommen.

Meine Eltern haben mit uns in dieser Zeit, auch, weil man nur selten einen FDGB-Urlaubsplatz bekommen konnte, jeweils einmal außerhalb von Friedrichroda Urlaub machen können. Mit meinen Schwestern waren meine Eltern in der damaligen Zeit in Buckow, Kreis Strausberg, bei Berlin.

Ich konnte mit meinen Eltern im Rahmen des FDGB-Urlaubs 1957 in die Sächsische Schweiz nach Rathen fahren. Ich war damals 9 Jahre alt, und mir hat der Urlaub und die schöne Umgebung sehr gefallen. Wir haben neben der Bastei viele andere bekannte Stätten in der Sächsischen Schweiz besucht und sind damals auch mit der "Weißen Flotte" auf der Elbe Dampfer gefahren. Wir waren damals auch in Dresden und Pirna. In Pirna konnte ich auf der Vogelwiese Karussell fahren, und dies hat mir auch sehr gefallen. Dresden war, obwohl bereits zwischenzeitlich 12 Jahre nach dem Zweiten Weltkrieg vergangen waren, auch zu dieser Zeit noch sehr zerstört. Die Trümmer aus den Kriegsereignissen des Zweiten Weltkriegs waren noch an vielen Stellen zu sehen, und dies hat sich eindrucksvoll bereits in dieser Zeit gezeigt, welche Folgen dieser Krieg für die Menschen hatte und wie viel Zeit vergeht, bis alle Trümmer aus diesem schlimmen Krieg wieder beseitigt werden konnten. Dresden war, wie erwähnt, ja ganz besonders in diesem Krieg zerstört worden.

Bild 78: Vorbereitung des Fußballspiels von der Kreissparkasse Worbis, ganz links: Walter Märtin. Daneben seine Kollegen Emil Schneegans und Hans Josef Nolte und andere

Nachfolgend wird, um die Zeit und somit auch das Verhalten meines Vaters in dieser Zeit besser begreifen zu können, die ab 1961 bis 1970 in der DDR eintretende Entwicklung in Kurzform dargestellt.

Bevor eine Wertung zu dieser Zeit erfolgen kann, werden in chronologischer Reihenfolge die wichtigsten Ereignisse in dieser Zeit in der DDR aus dem Internet-Lexikon Wikipedia entnommen:

1961

Juri Gagarin (1934 – 1968) flog am 12. April 1961 als erster Mensch vom Raumfahrt-Bahnhof Baikonur in der damaligen Kasachischen Sozialistischen Sowjetrepublik (Kasachischen SSR) aus in den Weltraum und umkreiste innerhalb von 108 Minuten die Erde.

Am 13. August 1961 wurde gemäß der Entscheidung der Sowjetunion, der darauf folgenden Weisung von Walter Ulbricht und unter Koordination von Erich Honecker die DDR-Grenze zu West-Berlin geschlossen und die Berliner Mauer errichtet. Die Berliner Mauer bestand bis zum Abend des 9. November 1989.

Die Deutsche Grenzpolizei (DGP) wurde am 15. September 1961 in „Grenztruppen der DDR“ umbenannt und dem Ministerium für Nationale Verteidigung unterstellt.

Am 3. Oktober 1961 wurden aus dem Sperrgebiet der DDR 3.175 Menschen umgesiedelt.

Ost-Berlin wurde am 7. September 1961 zum 15. Bezirk der DDR erklärt.

Am 20. September 1961 beschloss die Volkskammer der DDR das „Gesetz zur Verteidigung der DDR".

Nach dem XXII. Parteitag der Kommunistischen Partei der Sowjetunion (KPdSU) (vom 17. bis 31. Oktober 1961) begann die zweite Entstalinisierungswelle. In diesem Zusammenhang wurde am 13. November 1961 das ostdeutsche „Stalinstadt" in „Eisenhüttenstadt" und die Ost-Berliner „Stalinallee" in „Karl-Marx-Allee" umbenannt.

1962

Am 24. Januar 1962 beschloss die Volkskammer der DDR die allgemeine Wehrpflicht in der DDR.

Der Komponist Hanns Eisler (geb. 1898), der eigentlich Johannes Eisler hieß, starb am 6. September 1962.

Die Handelsorganisation „Intershop" wurde am 14. Dezember 1962 gegründet. Sie durfte (damals) nur von Ausländern mit konvertierbaren Währungen genutzt werden.

1963

Vom 16. Juni bis zum 19. Juni 1963 flog Walentina Wladimirowna Tereschkowa (geb. 1937) unter dem Flugnamen „Tschaika“ („Möwe“) als erste Frau der Welt in den Weltraum und umkreiste die Erde dabei 48 Mal.

Am 24. und 25. Juni 1963 wurde die Wirtschaftskonferenz des ZK der SED durchgeführt und auf dieser eine Wirtschaftsreform mit dem „Neuen ökonomischen System der Planung und Leitung der Volkswirtschaft“ (NÖSPL) beschlossen.

Am 22. Oktober 1963 wurde ein Abkommen von den Mitgliedstaaten des Rates für gegenseitige Wirtschaftshilfe (RGW) mit dem Ziel abgeschlossen, dass der „Transferable Rubel" als Verrechnungseinheit eingeführt wird.

Am 14. November 1963 wurde Walter Ulbricht als Staatsratsvorsitzender und Otto Grotewohl als Vorsitzender des Ministerrates wiedergewählt.

Margot Honecker, geb. Feist (1927 – 2016) wurde Ministerin für Volksbildung.

Am 17. Dezember 1963 wurde ein Passierscheinabkommen zwischen der Regierung der DDR und dem Senat von West-Berlin abgeschlossen.

1964

Am 11. Januar 1964 wurde die letzte gesamtdeutsche Olympia-Mannschaft nominiert.

Vom 24. April bis zum 25. Mai 1964 wurde die 2. Bitterfelder Konferenz durchgeführt. Die DDR-Regierung rückte von den Beschlüssen der 1. Bitterfelder Konferenz ab.

Vom 16. bis 18. Mai 1964 fand das letzte Deutschland-Treffen der Jugend in Ost-Berlin mit mehr als 500.000 Teilnehmern aus beiden deutschen Staaten statt.

Zur Abgrenzung der dem Internet-Lexikon „Wikipedia“ entnommenen Ereignisse der Jahre 1961 bis 1970 beschreibe ich aus gegebenem Anlass die Geschichte des im Zuge des „Deutschland-Treffens“ (DT) 1964 entstandenen Jugendradios „DT 64“, das zum 31. Dezember 1991 (mit bis auf dem „Berliner Rundfunk“) allen ehemaligen DDR-Hörfunksendern in der Nalepastraße in Berlin-Oberschöneweide sowie dem Fernsehen der DDR in Berlin-Adlershof in Ostdeutschland abgewickelt wurde, bis auf in Sachsen, Sachsen-Anhalt und Thüringen. Dort erfolgte die Umbenennung von „DT 64“ in „MDR Sputnik“, das Jugendradio des Mitteldeutschen Rundfunks, Mitte Mai 1993. Unabhängig vom Jugend-Radiosender „MDR Sputnik“ entstand zum 1. Januar 2000 ein weiterer MDR-Jugend-Radiosender: „MDR JUMP“.

Das Jugendradio „DT64“ wurde gegründet. Anfangs nur ein stundenweises Programm, wurde es bis Dezember 1987 zum 24-Stunden-Voll-Programm ausgebaut. Zum 1. Januar 1992 wurde der Sender „DT64“ mit dem Beitritt des im Zuge der deutschen Wiedervereinigung 1990 aus den ehemaligen DDR-Bezirken Rostock, Schwerin und Neubrandenburg entstandenen Bundeslandes Mecklenburg-Vorpommern zum Sendegebiet des „Norddeutschen Rundfunks“. Zunächst in Mecklenburg-Vorpommern und – zum gleichen Tag – mit der Neugründung des „Ostdeutschen Rundfunks Brandenburg“ (ORB) auch im 1990 aus den ehemaligen Bezirken Potsdam, Frankfurt (Oder) und Cottbus entstandenen Bundesland Brandenburg abgeschaltet. Dies betraf zum 1. Januar 1992 nicht nur den Rundfunk der DDR mit seinen verschiedenen unterschiedliche Sendeschwerpunkte setzenden Sendern in der Nalepastraße im Ortsteil Oberschöneweide im heutigen seit der Reduzierung der Berliner Stadtbezirke im Rahmen der ab dem 1. Januar 2001 wirksamen Berliner Stadtbezirksreform Ost-Berliner Stadtbezirk Treptow-Köpenick. Ab 2001 wurde die Anzahl der ursprünglichen Berliner Stadtbezirke von 23 (davon 14 im Ostteil und 9 im Westteil Berlins) auf nunmehr 12 Stadtbezirke verringert und teilweise Ost- und West-Berliner Stadtbezirke zusammengeschlossen. Zum 1. Mai 2003 fusionierten der zum 1. Januar 1992 gegründete „Ostdeutsche Rundfunk Brandenburg“ und der am 12. November 1953 in Berlin-Wilmersdorf im damaligen britischen Sektor Berlins gegründete Sender Freies Berlin, der am 1. Juni 1954 seinen Sendebetrieb aufnahm, zum „Rundfunk Berlin-Brandenburg (RBB). Die Berliner Standorte des Rundfunks Berlin-Brandenburg befinden sich im 1931 eröffneten „Haus des Rundfunks“ gegenüber dem Berliner „Funkturm“, in dem jahrzehntelang auch die Internationale Funkausstellung (IFA) stattfand sowie im zwischen 1963 bis 1971 entstandenen Neubau am Theodor-Heuss-Platz (beide in Berlin-Charlottenburg-Wilmersdorf). Der größte Standort des Rundfunks Berlin-Brandenburg befindet sich in der Medienstadt Babelsberg in Potsdam.

Auch das Fernsehen der DDR in Berlin-Adlershof erlitt zu diesem Zeitpunkt das gleiche Schicksal. Lediglich in Sachsen (ehemalige DDR-Bezirke Leipzig, Dresden und Karl-Marx-Stadt (ab 1990 Chemnitz)), Sachsen-Anhalt (ehemalige DDR-Bezirke Magdeburg und Halle (Saale)) und Thüringen (ehemalige DDR-Bezirke Erfurt, Suhl und Gera) wurde der Sender „DT64“ übergangsweise vom zum 1. Januar 1992 gegründeten „Mitteldeutschen Rundfunk“ (MDR) bis Mai 1993 betrieben, bevor im Sendegebiet des MDR aus „DT64“ „MDR Sputnik“ entstand. Der Jugendsender „Radio FRITZ“ trat im Sendegebiet des ORB und in Berlin bereits zum 1. Januar 1992 auf den ehemaligen Frequenzen die Sende-Nachfolge von „DT64“ in Berlin und Brandenburg an.

Nach den aus meiner Sicht notwendigen Beschreibung der Geschichte des Jugendradios „DT 64“ als einem Teil der kulturellen Identität damaliger junger Menschen in der ehemaligen DDR, zumal es in der DDR, wie zum Beispiel auch in Rostock, bis in die 1990er Jahre, also bis nach der Wiedervereinigung Deutschlands, Jugendklubs gab, die „DT 64“ benannt wurden und der Abwicklung des DDR-Fernsehens, das vom 21. Dezember 1952 bis – obwohl am 03. Oktober 1990 politisch die deutsch-deutsche Wiedervereinigung vollzogen wurde – übergangsweise zum 31. Dezember 1991 bestand, das ebenfalls durch populäre Sendungen, wie u. a. dem „Kessel Buntes“ (wurde von verschiedenen Künstlerinnen und Künstlern moderiert, u. a. vom Mecklenburger Horst Köbbert, dem Berliner Lutz Stückrath (1938 – 2020) und dem Sachsen Manfred Uhlig (1927 – 2019), die man die „drei Dialektiker“ in dieser Sendung nannte, der „Showkolade“ (präsentiert von Gunter Emmerlich und Wolfgang Stumph), „Da lacht der Bär“ (präsentiert von Heinz Quermann) und „Zwischen Frühstück und Gänsebraten“ (präsentiert von Heinz Quermann (1921 – 2003) und Margot Ebert (1926 – 2009)) zur Stiftung kultureller Identität vieler Menschen in Ostdeutschland beitrug und auch, sofern ihrerseits möglich, teilweise durch Menschen in West-Berlin und zumindest in an die DDR angrenzenden Bundesländern in der alten Bundesrepublik gesehen werden konnte, gehe ich wieder auf die wichtigsten, dem Internet-Lexikon „Wikipedia“ entnommenen Ereignisse der Jahre bis 1970 ein und beschreibe in diesem Zeitraum gleichzeitig den weiteren beruflichen Werdegang meines Vaters Walter Märtin, aber auch meine ersten beruflichen Schritte ab 1966 sowie meine ersten Erfolge im Schach.

Am 12. Juni 1964 garantierte die Sowjetunion in einem Freundschafts- und Beistandsabkommen die Unantastbarkeit der Staatsgrenzen der DDR.

Am 1. September 1964 wurde die Straffreiheit für DDR-Flüchtlinge, die vor dem 13. August 1961 die DDR verlassen hatten, bestätigt.

Am 7. September 1964 wurde der Wehrdienst als Bausoldat ohne Waffe in der Nationalen Volksarmee eingeführt. Die DDR war damit das einzige sozialistische Land, das eine solche Alternative anbot.

Auch diese Besonderheit werde ich, bevor ich erneut auf weitere wichtige Ereignisse bis 1970 eingehe, die dem Internet-Lexikon „Wikipedia" entnommen wurden, zum besseren Verständnis gerade für die jüngeren Leserinnen und Leser, die diese Besonderheit der Geschichte der DDR, aber auch der Bundesrepublik nicht bzw. nur unzureichend kennen, intensiver beschreiben.

Erst zur Zeit der Wende ab 1990 war es bis zum Ende der DDR am 2. Oktober 1990 möglich, dass auch DDR-Bürger, die den Dienst an der Waffe ablehnten, 12 Monate lang Zivildienst leisten konnten.

Gemäß der „Verordnung über den Zivildienst in der Deutschen Demokratischen Republik" vom 20. Februar 1990, die durch die Verordnung vom 27. Juni 1990 (GBl. I S. 582) geändert wurde und faktisch durch den deutsch-deutschen Einigungsvertrag vom 31. August 1990 (BGBl. II S. 889) zum Beitritt der DDR zum Geltungsbereich der Bundesrepublik Deutschland nach Artikel 23 des Grundgesetzes der Bundesrepublik zum 03. Oktober 1990 aufgehoben wurde, war auch in der DDR ab diesem Zeitpunkt kurzzeitig ein 12monatiger Zivildienst bis zur Vollendung des 23. Lebensjahres möglich. Vorher geleistete Dienstzeiten bei der Nationalen Volksarmee (NVA) wurden nicht berücksichtigt.

Damit kein falscher Eindruck entsteht, weise ich darauf hin, dass es auch in der Bundesrepublik bis zur Aussetzung der Wehrpflicht zum 1. Juli 2011 durch Beschluss der Bundesregierung im Jahre 2010 möglich war und durch die Einführung des „Bundesfreiwilligendienstes“ ab dem 1. Juli 2011 weiterhin möglich ist, den Dienst an der Waffe abzulehnen.

In der Bundesrepublik Deutschland existierte bereits ab dem 20. Januar 1960 das „Zivildienstgesetz“, durch den Menschen, die den Dienst mit der Waffe als Soldat ablehnten, stattdessen Zivildienst leisten konnten. Dieses Gesetz wurde in der Bundesrepublik ab 1961 wirksam. Von 1961 bis zum Auslaufen des Zivildienstes Ende 2011 auf Grund der 2010 durch die Bundesregierung beschlossenen Aussetzung der Wehrpflicht absolvierten 2.718.360 Menschen Zivildienst in Deutschland, ab dem 03. Oktober 1990 auch ehemalige DDR-Bürger sowie West-Berliner. In West-Berlin gemeldete Bürger der Bundesrepublik Deutschland waren bis zur deutsch-deutschen Wiedervereinigung (03. Oktober 1990) vom Dienst in der Bundeswehr generell befreit.

Seit Juni 2002 kann man als Alternative zum Wehrdienst in der Bundesrepublik ein „Freiwilliges Soziales Jahr“ (FSJ) oder ein „Freiwilliges Ökologisches Jahr“ (FÖJ) absolvieren.

Nach dieser historisch wichtigen Erläuterung der eingeschränkt möglichen Ableistung eines Dienstes ohne Waffe auch in der DDR führe ich nunmehr wieder die wichtigsten, aus dem Internet-Lexikon „Wikipedia“ entnommenen Ereignisse in der DDR auf.

Am 9. September 1964 entschied der Ministerrat der DDR, dass Bürgern im Rentenalter einmal pro Jahr eine Reise zu Verwandtenbesuchen in die Bundesrepublik oder nach West- Berlin gewährt werden durfte.

Am 21. September 1964 starb Otto Grotewohl als Vorsitzender des Ministerrates der DDR.

Willi Stoph (1914 – 1999) wurde am 24. September 1964 neuer Vorsitzender des Ministerrates und Stellvertretender Vorsitzender des Staatsrates der DDR.

Am 1. Oktober 1964 wurden in der DDR Postleitzahlen eingeführt.

Am 6. Oktober 1964 wurde eine Amnestie für manche Kriminelle und politische Gefangene erlassen.

Am 14. Oktober 1964 wurde Nikita Chruschtschow auch wegen einer Parteireform der KPdSU und seiner Annäherung an die damalige Bundesrepublik Deutschland gestürzt. Sein Nachfolger wurde Leonid Iljitsch Breschnew (1906 – 1982).

Nach Inkrafttreten einer Passierscheinregelung besuchten am 2. November 1964 die ersten Rentner aus der DDR wieder ihre Verwandten in West-Berlin und der Bundesrepublik Deutschland.

1965

Ab dem 24. Februar 1965 erfolgte der erste Staatsbesuch Ulbrichts außerhalb eines Landes des Warschauer Pakts. Die Reise führte ihn nach Ägypten zum dortigen damaligen Präsidenten Gamal Abdel Nasser (1918 – 1970). Reaktion der Bundesrepublik Deutschland: Einstellung der Wirtschaftshilfe für Ägypten und Aufnahme von diplomatischen Beziehungen mit Israel.

Das Internationale Olympische Komitee (IOC) ließ am 8. Oktober 1965 erstmals zwei getrennte deutsche Mannschaften zu den Olympischen Spielen zu und erkannte das Nationale Olympische Komitee (NOK) der DDR an.

Der Maschinenbau-Ingenieur Erich Apel (1917 – 1965), Kandidat des Politbüros der SED und Vorsitzender der Staatlichen Plankommission der DDR, beging am 3. Dezember 1965 Selbstmord. Gerhard Schürer (1921 – 2010) wurde Apels Nachfolger.

Vom 15. bis zum 18. Dezember 1965 beschloss das 11. Plenum des ZK der SED die zweite Etappe des „Neuen ökonomischen Systems der Planung und Leitung“ (NÖSPL) und übte rigorose Kritik an einigen Schriftstellern und Künstlern („Kahlschlag-Plenum").

Wichtige in den Jahren 1965 und 1966 und teilweise auch in den Folgejahren entstandene Produktionen der im Mai 1946 gegründeten DEFA (Deutsche Film AG) verschwanden in den „Giftschränken“ und gelangten erst nach der politischen Wende in der DDR bzw. Ostdeutschland ab 1989 zur öffentlichen (Wieder-) Aufführung.

1966

Am 12. Juli 1966 wurde Klaus Gysi (1912 – 1999) zum Minister für Kultur berufen, und der bisherige Kulturminister Hans Bentzien (1927 – 2015) wurde abberufen.

Bevor ich erneut auf die Ereignisse bis 1970 im zeitlichen Ablauf weiter eingehe, gehe ich im folgenden Absatz auf Familie Brasch ein, auch, um die politischen Widersprüche innerhalb einer Familie darzulegen. Familie Brasch kann als eine der bekanntesten Familien im Kulturbetrieb der damaligen DDR angesehen werden. Zwischen dem Vater Horst Brasch, einem der Mitbegründer der Freien Deutschen Jugend (FDJ) bereits vor 1946, dem Jahr der zweiten Gründung der FDJ und nach Gründung der SED (am 21. und 22. April 1946) führenden SED-Funktionäre und seinen Kindern, insbesondere seinen Söhnen und hier insbesondere seinem ältesten Sohn Thomas bestanden unter den historischen Gegebenheiten des „Kahlschlag-Plenums“ der SED 1965 mit dem Verbot von nahezu zwei DEFA-Jahresproduktionen 1965 und 1966, des „Prager Frühlings“ 1968 und dem kulturellen Verlust der DDR durch den Weggang vieler Künstlerinnen und Künstler aus der DDR nach der Ausweisung des Liedermachers Wolf Biermann (geb. 1936) aus der DDR nach seinem von der DDR genehmigten Konzert in Köln im November 1976 politische Widersprüche.

Vom 12. April 1966 bis 1969 wurde der ehemalige FDJ-Chef (April 1942 bis März 1945 im damaligen britischen Exil und ab 1948 im Land Brandenburg, spätere Volksbildungsminister des damaligen Landes Brandenburg (1950 bis 1952), amtierende Vorsitzende des Rates des Bezirkes Cottbus (1956 bis 1957), Vorsitzende des Rates des Bezirkes Neubrandenburg (September 1957 bis Mai 1959) und Mitglied des Zentralkomitees der SED (1963 bis 1989), Horst Brasch, stellvertretender Kulturminister der DDR. Aus der Ehe mit der österreichischen Journalistin Gerda Brasch (1921 – 1975) gingen vier Kinder hervor: die Söhne Thomas Brasch (1945 – 2001), Klaus Brasch (1950 – 1980) und Peter Brasch (1955 – 2001) sowie die Tochter Marion Brasch (geb. 1961). Sein ältester Sohn Thomas Brasch war Schriftsteller, Drehbuchautor und Regisseur, der gemeinsam mit anderen späteren prominenten Künstlerinnen und Künstlern der DDR wegen des Protests gegen die Niederschlagung des „Prager Frühlings“ am 20. und 21. August 1968 durch Truppen des „Warschauer Pakts“ – mit Ausnahme der DDR – unter Führung der sowjetischen Armee in Haft geriet und in den 1970er Jahren nach West-Berlin ausreiste. Klaus Brasch war Schauspieler, Peter Brasch Schriftsteller und Kinderhörspiel-Regisseur und die Tochter Marion Brasch unter anderem Hörfunk-Moderatorin beim, wie erwähnt bis zum 31. Dezember 1991 in Mecklenburg-Vorpommern, Brandenburg und Berlin bzw. bis Mitte Mai 1993 in Sachsen, Sachsen-Anhalt und Thüringen sich im Sendebetrieb befindenden Jugend-Radiosender „DT 64“ und ab den 2010er Jahren Schriftstellerin. Durch die siebenmonatige Haft seines Sohnes Thomas wegen des Protests gegen die Niederschlagung des „Prager Frühlings“ im August 1968 bekam auch der berufliche Werdegang von Horst Brasch ab 1969 eine neue Wendung.

Nach dieser im Zuge der Zuspitzung der Kulturpolitik in der DDR nach dem 11. Plenum des ZK, dem so genannten „Kahlschlag-Plenum“, notwendigen Erörterung des kulturellen Risses, der in der DDR im ideologischen Sinne selbst durch Familien gehen konnte, wie am Beispiel der Familie Brasch beschrieben, gehe ich wieder auf weitere Ereignisse bis 1970 ein, die, wie bereits mehrfach erwähnt, dem Internet-Lexikon Wikipedia entnommen wurden.

Das Mitglied des Politbüros des ZK der SED, Erich Mückenberger (1910 – 1998) bezeichnete den Liedermacher Wolf Biermann, den Schriftsteller Stefan Heym (1913 – 2001), der mit bürgerlichem Namen eigentlich Helmut Flieg hieß und den Chemiker Robert Havemann (1910 – 1982) als „Verbündete der Gegner des Sozialismus".

Ab dem 1. April 1966 war jeder zweite Sonnabend arbeitsfrei.

Am 1. April 1966 wurde Robert Havemann am aus der Akademie der Wissenschaften der DDR ausgeschlossen.

Am 9. Mai 1966 wurde in Rheinsberg das erste Kernkraftwerk der DDR in Betrieb genommen.

1967

Am 20. Februar 1967 wurde das „Gesetz über die Staatsbürgerschaft der DDR“ verabschiedet, das das bisherige Staatsbürgerschafts-Gesetz ablöste.

Auf dem VII. Parteitag der SED vom 17. bis zum 22. April 1967 wurde die Einführung der 5–Tage–Arbeitswoche beschlossen, verbunden mit der Streichung von fünf Feiertagen (Ostermontag, Tag der Befreiung (8. Mai), Christi Himmelfahrt, Reformationstag (31. Oktober), Buß- und Bettag).

In der Zeit vom 1. bis zum 18. August 1967 markierte die DDR einseitig die gesamte innerdeutsche Grenze und errichtete erste Metallgitterzäune.

Am 28. August 1967 wurde die 5–Tage–Arbeitswoche Tage eingeführt.

Am 12. Dezember 1967 wurde die Währung der DDR von „Mark der Deutschen Notenbank" (MDN) in „Mark der Deutschen Demokratischen Republik" (M) umbenannt.

1968

Am 12. Januar 1968 verabschiedete die Volkskammer ein neues Strafgesetzbuch der DDR. Politische Vergehen wurden dadurch härter bestraft. Ein ungesetzlicher Grenzübertritt wurde mit bis zu acht Jahren Haft bestraft.

Die neue Verfassung der DDR wurde am 6. April 1968 durch einen Volksentscheid angenommen und trat am 8. April 1968 in Kraft. Die DDR wurde als ein „sozialistischer Staat deutscher Nation“ bezeichnet.

Einheiten der Nationalen Volksarmee (NVA) beteiligten sich nicht am 20. und 21. August 1968 beim Einmarsch von Truppen von Mitgliedsstaaten des Warschauer Pakts in die Tschechoslowakei und an der Niederschlagung des „Prager Frühlings“, verbunden mit der Absetzung des damaligen Chefs der Kommunistischen Partei der Tschechoslowakei (KPČ), Alexander Dubček (1921 – 1992).

1969

Am 17. März 1969 erging der „Budapester Appell" der Staats- und Regierungschefs der Staaten des Warschauer Pakts. Dabei wurde eine Konferenz über Sicherheit und Zusammenarbeit in Europa vorgeschlagen.

Am 03. April 1969 beschloss der Staatsrat der DDR die Weiterführung der 3. Hochschulkonferenz u. a. mit dem Ziel, gleiche Strukturen an Hochschulen und Universitäten einzuführen (Abweichungen gab es jedoch im Bereich Medizin), der Auflösung der Institute und dafür Einführung von Sektionen und einer bessere Verbindung von Hochschulen mit der Wirtschaft.

Kambodscha nahm am 8. Mai 1969 als erstes Land außerhalb des sowjetischen Systems volle diplomatische Beziehungen zur DDR auf. Es folgten der Irak und weitere Staaten der Dritten Welt.

Die bisher der EKD (Evangelischen Kirche in Deutschland) angehörenden Landeskirchen der DDR schlossen sich am 10. Juni 1969 zum Bund der Evangelischen Kirchen in der DDR (BEK) zusammen.

Am 29. September 1969 unterzeichnete die DDR den Atomwaffensperrvertrag.

Am 17. Dezember 1969 unterbreitete die DDR Vorschläge zur Normalisierung der Beziehungen mit der Bundesrepublik auf der Grundlage der „friedlichen Koexistenz“.

Der Staatsratsvorsitzende Walter Ulbricht schlug am 18. Dezember 1969 in einem Brief an den Bundespräsidenten Gustav Heinemann (1899 – 1976) die Aufnahme gleichberechtigter Beziehungen zwischen der DDR und der Bundesrepublik vor.

1970

Am 19. März 1970 kam es in Erfurt (DDR) zu einem Treffen des Bundeskanzlers der Bundesrepublik Deutschland, Willy Brandt (1913 – 1992), der eigentlich Herbert Frahm hieß und während seine Emigration nach Norwegen während des Zweiten Weltkriegs dort den Kampfnamen „Willy Brandt“ annahm, mit dem Ministerpräsidenten der DDR, Willi Stoph.

Die Botschafter der USA, der UdSSR, Großbritanniens und Frankreichs begannen am 26. März 1970 mit Verhandlungen zu einem Vier–Mächte–Abkommen über Berlin.

Am 21. März 1970 fand das zweite Treffen der deutschen Regierungschefs Willy Brandt und Willi Stoph in Kassel (BRD) statt.

Am 12. November 1970 begann ein Meinungsaustausch zwischen dem Staatssekretär im Bundeskanzleramt, Egon Bahr (1922 – 2015) und dem Staatssekretär beim Ministerrat der DDR, Michael Kohl (1929 – 1981).

Vom 9. Dezember 1970 bis zum 11. Dezember 1970 fand die 14. Tagung des ZK der SED statt und beschließt Modifikationen der ökonomischen Strategie.

In den Jahren nach 1960 bestand eine große Chance für die weitere erforderliche Stärkung des Sozialismus in der DDR. Denn es waren relativ gute Ausgangsvoraussetzungen dazu vorhanden, da der Stalinismus in der DDR fast überwunden war.

Der damalige SED-Chef Walter Ulbricht fand Vieles in der bisherigen Verfahrensweise in der DDR-Ökonomie nicht richtig, was vorrangig von der Sowjetunion übernommen wurde. Er stand deshalb auch gegenüber den Anschauungen der bis dato angewandten Methoden der sowjetischen Staatsführung sehr kritisch gegenüber und zeigte sich Neuem in der Wirtschaft ziemlich aufgeschlossen. Ulbricht erkannte auch, dass diejenigen Führer in der DDR recht hatten, die die Meinung vertraten, dass auch die erforderlichen Belange der Marktwirtschaft neben der Planung mit beachtet werden müssen. Dies erfolgte in der DDR bisher nie. Die Tonnen-Ideologie und auch die vergebenen Bilanzanteile hatten den absoluten Vorrang und die erforderlichen qualitativen Aspekte wurden überhaupt nicht oder nur unzureichend beachtet. Die Wirtschaft konnte unter diesen Gegebenheiten nicht richtig voran kommen. Der damalige sowjetische Staatsführer Nikita Chruschtschow, der, wie erwähnt, 1964 u. a. auf Grund seiner damaligen politischen Annäherung an die damalige Bundesrepublik unter Umgehung des Politbüros durch Leonid Breschnew gestürzt wurde, gab Ulbricht freie Hand in der Verwirklichung anderer Wirtschaftsmethoden und die bestehende Gegenwehr, die andere bisherige sowjetische Staatsführer bis dato betrieben haben, war nicht mehr vorhanden. Ulbricht vertrat damals im Gegensatz zu anderen Führern in der DDR die Auffassung, dass zuerst die Wirtschaft und dann erst die Politik käme.

Er hatte es erkannt, dass, wenn die Wirtschaft sich nicht so entwickelt, wie es erforderlich ist, auch die politischen Festlegungen nicht die Erfolge bringen können. Viele andere Führer in der DDR haben dieses logische dialektische Erfordernis nicht oder nur unzureichend bezüglich der Primatrolle der Ökonomie vor der Politik verstanden.

Die damaligen Wirtschaftsexperten und die führenden Verantwortlichen der Staatlichen Plankommission der DDR, die dies genauso sahen, haben deshalb 1963 das „Neue ökonomische System der Planung und Leitung der Volkswirtschaft" (NÖSPL) erarbeitet. Dieses vom ZK der SED im Juni 1963 beschlossenes Wirtschaftssystem wurde von Erich Apel und dem damals – im Vergleich zu seiner späteren Zeit als ZK-Sekretär für Wirtschaft ab 1976 unter Erich Honecker – noch fortschrittlich denkenden Diplom-Wissenschaftler Günter Mittag (1926 – 1994) erarbeitet. Die damaligen Auffassungen waren reformorientiert, und die Konservativen in der damaligen DDR taten alles dafür, dass einige Gesichtspunkte dieses Systems in der DDR auf Dauer nicht realisiert werden konnten. Durch die Anwendung des „Neuen ökonomischen System der Leitung und Planung der Volkswirtschaft" (NÖSPL) wollte man eine höhere Eigenverantwortung und wesentliche Fortschritte in der Leitung und Planung der Volkswirtschaft erreichen. Apel meinte dazu, dass das gesamte System der Führung und Organisation auf eine höhere Stufe gehoben werden muss. Den ab 1948 auf dem Gebiet der Sowjetischen Besatzungszone bzw. späteren DDR in Ostdeutschland entstandenen VVB (Vereinigungen Volkseigener Betriebe), die die VEB (Volkseigenen Betriebe) durch branchenspezifischem Zusammenschluss führen sollten, sollten nur wenige Planaufgaben übertragen werden, damit sie dadurch mehr Spielraum zu einer Umsetzung ihrer Aufgaben hatten. Man wollte dadurch nicht mehr eine solche hohe Zentralisierung, wie bisher, erreichen, sondern im möglichen Rahmen eine Dezentralisierung der Wirtschaft ermöglichen, was auch zu einer Reduzierung des Parteieinflusses auf diese Prozesse führen würde. Die Wirtschaftsfunktionäre sollten sich nach diesem Konzept in erster Linie nach den Bedürfnissen ihrer Abnehmer richten und dabei möglichst kostengünstig produzieren. Wenn die notwendigen Ausgaben mit relativ geringen Selbstkosten realisiert werden können, kann dadurch ein hoher Gewinn erzielt werden. Aus der erzielten Höhe der Gewinne sollten das mögliche materielle Interesse sowie die konkrete Anwendung der ökonomischen Hebel abgeleitet werden. Damit sollte der Gewinn eine entscheidende Bedeutung erhalten. Dadurch hätten auch Markterfordernisse mit der Planung in Einklang gebracht werden können, und es wäre ein höherer Anteil der unmittelbaren Marktbeeinflussung erreicht worden. Auch die anzuwendenden Preise sollten die Markterfordernisse berücksichtigen.

Trotz dem, insbesondere durch Anwendung des „Neuen ökonomischen Systems der Planung und Leitung der Volkswirtschaft", in dieser Zeit jährliche Zuwachsraten von ca. 5 Prozent erreicht wurden, hat man später vorrangig die ideologische Seite und nicht die Erfordernisse der Wirtschaft gesehen. Man begründete diese aus meiner Sicht falsche Ansicht damit, dass man die Marktwirtschaft wieder einführen und den Kapitalismus restaurieren wolle. Ungünstigerweise wurde Chruschtschow 1964, wie bereits an anderer Stelle erwähnt wurde, gestürzt und Breschnew kam ab dieser Zeit in der KPdSU in der Sowjetunion an die Macht, und er hielt vom DDR-Sonderweg überhaupt nichts. Den Hauptakteur dieses Sonderweges, Erich Apel, wollte er nicht sehen und verlangte, dass der sowjetische Weg des Wirtschaftens wieder eingeführt und auch die bisherigen Methoden des Handels zwischen der Sowjetunion und der DDR wieder angewandt wurden. Diese gingen davon aus, dass ca. 50 Prozent der hergestellten Erzeugnisse von der DDR in die Sowjetunion zu liefern waren. Wahrscheinlich hat der damalige Chef der Plankommission der DDR, Erich Apel, der eine völlig andere Ansicht bezüglich des richtigen Wirtschaftsweges hatte, deshalb den Freitod gewählt.

Die Jahre 1963 bis 1965 waren die wirtschaftlich erfolgreichsten Jahre in der DDR, und auch zu anderen Fragen der gesellschaftlichen Entwicklung hätten sie viel Positives bringen können, aber die damalige sowjetische Führung und auch manche führende Kader der DDR ließen es nicht zu, dass die Entwicklung so weitergeführt werden konnte.

Der für die neue notwendige Wirtschaftspolitik verantwortliche Walter Ulbricht stand nunmehr in der DDR unter sowjetischer Führung Brechnews auf der Abschussliste. Honecker wusste, dass er von Breschnew unterstützt wurde, und so wurden gemeinsam alle Vorbereitungen getroffen, um Walter Ulbricht abzulösen. 1971, worüber noch berichtet wird, gingen diese Wünsche in Erfüllung.

Walter Ulbricht hatte sicherlich auch eine Reihe von schwachen Seiten und hat Manches in der Vergangenheit falsch gehandhabt, auch gegen führende frühere Verbündete und auch in der Kulturpolitik in der DDR, aber wirtschaftlich hat er mehr die erforderlichen Wege gesehen, die bei seinem Nachfolger Erich Honecker, wie beispielsweise das notwendige Verhältnis von Akkumulation und Konsumtion, völlig unbeachtet geblieben sind. Erich

Honecker hatte damit schwersten Schaden auf die dann eintretende weitere wirtschaftliche Entwicklung der DDR mit zu verantworten, obwohl sein Hauptanliegen darin bestand, alles zum Wohl der Werktätigen zu tun und die Einheit von Wirtschafts- und Sozialpolitik sehr schnell zu erreichen. Dazu waren aber in der DDR noch nicht die ausreichenden wirtschaftlichen Voraussetzungen vorhanden. Trotzdem er es gut für die Bevölkerung gemeint hat, wurde eine übermäßige Konsumtion betrieben mit der Zielstellung, dass alle noch viel eindeutiger die Vorzüge der Menschen in der DDR bzw. des sozialistischen Systems am Beispiel der DDR gegenüber dem kapitalistischen Systems spüren sollten. Er hat jedoch dabei die wirtschaftliche Kraft der DDR überschätzt, weil man sich viele durchgeführte Maßnahmen in der Wirtschafts- und Sozialpolitik noch nicht erlauben konnte. Auf eine Reihe von Wirtschaftsfachleuten wurde zu wenig gehört und Vieles auf dem Gebiet der Wirtschaft besser dargestellt, als es in Wirklichkeit war. Der damalige Sekretär für Wirtschaftspolitik, Günter Mittag, hat hierbei eine sehr unrühmliche Rolle gespielt. Auf bestehende erhebliche Widersprüche und falsche Ausgangsprämissen im strategischen Bereich der Wirtschaft und vorhandene Unzulänglichkeiten wurde nicht mit erforderlichen Maßnahmen reagiert, und manche Wirtschaftsbelange wurden anders in der Öffentlichkeit dargestellt, als sie in Wirklichkeit waren.

Deshalb sind meines Erachtens schwere subjektive Fehler in der Wirtschaftsführung unter Honeckers Leitung in der damaligen DDR begangen worden, die bei einer anderen Wirtschaftsführung nicht entstehen brauchten. Im besonderen Maße erwies sich auch das damalige Bestreben und die bereits erwähnte Einheit von Wirtschafts- und Sozialpolitik und manche der daraus abgeleiteten Maßnahmen, weil man noch nicht dazu die wirtschaftlichen Voraussetzungen gehabt hat, als nicht richtig. Man hat, wie beschrieben, viele der daraus abgeleiteten Handlungen viel zu früh durchgeführt. Diese Strategie war nicht für alle Punkte wegen der nicht ausreichenden Wirtschaftskraft der DDR möglich und wirtschaftlich dadurch noch nicht berechtigt, weil sie letztlich zur Unzeit umfassend vorgenommen wurde. Auch dadurch wurde im erheblichen Maße zum wirtschaftlichen Niedergang der DDR beigetragen. Dies hat ebenfalls mit bewirkt, dass so negativ über das Gesellschaftsmodell des Sozialismus von Manchen gesprochen wird.

Mein Vater hat auch von 1961 bis 1970 seine berufliche Tätigkeit als Kreissparkassendirektor in Worbis zu dieser Zeit weitergeführt.

Nachfolgend werden einige Ausführungen bezüglich der beruflichen Tätigkeit in der damaligen Zeit über ihn geschrieben. Wie immer hat er auch in dieser Zeit in einer hohen Intensität seine Arbeit ausgeführt, und es war für ihn oft typisch, dass er, wie bereits erwähnt, seine Arbeit vor dem eigentlichen Beginn der Arbeitszeit oft um 05.00 Uhr morgens oder eher angefangen hat. Für ihn gab es unter Beachtung des festgelegten Arbeitszeitregimes nicht die dienstlich zugrunde gelegte Beendigung der Arbeitszeit. Er hat meistens an den Arbeitstagen trotz des frühen Beginns bis spät abends, oftmals, wie bereits erwähnt, bis 22.00 Uhr bzw. 23.00 Uhr, gearbeitet.

Alle damaligen Mitarbeiter haben der Arbeit bei der Kreissparkasse Worbis eine große Bedeutung beigemessen. Viele Mitarbeiter, die in dieser Zeit und davor auch schon in der Kreisparkasse Worbis gearbeitet haben, könnten in diesem Zusammenhang genannt werden. Beispielgebend können u. a. erwähnt werden:

Paul Hunold, Christoph Hunold, Paul Wachtel, Richard Roth, Emil Schneegans, Hans Josef Nolte, Karl-Heinz Koch, Heinz Begau, Herbert Ziesing, Heinrich Pfitzenreuter und viele Andere.

Sie alle haben vollen Einsatz für die Belange der Kreissparkasse Worbis gezeigt. Im Ergebnis der guten Arbeit aller Beteiligten der Kreissparkasse Worbis konnte die gesamte Kreissparkasse Worbis zwei Mal als beste Sparkasse der DDR ausgezeichnet werden. Diese Leistungen müssen bei der hohen Anzahl der Sparkassen in der DDR zur damaligen Zeit besonders gewürdigt werden.

Bild 79: Ehrung von Mitarbeitern der Kreissparkasse Worbis von links beginnend: Karl Josef Nolte, Karl-Heinz Koch, Richard Roth, Heinz Begau, Julius Helwig, Emil Schneegans und Christoph Hunold

Bild 80: Feierstunde der Kreissparkasse Worbis. Redner: Walter Märtin

Bild 81: Feierstunde der Kreissparkasse Worbis, Dritter von rechts: Walter Märtin, ganz vorne links Julius Helwig

Bild 82: Feierstunde der Kreissparkasse Worbis Redner: Walter Märtin

Bild 83: Auszeichnung für Christoph Hunold. Walter Märtin als Auszeichnender

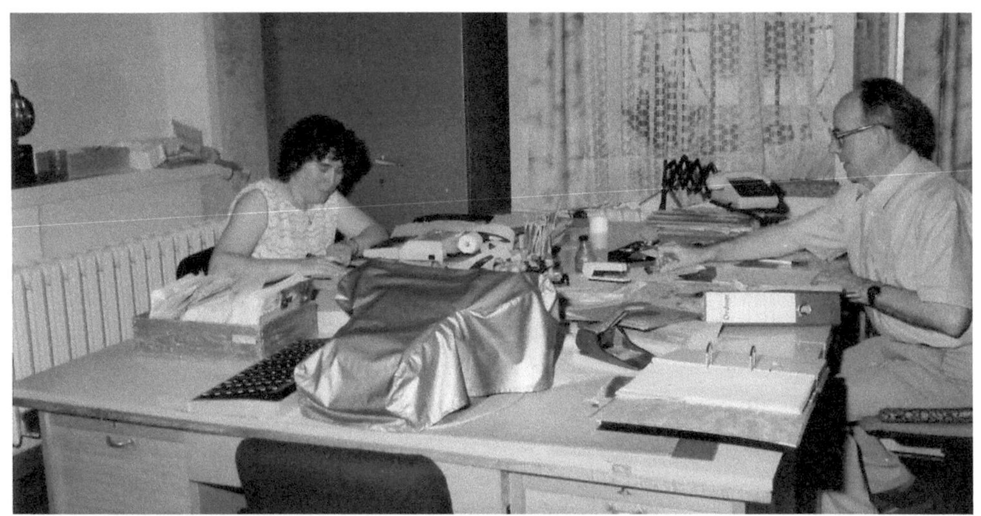

Bild 84: Emil Schneegans mit Waltraud Ludwig während der Arbeit in der Kreissparkasse

Am 26. Oktober 1964 bekam mein Vater wegen einer weiteren Qualifizierung an der Fachschule für Finanzwirtschaft Gotha folgendes Zeugnis vom Fachrichtungsleiter für Sparkassen dieser Fachschule:

„Fachschule für Finanzwirtschaft Gotha

Zeugnis

Der Finanzwirtschaftler Walter Märtin, geb. am 23.10.1918 in Friedrichroda, hat vom 20.01.1964 bis 30.10.1964 in der Fachrichtung Sparkassen an einem Lehrgang zur Weiterbildung von Absolventen

mit sehr gutem Erfolg

teilgenommen.

Gotha, den 30. Oktober 1964

gez. Ortmann
Fachrichtungsleiter“

Einen weiteren Nachweis bekam mein Vater in diesem Zeitabschnitt von der Fachschule für Finanzwirtschaft für seine Weiterbildung im Bereich Organisation und Datenverarbeitung.

„Fachschule für Finanzwirtschaft Gotha

Urkunde

Walter Märtin, geb. am 23.10.1918 in Friedrichroda, hat an einem Qualifizierungslehrgang in der Fachrichtung Organisation und Datenverarbeitung teilgenommen.

Erfurt, den 17.06.1965

Unterschrift: Außenstellenleiter der Fachschule für Finanzwirtschaft Gotha"

Mein Vater war auch Mitglied im Freien Deutschen Gewerkschaftsbund (FDGB), der bereits am 18. März 1945 in Aachen gegründet und am 30. September 1990 in der DDR wurde. Dort wurden von den West-Alliierten in Deutschland nur Industrie-Gewerkschaften zugelassen.

Er gehörte auch der „Deutsch-Sowjetischen Freundschaft" (DSF) an. Diese Organisation ging am 2. Juli 1949 aus der am 30. Juni 1947 gegründeten „Gesellschaft zum Studium der Kultur der Sowjetunion" hervor. Die „Deutsch-Sowjetische Freundschaft" wurde am 28. März 1992 in „Brücken nach dem Osten – Förderung von Gesellschaften für Völkerverständigung e. V." umbenannt und am 31. Dezember 1992 aufgelöst.

Er nahm auch eine Tätigkeit bei der Kreisrevisionskommission der SED ehrenamtlich wahr, wurde deren Vorsitzender und bekam vom bekannten antifaschistischen Widerstandskämpfer und Vorsitzenden der Bezirksrevisionskommission, Fritz Reuter, 1968 eine Prämie für seine bisherige Arbeit in Höhe von 150,- M.

Mein Vater schrieb zu Fritz Reuter eine Bemerkung: „Fritz Reuter war ein antifaschistischer Widerstandskämpfer. Er gehörte zu der “Gruppe Ulbricht“. (Von 1954 bis 1957 war er Zweiter Sekretär und anschließend bis 1960 Erster Sekretär der Bezirksleitung Dresden.) Er gehörte dem Flügel Schirdewan an und wurde später zu unrecht inhaftiert. Nach seiner Rehabilitierung wurde er Vorsitzender der Bezirksrevisionskommission des Bezirkes Erfurt und Vorsitzender des antifaschistischen Widerstandskomitees der DDR. Ich habe ihn persönlich und auch fachlich sehr geschätzt. Wir wurden trotz des Altersunterschiedes Freunde.“

Trotz der vielen Arbeit aller in Frage kommenden Mitarbeiter im Bankwesen und der späteren verantwortungsvollen Tätigkeit meines Vaters hat er monatlich nur ein sehr geringes Bruttoeinkommen bekommen.

Tätigkeit	**Ort**	**von – bis**	**Monatliches Brutto-einkommen**
Lehrling	Sparkasse für das vorm. Herzogtum Gotha	1935 – 1937	25 – 47 RM
Gegenbuchführer	Sparkasse für das vorm. Herzogtum Gotha	1937 – 1938	103 RM
Korrespondenten-Mitteilungsleiter	Mitteldeutsche Zentralgenossenschaft Gotha	1938 – 1939	140 RM
Zweigstellenleiter	Kreissparkasse Gotha	1945 – 1950	210 – 432 M
Innenrevisor	Kreissparkasse Gotha	1950 – 1951	432 M
Innenleiter	Kreissparkasse Heiligenstadt	1951 – 1952	564 M
Direktor	Kreissparkasse Worbis	1952 – 1983	564 M – 1190 M und zum Schluss 1630 M

Tabelle 3: Aufstellung des von meinem Vater Walter Märtin während seiner Ausbildung bzw. während seines Berufslebens erzielten Monatseinkommens unter Beachtung der in der jeweiligen Zeit aktuellen Währung

Insgesamt gesehen hat sich durch den erhaltenen Wohnraum die Wohnsituation unserer Familie gegenüber dem bisherigen Zustand erheblich verbessert. Meine Eltern konnten ihrer Arbeit nachgehen. Wir Kinder, egal, ob wir uns zum entsprechenden Zeitpunkt im Kindergarten, in der Schule, im Studium oder bereits im Arbeitsprozess befanden, konnten die Wohnung unserer Familie ebenfalls mit nutzen.

Meine Mutter, die für uns immer da war und für unsere Familie alles ihr Mögliche tat, hat vom 1. Oktober 1959 bis zum Ende ihres Berufslebens zum 1. März 1982 als Sachbearbeiterin für Haushaltsbelange und Steuern in der Abteilung Finanzen des Rates des Kreises Worbis in Worbis gearbeitet.

Mein Vater hat mit dazu beigetragen, dass sie nunmehr nicht mehr in der Kreissparkasse Worbis arbeiten konnte. Sie hat dann beim Rat des Kreises in Worbis gearbeitet. Obwohl seitens meiner Mutter und meines Vaters kein Grund vorlag, hat er, da er die Verantwortung für alle Belange der Kreissparkasse Worbis tragen musste, es nicht für richtig gesehen, dass seine Frau in der gleichen Einrichtung arbeitete wie er.

Unsere Mutter hat das Essen für uns Kinder, während wir die Schule besuchten, falls sie nicht in ihrer kurzen Mittagspause nicht selber Essen gekocht hat, für uns aus der möglichen Mittagsversorgung des Rates des Kreises Worbis mitgebracht.

Meine älteste Schwester hat, wie erwähnt, zu Beginn des Schuljahres 1960/1961 schon die Erweiterte Oberschule Worbis besucht. Zum Abschluss des Schuljahres 1963/1964 hat sie ihr Abitur an der betreffenden EOS in Worbis abgelegt. In den Jahren 1964 bis 1968 hat sie an der Friedrich-Schiller-Universität Jena ihr Germanistik- und Anglistik-Studium ebenfalls erfolgreich mit dem Staatsexamen im Lehrerberuf abgeschlossen. Ab dem 1.

August 1968 hat sie bereits als Lehrerin in den Fächern Deutsch und Englisch an der EOS Worbis und dann später ab 1990 am Leibniz-Gymnasium in Leinefelde bis zum Ende ihrer Berufstätigkeit gearbeitet. Im August 1966 hat meine ältere Schwester geheiratet, und am 10. März 1968 ist ihr Sohn Lars geboren worden. Gemäß meiner Einschätzung hat ihr der Lehrerberuf sehr viel Spaß gemacht, und sie hätte gerne noch viel länger über die getroffene damalige Regelung der Altersteilzeit hinaus die berufliche Tätigkeit ausgeübt. Der Bedarf – gerade für diese von meiner Schwester ausgebildeten Fächer – war mehr als vorhanden, und ich verstehe solche reglementierenden Regelungen nicht, die offenbar die Artikel des Grundgesetzes bezüglich der möglichen beruflichen Tätigkeit für Ältere, die bereits das Rentenalter erreicht haben, außer Kraft setzten. Meines Erachtens müssen auch für den öffentlichen Dienst die Bestimmungen des Grundgesetzes gelten. Man kann, aus meiner Sicht gesehen, die für alle geltenden Bestimmungen nicht durch eigene Regelungen, die nur für den öffentlichen Dienst gelten, außer Kraft setzen. Das Grundgesetz ist das oberste Gesetz und steht vor allen anderen Gesetzen in der Bundesrepublik Deutschland.

Meine jüngste Schwester wurde erst mit 7 Jahren zum Beginn des Schuljahres 1962/1963 eingeschult. Sie ist ab 1957 bis zum Beginn der Schule 1962 im Kindergarten gewesen. Sehr erstaunlich war, dass sie sich durch Zuschauen das Schachspielen selber beigebracht hat. Ich als Bruder war ganz überrascht, dass sie dies auf einmal konnte. Sie hat dann mit mir zusammen an der Kreiseinzelmeisterschaft der Jugend des Kreises Worbis mit teilgenommen und auf Anhieb schon in recht jungen Jahren in der B. Gruppe den ersten Platz geholt. Sie hat auch bei einer Bezirkseinzelmeisterschaft in Erfurt und im DDR-Schach-Pokal bei der in der Region bestehenden recht erfolgreichen Frauen-Mannschaft von Traktor Großbodungen mitgespielt. Schade, dass sie so früh mit dem Schach wieder aufgehört hat. Vielleicht hat auch der frühe Tod ihrer mit 9 Jahren bereits verstorbenen Schulfreundin Barbara Feindt, die auch aktiv Schach gespielt hat, ebenfalls dazu mit beigetragen, dass sie mit dem Schachsport aufgehört hat. Meine Schwester Karin hat im Schuljahr 1969/1970 die 10. Klasse an der Polytechnischen Oberschule in Worbis erfolgreich absolviert. Zum 1.

September 1970 ist sie an die Erweiterte Oberschule in Worbis gewechselt, da sie ebenso, wie meine Schwester Astrid, gute bis sehr gute Noten hatte.

Bild 85: Heinz Märtin in Friedrichroda

Bild 86: Walter Märtin mit Frau Waltraud, Sohn Heinz, Oma Clara, Oma Marie und Astrid mit Edgar zum Silvester in Worbis

Ich kann mich noch erinnern, da wir einen langen Flur in der Wohnung unserer Familie hatten und wir gemeinsam Polka getanzt und immer dazu laut gesungen haben: „Wir tanzen heute Polka und laden herzlich ein. Der Größte und der Dümmste, der soll bei uns der König sein." Wir hatten viel Spaß dabei. Manchmal haben wir, so habe ich dies noch in Erinnerung, mit Stefan Wachtel und seiner Schwester Gunhild oft manche Deklamierübungen gemeinsam gemacht. Stefan hat später im letzten Jahr 1988 vor seiner Flucht aus der DDR in Halle vom Rezitieren von Brecht-Gedichten gelebt.

An den gemeinsamen Urlaub in Friedrichroda und Umgebung und den damit verbundenen Wanderungen hat meine jüngste Schwester Karin und zum Anfang der 1960er Jahre auch meine Schwester Astrid noch kurzzeitig und ich, so lange ich konnte, in diesem Zeitraum teilgenommen.

Meine jüngste Schwester Karin studierte nach erfolgreichem Abitur an der TH Magdeburg "Otto von Guericke" Mathematik und Physik auf Lehramt. Nach erfolgreichem Abschluss ihres Studiums war sie dann als Lehrerin für Mathematik und Physik zunächst in einer Nordhausener und danach in einer Leinefelder Polytechnischen Oberschule tätig.

1961 war für mich ein besonderes Jahr, denn ich gewann mit 13 Jahren den Eichsfeld-Pokal im Schnellschach der Erwachsenen. An diesem Turnier haben über 70 Teilnehmer, die damals besten Schachspieler aus dem Eichsfeld und manche Vertreter auch der Leistungsklasse 1 von der früheren sehr starken Mannschaft von Motor Dingelstädt teilgenommen. Das war für mich ein großer Erfolg, denn ich spielte ja erst etwas über ein Jahr Schach. Ich fühlte mich dadurch angespornt und trainierte noch aktiver Schach und nahm mit unserer Mannschaft von Einheit Worbis an Mannschaftskämpfen sowie Kreis- und Bezirkseinzelmeisterschaften der Jugend mit gutem Erfolg teil. Ich habe damals ein Turnier und mehrere Einzelkämpfe, auch gegen meinen Trainer, den sehr erfahrenen und sehr guten Schachspieler und Arbeitersportler Willy Gunkel, in Worbis durchgeführt. Diese Spiele bzw. Wettkämpfe gegen ihn haben mir viel gegeben. Bei Willy Gunkel, der damals schon Rentner war, habe ich neben vielen anderen guten Eigenschaften besonders seinen Gleichmut und seine stoische Ruhe beim Schachspielen bewundert. Seiner Frau, die ihm immer sehr viel auch in den Wettkampfspielen gegen mich erzählte und gar nicht aufhörte zu reden, antwortete er überhaupt nicht, und nach ca. fünf Stunden, am Ende unserer Partie, fragte er seine Ehefrau in totaler stoischer Ruhe: „Was hast du eigentlich heute alles erzählt?“ Er hat sich so auf das Schachspielen konzentriert und nichts von außen wahrgenommen. So wollte ich auch werden. Ich konnte mich damals ähnlich gut konzentrieren, und mich hat zu dieser Zeit nichts aus der Ruhe bringen können.

Ich habe damals sehr viel für Schach trainiert und weiterhin viel zu wenig für die Schule gelernt und hatte deshalb durch die im Grunde nicht in der Schule verbrachte dritte Klasse durch meine Krankheit und im Ergebnis meinen damals mangelnden Fleißes für das Lernen, um das Versäumte nachzuholen, nicht so überragende Noten. Auf dem Abschlusszeugnis der 8. Klasse hatte ich nur einen Notendurchschnitt von 2,1. Das war damals die absolut unterste Notendurchschnitts-Grenze, um überhaupt zur Erweiterten Oberschule delegiert zu werden sowie das Abitur ablegen zu können. Die Verantwortlichen wollten deshalb nicht, dass ich damals das Abitur absolvieren konnte und machten mir und meinem Vater noch den Vorwurf, dass er nicht zur Arbeiterklasse gehörte und ich auch deshalb nicht zur Erweiterten Oberschule kommen könnte. Dies ließ sich mein Vater jedoch nicht gefallen. Sein Vater war Schlosser und damit aus der Arbeiterklasse und nur, weil er sich weiterqualifiziert hatte und nun Finanzwirtschaftler war und somit nicht mehr zur Arbeiterklasse gehörte, sollte sein Sohn nicht zur Erweiterten Oberschule kommen. Im Ergebnis der deutlichen Worte meines Vaters an den Verantwortlichen konnte ich doch noch die Erweiterte Oberschule besuchen. Allerdings fühlte ich mich sehr schlecht wegen der mangelnden Gerechtigkeit, dass zwei Mitschüler aus meiner Klasse, die bessere Noten als ich auf dem Schulzeugnis der 8. Klasse hatten, trotzdem nicht zur Erweiterten Oberschule kommen sollten. Wegen der genannten Klassenzugehörigkeit und der ausgeübten Religion ihrer Eltern sollten sie nicht die Erweiterte Oberschule absolvieren können. Weil sehr Viele, die so gut wie nur Einsen in den einzelnen Fächern auf dem maßgebenden Zeugnis der 8. Klasse hatten und in den ersten vergleichbaren Arbeiten in der Erweiterten Oberschule fast nur Fünfen schrieben – dies betraf besonders Schüler aus kleineren Gemeinden – und wegen ihrer Misserfolge nicht weiter auf die Erweiterte Oberschule gingen, konnten meine beiden Mitschüler doch noch zur Erweiterten Oberschule gehen, und ich fand dies mehr als gerecht. Dies war wieder ein Beispiel dafür, dass Noten oft sehr subjektiv sind und kein ausreichender vergleichbarer Maßstab auch bezüglich der eingetretenen Belange sind.

Ab dem Schuljahr 1962/1963, ab dem ich bis 1966 die Erweiterte Oberschule in Worbis besuchte, wurde zum erstem Mal die Regelung getroffen, dass man neben dem Abitur auch eine Berufsausbildung absolvieren musste. Ich wollte eine Berufsausbildung in Chemie machen, weil dies auch meinem damaligen Berufswunsch, dass ich Chemie studieren wollte, entsprach. An diesem Fach hatte ich damals sehr großes Interesse und auch in diesem Fach sehr gute Noten. Ich habe mit meinem Lehrer und noch einem Mitschüler außerschulisch viele praktische Versuche in Chemie unternommen. Ich besaß auch einen Chemiebaukasten, den ich viel genutzt habe und habe viel Chemie-Literatur außerhalb des Unterrichts gelesen. Es standen nur zwei Plätze in der Chemie-Berufsausbildung zur Verfügung, die zwei Mädchen aus unserer Klasse bekamen. Ich war damals sehr enttäuscht und hatte nur noch die Wahl, eine Berufsausbildung im Bau-Bereich oder als Elektromonteur zu absolvieren. Obwohl ich kein Interesse an diesen Berufen und auch nicht die ausreichenden Fähigkeiten dazu hatte, habe ich damals notgedrungen dann die Ausbildung als Elektromonteur aufgenommen. Die völlig uninteressante, nur theoretische Ausbildung in der organischen Chemie hat mir jedoch mit der Zeit das Interesse an der Chemie genommen. Die richtige fachgerechte Ausbildung in dieser Berufsausbildung war erst nicht gegeben, und wir haben damals in der Landwirtschaft, dann in der Baumwollspinnerei in Leinfelde als Baumwollspinner und als Schlosser im Rahmen der Berufsausbildungszeit arbeiten müssen. Erst danach konnten wir mit der praktischen Elektromonteur-Ausbildung beginnen.

In der 8. Klasse und Anfang der 9. Klasse habe ich etwas Fleiß gezeigt und Interesse an der Schulausbildung an der Erweiterten Oberschule gehabt. Wahrscheinlich lag mein damaliges Verhalten auch mit an einigen Lehrern, die wir damals hatten und die ich sehr achtete.

Mein Vater sagte mir damals, wahrscheinlich im Ergebnis von Druck anderer Stellen auf ihn, dass ich unbedingt in die SED gehen sollte. Meine ältere Schwester hätte schon Nein gesagt, und meinem Vater wurde deshalb vorgeworfen, dass er seine Kinder nicht richtig erziehen würde. Eigentlich wollte ich ggf., falls ich die notwendige Reife dazu verspüren würde, später vielleicht einmal in die SED gehen, aber ich hatte mich dazu noch in keiner Weise bisher entschlossen. Mein Vater tat mir damals leid, da er mich eindrücklich darum bat. Ich versprach dann, dieses Anliegen zu erfüllen, sagte ihm aber, dass ich in jedem Fall erst nach abgeschlossenem Abitur Kandidat der SED werden würde, damit dies nicht ggf. ausschlaggebend für das mögliche Abitur wäre. Ich bin deshalb erst nach dem Abitur Kandidat der SED geworden und wäre fast nicht zum Mitglied erklärt worden. Nur mit sehr knapper Mehrheit der Stimmen hat man mich dann nach intensiver

Diskussion, verbunden mit vielen Fragen an mich und Einschätzungen meiner Person durch Andere, die mir vergleichsweise wie eine Inquisition damals vorkamen, zum Mitglied erklärt. Die Ursachen wurden in meinem zu kritisierenden Verhalten an der Fachschule für Finanzwirtschaft in Gotha und während der Studentenzeit in Mecklenburg-Vorpommern im Rahmen des dortigen Ernteeinsatzes, speziell auf der Rückfahrt von dort nach Gotha und anderen eingetretenen Belangen gesehen. Man warf mir mangelnde Vorbildwirkung und damit auch ideologisches Fehlverhalten, wie es damals hieß, vor. Darauf will ich in diesem Buch aber nicht eingehen, da dieses Buch ja eine Erinnerung an meinen Vater im zeitlichen Blickpunkt und in Auswertung von fünf Gesellschaftssystemen, die er erlebt hat, darstellen soll.

Ich halte es jedoch für erforderlich, auch etwas zu den Kindern meines Vaters, seinen Enkeln und weiteren Verwandten zu schreiben, um Manches von meinen Eltern und von uns Kindern besser verstehen zu können. Deshalb schreibe ich auch etwas über mich als Sohn meiner Eltern, da ich diese Zeit erlebt habe und darüber berichten kann.

Die Schule hat mich mehr oder weniger in meinen Schach-Aktivitäten gestört, was mein Klassenlehrer auf das Abiturzeugnis in ähnlicher Form schrieb: "Er fühlt sich durch sein Hobby ausgelastet." Ich habe das Abitur trotzdem geschafft, auch unter Berücksichtigung der damals zu dieser Zeit sehr strengen Bewertung in der Schule. Wir schlossen im Regelfall in der EOS im Durchschnitt zwei Noten schlechter ab als der Nachbarkreis, und dies ist nicht normal. Obwohl ich in den theoretischen Fächern für den Berufsabschluss als Elektromonteur die Notenanforderungen in der Prüfung erfüllte, war die praktische Prüfung gerade in der Zeit, als ich an der Qualifikation zur Endrunde der Deutschen Jugendeinzelmeisterschaft im Schach, dem so genannten „3/4-Finale“ in Neustadt-Glewe teilnehmen konnte. Für mich war die Wahrnehmung dieser Chance viel wichtiger, als eine praktische Abschlussprüfung als Elektromonteur. Dadurch habe ich an dieser praktischen Prüfung nicht teilgenommen und deshalb keinen Berufsabschluss bekommen, was ich mit einem geringeren monatlichen Stipendium dann später in der Folge spüren musste.

Mit meinen bereits geschilderten Umständen bezüglich der schlechteren Noten als Andere hatte ich keine guten Ausgangsbedingungen für ein Studium. In der 11. Klasse war die damalige Auswertung, ob ich einen Studienplatz in der betreffenden Studienrichtung bekam, die ich ausgewählt hatte. Ich wollte damals Kybernetik an der Humboldt-Universität in Berlin studieren. Dieses Studium war damals sehr begehrt, und im Durchschnitt betrug das Verhältnis der Anzahl der Bewerber zu den ausgewählten Studenten für ein Studium 1:5. Mir sagte man, dass ich eine der besten Aufnahmeprüfungen in dieser Studienrichtung geschafft hätte, aber meine Noten wären nicht so, wie man sich dies vorstellte. Man gab mir den Hinweis, dass ich meine Schulnoten verbessern sollte und mich dann wieder zu diesem Studium an dieser Studienrichtung melden sollte, dass ich doch noch diese Studienrichtung belegen könnte. Dies entsprach nicht meinen Vorstellungen. Ich wollte dann etwas Anderes studieren. Die zentrale Studienstelle für die ganze DDR in Dresden schrieb mir daraufhin, dass ich nur noch Archäologie oder Lehrer in nur wenigen bestimmten Fächern, wie u. a. Staatsbürgerkunde, studieren könnte. Sonst würde im Ergebnis der Bedarfsplanung kein Studienplatz mehr zur Verfügung stehen. Diese Fachrichtungen wollte ich damals nicht studieren.

Mein Vater machte mich darauf aufmerksam, dass die Fachschule für Finanzwirtschaft Gotha eine Ausbildung nur für Abiturienten in der Spezialisierung Finanzrevision machen würde. Er sagte mir, dass die Ausbildung schon in drei Jahren beendet würde, und wenn man diese Ausbildung hat, hätte man eine gute berufliche Perspektive. So habe ich im August 1966 eine Fachschul-Ausbildung in der betreffenden Abitur-Klasse der Fachschule für Finanzwirtschaft Gotha begonnen.

Nachdem ich mir als Schüler das Schwimmen selbständig beigebracht habe, habe ich mir als Schüler und dann später als Student Leistungszeiten im Schwimmen und dazu Normen gestellt. Dadurch habe ich meine Leistungen im Schwimmen systematisch verbessern können, so dass ich der Auffassung war, an der Studenten-Meisterschaft dieser Schule im Schwimmsport teilnehmen zu können. Obwohl ich den Kopfsprung nicht richtig konnte und auch die Wende ebenfalls nicht beherrschte, habe ich trotz erheblicher eingetretener Rückstände im Ergebnis der Probleme beim Start die Führung vor allen Teilnehmern durch die Ergebnisse im Schwimmen erreichen können. Nun kam aber die Wende, die ich ebenfalls nicht konnte, und ich bin dadurch wieder in noch größerem Umfang als beim Start in Rückstand gekommen. Ich habe den Sieg dann doch nicht mehr geschafft und habe mich darüber verständlicherweise sehr geärgert.

Ich habe bis 1966 und bis zu einer bestimmten Zeit danach aktiv Schach gespielt und nach meinen noch vorliegenden Kenntnissen der Ereignisse von 1961 bis 1970 u. a. folgende Schach-Ergebnisse bis 1970 erreicht:

1962: Teilnahme an der Endrunde der DDR-Schulmannschaftsmeisterschaft in Bad Schmiedeberg am 5. Brett der Mannschaft vom Pionierhaus Arnstadt mit dem besten Ergebnis aller Endrunden-Teilnehmer mit 5 Punkten aus 5 Partien

1963: 2. Platz bei der Bezirks-Einzelmeisterschaft der Jugend des Bezirkes Erfurt als Mitglied in der Schachmannschaft von Einheit Worbis

1964: 3. Platz bei der Kreis-Einzelmeisterschaft des Kreises Worbis der Erwachsenen im Schach

1965: 3. Platz bei der Bezirks-Einzelmeisterschaft der Jugend des Bezirkes Erfurt im Schach

Qualifikation zur Endrunde für die Deutsche Einzelmeisterschaft (Ost) der Jugend im Schach in Neustadt-Glewe im damaligen DDR-Bezirk Schwerin

1966: Teilnahme an der Endrunde der Deutschen Schach-Einzelmeisterschaft der Jugend (Ost) in Erfurt

Teilnahme an der Endrunde der DDR-Studenten-Einzelmeisterschaft im Schach in Prieros bei Königs

Wusterhausen im damaligen DDR-Bezirk Potsdam

Erreichung der Leistungsklasse (LK) 1 im Schach

Bild 87: Endrunde der Deutschen Schach-Einzelmeisterschaft der Jugend (Ost) in Erfurt 1966: Partie Heinz Märtin gegen Jürgen Berger

1967: Teilnahme zum Ausscheid der DDR-Teilnehmer in Meißen (Meißner Turnier) zur Junioren-Weltmeisterschaft im Schach, die in Israel stattfinden sollte.

Teilnahme an der Endrunde der Studenten-Einzelmeisterschaft im Schach in Binz im damaligen DDR-Bezirk Rostock

Teilnahme am DDR-Pokal-Mannschaftsturnier der Studenten für die Fachschule für Finanzwirtschaft Gotha

Heinz Märtin (Gotha) Deutscher Jugend-Fernschachmeister

Deutsche Jugend-Fernschach-meisterschaft 1966/1969

Die 4. DJFM hatte in ihrer Durchführung viele Schattenseiten aufzuweisen. Allein acht Rücktritte lagen während der fast zweijährigen Finalkämpfe vor. Viele Partien mußten genullt werden; trotzdem wurde aber doch mit voller Kraft bis zum Schlußergebnis durchgekämpft. Der Endstand ergab zwischen den beiden Sportfreunden Heinz Märtin (Gotha) und Herbert Mayer (Leipzig) Punktgleichheit bei je 9½ Punkten. Die bessere Wertberechnung brachte Heinz Märtin den Titel eines Deutschen Jugend-Fernschachmeisters ein. Hierzu unseren herzlichen Glückwunsch!

Schachfreund Herbert Mayer mußte sich somit mit dem 2. Platz begnügen. Die weiteren Plätze sagt die Tabelle aus. Unser neuer Jugendmeister im Fernschach, Heinz Märtin, wurde am 12. 2. 1948 in Friedrichsroda geboren und schloß 1969 sein Studium in Gotha als Ökonom ab. Er ist jetzt als Revisor bei der Staatlichen Finanzrevision in Suhl tätig und verheiratet.

Den Schachsport nahm er 1960 mit 12 Jahren auf und ist bis heute sehr aktiv geblieben, indem er laufend mit unterschiedlichen Erfolgsergebnissen an fast allen Kreis- und Bezirksveranstaltungen teilnahm. In den Jahren 1966/1967 beteiligte sich Märtin an Turnieren im zentralen Maßstab und wurde 1968 Bezirksmeister der Studenten. Im Fernschach ist der heutige Titelgewinn sein größter Erfolg, nachdem er sich bis zur Hauptturnier-Klasse hochspielen konnte.

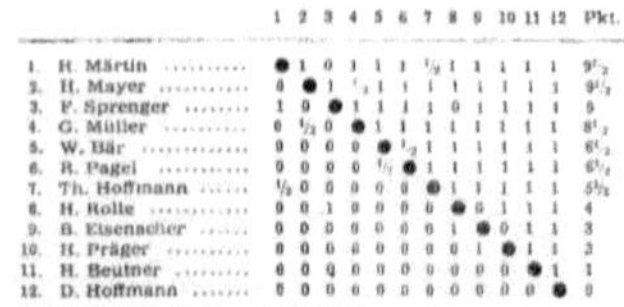

	1	2	3	4	5	6	7	8	9	10	11	12	Pkt.
1. H. Märtin	●	1	0	1	1	1	½	1	1	1	1	1	9½
2. H. Mayer	0	●	1	½	1	1	1	1	1	1	1	1	9½
3. F. Sprenger	1	0	●	1	1	1	1	0	1	1	1	1	9
4. G. Müller	0	½	0	●	1	1	1	1	1	1	1	1	8½
5. W. Bär	0	0	0	0	●	½	1	1	1	1	1	1	6½
6. R. Pagel	0	0	0	0	½	●	1	1	1	1	1	1	6½
7. Th. Hoffmann	½	0	0	0	0	0	●	1	1	1	1	1	5½
8. H. Rolle	0	0	1	0	0	0	0	●	0	1	1	1	4
9. B. Eisenacher	0	0	0	0	0	0	0	1	●	0	1	1	3
10. H. Präger	0	0	0	0	0	0	0	0	1	●	1	1	3
11. H. Beutner	0	0	0	0	0	0	0	0	0	0	●	1	1
12. D. Hoffmann	0	0	0	0	0	0	0	0	0	0	0	●	0

Götz (Syrau) 6½ (19,50), 4. Luban (Plauen) 5, 5. Weinert (Dessau) 4, 6. Lück (Frankenberg) 3 (6,00), 7. Wolfram (Pößneck) 3, (5,00), 8. Krüger (Berlin) 1 stillschw. Rücktr., 9. Glaser (Apolda) 0 stillschw. Rücktr.

3. Fernschach-Mannschafts-Pokalmeisterschaft 1969/1972
Turnierleiter: J. Proske, 25 Rostock, Laurembergstraße 19

Gruppe 1 1. Rotation Berlin, 2. Sachsenring Zwickau I, 3. SG Frankenhain-Gräfenroda, 4. Motor Rostock, 5. Chemie Gölzau, 6. Einheit Neustadt, 7. Post Gransee, 8. ISG Apolda, 9. Einheit Pädagogik Halle I.
Gruppe 2 1. Motor Gotha II, 2. Motor Wernigerode, 3. Einheit Pädagogik Halle II, 4. SG Dynamo Potsdam II, 5. Einheit Rudolstadt I, 6. Aufbau Rüdersdorf, 7. Stahl Aken II, 8. Chemie Leipzig, 9. Aktivist Niederröblingen.
Gruppe 3 1. Stahl Aken I, 2. Einheit Bad Salzungen I, 3.

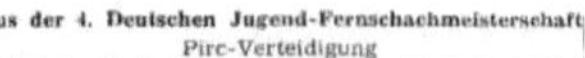

Aus der 4. Deutschen Jugend-Fernschachmeisterschaft

Pirc-Verteidigung

H. Märtin (Gotha) – H. Rolle (Halle)

Anmerkungen nach Angaben von H. Märtin

1. e4 g6 2. d4 Lg7 3. Sc3 d6 4. Le3 Sf6 5. f3 Sbd7 6. Dd2 c6 7. Sge2 Da5 8. g4 e5 9. g5 Sh5 10. Lg2 0–0 11. 0–0 ed4: (Schwarz sollte besser die Zentrumsspannung aufrechterhalten.)

12. Sd4: Se5 13. De2 Le6 (Dieses Tauschangebot gibt trotz der geöffneten f-Linie Weiß die Initiative.) **14. Se6: fe6: 15. f4 Sd7 16. Dd2 d5 17. Lf3 Lc3:** (Um den Doppelbauern in der h-Linie zu vermeiden.)

18. bc3: Sg7 19. Ld4 e5 20. fe5: de4: 21. Le4: Se5: 22. Tf6 Tfe8 (Schachfreund Märtin hält dies für den besten Zug von Schwarz und meint: „Andere Züge würden es Weiß weitaus leichter machen.")

23. Taf1 Se6 24. Dg2 Sg5: (Damit hatte Weiß gerechnet und darauf einen starken Zwischenzug vorbereitet. Natürlich geht 25. Dg5: nicht wegen 25. ... Sf3† und anschließend 26. ... Dg5:.) **25. Lf5!**

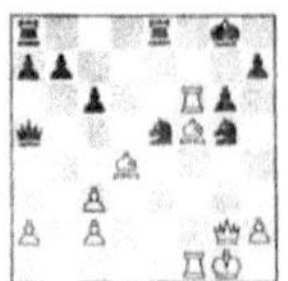

25. ... Sef3† (Oder 25. ... Dd5 26. Dg5: Sf3† 27. Tf3: Df3: 28. Tg6:† und Matt in zwei Zügen, und auf 25. ... gf5: folgt am einfachsten 26. Dg5:† Sg6 27. Tg6:† usw., bzw. 26. ... Kh8 27. T6f5:, und Schwarz wird bei dem Konflikt in der Diagonalen nach h8 zumindest um einen Turm ärmer.)

26. Tf3: Sf3:† 27. Df3: Te1† (Falls 27. ... gf5:, so 28. Dg3† und Matt im nächsten Zuge.) **28. Kf2 Tae8 29. Ld3 Dg5?** (Verliert sofort, aber auch andere Züge können nicht mehr retten.) **30. Le4† Schwarz gab auf.**

Bild 88: Heinz Märtin (Gotha) Deutscher Jugend-Fernschach-Meister und die Partie aus diesem Turnier gegen Schachfreund Hans Rolle

1968: geteilter 1. Platz bei der Kreis-Einzelmeisterschaft der Erwachsenen des Kreises Suhl im Schach
Teilnahme an der DDR-Einzelmeisterschaft im Blitzschach in Burg als Vertreter des Bezirkes Suhl

Teilnahme an der DDR-Studenten-Einzelmeisterschaft im Schach in Rerik im damaligen Bezirk Rostock

1969: Deutscher Fernschach-Meister der Jugend bei der 4. DJFM (Deutschen Jugend-Fernschach-Meisterschaft)

1969: Teilnahme an der DDR-Studenten-Einzelmeisterschaft im Schach in Rerik im damaligen Bezirk Rostock

1970: Mitglied der 1. Mannschaft des Schach-DDR-Erstligisten Einheit Mühlhausen

DDR: Jugend-Fernschachmeister

1. JFM	1963	Schwertfeger, Detlef (Schwerin)
2. JFM	1965	Hauck, Harry (Hauptmannsgrün)
3. JFM	1967	Vollbrecht, H.-Christoph (Weimar)
4. JFM	1969	Märtin, Heinz (Gotha)
5. JFM	1971	Donath, Richard (Callenberg)
6. JFM	1973	Syré Christian (Bad Freienwalde)
7. JFM	1975	Berndt, Klaus (Cottbus)
8. JFM	1977	Pähtz, Thomas (Erfurt)
9. JFM	1979	Pfretzschner, Roland (Siebenbrunn)
10. JFM	1982	Goldberg, Alexander (Dresden)
11. JFM	1984	Härtig, Axel (Burgstädt)
12. JFM	1986	Luther, Thomas (Erfurt)
13. JFM	1987	Mollenschott, Alexander (Berlin)
14. JFM	1988	Kyritz, Michael (Brandenburg)
15. JFM	1989	Bade, Jörn (Berlin)
16. JFM	1990	Grämer, Gert (Radebeul)
17. JFM	1991	Darnstädt, Frank (Leipzig)
18. JFM	1991	Petzold, Thomas (Ronneburg)

Bild 89: Auflistung der DDR-Jugend-Fernschachmeister von 1963 bis 1991 mit Heinz Märtin als DDR-Jugend-Fernschachmeister 1969

Tabelle 4: Größte Erfolge und Finalteilnahmen von Heinz Märtin im Schach von 1962 bis 1970

1968 heiratete ich. Zuerst wohnten wir bis Anfang 1970 in Suhl. Meine Tochter Claudia wurde am 5. Juni 1969 in Suhl und mein Sohn André am 30. Mai 1970 in Leinefelde geboren.

Mein Studium schloss ich im Juli 1969 in Gotha als Ökonom in der Fachrichtung Finanzen der Industrie mit der Spezialisierung Finanzrevision der volkseigenen Industrie ab. Dort habe ich zuerst bei der Finanzrevision in Erfurt in den Bereichen Bau und Verkehr und dann in Suhl in den Bereichen Industrie und örtliche Versorgungswirtschaft gearbeitet.

Ab Januar 1970 begann ich im Volkseigenen Betrieb (VEB) Eichfelder Zementwerke Deuna zu arbeiten. Dort bekam unsere Familie erst eine Zwei-Raum-Neubau-Wohnung im 1. Halbjahr 1970 in Leinefelde und danach – ebenfalls 1970 in Leinefelde – eine 2,5-Raum-Neubau-Wohnung und dann eine 4-Raum-Neubau-Wohnung.

Im genannten Betrieb, bei dem ich 1970 meine berufliche Laufbahn begonnen hatte, war ich zuerst als Preisprüfer und – unterbrochen durch eine 18monatige Dienstzeit bei der Nationalen Volksarmee (NVA) – danach als Ökonom für Investitionen tätig und habe dort u. a. die Obligo-Kartei geführt und an der Investitionsplanung dieses wichtigen strukturbestimmenden Betriebes mitgewirkt.

Nach der kurzen Beschreibung meines eigenen und des Lebens meiner Familie im Zeitraum von 1961 bis 1970 wird der Zeitraum vom 1. Januar 1971 bis zum 31. Oktober 1983, dem Datum des letzten Arbeitstages meines Vaters, beschrieben.

Wie bei der Beschreibung der vorangegangenen Jahre wird auch über diesen Zeitraum zunächst ein Überblick über wichtige Ereignisse in der DDR, die dem Internet-Lexikon Wikipedia entnommen wurden, gegeben. Danach erfolgt durch den Autor dieses Buches eine kurze geschichtliche Wertung dieser Zeit und der Auswirkungen. Abschließend wird über wichtige Ereignisse der Berufstätigkeit meines Vaters, seines Lebens und des Lebens seiner Familie berichtet.

1971

Am 1. Januar 1971 wurden die Ergebnisse der Volks-, Berufs-, Wohnraum- und Gebäudezählung in der DDR veröffentlicht. In der DDR lebten zum festgelegten Stichtag 17.053.690 Einwohner.

Am 29. Januar 1971 erging ein Ministerrats-Beschluss über sozialpolitische Maßnahmen. Diese beinhalten u. a. Preissenkungen für verschiedene Textilien und andere Industriewaren und Verbesserungen im Sozialversicherungswesen.

Der Telefonverkehr zwischen Ost- und West-Berlin wurde am 31. Januar 1971 wieder aufgenommen.

Am 1. Februar 1971 wurden Grundlöhne und Mindestrenten erhöht.

Am 24. und 25. Februar 1971 fand ein Briefwechsel zwischen dem Vorsitzenden des Ministerrates der DDR, Willi Stoph und dem Regierenden Bürgermeister von Berlin (West), Klaus Schütz (1926 – 2012), über die Aufnahme von Verhandlungen statt.

Die DDR und Chile nahmen am 16. März 1971 diplomatische Beziehungen auf. Inzwischen haben 28 Staaten die DDR diplomatisch anerkannt.

Walter Ulbricht wurde – angeblich aus Altersgründen – auf der 16. Tagung des Zentralkomitees (ZK) der SED am 3. Mai 1971 abgelöst und Erich Honecker zum Nachfolger des 1. Sekretärs des ZK der SED gewählt.

Vom 15. bis 19. Juni 1971 fand der VIII. Parteitag der SED statt. Er formulierte als neue Hauptaufgabe die „Einheit von Wirtschafts- und Sozialpolitik" und verabschiedete die Direktive für den Fünf-Jahres-Plan 1971 bis 1975.

Am 24. Juni 1971 wurde Erich Honecker zum Vorsitzenden des Nationalen Verteidigungsrates der DDR gewählt.

Am 5. August 1971 kam es zu Gesprächen zwischen Erich Honecker, Leonid Iljitsch Breschnew und dem von 1965 bis 1977 amtierenden Vorsitzenden des Obersten Sowjets und somit damaligen Staatsoberhaupt der Sowjetunion, Nikolai Wiktorowitsch Podgorny (1903 – 1983) über „Vervollkommnung und Vertiefung der Zusammenarbeit" zwischen der DDR und der UdSSR.

Am 17. August 1971 wurden ein Teilbericht über die praktische Erprobung der Splittertermine SM-70 (Selbstschussanlagen) veröffentlicht.

Am 3. September 1971 unterzeichneten die Botschafter der vier alliierten Mächte in Deutschland (USA, UdSSR, Großbritanniens und Frankreich) das "Vier-Mächte- Abkommen über Berlin".

Vom 18. bis 20. September 1971 weilte eine Regierungsdelegation unter Leitung von Erich Honecker in Polen. Es kam zu einem Beschluss zum pass- und visafreien Reiseverkehr zwischen Polen und der DDR.

Am 30. September 1971 wurde ein Protokoll über Postverhandlungen zwischen der Bundesrepublik Deutschland und der DDR unterzeichnet. Es kam dadurch zu Verbesserungen im innerdeutschen Postverkehr.

Am 21. Oktober 1971 wurde ein Ministerratsbeschluss über die Förderung des privaten Wohnungsbaues in der DDR veröffentlicht.

Am 14. November 1971 fanden Wahlen der Volkskammer und zu den Bezirkstagen in der DDR statt.

Am 18. November 1971 wurde ein Preisstopp für Konsumgüter bis 1975 beschlossen.

Am 26. November 1971 wurde die konstituierende Sitzung der Volkskammer durchgeführt. Als Vorsitzender des Staatsrates werden wiederum Walter Ulbricht und als Vorsitzendes des Ministerrates Willi Stoph gewählt.

Der Staatssekretär im Bundeskanzleramt, Egon Bahr und der Staatssekretär beim Ministerrat der DDR, Michael Kohl, unterzeichneten am 17. Dezember 1971 das Abkommen über den Transitverkehr zwischen beiden deutschen Staaten.

Am 20. Dezember 1971 verabschiedete die Volkskammer den Fünf-Jahr-Plan von 1971 bis 1975.

In der dritten Dekade im Dezember 1971 wurde eine Vereinbarung zwischen dem Senat von West-Berlin und der DDR über Reise- und Besucherverkehr sowie über den Gebietsaustausch unterzeichnet.

1972

Im Januar 1972 wurde pass- und visafreier Reiseverkehr zwischen DDR und Polen (1. Januar 1972) sowie zwischen der DDR und der ČSSR (15. Januar 1972) eingeführt.

Der „Deutsche Fernsehfunk" (DFF) wurde zum 11. Februar 1972 in „Fernsehen der DDR" umbenannt.

Die Volkskammer verabschiedete am 9. März 1972 das „Gesetz über die Unterbrechung der Schwangerschaft“ (erstmals 14 Gegenstimmen und acht Enthaltungen).

Am 11. März 1972 wurde unter Führung des DDR-Außenministers Otto Winzer (1902 – 1975) in Moskau die internationale Konvention über das Verbot der Entwicklung, Herstellung und Lagerung bakteriologischer und toxischer Waffen sowie deren Vernichtung abgeschlossen.

Am 27. und 28. April 1972 fand die 5. Tagung des ZK der SED statt. Es wurde ein gemeinsamer Beschluss des ZK, des Bundesvorstandes des FDGB und des Ministerrates über sozialpolitische Maßnahmen, die Erhöhung der

Mindestrenten und die teilweisen Mietpreissenkungen für Neubauwohnungen gefasst.

Am 12. Mai 1972 wurde der Vertrag über Freundschaft, Zusammenarbeit und gegenseitigen Beistand zwischen Rumänien und der DDR unterzeichnet.

Das Transit-Abkommen zwischen den beiden deutschen Staaten trat am 3. Juni 1972 in Kraft.

Das ZK der SED und der Ministerrat beschlossen am 23. Juni 1972 Maßnahmen zur Förderung des Wohnungsbaus.

Am 6. und 7. Juli 1972 fand die 6. Tagung des ZK der SED statt. „Weite und Vielfalt" in der Kulturpolitik wurden diskutiert, eine Kommission zur Überarbeitung des Parteiprogramms und des Status der SED wurde eingesetzt und ein Beschluss über die Verstaatlichung von privaten Unternehmen und Betrieben mit staatlicher Beteiligung gefasst.

Aus Anlass des 23. Jahrestages der DDR-Gründung erließ der Staatsrat der DDR am 6. Oktober 1972 eine Amnestie für politische und kriminelle Straftäter. Ca. 30.000 Personen wurden dadurch entlassen, manche in den Westen.

Am 24. November trat die DDR der am 16. November 1945 in London gegründeten UNESCO (United Nations Educational, Scientific and Cultural Organization (Organisation der Vereinten Nationen für Bildung, Wissenschaft und Kultur) bei.

In der Zeit vom 7. bis zum 28. Dezember 1972 nahm die DDR zu verschiedenen neutralen und westlichen Staaten diplomatische Beziehungen auf.

Am 13. Dezember 1972 wurde die DDR Mitglied in der Wirtschaftskommission für Europa der UNO (United Nations Econonic Commission for Europe - UNECE).

Am 21. Dezember 1972 wurde der Grundlagenvertrag zwischen der DDR und der Bundesrepublik unterzeichnet.

1973

In der Zeit vom 5. bis zum 22. Januar 1973 nahmen weitere 13 Staaten (darunter Spanien, Italien und die Niederlande) diplomatische Beziehungen zur DDR auf.

Kurt Hager (1912 – 1998), Sekretär des ZK der SED, wandte sich am 26. Januar 1973 auf einer Tagung der Präsidien des Kulturbundes, der Künstlerverbände und der Akademie der Künste der DDR gegen die These von einer einheitlichen deutschen Kulturnation und betont die Herausbildung einer sozialistischen Kultur der DDR.

Am 2. Februar 1973 trat die DDR dem Wiener Übereinkommen über diplomatische Beziehungen bei.

Die NATO-Staaten Frankreich und Großbritannien nahmen am 9. Februar 1973 diplomatische Beziehungen zur DDR auf.

Am 1. März 1973 wurde die Verordnung des Ministerrates über die Tätigkeit ausländischer Publikationsorgane und ihrer Korrespondenten in der DDR veröffentlicht.

In der Zeit vom 5. bis zum 7. März 1973 wurden Korrespondenten der ARD, des ZDF sowie von Zeitungen und Zeitschriften aus der Bundesrepublik in der DDR akkreditiert.

Die DDR lehnte am 8. März 1973 Wiedergutmachungszahlungen an Israel in jeder Form ab.

Am 14. und 15. März 1973 traf sich in Düsseldorf eine Delegation des FDGB (Freien Deutschen Gewerkschaftsbundes) der DDR mit Vertretern des DGB (Deutschen Gewerkschaftsbundes) der BRD.

Japan nahm am 15. April 1973 diplomatische Beziehungen zur DDR auf.

Am 30. und 31. Mai 1973 fand ein Treffen des SPD-Bundestags-Fraktionsvorsitzenden Herbert Wehner (1906 – 1990) und des FDP-Bundestags-Fraktionsvorsitzenden Wolfgang Mischnick (1921 – 2002) mit Erich Honecker statt.

Am 21. Juni 1973 trat der Grundlagenvertrag der Beziehungen der DDR und der Bundesrepublik Deutschland in Kraft.

Vom 28. Juli bis zum 5. August 1973 fanden in Ost-Berlin die X. Weltfestspiele der Jugend und Studenten statt.

Das Bundesverfassungsgericht entschied am 31. Juli 1973, dass der Grundlagenvertrag mit dem Grundgesetz der Bundesrepublik vereinbar ist.

Am 1. August 1973 starb Walter Ulbricht in Ost-Berlin.

Die DDR und die Bundesrepublik Deutschland wurden am 18. September 1973 Mitglied der UNO.

Auf der 10. Tagung des ZK der SED wurde am 2. Oktober 1973 über das Wohnungsbau-Programm der DDR für die Jahre 1976 bis 1990 beraten.

Wegen der Nachfolge von Walter Ulbricht wurde am 03. Oktober 1973 von der Volkskammer der DDR Willi Stoph zum Vorsitzenden des Staatsrates der DDR und Horst Sindermann (1915 – 1990) zum Vorsitzenden des Ministerrates gewählt.

Am 5. November 1973 wurde eine Verdopplung des Mindestumtauschsatzes durch die DDR verkündet. Besucher aus nicht-sozialistischen Staaten und

West-Berlin mussten ab dem 15. November 1973 beim Besuch der DDR 20 DM und beim Besuch Ost-Berlins 10 DM zum Kurs 1:1 in Mark der DDR umtauschen.

1974

Die DDR wurde ab dem 1. Januar 1974 Mitglied der Internationalen Arbeitsorganisation (International Labour Organization – ILO).

Am 30. April 1974 fiel der gemeinsame Beschluss des SED-Politbüros, des Ministerrates und des FDGB-Bundesvorstandes über weitere Maßnahmen zur Durchführung des sozialpolitischen Programms (u. a. der Erhöhung des Mindesturlaubs).

Am 2. Mai 1974 wurden die Ständigen Vertretungen der BRD und der DDR eröffnet. Günter Gaus (1929 – 2004) wurde der Ständige Vertreter der BRD in der DDR. Michael Kohl wurde Ständiger Vertreter der DDR in der BRD.

Die USA nahmen am 4. September 1974 diplomatische Beziehungen zur DDR auf.

Die Staatsbank der DDR gab am 14. September 1974 neue Banknoten aus.

Die Volkskammer beschloss am 27. September 1974 das „Gesetz zur Ergänzung und Änderung der Verfassung der Deutschen Demokratischen Republik vom 7. Oktober 1974." Alle Bezüge auf die „deutsche Nation" wurden gestrichen.

Am gleichen Tag wurde in der DDR ein neues Gerichtsverfassungsgesetz (Gesetzblatt der DDR 1974, Teil I, S. 547) erlassen und eine personelle Umbesetzung des Ministerrates vorgenommen.

Der am 5. November 1973 verdoppelte Mindestumtausch für Besucher der DDR und Ost-Berlins wurde mit Beschluss vom 26. Oktober 1974 ab dem

15. November 1974 von 20 DM auf 13 DM bzw. von 10 DM auf 6,50 DM gesenkt. Personen unter 16 Jahre und Rentner wurden mit Beschluss vom 10. Dezember 1974 mit Wirkung vom 20. Dezember 1974 vom Mindestumtausch befreit.

In einem Hirtenbrief wandten sich am 17. November die katholischen Bischöfe der DDR gegen das staatliche Erziehungsmonopol.

Am 11. und 12. Dezember 1974 wurde ein Abkommen über die Verbringung von Abfallstoffen von West-Berlin in die DDR geschlossen.

Ein Abkommen über die Fortführung der Swing-Regelung im innerdeutschen Handel für den Zeitraum von 1976 bis 1981 (Höchstgrenze 850 Mio. DM) wurde am 12. Dezember 1974 abgeschlossen.

1975

Oskar Fischer (1923 – 2020) wurde am 20. Januar 1975 neuer Außenminister der DDR.

Am 26. Juli 1975 wurde eine Vereinbarung über die Koordinierung der Volkswirtschaftspläne der UdSSR und der DDR für 1976 bis 1980 abgeschlossen.

Vom 30. Juli bis zum 1. August 1975 fand das KSZE-Gipfeltreffen (Konferenz für Sicherheit und Zusammenarbeit in Europa) in Helsinki statt. Bei dieser Konferenz wird die „Schlussakte von Helsinki" abgeschlossen. Zu den Unterzeichnern gehörten die Bundesrepublik Deutschland und die DDR.

Am 16. September 1975 wurde das neue Zivilgesetzbuch der DDR (ZGB) verabschiedet.

Am 24. September 1975 fand eine UNO-Vollversammlung in Anwesenheit der Außenminister beider deutschen Staaten statt, die ihre unterschiedlichen Auffassungen darlegten.

Am 7. Oktober 1975 unterzeichneten Leonid Breschnew und Erich Honecker in Moskau einen neuen „Vertrag über Freundschaft, Zusammenarbeit und gegenseitigen Beistand“.

Die Regierung der DDR und der Senat von West-Berlin trafen am 29. Oktober 1975 eine Übereinkunft über gegenseitige Hilfeleistung bei Unglücksfällen in Grenzgewässern.

Am 19. Dezember 1975 kam es zu einer Vereinbarung zwischen der DDR und der Bundesrepublik Deutschland über den Ausbau der Transitstrecken nach Berlin.

1976

Ein Post- und Fernmeldeabkommen zwischen der Bundesrepublik Deutschland und der DDR wurde am 30. März 1976 unterzeichnet.

Am 23. April 1976 wurde der „Palast der Republik“ in Ost-Berlin eröffnet.

Am 4. Mai 1976 wurde in Ost-Berlin ein Konsularabkommen zwischen der DDR und Großbritannien unterzeichnet.

Vom 18. bis 22. Mai 1976 tagte der IX. Parteitag der SED im Palast der Republik. Es wurde ein neues Programm und Statut veröffentlicht. Erich Honecker nahm den Titel “Generalsekretär“ an.

Das ZK der SED, der Bundesvorstand des FDGB und der Ministerrat beschlossen am 27. Mai 1976 gemeinsam weitere sozialpolitische Maßnahmen. Dazu gehörten u.a. die Mindestlöhne, die Mindestrenten und die Maßnahmen zur Förderung berufstätiger Frauen.

Am 24. Juni 1976 beschloss die Volkskammer, alle Volksvertretungen künftig für die Dauer von fünf statt wie bisher von vier Jahren zu wählen.

Das aktive und passive Wahlrecht sank von 21 Jahren auf 18 Jahre.

Am 29. und 30. Juni 1976 fand in Ost-Berlin eine Konferenz der kommunistischen Arbeiterparteien Europas mit 29 Parteien statt.

Der Rat für gegenseitige Wirtschaftshilfe (RGW) hielt vom 7. bis zum 9. Juli 1976 seine 30. Tagung in Ost-Berlin ab. Es wurden u. a. auch Beziehungen zur EWG (Europäischen Wirtschaftsgemeinschaft, die später in "Europäische Gemeinschaft" (EG) und – mit Inkrafttreten der "Maastrichter Verträge" ab 1992 in "Europäische Union" (EU) umbenannt wurde, behandelt.

Bei den Olympischen Sommerspielen vom 17. Juli bis zum 1. August 1976 in Montréal belegte die DDR in der inoffiziellen Medaillenwertung hinter der UdSSR und vor den USA den zweiten, die BRD den vierten Platz.

Die konstituierende Sitzung der Volkskammer wählte am 29. Oktober 1976 Willi Stoph zum neuen Vorsitzenden des Ministerrates und Erich Honecker zum Vorsitzenden des Nationalen Verteidigungsrates. Gleichzeitig löste Erich Honecker Willi Stoph als Vorsitzender des Staatsrates ab. Horst Sindermann wurde Präsident der Volkskammer.

Am 16. November wurde der Liedermacher Wolf Biermann ausgebürgert. Bis zum 21. November solidarisierten sich zahlreiche DDR-Intellektuelle.

Am 26. November 1976 wurde Robert Havemann unter Hausarrest gestellt.

1977

Die 5. Tagung des ZK der SED beriet am 17. und 18. März 1977 über Wirtschaftspolitik und fasste einen Beschluss zur Entwicklung des Bauwesens.

Am 16. Juni 1977 verabschiedete die Volkskammer ein neues Arbeitsgesetzbuch (AGB).

Am 23. August 1977 wurde Rudolf Bahro (1935 – 1997) nach der Veröffentlichung eines Auszugs aus seinem Buch "Die Alternative" im westdeutschen Nachrichtenmagazin „Der Spiegel" am Vortag verhaftet.

Am 20. Dezember 1977 wurde der Ausbau der Autobahn zwischen den Grenzkontrollstellen Helmstedt (BRD) und Marienborn (DDR) vereinbart.

1978

Am 30. März 1978 besuchte der österreichische Bundeskanzler Bruno Kreisky (1911 – 1990) als erster westlicher Regierungschef die DDR.

Eine Staatsdelegation der DDR besuchte vom 05. bis zum 8. Juni 1978 Paris. Es wurden Gespräche über beiderseitige Wirtschaftsbeziehungen geführt.

Erich Honecker empfing am 7. Juni 1978 eine Delegation der PLO (Palästinensische Befreiungsorganisation – Palestine Liberation Organization) unter der Leitung von Jassir Arafat (1929 – 2004).

Am 25. Juni 1978 erging ein bischöfliches Rundschreiben an die Gemeinden mit kritischen Bemerkungen zur Einführung des Wehrkundeunterrichts an den DDR-Schulen.

Rudolf Bahro wurde am 30. Juni 1978 wegen „geheimdienstlicher Verbindungsaufnahme" zu acht Jahren Freiheitsentzug verurteilt.

Am 26. August 1978 startete Sigmund Jähn (1937 – 2019) an der Seite von Waleri Fjodorowitsch Bykowski (1934 – 2019) an Bord des sowjetischen Raumschiffs "Sojus 31" als erster Deutscher ins All.

Mit Schuljahresbeginn am 1. September 1978 wurde in den 9. und 10. Klassen der Polytechnischen Oberschulen in der DDR der Wehrkundeunterricht eingeführt.

Am 13. Oktober 1978 verabschiedete die Volkskammer ein neues Gesetz über die Landesverteidigung.

Der DDR-Außenminister Oskar Fischer besuchte vom 26. bis zum 27. Oktober 1978 Italien. Es wurde ein Abkommen über wissenschaftlich-technische Zusammenarbeit geschlossen.

Am 16. Dezember 1978 wurde der Bau einer Autobahn Berlin – Hamburg, die Instandhaltung der Transitwasserstraße nach West-Berlin und die Wiedereröffnung des Teltowkanals beschlossen.

1979

Vom 8. bis zum 21. Januar 1979 besuchten Erich Honecker und Willi Stoph Indien. Ein Abkommen über wirtschaftliche und wissenschaftliche Zusammenarbeit wurde unterzeichnet.

Vom 15. bis 24. Februar 1979 reiste Erich Honecker nach Libyen, Angola, Sambia und Mosambik.

Am 4. September 1979 wurde ein Konsularvertrag mit den USA abgeschlossen.

Am 28. September 1979 wurde die Erhöhung der Renten und eine Erweiterung der Sozialleistungen mit Wirkung vom 1. Dezember 1979 vom ZK der SED, dem Ministerrat und dem Bundesvorstand des FDGB beschlossen.

Anlässlich des 30. Jahrestages der DDR stattete Leonid Breschnew der DDR vom 4. bis 8. Oktober 1979 einen Besuch ab und kündigte den Abzug von 20.000 Soldaten und 1.000 Panzern an.

Am 7. November 1979 wurde Klaus Gysi neuer Staatssekretär für Kirchenfragen.

Rudolf Bahro wurde am 10. November 1979 auf Grund einer Amnestie aus dem Gefängnis entlassen und reiste in die Bundesrepublik Deutschland aus.

Aus Anlass des 30. Jahrestages der DDR wurde am 14. Dezember 1979 eine Amnestie erlassen. 21.928 Strafgefangene werden entlassen.

1980

Die DDR wurde am 1. Januar 1980 für zwei Jahre nicht ständiges Mitglied des UNO-Sicherheitsrates.

Die 3. Rahmenvereinbarung über Verkehrsfragen zwischen der BRD und der DDR wurde am 30. April 1980 unterzeichnet.

Am 31. August 1980 wurde das „Danziger Abkommen" unterzeichnet. Nach Massenstreiks in Polen erlaubte die polnische Staatsführung freie Gewerkschaften, das Streikrecht und soziale Verbesserungen in Polen. In den folgenden Tagen wurde das Aktionsprogramm der Gewerkschaft Solidarność ausgearbeitet. Am 30. Oktober 1980 wurde deshalb der visafreie Verkehr zwischen der DDR und Polen aufgehoben.

Erich Honecker besuchte vom 11. bis zum 13. November die Republik Österreich.

1981

Klaus Bölling (1928 – 2014) wurde am 1. Februar 1981 Nachfolger von Günter Gaus als Leiter der Ständigen Vertretung der BRD in der DDR.

Am 14. Juni 1981 fanden Wahlen zur Volkskammer und zu den Bezirkstagen statt.

Am 26. Juni 1981 wurde mit der Hinrichtung des Hauptmanns des Ministeriums für Staatssicherheit (MfS), Werner Teske (1942 – 1981), in Leipzig das letzte Todesurteil in der DDR vollstreckt. Am 17. Dezember 1987 beschloss die Volkskammer die Abschaffung der Todesstrafe in der DDR.

Die Volkskammer beschloss am 3. November 1981 den Fünf-Jahr-Plan 1981 bis 1985.

Vom 11. bis zum 13. Dezember 1981 trafen sich der Bundeskanzler Helmut Schmidt (1918 – 2015) und der Staatsratsvorsitzende Erich Honecker zu einem Arbeitsgespräch am Werbellinsee im Jagdschloss Hubertusstock. Sie besuchten auch Güstrow. Güstrow wurde während des Staatsbesuchs von Helmut Schmidt und Erich Honecker u. a. durch Mitarbeiter des Ministeriums für Staatssicherheit abgeriegelt. Alle Zufahrtsstraßen nach Güstrow wurden gesperrt. Die Bevölkerung musste in den Häusern bleiben.

Am 13. Dezember 1981 verhängte General Wojciech Jaruzelski (1923 – 2014) in Polen das bis zum 22. Juli 1983 bestandene Kriegsrecht. Die Gewerkschaft Solidarność wurde verboten.

Da diese Maßnahme nicht nur Auswirkungen auf die damalige Volksrepublik (VR) Polen (u. a. drohender Einmarsch sowjetischer Truppen in Polen mit weitreichenden Folgen), sondern auch auf die Menschen in der DDR in Bezug auf die Einschränkung der Möglichkeit, in den 1980er Jahren – außer als Studenten – als Privatpersonen nach Polen zu reisen, gehe ich auf diesen

Aspekt gesondert ein, bevor nach Beschreibung dieses Sachverhalts weitere zeitgeschichtliche Ereignisse genannt werden.

Während dieser Zeit (1981 bis 1983) emigrierten 22.000 Ingenieure, 3.000 Ärzte und 3.000 hochqualifizierte Wissenschaftler. Durch die von mehreren westlichen Ländern unter Führung der USA unter dessen damaligen Präsidenten Ronald Reagan (1911 – 2004) verhängten Wirtschaftssanktionen brach die Medikamentenversorgung zusammen, und die Versorgung mit Lebensmitteln verschlechterte sich. Der Verhängung des Kriegsrechts vorausgegangen war ein Geheimtreffen zwischen den kommunistischen Parteiführungen Polens (dem damaligen seit September 1980 amtierenden Chef der Polnischen Vereinigten Arbeiter-Partei (PVAP), Stanisław Kania (1927 – 2020) und dem damaligen Verteidigungsminister Wojciech Jaruzelski, der später Kania als Chef der Polnischen Vereinigten Arbeiter-Partei ablöste) und der damaligen Sowjetunion (dem damaligen sowjetischen Verteidigungsminister Dmitri Ustinow (1908 – 1984) und dem damaligen KGB-Chef Juri Andropow (1914 – 1984), der im November 1982 Nachfolger des damals verstorbenen Generalsekretärs der KPdSU, Leonid Breschnew wurde, im April 1981 in der damaligen sowjetischen Grenzstadt Brest, die heute zu Weißrussland (auch Belarus genannt) gehört. Auf diesem Geheimtreffen wurde, wenn seitens der polnischen Regierung der Einfluss der polnischen Gewerkschaft Solidarność auf die polnische Bevölkerung nicht zurückgedrängt werden sollte, mit einem Einmarsch sowjetischer Truppen in Polen gedroht. Um diesem Einmarsch vorzubeugen, wurde in der Nacht vom 12. auf den 13. Dezember 1981 das Kriegsrecht in Polen verhängt.

Nach dieser notwendigen Beschreibung der möglichen Auswirkungen der Verhängung des Kriegsrechts in der damaligen Volksrepublik Polen auf Bevölkerungen in der DDR und in anderen sozialistischen Ländern, auch unter Beachtung der Vorgeschichte, also der Ursachen der Verhängung des Kriegsrechts in Polen, führe ich nachfolgend wichtige weitere Ereignisse bis zum Ausscheiden meines Vaters Walter Märtin aus dem Arbeitsleben zum 31. Oktober 1983 gemäß den Angaben des Internet-Lexikons Wikipedia auf.

Schriftsteller aus West und Ost trafen sich am 13. und 14. Dezember 1981 auf Initiative Stephan Hermlins (1915 – 1997) in Ost-Berlin.

1982

Am 1. Januar 1982 fand in der DDR eine Volkszählung statt.

Am 25. Januar 1982 wurde der vom Pfarrer Rainer Eppelmann (geb. 1943) und dem Wissenschaftler Robert Havemann verfasste Berliner Appell „Frieden schaffen ohne Waffen" veröffentlicht.

Am 14. Februar 1982 forderten ca. 5.000 meist junge Menschen in der Kreuzkirche in Dresden die Einführung des zivilen Wehrersatzdienstes in der DDR.

Ein am 25. März 1982 erlassenes neues Wehrdienstgesetz schrieb die vormilitärische Ausbildung von Jugendlichen vor und ermöglichte im Verteidigungsfall die Ausweitung der allgemeinen Wehrpflicht auf Frauen.

Am 24. Mai 1982 trat Hans Otto Bräutigam (geb. 1931) die Nachfolge Klaus Böllings als Ständiger Vertreter der BRD in der DDR an.

Die Sowjetunion begann am 15. Juli 1982 mit der Stationierung von mobilen SS-21-Kurzstreckenraketen in der DDR.

Der sowjetische Staatschef Leonid Breschnew starb am 10. November 1982.

Der langjährige Chef des sowjetischen Geheimdienstes KGB (Komitet Gosudarstwennoi Besopastnostoi – Komitee für Staatssicherheit), Juri Andropow wurde, wie erwähnt, am 12. November 1982 Generalsekretär der KPdSU und damit Nachfolger von Leonid Breschnew.

1983

Am 14. Februar 1983 demonstrierten in Dresden ca. 100.000 Menschen für den Frieden.

Die Bundesregierung übernahm am 29. Juni 1983 die Bürgschaft für einen vom bayrischen Ministerpräsidenten Franz Josef Strauß (CSU) (1915 – 1988) vermittelnden Kredit über eine Milliarde D-Mark (511 Millionen Euro) für die DDR. Sie will damit die Stabilität der DDR bewahren, die sich in finanziellen Schwierigkeiten befinden.

Am 27. Juli 1983 unternahm Franz Josef Strauß eine Privatreise in die DDR. Er traf sich mit Erich Honecker.

Der aus Peru stammende UNO-Generalsekretär (1982 bis 1991) Javier Pérez de Cuéllar (1920 – 2020) stattete vom 29. Juni bis zum 2. Juli der DDR einen offiziellen Besuch ab.

Am 6. Oktober 1983, dem Vortag des Nationalfeiertags der DDR, kündigte Erich Honecker den vollständigen Abbau der Selbstschussanlagen an der Grenze der DDR an.

Am 15. November 1983 wurde ein neues Post- und Fernmeldeabkommen zwischen beiden deutschen Staaten abgeschlossen. Darin wurde die Anhebung der jährlichen Pauschalleistungen der Bundesrepublik an die DDR von 85 auf 200 Millionen DM vereinbart.

Die Synode der Evangelisch-Lutherischen Kirche in Thüringen kritisierte am 05. Dezember 1983 die Stationierung sowjetischer Mittelstreckenraketen in der DDR.

Auch unter Beachtung der Entwicklung der DDR in den Jahren 1984 bis 1990 bis zum Tag der Wiedervereinigung kann aus meiner Sicht folgendes Resumé für diesen Zeitraum bis zum Untergang der DDR gezogen werden:

Man hat aus der Entwicklung der DDR auch viele gute und nicht nur negative Seiten erkennen können. Gegenwärtig wird uns mehr oder weniger oft gesagt, dass es in der früheren DDR fast nur schlechte Dinge gab. Zu den zu erwähnenden guten Seiten gehören aus meiner Sicht u. a.:

- Trotz nicht ausreichender Produktivität hat man alles getan, durch die mögliche Erhöhung der Löhne und Gehälter der Renten und anderer sozialpolitischer Maßnahmen den möglichen Volkswohlstand zu verbessern.

- Die für die DDR eingeführten sozialpolitischen Maßnahmen waren vorbildlich und verdienen höchste Anerkennung.

- Auch die eingeleiteten Maßnahmen zur Erreichung der Gleichberechtigung der Geschlechter waren ebenfalls sehr gut und beispielgebend für manche andere Länder auf der Welt.

- Die Solidarität eines Großteils der Menschen in der DDR untereinander war sehr anerkennenswert und das Verhalten untereinander nicht in dem Maße, wie in manchen anderen Ländern der Welt, in denen eine wesentlich höhere Polarität zwischen Arm und Reich besteht, vom übermäßigen Bestreben nach Eigennutz und Individualität bestimmt.

- Es bestanden nur in relativ geringem Umfang Gewalt- oder andere Kriminalfälle. Die Aufklärungsrate von Verbrechen lag in der DDR bei über 90 Prozent und war beispielgebend für viele andere Länder der Welt.

- Es herrschte keine Arbeitslosigkeit und auch keine Obdachlosigkeit vor. Um Menschen, die zeitweilig sozialpolitische Probleme hatten und diese nicht durch ihr Verhalten selber vorgerufen hatten, wurde sich von den betreffenden Stellen des Staates sehr gekümmert.

- Die Preise waren für viele Artikel, bestimmte Dienstleistungen oder Sozialleistungen relativ gering und somit für fast Jedermann erschwinglich. Gewährte Subventionen haben zur Aufrechterhaltung der billigen Preise beigetragen.

- Es wurden kein Schulgeld und keine Studiengebühren erhoben, und fast alle Qualifikationsmaßnahmen waren kostenlos bzw. es musste nur ein geringes Entgelt entrichtet werden.

- Die Kosten für erforderliche Gesundheitsmaßnahmen waren unter Beachtung der relativ geringen monatlichen Beitragszahlungen für die Gesamtheit der Sozialversicherung – die Kosten für die gesetzliche Kranken-, Renten-, Unfallversicherung betrugen damals nur 60 M/Monat – und waren dadurch relativ gering. Das System der vorhandenen Polikliniken wirkte sich für diese Fälle sehr positiv aus.

- Viele kulturpolitische und auch staatliche oder betriebliche Freizeitveranstaltungen oder mögliche Urlaube wiesen auch durch die Subventionsstützungen sehr geringe allein zu tragende Kosten auf und waren damit nahezu für Jedermann bezahlbar.

- Das kulturpolitische Angebot war vielfältig und sehr gut gemeinschaftlich organisiert, denn es fuhren im Regelfall Busse zu den Veranstaltungen, wie Theater-, Konzert-, Musik- oder sonstigen Veranstaltungen. Auch hierbei waren die Preise, auch dank der Subventionierung und durch die Gemeinschaftsveranstaltungen (Ring-Veranstaltungen) sehr gering.

- Den Schülern und Jugendlichen wurden sehr vielfältige kulturelle und sportliche Angebote zum Teil kostenlos oder mit sehr geringen Preisen unterbreitet. Dazu gehörten u. a. Theater-, Konzert- oder andere künstlerische Aufführungen für diese Altersgruppen, Ferienspiele, Auslands- oder sonstige Bus- und Aufenthaltsreisen, Tanz- oder sonstige gesellige Veranstaltungen, Hobby- oder Sportveranstaltungen, Museen, Jugendklubs, Kindereisenbahnen oder andere touristische Veranstaltungen und vieles mehr. Die jungen Menschen brauchten nicht unter Langeweile oder nicht gegebenen Beschäftigungsmöglichkeiten leiden. Drogenprobleme oder andere sehr negative Auswirkungen auf das Verhalten junger Menschen, wie es heute leider in nicht geringem Maße der Fall ist, gab es damals deshalb so gut wie nicht.

- Auch für die Erwachsenen, die diese Freizeitbeschäftigung nutzen wollten, gab es damals ein vielfältiges sonstiges kulturelles oder Freizeitangebot. Dazu gehörten u. a. Betriebsfestspiele, sonstige Betriebs- oder Brigadeveranstaltungen, kulturelle Auftritte von Künstlern, außerhalb von Theater, Schauspiel-, Opern- und Operetten- oder sonstiger klassischer Musikveranstaltungen, Busausflüge des Bereiches, mehrtägige kulturelle Veranstaltungen oder andere touristische Veranstaltungen usw.

- Manch andere Vorteile und mögliche positive Gegebenheiten, die in der früheren DDR möglich waren und im Zusammenhang mit der Gründung der DDR noch genannt werden könnten, könnten noch aufgeführt werden, sollen aber im Rahmen dieser Darstellung nicht weiter genannt werden. Deshalb ist es nicht richtig, wenn man die mögliche Tätigkeit in der DDR oder überhaupt die DDR nur mit Verfolgung, Bevormundung, ideologischer Beeinflussung und Staatssicherheit vergleichen will. Viele Andere und auch ich haben sich in der DDR, allein auch wegen diesen Möglichkeiten, trotz auch vorhandener Nachteile wohl gefühlt.

- Eine stärkere Gleichberechtigung zwischen den beiden Geschlechtern herrschte in der damaligen DDR vor und war durch viele entsprechende Gesetze und Verordnungen rechtlich verordnet. Die in diesem Zusammenhang gewährten sozialpolitischen Maßnahmen waren vorbildlich und beispielgebend auch für die westlichen Länder der Welt. Rückständige Regelungen in der Sozialgesetzgebung, Entlohnung bzw. in der Arbeitsaufnahme, wie es leider heute noch in manchen Ländern der Fall ist, gegenüber den weiblichen Geschlecht gab es damals nicht.

- Auch durch die Regelungen der Gleichberechtigung und weil dies auch von den Frauen gewollt war und nicht das antiquarische Rollenbild zwischen den männlichen und weiblichen Geschlecht vorherrschte, wie es teilweise noch heute in manchen Ländern der Fall ist und trotz Fortschritte mancher auf diesem Gebiet rückständiger Länder zwar etwas verbessert, aber teilweise immer noch in manchen Punkten besteht, sind über 90 Prozent der Frauen in der DDR einer beruflichen Tätigkeit nachgegangen. Ein Patriarchat, wie es leider für manche Länder auf der Welt noch heute für das Rollenbild typisch ist, gab es in der Gesetzgebung der DDR nicht.

- Die geschaffenen Möglichkeiten für die Kinder in der früheren DDR, sei es durch eine ausreichende Anzahl vorhandener Kinderkrippen, Kindergärten oder Horteinrichtungen, waren vorbildlich im Vergleich zur Verfahrensweise, die zum Teil noch heute in manchen Ländern der Welt vorherrscht und bei der auch in nicht ausreichendem Maße der Bedarf berücksichtigt wird und in unzureichender Anzahl solche erforderlichen Einrichtungen geschaffen werden.

- Die Kosten für die Inanspruchnahme von Kindereinrichtungen bzw. des Horts waren relativ gering und konnten sich alle Eltern, die Kinder hatten, die später Schüler waren, die diese Einrichtungen nutzten, leisten. Dazu trugen auch vom Staat gewährte Subventionen bei.

- Bei der Nutzung der Kinder- und Schuleinrichtungen wurden nicht die Belange der Einrichtung oder der dort beschäftigten Personen vordergründig gesehen, wie es teilweise in manchen Ländern noch heute der Fall ist, sondern bei diesen Einrichtungen wurden die Erfordernisse der Kinder bzw. der Eltern als vordergründig angesehen und hatten dabei immer das Primat. Die Kindereinrichtungen waren in der damaligen DDR im Regelfall immer von 06:00 Uhr bis 18:00 Uhr geöffnet. Bei Bedürfnis der Eltern bzw. Berufstätigen war auch der Besuch von Kinderkombinationen an Wochenenden als Wochenkrippe möglich.

- Die betreffenden Kinderkrippen-, Kindergarten- und Horterzieher mussten die erforderlichen Qualifikationen in der Erziehung besitzen. Es wurde verlangt, dass sie einen erfolgreichen Abschluss einer dreijährigen Fachschulausbildung als Erzieher aufweisen konnten. Bestandteil der Fachschulausbildung in der Erziehung bzw. Pädagogik war auch das Erlernen und damit Beherrschen von mindestens zwei Musikinstrumenten.

- Das Bildungswesen war in der früheren DDR, mit Ausnahme der übertriebenen und nicht richtigen ideologischen Ausrichtung, vorbildlich und beispielgebend für viele Länder der Welt. Die Systematik des Bildungswesens wurde in hoher Qualität betrieben. Die Ausbildung wurde zentral mit einheitlichen Lehrplänen und einheitlichen Prüfungsanforderungen durchgeführt. Dadurch waren auch günstige Voraussetzungen zur Bedarfsplanung, Lehrerfortbildung und vieles Andere vorhanden. Aus meiner Sicht gesehen ist diese Betreibung des Bildungsweise aus vielerlei Gründen der föderalen Bildung vorzuziehen. Im Gliederungspunkt 15 dieses Buchs werden dazu konkretere Ausführungen gegeben.

- Die DDR hat zunehmend internationale Anerkennung, sei es durch unmittelbare diplomatische Anerkennung durch die jeweiligen Länder, durch mögliche Besuche auch von führenden Politikern und Wirtschaftsverantwortlichen westlicher Länder oder führenden Vertretern internationaler Organisationen bekommen.

- Die als Staat DDR vorgelegten Ergebnisse wurden auch mit Interesse von manchen anderen Ländern, auch von westlichen Ländern und auch das Eintreten für den Frieden international gewürdigt.

Trotzdem gab es auch manche Seiten und Verhaltensweisen in der DDR, die nicht rühmenswert waren und die mit zu den eingetretenen Problemen dieses Staates beigetragen haben. Dazu gehörten u. a.:

- Manche, die nur eine bessere DDR wollten und in diesem Zusammenhang für mögliche Änderungen eintraten, wurden zu

Oppositionellen erklärt und waren deshalb auch manchmal staatlicher Verfolgung oder sogar Inhaftierung ausgesetzt oder mussten die DDR verlassen, obwohl sie dies ggf. gar nicht wollten.

- Die Kontrolle gegenüber den Bürgern war zu hoch. Man hat manchmal Bürgern zu Unrecht das nicht ausreichende Vertrauen geschenkt. Die Betreffenden wurden zum Teil von der Staatssicherheit überprüft bzw. verfolgt und zum Teil auch inhaftiert.

- Die Sowjetunion hatte lange Zeit einen zu großen Einfluss auf die DDR, politisch und auch wirtschaftlich. Man hat deshalb auch zu lange gebraucht, manche vorhandene Verkrustung in der DDR wahrzunehmen, auf die auch besonders Michail Gorbatschow mit seiner Politik nicht nur gegenüber der DDR, sondern auch den anderen damaligen sozialistischen Länder mit Deutlichkeit hingewiesen hat.

- Leider war bei manchen politischen Führern in der DDR, trotz der Entstalinisierung, noch Züge des Stalinismus in den Handlungen, im Verhalten und in den politischen Auffassungen vorhanden, weil Manche dieser späteren DDR-Führer schon in der Zeit des Stalinismus politisch tätig waren, nicht zu verkennen und teilweise noch immer prägend.

- Auch wurde letztlich in der DDR im nicht ausreichenden Maße, trotz dem dies ein Bestandteil der Philosophie in der DDR war, das erforderliche dialektische Verhalten auch unter den Gesichtspunkten der notwendigen Aktualität und des notwendigen Reformverhaltens unter Beachtung neuer gewonnener Erkenntnisse bei ihrer politischen Strategie bzw. bei den getroffenen politischen Entscheidungen zu bemerken. Man verhielt sich oft nicht dynamisch genug und leider manchmal zu starr.

- Manche Entscheidungen, die im Rahmen der Herrschaftsform der „Diktatur des Proletariats“ im praktischen Leben getroffen wurden, waren äußerst fragwürdig. Dies wirkte sich u. a. bei der Auswahl der Vergabe von Plätzen an einer Erweiterten Oberschule bzw. der Möglichkeit der Abitur-Ablegung an einer staatlichen Schule aus.

- Die Pflicht eines Wehrkunde-Unterrichts in der Schule ab dem Schuljahr 1978/1979 ab Beginn der 9. Klasse bzw. die nicht ausreichende Möglichkeit der Schaffung eines Ersatzdienstes anstatt des Grundwehrdienstes bei der Nationalen Volksarmee (NVA), die lange Zeit vorherrschenden übertriebenen Bestimmungen im Rahmen des Grundwehrdienstes bei der Nationalen Volksarmee (NVA) usw. wirkten sich ebenfalls negativ aus. Der gesundheitspolitische Notstand in den Alten- und Pflegeheimen, die die Schaffung eines Wehr-Ersatzdienstes erforderlich machte, wurde seitens der SED bis Dezember 1989 ignoriert.

- Die erheblichen Probleme, die die DDR beim Umweltschutz zugelassen hat wurden seitens der Staatsführung verschwiegen und Diejenigen, die manche Mängel verstärkt an das Licht gebracht haben, wurden zum Teil noch bestraft. Das Verhalten von höchsten verantwortlichen Stellen in der DDR verlangt erhebliche Kritik, weil die DDR-Staatsführung damit leichtfertig die Gesundheit von Menschen aufs Spiel gesetzt hat. Dies kann man auch nicht mit notwendigen ökonomischen Gesichtspunkten dieser Zeit begründen. Dann hätte man seitens der DDR-Staatsführung bestimmte Maßnahmen, die aber trotzdem erfolgten, obwohl man die erheblichen Auswirkungen für die Menschen und auf die Natur kannte, nicht einleiten dürfen.

- Die Reisefreiheit, auch in die westliche Welt und in die anderen Länder, hätte allen Bürgern gewährt werden müssen, damit auch die Menschen in der DDR sich frei bewegen könnten. In bestimmten damaligen sozialistischen Ländern, wie beispielsweise Ungarn, war auch ein Reisebesuch in westlichen Ländern möglich. Sicherlich hätten sich dies Viele aus ökonomischen Gründen nicht erlauben können, weil nicht geringe Kosten damit verbunden waren. Man hätte diese Möglichkeit allen Bürgern auch in der damaligen DDR eröffnen müssen. Auch dies gehört zur Freiheit.

- Dass manche Menschen, die eine andere Ansicht hatten, politisch verfolgt, gefangen gehalten bzw. eingesperrt wurden, ist ebenfalls als sehr kritisch zu werten und muss als erheblicher Nachteil der dafür zuständigen Verantwortlichen in der DDR angesehen werden.

- Die Verfolgung und Auskundschaftung mancher Menschen in der DDR, die eine andere politische Auffassung hatten oder zu Oppositionellen erklärt wurden, weil sie eine bessere DDR wollten, durch vielfältige unlautere Methoden die Staatssicherheit und die manchmal auch durchgeführte Inhaftierung müssen als sehr kritisch gesehen werden, weil dadurch manche Menschen zu unrecht darunter oft erheblich leiden mussten.

- Die Verfolgung von Menschen, die in einen anderen System leben wollten, was man in einer Demokratie rechtlich erlaubt und Beachtung finden muss und die im Rahmen der Verfolgung dieser Menschen eingeleiteten Maßnahmen müssen ebenfalls erheblich kritisiert werden. Die damit verbundenen Handlungen mussten manche Menschen mit ihrem Leben bezahlen.

- Die Behandlung von jungen Menschen in Jugendwerkhöfen, wie beispielsweise in Torgau, haben oft zu erheblichen Problemen für die davon betroffenen jungen Menschen geführt. Die Behandlung von ihnen war oft unmenschlich, und es muss auch erheblich kritisiert werden, dass man ihnen auch keine möglichen Bildungs- bzw. Weiterbildungsmaßnahmen angeboten hat. Manche davon betroffene Menschen wurden zu Unrecht verfolgt, nur, weil man die wahren Beweggründe ihres als Verfehlungen erklärten Verhaltens oft nicht erkennen wollte bzw. man sich manchmal – so muss man dies aus heutiger Sicht sehen – nicht genügend Mühe gegeben hat, die tatsächlichen primären Gründe zu erkennen.

- Die gezeigte Handhabung der Diktatur und viele dort zugrunde gelegten Methoden und auch Vorzüge bestimmter Personengruppen hat sich aus meiner Sicht als nicht richtig und benachteiligend für manche Schichten der Bevölkerung erwiesen. Ich bin der Meinung, dass eine Demokratie in der richtigen Form betrieben werden muss. Die gegenwärtige Demokratie, die zur Zeit von vielen Ländern betrieben wird, ist jedoch auch in keiner Weise ausreichend. Es werden nicht nur die Belange der uns Alle beschäftigenden Klimakrise, insbesondere der steigenden Erderwärmung und viele andere Erfordernisse einer richtigen Betreibung der Demokratie unzureichend beachtet. Deshalb muss aus meiner Sicht die Demokratie anders betrieben werden. Dazu sind einige Bemerkungen und mögliche Denkanstöße in meinem veröffentlichten Buch „Wir müssen für die Menschheit auf unserem Planeten Vieles ändern. Bemerkungen zur gegenwärtigen Situation auf unserer Erde bezogen auf die Klimakrise und den Corona-Virus und Vorschläge zu einer Änderung des Herrschafts- und Gesellschaftssystems" enthalten, und deshalb erfolgen in diesem Buch keine weiteren Ausführungen dazu.

- Leider konnten auch manche Zeitungsartikel, Bücher, Filme oder sonstige Medien nicht oder nicht vollständig in der DDR erscheinen, weil diese Medien von der SED vorher zensiert wurden und sie nicht in der beabsichtigten Form bzw. im beabsichtigten Umfang erscheinen konnten. Als Beispiel sei die ab 1967 in der Sowjetunion erschienene und bis 1991 nicht nur auf Russisch, sondern auch in anderen Sprachen, zum Beispiel auf Deutsch, Englisch und Hindi, einer zum Beispiel in Indien gesprochenen Sprache, über die Sowjetunion hinaus nicht nur in beiden damaligen Teilen Deutschlands, sondern auch in anderen westlich orientierten Ländern erschienene Zeitschrift „Sputnik“, die heutzutage nur noch auf Russisch erhältlich ist, genannt. Ein im Herbst 1988 im „Sputnik“ veröffentlichter Artikel über den deutsch-sowjetischen Nicht-Angriffspakt vom August 1939 mit Kritik an Stalin bedeutete mit der Unterbindung der Auslieferung des „Sputnik“ durch den Postzeitungsvertrieb der DDR ab dem 18. November 1988 auf Weisung von Erich Honecker ein Verbot dieser Zeitschrift. Erst nach dem Mauerfall konnte eine Sonderausgabe des „Sputnik“ in der DDR noch vor der Wirtschafts-, Währungs- und Sozialunion mit der Bundesrepublik ab dem 1. Juli 1990 wieder erscheinen. Diese Pressezensur ist mit der Einhaltung demokratischer Erfordernisse in keiner Weise in Einklang zu bringen. Allerdings muss auch positiv bemerkt werden, dass manche Aussagen, auch die von Gorbatschow, im vollen Umfang in der DDR erschienen und man sich durch den vollen Wortlaut sich dadurch seine eigene Meinung bilden konnte. Im gemeinsamen Deutschland wird nur ein Beitrag in der Art und Weise veröffentlicht, wie es die Anteilseigner der zur Meinungsverbreitung eingesetzten Medien wünschen, und man kann sich keine ausreichende eigene Meinung bilden, weil bei manchen Informationen nicht der volle Wortlaut veröffentlicht wird.

Die Hauptmängel, an denen das System der DDR vorrangig gescheitert ist, lagen aber in den erheblichen Mängeln der Ökonomie begründet, die unter Honeckers Führung durch eine meines Erachtens völlig verfehlte Wirtschaftsstrategie in dieser Zeit in der DDR bestanden. Erich Honecker wollte gegenüber seiner Bevölkerung bzw. auf internationaler Ebene und besonders in Ost-Berlin nur glänzen. Wichtige Gesetze der Ökonomie wurden, um dies zu erreichen, völlig unbeachtet gelassen und über Bord geworfen. So ist es ihm mit zu verdanken, dass das unter Ulbricht stark favorisierte „Neue ökonomische System der Leitung und Planung der Volkswirtschaft" (NÖSPL) nicht ausreichend umgesetzt wurde und sich dadurch nicht weiter entwickeln konnte, sondern in dem Bestreben, immer mehr die Konsumtion zu erhöhen ging dies zu Lasten der dringend erforderlichen Akkumulation. Man ließ Wirtschaftsbelange im Fernsehen in der „Aktuellen Kamera" verlauten, die manchmal nicht der Wahrheit entsprachen. Es ging beispielsweise um Generalreparaturen an den Ofenanlagen, des damaligen Betriebes VEB Eichsfelder Zementwerke Deuna. Da ich selber in dem Betrieb in der Planung damals gearbeitet habe, habe ich dies sofort mitbekommen, dass man hier nicht die Wahrheit verkündet hatte. Hauptsache, man konnte wieder einen propagandistischen Erfolg vermelden. Auch manche Betriebsdirektoren hatten berechtigte Einwände, auch zum damaligen Plan, u. a. auch der damalige Betriebsdirektor vom Zementwerk Karsdorf. Er hatte sich extra dazu konkret an den damaligen Sekretär für Wirtschaft beim ZK der SED, Günter Mittag, gewandt. Als Antwort bekam er, anstatt eine konkrete Antwort auf seine

Einwände zu bekommen, zu hören: „Er solle doch das „Neue Deutschland" lesen, da steht alles drin.“ So ist der damalige Sekretär für Wirtschaftspolitik des ZK der SED, Günter Mittag, der die rechte Hand von Erich Honecker in Wirtschaftsangelegenheiten war, mit berechtigten Sorgen, Einwänden und Hinweisen der Werktätigen, wie wir damals sagten, umgegangen. Wenn man so die Wirtschaftspolitik weiterführte, musste es zu erheblichen Problemen kommen. 1983 mussten wegen der schlechten aktuellen Wirtschaftssituation der DDR im Weltmaßstab aus Sicherheitsgründen schon Kredite von 1 Milliarde DM besorgt werden, wofür der damalige Ministerpräsident von Bayern, Franz-Josef Strauß, bürgte. Man hätte aus dieser schlechten wirtschaftlichen Entwicklung die notwendigen Schlussfolgerungen bezüglich einer anderen Wirtschaftsstrategie in der DDR sofort ziehen und diese anwenden müssen. Man tat dies nicht und hat mehr oder weniger immer so weitergearbeitet. Als sehr ungünstig erwies sich diese Tatsache für eine einheitliche Wirtschaftsstrategie, dass der Bereich Kommerzielle Koordinierung unter Leitung von Alexander Schalck-Golodkowski (1932 – 2016) Sonderrechte wegen der jährlichen Devisenbeschaffung in Höhe von mindesten 2 Milliarden DM, die pro Jahr geschafft werden sollten, hatte. Die damit verbundenen Aktivitäten waren oft völlig entgegen der eigentlich aus objektiven erforderlichen Gründen zugrunde zu legenden notwendigen langfristigen Wirtschaftsstrategie in der DDR. Es sollten um jeden Preis Devisen beschafft werden, und die Moral bei manchen Aktivitäten zur Devisenbeschaffung blieb auf der Strecke. Dadurch war es kaum möglich, eine langfristige Strategie in den wirtschaftlichen Belangen zu Grunde zu legen. Das Bestreben war in erster Linie auf die kurzzeitig zu erzielenden jährlichen Devisen gerichtet. Viele wirtschaftlichen Aktivitäten waren völlig im Widerspruch zu den eigentlichen Erfordernissen der Wirtschaft bzw. eines zielgerichteten langfristigen Handelns der Betriebe. Diese Art des Wirtschaftens musste, weil man in erster Linie nur auf kurzfristiger Grundlage handelte und nicht genügend mehr an die Zukunft dachte, scheitern. Man ließ zu, dass ein Raubbau an Rohstoffen und wichtigen Produkten, die in der DDR benötigt wurden, durchgeführt wurde. Nur, weil man Devisen um jeden Preis ohne Beachtung einer genügenden wirtschaftlichen Vernunft erzielen wollte, musste dies zum Ruin bzw. zum Ausverkauf der DDR-Wirtschaft führen. Durch den von Franz Josef Strauß für die DDR gewährten Kredit von 1 Milliarde DM war es möglich, wieder benötigte Kredite von westlichen Ländern zu bekommen. Vorher hatte man wegen der völlig ungenügenden wirtschaftlichen Entwicklung in der DDR keine Kredite von westlichen Ländern erhalten, weil die DDR für westliche Länder vor dieser Kreditvergabe als zahlungsunfähig galt. Selbst, wenn der gewährte Kredit hinterher nicht zur Finanzierung genutzt und nur als Sicherheit und für mögliche Rückzahlungsverpflichtungen der DDR angeschafft wurde, tat man sich sehr schwer, diesen zur Gewährung vorgesehenen Kredit von der BRD, dem eigentlichen Klassengegner, wie es damals hieß, zu beschaffen. Diese Kreditbereitstellung kam für die DDR einem Offenbarungseid gleich. Deshalb bedurfte es ausdrücklich der Zustimmung des damaligen obersten DDR-Staatschefs Erich Honecker, dass man diesen von der damaligen BRD der DDR gewährten Kredit von Seiten der DDR in Anspruch nahm.

Professorinnen und Professoren der damaligen Hochschule für Ökonomie Berlin-Karlshorst, an der ich in dieser Zeit vom 1988 bis 1990 neben meiner eigentlichen Arbeit ein postgraduales Studium in der „Grundfonds- und Investitionsökonomie" absolvierte, haben sich schriftlich an Erich Honecker wegen diesen erheblichen wirtschaftlichen Problemen gewandt. Der damalige Chef der Staatlichen Plankommission der DDR, Gerhard Schürer, hat in einem Papier der damaligen DDR-Führung ebenfalls ungeschminkt die bestehende wirtschaftliche Situation der DDR vor Augen geführt. Man hätte die Wirtschaft grundlegend ändern müssen und unter diesen tatsächlichen vorhandenen Bedingungen Manches in der Wirtschaft ändern müssen, auch bezogen auf die Akkumulations- und Konsumtionsrate, die Subventionspolitik und vieles Andere mehr. Man hätte ein Zugeständnis der verfehlten Wirtschaftspolitik geben müssen, da in manchen Punkten wegen der nicht ausreichenden Wirtschaftskraft der DDR die unbedingte Einheit von Wirtschafts- und Sozialpolitik nicht in allen Fällen aufging und manche Zielstellungen der Konsumtion, wie erwähnt, zur Unzeit bzw. viel zu früh zu Lasten der dringend erforderlichen Erhöhung der Akkumulationsrate und der Durchführung sehr wichtiger notwendiger Investitionen vorgenommen wurde. Man hat diese letztlich verfehlte wirtschaftliche Entwicklung vorrangig aus politischen Gründen vollzogen, weil man der Bevölkerung und sich nicht eingestehen wollte, dass man solche erheblichen Rückstände in der Produktivität gegenüber der BRD und manchen anderen führenden westlichen Ländern hatte. Vielmehr hat man die Konsumtion für die Bevölkerung so erhöht, was man sich eigentlich noch gar nicht leisten konnte und damit durch diese völlig falsche Wirtschaftspolitik schweren Schaden für die DDR und deren Bevölkerung durch diese kurzfristige Denk- und Haltungsweise letztlich erbracht. Man hätte eigentlich viel ehrlicher gegenüber der Bevölkerung der DDR sein müssen, dass diese angestrebte wirtschaftliche Entwicklung nicht so schnell, wie gewollt, erreicht wird. Man kann nicht auf Dauer nur auf Kosten der Zukunft leben und jegliche wirtschaftliche Vernunft dabei nicht sehen bzw. nicht sehen wollen. Es wurde zu wenig auf die eigentlichen Wirtschaftsspezialisten gehört, und man wollte offenbar auf diese Wirtschaftsfachleute nicht ausreichend hören. Es zeigte sich, dass das konkrete Handeln der führenden Partei in der DDR oft diametral völlig im Gegensatz zu den Auffassungen vieler Wirtschaftswissenschaftler in der DDR war. Jegliche Partei muss die wissenschaftlichen Erkenntnisse beachten, und man kann nicht aus ideologischen Gründen gegen die wissenschaftliche Vernunft handeln. Es hätte in der DDR, wie es Walter Ulbricht damals auch wollte, die Ökonomie des Landes den Vorrang bzw. das Primat vor der Partei haben müssen. Dies war aber im Widersinn zu den damals führenden Ideologen, wie Erich Honecker, in der DDR. Diese führenden Ideologen in der DDR haben – aus meiner Sicht gesehen – zu wenigen ökonomischen Sachverstand besessen.

Zu einer ehrlichen Analyse der eingetretenen völlig ungesunden wirtschaftlichen Entwicklung war man offenbar nicht rechtzeitig bereit, und man machte der Bevölkerung und sich bezüglich der tatsächlich vorhandenen wirtschaftlichen Situation lieber etwas vor. Man hat in einigen Positionen oft einen Zuwachs vorgenommen oder manche Subventionen verteilt, für die die DDR von ihrer vorhandenen Wirtschaftskraft zum betreffenden Zeitpunkt nicht die ausreichenden Voraussetzungen in manchen Punkten besaß.

Nachfolgend werden von mir als Autor dieses Buches in Kurzform einige Mängel der damaligen Wirtschaft in der DDR benannt, die zu den eingetretenen wirtschaftlichen Problemen u. a. mit beigetragen haben (vgl.

Heinz Märtin: „Wir müssen für die Menschheit auf unseren Planeten Vieles ändern. Bemerkungen zur gegenwärtigen Situation auf unserer Erde bezogen auf die Klimakrise und den Corona-Virus und Vorschläge zu einer Änderung des Herrschafts- und Gesellschaftssystems.“, 2. erweiterte Auflage, Januar 2021).

In der Wirtschaft der damaligen DDR wurde letztlich, aus meiner Sicht, Manches nicht richtig gemacht und führte auch mit zu späteren wirtschaftlichen Problemen in der früheren DDR. Dazu gehörten u. a.:

„die Nichtbeachtung der volkswirtschaftlichen Erfordernisse zwischen Akkumulation und Konsumtion mit Machtantritt von Erich Honecker (1912 – 1994) am 03.05.1971. Verbunden war der Machtantritt Erich Honeckers mit der Entmachtung seines Vorgängers Walter Ulbricht durch ihn am 26. April 1971 auf dessen Sommersitz in Groß Dölln, einem heutigen Ortsteil der Stadt Templin in der Uckermark. Die damit verbundene wirtschaftliche Entwicklung führte zu erheblichen Disproportionen in der volkswirtschaftlichen Entwicklung. Dies zeigte sich u. a. im übergroßen Anteil des Zuwachses der Konsumtion zu Lasten der Akkumulation und in den dadurch entstandenen erheblichen Verwerfungen in der volkswirtschaftlichen Entwicklung. Es wurde viel zu wenig investiert, was zur Folge hatte, dass bestimmte wichtige Erzeugnisse nicht oder viel zu spät erneuert oder ersetzt wurden. Die Folge war eine materiell schlechte Basis, die völlig überholt war und internationalen Ansprüchen in keiner Weise entsprach. Dadurch waren bestimmte wichtige Erzeugnisse nicht den Erfordernissen entsprechend und nicht lange genug einsatzfähig. Bezüglich des Ansehens und der besseren Wirkung von Ost-Berlin wurde zu viel in Ost-Berlin (Hauptstadt der DDR) konsumiert und zum Teil auch investiert. Vorrangig erfolgte dies in neu errichtete Gebäude, was die volkswirtschaftlichen Erfordernisse zu diesem Zeitpunkt der wirtschaftlichen Entwicklung nicht oder noch nicht zuließen. Durch die einseitige Bevorteilung von Ost-Berlin als „Schaufenster des Ostens“ entstanden auch erhebliche Disproportionen zur notwendigen wirtschaftlichen Entwicklung sowie zu den Erfordernissen im übrigen Teil der früheren DDR.

- Dadurch, dass vorrangig der eigene Ratiomittelbau fehlende Investitionen in der Akkumulation ersetzen sollte, damit man nicht auf Devisen anderer westlicher Länder angewiesen war, hätte die Produktion von dazu erforderlichen Ersatzteilen und Werkzeugen in viel stärkerem Umfang in der früheren DDR verbleiben müssen. Auch die Ersatzteile hätten nicht verstärkt in das westliche Ausland, nur um Devisen zu erwirtschaften, exportiert bzw. geliefert werden dürfen. Das war ein erheblicher Mangel an der Wirtschaftsstrategie der damaligen DDR.

- Deshalb konnte der Ratiomittelbau nicht genügend wirksam werden, da oft die notwendigen bzw. gebrauchten Ersatzteile, die in der früheren DDR auch hergestellt wurden, für benötigte Erfordernisse in der früheren DDR nicht oder nicht rechtzeitig zur Verfügung standen. Deshalb entstanden auch in dieser Hinsicht erhebliche Versorgungsschwierigkeiten bzw. Versorgungsprobleme, die in dem Maße, wie sie der wirtschaftlichen Entwicklung der früheren DDR geschadet haben, nicht entstehen brauchten. Dadurch wurde eine planmäßige bessere Nutzung mancher in der DDR hergestellter Ersatzteile nicht möglich. Das führte zum Beispiel zu Versorgungsproblemen in dem Zementwerk, in dem ich tätig war, dass uns die selbst durch den Zementanlagenbau Dessau hergestellten Tragrollen, die nahezu nur in die betreffenden westlichen Länder gegen Devisenerzielung geliefert wurden, nicht für dringend erforderliche Instandhaltungsarbeiten unseres Zementwerks zur Verfügung standen. Die erforderliche Tragrollen-Lieferung für unser Zementwerk konnte dann nur durch Erwerb der in der damaligen DDR hergestellten Erzeugnisse über den Kauf in den betreffenden westlichen Ländern über Devisenverkauf erfolgen. Die erforderlichen benötigten Ersatzteile, wie im konkreten Fall erwähnt wurde, mussten dadurch durch den damaligen Bereich „Kommerzielle Koordinierung“ der damaligen DDR unter Führung des obersten Devisen-Beschaffers Alexander Schalck-Golodkowski erworben werden.

- Es wurden viele mögliche verfügbare Erzeugnisse, Produkte bzw. Leistungen, die in der damaligen DDR oft in sehr hoher Qualität hergestellt wurden, in damalige NSW-Länder (nicht-sozialistisches Wirtschaftsgebiet) als Export-Leistung gegen Devisen geliefert. Auch dadurch kam es zu Versorgungsschwierigkeiten für die Menschen in der damaligen DDR, da in völlig unzureichendem Maße auch die im Inland bzw. in der damaligen DDR von den Menschen benötigten, oft hochwertig produzierten Erzeugnisse nicht zur Verfügung standen. Bei den Exporten in die sogenannten NSW-Länder spielte in der Regel die erzielbare Export-Rentabilität nicht die eigentlich gebührende ökonomische Rolle, die ihr zukommen musste. Im Regelfall wurden Erzeugnisse und Produkte in NSW-Länder im Rahmen des Exports geliefert, die eine negative Exportrentabilität aufwiesen. Nur wenige Erzeugnisse, die in der damaligen DDR hergestellt wurden, wiesen eine positive Exportrentabilität auf, wie beispielsweise Gartenzwerge und Kali. Die Betriebe, die eine negative Exportrentabilität erzielten, erhielten dann eine Exportförderung in Form einer Exportstützung als Ausgleich für die dadurch eingetretenen Verluste in der damaligen DDR.

- Durch die relativ hohe Exportstützung, die frühere DDR-Betriebe, die exportieren konnten, bekamen, war zu ersehen, dass die vergleichbaren Inlandspreisen der damaligen DDR im Regelfall weit über dem Weltmarktpreisen lagen. Da die erhöhten Inlandspreise unter Beachtung zugrunde zu legender Kalkulationen nur auf erhöhte Inlands-Aufwendungen oder eine zu niedrige Inlandsproduktivität zurück geführt werden konnten, sind daraus nicht die erforderlichen ökonomischen Schlussfolgerungen gezogen worden, die notwendig gewesen wären.

- Es hätte alles daran gesetzt werden müssen, den Weltmarktpreis – bezogen auf den zu vergleichenden Inlandspreis – wenigstens zu erreichen bzw. zu unterbieten. Die Hauptursache der wesentlichen Überschreitung der Weltmarktpreise durch die Inlandspreise war im erheblichen Rückstand der Produktivität der Betriebe der DDR gegenüber den westlichen Unternehmen begründet. Dies konnte aus meiner Sicht darauf zurückgeführt werden, dass die damalige DDR auf vielen Gebieten der Technik und Technologie wesentlich gegenüber den westlichen Ländern zurück lag. Dies ist auch zu einem bestimmten Anteil mit auf die Nichtlieferung von Produkten aus den NSW-Ländern durch die lange Zeit noch bestehende Wirksamkeit der Hallstein-Doktrin und andere Importeinschränkungen für die frühere DDR zurückzuführen.

- Diese wurden von einigen westlichen Ländern, vorrangig von der alten Bundesrepublik, gegenüber der damaligen DDR eingeleitet, um dieser als Bestandteil des „Kalten Krieges" zu schaden. Lange Zeit hat man, obwohl die DDR schon lange existierte, diese als Zeichen der Nichtanerkennung der DDR immer noch als „Sowjetische Besatzungszone" bezeichnet.

- Es wurden von den westlichen Ländern in einer vergleichbaren Zeiteinheit wesentlich mehr Erzeugnisse bzw. Produkte hergestellt, als Betriebe in der DDR unter durchschnittlichen Bedingungen dazu unter den Bedingungen, die in der Wirtschaft der damaligen DDR herrschten, in der Lage waren. Ein weiterer Grund könnte bei einzelnen Erzeugnissen daran gelegen haben, dass in den Betrieben der damaligen DDR im Vergleich zu westlichen Ländern für die gleiche Zeit der Erzeugnisherstellung wesentlich mehr Arbeitskräfte eingesetzt wurden. Dass mehr Arbeitskräfte eingesetzt wurden, als ökonomisch vertretbar war, lag, wie bereits erwähnt, am Technologie- bzw. Technik-Rückstand oftmals veralteter Maschinen und Anlagen in der damaligen DDR und im damit verbundenen höheren Arbeitskräftebedarf begründet. Zum anderen wurden manchmal, meines Wissens zur Sicherung der Beschäftigung aller Arbeitskräfte, in der damaligen DDR nicht so harte betriebswirtschaftliche Produktivitätskriterien wie in führenden westlichen Ländern getroffen. Es bestanden auch ungleiche Ausgangsbedingungen zwischen der damaligen DDR und den alten Bundesländern, wie zum Teil bereits erwähnt, u. a.:

- Pflicht der Sowjetischen Besatzungszone bzw. ab dem 7. Oktober 1949 der DDR zur Zahlung von 98 Prozent aller Reparationsleistungen für ganz Deutschland an die Sowjetunion

- Demontage von 30 Prozent aller damals in der Sowjetischen Besatzungszone bzw. späteren DDR bestandenen Betriebe und deren Transport in die Sowjetunion

- keine Wirksamkeit des Marshall-Plans in der Sowjetischen Besatzungszone bzw. in der DDR auf Grund der ausdrücklichen Ablehnung durch Josef Wissarionowitsch Stalin

- von 1956 bis 1969 wirksame Hallstein-Doktrin, die nach dem damaligen Staatssekretär (1951 – 1958) im Auswärtigen Amt der Bundesrepublik Deutschland, dem christdemokratischen Politiker Walter Hallstein (1901 – 1982), benannt wurde und der damit verbundene Alleinvertretungsanspruch der alten Bundesrepublik, für ganz Deutschland zu handeln und die DDR nicht anzuerkennen mit für die DDR auch im internationalen Rahmen negativen Folgen

- Wie bereits erwähnt, hat man durch das Verbot des damaligen sowjetischen Staatsführers Leonid Breschnew mit Unterstützung von Erich Honecker ab 1970 die nicht mehr mögliche Anwendung des „Neuen ökonomischen Systems der Planung und Leitung der Volkswirtschaft" in der damaligen DDR mit die Voraussetzungen für die eingetretene ungenügende wirtschaftliche Entwicklung geschaffen. Dieses System wurde 1964 von der DDR von den DDR-Wirtschaftsexperten Erich Apel, von 1963 bis zu seinem Selbstmord 1965 Vorsitzender der Ständigen Plankommission der DDR und Günter Mittag, einem promovierten Diplom-Wirtschaftswissenschaftler, wie erwähnt, erarbeitet. Dieses neue System der Wirtschaft war, wie genannt, dadurch gekennzeichnet, dass neben der Planwirtschaft auch bestimmte Elemente der Marktwirtschaft mit enthalten waren. Erst, wie erwähnt, durch Entscheidungen von Erich Honecker, die auf getroffenen Verboten von der damaligen sowjetischen Führung von Leonid Breschnew fußten, konnte das „neue ökonomische System der Planung und Leitung der Volkswirtschaft" nicht mehr in der bisherigen Form durch den damaligen DDR-Regierungschef Walter Ulbricht und seine Wirtschaftsverantwortlichen weiter fortgesetzt werden, was sich sehr ungünstig auf die Wirtschaft der DDR auswirkte. In dieser Zeit, als Walter Ulbricht die Regierungsverantwortung hatte, wurden die erforderlichen richtigen Grundsätze der Verhältnisse der Akkumulation und Konsumtion eingehalten. Honecker hat mit zunehmendem Einfluss gegen diese wichtigen Grundsätze der Wirtschaftspolitik in der DDR aus meiner Sichtweise durch den Einfluss unter dem damaligen sowjetischen Staatsführer Breschnew verstoßen und hatte auch einige Helfershelfer gehabt. Diese nannten sich zum Teil aus meiner Sicht zu unrecht „Wirtschaftsfachleute", wie Günter Mittag, die ihn bei dieser letztlich nicht sachgerechten falschen Wirtschaftspolitik unterstützten.

- Die gewährten Preissubventionen für bestimmte Erzeugnisse und Dienstleistungen und in sozialen Bereichen und auch manche gewährte Preise waren im Umfang der gewährten Höhe für die damalige Zeit wohl aus volkswirtschaftlicher Sicht für die DDR nicht ausreichend vertretbar. Man hat dies aus meiner Sicht, wie bereits beschrieben, wohl unter Honecker gemacht, um gut bei den Werktätigen in der DDR da zustehen. Dabei wurden jedoch wichtige Grundsätze des Wirtschaftens, die unbedingt erforderlich sind, aus meiner Sichtweise missachtet. Außerdem führten sie bei einigen subventionierten Erzeugnissen und Dienstleistungen zum Teil zu nicht gewünschten Ergebnissen und manchmal zu negativen Auswirkungen. Dies betraf u. a. bestimmte Lebensmittel, wie Brot und Brötchen, die teilweise auch zur Tierverfütterung verwendet wurden oder mit denen nicht sparsam und teilweise verschwenderisch umgegangen wurde. Auch die Altbauten sind u. a. durch die zu geringen Mietpreise oft verfallen und waren dadurch nicht mehr ausreichend nutzbar, was sich auch auf deren Zustand und überhaupt und auf die veraltete und teilweise verkommene Gebäudestruktur von Altbauten in der DDR sehr negativ auswirkte.

- Die nicht ausreichende Erlaubnis zur Errichtung von Privatbetrieben, u. a. auch Bau- und Handwerksbetrieben in anderen Branchen, obwohl ein erheblicher Bedarf u. a. gerade im Baugewerbe wegen der notwendigen Sanierung von Altbauten bestand, haben neben der verfehlten Akkumulations- und Investitionspolitik in der damaligen DDR zu der schlimmen Bausituation bei Altbauten geführt. Manche Altbauten mussten sogar deshalb baupolizeilich gesperrt werden und wurden, wie schon erwähnt, dem Verfall preisgegeben. Auch in anderen Wirtschaftszweigen in der damaligen DDR hat man zu wenig den Bedarf beachtet und Privatbetriebe, wenn sie auch zum Teil unternehmerisch geführt werden konnten, nicht oder nicht ausreichend zugelassen. Nur in Ausnahmefällen wurden trotz des erheblichen Bedarfs eine Gründung von Privatunternehmen genehmigt. Diese Missachtung des Bedarfs hat ebenfalls zu Problemen in der Versorgung in der DDR geführt. Man kann nicht auf Dauer, nur, weil man aus politischen Gründen keine oder kaum Privatbetriebe in der DDR haben wollte, zu Lasten des Bedarfs nur politische und nicht ausreichende ökonomische Entscheidungen treffen und somit auch die mögliche Initiative von einzeln Beschäftigten in der damaligen DDR zur Gründung von Privatunternehmen unterbinden bzw. nicht wirksam werden lassen. Es wäre, wie es auch im "NÖSPL" vorgesehen war, aus meiner Sicht richtig gewesen, neben der Planwirtschaft in der DDR auch marktwirtschaftliche Elemente in Form von manchen Privatunternehmen in der DDR zuzulassen. In dieser Beziehung ist auch Ungarn, auch im Sozialismus als sozialistisches Land einen anderen – meines Erachtens besseren – Weg für die Wirtschaft und somit für die Menschen gegangen.

- Auf Dauer erwies sich als ökonomisch ungünstig, dass nur eine Binnenwährung in der damaligen DDR bestand und eine frei konvertierbare Währung auch in der damaligen DDR vorrangig aus politischen Gründen nicht entstehen durfte. Dass dies sicherlich mit nicht geringen Schwierigkeiten verbunden war, aus einer Binnenwährung eine frei konvertierbare Währung zu machen und auch Auswirkungen auf die Umsetzung des politischen Systems hat, jedoch möglich ist, hat Ungarn auch zu sozialistischen Zeiten vordemonstriert. Die ungarische Währung Forint wurde in diesem Zusammenhang auch im Sozialismus schon frei konvertierbar. Eine Konvertierbarkeit der damaligen DDR-Währung hätte u. a. auch dazu führen können, dass modernere Technik und Technologien aus den westlichen Ländern in wesentlich höherem Umfang den betreffenden in Frage kommenden Kombinaten genehmigt und die in diesem Zusammenhang erforderlichen Forschungs- und Entwicklungsarbeiten in der DDR mit wesentlich besseren Ausgangsvoraussetzungen erfüllt werden konnten. Damit hätten auch bessere Ausgangsbedingungen bestanden, die notwendige höhere Produktivität in der damaligen DDR zu erreichen. In Vorbereitung der Wiedervereinigung Deutschlands im Rahmen der vorgeschlagenen zeitweiligen Konföderation gemäß des damaligen Artikels 146 des Grundgesetzes der Bundesrepublik Deutschland wurde von der damaligen Wirtschaftsministerin der DDR-Regierung vom 18. November 1989 bis zum 18. März 1990) unter dem damaligen DDR-Ministerpräsidenten (vom 13. November 1989 bis zum 12. April 1990), Dr. Hans Modrow (geb. 1928) in der Übergangsphase 1989/1990, Prof. Dr. Christa Luft (geb. 1938), im Rahmen der möglichen Konföderation der Vorschlag unterbreitet, dass für die Währung der damaligen DDR auch eine Möglichkeit der freien Konvertierbarkeit besteht. Meiner Auffassung nach hätte die Konvertierbarkeit der damaligen DDR-Währung zu einem wesentlich früheren Zeitpunkt aus wirtschaftlichen Gründen erfolgen müssen, und die wirtschaftlichen Gründe hätten vor den politischen Gründen den Vorrang haben müssen."

Es war ein schlechtes Zeichen für die Nutzungsfähigkeit von Anlagen, dass beispielsweise Baumaschinen zum Ende der DDR nur noch durchschnittlich zwei Stunden einsatzfähig waren, weil Teile fehlten oder Reparaturen u. a. deshalb nicht durchgeführt werden konnten. Bei vielen sehr wichtigen Anlagen und Maschinen war die Einsatzfähigkeit nicht mehr ausreichend gegeben. Benötigte Maschinen und Anlagen, die in der DDR hergestellt oder produziert werden konnten, standen in nicht ausreichender Anzahl zur Verfügung. Diese Problematik machte sich besonders in den späteren 1980er Jahren bemerkbar, weil man unter den gegebenen Bedingungen dringend auf

Grund der geschilderten Bedingungen in der DDR eine höhere Einsatzfähigkeit brauchte. Weitere Bemerkungen zur meines Erachtens falschen Wirtschaftsstrategie der DDR werden nachfolgend noch ergänzt bzw. noch zusätzlich erläutert:

- Wie schon erwähnt, wurde der Akkumulation gegenüber der Konsumtion nicht die erforderliche Bedeutung beigemessen. Damit wurden für den DDR-Bedarf durch die Überbetonung des Ratiomittelbaus die notwendigen Akkumulationsmittel in völlig ungenügender Höhe bereit gestellt.

- Die geschaffene Konsumgüterproduktion, für die nahezu alle Betriebe in der DDR beauflagt wurden, konnte nicht in ausreichender Menge erfolgen, weil oft artfremde Betriebe die Produktion der beauflagten Konsumgüterproduktion durchführen mussten bzw. dazu beauflagt wurden. Manchmal war die Qualität der Konsumgüterprodukte nicht immer so ausreichend, wie gewünscht, und oftmals entstand so ein hoher Aufwand bei der Herstellung der Konsumgüter, dass diese Kosten oft weder internationalen, noch nationalen Aufwandserfordernissen entsprachen. Viele Erzeugnisse aus dieser Konsumgüterproduktion mussten subventioniert werden, um einigermaßen vertretbare Preise für die betreffenden Erzeugnisse zu erzielen.

- Hergestellte Produkte und Anlagen wurden in nicht für den Inlandsbedarf notwendigem Umfang vorrangig ins westliche Ausland geliefert, um durch die dann möglichen Exporte wieder Devisen zu erhalten. Dies wurde trotz der in den meisten Fällen anfallenden Exportstützung und der damit sich ergebenden negativen Folgen für die Volkswirtschaft der DDR und des „Ausverkaufs der DDR" durchgeführt.

- So konnte noch nicht einmal das jeweilige Ministerium für manche Anlagen Bilanzanteile vergeben, trotz der dringenden Notwendigkeit der Anschaffung für wichtige Betriebe. Man konnte nur noch versuchen, die erforderlichen Bilanzanteile zu bekommen, wenn man sich als

Ministerium an die Staatliche Plankommission wandte. Oftmals konnte auch die Staatliche Plankommission wegen den geschilderten Bedingungen nicht mehr helfen. Die Versorgung mit sehr wichtigen Anlagen bzw. Maschinen konnte nicht mehr im erforderlichen Maße gesichert werden. Auch bei vielen benötigten Teilen, wie u. a. Ersatzteilen bzw. anderen notwendige Leistungen sowie Produkten gab es schon bestimmte Probleme in der Sicherheit der Beschaffung und der Versorgungssicherheit.

- Es bestand auch eine sehr schwere wirtschaftliche Situation für die DDR. Dazu kam, dass ein nicht geringer Teil der Bevölkerung in der DDR einer notwendigen Änderung der Wirtschaft nicht mehr vertraute und die Auffassung vertrat, dass keine Experimente zu einer Änderung mehr durchgeführt werden sollten.

- Ich selbst habe noch eine Ausarbeitung, wie man die Wirtschaft der DDR durch Nutzung von Krediten, die damals von Kuwait angeboten wurden und durch andere Maßnahmen noch anders betreiben könnte, erarbeitet. Die Ausfertigung, die ca. 20 Seiten umfasste, habe ich damals an die Zeitung „Neues Deutschland" geschickt. Man hat mir damals daraufhin geschrieben, dass meine Vorschläge sehr interessant wären, aber man, so schrieb man mir, wollte man wegen des hohen Umfangs der erarbeiten Seiten diese Vorschläge nicht mehr veröffentlichen. Sicher hat man auch deshalb seitens der Redaktion so reagiert, da, wie beschrieben, die mehrheitlich damals vorherrschende Grundrichtung darin bestand, dass keine wirtschaftlichen Experimente mehr gemacht werden sollten.

- Die überaus schnelle Grenzöffnung zwischen den damals noch bestehenden zwei deutschen Staaten am Abend des 9. November 1989 durch die auf der Pressekonferenz des ZK der SED getätigten Aussagen von Günter Schabowski (1929 – 2015) und die Entwertung der DDR-Währung durch den Schwarzmarkt-Kurs zwischen der DM und der DDR-Mark trotz der Festlegung eines Kurses zwischen der DDR-Mark und der DM im Verhältnis von 3:1 durch die damalige DDR-

Wirtschaftsministerin Prof. Dr. Christa Luft in der Wendezeit 1989/1990 müssen ebenfalls an dieser Stelle erwähnt werden.

- Die Entscheidungen zur Zustimmung von Gorbatschow zur Wiedervereinigung Deutschlands und auch die Ergebnisse der ersten freien Wahlen in der DDR am 18. März 1990 sowie der ersten und letzten freien Kommunalwahlen in der DDR am 6. Mai 1990 haben das Ergebnis erbracht, dass der zweite deutsche Staat dann nicht mehr bestand und im Ergebnis der Festlegungen der Wirtschafts-, Währungs- und Sozialunion zum 1. Juli 1990 und der Beitrittsregelung vom 23. August 1990 am 3. Oktober 1990 ein vereinigtes Deutschland entstand.

- Man hätte jedoch meines Erachtens durch vorbereitende Handlungen besser die Voraussetzungen zur Wiedervereinigung in Deutschland erreichen müssen. Die verkündete Auffassung mancher DDR-Bürger, dass, wenn die DM nicht zu uns kommt, wir zu ihr kommen müssen, die in Kraft getretene Wirtschafts-, Währungs- und Sozialunion zwischen der DDR und der BRD und die damit verbundene Einführung der DM auch auf dem Gebiet der DDR haben nicht mehr die erforderliche Zeit zur ausreichenden Vorbereitung einer besseren Wiedervereinigung, als eingetreten ist, ermöglicht. Der Einigungsvertrag hat durch die damit verbundene Beitrittsregelung keine Möglichkeit der Wiedervereinigung auf gleicher Augenhöhe mehr erlaubt. Der mit dem Beschluss der DDR-Volkskammer vom 23. August 1990 zum 03. Oktober 1990 erfolgte Vollzug des Beitritts der DDR zum Geltungsbereich der Bundesrepublik Deutschland haben dazu geführt, dass der frühere Staat DDR damit verschwunden war und auf die Bundesrepublik Deutschland bzw. auf das gemeinsame Deutschland übergegangen ist.

- Mit der Wiedervereinigung war auch verbunden, dass die Waren für viele Länder Osteuropas und auch für viele Betriebe der alten BRD, die die DDR bis zum 30. Juni 1990, dem letzten Tag, an dem noch mit DDR-Mark bezahlt werden konnte, als „verlängerte Werkbank“ betrachteten, mit einem Schlag teurer wurden. Dies war für die DDR-Betriebe wirtschaftlich kaum zu schaffen. Deshalb und auch durch die Produktivitätsrückstände vieler DDR-Betriebe im Vergleich zu Unternehmen in der alten Bundesrepublik, aber auch leider durch Unregelmäßigkeiten, die insbesondere aus Profitgründen getroffen wurden und die nicht oder nicht lange genug durchgeführte Sanierung haben dazu geführt, dass eine sehr hohe Zahl von ehemaligen DDR-Betrieben nicht mehr bestehen konnte. Eine nicht immer gerechtfertigte Abwicklung von DDR-Betrieben hat dazu geführt, dass sehr viele Menschen in Ostdeutschland ihre Arbeit verloren haben und eine neue Beschäftigung suchen mussten. Nicht allen gelang dies, und die Arbeitslosigkeit stieg in nicht geringen Ausmaßen, insbesondere in Ostdeutschland bzw. den neuen Bundesländern. Mit der Arbeitslosigkeit verbunden wurde auch bei Manchen zu Unrecht eine Entwertung ihres bisherigen Lebens bzw. ihrer Lebensbiographie vorgenommen. Das hat auch für manche davon betroffene Menschen in Ostdeutschland bleibende negative Erinnerungen gebracht.

In meinem Buch „Wir müssen für die Menschheit auf unserem Planeten Vieles ändern. Bemerkungen zur gegenwärtigen Situation auf unserer Erde bezogen auf die Klimakrise und den Corona-Virus und Vorschläge zu einer Änderung der Herrschafts- und Gesellschaftssystems" habe ich nachfolgende Wertung über die Rolle der früher in der damaligen DDR bestandenen Gesellschaftsordnung des Sozialismus auch bezogen auf die gegenwärtig bestehenden vorrangig aktuellen Probleme der Menschheit und der Klimakrise aufgeführt:

„Trotz der Produktivitätsvorteile der Gesellschaftsform der Sozialen Marktwirtschaft hat diese Gesellschaftsform noch viele Nachteile, und man muss auch beachten, dass die Wirtschaft im Sozialismus und in der DDR in vielen Punkten aus meiner Sicht nicht richtig betrieben wurde. Wenn die sozialistische Gesellschaftsordnung nicht die erheblichen Geburtsfehler ihrer Entwicklung gehabt hätte und manche Fehler in der Wirtschaft und auch in der Umwelt und im Zusammenleben mit den Menschen und die Freiheitsbelange stärker beachtet worden wären, hätte die gesellschaftliche Entwicklung sich auch anders vollziehen können. Die gemachten Fehler bzw. Fehlentwicklungen sind keineswegs typisch für eine sozialistische Gesellschaftsordnung. Aus meiner Sichtweise hat man sehr viel falsch gemacht durch diese nicht richtige sehr subjektiv vollzogene Entwicklung. Auch die sozialistische Gesellschaftsordnung hat in manchen Punkten Vorzüge gegenüber der kapitalistischen Gesellschaftsordnung oder auch der Sozialen Marktwirtschaft als eine verbesserte Gesellschaftsform im Kapitalismus gehabt.

Durch die eingetretene wesentlich unterschiedliche Entwicklung bezogen auf die Produktivität beider Gesellschaftssysteme, des erheblichen Zusammenbruchs des sozialistischen Systems in manchen Ländern der Welt, insbesondere in Osteuropa, hat man die sozialistische Gesellschaftsform auch unter Berücksichtigung der historischen Ergebnisse der Entwicklung nicht weiter in Betracht gezogen und als nicht weiter zu betreibende Gesellschaftsform angesehen. Unter Berücksichtigung der bereits erwähnten erheblichen subjektiven Fehlern auch des Verhaltens gegenüber manchen Menschen, die einen besseren Sozialismus wünschten und leider oft als Oppositionelle erklärt wurden und damit für den weiteren Weg des Sozialismus nicht mehr zur Verfügung standen, kann die Systemfrage noch nicht als abschließend geklärt betrachtet werden. Gerade auch unter besonderer Beachtung der Gegebenheiten der zunehmenden Erderwärmung bzw. der Klimakrise muss man sehr ernsthaft über diese Frage nachdenken. Eine Planwirtschaft hat auch manche Vorteile gegenüber einem rein kapitalistischen Gesellschaftssystem. Unter den gegenwärtigen Bedingungen sollte die Entwicklung nicht auf unbegrenztem Wachstum und Rohstoff- und Profitmaximierung beruhen. In einer Planwirtschaft und unter Nutzung von den in Frage kommenden konkreten Planzielen sowie Bilanzanteilen, auch zu den Belangen der steigenden Erderwärmung oder zu anderen sich ergebenden wichtigen Fragen der wirtschaftlichen Entwicklung, ist es viel besser möglich, das unbegrenzte Wachstum auszuschließen und sich planvoll entsprechend den gegebenen bzw. vorhandenen Erfordernissen zu verhalten und einen Raubbau an Ressourcen und die Beachtung von nur kurzzeitigen Interessen auszuschließen. Bei der gegenwärtigen Gesellschaftshandhabung in marktwirtschaftlichen Systemen wird völlig unzureichend das „Morgen" beachtet und nicht ausreichend im Sinne einer richtigen Strategie langfristig gedacht. In der früheren DDR war das langfristige Denken durch Fünf-Jahr-Pläne, Intensivierungskonzeptionen und noch andere weitreichende Prognosen fester Bestandteil der auf eine langfristige Zukunft orientierten Planung. Honeckers letztlich falsche Wirtschaftspolitik in der früheren DDR war aber zu sehr auf kurzfristige Erfolge ausgerichtet und hat sich bezüglich der notwendigen strategischen Langfristigkeit des Denkens als falsch erwiesen, weil u. a. auch die genannten erheblichen Verstöße in den Anteilen der notwendigen volkswirtschaftlichen Entwicklung der Akkumulation und Konsumtion in völlig unzureichender Weise beachtet wurden. Man hat, wie erwähnt, viel zu viel für die Konsumtion und nicht in dem wirtschaftlich notwendigen Maße für die Akkumulation ausgegeben. Durch diese Disharmonie der volkswirtschaftlichen Erfordernisse war der Misserfolg und der wirtschaftliche Niedergang der früheren DDR vorprogrammiert. Ich bin jedoch keinesfalls der Auffassung, unter Beachtung der gemachten erheblichen subjektiven Fehler, die unter der damaligen Staats- und Wirtschaftsführung der DDR gemacht wurden, dies für den Sozialismus als systemimmanent anzusehen. Die sozialistische Gesellschaftsordnung wird jedoch wegen den nicht ausreichenden wirtschaftlichen Ergebnissen der damaligen gesellschaftlichen Entwicklung von Vielen wegen diesen beschriebenen Gegebenheiten nicht als Alternative zu einer kapitalistischen Gesellschaftsordnung angesehen, was meines Erachtens nicht ausreichend bewiesen ist. Weil, wie bereits beschrieben, viele subjektive Fehler im damaligen Sozialismus und auch in der früheren DDR gemacht wurden und es auch unter Honecker nicht zu verkennen war, dass man früher den stalinistischen Sozialismus betrieben hat, sind bestimmte Handlungen so, wie es erforderlich gewesen wäre, im Sozialismus nicht oder auch nicht richtig gemacht worden."

Nachfolgend möchte ich Einiges über die Berufs- und auch gesellschaftliche Tätigkeit meines Vaters im Zeitraum 1971 bis 1983, in der er noch in der Kreissparkasse Worbis arbeitete, berichten.

Mein Vater hat seine berufliche Tätigkeit, wie immer, sehr aktiv und mit vollem Arbeitswillen und hoher Einsatzbereitschaft, trotz seiner Behinderung, der weiterhin noch bestehenden Verwundung während der Zeit im Zweiten Weltkrieg, seiner Diabetes, seiner orthopädischen Krankheiten und seiner damals bereits begonnenen Herzerkrankung, ausgeübt.

Vom Ministerrat der DDR und dem Leiter der der Staatlichen Finanzrevision beim Ministerium der Finanzen bekam mein Vater in Anerkennung des Finanzministers für den vorbildlichen Jahresabschluss 1970 und die Organisation des Rechnungs- und Kontrollwesens folgendes Schreiben:

„Ministerrat der
Deutschen Demokratischen Republik
Ministerium für Finanzen
Staatliche Finanzrevision
- Der Leiter -

Direktor der
Kreissparkasse Worbis
Genossen Walter Märtin
562 Worbis
Bahnhofstraße 41

Berlin, 16.04.1971
Leipziger Str. 5-7

Werter Genosse Märtin!

Die Staatliche Finanzrevision hat bei der Prüfung des Jahresabschlusses zum 31.12.1970 festgestellt, dass sich Ihre Sparkasse durch eine vorbildliche Arbeit bei der exakten Abrechnung des Jahresplanes 1970 in der Jahresbilanz sowie der Gewinn- und Verlustrechnung ausgezeichnet hat. Gleichzeitig wurden das Rechnungswesen und innerbetriebliche Kontrollsysteme gut organisiert. Damit wurden durch Ihr Kollektiv wichtige Voraussetzungen für die konsequente Durchsetzung der Grundsätze zur Gestaltung des ökonomischen Systems des Sozialismus und eine hohe Qualität der Führungstätigkeit geschaffen.

Für diese vorbildliche Arbeit übermittle ich Ihnen und Ihrem Kollektiv mit der beiliegenden Urkunde die Anerkennung des Ministers der Finanzen.

gez. Zeisig
Leiter der Finanzrevision“

Vom 29. Januar 1973 bis zum 16. Februar 1973 nahm mein Vater in Wolzig an einem Weiterbildungslehrgang der Humboldt-Universität zu Berlin erfolgreich teil und bekam nachfolgendes Zeugnis:

Humboldt-Universität zu Berlin

Weiterbildungsnachweis

Walter Märtin
geboren am 23.10.1918

hat in der Zeit
vom 29.01.1973 bis 16.02.1973 in Wolzig

an einem

WEITERBILDUNGSLEHRGANG

der Sektion Wirtschaftswissenschaften der Humboldt-Universität zu Berlin
für Leitungskader der Finanz- und Bankorgane

mit Erfolg

teilgenommen.

Berlin, den 16.02.1973

gez.
Sektionsdirektor
Prof. Dr. sc. Knauthe

Lehrgangsleiter
Dr. habil. Jonuscheit“

Unter Berücksichtigung einer schwerwiegenden orthopädischen Krankheit musste er zweimal für einige Tage stationär das Kreis-Krankenhaus in Bleicherode wegen seiner Wirbelsäule aufsuchen. Von der Inneren Abteilung der Poliklinik Leinefelde erhielt er zum 1. Oktober 1973 folgende Bescheinigung

„Amtliche Bescheinigung

Der Patient Walter Märtin, geb. am 23.10.18, aus Worbis, Bahnhofstraße 41, leidet seit einigen Jahren an einem Schulter-Arm-Syndrom (1970 rechts, 1974 links), einer Coaxarthrose links und mäßigen degenerativen Veränderungen im Bereich der Lendenwirbelsäule. Wegen dieser Erkrankung erfolgte eine zweimalige stationäre Behandlung in der orthopädischen Abteilung des Kreiskrankenhauses in Bleicherode. Das Schulter-Arm-Syndrom links zeigt eine nur langsame Rückbildungstendenz. Zur Besserung des derzeitigen Gesundheitszustandes wird die vordringliche Beschaffung eines Pkw ärztlicherseits befürwortet.

gez. Dr. G. Metzner
Facharzt für Innere Medizin
Poliklinik Leinefelde"

Ich als Sohn war damals schon im VEB Eichsfelder Zementwerke Deuna tätig und musste dort für zwei Jahre vertretungsweise die Funktion des Planungsleiters und wegen Krankheit des damaligen amtierenden Direktors für Ökonomie zeitweilig auch in dieser Zeit diese Funktion ebenfalls noch wahrnehmen. Auch konnte meines Wissens eine Mitarbeiterin aus unserer Planungsabteilung wegen ihrer Krankheit oder Krankheit ihres Kindes ebenfalls ihre Arbeit nicht ausführen. Wir standen außerdem mitten in der Erarbeitung des Planentwurfs, und ich hatte verständlicherweise wiederum sehr viel zu tun, so dass ich am ganzen Wochenende auch dafür arbeiten musste, um wenigstens einen Teil von meiner termingebundenen Arbeit schaffen zu können. Am gleichen Wochenende sollte ich auch zur Betriebs-Kampfgruppenübung, da ich auch dort teilnehmen musste. Ich konnte an der

Übung der Betriebs-Kampfgruppe unter diesen geschilderten Gegebenheiten aus Zeitgründen nicht teilnehmen. Deshalb habe ich die Notwendigkeit, dass ich nicht kommen konnte, dem Kampfgruppen-Kommissar mitgeteilt und die anderen für unseren Betrieb wichtigen Aufgaben erledigt. Ich wurde dann von der Parteileitung massiv in einer Aussprache scharf angegangen, und der Parteisekretär des gesamten Betriebes hat zum APO-Parteisekretär (Abteilungs-Partei-Organisations-Sekretär – Anm. des Verfassers) gesagt, dass ich „ideologisch unklar“ wäre und deshalb, weil ich an der Kampfgruppenveranstaltung nicht teilgenommen hätte, von der Parteileitung scharf angegangen werden muss. Über diese Vorkommnisse habe ich meinen Vater informiert, und er hat das Eingetretene sofort der Parteikontrollkommission mitgeteilt. Vom Vorsitzenden der Parteikontrollkommission wurde eine Aussprache mit dem Parteisekretär des Betriebes über sein herzloses und falsches Verhalten mir gegenüber durchgeführt. Der Parteisekretär hatte wegen seines Fehlverhaltens gehörig die Meinung gesagt bekommen. Mein Vater konnte diese Ungerechtigkeit mir gegenüber nicht akzeptieren und hat mit deutlichen Worten beim obersten Kontrolleur der Partei das Fehlverhalten des Parteisekretärs angesprochen, was sich bestimmt Viele nicht getraut hätten.

Die Leiterin der Kreissparkasse Heiligenstadt, die ab 1976 die Funktion der Kreissparkassen-Direktorin von Heiligenstadt übernommen hat, Marion Mann, hat u. a. Folgendes über die Tätigkeit meines Vaters geschrieben:

„Ich habe im September 1976 die Sparkasse Heiligenstadt übernommen.
....
Ich war bei der Übernahme der Sparkasse sehr jung und für jeden fachlichen Hinweis sehr dankbar. Dein Vater war ein sehr guter Lehrmeister. Ich konnte mich jederzeit an ihn wenden und habe sehr viel Unterstützung erfahren dürfen. Ich habe Deinen Vater bewundert, dass er mit sehr viel Engagement in seiner Tätigkeit aufging. Ich glaube, für ihn war der Beruf auch Hobby. Oft hörte ich, dass er an manchen Sonntagen im Dienstzimmer seiner Sparkasse an so einigen Projekten getüftelt habe. Unsere Wege haben sich ja dann verloren, umso schöner, dass es jetzt durch Dein Schreiben wieder eine Erinnerung an ihn gegeben hat."

Bild 90: Marion Mann anlässlich einer Auszeichnung von Walter Märtin, daneben der Bezirks-Sparkassenverantwortliche des Bezirkes Erfurt, Karl Lutze und dessen Ehefrau

Nachfolgend werden einige Angelegenheiten genannt, bei denen es durch meinen Vater etwas zu kritisieren gab oder ein besserer oder anderer Einsatz für Mitarbeiter der Sparkassen von meinem Vater vorgeschlagen wurde:

„- falsch gegebene Interpretation von Prof. Dr. Kaul von 1979

- Einsprüche gegen die fehlerhaften Entscheidungen von zentralen Stellen (z. B. Republik - Neuer Rat)

- eine erste schriftliche Kritik zur Arbeit mit Abänderungsvorschlägen an die Leitung der Kreissparkasse Gotha (30.01.1950) gegeben

Bild 91: Treffen anlässlich einer Veranstaltung der Kreissparkasse Worbis und der Kreissparkasse Heiligenstadt, rechts Marion Mann, links Waltraud und Walter Märtin, der bereits Rentner war und stehend sein früherer Mitarbeiter Paul Wachtel und viele andere Mitarbeiter der Kreissparkasse Worbis

- Ablehnung eines Beschlusses der Leitung und BGL (Betriebs-Gewerkschaftsleitung – Anmerkung des Autors) der Kreissparkasse Gotha zu einer unberechtigten Kündigung von Leistungsstufen aller Mitarbeiter des Kreises Gotha (vom 13.06.1951). Die Kündigung hätte zurückgenommen werden müssen.

- Die erste Kreditprüfung nach der neuen Richtlinie für kurzfristige Kredite in der Kreissparkasse Gotha, erste zugleich im damaligen Land

Thüringen (März 1951). Alle ausgereichten Kredite wurden gegen den Willen aller Fachleute von mir beanstandet.

- Interpellation an den Generalstaatsanwalt der DDR, ausgelöst durch die Arbeit (gesellschaftliche Arbeit) gegen eine fleißige Kollegin, die aus familiären Gründen einen Ausreiseantrag gestellt hat (Verletzung des Rechts und Verletzung der Vereinbarung der KSZE-Schlussakte), bezogen auf Antwort des Generalstaatsanwalts

- Interpellation gegen eine vorgesehene Parteibestrafung eines Genossen, die dem Statut widerspricht

- Interpellation in Sitzungen der Kreisrevisionskomitees zur Mitgliederversammlung der Grundorganisation der BPO (Betriebsparteiorganisation der SED – Anm. des Autors) der Sparkasse für die neue Politik Gorbatschows. Im Ergebnis darauf wurde eine Isolierung meiner Person und Entfernung aus Institutionen vorgenommen."

Nachfolgend werden noch Vorschläge meines Vaters, die er am 30. Januar 1950 – und somit vor über 70 Jahren – bezüglich der Sparkassen-Arbeit unterbreitet hatte und die mir noch vorliegen, genannt.

„Friedrichroda, den 30.01.1950

Allgemeine Vereinfachungs- bzw. Einsparungsvorschläge, die nicht den Anspruch erheben, dass sie in allen Fällen neu bzw. bei anderen Stellen noch nicht eingeführt sind:

a) Führung von 2 Kassenkladden (Kassierer, Gegenbuchführer)

    - Fortfall des Stapelns der Kassenbelege – hierdurch sofortige Belegbearbeitung

- bessere Dispositionsmöglichkeit und – soweit Kassenschluss mit Buchungsschnitt zusammenfällt – sofortiges Buchen möglich

- Bestimmung der Kassenbelege mit Kladde und hierdurch Verzögerung beim Buchungsbeginn vermieden (dürfte nur für einzelne Zweigstellen, die Stapelbuchhaltung haben, zutreffen)

b) bei Nichttextbeschreiben der Buchungsmaschinen und handschriftlicher Buchführung Verwendung von Kurztextbezeichnungen auf Kontenkarten (sogenannte Symbole)

- B = bar

- V = Vergütung Ü = Überweisung

- S bzw. 4 S = Scheckgutschrift

- S 560 = Scheckbelastung

- D = Dauerauftrag

usw.

c) Fortfall von Kontoauszügen in allen Fällen, wo sie nicht unbedingt benötigt werden

d) neuer Vorschlag

In-Druck-Geben von häufig zu benutzenden Formularen, z. B. Kreditformular A u. B. Anfertigung dieser Formulare erfordert jedes Mal ca. eine Stunde. In diesem Zusammenhang zur Sicherheit eine Anlage (besser in das Formular einbauen), ein Kontrollformblatt, aus dem hervor geht, dass die betr. uns übereigneten Waren auch Eigentum des Kreditnehmers sind:

z. B. Waren in M lt. Bilanz bzw. Status abzüglich Lieferanten-Verbindlichkeiten

---

= bezahlter Warenbestand in M
= Wert der uns übereigneten Waren in M

Saldo a) die übereigneten Waren sind bezahlt
b) von den übereigneten Waren sind - M nicht bezahlt

Das angeführte Beispiel stellt eine rohe Analyse vor, die noch entsprechend verfeinert werden kann, es wird hierdurch jedoch erreicht, dass jeder kreditbearbeitende Angestellte sich zwangsläufig damit beschäftigen muss, ob uns alle übereigneten Waren auch tatsächlich bezahlt sind, was natürlich dann auch durch Rechnungsverlagerung erhärtet werden kann.

e) Papiereinsparung und Vereinfachung (grundlegende Veränderungen, die nicht von heute auf morgen durchgeführt werden können) bei Neudruck von Kontoeröffnungsformularen

---

a) Anerkenntnis der Geschäftsbedingungen in den Konteneröffnungsantrag einbauen

b) Vollmachtumfang – bisher besonderes Vollmachtformular auf Unterschriftkarte durch entsprechenden Druck vermerken

c) Ausstellung der Unterschriftkarte, dass sie sogleich als alphabetische Kartei verwendet werden kann

- hierdurch Einsparung von 3 Formblättern je Kontokorrentkonto und dadurch entsprechende Arbeitsvereinfachung

- würde bei der Anzahl der bei der gesamten Sparkasse in Zukunft neu zu eröffnenden CC-Konten eine beachtliche Papiereinsparung ausmachen

d) bei Sparkonten Kontoeröffnungsantrag so gestalten, dass Originalantrag zugleich als Kartothekkarte Verwendung finden kann

  - hierdurch auch wie bei CC-Konten vollständige Kartothek gewährleistet und Arbeit eingespart

  - Kontrollvorschriften könnten meines Erachtens dem nicht entgegen stehen, da ja sowieso für beide Kontenarten Stockregister geführt werden müssen.

e) Fortfall von Wertstellungen bei Gehaltskonten, Hauskonten, Konten von kleinen Geschäftsleuten und Handwerkern, überhaupt bei allen Konten, bei denen man erfahrungsgemäß übersehen kann, dass sie durch Scheckvaluten bearbeitet werden.

f) Die soeben angeführten Kontenkategorien erhalten dann zur Kennzeichnung den Stempel "Zinslos".

g) Daueraufträge

h) Bei gleichbleibenden Zahlungen, wie Mieten, Grundsteuern, Wirtschaftsgebühr, Zinsen, Beiträgen usw., Anfertigung von mehreren Gutschriftenträgern im Durchschreibeverfahren, die dann nach Bedarf an den betreffenden Fälligkeitstagen verwendet werden können.

f) Beschleunigung des bargeldlosen Zahlungsverkehrs

- Anfertigung von Stempeln
- Konto bei der Kreissparkasse Gotha
- Gebrauch dieser Stempel durch die Kassenprüfer bei Durchsicht der Kunden
- Rechnungsformular- und Geschäftsbriefbogen

g) Betr. speziell Hauptzweigstelle Friedrichroda

- Verwirklichung unseres Vorschlages
- Austausch unserer kleinen Buchungsmaschine gegen die zweite große Maschine bei der Hauptstelle hierdurch Einsparung bei der Hauptzweigstelle

  a) Tages- und Saldenkontrolle

  b) Buchausgangstextergänzung = täglich 3 Arbeitsstunden Zinseinsparung

h) Kritik und Vorschläge

Der mündlich erbrachte Vorschlag zur einheitlichen Bestellung von Kontroll- Listen gegen Altpapierabgabe wurde nicht beachtet – zur Zeit müssen die einzelnen Zweigstellen diese Kontroll-Liste sich für teureres Geld (z. T. Bücher usw.) und mit guten Worten erstehen. Dasselbe gilt für Kopierstifte, Bleistifte, Farbstifte usw. Sammelbestellung und rationelle Zuweisung dürfte sparsamer sein. Im ersten Fall wäre die Einheitlichkeit gewährt geblieben. Der in der BGL gemachte Vorschlag betr. Portoersparnis bei der Versendung der Kontenanerkenntnisse zum Jahresabschluss wurde nicht beachtet. Weshalb?

Zusammengefasst möchte ich bemerken, dass wirklich bedeutende Verbesserungen im Kreditwesensektor nur durch Verbesserungen und Neukonstruktionen im Maschinenpark erfolgen können. Zur Zeit ist allein die beste Vorarbeit zur Arbeitsverbesserung die politische und fachliche Schulung. Es muss erreicht werden, dass

1. Jeder die politische Notwendigkeit von Arbeitsverbesserungen erkennt und
2. dass durch fachliche Schulung nach Möglichkeit Jeder an jedem Arbeitsplatz arbeiten kann.

Durch eine sinnvolle elastische Organisation kann dann auch ein großer Teil der jetzt anfallenden großen Aufgaben mit weniger Personal als früher gemeistert werden.

gez. W. Märtin“

Man muss beachten, dass diese Vorschläge vor ca. 70 Jahren erarbeitet wurden und dadurch nicht mehr dem aktuellen Stand entsprechen.

Mein Vater hat auch an die damalige Lohn- und Gehalts-Kommission bereits 1951 eine Eingabe wegen nicht richtiger Erfassung der Leistungsstufen geschrieben, die zeigt, dass er sich für die Rechte seiner Mitarbeiter bzw. für ein richtiges Verhalten in hohem Maße eingesetzt hat:

„An den Direktor und die BGL der Kreissparkasse Gotha (bezogen auf Belange der Lohn- und Gehaltskommission)

Umstehenden Beschluss der Lohn- und Gehaltskommission kann ich aus grundsätzlichen Erwägungen heraus nicht anerkennen. Ich berufe mich bei meinem Einspruch auf § 5 Abs. 5.2 des Tarifvertrages der IG 15 im FDGB, wonach Rückstufungen vom 1. des folgenden Monats ab wirksam sind. Sofern ein Beschluss über die Neuverteilung der Leistungsstufen bereits im Monat Mai gefasst worden ist, die Bekanntgabe an die betreffenden Kollegen jedoch erst am 13.06.1951 rückwirkend ab 01.06.1951 erfolgt ist, so sehe ich hierin eine falsche und formale Auslegung der Bestimmungen des Tarifvertrags, der letzten Endes durch die Mitarbeit und die Diskussionsbeiträge der Werktätigen zu Stande gekommen ist. Ich sehe hierbei den Vergleich mit einer Kündigung, die ebenfalls erst mit der Bekanntgabe rechtswirksam wird. Anderseits möchte ich persönlich als Angehöriger der fortschrittlichsten Partei der DDR betonen, dass derartige Maßnahmen unsere demokratische Gesetzgebung unterminieren und unliebsame Missstimmungen zwischen der Sparkassenleitung einerseits und der Belegschaft anderseits hervorrufen, die nicht dazu angetan sind, die Lösung der vor uns stehenden großen gesellschaftspolitischen Aufgaben zu fördern. Die im umstehenden Schreiben herangezogenen Beschlüsse der Lohn- und Gehalts-Kommission (Befristung der Leistungszulage bis 31.03.1951) sind den infrage kommenden Kollegen bisher nicht mitgeteilt worden, man kann sich deshalb auch nicht auf diese Beschlüsse berufen. Die Notwendigkeit der Überprüfung und Neuverteilung der Leistungszulagen erkenne ich an, bitte diese aber entsprechend den Bestimmungen des Tarifvertrags für den nächsten Monat vorzunehmen. Ich halte es daher für richtig einen entsprechenden Zusatzbeschluss herbeizuführen. Für den Fall, dass keine Einigung erzielt wird, bitte ich die Angelegenheit der Gewerkschaft zur weiteren Verhandlung übertragen.

gez. Walter Märtin“

Mein Vater hat zum 60. Geburtstag noch nachfolgendes Schreiben vom zeitweiligen Vorsitzenden der SED-Kreisleitung Worbis, dem Ingenieur für Maschinenbau, Arthur Swatek (1932 – 1990), der von 1975 bis 1980 diese Funktion in der DDR ausgeübt hat und von März 1985 bis zu seinem Freitod im Februar 1990 Vorsitzender des Rates des Bezirkes Erfurt war, erhalten:

„Lieber Genosse Walter Märtin!

Das Sekretariat der Kreisleitung Worbis der Sozialistischen Einheitspartei Deutschlands übermittelt Dir anlässlich Deines 60. Geburtstages die herzlichsten Grüße und Glückwünsche.

An Deinem heutigen Ehrentag kannst Du auf ein arbeitsreiches und kampferfülltes Leben zurück blicken. Nach der Befreiung des deutschen Volkes vom Hitler-Faschismus durch die ruhmreichen Truppen der Sowjetarmee hast Du Dich in die vordersten Reihen und keine Kraft gescheut, von 1945 bis zum heutigen Zeitpunkt Dein Wissen und Können dem Aufbau und der Entwicklung unserer sozialistischen Finanzorgane zur Verfügung zu stellen. Getragen von der Gewißheit, dass der Aufbau des Sozialismus nur unter der Führung der Arbeiterklasse und ihrer marxistisch-leninistischen Partei erfolgen kann, wurdest Du im Jahre 1948 Mitglied unserer Partei und hast seit dieser Zeit Deine ganze Kraft in den verschiedensten Funktionen der Bankorgane in den Kreisen Gotha, Heiligenstadt und seit 1952 als Direktor der Kreissparkasse Worbis für die Erfüllung der Beschlüsse unserer Partei auf dem Finanzgebiet eingesetzt. Besondere Verdienste hast Du Dir in Deiner 25jährigen Tätigkeit in der Revisionskommission der SED-Kreisleitung Worbis bei der Durchsetzung der Beschlüsse unserer Partei erworben. Von 1955 bis 1973 warst Du Vorsitzender der Kreisrevisionskommission und von 1973 bis jetzt Stellvertreter Vorsitzender der Kreisrevisionskommission. Mit Deiner schöpferischen und zielstrebigen Arbeit als Vorsitzender und später als Stellvertreter des Vorsitzenden hast Du einen entscheidenden Anteil zur Festigung des Kollektivs und der Erhöhung der Wirksamkeit der Revisionstätigkeit der Kreisrevisionskommission geleistet. Durch Deine ehrenamtliche Tätigkeit als Mitglied der Kreisrevisionskomitees, als Abgeordneter des Kreistages, Deine Mitarbeit in der Nationalen Front der DDR und Deinem parteilichen Auftreten hast Du Dir Vertrauen und Ansehen erworben. Auf Grund Deiner gezeigten Leistungen und Deiner hohen Einsatzbereitschaft bei der Durchsetzung der Beschlüsse unserer Partei wurdest Du mit der Verdienstmedaille der DDR als Verdienter Aktivist, als Aktivist des Sieben-Jahr-Plans und dreimal als Aktivist der sozialistischen Arbeit sowie zweimal mit der Medaille für ausgezeichnete Leistungen und der Ehrennadel der Nationalen Front der DDR in Bronze und in Gold geehrt. Es ist uns ein Bedürfnis, Dir, lieber Genosse Walter, zu Deinem heutigen Ehrentag von ganzem Herzen für Deine aufopferungsvolle Tätigkeit und Deine ständige Einsatzbereitschaft bei der Durchsetzung der Beschlüsse unserer Partei zu danken. Das Sekretariat der Kreisleitung wünscht Dir weiterhin Gesundheit, Schaffenskraft und alles Gute im persönlichen Leben.

Worbis, den 23.10.1978

Kreisleitung Worbis der SED -
Sekretariat

Swatek
1. Kreissekretär“

Mein Vater schrieb über Arthur Swatek in seinen Aufzeichnungen, die mir vorliegen: „Er war ein sehr gewissenhafter Mensch. Seine Funktion hat er mit Feingefühl und marxistischer Sauberkeit und Herz ausgeübt. Er war u. a. 1. Sekretär in Nordhausen und Diplomat und Vertreter in Nicaragua und hat das Land Thüringen in die Wende überführt. Er konnte den Zusammenbruch des realen Sozialismus nicht verstehen und hat im Februar 1990 den Freitod deshalb gewählt."

Mein Vater hat mit Stand 1983 in Verbindung mit dem Abschluss seines Berufslebens zum 31. Oktober 1983 in der DDR für seine berufliche und gesellschaftliche Arbeit Auszeichnungen im Kreis Worbis bekommen:

Medaille für ausgezeichnete Leistungen	5. Oktober 1955
Ehrennadel der Nationalen Front	8. Mai 1957
Verdienstmedaille der DDR	7. Oktober 1959
Medaille für ausgezeichnete Leistungen	7. Oktober 1964
Aktivist des Sieben-Jahr-Plans	1. Mai 1966
Aktivist der Sozialistischen Arbeit	7. Oktober 1974
Ehrennadel Silber der Nationalen Front	3. November 1977
Aktivist der Sozialistischen Arbeit	7. November 1977
Verdienter Aktivist	7. Oktober 1978
Medaille 30. Jahrestag der DDR	7. Oktober 1979
Ehrennadel der Deutsch-Sowjetischen Freundschaft in Silber	15. Februar 1982

Aktivist der Sozialistischen Arbeit	28. Juli 1982
Ehrenmedaille für hervorragende Leistungen im Finanzwesen in Silber	26. Februar 1983

Tabelle 5: Medaillen für Verdienste meines Vaters Walter Märtin

Er hat auch damals bereits festgestellt, dass in der DDR nicht die notwendige Ökonomie- und Gesellschaftspolitik betrieben wird, die erforderlich gewesen wäre. Er hat seine Meinung auch in Diskussionen auch in den 1980er Jahren während seiner Berufstätigkeit vertreten. Er fand auch viele Auffassungen, die Gorbatschow zum Sozialismus damals vertreten hat, richtig und hat sie auch im Gegensatz zu manchen anderen führenden Genossen verteidigt. Im Ergebnis seiner gesellschaftspolitischen Diskussionsbeiträgen hat man seine Äußerungen oft als oppositionell und ideologisch nicht klar angesehen. Mein Vater hat gespürt, dass man sich von Seiten einiger führender Mitglieder der Kreisleitung Worbis ihm gegenüber reserviert verhielt und hat deshalb manche Auszeichnungen nicht mehr bekommen, die er eigentlich unter Beachtung seiner sehr guten fachlichen Arbeit aus meiner Sicht hätte bekommen können. Auch die geschilderten Gründe und seine noch stärker wirkenden Hörprobleme und weiteren gesundheitlichen Probleme, die ihn daran hinderten, seine Arbeit auch unter den damals für den öffentlichen Dienst in der DDR geltenden Bestimmungen weiter auszuführen und auch seine gesundheitlichen Probleme haben dazu geführt, dass er nach Vollendung des 65. Lebensjahres seine Berufstätigkeit zum 31. Oktober 1983 beendete hat.

Bild 92: Verabschiedung meines Vaters zum Ende seiner Berufstätigkeit bei der Kreissparkasse Worbis, ganz hinten: Hans Josef Nolte und Inge Roth, vorne Paul Wachtel, Emil Schneegans und Walter Märtin zu seinem Abschied

Bild 93: Weiteres Bild zur Verabschiedung meines Vaters. Hintere Reihe: Hans Josef Nolte, Emil Schneegans, Herbert Ziesing und mein Vater beim Erhalt einer weiteren Auszeichnung

Auf seine nunmehr kommende Rentenzeit hat er sich sehr gefreut, und er wollte sein Leben als Rentner ganz anders gestalten. Meine Mutter ist ab dem 1. Oktober 1982 ebenfalls bereits Rentnerin geworden.

Vor dem Abschluss seiner Berufstätigkeit musste er noch seine Nachfolge absichern und die erforderliche Einarbeitung sowie die Übergabeformalitäten dazu erledigen. Inge Roth, die Tochter des leider früh verstorbenen und fachlich sehr versierten früheren Leiters der Hauptzweigstelle der Sparkasse von Leinefelde, Richard Roth, hatte sehr gute fachliche Voraussetzungen für die Sparkassenarbeit. Sie erfüllte jedoch nicht die damals geltenden notwendigen Ausgangsbedingungen für diese Tätigkeit, weil sie kein SED-Mitglied war und auch nicht in die Partei gehen wollte. So kamen mein Vater und auch Andere auf die Idee, dass ich, weil ich auch ökonomische Kenntnisse hatte, die Nachfolge als Sparkassendirektor für meinen Vater antreten könnte. Ich habe diese Nachfolge auch aus Gründen, die ich auch bei anderen mir angebotenen Leitungsposten vorgetragen hatte, insbesondere aus grundsätzlichen Fragen, weil ich auch damals schon der Meinung war, dass die Ökonomie vor der Politik steht und auch sehr gute fachliche Kenntnisse den Vorrang bei einer zu treffenden Entscheidung haben und auch aus fachlichen Gründen nicht angetreten. Man versuchte es bei mir danach noch einmal, weil der Betreffende auch einen Nachfolger suchte, dass ich Bezirkssparkassendirektor vom Bezirk Erfurt werden sollte, aber auch hier habe ich das Angebot, auch unter Berücksichtigung der aufgeführten Gründe, abgelehnt. Mein Vater hat dann noch eine Nachfolgerin gefunden, die die Ausgangsvoraussetzungen bezüglich der SED-Mitgliedschaft mitbrachte. Diese hatte zwar Leitungsvoraussetzungen, aber keine Erfahrungen in der Tätigkeit bei Sparkassen. Deshalb hatte mein Vater bezüglich der Sicherung der Nachfolge noch sehr viel zu tun gehabt.

Zu meiner älteren Schwester ist, weil ich dies bereits geschrieben habe, kaum etwas Neues für diese Zeit zu berichten. Von 1971 bis 1983 hat ihr Sohn bzw. mein Neffe Lars ab 1974 die POS Leinefelde und ab 1984 die Erweiterte Oberschule (EOS) in Worbis besucht, um dort das Abitur abzulegen. Er ist inzwischen ein erfolgreicher Zahnarzt mit eigener Praxis und einer hohen Anerkennung durch seine Patienten geworden.

Der zweite Sohn meiner ältesten Schwester, mein weiterer Neffe Knut, ist am 3. April 1974 in Leinefelde geboren und 1980 ebenfalls in die POS in Leinefelde eingeschult worden. Beruflich ist er auch schon viele Jahre ebenfalls erfolgreich als Rechtsanwalt in einer Gemeinschaftskanzlei in der Region tätig. Sven ist verheiratet und hat Kinder. Marcel lebt in einer Lebensgemeinschaft und hat ebenfalls Kinder.

Meine jüngste Schwester Karin lernte von 1970 bis 1974 an der Erweiterten Oberschule in Worbis und hat dann, wie bereits erwähnt, von 1974 bis 1978 an der Technischen Hochschule "Otto von Guericke" die Diplom-Lehrer-Ausbildung in Mathematik und Physik mit Erfolg absolviert und ab 1978 bis zu ihrer gesundheitsbedingten Erwerbsunfähigkeit als Mathematik- und Physik-Lehrerin an der (nach der deutsch-deutschen Wiedervereinigung ehemaligen) POS zunächst in Nordhausen und später in Worbis gearbeitet. Geheiratet hat meine jüngste Schwester am 26. Mai 1973 und trägt inzwischen den Nachnamen Hohn. Sie hat drei Söhne bekommen, die an folgenden Tagen geboren wurden: Sven am 11. Juli 1973, Marcel am 27. Oktober 1979 und Sebastian am 24. Juni 1987.

Sven, der älteste Sohn meiner jüngsten Schwester, wurde 1980 in Leinefelde eingeschult. Meine jüngste Schwester teilte mir mit, dass sie mit ihrer Familie und meinen Eltern fast jedes Jahr in der betreffenden Zeit mit dem Auto zum Camping in die ČSSR gefahren ist und dort gemeinsam mit unseren Eltern Urlaub gemacht hat. Der Urlaub dort muss unseren Eltern und der gesamten Familie meiner jüngsten Schwester immer sehr gut gefallen haben, denn sie haben oft über manche Erlebnisse der Urlaube und die Schönheit der Landschaft in der damaligen ČSSR gesprochen. Einmal waren meine Eltern und meine jüngste Schwester im Urlaub in Ungarn. Auch dort hat es ihnen sehr gut gefallen.

Die beiden ältesten Söhne meiner jüngeren Schwester, Sven und Marcel, sind im sozialen Bereich als Angestellte in einer Behindertenwerkstatt tätig und fühlen sich dort sehr wohl, da sie anderen bedürftigen Menschen, den Menschen mit Behinderung, helfen können. Beide Söhne sind verheiratet, und Marcel hat auch Kinder.

Der dritte und jüngste Sohn meiner Schwester Karin, Sebastian, ist noch nicht verheiratet und mit einem erfolgreich abgeschlossenen Ökonomie-Hochschulstudium als Controller in einem großen Unternehmen tätig.

1971 habe ich in den ersten Monaten bis zum 31. März 1971 im Direktionsbereich Investitionen im VEB Eichsfelder Zementwerke als Ökonom für Investitionen und Preise gearbeitet. Dort habe ich u. a. Tätigkeiten in der Investitionsplanung durchgeführt.

Vom 1. Oktober 1971 bis zum 31. März 1973 musste ich den Grundwehrdienst bei der Nationalen Volksarmee (NVA), der 1956 gegründeten Armee der DDR, ableisten. Ich hätte gerne keinen Armeedienst geleistet, aber da ich den Dienst nicht umgehen konnte, hätte ich lieber einen Wehrersatzdienst mitgemacht. Aber leider war dies damals so nicht möglich, sondern ab 1964 nur als „Bausoldat", also als „Soldat mit dem Spaten". Ich wollte deshalb kein Soldat sein, weil ich schon damals für militärische Angelegenheiten nichts übrig hatte und diese Arbeit als Soldat meinen moralischen Grundvorstellungen in keiner Weise entsprach. Obwohl ich eine umfangreiche vormilitärische Ausbildung bei der Fachschule für Finanzwirtschaft Gotha mit der Ablegung von Prüfungen und anderen abzulegenden Nachweisen mitgemacht hatte und andere Studieneinrichtungen in der DDR die vormilitärische Ausbildung als Grundwehrdienst anerkannten bzw. diese Studenten dann keinen Grundwehrdienst bei der NVA mehr ableisten brauchten, hat man diese Regelung für mich und für alle Diejenigen, die sich in der gleichen Situation an dieser Fachschule befanden, nicht angewandt. Man hat dies damit begründet, dass wir an einer Schule mit sozialistischer Grundrichtung studieren würden und diese Regelung der Befreiung vom Grundwehrdienst bei der NVA bei der Ableistung der vormilitärischen Ausbildung für diese Fachschule kein Maßstab wäre. So musste ich meinen Grundwehrdienst durchführen. Es interessierte bei der NVA von den Weisungsbefugten Niemanden, dass meine Tochter Claudia noch nicht einmal zwei Jahre alt war und mein Sohn André das erste Lebensjahr noch nicht vollendet hatte. Familiäre Belange spielten bei der NVA in dieser Zeit keine Rolle. Die 18monatige Grundausbildung, die sehr hart war, musste ich in Wüstheuterode im damaligen Kreis Heiligenstadt, die Bestandteil der Region des Eichsfeldes ist, absolvieren. Eigentlich sollte ich nach Beendigung meiner Grundausbildung nach Heiligenstadt zu einem Pionier-Bataillon kommen. Weil Heiligenstadt nicht im Grenzgebiet bzw. in der Sperrzone der DDR zur alten Bundesrepublik lag, hatte ich gehofft, dass ich während meiner Armeezeit meine Familie öfters sehen könnte. Leider ist dies nicht eingetreten, denn ich wurde ins Grenzgebiet nach Klettenberg, das seit seiner Eingemeindung am 18. Oktober 1996 Ortsteil der damals entstandenen Gemeinde Hohenstein ist, in den damaligen und heutigen Kreis Nordhausen, abkommandiert. Ich sollte dort als Schreiber in einem Bataillonsstab arbeiten. Eine unmittelbare Grenzdiensttätigkeit brauchte ich zum Glück jedoch nicht auszuüben. Darüber war ich sehr froh. Ich musste sehr viele Funktionen ausüben und Tätigkeiten ausführen, so dass meistens erst am Abend für mich Dienstschluss war. Wir hatten keinen Stabsfeldwebel, der diese üblichen Arbeiten durchführte, und deshalb musste ich alle diese Aufgaben erledigen. An einen regelmäßigen Feierabend war nicht zu denken. Zusätzlich zu allen Arbeiten musste ich noch weit über 200 Tage Wachdienst unmittelbar auf dem Gelände des Bataillonsstabs – auch nachts – durchführen. Eigentlich hatten alle nach ausgeübtem Wachdienst einen Tag frei. Ich konnte mir fast immer diese Ruhe nicht nehmen, da ich feste, nicht verschiebbare Aufgaben während meiner Dienstzeit verrichten musste. Auch Familienmitglieder, Verwandte oder Bekannte durften mich in dieser Zeit nicht besuchen, da Klettenberg im Grenzgebiet zur damaligen Bundesrepublik lag, obwohl es nur ca. 35 Kilometer von der Wohnung unserer Familie in Leinefelde entfernt war. Auch ich konnte nur, wenn ich einmal Urlaub hatte, zu meiner Familie fahren. Es sind im Regelfall mehrere Monate vergangen, bis man einmal Urlaub nehmen konnte. Einmal verging die Zeit von 6 Monaten, bis ich Urlaub nehmen konnte. Der Nachbarort in der alten Bundesrepublik, also in der DDR-Zeit im Grenzgebiet, war Bad Sachsa im niedersächsischen Teil des Harzes, das nur ca. 3 Kilometer von Klettenberg entfernt war.

In Klettenberg konnte ich als Soldat und späterer Gefreiter manchmal mit Fußball spielen. Da ich die meisten Tore in unserer Mannschaft schoss, hat man mich mit in der Fußballmannschaft des Bataillonsstabes in Klettenberg aufgestellt. Ich hatte einen absoluten Torriecher und wollte mich deshalb bei der Fußballmannschaft von Leinefelde anmelden und dort nach Abschluss meines Grundwehrdienstes mitspielen. Auf den Schachsport wollte ich jedoch auch nicht verzichten, weil ich schon dort erfolgreich war. Meine damalige Ehefrau sagte mir aber, dass ich nur eine Sportart ausüben konnte. So musste ich schweren Herzens auf eine Mitgliedschaft in der Leinefelder Fußballmannschaft verzichten. Ich spielte trotz der starken zeitlichen Belastungen im Rahmen des Grundwehrdienstes bei der Armee noch Fernschach. Da ich auch internationale Fernturniere mitspielte und hier auch manche Schachspieler aus dem westlichen Ausland, aus damaliger Sicht gesehen, mitspielten und ich als Armee-Angehöriger keine Korrespondenz mit dem westlichen Ausland haben durfte, habe ich meiner damaligen Frau im Zahlensystem meine jeweiligen Antwortzüge mitgeteilt, und sie hat die

Züge dann an die betreffenden Schachspieler aus dem westlichen Ausland per Post weitergeleitet.

Eine Geschichte aus der Armeezeit, weil sie typisch für die damalige Armeezeit bezüglich der geltenden Bestimmungen war und unsere Familie und mich damals sehr bewegte, will ich darlegen: Meine damalige Ehefrau hatte Nierenbeckenentzündung und war deshalb bettlägerig. Gleichzeitig waren meine beide Kinder, die in dieser Zeit sehr viel krank waren, auch krank. Ich hatte während der Armeezeit zufällig planmäßigen Urlaub von der NVA bekommen und habe mich um meine kranke Familie gekümmert. Der planmäßige Urlaub war kurz vor dem Ende, und ich hätte zu meiner Einheit planmäßig zurückfahren müssen. Meine Frau und unsere Kinder waren jedoch immer noch krank und brauchten auch deshalb weitere Hilfe. Auch meine Eltern, die in dieser Zeit noch berufstätig waren, konnten meine damalige Frau sowie meine beiden Kinder aus meiner damaligen ersten Ehe nicht betreuen. Alle meine Versuche gegenüber dem Stabschef und später dem Kommandeur des Bataillons brachten keinen Erfolg, dass ich wegen der Krankheitsumstände meiner Familie den Urlaub notwendigerweise verlängern konnte. Man gab mir den Befehl, dass ich trotzdem planmäßig kommen sollte. Ich habe daraufhin gesagt, dass ich meine Familie nicht ihrem Schicksal preisgeben kann und dann nicht anders kann, als der NVA den Befehl zu verweigern. Am gleichen Tag fuhren Mitarbeiter des Medizinischen Dienstes zu meiner Wohnung, um zu prüfen, ob ich die Wahrheit sagte. Nachdem sich die Mitarbeiter des Medizinischen Dienstes vor Ort vom Wahrheitsgehalt meiner Worte überzeugten, bekam ich deshalb vom zuständigen Wehrkreiskommando noch fünf Tage Zusatzurlaub und habe dadurch meiner Familie Hilfe geben können. Ich war sehr froh, auch im Interesse meiner Familie, als ich die 1,5 Jahre Grundwehrdienst bei der NVA absolviert hatte.

Ich habe nach einem kurzem Urlaub nach der Armeezeit wieder eine berufliche Tätigkeit beim VEB Eichsfelder Zementwerke in Deuna aufgenommen. In der Zwischenzeit hat ein anderer Mitarbeiter meine bisherige Tätigkeit ausgeführt. So wurde ich zwar entsprechend den geltenden Gesetzen wieder in diesem Betrieb und im gleichen

Direktionsbereich eingestellt, musste jedoch andere Arbeiten im Bereich Investitionen durchführen. Diese haben mich jedoch nicht so wie die bisherige berufliche Tätigkeit befriedigt. Ich suchte nach einer weiteren Herausforderung für mich und nachdem ich einen Studienplatz für ein Fernstudium bekam, habe ich 1973 ein Hochschul-Fernstudium bei der TU Dresden im Fachbereich Ingenieurökonomie für Bauwesen mit der Spezialisierungsrichtung Planung aufgenommen. Ich wusste nicht, ob ich das Studium schaffen würde, weil es nicht nur ein Studium auf ökonomischem, sondern auch auf technischem Gebiet war und ich im technischen Bereich – nach meiner Auffassung – die schlechteren Voraussetzungen für dieses Studium mitbringen würde. Meine damalige Frau hat mich jedoch darin bestärkt, die Herausforderung dieses Studiums trotzdem anzunehmen.

Ich sagte mir: „Mehr als schief gehen, kann es nicht. Dann kannst du wenigstens sagen, wenn du es nicht schaffst, dass du es versucht hast und brauchst dir später nicht einzureden, dass du zu feige warst und dir dies nicht getraut hast.“

Einige Wochen nach dieser Entscheidung und nachdem ich meinen Studienplatz hatte, wurde ich vom Technischen Direktor – ich glaube, er war damals amtierender Betriebsdirektor des VEB Eichsfelder Zementwerke, wie wir es damals in der DDR sagten – zu einem Kader-Gespräch, seit der Wiedervereinigung sagt man dazu „Personalgespräch“, bestellt. Er sagte mir, dass ich im Rahmen der Nachwuchsförderung vorgesehen wäre, wegen der Notwendigkeit der gleichzeitigen Vertretung sowohl des Betriebsdirektors, als auch des Ökonomischen Direktors, für zwei Jahre die Funktion des Planungsleiters und des Stellvertreters des Direktors für Ökonomie zu übernehmen. Ich sagte ihm, dass es wohl deshalb für mich nicht in Frage kommen könnte, da ich vor einigen Wochen einen Studienplatz für ein Hochschul-Fernstudium der Ingenieur-Ökonomie an der TU Dresden bekommen hätte und für mich dieses Studium eine ziemliche Herausforderung wäre und meine Kraft erfordert und ich mich auf diese Aufgabe konzentrieren wollte und müsste. Er sagte daraufhin, dass die jungen Leute keinen ausreichenden Mut mitbringen würden. Er könnte auch deshalb meine bisherige ablehnende Entscheidung nicht ausreichend akzeptieren.

Ich war damals noch relativ jung und nur wenige Tage zuvor erst 25 Jahre alt geworden und habe schweren Herzens am gleichen oder folgenden Tag meine Zustimmung zur Übernahme der Funktion gegeben. Es war eine sehr gravierende Entscheidung für mich, denn ich musste in dieser sehr wichtigen Zeit für das neu entstehende bzw. sich in der weiteren Entstehung befindende Werk, das damals als das zweitmodernste Zementwerk Europas galt – so hat man uns dies damals gesagt – die Planungsleiterfunktion durchführen und gleichzeitig das Hochschulfernstudium auf dem Gebiet der Ingenieurökonomie absolvieren. Es war nicht einfach dieses erhebliche Spagat an Aufgaben und Verantwortung zu bewältigen. Ich hatte – ähnlich, wie mein Vater – so gut wie keine Freizeit. Um die anstehenden Aufgaben zu schaffen, habe ich wohl jedes Wochenende, bis auf vier Wochenenden im Jahr, in denen ich mir Zeit für meine Familie nehmen konnte, in der Arbeitszeit die ersten zwei Jahre durchgearbeitet. Nur so konnten die anstehenden Aufgaben in der Berufstätigkeit für das Zementwerk und das Fernstudium bewältigt werden.

Im Fernstudium trafen wir uns in den ersten zwei Jahren im Konsultationszentrum in der Puschkinstraße in Erfurt. Die Prüfungen und der Rechnereinsatz erfolgten im zweiten Jahr an der Friedrich–Schiller–Universität in Jena. Das Studium war nicht einfach, und es wurde sehr viel von uns gefordert. Über 50 Prozent der Studenten in dieser Ausbildung haben das Grundlagenstudium nicht geschafft oder auch deshalb aufgehört, da sie den Druck des damals ewigen Lernens nicht mehr ertragen konnten oder nicht mehr mit der zusätzlichen Arbeit neben ihrer beruflichen Arbeit klar kamen. Am Donnerstag Abend traf ich mich nahezu regelmäßig in einem Unterrichtsraum des Sozialgebäudes des Bahnbetriebswerks in Leinfelde, um mit einem anderen Fernstudenten, der bei der Eisenbahn arbeitete, gemeinsam Mathematik zu üben. Diese zusätzliche Ausbildung und das gute Erklären der jeweiligen Mathematik-Themen durch einen älteren Lehrer führten dazu, dass es auf diesem Gebiet wesentlich besser als früher lief und ich jedes Mal nur ganz knapp die Note 1 in diesem Fach verfehlt habe. Im 3.

und 4. Jahr, das wir nach dem Grundlagenstudium an der TU Dresden in Dresden hatten, habe ich mich immer während der Dresdener Fernstudienzeit mit einem Mitstudenten aus Nordhausen getroffen. Wir haben beide gemerkt, dass wir in den Wohngebäuden der TU Dresden allein wegen der Indisziplin und der Unruhe der Mitstudenten nicht richtig studieren konnten. Dort waren damals 16 Personen in einem Wohnraum im betreffenden Raum an der TU Dresden. Deshalb haben wir uns in einer Pension in Dresden in der Bergstraße, die wir für diese Zeit immer angemietet hatten, unweit vom Bahnhof in Dresden gelegen, getroffen. Man brauchte damals nur 7 DDR-Mark für einen Tag der Nutzung bezahlen, und wir hatten dort wenigstens unsere Ruhe zum Lernen. Später haben wir das gute und preiswerte Quartier in der Bergstraße in Dresden genutzt, um dort mit der Familie Urlaub in Dresden zu machen. Das Studium im dritten und vierten Studienjahr war an der TU Dresden nicht einfach. Im Regelfall hatten wir dort fünf oder sechs mehrtägige Konsultationen an der TU Dresden, verbunden mit relativ vielen Klausuren bzw. Prüfungen. Mit meinem Mitstudenten Wolfgang Reinsch habe ich gut zusammen studiert. Wir haben uns sehr gute Methoden für das gemeinsame Lernen angewöhnt. Im Regelfall sind wir schon vor den Klausuren und anderen Prüfungen in Dresden zur Bergstraße gefahren, damit wir noch Zeit zum Lernen hatten. Trotzdem haben wir nicht bis spät abends vor den Klausuren oder Prüfungen gelernt, sondern wir wollten für die Prüfungen fit sein und haben uns deshalb nicht länger als bis 21:00 Uhr vorbereitet.

Nach erfolgreichem Abschluss konnten wir, verbunden mit einer schriftlichen Abschlussarbeit, den Hochschulabschluss und wenn wir noch das Diplom machen wollten, im Ergebnis einer Diplomarbeit und einer Verteidigung dieser Arbeit das Diplom erwerben. Erst im Hochschul-Fernstudium habe ich den notwendigen Ehrgeiz gezeigt, den ich vorher in schulischen Belangen kaum hatte. Ich konnte erreichen, dass mit steigendem Bildungsabschluss meine Noten besser wurden, was oft umgekehrt ist. Wahrscheinlich lag dies an der anderen Einstellung zum Studium. So gelang es mir, mein Universitäts-Studium bzw. Diplom an der TU Dresden mit dem Prädikat "mit Auszeichnung" 1978 abzuschließen. Da von den 800 Studenten in dieser speziellen Ausbildung mit mir nur eine Studentin ihre Prüfung mit ebenfalls dem Prädikat "mit Auszeichnung" abgeschlossen hatten, bot man ihr und mir gleich die Absolvierung einer Doktorarbeit an der TU Dresden an. In Anbetracht des vielen Lernens und der umfangreichen Arbeit auch für das Fernstudium wollte ich endlich Ruhe von den Anstrengungen der Ausbildung haben und lehnte das Schreiben einer Doktorarbeit ab. Meine frühere Ehefrau hat mir bezüglich des Ausdrucks, der Rechtschreibung usw. bei der Diplom-Arbeit viel geholfen.

Die Tätigkeit als Planungsleiter in dieser Zeit war nicht einfach und hat sehr viel Zeit und Mühe gekostet. Ich habe dadurch viel Praxis bekommen und insbesondere viel auf ökonomischem Gebiet gelernt. Bei meinem anderen Studium, was ich vorher gleich nach dem Abitur an der Fachschule für Finanzwirtschaft in Gotha absolviert habe, hatte ich noch überhaupt keine Praxis gehabt, was sich im Nachhinein gesehen als nachteilig erwies. In bestimmten Fächern, wo es auch auf viele praktische Kenntnisse ankommt – und dazu gehört auch die Betriebswirtschaftslehre – erweisen sich viele praktische Kenntnisse als sehr wichtig und meines Erachtens auch notwendig. In der Bundesrepublik Deutschland bzw. im nunmehr gemeinsamen Deutschland sollte man auch jetzt in manchen Fachgebieten daraus lernen, denn bezüglich der praktischen Vorbildung von Studenten bestehen dort noch, aus meiner Sichtweise, erhebliche Probleme. Oft ist auch die Ausbildung an Universitäten und an manchen Hochschulen zu sehr theoretisiert. Ich hatte durch meine praktische Tätigkeit eine sehr gute Grundlage für das Hochschulstudium, und das Studium hat mir auch dadurch in vielen Fachgebieten bzw. Studienfächern sehr viel Spaß gemacht. Das umfassende Fernstudien-Angebot in der DDR hat sehr positive Wirkungen gezeigt, weil viele Fernstudenten durch ihre ausgeübte praktische Tätigkeit viel Praxis hatten und auch die Lehrenden dadurch noch manche praktischen Kenntnisse für bestimmte Belange auch für ihre Tätigkeit gewonnen haben. Auch von der Berufsausbildung mit Abitur, die es in der DDR gab und nur wenige Bundesländer jetzt im gemeinsamen Deutschland diese Ausbildung durchführen und in der alten Bundesrepublik meines Wissens in der Zeit bis zur Wiedervereinigung Deutschlands früher überhaupt nicht zum Tragen kam, sollten die erforderlichen Schlussfolgerungen gezogen werden.

Nach Beendigung meines Betriebswirtschafts-Fernstudiums an der TU Dresden und der ersten Überwindung des immer fortführenden Lernens hatte ich großes Interesse, ein zweites Hochschul-Fernstudium zu absolvieren. Mein Interesse lag auf dem Gebiet von Jura bzw. Rechtswissenschaft. Ich hätte dieses Hochschul-Fernstudium an der Humboldt-Universität Berlin durchführen müssen. In diesem Zusammenhang hatte ich mich mit den vorzulegenden schriftlichen Unterlagen dieses weiteren Hochschul-Fernstudiums beschäftigt und wollte ab 1978 noch ein Hochschul-Fernstudium in Rechtswissenschaften absolvieren. Auch hatte ich mich mit einem Bekannten, der in Worbis tätig war und ein Jahr älter war, als ich und der auch Rechtswissenschaften an der Humboldt-Universität Berlin im Rahmen eines Hochschul-Fernstudium studierte, über Einzelheiten des Ablaufs im Hochschul-Fernstudium an dieser Einrichtung informiert. Eine wichtige Grundlage dafür war, dass mir mein Betrieb, in dem ich tätig war, also der VEB Eichsfelder Zementwerke Deuna, eine Delegierung für ein zweites Hochschul-Fernstudium gab. Dies hätte ich von den Verantwortlichen dieses Betriebes für Erwachsenen-Qualifizierung bekommen müssen. Trotz meines intensiven Bemühens und meines erheblichen Interesses an diesem weiteren Hochschul-Fernstudium im Bereich Rechtswissenschaften habe ich die Zustimmung bzw. Delegierung zu diesem weiteren Hochschul-Fernstudium nicht bekommen. Man begründete die Nichtzustimmung damit, dass ich ja schon ein Hochschul-Fernstudium der Betriebswirtschaftslehre absolviert und mein Betrieb an meiner weiteren Qualifizierung kein Interesse hätte und dies aus Sicht der damaligen Entscheidungsträger dieses Betriebes nicht notwendig sei. Deshalb konnte ich die Unterlagen für dieses Hochschul-Fernstudium nicht abgeben. Aus dem Erkenntnisstand von heute war diese Entscheidung völlig falsch, da es besonders auf eine Verzahnung von Betriebswirtschaft und Rechtswissenschaft ankommt und da Manche diese Ausbildung auf beiden Gebieten nicht ausreichend besitzen. Dadurch kann Manches nicht so, wie erforderlich, bezüglich der ausreichenden auch praktischen Kenntnisse auf beiden Gebieten in fachlicher Hinsicht bei vielen notwendigen Spezialisierungen umgesetzt werden.

In der Zeit der Vertretung musste ich wegen eingetretener relativ langer Krankheit des eigentlich amtierenden Direktors für Ökonomie ihn ebenfalls zusätzlich längere Zeit vertreten. Obwohl ich damals erst 26 Jahre alt war, musste ich diese Aufgabe auch bereits zusätzlich zeitweilig zu den vielen Aufgaben des Planungsleiters mit erfüllen. Ich musste mich an die Teilnahme an Leitungssitzungen der Betriebsleitung, die Durchführung von mir zu leitender Arbeitsberatungen für den gesamten Bereich Ökonomie, die Erarbeitung von Protokollen für die festzulegenden Arbeiten des gesamten Bereichs der Ökonomie, die Auswertung der Arbeitsberatungen und weitere von mir zu treffende Entscheidungen und durchzuführende Handlungen, auch in dieser Leitungsfunktion der zeitweilig auszuübenden Tätigkeit eines Direktors für Ökonomie für den gesamten Bereich des VEB Eichsfelder Zementwerke erst einmal gewöhnen. In dieser Zeit gehörten damals noch folgende Teilbereiche, die zu leiten und zu lenken waren, zum Aufgabenbereich eines Direktors für Ökonomie in diesem relativ großen volkseigenen Betrieb:

Aufgaben des Planungsbereichs
Aufgaben der Arbeitsökonomie
Aufgaben der Finanzökonomie
Aufgaben der Abteilung Kultur und Soziales
Aufgaben der Arbeiterversorgung
Aufgaben des Fuhrparks
Aufgaben der Materialwirtschaft

Zeitweilig bis zur Bildung des Direktorats für Produktion mussten die erforderlichen Leitungsaufgaben auch auf diesem Fachgebiet noch vom Direktor für Ökonomie miterledigt werden, was mich ebenfalls betraf.

Durch die vielfältigen noch weiteren zu leitenden Bereiche hat man noch weitere Praxis gewonnen. Nach dieser zweijährigen Vertretung habe ich meine eigentliche Aufgabe laut der Stellenbeschreibung eines Leiters für Finanzplanung durchgeführt. Ich habe ab dieser Zeit vielfältige Angebote für zu übernehmende Leitungsfunktionen bekommen, zu denen u. a. auch gehörten:

- Leiter für Planung des Rates des Kreises Worbis, Stellvertreter des Vorsitzenden des Rates des Kreises Worbis

- Leiter für Planung des Rates des Kreises Heiligenstadt, Stellvertreter des Vorsitzenden des Rates des Kreises Heiligenstadt

- Direktor der Staatsbank der DDR des Kreises Worbis

Diese Funktionen habe ich damals alle nicht angenommen, weil ich wesentlich andere Vorstellungen zur Ausübung dieser Funktionen, der Handlungsweise der Leiter in der DDR in solchen Funktionen, besonders im öffentlichen Bereich hatte und ich auch mit manchen Handlungen, auch politischer Art und mit der nicht ausreichenden Vorbildwirkung eines großen Teils von Leitern im politischen System der DDR nicht einverstanden war. Leider war auch damals schon festzustellen, dass ökonomische Erfordernisse nicht die gebührende Rolle bekamen und andere Erfordernisse, wie das Erhalten von Beziehungen, manchmal eine viel größere Rolle spielte. So wollte und konnte ich nicht leben, da ich in dieser Beziehung auch von der Lebensweise unter den Bedingungen eines sozialistischen Staates DDR ganz andere Vorstellungen hatte, und deshalb habe ich keine Zustimmung zur Übernahme dieser Tätigkeiten gegeben. Es war manchmal gar nicht einfach, Begründungen für meine ablehnenden Handlungen zu geben, da ich manche Gründe, die mich zu diesen Handlungen bewegten, nicht in der ausreichend erforderlichen Form in jeder Beziehung öffentlich den Betreffenden sagen konnte, die an mich wegen der Übernahme herangetreten sind. So erinnere ich mich noch an ein über einstündiges Gespräch in dieser Angelegenheit mit dem Sekretär für Wirtschaftspolitik der SED-Kreisleitung Worbis wegen der gewollten Übernahme der Funktion des Direktors der Staatsbank der DDR des Kreises Worbis durch mich. Der Sekretär für Wirtschaftspolitik der SED-Kreisleitung Worbis wollte mich unbedingt dazu überreden, dass ich diesen Posten übernehme Ich habe auch nicht geringe Vorwürfe wegen meiner Nicht-Übernahme der angebotenen Leitungsposten von meinem damaligen Betriebsdirektor des VEB Eichsfelder Zementwerke Deuna bekommen. Meistens habe ich die Nicht-Übernahme der mir angebotenen Posten damit begründet, was zweifellos auch stimmte, aber die genannten weiteren Gründe, die die Hauptursache meiner Ablehnungen darstellten, nicht aufgeführt. Ich habe dies gesagt, dass ich lieber in einem volkseigen Industriebetrieb bleiben und mir dadurch noch mehr Praxis auf diesem Gebiet aneignen wollte. Die anderen Angebote entsprachen keiner Tätigkeit in einem volkseigenen Betrieb, und die angebotene Tätigkeit im Bankwesen hatte auch in gewisser Weise eine nicht zu verkennende Verbindung mit dem öffentlichen Dienst, obwohl die Tätigkeit eines Direktors der Staatsbank der DDR nicht unmittelbar zum öffentlichen Dienst gehörte.

Ich wollte auch nach erfolgreichem Abschluss meines Fernstudiums weiterhin als Leiter der Finanzplanung arbeiten und hatte keineswegs vor, obwohl ich eine höhere Qualifikation als mein Abteilungsleiter für Planökonomie besaß, auf seinem Posten zu arbeiten. Mit meinem Abteilungsleiter für Planökonomie verstand ich mich sehr gut und wollte ihm die Position nicht streitig machen. Mit meiner Diplomarbeit war verbunden, dass ich einige Wochen unmittelbar für den Betrieb nicht tätig sein konnte. Vielleicht war es auch mit meinen Ausfall und der dadurch nicht möglichen Tätigkeit begründet, oder andere Ursachen lagen vor, dass für meine Funktion bzw. Tätigkeit zwischenzeitlich ein Anderer eingestellt war. Man hatte mich darüber vorher überhaupt nicht in Kenntnis gesetzt.

Ich sollte im Rahmen einer neu für mich vorgesehenen Tätigkeit ein EDV-Projekt unseres Betriebes ökonomisch begleiten. Diese Tätigkeit war eine neue Aufgabenstellung für mich, die ich mehrere Wochen ausgeübt habe. Dann bot man mir eine Abteilungsleitertätigkeit im Direktionsbereich Ökonomie an. Ich konnte zwischen einer Tätigkeit als Abteilungsleiter Arbeitsökonomie oder eines Abteilungsleiters Finanzökonomie wählen. Beide Angebote entsprachen nicht unbedingt meinen fachlichen Vorstellungen. Ich hätte lieber weiterhin, wie vorher, die Tätigkeit eines Leiters der Finanzplanung ausgeübt, aber dies ging ja nun nicht mehr. So entschied ich mich dann für die Tätigkeit des Abteilungsleiters Finanzökonomie. Dort waren folgende wesentliche Aufgabenstellungen in meinem Verantwortungsbereich zu erfüllen:

- Umlaufmittelplanung, Umlaufmittelberichterstattung

- Sicherung der Finanzierung, Darlehens- und Kreditbereitstellung bzw. Einflussnahme auf die Liquidität des Betriebes

- Sicherung der Inventur des gesamten Betriebes, Wahrnehmung der Funktion des Inventurleiters, ebenfalls für den gesamten Betrieb

- Planung und Verwendung, einschließlich der Berichterstattung über die Inanspruchnahme des Leistungsfonds

- alle Aufgabenstellungen des bargeldlosen Zahlungsverkehrs

- alle Aufgabenstellungen des Barzahlungsverkehrs (Kassenführung, Kassenordnung usw.)

Mit mir haben 7 Mitarbeiterinnen und Mitarbeiter diese Aufgaben der Finanzökonomie erfüllt. Nach weniger als zwei Jahren waren die vor dieser Abteilung vorrangig stehenden Probleme schöpferisch und operativ gelöst und die insgesamt dann noch verbleibende Zeit von 8 Jahren als Abteilungsleiter waren vorrangig mit Routinearbeiten verbunden. Deshalb hätte ich mich wesentlich eher um eine herausfordernde Tätigkeit bemühen müssen und nicht insgesamt 10 Jahre diese Tätigkeit vom 30. bis 40. Lebensjahr ausüben sollen.

Meine Tochter Claudia ist nach vorherigem Besuch des Kindergartens 1975 in Leinefelde zur Schule gekommen und hat bis zur 10. Klasse und somit bis 1985 die Polytechnische Oberschule in Leinefelde besucht, danach erfolgreich in Friedrichroda eine Ausbildung als Kellnerin absolviert und dann später im FDGB-Erholungsheim in Uder, Kreis Heiligenstadt, als Kellnerin gearbeitet. 1991 wurde ihr Sohn, mein Enkel Pierre, geboren. Beide wohnen weiterhin in Leinefelde.

Mein Sohn André wurde 1976 in Leinefelde in die dortige Polytechnische Oberschule eingeschult und hat nach erfolgreichem Abschluss der 10. Klasse in Leinefelde von 1986 bis 1989 eine Berufsausbildung mit Abitur beim damaligen Bau- und Montagekombinat (BMK) Erfurt erfolgreich absolviert. Nach einer verkürzten Grundwehrdienst-Ausbildung bei der Nationalen Volksarmee und Arbeit hat André dann in einem Pflegezentrum mit dort zu Betreuenden zur Überbrückung der Wartezeit bis zum Beginn seines ab 1991 an der Hochschule für Architektur und Bauwesen Weimar beginnenden Studiums gearbeitet. André absolvierte dann von 1991 bis 1996 sein Studium mit dem Abschluss als Diplom-Ingenieur mit der Spezialisierungsrichtung Statik im Bauwesen.

Nach Abschluss seines Bauingenieur-Studiums in Deutschland absolvierte er zusätzlich ein Studien-Semester im Bauwesen in Frankreich. Da er in der Schule Französisch gelernt hatte, war es für ihn nicht schwierig, sein Studium in Frankreich, dessen Vorlesungen dort auf Französisch durchgeführt wurden, weiterzuführen. Darüber hinaus hat er eine spezielle Ausbildung in Englisch absolviert. Obwohl er in der Schule kein Englisch lernen konnte, hat er in Großbritannien den zweithöchsten Abschluss für Ausländer in der englischen Sprache erfolgreich erworben. Er hat dann noch 1,5 Jahre beruflich in London in einem englischen Unternehmen gearbeitet. Dadurch hat er seine Kenntnisse in der englischen Sprache auch weiter vervollkommnen können. Nach einer zusätzlichen Referendar-Ausbildung bis 2002 im Bundesland Brandenburg für eine Ausbildung zum Lehrer ist er seit vielen Jahren an der damaligen Marcel-Breuer-Schule in Berlin, benannt nach dem ungarisch-jüdischen Architekten und Designers Marcel Lajos Breuer (1902 – 1981), einem der Erfinder von Stahlrohrmöbeln, die inzwischen nach dem Schweizer Architekten Max Bill (1908 – 1994) in Max-Bill-Schule umbenannt wurde, als Fachbereichsleiter für die Bildungsgänge der Berufsfachschule tätig. Er ist seit 2000 verheiratet.

Durch meine 1,5jährige Grundwehrdienstzeit bei der Nationalen Volksarmee und meine Studienausbildung und intensive Arbeit in Deuna konnte ich während dieser Zeit mich mit dem Schachsport nicht so intensiv, wie gewollt, beschäftigen. Trotzdem kann ich im Zeitraum von 1971 bis 1983 einige erfolgreiche Schachergebnisse aufweisen. Dazu gehören u. a.:

- 5. Platz bei der DDR-Fernschach-Einzelmeisterschaft der Erwachsenen-Endrunde

- 4. Platz bei der Bezirk-Einzelmeisterschaft des Bezirkes Erfurt der Männer im Schach

- mehrfache gute Platzierungen bei Bezirkseinzelmeisterschaften der Männer des Bezirkes Erfurt im Schach

- 1. Platz in der 1. Runde und somit der Vorrunde des Weltpokal-Turniers im Fernschach und damit verbundene Qualifikation für die Zwischenrunde des Weltpokal-Turniers

- 2. Platz in der Zwischenrunde des Weltpokal-Turniers im Fernschach unter 15 qualifizierten Teilnehmern. Dadurch habe ich leider knapp mit nur einem halben Punkt Abstand zum Ersten, dem estnischen Berufs-Schachspieler und -trainer sowie Spieler der Meisterklasse, Aarne Hermlin (1940 – 2007) aus der damaligen Sowjetunion und dem heutigen Estland, die Pokal-Endrunde der 15 weltbesten Fernschachspieler dieses Weltpokal-Turniers verpasst.

- 1. und 2. Plätze in internationalen Meisterklassen-Turnieren im Fernschach

- Teilnahme in Länderauswahlmannschaften für die DDR im Fernschach gegen andere Länder

- Simultan-Wettkämpfe gegen die Großmeister Wolfgang Uhlmann (1935 – 2020), Rainer Knaak (geb. 1953), Burghard Malich (geb. 1936), Lothar Vogt (geb. 1952) und Thomas Pähtz (geb. 1956) in Leinefelde mitgespielt. Ich konnte in diesen Simultan-Wettkämpfen gegen Burghard Malich gewinnen und schaffte gegen Wolfgang Uhlmann, Rainer Knaak, Lothar Vogt und Thomas Pähtz jeweils ein Remis.

Großmeister spielte simultan

vorbereitete. Für Wolfgang Uhlmann ist diese Hilfe eine Selbstverständlichkeit.

Als einer der ersten Sportler der DDR, der bereits in den 50er Jahren an Turnieren in westlichen Ländern teilnahm, mußte er oft spüren, daß der Sport genutzt wurde, um politische Haltungen, insbesondere zur Nichtanerkennung der DDR, auch auf dem Sportparkett durchzusetzen. So wurde er als erster DDR-Sportler, der auf einen Reisepaß der DDR 1961 in den Niederlanden einreiste, trotzdem er qualifizierte Teilnehmer des in diesem Land beginnenden Zonenturniers zur Schachweltmeisterschaft war, bei seiner Ankunft auf dem Flugplatz inhaftiert und des Landes verwiesen. Hier spürte der Großmeister die Solidarität der sozialistischen Länder; denn alle Teilnehmer dieser Länder reisten ab, und das Zonenturnier zur Schachweltmeisterschaft konnte an diesem Ort nicht stattfinden und wurde dann in der CSSR durchgeführt. Oft war er sehr diskriminierenden Behandlungen ausgesetzt worden, die ihn in der Mehrheit der Turniere behindern sollten, unsere Republik würdig zu vertreten.

Daß man im Schachspiel nur durch intensives Training, wie in anderen Sportarten etwas erreichen kann, erfuhren wir, indem er uns mitteilte, daß er täglich etwa sechs Stunden trainiert, um seine sportlichen Leistungen weiter zu verbessern. Für einen Schachsportler ist es auch erforderlich, ein intensives Konditionstraining durchzuführen. Wolfgang Uhlmann, der bereits 49 Jahre alt ist; jedoch trotz seines Alters mit Rainer Knaak gemeinsam immer noch als stärkster Spieler unseres Landes angesehen werden muß, hält sich durch Tennisspiel und ausgedehnte Waldläufe fit, den schachsportlichen Anforderungen Genüge zu tun.

Nach dem Forum trat Wolfgang Uhlmann gegen 32 Simultangegner an. Auch eine Reihe interessierter Schachfreunde aus unserem Betrieb sowie einige Nachwuchsschachspieler aus Deuna hatten die einmalige Gelegenheit genutzt, um gegen den Großmeister die „Klinge zu kreuzen". Am Ende des knapp dreistündigen Simultanvergleiches konnte er 27 Partien als Sieger beenden. Neben einer Niederlage, die der Sportfreund Matthias Trost aus Bernterode dem Großmeister beibringen konnte, erreichten Heinz Märtin und Andreas Heddergott vom betrieblichen Schachzirkel ein beachtliches Remis gegen den zur Weltspitzenklasse zählenden internationalen Schachgroßmeister. Dieses Ergebnis erreichten in dieser Simultanveranstaltung ebenfalls Marko Hentrich aus Leinefelde und Heinz Wilfried Bötticher aus Breitenworbis. Diese und zwei weitere im Kreis Worbis stattgefundene Simultanveranstaltungen mit Sportfreund Wolfgang Uhlmann konnten dazu beitragen, weitere Anhänger für den Schachsport zu gewinnen und den aktiven Schachspielern weitere Impulse für ihre Trainingsarbeit zu geben.

H. Märtin

Der Internationale Schachgroßmeister Wolfgang Uhlmann eröffnet den Simultanwettkampf

Bild 94: Simultan-Schachspiel mit Schach-Großmeister Wolfgang Uhlmann

31 Schachfreunde stellten sich zum Kampf

Großmeister Knaak spielte Simultan in Leinefelde

Anläßlich unserer Betriebsfestspiele wurde der internationale Schach-Großmeister und mehrfache DDR-Meister, Rainer Knaak, zu einer Simultanveranstaltung nach Leinefelde verpflichtet. Der Klub der Volkssolidarität bot für diesen interessanten Vergleichskampf wiederum ausgezeichnete Bedingungen. 31 interessierte Schachsportler, darunter auch einige Mitglieder unseres betrieblichen Schachzirkels, hatten sich dem Großmeister zum Kampf gestellt. Ein Beweis für den bereits erreichten hohen Leistungsstand des Schachsportes im Kreis Worbis war die Tatsache, daß erst nach ca. zweistündiger Spielzeit Schachfreund Knaak seine erste Partie gewinnen konnte.

Viele Sportfreunde setzten dem favorisierten Großmeister sehr hartnäckigen Widerstand entgegen und versuchten, ihre Partie gegen den Großmeister Remis zu gestalten oder sogar zu gewinnen. Das Mitglied unseres betrieblichen Schachzirkels, Alfred Kachel, bewies sogar den Mut, ein Remisangebot des Internationalen Schachgroßmeisters, in nur geringfügig besserer Stellung für Sportfreund Kachel, abzulehnen.

Nach ca. 4 Stunden war die letzte Simultanpartie entschieden und der mit Wolfgang Uhlmann wohl stärkste Schachsportler der DDR konnte ein Ergebnis von 24 Siegen und 7 Remis verbuchen.

Ein achtbares Remis erreichten die Mitglieder unseres Schachzirkels Alfred Kachel und Heinz Märtin. Die übrigen 5 Remis erkämpften sich die Sportfreunde Bernd Heilrung und der erst 11jährige Marko Hentrich von der BSG Lok Leinefelde, Willfried Böttcher, SG Breitenworbis/Bernterode, Volker Bergner, Einheit Worbis und die einzige weibliche Teilnehmerin, Anna Elisabeth Kneißl aus Heiligenstadt.

Neben den gewonnenen neuen Erkenntnissen im sportlichen Schachkampf gegen solch einen international anerkannten Spitzenspieler für unsere Zirkelmitglieder und die anderen an der Simultanveranstaltung teilnehmenden Sportfreunde, konnten wir aus der Schilderung seines sportlichen Werdeganges und seiner angewandten Trainingsmethoden neue Anregungen für unsere weitere Arbeit auf schachsportlichem Gebiet gewinnen.

Daß ein sehr großer Trainingsfleiß dazugehört, um solche gute Leistungen wie der Sportfreund Knaak sie zeigt, zu erreichen, spricht allein aus der Tatsache, daß er mehrfach in der Woche ca. 6 bis 8 Stunden täglich Schachtraining durchführt und durch vielseitige sportliche Betätigung, insbesondere durch ausgedehnte Läufe, seine Kondition ständig zu verbessern sucht.

Der Leitung des Klubs der Volkssolidarität Leinefelde soll für die ständige großzügige Unterstützung unserer Zirkeltätigkeit an dieser Stelle gedankt werden.

– H. M. –

Rainer Knaak, Internationaler Schachgroßmeister, hier als Teilnehmer an einem Schachturnier, bestritt in Leinefelde das Simultan-Schach an 31 Brettern.

Foto: Privat

Bild 95: Simultan-Schachspiel mit Schach-Großmeister Rainer Knaak

- 5. Platz in der Endrunde der DDR-Studenten-Einzelmeisterschaft im Nahschach

Simultan mit Schachgroßmeister

Die 8. Betriebsfestspiele 1979 brachten uns am 23. Juni im Klub der Volkssolidarität Leinefelde einen interessanten Simultanvergleichskampf mit dem Internationalen Schachgroßmeister und mehrfachen DDR-Meister Dr. Burghard Malich.

Insgesamt hatten 32 Schachfreunde des Kreises Worbis, unter ihnen eine Reihe von Mitgliedern des Schachzirkels unseres Betriebes, den Kampf gegen den Internationalen Großmeister aufgenommen. Nach rund dreistündiger Spielzeit hatte Dr. Malich ein Ergebnis von 26 Siegen, 4 Verlusten und 2 Remispartien, nach teilweise hartem und spannendem Verlauf an verschiedenen Brettern, erzielt.

.Dabei gelang es von unserem betrieblichen Schachzirkel dem Schachfreund Märtin den Internationalen Schachgroßmeister zu bezwingen und der ungarische Schachfreund Takacz brachte ein Remis zustande.

Alle Teilnehmer unseres Schachzirkels konnten durch diesen interessanten Kampf gegen einen Internationalen Schachgroßmeister wieder einiges auf schachsportlichem Gebiet dazu lernen. Sehr viel Neues konnten wir auch aus dem vor der Simultanveranstaltung von Dr. Malich gehaltenen Vortrag (unser Foto) über den Leistungsstand des DDR-Schach und auch über das internationale Schachleben erfahren. Dabei konnte er uns viele eindrucksvolle persönliche Erlebnisse von internationalen Schachturnieren und Schacholympiaden berichten. Besonders erwähnenswert ist auch, daß Sportfreund Dr. Malich seine großen sportlichen Erfolge trotz hoher beruflicher Belastung – er ist gegenwärtig als Dozent für Geschichte an der Martin-Luther-Universität in Halle tätig – erreicht hat. Auch aus dieser Sicht her hat wohl diese Veranstaltung den Schachspielern neue Impulse für ihr Wirken gegeben.

Bild 96: Simultan-Schachspiel mit Schach-Großmeister Dr. Burghard Malich

- ein Jahr in der damaligen DDR-Liga-Schachmannschaft von Lok Leinefelde, davor in der Bezirksliga-Mannschaft dieses Vereins mitgespielt. Dort habe ich in dieser Mannschaft in der DDR-Liga am 3. Brett gespielt mit dem Ergebnis von 14 Remis und jeweils zwei gewonnenen und zwei verlorenen Partien.

- am 1. Brett bei der Schach-Bezirksliga-Mannschaft von Lok Leinefelde mit dem Ergebnis von 6,5 Punkten aus 9 Spielen (4 Siegen und 5 Remis) mit zum Aufstieg dieses Vereins in die DDR-Liga beigetragen gung, die er dann nach einer weiteren Niederlage in der 7. Runde gegen Horst Tucholke (DHfK) endgültig begraben mußte. Grünberg hingegen hatte sich bereits nach der 2. Runde durch überzeugende Siege an die Spitze gesetzt und sah lange wie der sichere Sieger aus. In der 4. Runde verdarb er allerdings eine gewonnene Stellung gegen Nötzold zum Remis. Als er nach einem weiteren Remis in der 6. Runde gegen Syré auch in der 8. Runde gegen Lutzkat nicht über ein Unentschieden hinauskam, konnte überraschend Tucholke gleichziehen. So mußte in der letzten Runde die Entscheidung fallen. Grünberg gewann sicher gegen Märtin (TU Dresden), und auch Tucholke konnte einen leichten Vorteil gegen Schneider in der Hängepartie zum Sieg verwerten. Durch einen Wertpunkt mehr machte Horst Tucholke die große Überraschung perfekt und wurde DDR-Studentenmeister 1978 vor dem ungeschlagenen Hans-Ulrich Grünberg.

Bei der Siegerehrung, die von Dr. Harmel und Dr. Kildal vorgenommen wurde, konnte eingeschätzt werden, daß die Turniere durch gutes Niveau und hohen Kampfgeist gekennzeichnet waren. Neben Blitzturnieren, die bei den Frauen Feustel vor der erst 15jährigen Karl-Marx-Städter Schülerin Pohl und Michel und bei den Männern August (FG Schach) und Syré gewannen, maßen die Studenten auch beim Ausgleichssport ihre Kräfte. Auf einem Forum mit der Generalsekretärin des Hoch- und Fachschulsportes, Sportfreundin Ursula Plater, diskutierten die Studenten Initiativen zur weiteren Verbreitung des Schachsportes in unseren Hoch- und Fachschulen. Die Studenten wollen einen bedeutenden Beitrag zur Realisierung der Zielstellung des DSV der DDR leisten, 120 neue Sektionen in den nächsten Jahren zu gründen.

Endstand Frauen: 1. Michel (Halle) $8^{1}/_{2}$, 2. Feustel (Leipzig) $7^{1}/_{2}$, 3. Walther (Jena) 6, 4. Gregor (K.-M.-St.), 5. Przioda (Dresden), 6. Seeber (Jena) je $5^{1}/_{2}$, 7. Melzer (K.-M.-St.), 8. Koch (Leipzig) je 5, 9. Solice (Halle), 10. Schneider (Merseburg), 11. Gattig (Bernburg) je $4^{1}/_{2}$, 12. Angelus (Halle, 13. Boldt (Rostock) je 4, 14. Granitzki (Dresden), 15. Reinke (Potsdam), 16. Teige (Cottbus) je $3^{1}/_{2}$, 17. Haase (Tangermünde), 18. Zauche (Zwickau) je $2^{1}/_{2}$, 19. Fuchs (Potsdam) $1^{1}/_{2}$ Punkte.

Entstand Männer: 1. Tucholke (Leipzig), 2. Grünberg (Halle) je $7^{1}/_{2}$, 3. Syré (Dresden) 6, 4. Lutzkat (Dresden) $5^{1}/_{2}$, 5. Märtin (Dresden), 6. Schneider (Glashütte), 7. van Bentum (Rostock), 8. Prüfer (Leipzig), 9. Döring (K.-M.-St.), 10. Bundrock (Magdeburg) je 5, 11. Nötzold (K.-M.-St.), 12. Barth (Jena), 13. Höckendorf (Dresden), 14. Steinriede (Dresden), 15. Hassenzahl (Leipzig), 16. Schulz (Rostock) je $4^{1}/_{2}$, 17. Frommelt (Dresden), 18. Eger (Erfurt), 19. Clemens (Rostock) je 4, 20. Evers (Dresden), 21. Haß (Magdeburg), 22. Stiemerling (Berlin), 23. Gernitz (Potsdam), 24. Lehmann (Jena) je $3^{1}/_{2}$ 25. Hodl (Güstrow) 3, 26. Fuchs (Potsdam) 1.

Hartmut Hirsch

Achtung, Studenten!

Im kommenden Studienjahr werden die Pokalwettkämpfe für Mannschaften der Hoch- und Fachschulen durchgeführt. In diesen Mannschaften können Schachsportler starten, die Direktstudenten der jeweiligen Institution und Mitglied deren Sportgemeinschaft sind. Die Mannschaftsstärke beträgt bei den Männern vier Personen und bei den Frauen zwei Personen. Es werden Vorrunden und eine zentrale Endrunde durchgeführt. Meldungen sowie Anfragen bis zum 15. 11. 1978 an den Hauptschiedsrichter Werner Kleinsteuber, 8044 Dresden, Marburger Straße 39.

Sizilianisch

P. Feustel — **A. Michel**

Anmerkungen: A. Michel

1. e4 c5 2. Sf3 Sc6 3. d4 c:d4 4. S:d4 Sf6 5. Sc3 d6 6. Le2 e5 7. Sb3 Le7 8. Le3 a5 9. a4 (Eine andere Variante ist 9. Sd2 Sd4 10. Sc4 b5 11. L:d4 b:c4 12. Le3 Le6 mit gutem Spiel für Schwarz; a4 ist aus dem Grunde so beliebt, weil es das Feld b5 unter Kontrolle hält und den Vormarsch des Ba5 stoppt.)

9. ... Le6 10. 0–0 0–0 11. f4 (Hier ist das zweitbeliebteste Zug Lf3 mit Druck auf d5.)

11. ... Sb4 12. Kh1 Tc8 13. Lf3 d5 (Ein Bauernopfer mit dem Ziel, aktives Spiel zu erreichen)

14. f:e5 (Am besten, da z. B. nach 14. e:d5 Sf:d5 15. L:d5 S:d5 16. S:d5 D:d5 Schwarz positionellen Vorteil erhält. Aber

H. Tucholke (links) und H.-U. Grünberg

Fotos (2): H. v. Beesten

Bild 97: 5. Platz beim Finale der Studenten-Einzelmeisterschaft der DDR (im Bild zu sehen der Internationale Meister Hans-Ulrich Grünberg und daneben der Studenten-Meister Horst Tucholke

Großartiger Erfolg in Ungarn

SCHACH: Lok Leinefelde auf Platz 4 in der B-Gruppe

An einem internationalen Mannschaftsturnier in der Ungarischen Volksrepublik mit über 500 Schachspielern aus sieben Ländern waren auch Sportfreunde aus Leinefelde, Worbis und Breitenworbis beteiligt. In der B-Gruppe – sie bestand vorrangig aus Oberliga-, Staatsliga- und Mannschaften der I. Liga – konnte Leinefelde trotz stärkster Gegnerschaft als zweitbeste ausländische Mannschaft den 4. Platz erringen. Die mit Heinz Märtin, Alfred Kachel, Ferenc Takacz und Ludger Hartung antretenden Leinefelder errangen in neun Mannschaftskämpfen fünf Siege und ein Unentschieden und mußten nur drei Niederlagen hinnehmen. Im einzelnen spielte Lok Leinefelde gegen Spartacus Budapest II 3:1, VSS Kosice (CSSR) 3:1, Buna Halle II 1:3, Tipografia II (UVR) 2,5:1,5, Mereszsev SG Tapolca II (UVR) 0:4, Statisztika PSC (UVR) 1:3, Donauivaros I (UVR) 2:2, SG Bielovar (SFR Jugoslawien) 0:4, Vasas Budapest II 3:1.

Auch die zweite Mannschaft aus unserem Kreis mit Heinz Wilfried Bötticher, Paul Seeboth, Gerhard Bachmann, Andreas Katzner und Gerhard Meysing konnte sich in der C-Gruppe bis zur vorletzten Runde im vorderen Mittelfeld plazieren. Durch eine 0,5:3,5-Niederlage belegte sie dann den 31. Rang im Feld der 52 teilnehmenden Vertretungen.

Knapper Sieg gegen ISG

In der ersten Runde der Schach-Bezirksliga mußte Lok Leinefelde gegen ISG Apolda, die viele Jahre in der DDR-Liga spielte, antreten. Nach einem Remis von Hermann Kaufmann konnte die ISG durch Sieg gegen Ferenc Takacz 1,5:0,5 in Führung gehen, doch Ludger Hartung sicherte durch einen überzeugend herausgespielten Sieg wieder den Gleichstand. Nach dem Remis von Alfred Kachel und der überraschenden Niederlage lagen die Apoldaer wiederum vorn. Paul Seeboth und Werner Mann mit Gewinnpartien und Heinz Märtin mit einem hart umkämpften Remis sorgten dann für den wertvollen 4,5:3,5-Gesamterfolg, der um so höher zu bewerten ist, da Leinefelde auf Sylvio May verzichten mußte und ISG Apolda mit stärkster Mannschaft antrat.

Bild 98: Platz 4 in der B-Gruppe beim Schach-Turnier in Ungarn

5. Platz beim Balaton-Turnier

SCHACH: Lok Leinefelde I unter den Preisträgern

Über 700 Schachsportler aus acht Ländern nahmen am traditionellen Balaton-Pokalturnier für Vierermannschaften teil. Die Leinefelder BSG Lok war mit zwei Mannschaften vertreten. Vom Veranstalter wurde die Lok I in das B-Finale eingereiht, in dem Mannschaften der I. und II. Liga, insbesondere talentierte Nachwuchsspieler, starteten. Die II. Lok-Vertretung kam in das C-Finale. Trotz stärkster Gegnerschaft konnten die beiden Leinefelder Mannschaften recht erfolgreich abschneiden. Die I. Vertretung holte bei 36 möglichen Punkten 21 und kam hinter drei ungarischen Teams punktgleich mit Buna Halle II auf den 5. Platz. Sie gehörte damit zu den Preisträgern des Turnieres.

Auch Lok Leinefelde II konnte 4 Wettkämpfe gewinnen, drei remis gestalten und mußte nur zwei Niederlagen hinnehmen. Mit dieser Leistung kam sie unter 47 Teilnehmern auf einen achtbaren 11. Platz. Beteiligt an diesem X. Balaton-Jubiläumsturnier waren die Leinefelder Schachsportler Sylvio May, Ferenc Takacz, Heinz Märtin, Alfred Kachel, Ludger Hartung, Paul Seeboth und Gerald Pfitzenreuter

Sieg und Niederlage

Die beiden Tischtennis-Mannschaften der BSG Motor Dingelstädt starteten mit unterschiedlichem Erfolg in das neue Punktspieljahr. Während die 1. Mannschaft in der 1. Bezirksliga mit einer 5:11-Niederlage gegen Motor Stadtilm die Überlegenheit des vorjährigen Vizebezirksmeisters anerkennen mußte, landete die 2. Mannschaft in der Bezirksklasse einen überraschenden 11:3-Sieg gegen LG Mühlhausen. Die Mühlhäuser, die den Aufsteiger zunächst nicht ernst nahmen, hatten gegen die konzentriert spielenden Dingelstädter keine Siegeschance. Erfolgreichste Spieler waren Günther und Strecker mit je 2,5 Punkten.

Bild 99: Platz 5 in der B-Gruppe des Balaton-Pokals im Schach

- einmal den 4. Platz und danach den 5. Platz in der B-Gruppe gegen renommierte internationale Gegnerschaft als Schachzirkel Deuna beim Balaton-Cup in Zanca in Ungarn erreicht

- Teilnahme an den Freundschafts-Wettkämpfen bzw. an einer Freundschaftsreise mit der Schach-Mannschaft von Volan Veszprem (Ungarn) und Aufenthalt in Balatonalmádi und Gegentreffen mit den Schachfreunden von Volan Vezsprem in Leinefelde

- 2. Platz in der B-Gruppe des Internationalen Schachturniers von Lok Leinefelde

- Kreismeister im Blitzschach-Einzel vom Kreis Worbis

L:h5! steht Weiß auf Gewinn.) **25. e5!** (Das nächste Bauernopfer: Weiß bringt den Springer mit ins Spiel.)

25. ... S:e5 26. **Se4** (Es droht T:e5, Sg5†.) **26. ... Kh6 27. S:d6** (Schwarz hat Sorgen, ein gutes Feld für die Dame zu finden.)

27. ... De7? (Auch nach 27. ... Df6 28. T:e5 D:d6 29. D:f4† verliert Schwarz.) **28. Sf5† g:f5 29. T:h5** matt.

LEINEFELDE

Sieg für Peter Welz im Schlußspurt

Das von der BSG Lok Leinefelde organisierte III. DDR-offene Einladungsturnier wies mit 79 Teilnehmern, darunter Sportfreunde aus der ČSSR, Bulgarien und Ungarn, Rekordbeteiligung auf. Diesmal stand als Turniersaal die große Stadthalle zur Verfügung, die ideale Wettkampfbedingungen bot. Die Sieger der beiden ersten Turniere, Thomas Pähtz und Peter Enders, waren nicht am Start, so daß die aus 38 Teilnehmern bestehende A-Gruppe keinen Favoriten aufwies. Nach 5 Runden konnten in der nur aus Spielern der LK I und 7 MA (durchschnittliche Wertungszahl 2100) bestehenden A-Gruppe überraschend zwei Vertreter des Bezirkes Erfurt, Richard Brömel mit 4½ Punkten sowie Ludger Hartung 4, in Führung gehen. Durch einen energischen Schlußspurt kamen jedoch die Berliner Vertreter Peter Welz und Gerd Berger noch auf 5½ Punkte und belegten die Plätze 1 und 2.

Für Peter Welz ist nach dem vorjährigen Sieg im DDR-Schnellschachfinale der Turniersieg in Leinefelde ein weiterer schöner Erfolg und Ausdruck seiner gewachsenen Spielstärke. Gerd Berger, der auch in kritischen Stellungen sich noch äußerst hartnäckig zu verteidigen wußte, konnte seine zweite MA-Norm erringen. Der 3. Platz von Helmut Brenneisen kam erwartet. Die sehr gute Plazierung der Sportfreunde Werner Mann ohne Niederlage sowie von Ludger Hartung (beide vom Veranstalter) beweisen die zwischenzeitlich gewachsene Leistungsstärke des Schachsports in Leinefelde. Auch der in der letzten Zeit recht erfolgreich spielende Richard Brömel (Motor Stadtilm) konnte mit seinem 5. Platz ebenfalls eine MA-Norm erringen.

Eine Runde vor dem Ende führte in der mit 41 Sportfreunden besetzten B-Gruppe mit einem halben Punkt Vorsprung noch Heinz Märtin. Durch einen Sieg in der Schlußpartie bei gleichzeitigem Remis von Märtin setzte sich Norbert Barnach noch punktgleich durch bessere Wertung durch. Tino Grahl, Rolf Göldner und Karsten Franz konnten sich mit 5 Punkten ebenfalls hervorragend plazieren.

An die Erstplazierten wurden traditionell viele Ehrenpreise überreicht. Das Turnier verlief auch diesmal in einer sehr guten Atmosphäre, zu der die Turnierleitung mit Hermann Kaufmann, Günther Laue, Hermann Geburzky und Judith Kaufmann entscheidend beitrugen.

Auch 1982 ist (voraussichtlich im Mai) vorgesehen, das IV. Leinefelde-Einladungsturnier über diesmal 9 Runden mit einer M-Gruppe, A- sowie B-Gruppe mit maximal 120 Teilnehmern durchzuführen. Interessenten melden sich bis spätestens 30. 11. 1981 (unter Angabe der BSG, LK, Wertungszahl) bei Heinz Märtin, 5600 Leinefelde, Wilhelm-Pieck-Straße 15.

Spitze A-Gruppe (38 Teilnehmer): 1. Peter Welz (Empor HO Berlin), 2. Gerd Berger (Einheit Friesen Berlin) je 5½, 3. Helmut Brenneisen (Lok Rostock), 4. Werner Mann (Lok Leinefelde), 5. Richard Brömel (Motor Stadtilm) je 5, 6. Brauer (Motor Görlitz), 7. Teschke (Lok Rostock), 8. Wiezer (Empor HO Berlin) je 4½, 9. Hartung (Leinefelde), 10. Lange (Aktivist Brieske-Senftenberg), 11. Bondick (MSG Magdeburg), 12. Just (Lok Mitte Leipzig), 13. Conrad (Einheit Großörner), 14. Hodl (Lok Rostock), 15. Syré (Empor HO Berlin) je 4, 16. Hobusch (Stahl Hettstedt), 17. Hahlbohm (TSG Oberschöneweide), 18. Romanow (Lok Merseburg), 19. Selig (Buna Halle-Neustadt), 20. Horn (Oberschöneweide), 21. Groschup (Pentacon Dresden), 22. Wilken (SGS Stralsund), 23. Mertens (HSG Berlin), 24. Engelhard (Lok Arnstadt), 25. Trifonow (Bulgarien/Funkwerk Erfurt) je 3½.

Spitze B-Gruppe (41 Teilnehmer): 1. Norbert Barnach (ASG Strausberg), 2. Heinz Märtin (Leinefelde) je 5½, 3. Tino Grahl (Merseburg), 4. Rolf Göldner (Lok Dresden), 5. Karsten Franz (Stahl Freital) je 5, 6. Frühbring (ASG Stollberg), 7. Sikorsky (Empor HO Halle), 8. Dallmeier (Fortschritt Weißenfels), 9. Keller (Motor Zwönitz), 10. Hiekel (Stahl Freital), 11. Irle (Chemie Buna Schkopau), 12. Bunke (Carl Zeiss Jena) je 4½, 13. Brodmann (Leinefelde), 14. Skorna (Lok RAW Cottbus), 15. Kotzsch (Motor IFA Karl-Marx-Stadt), 16. von Otte (Einheit Bad Salzungen), 17. Lang (Motor Suhl), 18. Pribyl (ČSSR), 19. Seeboth (Leinefelde), 20. Berghof (Suhl) je 4.

Heinz Märtin

Caro-Kann

P. Welz — **R. Brömel**

Anmerkungen: Peter Welz

1. e4 c6 2. d4 g6 3. Sc3 d5 4. e5 Lf5 (Nach 4. ... Lg7 wäre das Königsfianchetto erreicht. In einigen Varianten geht der Lg7 nach f8 zurück. Schwarz

407

Dieses Foto von Peter Welz (links) entstand bei der Schnellmeisterschaft, die ebenfalls in Leinefelde stattfand. Sein Gegner ist Werner Mann. Foto: Manfred Richter

will mit dem Verzicht auf Fianchettierung zwei Tempi einsparen.)

5. f4 h5 6. Sf3 e6 7. Le3 Sh6 8. h3 Db6 9. Tb1 c5 10. Lb5† (Weiß strebt Vereinfachungen mit positionellem Vorteil an.)

10. ... Sc6 11. 0–0 Tc8 12. d:c5 L:c5 13. L:c5 D:c5† 14. Dd4 D:d4† 15. S:d4 Ke7 16. L:c6 b:c6 17. b4! Thd8 18. Sa4 Le4 19. Tb2 Sf5 20. c3 Se3 21. Te1 Sc4 22. Tf2 Sb6 23. Sc5 Lf5 24. a4 Sd7 25. Sb7 Tg8 26. Sd6 Tc7 27. a5 a6 28. c4! Tb8! (28. ... d:c4 29. Tc1)

29. Tb2 Sc5! 30. c:d5 e:d5 31. Te1 Kd7 32. b5 (Eine Verdopplung auf der c-Linie bringt Weiß nichts ein, da nach dem notwendigen Schlagen auf f5 Schwarz die Verteidigung Se6 hat.)

32. ... a:b5 33. T:b5 T:b5 34. S6:b5 Te8 35. Sd6 Tc7 36. S4b5 Tc6 37. Sa7 Tc7! (37. ... Ta6 38. S6b5 nebst 39. Tc7† hält Schwarz nicht aus.)

38. S6b5 T:a7 39. S:a7 Sb3 (Nach dem Fall des a-Bauern dürfte Schwarz große Remischancen haben. Die Partie wurde jetzt mit begrenzter Bedenkzeit zu Ende geführt, so daß kaum die besten Züge aufs Brett kamen.)

40. Te6 S:a5 41. Td6† Kc7 42. Sb5† Kb7 43. Sd4 Kc7 44. Ta6 Sb7 45. Sb5† Kd7 46. Tb6 Sc5 47. Td6† Ke7 48. Tc6 Sd7 49. Tc7 Kd8 50. Ta7 f6 51. Sd6 f:e5 52. Sf7† Ke8 53. S:e5 S:e5 54. f:e5 d4 55. Kf2 g5 56. Ke2 g4 57. h4 Le4 58. g3 Lf5 (58. ... Kf8 59. Td7) **59. Tg7 Kf8 60. Tg5 Kf7 61. T:h5** und Weiß gewann im 72. Zuge.

Sizilianisch

N. Barnach — **H. Märtin**

Anmerkungen: Heinz Märtin

1. e4 c5 2. Sf3 d6 3. d4 c:d4 4. S:d4 Sf6 5. Sc3 a6 6. Le2 e5 7. Sb3 Le7 8. 0–0 De7 9. Le3 Le6 10. f4 Sbd7 11. f5 Lc4 12. Sd2? L:e2 13. D:e2 b5 15. a3 Sb6 15. Df3 0–0 16. g4 d5! 17. g5 d4! 18. g:f6 L:f6 19. Df2 (19. L:d4 e:d4 20. Sd5 S:d5 21. e:d5 Le5 führt zu gutem Spiel für Schwarz.)

19. ... d:e3 20. D:e3 Tac8 21. Kg2 De6 22. Tf3?! a5! 23. Sb3 Ta8 (23. ... Sc4 24. Dc1 schwächt den Punkt d5 zu sehr.) **24. De2 b4! 25. a:b4 a:b4 26. T:a8 T:a8 27. Sd1 Sc4 28. c3 Sd6 29. Sf2 Tc8! 30. c:b4 Dc2 31. D:c2 T:c2 32. Kg3 Tc4** (Auf 32. ... T:b2 konnte Weiß 33. Td3 spielen.)

33. Tc3 T:b4 34. Kf3 h6 (Die Idee war neben dem Druck auf e4 die taktische Drohung S:f5! e:f5† e4†. Die Schaffung des Luftloches ist aber zunächst erforderlich.)

35. h3 (Auf 35. Ke3 könnte stark Lh4 folgen bzw. 35. Tc3 Sc4 36. Td3 T:b3.) **35. ... S:f5 36. Sg4 Sd4†** (Oder 36. ... T:b3 37. S:f6† g:f6 38. e:f5 T:b2 39. Tc8† Kg7 bzw. 38. ... T:c3 39. b:c3, und mir schien der Gewinn für Schwarz noch unklar zu sein. Der Textzug gibt jedoch den hart erkämpften Vorteil aus der Hand, der mit 36. ... Sh4† 37. Ke3 Lg5† 38. Kd3 Lf4 weiter ausgebaut werden konnte.) **37. S:d4 e:d4 38. S:f6 g:f6 39. Td3 Kf8 40. Kg4** Remis.

Caro-Kann

W. Hobusch — **R. Brömel**

1. e4 c6 2. d4 g6 3. f4 d5 4. e5 h5 5. Ld3 Sh6 6. Sd2 (Mit diesem Aufbau dürfte die schwarze Verteidigungsstellung kaum zu durchbrechen sein.)

6. ... Lf5 7. Sf1 e6 8. Se3 Db6 (Mit einfachen Zügen erreicht Schwarz Ausgleich.) **9. S:f5 S:f5 10. L:f5 g:f5 11. c3 c5! 12. d:c5 L:c5 13. Sf3 Sc6 14. b4?! Le7 15. Dd3 L:e1 16. T:e1 Tc8 17. Ke2 Ke7 18. a4 a6 19. a5** (Wahrscheinlich ist dieser Vorstoß etwas zu früh; 19. Tb1 sollte Weiß mehr Chancen geben.)

19. ... Dc7 20. De3 Thd8 21. De5+? (Zu versuchen war 21. Df2 mit der Drohung Dh4† und Eindringen der weißen Dame mit Unterstützung von Sg5.) **21. ... Ke8 22. Sg5 De7 23. D:e7†** (Weiß mußte tauschen, da nach dem Wegzug der Dame Schwarz stark d4 drohte.)

23. ... K:e7 24. Sf2 Sa7! (Nunmehr wird die Schwäche des Bauern c3 aufgedeckt.) **25. Sd4 Tc4 26. Thf1 Tdc8 27. Kd2 Sc6 28. Sb3?** (Ein Fehler in Zeitnot; jedoch ist es bereits schwer.)

28. ... d4! 29. Kd3 T:c3+ 30. T:c3 d:c3 31. Sc5 S:b4+ 32. Kc4 Sd5 33. Kd4 c2 34. Tc1 Sb4 35. S:b7 Sa2 36. Sd8 Tc8 Weiß gab auf.

403

Bild 100: Platz 2 in der B-Gruppe für die BSG Lok Leinefelde und Partie gegen Norbert Bernach und auf dem Bild rechts das Mitglied in unserer Schach-Mannschaft der BSG Lok Leinefelde, der leider bereits verstorbene Werner Mann

- 2. Platz bei der Kreis-Einzelmeisterschaft des Kreises Worbis im Schach

- Schachmannschafts-Vergleichskämpfe vom Schachzirkel Deuna gegen auch im Zementwerk Deuna spielende Schachspieler als Mannschaftsspiele in Deuna gegen eine ungarische, polnische, kubanische und eine jugoslawische Mannschaft. Außerdem haben wir auch gegen russische Schachfreunde in Deuna einen Mannschaftskampf durchgeführt.

- 1981 im Strausberger Einladungsturnier im Schach erste MA-Norm (u. a. Sieg gegen den späten Großmeister Raj Tischbierek (geb. 1962) und den heutigen Chefredakteur der Zeitschrift „Schach" und Internationalen Meister Karsten Volke (geb. 1965)

Heinz Märtin wurde Kreismeister

23 Teilnehmer bei den Titelkämpfen im Blitzschach

Bei der Kreiseinzelmeisterschaft im Blitzschach war mit 23 Spielern eine relativ gute Beteiligung erreicht worden. In zwei Vorrundengruppen qualifizierten sich die jeweils ersten vier für das A-Finale, während die Sportfreunde, die die Plätze 5 bis 8 belegten, das B-Finale bestritten.

In der Vorgruppe I setzten sich Heinz Märtin als Erster mit 9,5 Pkt. aus zehn Partien und Ferenc Takacz mit 8 Punkten mit großem Vorsprung für das Finale durch. Siegfried Vogt von Motor Dingelstädt sowie Werner Mann erreichten mit 6,5 bzw. 6 Punkten und den Plätzen 3 und 4 ebenfalls dieses Ziel.

In der B-Gruppe waren Sylvio May mit 8,5 Punkten, Sportfreund Bötticher von der SG Bernterode und Herbert Winkel mit jeweils 8 Punkten aus elf Partien die Besten. Den vierten Platz belegten mit jeweils 7 Punkten Hans-Georg Kirchberg, Motor Dingelstädt, und Alfred Kachel, Lok Leinefelde. So wurde für den Einzug ins Finale ein Stichkampf notwendig, den Alfred Kachel für sich entschied.

Im Finale gab es einen spannenden Kampf zwischen Sylvio May und Heinz Märtin, der erst in der letzten Runde durch eine Niederlage des Sportfreundes May gegen seinen Gemeinschaftskameraden Herbert Winkel entschieden wurde. So wurde mit 6 Punkten aus sieben Partien Heinz Märtin, Lok Leinefelde, Kreismeister, auf dem zweiten Rang folgt Sylvio May mit 5,5 Punkten. Die Plätze 3 bis 5 erreichten Ferenc Takacz und Werner Mann, beide Lok, sowie Sportfreund Böttlicher, SG Bernterode, mit jeweils 3,5 Punkten. Die Plätze 6 und 7 teilten sich Alfred Kachel und Herbert Winkel, während Siegfried Vogt diesmal nur 8. wurde.

Werner Mann wurde Kreismeister

Ergebnisse von den Punkt- und Pokalspielen im Schach

In der Kreiseinzelmeisterschaft der A-Gruppe der Männer konnte sich unter acht gesetzten Teilnehmern in sieben Partien im Rundenturnier Werner Mann klar als Kreismeister mit 6 Punkten durchsetzen. Nach schwachem Start konnte sich Heinz Märtin, ebenfalls Lok Leinefelde, mit starkem Endspurt noch mit 4,5 Punkten auf dem zweiten Rang plazieren. Dritter wurde Heinz Beykirch, SG Breitenworbis, mit 4 Punkten.

In der B-Gruppe errang Sportfreund Manfred Burchardt, SG Bernterode, mit 5,5 Punkten aus sieben Partien den 1. Platz vor Matthias Trost, SB Breitenworbis, und Herbert Winkel, Lok Leinefelde, beide 5 Punkte.

gegen SG Bernterode I 4:2, SG Ferna – Aufbau Gernrode I 3:3.

II. Kreisklasse: Aufbau Gernrode II – Motor Dingelstädt III 1:4; SG Beuren – SG Brehme 1,5:3,5; Einheit Worbis III – SG Bernterode 1,5:3,5.

Bezirksliga Jugend: Im ersten Punktspiel konnte Lok Leinefelde in Apolda gegen ISG III einen klaren 4:2-Erfolg erringen, an dem durch Gewinnpartien Andreas Grzeganek, Christian Blechschmidt, Jörg Benndorf und Ines Neutschmann Anteil hatten.

Bezirkspokal: In der ersten Runde hatte Motor Dingelstädt den in Bestbesetzung antretenden DDR-Ligisten Cottana Mühlhausen zu Gast. Die Spieler um Sektionsleiter H. J. Günther waren gut eingestellt und machten mit

Bild 101: Blitzschach-Kreismeisterschaft Worbis (Sieger: Heinz Märtin)

Bild 102: Blitzschach-Kreismeisterschaft Worbis (Sieger: Werner Mann)

- Teilnahme am Open in Bad Saarow. Die zweite MA-Norm wurde nur um 0,5 Punkte verpasst, u. a. Sieg gegen den Spieler der Meisterklasse und Oberliga-Spieler Hans-Jürgen Meißner vom Berliner Verein Lok Pankow

- Mannschaftskampf gegen die Landesauswahl von Litauen gegen die Kreisauswahl Worbis mit nur einem knappen Sieg für Litauen. Ich konnte bei diesem Wettkampf am 1. Brett für die Kreisauswahl Worbis spielen und erreichte mit Schwarz gegen einen Internationalen Meister aus Litauen ein Remis.

- zwei Jahre in der DDR-Liga-Mannschaft im Schach von Motor Nordhausen mitgespielt, u. a. mit Heinz Rätsch, der gleichzeitig Spieler und Trainer der Mannschaft war

- zwei Schach-Mannschaftskämpfe in Wrocław (Polen) als Motor Nordhausen gegen eine dortige spielstarke Mannschaft aus Wrocław bestritten

Lösungen unserer Aufgaben

Bild 103: Gewinn-Partie gegen den angehenden Großmeister Raj Tischbierek im Strausberger Turnier 1981

- Sieger im Internationen Blitzturnier in Wrocław (Polen) und Teilnahme an Schach-Freundschafts-Wettkämpfen und gegen die betreffende Mannschaft aus Wrocław

Bild 104: Teilnehmer am Pneumant-Turnier in Bad Saarow. 3. oben links: Heinz Märtin

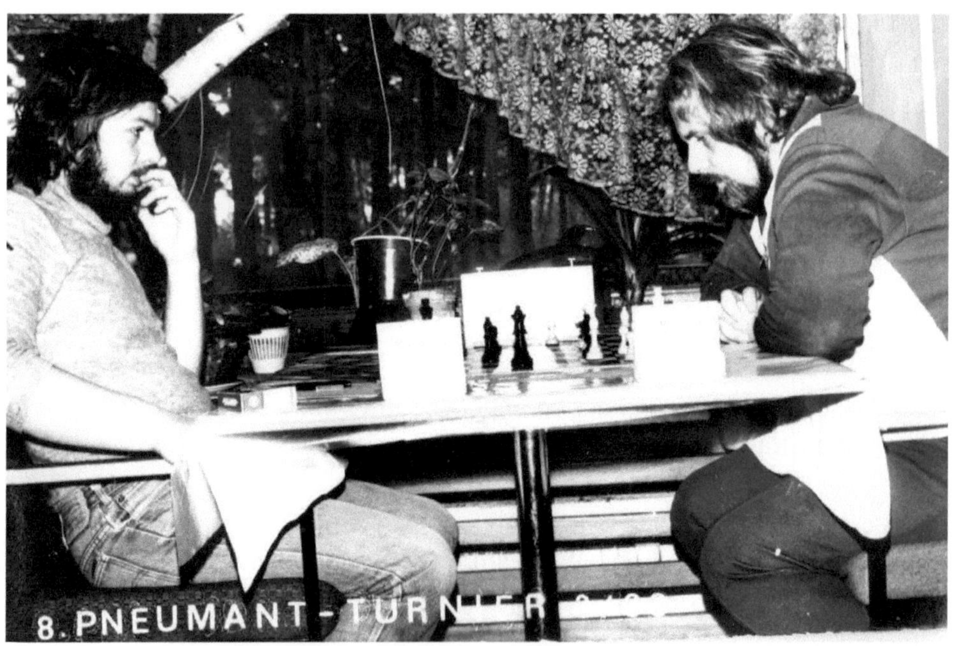

Bild 105: 8. Pneumant-Schach-Turnier in Bad Saarow – Heinz Märtin (Lok Leinefelde) gegen Hans-Jürgen Meißner (Einheit Pankow Berlin)

Bild 106: Teilnehmer des 1. Leinefelder Einladungsturniers – vordere Reihe 3. von rechts: Heinz Märtin, ganz rechts: Turnierleiter Hermann Kaufmann (beide Lok Leinefelde)

Bild 107: Teilnehmer am 2. Leinefelder Einladungsturnier, oben ganz links: Heinz Märtin, ganz links vorne: Bernd Petri und Werner Mann, ganz rechts Turnierleiter Hermann Kaufmann (alle Lok Leinefelde)

Leider wurde meine erste Ehe nach 17 Jahren 1985 geschieden. Nach der Scheidung war ich bis zum 22. Dezember 1989, an dem ich zum zweiten Mal heiratete, über 4 Jahre ledig. Wir haben in Berlin am 22. Dezember 1989 geheiratet und wohnen seit 1990 gemeinsam in Bad Doberan in Mecklenburg-Vorpommern.

Am 26. August 1990 wurde mein Sohn Oliver in Rostock geboren. Er war kurz vor dem Abschluss seines Bachelor-Studiums an der FU Berlin in den Fachgebieten Geschichte und Politikwissenschaft und bisher ein sehr ehrgeiziger und bezüglich seiner Leistungen guter bis sehr guter Student. Leider konnte er wegen seiner Erwerbsunfähigkeit und Schwerbehinderung sein Studium nicht mehr beenden und deshalb bisher keine berufliche Tätigkeit ausüben.

Meine Tochter Steffi wurde am 22. August 1992 auch in Rostock geboren. Sie hat ebenso wie Oliver ihr Abitur an der Waldorfschule Rostock erfolgreich abgelegt, dann Forstwissenschaft an der TU Dresden studiert und wohnt derzeit in Leipzig.

Im folgenden Kapitel berichte ich über das Leben meines Vaters nach dem Ende seines Berufslebens als Rentner, meine Mutter und auch andere Verwandte von ihm und unsere ganze Familie.

14. Informationen über das weitere persönliche Leben meines Vaters nach dem Abschluss seiner beruflichen Tätigkeit im Zeitraum von 1983 bis 1999

Ich glaube, mein Vater war sehr froh, dass er unter den bei ihm gegebenen Umständen seine berufliche Tätigkeit damit beenden konnte und keinen Zwang zur Ausübung einer Berufstätigkeit mehr hatte und das Rentner-Leben gemeinsam mit seiner Frau bzw. unserer Mutter genießen konnte. Dadurch war es möglich, mit noch lebenden Verwanden und Bekannten wieder verstärkter, als es damals vorher möglich war, Kontakt aufzunehmen.

Bild 108: Feier des 70. Geburtstags von Walter Märtin. Rechts: Emil Schneegans

Mit dem westlichen Ausland (bis zum 2. Oktober 1990 hat die DDR als eigenständiger Staat noch existiert) konnte und durfte er als Rentner jetzt wieder Kontakt aufnehmen und dorthin ggf. eine Reise unternehmen. Auch Verwandte und Bekannte aus der alten Bundesrepublik und anderen westlichen Ländern konnten meine Eltern besuchen. Alle DDR-Bürger durften als Rentner nach vorheriger Anmeldung bei der zuständigen Dienststelle der Deutschen Volkspolizei das westliche Ausland besuchen. Meine Eltern waren noch in dem Alter, in dem sie Urlaub machen konnten.

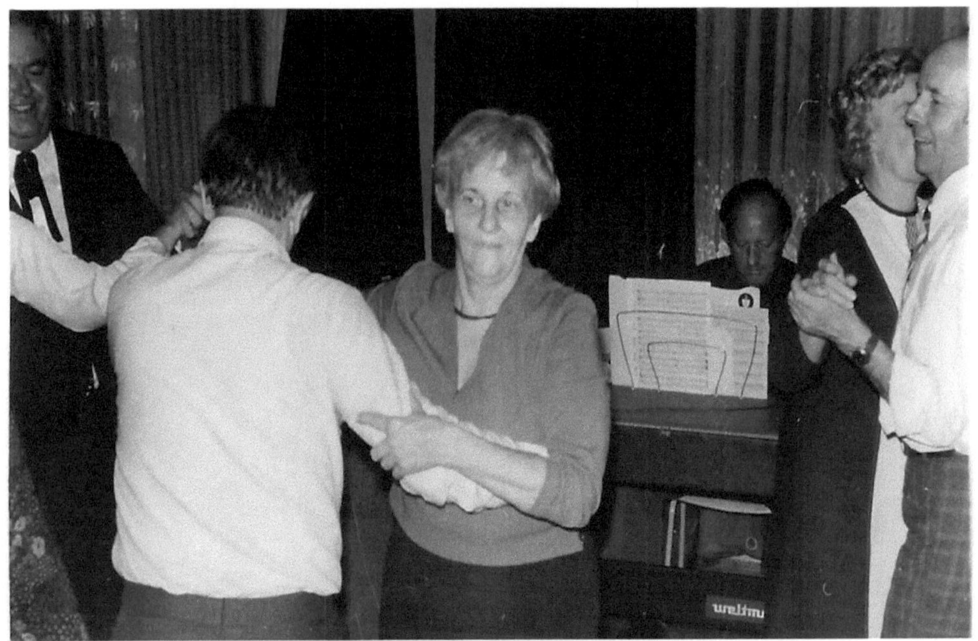

Bild 109: Geburtstag: meine Mutter und mein Vater beim Tanzen

Bild 110: Walter und Waltraud Märtin in Bad Doberan

Bild 111: Walter und Waltraud Märtin in Bad Doberan

Sie konnten nun auch viele Zeit in ihrem Heimat- bzw. Geburtsort Friedrichroda u. a. auch in ihrem geliebten Gartenhaus verbringen. Mein Vater konnte damals ein Objekt von einem Nachbarn in Friedrichroda übernehmen. Er kaufte das Gartenhaus in der Bahnhofstraße 7 in Friedrichroda. Es wurde, da es sich unmittelbar daneben befand, an den neuen Standort in Friedrichroda transportiert.

Viele weitere Maßnahmen mussten an diesem Objekt noch durchgeführt werden. In diesem Objekt war weder ein Strom-, noch ein Wasseranschluss vorhanden. Beides musste ebenfalls noch errichtet werden. Mein Vater hat mit meiner und der Hilfe meiner Schwestern und anderer Beteiligter aus dem Wohnsitz meiner Großmutter über eine Entfernung von ca. 70 Metern die notwendige Wasser- und Stromversorgung durch die Weiterleitung von Strom- und Wasserleitungen errichtet.

Bild 112: Walter und Waltraud Märtin im Gartenhaus in Friedrichroda

Es war ziemlich anstrengend, denn wir mussten für die gesamte genannte Länge bis ca. 1 Meter Tiefe die Ausgrabungen durchführen, um die notwendigen Voraussetzungen dafür zu schaffen. Nachdem die Arbeiten abgeschlossen waren, starb einige Jahre darauf meine Großmutter väterlicherseits. Mein Vater war der einzige Verbliebene und Alleinerbe, da sein Bruder ja 1944 gefallen war. Dem Spagat zwischen seiner beruflichen Tätigkeit und der gemeinsamen Miete einer Wohnung in Worbis einerseits und der Verwaltung des Gartengrundstücks und der Durchführung von notwendigen Arbeiten auf dem gesamten Grundstück und am Gartenhaus in Friedrichroda andererseits war mein Vater auf Dauer auch zeitlich und kapazitätsmäßig damals nicht gewachsen. Der Umfang des Grundstücks inklusive der Gebäude betrug fast 2.000 m². Das Objekt sollte jedoch eigentlich in unserer Familie verbleiben. Meine Schwestern mit ihren Männern und mich mit meiner Ehefrau sprach mein Vater gesondert an, ob wir nicht nach Friedrichroda ins Objekt in der Bahnhofstraße 7 ziehen wollten. Leider, so kann man dies aus heutiger Sicht sagen, haben wir alle

Nein gesagt und den Wunsch meines Vaters nicht erfüllt. Vielleicht hat unsere damalige berufliche oder – bezogen auf meine jüngste Schwester – studentische Tätigkeit und weil wir woanders wohnten und uns beruflich ggf. umstellen mussten oder dann eine andere Tätigkeit ausüben würden und einen anderen Wohnsitz hätten, den Ausschlag für unser Nein-Entscheidung gegeben. Dies Alles musste bei dieser zu treffenden Entscheidung berücksichtigt werden. Vielleicht hätte jemand von unseren Familien den Mut zum Neuanfang damals haben sollen, aber dies ist nunmehr nicht mehr zu ändern. So musste sich mein Vater schweren Herzens nach einem anderen Erwerber außerhalb unserer Familie umsehen. Er hatte dann eine Teil- bzw. Grundstücksgrenzvermessung veranlasst, dass wenigstens die Gartenlaube bei ihm im Eigentum sowie zur Nutzung auch für unsere gesamte Familie verbleiben konnte. Da Grundstücke in der DDR nicht bewertet wurden, musste das unmittelbare Grundstück kostenlos übergeben werden. Nur das zweigeschossige Gebäude konnte zu einem damals in der DDR zugrunde gelegten Verkaufswert übereignet werden. So hat mein Vater für den gesamten zweigeschossigen Gebäudekomplex, einschließlich Keller und Boden sowie zusätzlicher Stallungen, nur etwas über 2.000 DDR-Mark damals für den gesamten Verkauf bekommen.

In der damaligen von meinen Eltern und unserer Familie genutzten Gartenlaube war noch viel zu tun. Mein Vater wollte als Rentner in Friedrichroda noch die von ihm für notwendig erachteten handwerklichen Arbeiten eigenständig durchführen. Sowohl meine Eltern, als auch die Familie erholten sich im auch von der Umgebung reizvollen Ort Friedrichroda. Außerdem war der Besuch von möglichen noch lebenden Verwandten und Bekannten durch meine Eltern oder auch durch uns als Familie nach gemeinsamer Abstimmung mit meinen Eltern möglich. Deshalb hat er sich als Rentner, wenn es die Witterung und seine sonstigen Verpflichtungen und auch Reisen und Urlaubsaufenthalte erlaubten, viel in Friedrichroda aufgehalten.

Er war uns als Familienmitgliedern gegenüber sehr großzügig. Wir konnten mit unseren Familien und auch Bekannten dort Urlaub machen. Auch seine Mitarbeiter verbrachten zu der Zeit, in der er noch in der Sparkasse gearbeitet hat, viel Zeit in unserem Garten. Mein Vater hat von uns keinerlei Geld für die zeitweilige Inanspruchnahme dieses Objektes genommen und auch alle Neben-, Betriebs- bzw. Mehrkosten, die dafür entstanden, selber getragen.

Meine Eltern mussten dann ihren früheren Wohnsitz in der Kreissparkasse Worbis in der Bahnhofstraße aufgeben, da mein Vater ja nicht mehr im Amt war und sind dann in die Jägerstraße in Worbis in eine damalige Neubauwohnung umgezogen. Mein Vater wollte damals das Angebot, im Erdgeschoß zu wohnen, nutzen, denn dann hätte man beim Umzug und auch später nicht alles Benötigte hochtragen und dadurch auch nicht hochlaufen brauchen. Dies hätte ihm bestimmt unter Berücksichtigung seiner damals bereits bestandenen Herzkrankheit und der anderen bei ihm bestandenen Krankheiten gut getan. Aber weil meine Mutter ihre sprichwörtlichen Angstprobleme hatte, war es leider nicht möglich, dass meine Eltern ins Erdgeschoß in die vorgesehene Wohnung in der Jägerstraße in Worbis umziehen konnten. Nur eine Wohnung im vierten Stock war in der Jägerstraße 23 in Worbis noch verfügbar. So sind meine Eltern dann dorthin in die 4. Etage gezogen, und dadurch entstanden nicht nur mehr Umzugsschwierigkeiten, sondern ein Höchstmaß an Mehrbelastungen, da meine Eltern immer bis zur vierten Etage hochgehen mussten, um dorthin zu kommen und das Erforderliche in ihre Wohnung zu holen. Sie mussten sich bei diesem Umzug auch von vielen bisher von ihnen genutzten Dingen trennen, da in der neuen Wohnung in der Jägerstraße in Worbis nicht genügend Platz zur Verfügung stand. Der Umzug hat sie viel Kraft gekostet, denn es war sehr viel bei dem Umzug zu schaffen. Dies ist auch an meiner Mutter, die ebenfalls schon damals eine Herzkrankheit hatte, nicht spurlos vorüber gegangen. Meine Eltern waren sicher froh, auch angesichts ihrer gesundheitlichen Belastungen und ihres Alters den Umzug geschafft zu haben.

Bild 113: Waltraud und Walter Märtin beim Spaziergang in der Umgebung von Bad Doberan

Mein Vater ist auch aus Gesundheitsgründen viel in die Sauna gegangen. Dorthin haben seine Enkelsöhne Knut und Sven ihn oft begleitet. Auch sagte er, dass er durch die regelmäßigen Saunabesuche 15 Jahre lang keine neue Krankheit mehr bekommen und sich dadurch gesundheitlich besser gefühlt hat. Obwohl ihm die Ärzte wegen seiner Nierensteine rieten, zeitweilig keine Sauna zu besuchen, da dies verkehrt wäre, hatte er mit den von den Ärzten vorgeschlagenen Methoden keine Erfolge und musste erhebliche Schmerzen wegen seinen Nierensteinen erleiden. Er hat dann trotz der erheblichen Schmerzen die Sauna besucht, und durch den Saunabesuch wurden seine Nierensteine ausgespült. Besonders stolz war er auf seine Urkunde, mit der er zum „Ritter der Sauna" ernannt worden war.

Meine Eltern haben mit der Familie meiner jüngsten Schwester selbst in der Zeit des gemeinsamen Deutschlands noch zweimal in Tschechien Urlaub gemacht. Dort waren sie oft an Campingseen oder auch im Riesengebirge und haben viele Ausflüge gemeinsam unternommen. 1994 haben meine Eltern das letzte Mal mit der Familie meiner jüngeren Schwester Urlaub gemacht und sind in Dänemark gewesen. Außer den Reisen, die sie mit früheren Kriegskameraden und deren Familien gemacht haben, haben sie auch einmal – diesmal mit Marcel, einem weiteren Enkelsohn meiner Eltern – in der Sowjetunion Urlaub und eine Wolga-Don-Schiffsreise dort mitgemacht. Dort hat es ihnen ebenfalls sehr gut gefallen. Ich kann mich noch erinnern, dass sie vom mehr als ausreichenden Essen und von vielem Anderem dort sehr geschwärmt haben.

Bild 114: Walter Märtin und Heinz Märtin in Bad Doberan

Eigentlich hatte ich auf Grund der vielen zu erledigenden Arbeit gar keine Zeit für eine Reise, aber meine Ehefrau schenkte mir überraschend diese Auslandsreise. Ziel der einwöchigen Reise waren "Die Schlösser der Loire" in Frankreich. Der Zeitpunkt für diese Reise war das Jahr 1994. Ich sagte, dass ich diese Reise nur antreten könne, wenn mein Vater zu dieser Busreise nach Frankreich mitkommen könnte, da er Frankreich bereits im Zweiten Weltkrieg kennengelernt hatte und als früherer Hilfsdolmetscher auch Französisch beherrschte. Ich wollte ihm die Reise bezahlen. Meine Frau konnte noch den gewünschten zusätzlichen Platz für die Busreise nach Frankreich für meinen Vater bekommen. Mein Vater konnte dadurch Frankreich wiedersehen, und er freute sich darüber, dass er noch einmal

Frankreich besuchen konnte. Wir sind zwar nicht nach Dijon in die Bretagne gekommen, wo er früher, wie schon erwähnt, als Hilfsdolmetscher in der dortigen Stadtkommandantur während des Zweiten Weltkrieges tätig war, aber wir konnten nach Frankreich fahren. Das hat ihn und auch mich sehr gefreut. In der Busreise war auch ein zweitägiger Aufenthalt in Paris enthalten, außerdem ein Besuch der Schlösser der Loire. Paris kannte er im Gegensatz zu mir, da ich das erste Mal in meinem Leben in Paris und auch in Frankreich war. Am ersten Tag haben wir eine Stadtrundfahrt in Paris unternehmen können und viele bekannte berühmte Ausflugsziele von Paris, wie u. a. die Bastille, Notre-Dame, den "Platz der Revolution", den Eiffelturm usw. sehen können. Abends erfolgte noch ein Dampferausflug an der Seine, der in bestrahlter Atmosphäre stattfand. Die Dolmetscherin, eine Französin, hat uns in sehr anschaulicher und die Besucher dieser Ausflüge in Paris sehr ansprechender Form viel über Paris, über die historischen Stätten und die Lebensart der Franzosen erzählt. Mich hat das alles sehr beeindruckt, im Gegensatz zu meinem Vater, der ja an diesen Orten schon früher war und durch seine Schwerhörigkeit sehr Vieles nicht hören konnte, was die Dolmetscherin uns sagte. Vielleicht war auch darin eine Ursache zu sehen. Am zweiten Tag konnten wir, je nachdem, welche Ausflugsreise wir wählten wollten, entweder Versailles oder Paris besuchen. Mein Vater wählte Paris und ich Versailles. Wir hatten uns beide von unserem Ausflug vom zweiten Tag viel zu erzählen. Am Abend gingen wir auf eigene Kosten, da mein Vater unbedingt bezahlen wollte, in einem Restaurant in Paris essen. Sonst waren üblicherweise das Essen und die Getränke, die wir verzehren konnten, im Preis für die Reise mit enthalten. Wir bestellten uns Rumpsteak und Jeder ein Glas Bier. Beide haben wir mächtig über den Preis und mein Vater besonders über die nach seiner Auffassung sehr schlechte Qualität des Essens gesprochen und gestaunt. Für den relativ geringen Verbrauch, von jeweils einem Rumpfsteak für Jeden von uns und jeweils einem Bier haben wir damals über 100,- DM (entspricht ca. 55,00 €) bezahlen müssen und hatten bewusst nicht ein sehr teures Restaurant ausgewählt. Das Rumpsteak war noch völlig blutunterlaufen. Dies hat mir und besonders meinem Vater überhaupt nicht zugesagt, trotz dem es in Frankreich auch so angeboten wird und für Manche so üblich ist.

Die Reise an die und der Aufenthalt an der Loire und in Paris war sehr schön. Ich hatte in Frankreich im Gegensatz zu meinen vorherigen schachbedingten Reisen in Ungarn und Polen, die ich dort erleben konnte und die Freundlichkeit und Herzlichkeit der Menschen aus Polen und Ungarn, die ich besonders spürte, manche für mich negative Eindrücke zu einigen Belangen unseres Aufenthalts in Frankreich empfunden. Diese bestanden u. a.

- in der meinem Vater gegenüber gezeigten Unfreundlichkeit. Obwohl er durch seine frühere Hilfsdolmetscher-Tätigkeit relativ gut Französisch sprach und seine Fragen ganz höflich und zuvorkommend auf Französisch gestellt hatte, hat er meistens keine Antwort von den Französinnen bzw. Franzosen bekommen.

- Auch ich habe als sensibler Beobachter gespürt, obwohl ich kein Französisch beherrsche, dass keine Freundlichkeit mir als Deutschem entgegen gebracht wurde. Vielleicht lag dies auch daran, dass damals noch immer die Probleme der historischen Vergangenheit zwischen beiden Nationen im Hintergrund eine Rolle gespielt haben mögen. Auch die polnische Bevölkerung hätte wegen den schlimmen Geschehnissen der Vergangenheit, die von den Deutschen verursacht wurden, einen Grund für ein solches nachtragendes Verhalten gehabt, das manche Menschen damals in Frankreich zeigten, aber die Polinnen und Polen haben sich in keiner Weise so verhalten.

- Die Preise waren damals hoch, wie auch das konkrete Beispiel unseres Restaurant-Besuchs zeigte. Ich hatte den Eindruck, dass nahezu – mit Ausnahme mancher Preise im Supermarkt, die ähnlich wie die Preise im wiedervereinigten Deutschland waren – alle Warenpreise in Frankreich gegenüber den Preisen in Deutschland höher lagen.

- Die Qualität der Hotels, in denen wir in Frankreich wohnten, war schlechter als die Qualität vergleichbarer Hotels in Deutschland.

- Auch die nicht ausreichende Versorgung durch das Angebot zum Frühstück in Frankreich fiel mir besonders damals im Vergleich zu Deutschland auf. Obwohl mein Vater und auch ich keine hohen Ansprüche haben, habe ich dies damals so empfunden. Sicherlich bestehen unterschiedliche Lebensgewohnheiten und Mentalitäten, die sich auch in der Wahl von Speisen und Getränken bemerkbar machen. Es ist wünschenswert, dass man ausländischen Gästen die Möglichkeit des für sie üblichen Frühstücksangebots unterbreitet. Dies tat man keineswegs, obwohl man immer sagt, dass der Kunde König sei.

Ich war jedoch wegen den Erlebnissen, die ich zur damaligen Zeit zu diesen speziellen Dingen in Frankreich hatte, ziemlich enttäuscht darüber. Vielleicht hat mein Vater auch gemerkt, dass es nicht das Frankreich war, das er kannte. Ich hoffe, dass Manches in Frankreich im Interesse der Menschen aus anderen Ländern und im Interesse Frankreichs jetzt anders gehandhabt wird.

Mit den Enkelkindern und mit seiner Urenkelin Gina hat mein Vater sehr viel unternommen. Seine Enkel, Lars, Knut, Sven, Marcel, Sebastian, André und Claudia waren, so lange sie im Eichsfeld und speziell in Leinefelde oder Worbis wohnten, oft in Worbis bei ihrer Oma und ihrem Opa.

Bild 115: Walter und Waltraud Märtin mit Heinz Märtin und Enkel Oliver in Bad Doberan

Bild 116: Walter und Waltraud Märtin mit ihren Enkeln Oliver und Steffi in Bad Doberan

Bild 117: Walter und Waltraud Märtin mit ihren Enkeln Oliver, Steffi, Claudia und Urenkel Pierre

Bild 118: Walter und Waltraud Märtin mit den Enkeln Oliver, Steffi und André in Bad Doberan

Sebastian hat oft mit seinem Opa in Worbis Playmobil gespielt. Auch Gina als Jüngste war, wie erwähnt, auch oft bei ihrer Uroma und ihrem Uropa. Auch Oliver und Steffi, die weiteren Enkelkinder, waren mit uns als Eltern auch in Worbis oft zu Besuch, da wir ab 1990 ja in Bad Doberan in Mecklenburg-Vorpommern wohnten. Es wurde immer viel gespielt. Besonders hatte allen Enkeln das gemeinsame Kaufmann- und auch das Post-Spielen, aber auch das Spielen mit Lkw‘s und mit Puppen angetan. Alle damaligen Enkel und Urenkel haben sich gut untereinander verstanden und sich kaum gestritten. Meine Tochter Claudia war deshalb nicht so viel in Worbis, da sie damals bereits ein eigenes Kind, meinen Enkel Pierre und einen Lebensgefährten hatte.

Aber mit meinen Eltern haben wir, als sie uns in Mecklenburg-Vorpommern besuchten, auch an der Ostsee mit ihr, ihrem Lebensgefährten und Pierre getroffen. Mein Vater hat im Rahmen ihrer damaligen Ausbildung als Bankkauffrau Claudia viel für die Praxis vermitteln können. Ein Beispiel, wie Viele meinen Vater wegen seines Verhaltens achteten, ist aus den Äußerungen von seinem Enkel bzw. meinem Neffen Lars und seinen persönlichen Erlebnissen sowie den Erlebnissen seiner Familie zu ersehen.

„Er hat mir in Friedrichroda mein erstes Messer geschenkt, bevor wir auf eine Wanderung mit der Familie gegangen sind. Ich war 6 bis 8 Jahre alt. Das Gleiche habe ich dann später mit meinem Sohn Luis gemacht, als er so alt war. Als mein Motorrad eine Reparatur benötigte, hat er mir das Geld geborgt mit einem Schuldschein. Es stand noch darauf, dass ich immer gut lernen und meine Mutter unterstützen soll. Er hat mir sehr detailliert von seinen Kriegserlebnissen erzählt, als wäre es gestern gewesen. Besonders über seine schwere Verwundung, und dann hat er immer seinen Stahlhelm gezeigt mit dem Loch im Stahl und dem unbeschadeten Leder, das ihm das Leben gerettet hat. Ich war so fasziniert davon, dass ich diesen Stahlhelm (noch heute) in Ehren halte und er bei mir auf dem Schreibtisch steht. Ohne diesen wären wir alle nicht da. Ich habe von 1989 bis 1994 studiert und habe vor Prüfungen oft bei Oma und Opa in der Jägerstraße gelernt, weil ich dort mehr Ruhe als zu Hause hatte. Wir haben damals gegenüber gewohnt. Wir haben als kleine Familie (Diane, Gina und ich) in Friedrichroda im Gartenhaus Urlaub gemacht, und da ist kurz vorm Losfahren unser Auto kaputt gegangen. Opa Walter hat mir seinen Trabant geliehen für die Tage. An das Gartenhaus und die Zeit dort habe ich schöne Erinnerungen. Als meine Eltern geschieden wurden, hat sich Opa Walter mehr um mich gekümmert, da ja der Vater fehlte. Er hat mir damals seinen Siegelring mit den Initialen WM geschenkt, den ich immer noch in Ehren halte. Auch die vielen schönen Geburtstage bei Oma und Opa sind mir in Erinnerung. Wir waren alle immer da. Später auch mit Gina, die ihn gut kannte. Gina hat auch bei Oma und Opa geschlafen. Auch seine legendären selbstgemachten Wurst-, Fleisch- und Käseplatten zu fast jedem Geburtstag bleiben in meiner Erinnerung. Er hat sich dann immer in der Küche eingeschlossen und hat diese liebevoll zubereitet. Er hatte uns gerne immer alle um sich gehabt und wenn wir eher gegangen sind, war er immer traurig. Er kam mir in seiner Handlungsweise sehr gerecht vor. Wir haben beim Spielen in der Sparkasse oft Dummheiten gemacht, und der Hausmeister hat geschimpft. Opa hat sich immer auch unsere Version angehört und versucht, zu erklären, warum man Dieses oder Jenes nicht macht. Ich habe heute noch Patienten, die bei ihm gelernt oder gearbeitet haben und ihn in sehr guter Erinnerung haben. Er war ein sehr gerechter und guter Chef. Er war eine Woche in der Sauna, einmal durfte ich mit. Auch ich bin ein Sauna-Liebhaber geworden."

Auch mich hat er – trotz Glatteis und da es für mich nicht mehr möglich war, an diesem betreffenden Tag mit dem Zug zu fahren – mit dem Pkw von Leinefelde nach Erfurt zu einem wichtigen Wettkampf unserer Schach-Mannschaft gefahren und Vieles Anderes für mich und meine Familie getan.

Für den Sohn seines damaligen Mitarbeiters Emil Schneegans, der der noch einzige Überlebende der damaligen Stammbelegschaft der früheren Kreissparkasse Worbis ist, Hartmut Schneegans, ist er besonders auch im Winter von Kirchohmfeld, einem heutigen Stadtteil der seit dem 16. März 2004 aus dem zu diesem Zeitpunkt erfolgten Zusammenschluss der Städte Leinefelde und Worbis nach Leinefelde und zurück gefahren, damit Hartmut in Leinefelde zum Zug kam und von dort nach Gotha weiterfahren konnte. Zum Beginn der Lehre 1971 hat mein Vater ihn sogar nach Gotha zu seinem Ausbildungsort gefahren. Hartmut war auch im Sport erfolgreich, denn er war mehrfacher Kreismeister und Ranglisten-Erster von Nordthüringen und später Bezirksmeister der Ü-40-Senioren und Mitglied in der Verbandsliga Thüringen im Tischtennis. Auch der Enkel von Emil und Sohn von Hartmut spielt ebenfalls erfolgreich Tischtennis in einer hohen Spielklasse und ist mehrmals im Nachwuchsbereich Landesmeister und mit der 1. Mannschaft Deutscher Vize-Pokalsieger für Verbandsliga-Mannschaften geworden.

Mein Vater und meine Mutter haben uns auch mehrfach in Bad Doberan mit dem Auto besucht. Leider hatte ich durch meine damalige viele Arbeit nicht ausreichend Zeit, mich um meine Eltern so zu kümmern, wie sie es verdient hätten. So haben sie viel mit meinen beiden Kindern aus zweiter Ehe, Oliver und Steffi, gespielt. Da wir damals noch Esel und andere Tiere, wie zeitweilig eine Ziege, ein Schaf, viele Meerschweinchen, Kaninchen, einen Hund und eine Katze hatten, haben sich meine Eltern mit meiner Ehefrau, der Tante meiner Ehefrau und den Kindern gemeinsam um die Tiere gekümmert. Mein Vater hat für unsere Familien damals in Bad Doberan auch handwerkliche Arbeiten ausgeführt. So kann ich mich noch erinnern, dass er damals die Pfähle von unserem Zaun gestrichen hat.

Wenn es zeitlich möglich war, sind wir an manchen Wochenenden gemeinsam zur schönen Umgebung der Ostsee, wie nach Warnemünde,

Kühlungsborn, Heiligendamm, Rerik, Wismar usw. gefahren. Manche Ecken der Ostsee, wie Rostock und Warnemünde, haben meine Eltern schon früher mal kennengelernt, da sie einmal in Rostock in einer Ferienunterkunft untergebracht waren. Die Vermittlung der Ferienunterkunft erfolgte durch den damaligen Sparkassendirektor von Rostock, der im gleichen Jahrgang gemeinsam mit meinem Vater sein Fernstudium an der Fachschule für Finanzwirtschaft Gotha abschloss. Sie wurden auch dadurch gute Freunde.

Bild 119: Walter Märtin an der Ostsee

Bild 120: Walter und Waltraud Märtin an der Ostsee

Bild 121: Walter und Waltraud Märtin beim Kaffee

Bild 122: Walter und Waltraud Märtin mit Heinz Märtin und Enkelin Steffi

Wir hatten vor, die Goldene Hochzeit meiner Eltern auf deren Wunsch in Bad Doberan durchzuführen. Die Goldene Hochzeit sollte genau zum 50. Hochzeitstag meiner Eltern am 17. Oktober 1992 stattfinden. Sie sollte in würdigem Rahmen in einer für diese Veranstaltung geeigneten Gaststätte am Stülower Weg in Bad Doberan stattfinden. Wir hatten auch schon erste Vorbereitungen für diese Feier eingeleitet und waren der Meinung, dass wir trotz der Geburt von unserer Tochter Steffi am 22. August 1992, die kurz vor dem Jubiläumstag meiner Eltern geboren wurde, die mit der Vorbereitung der Goldenen Hochzeit in Bad Doberan verbundenen Aufgaben in einem angemessenen Rahmen erledigen könnten. Leider kam eine Erkrankung bzw. eine gesundheitliche Belastung bei meiner Frau kurzfristig hinzu, und wir mussten leider deshalb die Feier der Goldenen Hochzeit in Bad Doberan kurzfristig absagen. Weil meine Eltern sich auf diese leider notwendige Absage nicht eingerichtet hatten und diese Absage für sie überraschend kam, haben sie keine offizielle Hochzeitsfeier mehr durchgeführt und ihren Jubiläums-Hochzeitstag mit einer Pkw-Fahrt zu einer Ausflugsstätte im Thüringer Raum damals verbracht. Das tut mir im Nachhinein für meine Eltern sehr leid, dass diese vorgesehene Jubiläumsfeier in Bad Doberan kurzfristig nicht stattfinden konnte. Sie hätten zu diesem denkwürdigen Jubiläum etwas Anderes verdient gehabt.

Ich glaube, es war wohl 1997, als wir in Friedrichroda mit unserer Familie im Berg-Hotel waren. Wir hatten mit Absicht diesen Zeitpunkt für unseren Urlaub gewählt, da zur gleichen Zeit meine Eltern in ihrem Gartenhaus in Friedrichroda waren. Wir wollten auch, dass unsere Kinder Oliver und Steffi jeweils einen ganzen Tag allein für Jeden gemeinsam mit ihren Großeltern verbringen konnten. Dadurch konnten sie ihre Großeltern durch die gemeinsamen Unternehmungen noch besser kennenlernen. Meine Ehefrau und ich sowie das jeweils betreffende Kind haben an diesen beiden Tagen bewusst etwas Anderes gemacht und uns zeitweilig woanders aufgehalten, um die gemeinsame Unternehmung mit meinen Eltern sowie ihren Großeltern nicht zu stören. Ich kann mich noch erinnern, als wir dann dazu kamen, dass meine Tochter Steffi sehr viel Spaß mit ihrem Großvater hatte, als sie zusammen Karten spielten. Mein Vater, der mit Absicht beim Spielen etwas schummelte, hat meiner Tochter damals viel Vergnügen bereitet.

Mein Vater hat bzw. meine Eltern haben es sehr genossen, frühere Kameraden meines Vaters, die in westlichen Ländern wohnten, wieder persönlich zu treffen und sie besuchen zu können. Wilhelm (oder wie mein Vater sagte, Willi) Görzel gehörte in der Zeit von Februar 1940 bis zur 1. Dekade im Dezember 1941 zur gleichen Wehrmachtseinheit, vorrangig in der 3. Kompanie des Infanterie-Regiments 163. Beide haben Verwundungen gehabt und waren gemeinsam im Reservelazarett in Coburg (im heutigen Bundesland Bayern). Nach ihrer Entlassung aus dem Lazarett waren sie zusammen in der Genesungskompanie des Ersatzbataillons des Infanterie-Regiments 163 in Eschwege und sind dort über Weimar in einem Marsch-Bataillon wieder in die Sowjetunion transportiert worden. Nachfolgend wird aus einem Schreiben von Wilhelm Görzel vom 20. Mai 1994 auszugsweise zitiert:

„In unserer Kompanie gehörten wir relativ lange Zeit der gleichen Gruppe an und waren Freunde geworden. In der Genesungskompanie besuchten uns außerdem unsere damaligen Bräute, heutigen Ehefrauen und lernten sich auch persönlich kennen. Nach dem Krieg haben wir uns in der Hoffnung, dass wir ihn beide überstanden haben, gesucht. Wir waren umgezogen, Walter Märtin ebenfalls von Friedrichroda nach Worbis. Ende 1988 konnte uns dann ein Vetter von W. Märtin über das Telefonbuch finden. Seit dieser Zeit stehen wir wieder in direkter Verbindung. ....
Bei unserer gemeinsamen Zugehörigkeit zum Marsch- bzw. Feldersatzbataillon waren wir einige Wochen in einer halbfertigen Kaserne in Witebsk (SU) untergebracht. Wir hatten dort Ausbildungsdienst, während Walter Märtin wegen seiner noch vorhandenen Behinderungen, zum Arbeitsdienst (weitere Winterfestmachung der Kaserne) nur zum Wachdienst in einem benachbarten Kriegslazarett eingeteilt wurde. ...."

Wilhelm Görzel wohnte in Siegen. Sie haben sich in Worbis und das erste Mal in Siegen getroffen, und die Freude war sehr groß. Meine Mutter und die Ehefrau von Wilhelm Görzel haben sich ja damals schon, wie bereits erwähnt, in Weimar kennengelernt, wovon das bereits im Buch enthaltene Gedicht von Frau Görzel (vor ihrer Hochzeit geborene Engelhardt) berichtet. Sie haben sich dann, wie ebenfalls erwähnt, noch mal in Worbis getroffen und sich wiederum viel zu erzählen gehabt. Mein Vater hat damals die schwere Verwundung am 19. Juli 1941 in der damaligen Sowjetunion erlitten, bei der ihn nur noch der Stahlhelm rettete, wie mein Neffe Lars eindrucksvoll berichtet hatte.

Mein Vater hat auch Kontakt mit seinem früheren österreichischen Kriegskameraden Karl Lasezki aufgenommen und ihn in Österreich besucht. Am 31. Juli 2015 feierte Karl Lasezki noch seinen 100. Geburtstag. Er war oder ist eventuell, falls er noch lebt, selbständiger Buchhändler gewesen und hat damals die Buchhandlung Leykam von Graz nach Kapfenberg betrieben. Der Buchhändler-Lehrling Adolf Jauk hat seinen ehemaligen Chef Karl Lasezki als Vorbild und als Vaterfigur bezeichnet. Adolf Jauk schreibt über Karl Lasezki: „Er war weit über die Grenzen der Stadt hinweg als Buchhändler bekannt und hatte mit vielen Künstlern Kontakt, aber auch mit der normalen Bevölkerung. Er war kinderlos verheiratet und mit seiner Frau viel auf den Bergen und in der Natur unterwegs."

Noch bis 2014 hat Karl Lasezki eine eigene Wohnung in Kapfenberg gehabt, bevor er ins Seniorenheim gezogen ist. Mein Vater hat mit Karl Lasezki in Österreich viel unternommen, nicht nur in Karpfenberg (Steiermark), sondern auch in anderen Städten Österreichs. Kapfenberg ist die drittgrößte Stadt in der Steiermark und wird noch heute von der SPÖ (Sozialdemokratischen Partei Österreichs) regiert. Es war jedenfalls damals von Österreich sehr begeistert und hat sich mit seinem ehemaligen Kriegskameraden Karl Lasezki und dessen Ehefrau sehr gut verstanden.

Bild 123: Hochzeitsbild 1952: Walter Märtins ehemaliger Kriegskamerad Karl Lasezki und dessen Ehefrau

Bild 124: Kriegskamerad Bernhard Kortüm

Im Krieg war er auch mit Willi Lange zusammen. Willi Lange gehörte zu Denen, die 1945 nach Friedrichroda marschierten, um der Gefangenschaft zu entgehen. Sie haben sich wahrscheinlich nicht wiedergefunden, obwohl Willi Lange erst 2013 mit 92 Jahren in der Nähe von Kaiserslautern verstorben ist.

Ein guter Bekannter von meinem Vater war während des Zweiten Weltkriegs Bernhard Kortüm, der nach dem Zweiten Weltkrieg Rechtsanwalt und Notar war. Er hat meinen Vater und auch unsere Familie manchmal in der DDR in Worbis besucht. Einmal waren auch die Kinder seiner Familie in Worbis bei uns zu Besuch, auch sein Sohn Bernhard, der auch Rechtsanwalt und Notar in Lingen ist. Mein Vater muss sich wohl recht gut mit seinem früheren

Kriegskameraden verstanden haben. Sie haben auch viele Briefe ausgetauscht. Leider hat es mit einem Besuch in Lingen/Ems wohl nicht mehr geklappt. Bernhard Kortüm ist am 22. Februar 1986 im Alter von 78 Jahren gestorben.

Mein Vater hat sich zu seinen Lebzeiten viel mit seinem früheren Kollegen und damaligen Lehrling in Gotha und in der Hauptzweigstelle in Friedrichroda der Kreissparkasse Gotha, Hans Tschernitz, in Friedrichroda getroffen. Wenn meine Eltern in Friedrichroda waren, haben sich beide oft unterhalten, da sie sich viel zu sagen und auszutauschen hatten. Sie waren auch sehr gute Freunde geworden.

Hans Tschernitz schrieb am 30. Mai 1994 über seine frühere Tätigkeit mit meinem Vater u. a. Folgendes:

„Ich kenne Herrn Walter Märtin seit Ende Mai 1945. Er kam zu dieser Zeit als ehemaliger Wehrmachtsangehöriger aus dem Zweiten Weltkrieg zurück. Ich war Lehrling im ersten Lehrjahr bei der Sparkasse für das vorm. Herzogtum Gotha - Hauptzweigstelle Friedrichroda. Da der Leiter dieser Hauptzweigstelle aus politischen Gründen von der amerikanischen Militär-Regierung entlassen werden musste, wurde Herr Märtin mit Wirkung vom 1. Juni 1945 als vorläufiger kommissarischer Leiter dieser Hauptzweigstelle eingesetzt. Mit kurzen Unterbrechungen arbeitete ich bis April 1950 in Friedrichroda und ab Oktober 1950 bis April 1951 in Gotha als sein 2. Innenrevisor mit Kollege Märtin zusammen."

Hans Tschernitz, der Ehrenmitglied des Stadtrates von Friedrichroda und langjähriger Fraktionsvorsitzender der SPD von Friedrichroda war ist am 21. April 2016 im Alter von 85 Jahren leider verstorben. Der SPD-Ortsverein von Friedrichroda hat deshalb einen Nachruf für ihn geschrieben:

„Nachruf

Der SPD-Ortsverein Friedrichroda trauert um seinen langjährigen Fraktionsvorsitzenden

Hans Tschernitz

28.08.1930 – 21.04.2016.

Mit Hans Tschernitz verlieren wir eines unseres politisch aktivsten und engagiertesten Mitglieder. Seine Anregungen und Initiativen, auch seine aufmunternden Worte werden uns fehlen. Die dankbare Erinnerung an ihn wird uns auch künftig begleiten. Nach der politischen Wende zählte er zu den Gründungsmitgliedern der SPD in Friedrichroda. Über vier Legislaturperioden gehörte er dem Stadtrat seiner Heimatstadt an. Mit Augenmaß, aber auch mit positiver Beharrlichkeit war er maßgebend an der Entwicklung unserer Stadt beteiligt. Für sein Wirken wurde er vom Stadtrat zum Ehrenstadtratsmitglied ernannt.

Für den SPD-Ortsverein Friedrichroda

Klaus Henniges
Bürgermeister a. D.

Andreas Witschel
Vorsitzender"

Mein Vater hat sich auch noch mit Karlheinz Schuppe, der ebenfalls 1918 geboren wurde und da Beide nicht nur die frühere Tätigkeit in der Sparkasse verband, im Urlaub mit dessen Ehefrau in Friedrichroda getroffen. Auch in der Schule, in der Arbeit in der Sparkasse und späteren beruflichen Tätigkeit in Herbsleben, der Tätigkeit im damaligen Reichs-Arbeitsdienst, und auch am Anfang des Zweiten Weltkriegs waren beide vielfach zusammen bzw. sind sich in dieser Zeit begegnet. Da Karlheinz Schuppe auch etwas über seine Bekanntschaft mit meinem Vater geschrieben hat, will ich gemäß den Ausführungen vom 6. Mai 1994 aus Lüdenscheid etwas aus seinem Schreiben an meinen Vater auszugsweise skizzieren:

„Ich kenne Walter Märtin seit unserer Schulzeit. Wir besuchten gemeinsam die damalige Ober-Realschule – später nur noch Realschule – in

Friedrichroda/Thür. Im Anschluss an den Schulbesuch traten wir beide als Lehrlinge bei der Sparkasse für das vormalige Herzogtum Gotha am 1. April 1935 an. Walter Märtin wurde bei der Zweigstelle Waltershausen ausgebildet. Ich wurde bei der Zweigstelle in Friedrichroda ausgebildet. Im weiteren Verlauf waren wir einige Monate in Herbsleben bei der dortigen Zweigstelle gemeinsam, nachdem wir unsere Lehrzeit beendet hatten. Am 30. Juli 1938 verließ Walter Märtin die Sparkasse und fing bei der Mitteldeutschen Zentralgenossenschaft Gotha an, da die Bezahlung bei der Sparkasse miserabel war. Am 1. April 1939 fanden wir wieder zusammen, da wir beide zum Arbeitsdienst einberufen wurden und der RAD-Abteilung 6/234 Martinroda zugeteilt waren. Hier wurden wir auch am 25.11.1939 gemeinsam entlassen. Leider wurden wir bei der Wehrmacht nicht wieder zusammen einberufen. Aber nach dem Frankreich-Feldzug war ich in Auxois und Walter Märtin in Dijon. Wir hatten schriftliche Verbindung und da wir beide in der Schule Französisch gelernt hatten und waren so beide eine Art Hilfsdolmetscher. Walter Märtin war bei der Stadt-Kommandantur Dijon beschäftigt. Ich war daher im Frühjahr 1941 mehrmals für eine Woche in Dijon mit dienstlichen Aufträgen, die uns erneut zusammenführten. ....

....

Wir verloren uns dann etwas aus den Augen. Aber nach meiner Rückkehr aus der Gefangenschaft am 30. Januar 1948 fing ich wieder bei der Sparkasse Gotha an. ..... Etwa in der zweiten Hälfte gelang es mir wieder, von Gotha nach Friedrichroda versetzt zu werden und freute mich, hier wieder mit Walter Märtin zusammen zu arbeiten. ....

Die Verbindung ist dann leider abgerissen, weil ich mich 1955 in die Bundesrepublik abgesetzt habe."

Karlheinz Schuppe hat, wie erwähnt, ab 1955 sich entschlossen, in die Bundesrepublik zu gehen und hat danach weiterhin im Bankwesen gearbeitet und in Lüdenscheid gewohnt. In seinem Urlaub in Friedrichroda hat Karlheinz Schuppe meine Mutter, meine älteste Schwester Astrid und Gina besucht, worüber er sich sehr gefreut hat. Er ist dann mit seiner Frau zu seiner Tochter nach Dresden gezogen. Dort ist er am 17. April 2008 im Alter von 89 Jahren gestorben und auch beerdigt worden. Mein Vater hat sich mit Karlheinz Schuppe sehr gut verstanden.

Auch zu ihren Cousins und Cousinen, sofern sie zu diesem Zeitraum noch lebten, hatten meine Eltern, soweit die Möglichkeiten dazu auch gesundheitlich bestanden, bis zum Ende ihres Lebens Kontakt gehalten.

Mein Großvater Paul hatte zwei Geschwister, Hugo Märtin und Minna Bause, geborene Märtin. Meines Vaters Onkel Hugo hatte keine Kinder, und meine Schwestern und ich haben auch, wie meine Eltern, den Onkel Hugo und seine Frau, die Tante Marie, kennengelernt. Wir haben gemeinsam viel mit Beiden Karten gespielt. Ich habe dort auch oftmals Mittag gegessen, und die Zubereitung des Essens von unserer Tante Marie hat mir immer besonders gut gemundet. Wir sind, wie schon beschrieben, mit Onkel Hugo viel spazieren und in die Pilze gegangen. Mit ihrem Hund Senta, die über 17 Jahre alt wurde und sehr gut auch zu uns Kindern, überhaupt zu uns allen war, haben wir uns oft beschäftigt.

Ich habe leider, wie meine ältere Schwester, im Gegensatz zu meinen Eltern und den anderen betreffenden Verwanden, die Tante Minna nicht mehr kennengelernt, weil sie 1945 gemeinsam mit ihrem Mann den schon erwähnten Freitod wählte. Aber sie hatten einen Sohn, der der Cousin meines Vaters war. Er hieß Alfred Bause und seine Frau Lotte Bause. Sie müssen 1934 geheiratet haben und feierten 1984 Goldene Hochzeit. Alfred muss schon eher geboren sein, als mein Vater. Sicherlich haben der Onkel meines Vaters, Carl Bause, und seine Frau, Minna Bause, geborene Märtin, die damalige Hochzeitsfeier ihres Sohnes und ihrer Schwiegertochter gemeinsam erlebt. Sie haben in der Nähe von Cuxhaven im heutigen Bundesland Niedersachsen gelebt. Ein Brief aus dem Jahr 1984, den sie am 9. Dezember 1984 nach ihrer Goldenen Hochzeit an meine Eltern geschrieben haben, liegt mir noch vor. Daraus zitiere ich auszugsweise vorrangig die die Verwandtschaft betreffenden Angelegenheiten:

„9.12.1984

Liebe Traude, Walter und die ganze Familie,

endlich ist es soweit, dass wir wieder ein normales Leben anfangen können. Alles ist verrauscht, aber die Erinnerung daran wird ewig bleiben.

....

So, nun lieber Walter und Traude, habt recht herzlichen Dank für Eure lieben Zeilen und für die schönen heimatlichen Worte. So aufrichtig und so wahrheitsgetreu und die Verhältnisse von damals so zu schildern, das kann nur ein guter Freund und Kumpel. Jemand, der mit uns durch alle Höhen und Tiefen gegangen ist. Was wollen wir viel sagen, denken wir lieber an die Bahnhofstraße 7 (in Friedrichroda), denken wir daran an unsere Kindheit, an Oma Hanne, an Ernst, den Grimmigen, an Onkel Hugo und an Deinen Vater, Mutter und all die Lieben. Denken wir an die Friedrichstraße, an meine Eltern, die zeitweise auch Deine waren. Denken wir an Euch – an Magdeburg – an die Zwiebeln und an den „Breiten Weg", wo wir das Eis nach Hause getragen haben, um es Deiner Mutter mitzubringen. Denken wir an die sportlichen Hobbys. Ich habe jetzt noch Bilder von den alten Fußballern. Von Eurer Jugendmannschaft kenne ich noch alle. Denken wir aber auch an das traurige und abschließende Ereignis. An das Kriegsende mit all den schrecklichen und uns alle betreffenden Ereignissen. Das alles können nur wir beide, die noch übriggeblieben sind. Möge es uns vergönnt sein, dass wir Euch gesund wiedersehen. Wenn wir nochmal den Mut und die Kraft aufbringen, kommen wir nochmals in unsere Heimat. Aber Ihr seid uns herzlich willkommen und kommt, sobald es Euch erlaubt wird. Wir würden uns alle riesig freuen. Deine Zeilen waren uns mehr wert, wie all der Firlefanz und das ganze Drumherum. Denn das sind nur Eintagsfliegen. Natürlich, was unsere Kinder uns bereitet haben, das danken wir allen recht herzlich. Wirklich einmalig, haben sie uns und den Polterabend verschönert. Sie haben uns große Freude bereitet. Ein Verlauf möchte ich Euch schildern, der wirklich einmalig war. Schon tagelang haben sie gewirkt.

....

In meiner Rede seid Ihr gebührend erwähnt. Worbis und Friedrichroda haben wir herzlichst gegrüßt. Unsere Heimat, unsere Eltern, Tanten und Verwanden haben wir nicht vergessen. Das Bild von Großvater Ernst und Großmutter Hanne steht bei uns an gebührender Stelle. Wirklich beide ergreifend, beide mit ihrer goldenen Hochzeitskrone und Ernst mit gewichstem Schnurrbart.

....

Eine gelungene, herrliche und uns allen unvergessene Goldene Hochzeit ging vorbei.

....

Wir wünschen Euch ein recht frohes Weihnachtsfest im Kreise Eurer Großfamilie ein glückliches, gesundes Neues Jahr 1985. Dir und Traude persönliches Wohlergehen und die Erfüllung, dass wir uns wiedersehen. Euer Alfred und Lotte"

Nach der Wende waren meine Eltern in Cuxhaven und konnten Alfred und Lotte noch einmal besuchen.

Alfred und Lotte haben drei Kinder: Dieter, Sigrid und Jürgen, die Großcousins von meinen beiden Schwestern und mir. Weil mein Neffe Knut als Rechtsanwalt in der Nähe von Cuxhaven eine dienstliche Aufgabe zu erledigen hatte, sind Knut und meine ältere Schwester nach Cuxhaven gefahren. Sie waren dort in einem Museum und haben den dortigen Museumsbetreuer gefragt, ob er Dieter Bause kennt und wie man ihn erreichen kann. Plötzlich sagte der Museumsbetreuer ganz überraschend für meine Schwester und meinen Neffen, dass er Dieter Bause sei. Das war ein überraschender Zufall, und es gab dann Manches zu erzählen. Vorher war Dieter Bause auch einmal in Worbis zu Besuch, und von meiner ältesten Schwester wurde ihm das Eichsfeld gezeigt. Leider ist unser Großcousin Dieter Bause, der am 27. Juni 1937 geboren ist, am 1. August 2014 im Alter von nur 77 Jahren verstorben.

Bild 125: Walter Märtin und Alfred Bause in Cuxhaven

Mit seiner jüngeren Schwester Sigrid und dem damals noch jüngeren Jürgen konnte seitens unserer Familie noch kein Kontakt erreicht werden. Wir wissen nicht, wo sie wohnen. Ich kann mich noch erinnern, dass wir gemeinsam mit Dieter, Sigrid und Jürgen, ihren und meinen Eltern auf den Inselberg gewandert sind. Wir hatten meines Wissens viel Freude bei dieser Wanderung. Es war wohl 1959 oder 1960, auf jeden Fall vor dem 13. August 1961, an dem die Berliner Mauer errichtet wurde, die den West-Teil von

Berlin von seinen Nachbarorten in der DDR in Ost-Berlin und dem heutigen Bundesland Brandenburg abgeriegelt hat. Meines Wissens habe ich meine Großcousins aus der Familie Bause nach diesem gemeinsamen Ausflug zum Inselberg nicht mehr gesehen.

Meine Großmutter väterlicherseits hatte drei Brüder und eine Schwester. Eine Cousine meines Vaters hieß Anneliese und war die Tochter von einem Bruder meiner Großmutter, der Walter Köllner und seiner Frau, der Mutter von Tante Anneliese, die Friedel Köllner hieß. Sie besaßen früher ein Restaurant in der Rathenaustraße in Erfurt.

Mit Anneliese und ihrem Mann haben sich meine Eltern und wir auch als Kinder oft getroffen. Sie waren damals auch viel bei uns in Worbis. Ihr Mann und Anneliese waren Lehrer mit Fachschwerpunkt Mathematik. Sie haben die Eiserne Hochzeit, 65 Jahre Ehe, noch gemeinsam mit ihren Familienangehörigen gefeiert. Sie waren an der EOS "Heinrich Mann" in Erfurt, die seit der Wende bzw. seit der Umstellung auf das bundesdeutsche Bildungsrecht ab spätestens dem Schuljahr 1991/1992 Heinrich-Mann-Gymnasium heißt, tätig. Ich kann mich erinnern, dass Onkel Horst die Bedeutung und Notwendigkeit der Mathematik eindrucksvoll unterstrichen hat. Er vertrat damals auch die Auffassung, dass das Beherrschen des Einmaleins, besonders des großen Einmaleins, viel wichtiger wäre, als Manches, was wir im Fach Deutsch erlernten. Meiner Erinnerung nach war er auch sehr aktiv beim Erlernen und der Verbreitung der neutralen Planungssprache Esperanto. Esperanto ist an kein Land bzw. keine Nationalität gebunden und auch deshalb sehr interessant. Er war lange Zeit in der Blumenstadt Erfurt, der ältesten Stadt Thüringens sowie dessen Landeshauptstadt, für Esperanto verantwortlich. Im Jahr 2006/2007 trafen sich nach ihrem fünfzigjährigen Abitur die ehemaligen Schüler des heutigen Heinrich-Mann-Gymnasiums in Erfurt. Horst Schulz zur Wiesch, wird im Internet-Beitrag "Unsere Schule in der Zeitung, Schuljahr 2006/2007" besonders erwähnt:

„.. So waren die Zeiten, damals in den Fünfziger Jahren, als das traditionsreiche Gymnasium "Zur Himmelpforte" bereits Heinrich-Mann-Schule hieß und Kritik an den Verhältnissen unerwünscht war. Ein Grund, warum Viele Derjenigen, die sich am Samstag in der Aula des Gymnasiums versammelten, bald nach dem Abitur ihr Glück im Westen suchten. Mit dem Abstand der Jahre aber erinnern sie sich ihrer Schulzeit als einen unbeschwerten Lebensabschnitt Bewundernde, fast schon liebevolle Erinnerungen an die Pauker von damals verbanden sie. Nur einer ist gekommen, das viele Lob persönlich entgegen zu nehmen. Horst Schulz zur Wiesch unterrichtete als junger Mann in den Naturwissenschaften. Am Samstag erhielt er, achtzigjährig, einen Ehrenplatz in der ersten Reihe. ...."

Unser Onkel Horst Schulz zur Wiesch, der ca. 90 Jahre alt geworden ist, ist leider 2016 verstorben. Unsere Tante Anneliese wohnt noch in Erfurt in ihrer Wohnung. Meine ältere Schwester hat vor einigen Monaten erst mit ihrer Patentante Anneliese telefoniert, wie im Grunde jedes Jahr. Sie wird inzwischen wohl auch über 90 Jahre alt sein. Ich habe ihr einen zweiten Brief geschrieben, nachdem sie den ersten von mir geschriebene Brief wegen der offensichtlich falschen Anschrift nicht erreicht hatte. Meine Eltern haben zu ihren Lebzeiten Anneliese und Horst oft getroffen. Mit ihren Kindern, unseren Großcousinen Sigrun und Elke, ist leider der Kontakt nicht mehr richtig vorhanden, obwohl wir uns auch als Kinder gesehen haben.

Der andere Neffe meiner Großmutter mütterlicherseits und Cousin meines Vaters hieß Horst Köllner. Seine Eltern hießen Otto Köllner und Käthe Köllner, die ich auch noch kennengelernt habe. Horst war das einzige Kind von Otto und Käthe Köllner. Er war früher Berufsschullehrer in Aachen und seine Frau Hermine war auch Lehrerin. Fast jedes Jahr, in dem es möglich war, von der BRD in die DDR zu kommen, haben Hermine und Horst meinen Vater und die Verwandten in Worbis und Friedrichroda besucht.

1967 waren Tante Hermine und Onkel Horst das erste Mal auch bei unserer Oma Clara in Friedrichroda. Damals waren auch meine Schwestern Astrid und Karin bei der gemeinsamen Wanderung zum Inselberg dabei. Auch meine Großmutter Clara war zu ihren Lebzeiten noch in Aachen zu Besuch.

Mein Vater war mit unserer Mutter zur Silbernen Hochzeit bei der Familie Köllner eingeladen, und meine Eltern haben beide besucht. Meiner Erinnerung nach war dies noch in der Zeit vor der Wiedervereinigung Deutschlands. Meine Eltern konnten als Rentner schon damals die Bundesrepublik besuchen und waren gemeinsam mit Anneliese und Horst damals zur Silbernen Hochzeit von Tante Hermine und Onkel Horst eingeladen. Sie haben viel unternommen. Sie waren auch in der Eifel, wo mein Vater zu Zeiten des Zweiten Weltkriegs als Soldat tätig sein musste. Er hat dort Vieles wiedererkannt. Über diese Unternehmungen und überhaupt ihre Reise haben sie damals viel erzählt. Nach dieser Reise von meinen Eltern nach Aachen waren Onkel Horst und Tante Hermine auch noch bei meinen Eltern in Worbis zu Besuch. Meine älteste Schwester hat sich mit Horst und Hermine sowie deren Tochter und Schwiegersohn sowie mit Anneliese und Horst damals auch in Friedrichroda getroffen und einen schönen Tag gemeinsam verbracht. Hermine war auch mit einer Frauengruppe für ein paar Tage in Duderstadt. Astrid hat sie für einen Tag abgeholt und ihr viel gezeigt, und gemeinsam wurde die Familie meiner ältesten Schwester besucht. Ich kann mich erinnern, dass ich auch wohl einmal bei den Besuchen in Worbis dabei war. Besonders Onkel Horst und Tante Hermine und auch ihren Eltern Otto und Käthe kann ich recht herzlich danken, dass sie alles getan haben für mich, schnell das wichtige Medikament Streptomycin aus der Bundesrepublik zu bekommen, das mir das Leben in meinem 3. Schuljahr gerettet hat. Onkel Horst ist als Rentner 2002 schon relativ früh mit 69 Jahren leider gestorben, und auch deshalb ist wohl unsere Tante Hermine aus Aachen weggezogen und wohnt jetzt in Wildeshausen im Bundesland Niedersachsen bei ihrer Tochter. Unsere Tante Hermine ist schon 89 Jahre alt, aber Gott sei Dank noch bei guter Gesundheit. Auf mein Schreiben, was ich ihr im Juni 2021 geschickt habe, hat Hermine ein sehr freundliches Antwortschreiben geschrieben und sich sehr über den Briefkontakt gefreut. In einem weiteren Schreiben, das ich am 17. Juli 2021 von ihr erhalten habe, hat sie Einiges über sich und ihre Kinder, unsere Großcousine und die beiden Großcousins, geschrieben. Zwei Söhne und eine Tochter sind aus der Ehe von Horst und Hermine hervorgegangen. Weil ihre Tochter auch in Wildeshausen lebt, ist sie nach Wildeshausen gezogen, Zur Beerdigung meines Vaters waren Tante Hermine und Onkel Horst auch da. Das letzte

Mal haben wir uns alle wieder zur Beerdigung meiner Mutter in Worbis gesehen. Mit unserer Großcousine Britta und unseren Großcousins Jürgen und Christoph, die ich bisher nicht persönlich kennengelernt habe, ist bisher noch kein Kontakt geknüpft worden.

Mit Tante Lina, der Schwester meiner Großmutter Clara und ihrem Mann Arthur hatten meine Eltern zu Lebzeiten von Tante Lina und Onkel Arthur auch Kontakt. Die Tochter Inge, die Cousine meines Vaters und ihren Mann, der dann Leiter des Kinderheims in Bernburg wurde, haben sie ebenfalls besucht. Inge und ihr Mann haben drei Töchter, unsere Großcousinen Gisela, Helga und Gudrun. Gisela und Helga wurden beide Lehrerinnen, und Gudrun wurde Krankenschwester. Auch von Gisela, Helga und Gudrun wissen wir nicht mehr, wo sie zur Zeit wohnen bzw. ihre Anschrift ist und deshalb haben wir bisher auch keinen Kontakt zueinander gefunden.

Der andere Bruder unserer Großmutter Clara, Alfred, hat mit seiner Frau früher in Rudolstadt im Bundesland Thüringen gewohnt. Sie hatten nur eine Tochter, Traudel, die als Friseurin gearbeitet hat. Ihr Vater Alfred ist früh gestorben, da sein Blinddarm geplatzt war. Von Traudel wissen wir nichts, außer, dass sie seit ihrer Heirat Waltraud (Traudel) Grüner heißt und in Rudolstadt wohnt und über das Einwohnermeldeamt Rudolstadt ihre Adresse, erfahren haben. Wir wissen nicht, ob sie Kinder oder Enkelkinder hatte oder hat. Ich habe an Traudel jedoch am 13. November 2021 bereits einen Brief geschrieben und habe bis zum aktuellen Zeitpunkt, als ich die 2. Auflage dieses Buches schreibe, noch keine Antwort erhalten.

Meine Mutter hatte noch eine Schwester, die Käthe Roeder hieß, die aber ebenfalls bereits gestorben ist. Sie war vorher im Handelsbereich auf selbständiger Basis und später als Arbeitnehmerin tätig. Wir haben sie mehrfach besucht, und auch ich war manchmal bei diesen Begegnungen als Kind und später als Erwachsener dabei.

Mit ihrem Sohn Hubertus, der unser Cousin ist und in Leipzig und in Friedrichroda wohnte, jetzt nur noch in Leipzig wohnt und nunmehr bereits

70 Jahre alt ist, haben wir freundlichen Kontakt, und zu meinem 65. Geburtstag haben wir uns alle auch mit Hubertus und seinem Lebensgefährten Jürgen und der Mehrheit unserer Familie in Bad Doberan getroffen. Das Treffen war für uns alle sehr schön und erinnerungswürdig, und wir haben uns alle als Familie sehr gut verstanden und haben noch lange über unser Wiedersehen und die Feier gesprochen. Damit es sich lohnte, haben wir uns, weil die Entfernung von Worbis, Hausen (einem Ortsteil der Gemeinde Niederorschel) und den anderen Orten des Eichsfelds und Friedrichroda bis nach Bad Doberan sehr weit war, drei Tage, Manche sogar vier Tage dort getroffen. Wir haben damals u. a. eine Stadtbesichtigung von Bad Doberan, eine Besichtigung des Doberaner Münsters sowie vom Rostocker Zoo inklusive dem sich im Rostocker Zoo befindenden damals neu entstandenen „Darwineum“ unternommen. Auch Seemannsgesang und Seemannsmusik haben wir durch den durch die Fernsehsendung „Klock 8, achtern Strom“ bekannten Interpreten Alfred Sitte genießen können. Alfred Sitte („Käpt´n Alfred“), der als „Botschafter des Nordens“ als Sänger, Moderator und Komponist tätig ist und für uns als Alle als Alleinunterhalter wirksam war, hat für uns Alle sehr viel positive Stimmung zum Geburtstag verbreitet. Mein Cousin Hubertus und dessen Lebensgefährte Jürgen waren auch bei der Jubiläumsgeburtstagsfeier meiner Schwester Karin und ihrem Ehemann zugegen, und wir haben uns mit meiner Schwester Astrid und Familie, mit meinem Sohn André und seiner Frau Nayana auch in Worbis getroffen. Leider konnten meine Eltern bei diesem Jubiläum, an dem über 20 Familienangehörige teilnahmen, nicht mehr dabei sein. Sie hätten an diesem gemeinsamen Treffen sicher auch sehr viel Freude gehabt.

Meine Großmutter mütterlicherseits hatte zwei Brüder, die Richard Schatt und Ernst Schatt hießen und eine Schwester Alma Pfannstiehl, geborene Schatt. Ich habe alle drei Geschwister von meiner Großmutter noch kennengelernt und war auch mehrmals bei meinem Großonkel Ernst und seiner Frau zu Hause, sicherlich ähnlich, wie mein Cousin Hubertus und meine Schwester Astrid. Er hat mit seiner Frau Lina längere Zeit in Rostock gewohnt, da er beruflich dort tätig war. Unsere Großtante Alma hat meine Großmutter und auch mich als Kind oft besucht. Sie hat, wie mein Großonkel Richard, ebenfalls in Friedrichroda gewohnt.

Unser Großvater mütterlicherseits, Paul Hasert, hatte einen Bruder und zwei Schwestern gehabt. Sein Bruder hieß Bernhard und war als Gärtner in Friedrichroda tätig. Ich habe ihn und seine Tochter, die ebenfalls in Friedrichroda wohnte, noch kennengelernt. Die beiden Schwestern meines Großvaters Paul Hasert haben in Tambach-Dietharz und in Erfurt gewohnt. An beide kann ich mich nicht so richtig erinnern.

Nachdem in diesem Buch auch neben den Reisen meiner Eltern auch etwas über die Familiengeschichte unserer Großeltern geschrieben wurde, möchte ich auch noch über das Leben meines Vaters im wiedervereinigten Deutschland im fünften Gesellschaftssystem, das mein Vater erlebte, weiter berichten. Trotz der schönen und nun auch möglichen Reisen ins westliche Ausland zu alten Kameraden, mit denen er in dieser schweren Zeit des Zweiten Weltkrieges zusammen war und der Besuche bei Verwandten musste er persönlich viele Benachteiligungen gegenüber Anderen in diesem auch für ihn neuen Gesellschaftssystem erfahren.

Er wurde zu unrecht stigmatisiert, was sich auch auf seine Einstellung verständlicherweise nicht förderlich ausgewirkt hat. So wurde er im neuen Gesellschaftssystem als staatsnah und als systemnah eingestuft und hat dadurch sehr erhebliche Rentenabzüge bekommen. Mein Vater wurde – aus meiner Sicht – zu unrecht mit der beträchtlichen Verringerung seines Rentenanspruchs bestraft. Die Bestrafung erfolgte für die bei ihm zugrunde gelegte staats- und systemnahe Tätigkeit, trotz dem 1990 bereits ca. sieben Jahre nach seiner Berufstätigkeit vergangen waren. Man hat eine erheblich einschneidende Minderung der anrechenbaren Entgelte aus den Anspruchserwerbszeiten bei seiner Rente im gemeinsamen Deutschland vorgenommen. Dadurch ist nach den geltenden Festlegungen eine drastische Verkürzung der monatlichen Versicherungsrente bei ihm eingetreten und hatte letztlich die Wirkung einer erheblichen Geldstrafe. Nach den ursprünglichen Vorstellungen der Deutschen Rentenversicherung sollte diese „Strafrente" ein Leben lang wirksam werden. Das geltende Recht, so sah es die Verordnung vor, schuf keine Möglichkeiten mehr, auch nicht durch eine Härtefallklausel, sich gegen die aus einem allgemeinen Verdacht heraus verhängte Rentenstrafe auf dem Rechtsweg oder über die Gerichte sich zur

Wehr zu setzen. Es wurde auch nicht beachtet und bestand keine Überprüfung, sich vom allgemeinen Vorwurf der staatsnahen Beschäftigung gegen die Rechtsordnung sowie gegen Menschenrechte verstoßen zu haben, in einem Rechtsprüfungsverfahren entlasten zu lassen. Durch die sehr geringe Rente musste mein Vater karg leben und konnte sich nicht weitere Reisen oder einen Gaststättenbesuch erlauben. Dazu bestanden für ihn keine finanziellen Voraussetzungen. Dadurch konnte sich mein Vater auch mögliche Reisen ins westliche Ausland finanziell nicht leisten. Er war vom Beginn des wiedervereinigten Deutschlands ab dem 3. Oktober 1990 bis 1995 kein einziges Mal in einer Gaststätte, weil er sich dies auch finanziell nicht erlauben konnte. Einmal geschah eine Ausnahme, denn ich hatte meinem Vater auf Kosten unserer Familie dazu einmal zu einem Gaststättenbesuch eingeladen. Ich habe ihm auch die erforderlichen Buchungskosten für die Fahrt nach Frankreich im Jahr 1994 zu den bereits genannten „Schlössern der Loire" bezahlt. Außerdem habe ich meinen Eltern die medizinischen Behandlungskosten für die “Oxikur-Sauerstoff-Kur" und auch ein Sauerstoffgerät, was damals relativ teuer war, bezahlt, das meine Eltern dann wegen ihrer Herzkrankheit für mehrere Jahre nutzen konnten. Ich nehme auch an, dass er auch seine Reisen nach Österreich, nach Siegen zu seinen Kriegskameraden und von Horst und Hermine alle Aufwendungen der Reisen von den Betreffenden bezahlt bekommen hat. Dadurch, dass er nur eine Strafrente bekam, war er durch die sehr geringe Rente und unter Beachtung der erheblichen Lebenshaltungskosten konnten meine Eltern, trotz der Rente von meiner Mutter, kaum davon leben. Er wäre dazu meines Erachtens gar nicht finanziell in der Lage gewesen.

Sicherlich hatte er auch deshalb in keiner Weise die finanziellen Voraussetzungen gehabt, eine Goldene Hochzeit zu feiern und seine geliebten Verwandten und Bekannten einzuladen, was meine Eltern sonst immer sehr gerne taten. Sie dachten immer vorrangig an Andere, halfen ihnen und setzten sich dabei sehr zurück, waren sehr bescheiden und solidarisch.

Ich gehe davon aus, dass meine Geschwister ihn aufgrund seiner finanziellen begrenzten Möglichkeiten ebenfalls in dieser schwierigen Zeit unterstützten.

Es ist schlimm, dass mein Vater, der mit sehr schlechten finanziellen Ausgangsbedingungen in seiner Kindheit und Schulzeit den schlimmen Zweiten Weltkrieg mit erheblichen Verwundungen erlebte und die ganze Familie beträchtlichen Hunger in dieser Zeit erleiden musste und immer wenig Gehalt bekam, auch als Sparkassenleiter und späterer Sparkassendirektor der Kreissparkasse Worbis, diese nicht begründete Strafe bekommen hat.

Gerade, weil er immer alle Kraft eingesetzt und oftmals über das Zweifache der eigentlichen Arbeitszeit uneigennützig für die Belange der Sparkasse auch auf Kosten seiner Gesundheit verwendet hat, um weiter als Sparkasse voranzukommen und immer für seine Mitarbeiter da war und alles gesetzlich Mögliche für sie getan hat, war es schlimm, dass er dies im angeblich besseren System im wiedervereinigten Deutschland noch erleben musste. Er hat sich für alle Familienmitglieder immer sehr eingesetzt und war in seinem Handeln immer sehr gerecht und uneigennützig.

Auch dadurch konnte er Vieles in diesem neuen System nicht mehr verstehen. Er verstand auch nicht, dass ein Sparkassendirektor im gemeinsamen Deutschland ca. das neunfache Gehalt in DM bei gleicher Funktion gegenüber dem, was zum Ende der DDR ein Sparkassendirektor in M ausgezahlt bekam, verdiente. Auch sah er es als eine erhebliche Ungerechtigkeit an, dass in der Regel bei gleicher Funktion bestimmte Sparkassenverantwortliche eine Pensionszusage von ca. 75 Prozent des Gehalts in der Bundesrepublik und somit im nunmehr gemeinsamen Deutschland gezahlt bekommen. Eine Pensionszusage oder eine gesonderte Rente für ihre Tätigkeit, außer einer Altersrente, hat damals in der DDR kein Mitarbeiter der Sparkasse bekommen, auch kein Sparkassenleiter oder Sparkassendirektor. Er konnte auch Vieles in der Sparkassenarbeit im gemeinsamen Deutschland nicht verstehen, da Manches bei den Sparkassen erheblich anders gehandhabt wurde. In der DDR mussten die Sparkassen vom erzielten Gewinn nahezu Alles an den Staatshaushalt der DDR abführen, da die Sparkassen in der DDR nur 5 Prozent des Gewinns behalten durften, die dann auch noch zweckgebunden neu investiert werden mussten. Trotz dem er über 30 Jahre Kreissparkassendirektor war, konnte er bei aller Notwendigkeit nicht eigenständig entscheiden, dass benötigte Angestellte eingestellt werden konnten. Dies konnte damals in der DDR nur der Abteilungsleiter Finanzen des damaligen Rat des Kreises bestimmen.

Im neuen System im gemeinsamen Deutschland wird von den Sparkassen kaum etwas an den Staatshaushalt der BRD abgeführt und eine völlig andere ökonomische Politik trotz der gesetzlich vorgeschriebenen Gemeinnützigkeit als Anstalt des öffentlichen Rechts (AöR) in kommunaler Trägerschaft betrieben, die für meinen Vater, der eine andere Grundhaltung zur Rolle der Sparkassen vertrat, so nicht mehr verständlich war.

Er hat auch das für die westliche Welt typische Währungsverhalten als Bank-Spezialist sehr angeprangert. Es werden bei diesem System künstliche Gewinne ausgewiesen und zugrunde gelegt oder auch ausgezahlt, die in der Realwirtschaft nicht auftreten. Sie haben nach seiner Auffassung in keiner Weise etwas mit echten Gewinnen der Realwirtschaft zu tun. Durch diese künstliche Geldaufblähung und die damit verbundene nicht ausreichende Beachtung der Erfordernisse des Geldumlaufmittelgesetzes besteht auch nach seiner damals bereits geäußerten Auffassung die erhebliche Gefahr von Krisen und einer teilweisen oder der gesamten Zerstörung des Finanzsystems.

Obwohl er 1999 bereits gestorben ist, haben die 2008 im Finanzsystem eingetreten Ereignisse meinem Vater, der die Probleme des Finanzsystems auch 1929 mit den Folgen des New Yorker Börsenkrachs schon damals – bezogen auf die weltweiten Wirkungen – als junger Mensch persönlich miterleben musste, Recht gegeben.

Die oberflächliche pauschale, überhaupt nicht konkrete, auch nicht hinnehmbare Behandlungsweise der dafür Verantwortlichen der Bundesrepublik Deutschland haben über fünf Jahre meinem Vater und damit auch meinen Eltern schweren Schaden zugefügt und viele vermeidbare Sorgen bereitet. Vieles hätte für meinen Vater und meine Eltern anders verlaufen können, aber sie mussten mit diesen erheblichen unberechtigten Einschnitten mit allen Folgen für ihr Leben auskommen. Eine Reduzierung der Rente sollte auch nach den Festlegungen des Einigungsvertrages nur dann vorgenommen werden, „wenn der Berechtigte gegen die Grundsätze der Menschlichkeit oder Rechtsstaatlichkeit verstoßen hat oder in schwerwiegendem Maße seine Stellung zum eigenen Vorteil oder zum Nachteil anderer missbraucht." In den Ausführungen zum Rentenstrafrecht, vgl. http://www.ostrentner.de/rentenrecht/K7.htm, wird u. a. zur älteren Generation, zu der mein Vater im 72. Lebensjahr 1990 gehörte, geschrieben:

„Es ist allerdings moralisch und rechtsstaatlich die am wenigsten angemessene oder geeignete Art, Sanktionen gegen Angehörige der älteren Generationen der DDR-Bürger zu verhängen. Das hat Merten in seinem Gutachten genauer untersucht. Gerade diese Generationen trugen nach dem Krieg und nach der Spaltung Deutschlands durch die Reparationen und die sowjetische Besatzungsmacht sowie im Kalten Krieg zuerst in der SBZ und dann in der DDR die schwersten Lasten. Den älteren Bürgern, von denen viele tatkräftig, ohne Gesetze zu verlassen und loyal als Betriebs- oder Generaldirektoren, als LPG-Vorsitzende, Ratsmitglieder und Abgeordnete, in staatlichen Organen oder Einrichtungen der DDR oder anderswo "staatsnah" gearbeitet haben, werden nun bereits seit dem 01.07.1990 und nach dem Gesetz lebenslang zusätzliche Lasten aufgebürdet".

Das damalige Mitglied des Bundestags (MdB), der ehemalige Staatssekretär für Arbeit und Soziales der Bundesregierung unter Helmut Schmidt, Rudolf Dreßler (geb. 1940), hat auf dem Sanktionscharakter des RÜG/AAÜG mit folgenden Worten bereits damals hingewiesen:

„Wir fordern die Abschaffung des Rentenstrafrechts, ... um des Rechtsstaates willen", und weiter sagte er: „Lassen Sie uns vor allen Dingen endlich mit dem politischen Missbrauch des Rentenrechts Schluss machen, der unser Land vergiftet und mit unserer freiheitlichen Rechtstradition unvereinbar ist."

Man hat den Leitern damals vorgeworfen und sie deshalb auch mit als “staatsnah“ eingeordnet, dass sie privilegiert seien und ein privilegiertes Einkommen beziehen. Dies trifft alles für meinen Vater nicht zu, und man hat auch schwere Verstöße gegen das Grundgesetz bzw. bestimmte wesentliche Artikel des Grundgesetzes, nicht nur gegen meinen Vater begangen. Weil erhebliche Verstöße gegen geltendes Recht im Ergebnis von Klagen für die so genannten "staatsnahen" ehemaligen DDR-Bürger (Bestandsrentner) festgestellt wurden, musste im Ergebnis von Gerichtsentscheidungen eine neue Regelung in der ab dem 1. Januar 1997 wirksamen Fassung festgelegt werden. Dadurch wurde für meinen Vater der ihm vorenthaltene Rentenanspruch meines Erachtens ab dem 1. Januar 1997 um den entsprechenden Betrag, um die die ihm zustehende Rente ursprünglich gekürzt wurde, ab dem Beginn des Rentenanspruchs im gemeinsamen Deutschland nachgezahlt.

Mein Vater hat den größten Teil der nachgezahlten Rente sehr zuvorkommend an seine Kinder in gerechter Verteilung uneigennützig gezahlt. So wenig hat er seine persönlichen Belange dabei gesehen.

Als er sich schon im 79. Lebensjahr befand, hat er meines Wissens erst seine ihm zustehende Rente bekommen. Seine gesundheitlichen Beeinträchtigungen waren dann wahrscheinlich schon so problematisch, dass er, trotz dem er jetzt etwas höhere finanzielle Mittel zu möglichen Reisen zur Verfügung hatte, meines Wissens wegen seiner gesundheitlichen Belastungen nicht mehr ins Ausland fahren und keine großen, weiteren Reisen auch in Deutschland mehr unternehmen konnte.

Einen Antrag zum Erhalt eines Schwerbehindertenausweises stellte er am 31. März 1991 an das Amt für Soziales und Familie in Erfurt. Erst am 1. Februar 1992 bekam er den betreffenden Bescheid nach § 4 des „Gesetzes zur Sicherung der Eingliederung Schwerbehinderter in Arbeit, Beruf und Gesellschaft“. Bei ihm wurden folgende Behinderungen festgestellt:

a) Hörminderung
b) Abnutzung der Wirbelsäule mit Nacken-Schulter-Arm-Syndrom
c) Nierensteinleiden
d) Diabetes mellitus

Insgesamt hat mein Vater einen Grad der Behinderung von 70 (GdB 70) bekommen.

Die auch von meinem Vater beantragte Behinderungseinstufung für nachfolgende gesundheitliche Beeinträchtigungen, wie:

- Splitter linker äußerer Augenwinkel
- Narbe an der Stirn
- Erfrierung der Zehen

haben trotz der erheblichen gesundheitlichen Folgen der Verwundungen keinen Grad der Behinderung durch das zuständige Amt ergeben. Er hat einen Widerspruch geschrieben, aber damit keinen Erfolg bei der übergeordneten Stelle bekommen und sich sehr geärgert, dass seine gesundheitlichen Beeinträchtigungen aus seiner Verwundung nicht anerkannt wurden.

Er musste sich auch lange Zeit spritzen und hat immer wegen seiner Diabetes mellitus Diät halten müssen und erheblich dadurch abgenommen. In den 1990er Jahren bekam er noch ein schweres Herzleiden mit vielen negativen Wirkungen hinzu.

Ich als Sohn habe im Zeitraum von 1988 bis 1995 insbesondere wegen des erheblichen Zeitaufwands, der sich mit meiner neuen Tätigkeit ab 1990 in Rostock in der vielen Arbeit in der neuen Gesellschaftsordnung weiterhin ergab, kein Schach mehr gespielt und konnte dadurch auch aus Zeitgründen kein Schach mehr spielen. Am 22. Dezember 1989 habe ich in Berlin meine zweite Ehefrau Elfriede geheiratet und bin deshalb ab Dezember 1989 nach Bad Doberan gezogen. Meine Kinder aus dieser Ehe, Oliver und Steffi, wurden, wie bereits erwähnt, am 26. August 1990 und 22. August 1992 geboren.

Erst ab 1995 fing ich wieder beim Verein Blau-Weiß Neukloster Schach zu spielen. Dort habe ich in der Landesliga Mecklenburg-Vorpommern und manchmal in der Verbandsliga gespielt. Wir hatten dort einen sehr ehrgeizigen Sektionsleiter, der höchste Ziele für alle Mannschaften hatte. Wir Spieler hatten dadurch einen ziemlichen Ehrgeiz. Es wurde uns immer das Ziel gestellt, in der jeweiligen Klasse aufzusteigen. Dies haben wir meistens geschafft und uns dann sogar mit der ersten Mannschaft in die 2. Bundesliga, mit der zweiten Mannschaft in die Oberliga und mit der dritten Mannschaft in der Landesliga qualifiziert. In einem Jahr, ich glaube, es war in der Spielserie 1996/1997, habe ich bei den Punktspielen gegen starke Gegner 6,5 Punkte aus neun Partien erreicht und konnte – nur bezogen auf diese Punktspielserie – damals sogar eine Wertzahl für dieses spezielle Ergebnis von 2165 erzielen. Ich habe von 1995 bis 1999 nur an Punktspielen teilgenommen, da ich wegen des hohen Arbeitspensums in meiner beruflichen Tätigkeit keine Zeit hatte, an Einzelturnieren oder an einem Training teilzunehmen bzw. dieses im Schach eigenständig durchzuführen.

In den letzten Lebensjahren meines Vaters kamen im Übermaß die Probleme der Sparkasse in der damaligen Zeit bei ihm zum Ausdruck. Während man sich früher über viele Probleme des gesellschaftlichen Alltags objektiv mit ihm unterhalten konnte und die Unterhaltungen sehr interessant waren, endete nunmehr zunehmend nahezu jede Unterhaltung nach kurzer Zeit immer bei Sparkassenangelegenheiten.

Wahrscheinlich ist dies zwangsläufig, was neueste wissenschaftliche Forschungen im Gesundheitswesen in Studien nachweisen, durch seine erhebliche Schwerbehinderung der Hörminderung, die eingetretene gesundheitliche Störung und die dann eintretenden Folgen zurückzuführen. Dadurch machte das Unterhalten mit ihm nicht mehr die Freude, wie früher.

In dieser Zeit sollte er auch für die neue Sparkasse Eichsfeld, zur Kreissparkasse Worbis etwas für die Chronik dieser Sparkasse schreiben. Er sollte nur kurz etwas dazu schreiben, trotz seiner nicht geringen gesundheitlichen Störungen, die sich in nicht geringem Maße auf sein noch zur Verfügung stehendes Denkvermögen und seine Konzentration im erheblich negativen Maße auswirkten. Er hat es auch nicht verstanden, da er die Kreissparkasse Worbis aufgebaut hatte und ca. 30 Jahre als Leiter bzw.

Direktor dort gearbeitet hat und er alle ihm zur Verfügung stehende Kraft für den Aufbau und die weitere Entwicklung der Sparkasse mit seinen Mitarbeitern eingesetzt hat und zweimal die Kreissparkasse Worbis die beste Sparkasse in der DDR war, dass er im Rahmen einer Chronik der früheren Kreissparkasse Worbis, der heutigen Sparkasse Eichsfeld, nur sehr kurz in der Chronik berichten sollte. Er fand dies äußerst ungerecht, dass das Wirken der Kreissparkasse Worbis, die der Rechtsvorgänger der Sparkasse Eichsfeld war und die Sparkasse Eichsfeld die erhebliche Arbeit der Kreissparkasse Worbis mit genutzt hat, er nur so wenig schreiben durfte. Mein Vater hat es deshalb so aufgefasst, dass er über seine Arbeit für die Kreisparkasse Worbis schreiben sollte und es in erster Linie um seine Tätigkeit sowie die gesamte Tätigkeit der Kreissparkasse Worbis ging.

Sicherlich haben auch seine damals erheblich bestandenen gesundheitlichen Beeinträchtigungen im nicht geringem Maße dazu beigetragen, dass er sich im Gegensatz zu seinem Verhalten im ganzen bisherigen Leben, das sich durch erhebliche Bescheidenheit auszeichnete, dadurch verursacht, nicht mehr so verhielt, wie sein bisheriges Verhalten immer typisch für sein Leben war und ihn auch auszeichnete.

Wahrscheinlich war auch ein wichtiger Beweggrund für sein aktuell im Rahmen der Erstellung der Chronik damals gezeigtes Verhalten auch darin zu sehen, dass er sein damaliges Lebenswerk, alles für das Wohl und Gedeih und den Aufbau und die Betreibung der Kreissparkasse Worbis zu tun, aus seiner Sicht völlig ungenügend würdigen konnte. Andere haben dann mitgewirkt und haben auch, gemäß der mir mitgeteilten Aussagen, auch in der Chronik etwas über ihn geschrieben. Er fühlte sich trotz alledem übergangen, dass er nun nicht an der Chronik mitwirken konnte. Deshalb hat er die Chronik-Bearbeitung vorrangig auf die gesamte Kreissparkasse Worbis und seine Tätigkeit, einschließlich auch auf die Tätigkeit seiner in sehr hohem Maße arbeitenden Mitarbeiter bezogen. Die genannten Mängel sind auch außer den genannten Faktoren auf seinen damaligen aktuellen schweren Gesundheitszustand zurückzuführen.

Die Chronik konnte nach Meinung der Verantwortlichen für die Erarbeitung der Chronik so nicht bleiben. Diese nun durchgeführte Handhabungsweise hat meinem Vater wohl unter Berücksichtigung seines damaligen aktuellen Gesundheitszustandes und deren Wirkung wohl sehr geärgert und kam für ihn, aus seiner Sichtweise, einer Schmach seiner Person gleich.

Zum 80. Geburtstag am 23. Oktober 1998 waren nahezu alle Verwandten aus unserer Familie dabei. Auch wir aus Bad Doberan mit Oliver und Steffi, die damals 8 bzw. 6 Jahre alt waren, waren auch bei diesem würdigen Jubiläumsgeburtstag von meinem Vater dabei und haben die relativ weite Reise von Bad Doberan nach Worbis und zurück angetreten. Auch einige gute frühere Bekannte waren da, und mein Vater genoss es, dass die Verwandten zu seinem Geburtstag anwesend waren und ihn dadurch würdigten. Die erste Urenkelin meines Vaters, Gina, die am 7. Mai 1991 geboren wurde, hat meinem Vater zum 80. Geburtstag einen Text vorgetragen und eine Ehrenkette überreicht. Darüber hat er sich sehr gefreut.

Zum 81. Geburtstag meines Vaters waren wir als Familie von Bad Doberan wegen der weiten Entfernung nicht in Worbis bei meinen Vater. Hätten wir das gewusst, dass er so schnell danach sterben würde, hätten wir sicher anders entschieden. Meine beiden Schwestern, die in Leinefelde damals wohnten sind nahezu an jedem Sonnabendnachmittag mit ihren Familien bei unseren Eltern gewesen. Sicher werden sie auch am 23. Oktober 1999 am 81. Geburtstag dort gewesen sein, und man hat gemeinsam den Geburtstag gefeiert. Wir waren als Familie gerade in dieser Zeit in Granzow bei Mirow im Urlaub. Am 24. Oktober 1999 wollten wir wieder nach Hause nach Bad Doberan fahren. Ich wollte eigentlich am 23. Oktober 1999 zum Geburtstag meines Vaters oder am 24. Oktober 1999 mit meiner Familie nach Worbis fahren. Meine Frau gab mir jedoch zu bedenken, dass noch eine Fahrt nach Worbis im Anschluss nach der Fahrt nach Mirow für mich und die Familie zu anstrengend wäre. Dadurch wurde das von Vorhaben nicht umgesetzt.

Ich habe meinem Vater noch am Telefon zu seinem 81. Geburtstag im Namen der gesamten Familie gratuliert. Er sagte mir u. a. im Gespräch, dass Einige da sind und sie mit der Familie feierten. Als ich ihm „Wiederhören“

sagte und noch weiterhin alles Gute zu seinem Geburtstag wünschte, hat er sehr, sehr lange „Wiederhören" gerufen, was mir sehr eigenartig vorkam, und ich habe dies meiner Frau und meiner Familie damals gesagt.

Am 24. Oktober 1999, als ich vom Urlaub wieder zu Hause war, erfuhr ich gegen ca. 17:00 Uhr telefonisch von einer meiner Schwestern, dass unser Vater ganz überraschend am 24. Oktober 1999 verstorben sei. Ich konnte dies nicht glauben, und mich hat das alles mit seinem plötzlichen Tod sehr ergriffen. Mein Neffe Knut hat ihn zuerst gefunden, und der Arzt, der noch eine Wiederbelebung durchführte, konnte nichts mehr erreichen.

Es war sehr ergreifend für uns, dass unser Vater gestorben war. Ich bin am nächsten Tag gleich hingefahren und habe mir meinen Vater noch zweimal auf dem Totenbett angesehen und ihm für sein bisheriges Bemühen, auch für uns und mich und unsere Familie und die frühere Familie in seinem nicht leichten Leben gedankt. Meines Wissens haben meine Schwestern und ich dem Beerdigungsredner Einiges über unseren Vater in Vorbereitung seiner Trauerrede mitgeteilt.

Die Beerdigung erfolgte sehr würdig und für uns alle sehr ergreifend. Sehr viele Menschen nahmen an der Trauerfeier teil, um auf diese Weise von meinem Vater Abstand zu nehmen und ihre Trauer zu bekunden. Die Trauerrede war sehr würdig und die dort enthaltenen Worte entsprachen sehr stark dem Wesen und dem Lebensweg meines Vaters.

Wir haben uns nach der Beerdigung noch gesondert getroffen. Neben meiner Mutter und uns Kindern waren meines Wissens auch seine beiden Cousinen Anneliese mit ihrem Mann und Horst als Cousin mit seiner Frau und manche Bekannte aus der Sparkasse, seine früheren langjährigen Kollegen, anwesend.

Sehr viele Menschen waren auch außerhalb des Trauersaals gekommen. Dessen Kapazität reichte nicht aus, um Alle dort aufzunehmen, die auf diese Weise meinen Vater als Mensch würdigten. Hätte er dies noch erlebt, hätte er sich sehr gefreut, wie sehr sein Lebenswerk von sehr vielen Menschen aus Worbis und der umliegenden Region so aufmerksam gewürdigt wurde.

Bild 126: Grab von Walter und Waltraud
Märtin in Worbis

Ich hatte sehr lange erhebliche Probleme durch die Trauer um meinen Vater und ein einschneidendes Erlebnis im Zusammenhang mit dessen Tod. Erst eine Familienaufstellung mit anderen Teilnehmern bei einer Therapeutin in Stralsund und die damaligen Behandlungen, die sich speziell aber mit der Trauer und dem Tod meines Vaters beschäftigten, gaben mir wieder Energie, um die Trauer wegen des Verlustes meines Vaters überwinden zu können.

Meine Mutter lebte eine Zeit allein und bekam dann einen Schlaganfall. Sie schloss sich wegen ihrer Angst ein, wenn sie allein war. Man konnte ihr nach wohl ca. sieben Stunden erst helfen. Sie kam ins Krankenhaus und fiel ins Koma. Nach Aufenthalten in zwei Pflegeheimen starb sie nach einem ebenfalls arbeitsreichen Leben, in dem sie alles tat, dass es ihrer Familie gut ging, im Krankenhaus in Worbis am 18. September 2002 mit 80 Jahren.

15. Zusammenfassende Bewertung und Bemerkungen zu meinem Vater und zu dem ab dem 3. Oktober 1990 prägenden Gesellschaftssystem

Das Leben meines Vaters war von vielen Höhen und Tiefen gekennzeichnet. Er hat fünf Gesellschaftssysteme bewusst erlebt, und er kann auch dadurch viel berichten, weil er in diesen Gesellschaftssystemen gelebt hat. Es wird als nicht ausreichend angesehen, wenn man nur über den Werdegang des Vaters in seinem Leben berichtet, ohne ausreichend den jeweiligen zeitlichen gesellschaftlichen Bezug darzustellen. Nur so kann man auch Ereignisse und Handlungen in seinem bisherigen Leben verstehen und ausreichend objektiv beurteilen. Auch bestimmte Ereignisse und Handlungen setzen den jeweiligen familiären Hintergrund und die betreffenden Kenntnisse sowie Erkenntnisse über deren Verhalten voraus. Aus diesem Buch lässt sich auch Manches über die soziale Herkunft, Einstellungen zu den Menschen, die Weltanschauung und auch Erkenntnisse über den Charakter meines Vaters aus seinen typischen Handlungsweisen erkennen. Mein Vater hat, wie erwähnt, zu einem bestimmten Anteil Unterlagen über Ereignisse, die mit ihm oder seinem bisherigen Leben, seiner familiären Herkunft, seinen nächsten Verwandten und seiner Familie zusammenhingen, zu seinen Lebzeiten hinterlassen und mir als Sohn gewisse Ausgangspunkte für die Erstellung eines biografischen Materials gegeben. Dadurch konnte ich über den Lebensweg meines Vaters besser berichten. Dies gelang aus meiner Sicht umso besser, wenn ein Mitglied unserer Familie aus seinem eigenen Erkennen und dem unmittelbaren Erleben darüber schrieb. Da ich als Sohn meines Vaters, wie meine Schwestern, ihre Kinder und auch einige Kindeskinder die Lebensart unseres Vaters, Großvaters und Urgroßvaters persönlich kennenlernte, bestanden deshalb gute Voraussetzungen für die Erarbeitung einer Biografie bzw. von biografischen Materialien über ihn. Durch die wertvolle Unterstützung von manchen Familienangehörigen konnte diese größtenteils biografische Unterlage zu meinem Vater erarbeitet werden und entstehen. Es musste auch beachtet werden, dass sein Tod schon über 20 Jahre zurückliegt und jeder Familienangehörige seine eigene Historie hat und zu manchen Ereignissen keine dokumentarischen Unterlagen oder Bilder mehr vorlagen und bezüglich des Gedächtnisses nicht immer in ausreichender Form mehr abgerufen werden konnten. Es sind auch bestimmte Nachweise und Dokumente nicht mehr vorhanden oder mit der Zeit verloren gegangen. In diesem Zusammenhang ist auch mir noch Bekanntes sowie historisches Material, das teilweise aus Zeitungen oder Zeitschriften und dem Internet noch abgerufen werden konnte, über das Leben unseres Vaters im Laufe von fünf Gesellschaftssystemen ebenfalls beachtet worden.

Es ist auch deshalb wichtig, dass man ein solches Buch über seine Eltern, so wie im konkreten Fall über seinen Vater, schreibt, da man zum einen viel mehr über die familiäre Herkunft, über das jeweilige Verhalten und die Beweggründe seines Vaters durch die noch mögliche intensive Beschäftigung mit seinem Leben und dessen Wertung erfährt. Man kann dadurch dann Manches viel besser verstehen, was man bisher nicht richtig erkannt oder nicht ausreichend analysiert hat. Auch dadurch kann man wichtige Schlussfolgerungen über seine Wurzeln oder überhaupt über die Familie sowie seine Vorfahren erfahren, die maßgeblich diese Geschicke mit beeinflusst haben.

Wenn wir älter werden, können wir manche Verhaltensweisen unserer Eltern viel mehr verstehen, wozu wir oft in jüngeren Jahren unseres Lebens gar nicht ausreichend in der Lage sind, weil wir uns in erster Linie mit uns selbst und den Belangen unserer eigenen Familie beschäftigen oder auch vielfach beschäftigen müssen. Die Beschäftigung mit dem Erkennen von uns selbst und unseren familiären Wurzeln ist äußerst wichtig und hilft uns, Vieles besser zu verstehen und auch zu bestimmten Einsichten über uns selbst und auch zu unserem Verhalten zu kommen.

Wir erkennen auch manche Verhaltensweisen von unseren Eltern oder von den Großeltern oder weiteren Familienangehörigen manchmal bei uns wieder und dass wir in Manchem unseren Eltern oder den anderen Familienangehörigen ähnlich sind. Oftmals ist festzustellen, dass mit zunehmendem Alter unsere Einsichten, Verhaltensweisen und teilweise auch unser Charakter oftmals dem unserer Eltern oder anderer Familienangehörigen zum Teil entspricht, wenn wir eine unvoreingenommene Wertung vornehmen und wenn sie uns in ihren gezeigten Handlungen auch Vorbild waren. Manchmal muss man auch feststellen, dass mit unserem zunehmenden Alter unsere Eltern bzw. die Familienangehörigen in unserer Bewertung in einem immer besseren Licht erscheinen. Wir müssen daraus die richtigen Erkenntnisse und nicht vorschnell und wenig objektiv daraus die erforderlichen Schlussfolgerungen ziehen und dürfen nicht immer nur uns primär sehen. Wir dürfen nicht immer und überall nur unsere individuellen Ziele und Wünsche verfolgen. Auch sollten wir uns vielmehr als Gemeinschaft sehen sowie so handeln und nicht immer unsere individuellen Wünsche zu sehr in den Vordergrund stellen.

Das Leben meines und unseres Vaters war mit vielen traurigen und schweren Erlebnissen, aber auch mit sehr schönen erinnerungswürdigen Stunden verbunden. Zu den sehr traurigen Momenten gehört der Tod seines Bruders, mit dem er sich sehr gut verstand und der durch die Folgen des Zweiten Weltkrieges bereits im Alter von 22 Jahren verstarb. Auch die schweren Ereignisse des Zweiten Weltkrieges durch den für ihn fast sechs Jahre dauernden Krieg, in dem sein Leben oft vom drohenden Tod gekennzeichnet und er von vielen Verwundungen gezeichnet war und er es besonders seinem Stahlhelm zu verdanken hatte, dass er noch am Leben bleiben konnte, gehören dazu. Zu den traurigen Episoden in seinem Leben gehört auch der Freitod seiner Tante Minna und des Onkels Carl, die fast wie seine Eltern für ihn waren und oft die Ersatzfunktion zu seinen Eltern in Friedrichroda einnahmen und mit denen er sich sehr gut verstand. Er musste nach deren Strangulation den für ihn schweren Weg gehen und sie nach ihrem Freitod abnehmen. Er hat – bezogen auf die sehr armen Verhältnisse in seiner Kindheit, die Folgen des Ersten Weltkrieges, die Weltwirtschaftskrise von 1929 bis 1933 und die Wirkungen des Zweiten Weltkriegs – mit seinen Eltern und seinem Bruder oft Hunger erlitten. Auch in dieser Zeit, als meine ältere Schwester im März 1946 und ich im Februar 1948 geboren wurde, herrschten ebenfalls noch sehr große Versorgungsprobleme vor, so dass wir auch als Kinder, ähnlich, wie unsere Eltern, den Hunger erleben mussten. Dazu gehörten auch der Tod mancher Kameraden, die er kennengelernt hat und mit denen er befreundet war oder der Tod von Mitgliedern der früheren

Friedrichrodaer Junioren-Fußballmannschaft durch die Wirkungen des Zweiten Weltkriegs.

Auch seine durch die Folgen des Zweiten Weltkriegs entstandene Hörminderung, in deren Folge er auch die mögliche Qualifikation in Forst Zinna leider nicht mehr wahrnehmen konnte und die für ihn auch entstandenen sehr ungünstigen Ausgangsbedingungen in seiner beruflichen Arbeit durch die Hörminderung gehören ebenso zu den letztlich auch negativen Gegebenheiten für den weiteren Werdegang seines Lebens.

Sehr ungünstig für sein Leben im gemeinsamen Deutschland wirkte sich auch aus, dass er lange Zeit in diesem auch für ihn neuen Gesellschaftssystem als staatsnah gewertet wurde und erhebliche Rentenverluste damals in Kauf nehmen musste. Obwohl er zum Zeitpunkt der Wiedervereinigung Deutschlands ab dem 03. Oktober 1990 schon wesentlich über 7 Jahre seine Berufstätigkeit beendet hatte und nie einen Verstoß gegen die Festlegungen des deutsch-deutschen Einigungsvertrages zur Rente unternommen hat, hat man ihn haltlos in dieser Hinsicht verdächtigt.

Nach einer pauschalen, oberflächlichen, niemals konkret belegten Vorgehensweise wurde das Rentenstrafrecht gegen meinen Vater angewandt. Meines Wissens musste er über 6 Jahre unter den Folgen des Rentenstrafrechts leiden, in deren Folge sein Rentenanspruch so reduziert wurde, dass, wenn nicht andere gute Verwandte oder Bekannte die wenigen Reisen, die er unter diesen Gegebenheiten unternehmen konnte, für ihn vorrangig bezahlten, diese wenigen Besuche sowie Reisen nicht von unseren Eltern durchgeführt werden konnten. Dadurch konnte er keine weiteren Reisen, die er sich mit meiner Mutter noch gewünscht hat, aus finanziellen Gründen in dieser Zeit durchführen. Mit Mühe konnte er in dieser Zeit mit der Rente meiner Mutter und seiner erheblich eingeschränkten Rente die jeden Monat sich ergebenden Lebenshaltungskosten und die weiteren Abgaben bezahlen und entrichten.

Nach meiner Erinnerung bekam er erst die Rente ohne Wirkung des Rentenstrafrechts, als er schon über 79 Jahre alt war. Er war dann schon so krank, dass er sich keine Auslandsreisen mehr zumuten konnte. Dadurch musste er so karg leben, dass er sich auch keine Restaurantbesuche im gemeinsamen Deutschland bei den nunmehr geltenden Preisen bis zur Beendigung des Rentenstrafrechts erlauben und dadurch nicht mehr durchführen konnte. Mein Vater lebte sehr bescheiden, und er musste auch so leben, um alle Ausgaben für sich und für meine Mutter und zeitweilig für uns, bis wir als Kinder eine Berufstätigkeit ausübten, entrichten zu können. Er hat immer sehr sparsam gelebt, und dies war für ihn prägend, unter Beachtung seines bisherigen Lebens, das von vielen Entbehrungen gekennzeichnet war. Ich kann mich nicht erinnern, dass er irgendwann eine Taxifahrt unternahm, so sehr dies auch manchmal notwendig war. Lieber ist er mehr als 5 Kilometer, manchmal auch mit zwei Koffern, die er getragen hat, dann an die jeweilige Stelle auch mit uns damals, wie erwähnt, sofern dies erforderlich war, gelaufen.

Sicherlich waren auch die schwierigen Kosten- und Versorgungsprobleme, die er in seiner Kindheit und Jugendzeit nach dem Ersten Weltkrieg und während des Zweiten Weltkriegs sowie nach dem Zweiten Weltkrieg erfahren musste, für sein Verhalten in seinem weiteren Leben und Verhalten markant und prägend für seine gesamte Lebensweise.

Obwohl mein Vater in seiner Berufstätigkeit an Arbeitstagen im Regelfall über 16 Stunden täglich und oft auch ebenfalls an Wochenenden gearbeitet hat, hat er aber nur das Gehalt für die Normalarbeitszeit bekommen. Er konnte damals auch keine ggf. erforderlichen Überstunden in Worbis und Heiligenstadt abrechnen.

Mein Vater hat auch als Sparkassenleiter bzw. später als Sparkassendirektor der Kreissparkasse Worbis und davor immer ein sehr bescheidenes Gehalt auch im Verhältnis zu den heutigen Gehältern von verantwortlichen Angestellten der Sparkasse bekommen. Er hat auch keine Pension oder eine gesonderte Rente für diese Tätigkeit, wie dies heute der Fall ist, erhalten.

Zum Schluss musste er am Ende seiner Berufstätigkeit noch hinnehmen, dass er isoliert und von seinen bisher ausgeübten Funktionen bei bestimmten

Institutionen entbunden wurde. Dies geschah, weil er berechtigt gegen nicht richtige Auffassungen in der DDR auf gesellschaftspolitischem Gebiet aufgetreten ist und eine Veränderung für erforderlich gehalten hat. Auch mein Vater wurde so behandelt, trotz dem er berechtigte Missstände in der DDR ansprach. Auch dieser erfolgte Umgang mit ihm hat ihn ebenfalls erheblich getroffen.

Als positiv bzw. als aktiver Beitrag von ihm in seiner beruflichen Tätigkeit für die Belange der Sparkasse für ein weiteres Vorankommen können u. a. angesehen werden:

- nach 1945 Qualifizierung in der Berufstätigkeit

- Aufbau der Hauptzweigstelle Friedrichroda als Zweigstellenleiter in der Sowjetischen Besatzungszone bzw. – ab dem 7. Oktober 1949 – in der neu gegründeten DDR

- aktiver Einsatz als Gewerkschafter in der Sparkasse

- konsequente Einflussnahme gegen Willkür sowie das Verhalten bestimmter Leiter, wenn dieses Verhalten nicht gerecht war

- Tätigkeit als Innenrevisor in der Hauptstelle Gotha der Kreissparkasse Gotha und als zeitweiliger amtierender Direktor der Kreissparkasse Gotha

- Stellvertretertätigkeit in der Sparkasse in Heiligenstadt und Innenleitertätigkeit (als einziger Sparkassenleiter in der DDR wurde 1951 mein Vater in einer Belegschaftsversammlung zum zeitweiligen amtierenden Direktor in dieser Kreisparkasse gewählt)

- Leiter der Kreissparkasse Worbis

- Direktor der Kreissparkasse Worbis

- Einflussnahme auf die Vervollkommnung der weiteren Qualifizierung der Mitarbeiter der Kreissparkasse Worbis

- Kampf für soziale Gerechtigkeit und wirtschaftlichen Fortschritt sowie Humanismus

- immer alle Anstrengungen unternommen, die in seiner Kraft lagen, für die Einheit Deutschlands einzutreten

Bezogen auf noch von meinem Vater vorliegende schriftliche Unterlagen kann Nachfolgendes über seine Tätigkeit in Heiligenstadt und zu 1952 noch berichtet werden:

- Heiligenstadt (Tätigkeit als Innenleiter)

- Verkündung der notwendigen Erfordernisse fachlicher Art mit dem Ergebnis der Erreichung einer für die damalige Zeit hohen Sparkasseneffektivität

- Durchführung einer ordentlichen freimütigen sogenannten „staatspolitischen Schulung"

- Nach einem Jahr wollte die Belegschaft der Sparkasse Heiligenstadt lieber meinen Vater als Chef haben bzw. zeitweilig behalten, als den damaligen CDU-Sparkassendirektor.

- 1952 Neuanfang in Worbis mit sehr großer Unterstützung der Belegschaft

- großer Arbeitseinsatz des gesamten Kollektivs, aber auch Entstehen einer festen Verbundenheit mit der Belegschaft, ungeachtet verschiedener Weltanschauungen

- Zweimal wurde die Kreissparkasse Worbis während der beruflichen Tätigkeit meines Vaters als beste Sparkasse der DDR ausgezeichnet.

Mein Vater wollte, wie bereits ebenfalls erwähnt wurde, dass – unter Beachtung seiner Auffassung – die Erlebnisse eines Menschen, der im Jahrgang 1918 geboren wurde und der Manches in seinem Leben erlebt hat und es für andere Menschen nicht uninteressant wäre, diese gewonnenen Erfahrungen bzw. sein bisheriger Lebensweg eventuell verarbeitet wird. Er wollte, wie schon im Gliederungspunkt 1 dieses Buches erwähnt wurde, dass das Material, wenn später ein Bedürfnis bestünde, zu einer textlich gestalteten Lebensbiographie vervollständigt wird. Wie im Gliederungspunkt 1 bereits ebenfalls genannt wurde, hat er Folgendes dazu geschrieben:

„Mein bisheriges Leben war reich an positiven und negativen oder frohen und leider auch traurigen und bitteren Erleben, so zum Beispiel in meiner Kindheit, meiner Jugend oder im Zweiten Weltkrieg. Es war eine sehr bewegte, wechselvolle Zeit, die auch Menschen. ob sie es wollten oder nicht, geformt und ihren Stempel aufgedrückt hat. Deshalb lohnt es sich darüber zu berichten".

Ich sehe dies auch so, und deshalb wurde auch in Würdigung des Lebensweges unseres Vaters dieses Buch geschrieben.

Über den beruflichen Lebensweg und die Vielzahl der aktiven Mitstreiter, Mitarbeiterinnen und Mitarbeiter, insbesondere in der Kreisparkasse Worbis, aber auch in der Sparkasse Heiligenstadt, der Hauptstelle der Kreissparkasse Gotha und der Zweigstelle Friedrichroda der Kreissparkasse Gotha wurde schon viel berichtet, und deshalb werden an dieser Stelle der Zusammenfassung die betreffenden Einzelheiten nicht noch einmal genannt.

Die Anerkennung durch alle Mitarbeiterinnen und Mitarbeiter im Rahmen der beruflichen Arbeit haben auch bei ihm Gefühle der Freude und des Stolzes ausgelöst. Er hat sich insgesamt im Rahmen dieser Tätigkeit sehr wohl und geachtet gefühlt. Auch die Zusammenkünfte mit seinen Mitarbeiterinnen und Mitarbeitern bei Betriebsfeiern und anderen geselligen Zusammenkünften der Sparkasse haben bei ihm sicher ein Gefühl der Freude und Befriedigung hinterlassen. Auch seine erhaltenen Würdigungen und

Auszeichnungen und die damit verbundene Anerkennung lösten bei ihm ebenfalls immer viel Genugtuung aus.

Besonders hat er sich gefreut, wenn er seine Kinder, Enkel und Urenkel, die er zu seinen Lebzeiten noch kennenlernen konnte, sehen und gemeinsam mit ihnen etwas unternehmen konnte. Ihm haben die damit verbundenen Zusammenkünfte sehr viel Freude und Spaß bereitet. Er hat auch manchmal seine Enkel oder Urenkel dabei spaßhafterweise genarrt, so dass dies für alle und auch für ihn schöne Stunden gebracht hat.

Besonders wichtig war für ihn, dass er Anderen eine Freude bereiten konnte, ohne eine Aufrechnung zu machen, wie dies leider bei manchen anderen Personen vorkommt. Er hat dies fast nur uneigennützig für seine Familie oder für Andere getan.

Die Zusammenkünfte mit der Familie waren für Alle und auch meinen Vater immer mit viel Freude verbunden. Auch erinnere ich mich unabhängig vom Urlaub in Rathen an viele gemeinsame Ausflüge und Wanderungen, die wir gemeinsam in Friedrichroda und Umgebung unternommen haben und die für Alle recht schön waren.

Die Urlaube in der ČSSR, der Urlaub in Ungarn und in Dänemark, die unsere Eltern mit meiner jüngsten Schwester und ihrer Familie verbracht haben, haben sicherlich meinen Eltern und der gesamten Familie meiner jüngsten Schwester viel Freude bereitet und viele unwiederbringliche Erlebnisse gebracht. Sicher war auch der Urlaub in der Sowjetunion, den meine Eltern gemeinsam mit ihrem Enkel Marcel verbrachten, auch sehr schön und erholsam und mit vielen erinnerungswürdigen Erlebnissen für alle verbunden. Auch die Aufenthalte für meine Eltern, die sich durch das Studium meiner jüngsten Schwester und ihres Mannes in Magdeburg ergaben und die sie dort, wo meine Großeltern, mein Vater und sein Bruder mehrere Jahre gelebt haben, verbringen konnten, haben für ihn sicher sehr viel Nachhaltiges hinterlassen. Er konnte dadurch seine frühere zeitweilige Heimat wieder besuchen, was bei ihm viele Erinnerungen wieder wirksam werden ließ. Die Zusammenkünfte, die bei den verschiedensten gesellschaftlichen Anlässen unserer Familien stattfanden, sei es bei Jubiläumsgeburtstagen, Hochzeiten, sonstigen Geburtstagen und bei anderen Ereignissen haben ihm nicht nur viel Freude und Spaß bereitet, sondern meistens, wenn es seitens der Örtlichkeit der jeweiligen Feier möglich war, war er für die Zubereitung der Speisen und Getränke zuständig. Er hat dies immer sehr eindrucksvoll zu aller Zufriedenheit für uns Alle durchgeführt.

Besonders viel Freude und schöne gemeinsame Erinnerungen an diese Zeit haben meinem Vater auch manche Ereignisse aus seiner früheren Sporttätigkeit und die Erfolge bei dieser Tätigkeit gegeben.

Auch mit seinen Cousins und Cousinen und deren Kindern, falls diese kommen konnten, haben sich unsere Eltern, wenn die Möglichkeit dazu bestand, getroffen. Diese Treffen waren immer von viel Gemeinsinn und Erinnerungen an frühere Erlebnisse und Ereignisse der Gegenwart geprägt.

Die möglichen Besuche durch Treffen mit seinem langjährigen früheren Arbeitskollegen Hans Tschernitz und Karlheinz Schuppe und mit Anderen, die er kannte, haben ihm viel Freude durch manche gemeinsame Ereignisse und ihr früheres erlebtes Zusammenleben gegeben.

Besonders gefreut hat er sich, dass er seine langjährigen Kriegskameraden Wilhelm Görzel mit dessen Frau, Karl Lasezki mit dessen Frau und Bernhard Kortüm nach so langer Zeit und vielen gemeinsamen Erlebnissen aus der für alle Beteiligten schweren Zeit des Zweiten Weltkrieges wieder treffen konnte.

Nachfolgende Tätigkeiten meines Vaters, außer der Tätigkeit für Andere in seinem Berufsleben oder während der Tätigkeit im Zweiten Weltkrieg, die er besonders für Familienangehörige erbracht hat, verdienen, besonders erwähnt zu werden. Diese wurden von ihm uneigennützig erbracht, nur um uns und allen Beteiligten zu helfen und uns zu unterstützen:

- von ihm durchgeführte Fahrradfahrten unter Berücksichtigung der weiten Entfernung nach Bad Berka zum Besuch seines kranken Vaters in der TBC-Heilstätte

- Übernahme von vielen Arbeiten und Erledigungen für die Familie seiner Großeltern zur Existenzsicherung der Familie in seiner Kinder- und Jugendzeit

- alles Mögliche getan zu haben, um für seinen Bruder Heinz einen Ausbildungsplatz zu bekommen, nachdem sein Bruder und er die Schule mangels der Möglichkeit der Bezahlung des Schulgeldes abbrechen mussten

- oft als Beschützer seines Bruders gewirkt zu haben und sich selber um seinen vier Jahre jüngeren Bruder gekümmert zu haben

- in Vorbereitung meiner Geburt in Friedrichroda wurde durch meinen Vater beim dortigen Elektrizitätswerk darauf eingewirkt, dass zum Zeitraum meiner Geburt das notwendige Licht entstehen konnte, da es damals am ganzen Tag dunkel war

- nachts so schnell wie möglich bis nach Tabarz für mich zu gehen, um Medikamente für mich als drei- oder vierjährigen Jungen zu besorgen, die ich bei meiner doppelten Lungenentzündung mit Keuchhusten dann einnehmen konnte

- dem damaligen Chefarzt des Krankenhauses in Worbis ein Ultimatum zur Erkennung meiner schlimmen Sepsis-Krankheit gestellt zu haben und durch gemeinsame Mitwirkung meines Vaters mit meinen Verwandten aus Aachen bei der logistischen Beschaffung des für mich lebensnotwendigen Medikaments Streptomycin, das mir das Leben gerettet hat

- mich gemeinsam mit meiner Mutter in der schweren Zeit, in der ich die Sepsis-Krankheit hatte, besonders gepflegt zu haben

- aktive Handlung gegen den Verantwortlichen, der darüber bestimmte, dass ich deshalb nicht zur Erweiterten Oberschule delegiert werden sollte, da mein Vater kein Arbeiter war bzw. nicht der Arbeiterklasse angehörte (Mein Vater hat auf meinen Großvater, der Schlosser und somit Arbeiter war, verwiesen, und der Protest gegen die Bestrafung von mir als Sohn für die von meinem Vater durchgeführte Weiterqualifizierung wurde von meinem Vater in diesem Zusammenhang mit Deutlichkeit gegenüber dem Verantwortlichen der Schule vorgetragen.)

- Einflussnahme meines Vaters durch Veranlassung und Organisation der Aktivierung der Parteikontrollkommission und im Ergebnis der Tätigkeit der Parteikontrollkommission Bestrafung des damaligen Parteisekretärs der VEB Eichsfelder Zementwerke Deuna in Form einer Rüge mit der Konsequenz, dass ich dadurch anders und anständiger behandelt wurde

- Geldverleih durch meinen Vater an meinen Neffen Lars für die Reparatur dessen kaputt gegangenen Motorrads, damit Lars nach erfolgreicher Reparatur wieder mit dem Motorrad fahren konnte

- Ausleihe des Pkws meines Vaters an seinen Enkel Lars und dessen Familie für den Urlaub in Friedrichroda, weil das Fahrzeug von Lars und seiner Familie damals nicht einsatzfähig war

- viel für seine Mitarbeiter und deren Kinder, wenn persönliche Erfordernisse bestanden, uneigennützig durchgeführt zu haben, wie dies auch der Sohn von seinem Mitarbeiter Emil Schneegans, Hartmut Schneegans, erlebte und geschildert hat

Er hat sich besonders um seine Kinder, Enkel und Urenkel und auch um die anderen Verwandten unserer Familie gekümmert.

Auch mit allen seinen Bekannten, ob früheren Arbeitskollegen, Mitarbeitern und Mitstreitern sowie seinen früheren Kameraden hat er, wenn die Möglichkeit dazu bestand, eine kommunikative Verbindung geknüpft, und wenn es meinem Vater möglich und erforderlich war, hat er auch die ihm mögliche Unterstützung gewährt.

Alle Familienangehörigen mitsamt ihren Bekannten konnten auf dem Grundstück meiner Eltern in Friedrichroda Urlaub machen, ohne, dass wir oder sie Miet-, Mietneben- oder Betriebskosten bezahlen mussten.

Für die notwendige Nachzahlung seiner Rente hat er wohl den größten Teil oder sogar alles vom erhaltenen Nachzahlungsgesamtbetrag an uns, an die Familien der zwei Töchter und an mich und meine Familie in gerechter Verteilung gegeben.

Mein Vater hat sehr viel getan, um allen Familienmitgliedern, wenn er helfen konnte, zu helfen. Obwohl er kaum finanzielle Möglichkeiten hatte, hat er immer seinen Familienangehörigen geholfen und niemals das Materielle für sich im Vordergrund, sondern immer mehr das Wohl und das Helfen von Verwandten und Bekannten und weiteren Bedürftigen gesehen.

Unser Vater war in vielen seiner Handlungen, seinem Charakter, seinen Einstellungen, seinem Fleiß, seiner Lernbereitschaft, seinem gerechten solidarischen Handeln, seiner Einsatzbereitschaft, seiner Hilfe für noch Bedürftigere, seiner Ehrlichkeit, seiner Wahrheitstreue mir ein besonderes Vorbild. Die Vorbildwirkung bezieht sich auch auf seinen unerschrockenen Einsatz gegen zu kritisierende Handlungen und auf die Einleitung der erforderlichen Maßnahmen, seine Hartnäckigkeit, seine für erforderlich gehaltenen Maßnahmen auch gegen Widerstände durchzuführen. Man muss auch seine Geradlinigkeit sowie seine Gewissenhaftigkeit ebenfalls besonders hervorheben. Auch in vielen anderen, noch nicht genannten Belangen kann sein gezeigtes Verhalten als vorbildlich gewertet werden.

Wie auch in den anderen Stellen des Buches werden auch hier noch weitere Bemerkungen zum aktuellen gegenwärtigen Gesellschaftssystem gegeben.

Mein Vater hat dieses aktuelle derzeitige Gesellschaftssystem noch von 1990 bis 1999 erlebt.

Er hatte, wie erwähnt, auf Grund seiner persönlichen negativen Erfahrungen unter Berücksichtigung der fast siebenjährigen Renten-Bestrafung für ihn und der damit auch verbundenen Missachtung seines bisherigen Lebensweges keine besondere Zuneigung bzw. Empathie für das mit der Einführung der Wirtschafts-, Währungs- und Sozialunion zwischen der damaligen alten BRD und der DDR ab dem 1. Juli 1990 und spätestens mit dem Beitritt der DDR zur BRD nach dem inzwischen im gemeinsamen Deutschland abgeschafften Artikel 23 des Grundgesetzes am 03. Oktober 1990 im Osten Deutschlands neu entstandene Gesellschaftssystem gehabt. Dazu kamen noch die völlig veränderte Rolle, Zielstellung sowie Handhabungsweise des Geldinstituts, für das er nahezu sein ganzes Berufsleben ab 1935 als Lehrling und der nicht einbezogenen kurzzeitigen Tätigkeit als Angestellter bei der Mitteldeutschen Zentralgenossenschaft e. GmbH mit Ausnahme der dann folgenden Zeit beim Arbeitsdienst und seiner dienstverpflichteten Zeit des Zweiten Weltkriegs von 1945 bis 1983 tätig war.

Wegen seiner aufopferungsvollen Tätigkeit in über 30 Jahren und der ebenfalls aufopferungsvollen Tätigkeit von manchen noch zur damaligen Zeit ab 1990 noch lebenden anderen Mitarbeiterinnen und Mitarbeitern beim Aufbau und bei der Errichtung bzw. Betreibung der Kreissparkasse Worbis, dem Rechtsvorgänger der Sparkasse Eichsfeld, wünschte er sich, dass er unmittelbar an der Chronik arbeiten konnte.

Es muss auch bemerkt werden, dass er auch, wenn er dies nun alters- und gesundheitsbedingt nicht mehr konnte, gewisse Sympathien dafür hatte, sich unter den nunmehr bestehenden Gegebenheiten mit einer eigenen Bank als Unternehmer noch selbständig zu machen. Da er auch die fachlichen Kenntnisse und das Engagement, den notwendigen Mut und das erforderliche Selbstbewusstsein gehabt hat und wenn er noch jünger gewesen wäre, hätte er als Spezialist auf diesem Gebiet diese selbständige Tätigkeit verwirklichen können, was er dann auch wohl getan hätte.

Wegen des zu langen, würdelosen Verhaltens und seiner völlig unberechtigten für ihn wirksamen Benachteiligung sah er, trotz der auch von ihm gewollten Wiedervereinigung, wegen mancher Ereignisse und auch eigener Erlebnisse und anderen Gegebenheiten Vieles kritisch bezogen auf die nunmehr auch für die Menschen in der früheren DDR wirksamen aktuellen gesellschaftlichen Verhältnisse.

Er hat manche Schwachpunkte dieses Gesellschaftssystems, nicht nur auf seinem Spezialgebiet des Bankwesens, noch zu seinem Lebzeiten erkannt. Dazu gehörten auch die enormen Unterschiede im Vermögen und im Einkommen in diesem Gesellschaftssystem, auch in Deutschland und die relativ hohe Armut in Deutschland in Polarität zu den Vermögenden, auch unter den aktuellen Gegebenheiten. Auch zu den Lebzeiten meines Vaters war eine hohe Polarität in der Gesellschaft und leider auch deren Spaltung in gewisser Weise schon erkennbar.

Mein Vater hat sich immer sehr für eine Vereinigung Deutschlands eingesetzt. Er war auch der Meinung, dass man Manches in diesem Vereinigungsprozess nicht richtig und manchmal auch nicht rechtzeitig gemacht hat. Nach seiner Auffassung wurden in Verbindung mit dem Beitritt der DDR zur Bundesrepublik am 3. Oktober 1990 dabei vorrangig westdeutsche und nicht genügend gesamtdeutsche Interessen gesehen. Die Menschen in Ostdeutschland spielten leider nicht die ausreichende Rolle dabei. Die humanistischen und gleichberechtigten Interessen der Menschen, dessen Land bzw. Volk auch mit von den Folgen des Zweiten Weltkriegs ebenfalls in nicht geringer Weise betroffen war, wurden im Prozess der Wiedervereinigung nicht immer im ausreichenden Maße, bezogen auf die frühere DDR, die ja auch bis dato ein deutscher Staat war, berücksichtigt. Von vielen der negativen Gegebenheiten, die manche frühere DDR-Bürger im Prozess der Wiedereinigung erfahren mussten, war mein Vater ziemlich enttäuscht.

Man hat die eigentlich zu erwartende Solidarität, auch nach seiner Auffassung, nicht immer ausreichend gezeigt, die man von gemeinsamen

Verlierern erwarten konnte oder die eigentlich gerechterweise zu erwarten wäre. Vielmehr spielten ökonomische und manch andere und auch individuelle Interessen der Erreichung eines höheren persönlichen Wohlergehens eine größere Rolle als eine rechtzeitige Wiedervereinigung Deutschlands zu erreichen. Man hat hierbei auch unzureichend beachtet, dass die Sowjetunion nicht den Krieg verursacht hat und nicht der Aggressor im Zweiten Weltkrieg war und einen Verteidigungskrieg führen musste. Es wurde auch aus seiner Sichtweise nur ungenügend beachtet, dass die Sowjetunion am meisten unter den menschlichen und wirtschaftlichen Folgen des Zweiten Weltkrieges leiden musste. Deren Einsatz war es vorrangig zu verdanken, dass ganz Deutschland vom Faschismus befreit werden konnte. Nahezu alle Reparationen an die Sowjetunion haben Menschen aus der Ostzone bezahlen müssen bzw. wurden von ihnen für ganz Deutschland getragen. Die Menschen aus Westdeutschland als Mit-Vertreter der Westzone haben sich, wie zahlenmäßig dargestellt wurde, in völlig unzureichender Weise an den Verpflichtungen gegenüber der früheren Sowjetunion, die für ganz Deutschland aus den Ergebnissen des Zweiten Weltkrieges bestanden, beteiligt. Sie haben sich auch ihren eigentlich vorhandenen Verpflichtungen, die für ganz Deutschland gegenüber der früheren Sowjetunion als Wiedergutmachung galten, im überwiegenden Maße, so muss man es objektiv sehen, unsolidarisch entledigt. Bis 1953 haben die notwendigen Reparationen an die Sowjetunion, die für Gesamtdeutschland galten, fast nur Menschen aus Ostdeutschland bzw. der früheren Sowjetischen Besatzungszone und der DDR gezahlt und somit auch geleistet. Außerdem wurde die alte Bundesrepublik im Gegensatz zur DDR auf der Londoner Schulden-Konferenz 1953 entschuldet. Zusätzlich zur in der alten Bundesrepublik und in West-Berlin geleisteten amerikanischen Wirtschaftshilfe im Rahmen des Marshall-Plans konnte somit der Grundstein für den wirtschaftlichen Aufstieg der alten Bundesrepublik ab den 1950er Jahren gelegt werden. Auch darin sind mit Ursachen zu sehen, dass wegen den völlig ungleichen Ausgangsbedingungen sich die dann unterschiedlich entwickelnden wirtschaftlichen Verläufe zwischen der Sowjetischen Besatzungszone bzw. späteren DDR zu Westdeutschland sowie zur alten Bundesrepublik ergaben. Natürlich müssen die anderen weiter zu beachtenden Gründe ebenfalls mit gesehen und berücksichtigt werden. Das leider von einigen Verantwortlichen oft gezeigte Verhalten gegenüber Russland, das auch aus der damaligen Sowjetunion hervorging, zeugt nicht von Sensibilität und Achtung vor den historischen Verdiensten bezüglich der Rolle, die die Menschen aus der damaligen Sowjetunion im Kampf gegen den und bei der Beseitigung des Faschismus gespielt haben, die mit vielen Opfern von vorrangig sowjetischen Menschen im Zweiten Weltkrieg verbunden war. Erschreckend ist auch, dass 80 Jahre (2021) nach dem mit dem „Unternehmen Barbarossa" am Sonntag, dem 22. Juni 1941, ab 03:30 Uhr mit bis zu drei Millionen Soldaten der deutschen Wehrmacht und ihrer Verbündeten, vorrangig aus Italien und Rumänien, erfolgten Überfall auf die Sowjetunion, ein Großteil der Bevölkerung in Deutschland, insbesondere in Westdeutschland, aber auch viele Menschen in Ostdeutschland, die auf Grund ihrer Geburt in den 1980er Jahren in der damaligen DDR und ab 1990 im nunmehr wiedervereinigten Deutschland diesen Fakt nicht mehr ausreichend wissen oder ggf. nicht mehr wissen wollen. Es müsste im Geschichtsunterricht auch ihnen vermittelt wurden, dass die Sowjetunion die Hauptlast an Opfern des Zweiten Weltkriegs zu tragen hatte. Es muss auch in diesem Zusammenhang bemerkt werden, dass von dessen Planung und geplanter Umsetzung der damalige sowjetische Diktator Josef Stalin im Gegensatz zur Mehrheit der sowjetischen Menschen bereits wenige Tage vorher Kenntnis hatte, diesen Hinweis jedoch ignorierte.

Dies wurde aus meiner Sicht bisher nicht ausreichend beachtet. Den Menschen, die dies auf Grund ihres Alters bzw. aus anderen Gründen nicht wissen, weil sie die Zeit nicht bewusst erlebt haben, werden diese historischen Fakten auch in den bundesdeutschen Medien offenbar nicht ausreichend dargelegt.

Die Gründe der unterschiedlichen Entwicklung in Ost- und West-Deutschland zwischen dem 9. Mai 1945 und dem 2. Oktober 1990 wird den (meist jungen) Menschen im wiedervereinigten Deutschland ebenfalls nur unzureichend im Geschichts-, Sozialkunde- und sonstigen Unterricht bzw. in den unterschiedlichen Medien vermittelt. Somit verstehen diese Menschen auch nicht, dass es insbesondere ältere Menschen in den ostdeutschen Bundesländern sind, die auch die DDR erlebt haben und teilweise auch die

Möglichkeiten hatten, zu Zeiten des Bestehens zweier deutscher Staaten vor dem 03. Oktober 1990 in mindestens eine heutige Teilrepublik der bis zum 31. Dezember 1991 bestandenen Sowjetunion zu fahren, die eine gewisse Beziehung zu Russland haben und auch aus historischen Kenntnissen heraus wissen, dass das Demokratie-Verständnis in Russland und einigen anderen Nachfolgestaaten der ehemaligen Sowjetunion ein anderes ist, als das Demokratie-Verständnis in Deutschland und anderen westlich orientierten Ländern.

Bis 1948 bestanden vielfältige Möglichkeiten, um ein gemeinsames Deutschland zu schaffen. Von den legimitierten Vertretern der Sowjetzone wurde selbst im Verfassungsentwurf noch ein gemeinsames Deutschland vorgeschlagen. Die Vertreter der Sowjetischen Besatzungszone, die zu Vorbereitungen der Wiedervereinigung anreisen sollten, wurden brüsk zurückgewiesen, weil man in Westdeutschland durch den führenden Repräsentanten Konrad Adenauer und die westlichen Alliierten damals gar nicht an einer Wiedervereinigung Deutschlands interessiert war und lieber einen Kalten Krieg fortsetzen wollte. Obwohl von den Alliierten beschlossenen wurde, dass entscheidende wirtschaftliche Maßnahmen, wozu auch mit Sicherheit eine Währungsreform gehörte, erst nach gemeinschaftlicher Befürwortung aller Alliierten durchgeführt werden sollten und diese Zustimmung aller Alliierten eine wichtige Voraussetzung für die Durchführung dieser Maßnahme war, wurde von den westlichen Alliierten und von damals verantwortlichen Politkern Westdeutschlands ohne Zustimmung und ohne vorhergehende Information der westlichen Alliierten an die Sowjetische Besatzungszone durch die Westmächte am 20. Juni 1948 unter Federführung der USA eigenständig die Währungsreform in den westlichen Besatzungszonen Deutschlands durchgeführt. Drei Tage später wurde die D-Mark auch in den West-Sektoren Berlins eingeführt.

Dies wird den Menschen oft nicht ausreichend gesagt, und die „Luftbrücke“ in West-Berlin wird einseitig nur so hingestellt, dass die führenden Verantwortlichen der Sowjetunion bzw. der Sowjetischen Besatzungszone die Errichtung dieser „Luftbrücke“ verursacht haben.

Die Dialektik der Ereignisse wird völlig auf den Kopf gestellt, und es wird unterstellt, dass die Menschen offenbar nicht Ursache und Wirkung dieser Ereignisse unterscheiden können. Die „Luftbrücke" hätte dann in dem Maße nicht entstehen brauchen, wenn man nicht durch die Westzone eine eigenständige Währungsreform in den Westzonen Deutschlands und, wie bereits genannt, ab dem 23. Juni 1948 in den Westsektoren Berlins ohne ausreichende Beachtung der Menschen in Ostdeutschland und Ost-Berlin und ohne Information an die damaligen Verantwortlichen der Sowjetischen Besatzungszone die Einführung der D-Mark durchgeführt hätte. Man hat dadurch solche entscheidenden Gesichtspunkte für eine Vermeidung der Wiedervereinigung Deutschlands auch durch die gesonderte Währungsreform von Seiten Westdeutschlands bzw. der Alliierten der Westzonen geschaffen.

Auch die Gründung der Bundesrepublik, die ja zeitlich mit dem Wirksamwerden des Grundgesetzes am 23. Mai 1949 erfolgte und somit über vier Monate vor der Gründung der DDR, die am 7. Oktober 1949 vollzogen wurde, zeigte, dass man von Seiten der westlichen Alliierten und der verantwortlichen Politiker Westdeutschlands gar nicht an einem gemeinsamen Deutschland interessiert war. Dadurch wurde erheblich dazu beigetragen, dass die Spaltung Deutschlands zementiert wurde. Die DDR, die, wie erwähnt, erst mehrere Monate nach der Bundesrepublik Deutschland gegründet wurde, war eine zwangsläufige Folge der Gründung der Bundesrepublik Deutschland. Dadurch wurden zwei Staaten in Deutschland geschaffen, und es bestanden dadurch noch ungünstigere Voraussetzungen für eine Wiedervereinigung Deutschlands.

Auch 1952 bestand durch die Stalin-Note, die ein neutrales wiedervereinigtes Deutschland als Vorschlag beinhaltete, wiederum die Möglichkeit, ein gemeinsames Deutschland zu schaffen. Dieser Vorschlag wurde vom damaligen Bundeskanzler der Bundesrepublik Deutschland, Konrad Adenauer, auch mit Unterstützung der westlichen Alliierten hochnäsig und brüsk zurückgewiesen. Diesen ernst gemeinten erneuten Vorschlag zur Wiedervereinigung Deutschlands hat man, nach meiner Auffassung, in völlig unverantwortlicher Weise als ein Störmanöver der Sowjets bezeichnet und somit aus ihrer Sicht zu begründen versucht, warum man seitens der Bundesrepublik darauf nicht eingegangen ist.

Die Geschicke eines möglichen wiedervereinigten Deutschlands, die mögliche Hilfe und eigentlich erforderliche Solidarität der Menschen in Ostdeutschland wurden völlig unzureichend beachtet. Konrad Adenauer und andere führende westliche bzw. westdeutsche Politiker und Journalisten bezeichneten das ostdeutsche Gebiet, aus dem ab dem 7. Oktober 1949 bis zum 2. Oktober 1990 die Deutsche Demokratische Republik (DDR) hervor ging, weiterhin als Sowjetzone. Trotz dem die DDR, wie erwähnt, schon entstanden war, spielte dies dabei keine Rolle. Vielmehr wurde nur das Erreichen des eigenen Wohlstands und des eigenen Vorankommens der Menschen in Westdeutschland in völlig unsolidarischer Weise im Vergleich zu den Belangen der Menschen im anderen Teil Deutschlands zugrunde gelegt. Das ist auch ein Widerspruch zum Grundanliegen der Hallstein-Doktrin, die von einem Alleinvertretungsrecht der Bundesrepublik Deutschland für alle Deutschen ausging. Weil man die damalige DDR nicht anerkannte, trug man die Verantwortung für ganz Deutschland, auch für die Menschen in Ostdeutschland. Auch Ostdeutschland hätte damals dazu gehört, aber die Menschen aus diesem Gebiet wurden bei der zu treffenden Entscheidung, ob ein wiedervereinigtes Deutschland geschaffen werden soll, überhaupt nicht berücksichtigt. Erst 1969 durfte bei internationalen Sportwettkämpfen in West-Berlin und West-Deutschland, nachdem bei den Olympischen Sommerspielen 1968 in Mexiko City erstmals Mannschaften aus beiden deutschen Staaten als Vertreter eigenständiger Staaten teilnehmen durften, die Nationalhymne der DDR gespielt werden.

Auch im Juni 1953 bestand seitens der damaligen führenden Verantwortlichen der Sowjetunion, wie ebenfalls in diesem Buch erwähnt wurde, nochmals eine weitere Möglichkeit, eine Wiedervereinigung Deutschlands zu erreichen. Die danach eingeleiteten Umstände und Ereignisse ließen eine Wiedervereinigung wieder nicht mehr zu.

Die auch 1959 eingeleiteten Aktivitäten des SPD-Politikers Herbert Wehner zur möglichen Wiedervereinigung Deutschlands im Rahmen des so genannten „Deutschland-Plans“, die noch konkreter erläutert werden, brachten wiederum keinen Erfolg zu einer Widervereinigung.

Erst 1990 konnte durch die Unterzeichnung der “2+4“-Verträge am 12. September 1990 in Moskau durch die Vertreter der damals bestandenen beiden deutschen Staaten DDR und BRD sowie die Vertreter der vier ehemaligen Besatzungsmächte Deutschlands, also der Sowjetunion im Ostteil Deutschlands und im Osten Berlins, Großbritanniens, der USA und Frankreichs im Westteil Deutschlands und in den Westsektoren Berlins, eine Wiedervereinigung Deutschlands erfolgen.

Dadurch, dass der damalige Bundeskanzler Konrad Adenauer im September 1955 im Ergebnis der so genannten „Hallstein-Doktrin“ das Alleinvertretungsrecht der Bundesrepublik Deutschlands für alle Deutschen erklärte, dass er für alle Deutschen spreche, auch für die Menschen in der damaligen DDR, auch 1956 bei den Verhandlungen mit dem damaligen sowjetischen Staatsführer Nikita Chruschtschow über die Rückführung der letzten 10.000 in sowjetischen Gulags internierten Deutschen nach Deutschland, egal, ob sie in das Gebiet der damaligen DDR oder in das Gebiet der damaligen Bundesrepublik entlassen werden wollten, waren durch diese einseitige Handlung Westdeutschlands unter Missachtung der, wie erwähnt, am 7. Oktober 1949 entstandenen DDR, nicht mehr reale Voraussetzungen zu einer Wiedervereinigung Deutschlands gegeben.

Wie bereits erwähnt, wurden im Jahr 1959 im Rahmen des sogenannten „Deutschland-Plans“ der SPD auf Initiative von Herbert Wehner Manches unternommen, um eine Wiedervereinigung der beiden deutschen Staaten zu erreichen. Es sollte in diesem Zusammenhang im „Deutschland-Plan“ erst eine entmilitarisierte und atomwaffenfreie Zone unter Führung der USA und der Sowjetunion in Mitteleuropa abgesichert werden. Damit wollte man die Voraussetzungen für die Wiedervereinigung Deutschlands in drei Stufen schaffen. Durch eine gesamtdeutsche Konferenz sollten die Ausgangsbedingungen zur Wiedervereinigung Deutschlands geschaffen werden. Leider haben die Alliierten der USA, der damalige Bundeskanzler Konrad Adenauer und auch Nikolai Sergejewitsch Chruschtschow für die

Sowjetunion diesen Plan nicht mitgetragen, so dass Wehner 1960 diesen Vereinigungsplan aufgeben musste.

Mein Vater hat mir dies, wie ich es beschrieben habe, mitgeteilt und verstand das damalige Verhalten der bundesdeutschen Verantwortlichen, wie von Adenauer, in keiner Weise. So ähnlich sagte er zu mir: „Einerseits redet man von Wiedervereinigung Deutschlands als eine der wichtigsten Aufgaben und als ein ganz wichtiges Ziel der Bundesrepublik Deutschland, schreibt dies sogar in das Grundgesetz rein, und wenn man die Möglichkeit dazu hat, macht man es nicht.“ Die Fortsetzung des Kalten Krieges ging somit damals vor der möglichen Wiedervereinigung Deutschlands.

Da er es als ein wichtiges Ziel sah, dass ein gemeinsames Deutschland entstand, da er bis zu seinem 28. Lebensjahr ein gemeinsames Deutschland kennengelernt hatte, hegte er an der Glaubwürdigkeit der tatsächlichen bundesdeutschen Politik schon damals erhebliche Zweifel.

Er war der Meinung, dass die Wiedervereinigung Deutschlands vor allen und anderen bisher aufgeführten Gründen in Deutschland immer primär zu sehen sei und die Schaffung eines wiedervereinigten Deutschlands schon damals das Allerwichtigste gewesen sei.

Hätte man vor 1952 und unmittelbar 1952 und auch 1953, als erneut ein wiedervereinigtes Deutschland angeboten wurde, ein gemeinsames Deutschland geschaffen, hätte man schon 37 oder 38 Jahre vor der politischen Wiedervereinigung 1990 die Wiedervereinigung Deutschlands erreicht. Dann hätten viele der dann eingetretenen wirtschaftlichen Probleme in dem Umfang und in der dadurch entstandenen erheblichen Benachteiligung von manchen Menschen in Ostdeutschland bzw. der früheren DDR in dem Maße, wie nunmehr geschehen, nicht so eintreten brauchen. Es hätten dann auch nicht so viele Menschen im Ergebnis der Wiedervereinigung 1990 ihre Arbeit verloren, wie dies damals eingetreten ist. Man hätte dann nahezu 40 Jahre mehr Zeit gehabt, dass die Produktivitätsunterschiede mit Sicherheit viel geringer ausgefallen wären, als sie später eintraten.

Er fand Manches nicht richtig, trotz dem er immer für die Wiedervereinigung Deutschlands war, was in der Phase der Vorbereitung der Wiedervereinigung Ende 1989 und 1990 und im Prozess der Wiedervereinigung oft völlig anders gehandhabt wurde.

Sicherlich wurde in der Versorgung nun alles angeboten, und es gab keine Versorgungsprobleme mehr, wie bei manchen Produkten in der früheren DDR. Aber nur das Materielle war nicht alles, was sich mein Vater wünschte. Für ihn waren auch andere Dinge wichtig, die nicht nur im Materiellen zu sehen waren. Besonders die Ungerechtigkeit, die sozialen Probleme mancher Menschen, die Arbeitslosigkeit und ihre Folgen, auch die nicht ausreichend vorhandene Solidarität, die Vorrangrolle des männlichen Geschlechts, die altertümliche Rolle im Verhalten zwischen den Geschlechtern, das unzureichende Bildungswesen, die Nichtbeachtung von Eliten der DDR und die mehrheitlich erfolgte Abwicklung dieser Menschen, die Vernichtung von vielen Unternehmen der früheren DDR, die auch nach seiner Meinung nicht ausreichend in der Treuhand-Politik saniert worden sind und Vieles andere fiel ihm besonders auf. Die Solidarität zwischen den Menschen war in der DDR und davor wesentlich höher, als dies früher für die alte Bundesrepublik und nunmehr für das gemeinsame Deutschland vor Corona üblich war und heute ist.

Auch ist meinem Vater die oft mangelnde Unterstützung vieler Menschen und die oft mangelnde Hilfe untereinander aufgefallen. Dies konnte er nicht verstehen, da er es in der damaligen DDR ganz anders gewohnt war. Es fiel ihm auch auf, dass oftmals eine nicht ausreichende Empathie vorherrschte, weil man seine tatsächlichen Gefühle auch oft nicht im Interesse des beruflichen Erfolgs zeigen will. Auch konnte er das überzogene Selbstbewusstseins-Verhalten, um auf der Karriereleiter voranzukommen und die oft mit nicht ausreichender Rücksicht auf andere verbunden ist, nicht verstehen, da er ein ganz anderes Verhalten gewohnt war. Auch dadurch und nicht nur im unterschiedlichen Vermögen der Menschen und unter Beachtung vieler anderer Gründe ist die Spaltung der Gesellschaft im gemeinsamen Deutschland erheblich weiter angewachsen.

Er konnte sich mit solch einer Lebensweise nicht identifizieren, da er sich immer authentisch und nicht gekünstelt verhalten hat und dieses authentische Verhalten für ihn eine wichtige Lebensmaxime war. Das mit dem übersteigenden Selbstbewusstsein oft verbundene künstliche Auftreten kam für ihn nicht infrage und widersprach völlig seiner Mentalität und seinen Verhaltensweisen und überhaupt seiner Auffassung zu einem gleichberechtigten solidarischen menschlichen Leben, bei dem man sich uneigennützig auch um Andere kümmert.

Der übergroße Trubel über die Vereinigung und die jährlichen „Feierorgien" hat er auch deshalb, wie manche Andere, nicht so richtig gefunden, weil man das wiedervereinigte Deutschland schon um ca. 40 Jahre eher haben konnte, aber man hat diese Möglichkeit seitens Westdeutschlands nicht genutzt und dies auch vor 1952 und auch in den Jahren 1952 und 1953 nur vorrangig mit dem Kalten Krieg begründet. Erst 1990 konnte, wie erwähnt, die deutsche Wiedervereinigung deshalb erfolgen.

Unter diesen Gegebenheiten fand er das „Freudengetaumel", was jetzt nach 1990 gezeigt wird, nicht immer ganz glaubwürdig in Verbindung zu den tatsächlichen möglichen historischen Gegebenheiten und Abläufen. Bei aller Freude und Genugtuung von manchen Bundesbürgern muss auch beachtet werden, dass viele Menschen damals ihre bisherige Arbeit verloren haben, arbeitslos geworden oder abgewickelt und auch viele zu unrecht abgewickelt worden sind. Die Betreffenden mussten oft erhebliche Benachteiligungen erfahren, die aus Gerechtigkeitsgründen eigentlich nicht erfolgen durften. Dadurch hat sich bei Manchen der weitere Lebensweg beträchtlich zu ihren Ungunsten verändert. Man muss auch bedenken, dass Manche auch politisch andere Auffassungen haben können, was auch in einer Demokratie erlaubt ist und man seine anderen Einstellungen auch deshalb vertreten kann.

Man hätte damals im wiedervereinigten Deutschland viel mehr Zustimmung bekommen, wenn man auch das Gute in der DDR ebenfalls berücksichtigt oder eingeführt hätte. Manches wurde zu unrecht, nur, weil es aus einen anderen System kam, ohne dies ausreichend objektiv zu sehen, in voreingenommener Weise gleich pauschal verteufelt. Es wurde oft von vornherein abgelehnt und deshalb nicht eingeführt. Auch wurde oft nicht beachtet, dass allein aus sachlichen Gründen eine totale Übernahme der Bestimmungen der alten Bundesrepublik nicht geboten ist und nicht für das gemeinsame Deutschland eingeführt werden sollte.

Es wurde sich nicht ausreichend bemüht, ein besseres Deutschland zu schaffen, was viele Menschen, besonders auch manche Menschen in Ostdeutschland erwartet hatten, weil allen früheren DDR-Bürgern nur die Möglichkeit des Beitritts zur Bundesrepublik Deutschland eingeräumt wurde. Das war ein großer Fehler in der Wiedervereinigung. Auch dadurch fühlen sich Manche im gemeinsamen Deutschland bei den seit 1990 eingetretenen gesellschaftlichen Veränderungen nicht mitgenommen.

Das Schöpfertum und die Ideen der Ostdeutschen oder auch frühere Verfahrensweisen, die noch heute im gemeinsamen Deutschland eingeführt werden könnten, wurden nicht bzw. werden nicht im ausreichenden Maße berücksichtigt.

Meines Erachtens hat man es nie im genügenden Maße verstanden, im Prozess der Wiedervereinigung zu erwähnen, dass sich zwei deutsche Staaten gebildet haben und auch die DDR manche gute Seiten und nicht nur negative Seiten hatte. Manche Handlungen waren auch besonders nachahmenswert und hätten zur Erhöhung der Qualität ins gemeinsame Deutschland meines Erachtens mit übernommen werden müssen.

Die Lebensleistung der Menschen in Ostdeutschland, was sie in der früheren DDR geschaffen hatten, wurde kaum bzw. nicht ausreichend gewürdigt. Die DDR wurde von Westdeutschland und im gemeinsamen Deutschland zum Unrechtsstaat erklärt. Dies hat viele in Ostdeutschland lebende Menschen sehr geärgert. Selbst der frühere Bundeskanzler Helmut Schmidt hatte den Rechtsstaat in der Bundesrepublik Deutschland als Gerichtsstaat bezeichnet, der Tatsache geschuldet, dass nunmehr die Gerichte Rechtsstreitigkeiten entschieden hatten und haben. Die bereits zwischenzeitlich gestorbene aus der DDR ausgewiesene ehemalige DDR-Bürgerrechtlerin Bärbel Bohley (1945 – 2010) hat nach der Vereinigung im Zusammenhang mit der Bildung des gemeinsamen Deutschlands gesagt, dass wir im Rahmen der Vereinigung Gerechtigkeit haben wollten, aber wir bekamen den Rechtsstaat.

Stattdessen wurde mehr oder weniger so gehandelt und behauptet, dass alles von der DDR schlecht war und es sich vorrangig nur um einen Unrechtsstaat handelte und die DDR nur aus Staatssicherheit und Stacheldraht bestand. Damit hat man den Leistungswillen und den Einsatz von Menschen aus der früheren DDR, den sie in dieser Zeit der DDR erbracht haben, in keiner Weise gewürdigt und auch nicht geachtet. Auch wurden manche Menschen aus der früheren DDR zu unrecht entlassen, und Institutionen mit einer jahrelangen Tradition, die oft dank ihrer besonderen Leistungen und Kenntnisse eine hohe Anerkennung genossen, wurden aus politischen Gründen abgewickelt. Manche Menschen aus der früheren DDR, die durch Kündigung, Abwicklung oder andere Faktoren ihre Arbeit verloren hatten, haben dies verspüren müssen.

Auch wurde vielfach ungerechterweise ein Rentenstrafrecht angewandt, was meinen Vater auch betroffen hat. Man sagte Denjenigen, die ihre Arbeit verloren und die noch das entsprechende Alter hatten, dass Diejenigen sich wieder bewerben könnten. In Wirklichkeit waren die Chancen dieser Menschen vielfach nicht genügend vorhanden, eine neue Tätigkeit entsprechend ihrer Kenntnisse und Fähigkeiten zu bekommen, weil man sie oft vorschnell negativ bewertet hat. Auch Altersdiskriminierung, insbesondere gegenüber Frauen, spielte eine ganz große Rolle.

Im Artikel 37 – Bildung – des „Gesetzes zu dem Vertrag vom 31. August 1990 zwischen der Bundesrepublik Deutschland und der Deutschen Demokratischen Republik über die Herstellung der Einheit Deutschlands“ – “Einigungsvertragsgesetz“ und der Vereinbarung vom 18. September 1990“ vom 23. September 1990, das am 28. September 1990 im Bundesgesetzblatt Teil II Nr. 35-1990 auf den Seiten 885 bis 1244 veröffentlicht wurde, heißt es unter Absatz 6:

„Die auf Abschlusszeugnissen der Ingenieur- und Fachschulen der Deutschen Demokratischen Republik bestätigten Hochschulzugangsberechtigungen gelten gemäß dem Beschluss der Kultusministerkonferenz vom 10. Mai 1990 und seiner Anlage B. Weitergehende Grundsätze und Verfahren für die Anerkennung von Fachschul- und Hochschulabschlüssen für darauf aufbauende Schul- und Hochschulausbildungen sind im Rahmen der Kultusministerkonferenz zu entwickeln."

Das hieß im Umkehrschluss, dass Menschen, die in der DDR studiert haben, oftmals gegen Entgelt beim zuständigen Kultusministerium des ostdeutschen Bundeslandes, in dem sie ihre akademische Ausbildung absolviert hatten, einen Antrag auf Gleichstellung ihres akademischen DDR-Abschlusses mit einem gleichwertigen bundesdeutschen Abschluss stellen mussten und, falls sie danach nicht eine gewisse festgelegte Zeit im Rahmen eines bestimmten Zeitraums in ihrem in der DDR erworbenen akademischen Beruf gearbeitet haben, eine Zusatzqualifizierung in der Bundesrepublik erwerben oder komplett einen adäquaten Beruf in der Bundesrepublik ganz von vorne lernen und noch mal ein entsprechendes Studium in der Bundesrepublik absolvieren mussten.

Eine nicht geringe Zahl von Menschen, insbesondere in Ostdeutschland, musste umlernen, oft einen neuen Beruf erlernen oder wurde arbeitslos. Sicherlich lagen in der Arbeitslosigkeit mancher Menschen auch viele Fehler in den in manchen Fällen nicht richtigen Handlungen in der Wirtschaft der DDR ebenfalls mit begründet. Aber man hätte viel länger die erforderlichen Sanierungsmaßnahmen für die ostdeutschen Unternehmen durchführen müssen und nicht zu viele Unternehmen, oftmals mit der nicht ausreichender Begründung, diese Unternehmen seien nicht mehr zu retten, liquidieren dürfen. Auch dadurch hätte man manche Arbeitsplätze noch erhalten können und in Ostdeutschland nicht in einem solch hohen Maße Arbeitslosigkeit entstehen brauchen. Verständlicherweise sind Menschen, die diese Entwicklung bewusst erlebt haben und davon auch persönlich betroffen waren, wegen diesen Umständen und der manchmal in keiner Weise gezeigten Wertschätzung ihrer bisherigen Arbeit ziemlich unzufrieden. Allein auch u. a. deshalb muss das gemeinsame Deutschland verändert werden, weil gerade die Menschen, die diese Zeit bewusst erlebt haben, auch in manchen Punkten die Handhabungsweise in der früheren DDR kennengelernt haben und auch gute Seiten der DDR im gemeinsamen Deutschland erlebt haben. Im Interesse eines besseren gemeinsamen Deutschlands sollten manche Verfahrensweisen auch aus der früheren DDR übernommen werden. Sicher können die eingetretenen Fehlentwicklungen im gemeinsamen Deutschland nicht mehr rückgängig gemacht werden. Es ist meines Erachtens jedoch besonders wichtig, solche Fehlentwicklungen konkret zu benennen, um die richtigen Schlussfolgerungen für eine bessere Betreibung eines gemeinsamen Deutschlands zu erreichen. Diese Handhabungen, die sich in der DDR bewährt haben, sollten auch konkret und ungeschminkt benannt werden.

In der alten Bundesrepublik wurde und nunmehr im gemeinsamen Deutschland wird noch Manches nicht so gehandhabt, wie es nötig wäre. Aber man gibt Ostdeutschen viel zu wenig Gelegenheit, um ihre Ideen im gemeinsamen Deutschland vorzuschlagen bzw. zu verwirklichen.

Diejenigen, die auch die Gesellschaft der DDR bewusst erlebt haben, gibt man aus meiner Sicht oft nicht ausreichend und teilweise ungenügend Gehör. Man sollte hierbei beachten, dass sie aufgrund ihrer bisherigen Tätigkeit und auch wegen ihres inzwischen eingetretenen Alters die Voraussetzungen haben, da sie in beiden Systemen bewusst arbeiten konnten und gelebt haben. Dies ist oft bei vielen Menschen aus der alten Bundesrepublik nicht gegeben, da sie nur ein System kennengelernt haben und es zum Maß aller Dinge machen und der Meinung sind, dass sich alle Menschen im gesamten Deutschland danach richten müssen.

Wenn dieser Vergleich nicht zwischen beiden Systemen unter Anwendung von objektiven Kriterien gezogen wird, werden ihre Kenntnisse bzw. Erkenntnisse aus meiner Sicht oft nicht oder nur ungenügend berücksichtigt. Dadurch kann nur unzureichend der erforderliche Einfluss auf ein besseres gemeinsames Deutschland genommen werden.

Man hat die Möglichkeit gemäß § 146 des Grundgesetzes der Bundesrepublik Deutschland, aus dem bestehenden Grundgesetz der Bundesrepublik Deutschland eine Verfassung für das vollendete gemeinsame Deutschland zu beschließen, da das gemeinsame Deutschland jetzt schon über 30 Jahre besteht, bisher nicht genutzt. Auch manche jetzt noch im gemeinsamen Deutschland verwendbare Erfordernisse, die in der früheren DDR anders gehandhabt wurden, sollten, soweit dies noch gegeben und anwendbar ist, in die Verfassung aufgenommen und im gemeinsamen Deutschland mit angewandt werden.

Sicherlich würde mein Vater dies wahrscheinlich ähnlich sehen, wenn er noch am Leben wäre, weil er ja viele Jahre in der DDR gelebt hat und sein Leben nicht nur aus der Tätigkeit bei der Sparkasse und aus Sparkassenproblemen bestand und er viele andere Kenntnisse und Erkenntnisse aus seinem Leben auf vielen anderen Sachbereichen in der früheren DDR hatte, wie in der DDR damals verfahren wurde.

Ich als Sohn befand mich auch schon im 43. Lebensjahr, als das gemeinsame Deutschland durch den Beitritt der DDR zur alten Bundesrepublik am 3. Oktober 1990 entstand. Ich habe ab 1969 mit Ausnahme der 1,5jährigen Pflicht-Ableistung des erforderlichen Grundwehrdienstes bei der Nationalen Volksarmee (NVA) ca. 20 Jahre Berufsleben in der DDR kennengelernt. Dadurch habe ich auch Erfahrung in Wirtschaftsfragen, da ich auf diesem Gebiet und auch auf anderen Gebieten durch mein Leben in der DDR einige Kenntnisse und Erkenntnisse erwerben konnte. Auch habe ich etwas über 30 Jahre (Stand: 2021) bisher im gemeinsamen Deutschland gelebt und in der Wirtschaft und auch als Dozent gearbeitet, so dass ich auch in dem ab dem 3. Oktober 1990 nach der Wiedervereinigung entstandenen Gesellschaftssystem im wiedervereinigten Deutschland ebenfalls konkrete Erfahrungen besitze.

Es gibt viele Dinge, die in DDR anders gelöst oder zum Teil völlig anders gehandhabt wurden. Damit nicht weiterhin solche Probleme, die gegenwärtig im gemeinsamen Deutschland vorherrschen, bestehen, sollte man durchaus die Erfahrungen der früheren DDR, selbst, wenn sie in einem anderen Gesellschaftssystem gemacht wurden, im Interesse der Sache und der Menschen im gemeinsamen Deutschland beachten.

Man sollte nicht immer nur die ideologische Komponente als das Trennende sehen. Auch in der nunmehrigen Gesellschaftsform der Sozialen

Marktwirtschaft in der Bundesrepublik Deutschland sind die gegenwärtigen Verfahrens- bzw. Handhabungsweisen und auch manche Ergebnisse in keiner Weise ausreichend. Da oft die Meinung vertreten wird, dass in der früheren DDR nahezu alles falsch gemacht wurde bzw. unzureichende Regelungen und Organisationsbestimmungen bestanden, beschreibe ich einige Beispiele, wie in der früheren DDR oftmals in manchen Dingen völlig anders verfahren wurde, als im nunmehr gemeinsamen Deutschland. Man sollte sich unvoreingenommen sachlich damit beschäftigen und nicht, wie bisher leider oft geschehen, in erster Linie die ideologische Betrachtungsweise hierbei zugrunde legen. Da viele Dinge im gemeinsamen Deutschland noch zu verändern sind und manche bisherige Handhabungsweisen unbedingt verbessert werden müssen, sollte man sich auch mit manchen Verfahrensweisen aus der früheren DDR beschäftigen. Man sollte auch Mängel der bisherigen Regelungen im Interesse des gemeinsamen Deutschlands mehr, als bisher geschehen, zur Kenntnis nehmen, und wenn die sachlichen Voraussetzungen gegeben sind, die in der Praxis besser funktioniert haben den Regelungen aus der DDR im nunmehr gemeinsamen Deutschland unvoreingenommen einführen.

Nachfolgende konkrete Beispiele, die nicht in der Rangfolge der Wertigkeit aufgeführt wurden, können aus meiner Sicht erwähnt werden, und wegen den noch bestehenden Mängeln sollten diese Beispiele deshalb beachtet und bezüglich notwendiger Veränderungen auch berücksichtigt werden.

Die neoliberale Richtung, dass nur der Markt alles richten wird, die alleinige Marktgläubigkeit, kann nicht allein der ausreichende Weg für die Wirtschaftspolitik sein. Vielmehr kommt es auch darauf an, dass es sehr wichtig ist, eine Komplexität zwischen Markt und Planung unter demokratischen gesellschaftlichen Verhältnissen zu schaffen. Die langfristige Planung bzw. Prognose war trotz aller Schwächen und Mängel in der früheren DDR jedoch eine sehr wichtige Methode, die auch mit Recht dem kurzzeitigen Denken und Handeln, was für das kapitalistische Gesellschaftssystem leider prägend ist, überlegen ist und sollte meines Erachtens unbedingt im gemeinsamen Deutschland angewandt werden. Auch die gewonnen Erfahrungen und Verfahrensweisen, die man bei der Ausübung der langfristigen Planung und Prognosetätigkeit gewonnen hat, sollte man im gemeinsamen Deutschland nutzen. Auch für den Umweltschutz und das wichtigste Problem der Menschheit, den weiteren Anstieg der Erderwärmung zu verhindern, sind Gegenmethoden auch in Form von Elementen der Anwendung der langfristigen Planung von großer Bedeutung. Wenn man nur an den Markt glaubt, werden viele wichtige Erfordernisse der notwendigen gesellschaftlichen Entwicklung nicht beachtet. Der Markt beachtet nur unzureichend die Erfordernisse des Umweltschutzes und viele andere Erfordernisse eines gleichberechtigten Lebens der Menschen.

Die gerade im Kapitalismus erheblich vorhandene Polarität zwischen Arm und Reich und dass auch die Nachfrage auch von den Einkommensverhältnissen abhängig ist, wird unzureichend beachtet. Auch die Sättigung in der Nachfrage wird nicht genügend zur Kenntnis genommen, und es wird insbesondere in den führenden Industriestaaten eine Wirtschaftspolitik betrieben, die nur auf Wachstum orientiert, trotz dem für viele Menschen dieser führenden Industriestaaten schon ausreichende Lebensstandardbedingungen bestehen. Die unbedingte Erhöhung des Wachstums von nicht klimaneutralen Produkten beachtet auch den notwendigen Umweltschutz in völlig unzureichender Weise. Auch im Umweltschutz, gerade unter den Bedingungen der steigenden Erderwärmung und auch überhaupt in der wirtschaftlichen Entwicklung, bedarf es Eingrenzungen, Einschnitte sowie Reglementierungen, um die erforderlichen Entwicklungen auf gleichberechtigter Basis zu schaffen und zu sichern, dass die Menschheit noch weiter existieren kann. Diese Erfordernisse, die an die Menschheit und an unsere Gesellschaft und damit auch an die Wirtschaft gestellt werden, verlangen ebenfalls eine strategische langfristige Planung und ein Abwenden vom nur kurzzeitigen Denken, das für den gegenwärtigen Kapitalismus leider bezeichnend ist. Bei einem weiteren Turbokapitalismus, der bisher beispielsweise insbesondere in Ländern wie den USA, China, Singapur, Taiwan, aber auch Russland vorherrschte, gehen wir als Menschheit einer völlig unsicheren Zukunft entgegen, denn es wird hauptsächlich an das Heute, an die Erreichung von kurzfristigen Erfolgen, aber in völlig ungenügender Art und Weise an das Morgen in der gesamten gesellschaftlichen Entwicklung gedacht. So kann es nicht weitergehen. Es bedarf deshalb dringend eines Umdenkens im Interesse aller Menschen auf der Welt.

In der Bundesrepublik besteht eine völlig ungenügende Aufklärungsrate von Verbrechen, selbst, wenn diese relativ geringe Aufklärungsrate hier mit der Gesellschaftsform begründet wird. In der DDR lag die Aufklärungsrate für Verbrechen bei weit über 90 Prozent. Heute jubelt man im gemeinsamen Deutschland schon darüber, wenn man nur eine Aufklärungsrate von nahezu 50 Prozent erreicht. Man muss analysieren, warum die Aufklärungsrate im nunmehr wiedervereinigten Deutschland und in vielen westlichen Ländern so relativ gering ist und die richtigen Schlussfolgerungen daraus ziehen, aber man tut dies viel zu wenig und leitet die daraus notwendigen Maßnahmen nicht ab. Nicht nur das Wirken der anderen Gesellschaftsordnung, sondern eine Reihe notwendiger verbesserungswürdiger Handlungen sind dafür meines Erachtens ebenfalls auch mit eine Ursache. Aus meiner Sicht muss dem weiteren Entstehen von Kriminalität auf vielfältige Weise vorgebeugt werden. Dazu gehört auch eine andere Art der Aufbewahrung von Waffen und Munition im gemeinsamen Deutschland, dass auch auf diese Weise Amokläufen mit den dadurch entstehenden schlimmen Auswirkungen entgegengewirkt wird. Auch die Gewaltverherrlichung darf so, wie sie noch immer im Fernsehen oder in anderen Medien und in manchen ebenfalls zugänglichen Spielen betrieben wird, so nicht mehr in Deutschland und den anderen Ländern der Welt erfolgen. Man kann diese aus meiner Sicht gesellschaftlich völlig unverantwortliche Handlungsweise, die in keiner Weise für das Erreichen von Humanität oder die guten Sitten der Menschen erforderlich ist, mit der Aufrechterhaltung und Beibehaltung der Freiheit begründen. Was wird dann für eine Freiheit erreicht, die oft zu einer zügellosen Freiheit bezüglich mancher Handlungen führt?

Die insbesondere in Deutschland völlig übertriebene Rolle des Datenschutzes behindert u. a. die Aufklärung von Verbrechen. Dies trifft zum Beispiel auf die Suche und auch vorbereitende Suche von Terroristen und sonstigen Kriminellen und die Aufspürung von Infektionsketten zu. Aus meiner Sicht muss der Gesundheitsschutz vor dem Datenschutz gesehen werden, zumal man bei dieser schwierigen gegenwärtigen Lage bei der großen Gefahr bezüglich der Folgen des Corona-Virus diese notwendige Reihenfolge im Interesse der Gesundheit der Menschen meines Erachtens unbedingt beachten sollte. Dass dem Datenschutz jetzt so eine hohe Bedeutung beigemessen wird, liegt auch im Nichtverbot zur Weitergabe von Daten aus kommerziellen Gründen ebenfalls mit begründet. Man sollte gegen die betreffenden Verursacher vorgehen und nicht ein allgemeines Gesetz zur unbedingten grundsätzlichen Einhaltung des Datenschutzes erlassen. Auch für Bereiche, die davon sehr betroffen sind und für die die erforderliche Klärung von kriminellen Delikten unbedingt ebenfalls erfolgen muss, muss dies meines Erachtens beachtet werden. Da dies bei der gegenwärtigen Verfahrensweise bezüglich der geltenden Regelungen zum Datenschutz kaum noch möglich ist oder erheblich erschwert und nicht rechtzeitig dadurch gegeben ist, muss unbedingt im Interesse der Sache eine Änderung für diese Fälle gegenüber der grundsätzlichen Regelung erfolgen. Dadurch wird das Nichtentstehen einer höheren Aufklärungsrate mit negativ beeinflusst, und es können nur unzureichend die wahren tatsächlichen Täter gefunden werden. Es kann nicht sein, dass Deutschland noch höhere Forderungen im Datenschutz stellt, die über die Datenschutzbestimmen der Europäischen Union hinaus gehen.

Bislang wurden noch nicht in ausreichender Zahl Kameras an zentralen Orten in Deutschland installiert. Diese dienen der besseren Kontrolle, und dadurch können Gewalttäter besser gefunden werden. Durch den Mangel an Kameras im öffentlichen Raum können Verursacher von Gewalttaten nicht bzw. nicht im erforderlichen Umfang konkret bestimmt werden, und die erforderliche prophylaktische Wirkung kann sich dadurch nicht in dem notwendigen Maße entfalten. Auch dieser Umstand trägt zur mangelnden Aufklärungsrate in unserer Gesellschaft bei. Dadurch werden auch im bestimmten Maße mit die Voraussetzungen geschaffen, dass Kriminelle bzw. Verbrecher nicht gefunden werden. Wenn man dies und die prophylaktische Erfordernisse nicht beachtet, braucht man sich nicht zu wundern, dass Unbeteiligte dabei Opfer werden.

Meines Erachtens besteht eine immer noch nicht ausreichende Koordinierung der einzelnen Sicherheitsinstitutionen bei dem rechtzeitigen Erkennen von terroristischen Gewalttätigkeiten und anderen Verbrechen. Man muss natürlich gerechterweise sagen, dass sich die Koordinierung der Sicherheitsinteressen gegenüber bisher etwas verbessert hat, aber aus meiner Sicht immer noch eine nicht immer ausreichende Koordinierung vorhanden ist.

Bei der ausreichenden Vorratshaltung bestanden erhebliche Probleme, da die Erfordernisse der Nutzwertanalyse nicht richtig beachtet werden. In der Globalisierung legt man in der Regel einseitig den Schwerpunkt auf die Herstellung des kostengünstigsten Produkts. Gerade unter den Gegebenheiten des Corona-Virus hat sich speziell auch bei den damals fehlenden Atemschutzmasken, den erforderlichen Beatmungsgeräten bzw. den Medikamenten diese nur einseitig gesehene Globalisierung als nicht richtig erwiesen. Die gerade auch unter den Bedingungen des Corona-Virus dringend benötigten Produkte waren damals in nicht bzw. nicht ausreichendem Maße vorhanden.

Die rechtzeitige Durchführung der Erfordernisse der Klimakrise, insbesondere bezogen auf die steigende Erderwärmung mit den daraus entstehenden erheblichen Gefahren für den weiteren Fortbestand der Menschheit ist als gegenwärtig primäre Aufgabe zu sehen und hat den höchsten Stellenwert für die Menschheit. Leider kann man nicht sagen, dass die Mehrheit der Menschen auf der Welt dazu die dringend erforderlichen Maßnahmen schon durchführt, dass die Erderwärmung nur auf 1,5 Grad Celsius vor der vorindustriellen Zeit ansteigt. Die Beibehaltung des Konsums und auch des Profits von den in Frage kommenden Unternehmen werden noch viel höher angesehen, anstatt die dringend erforderlichen Maßnahmen zur erheblich notwendigen CO_2-Minimierung und alle erforderlichen Handlungen zur Eindämmung bzw. sogar zur Beseitigung der Klimakrise rechtzeitig einzuleiten. Auch in globaler Hinsicht kann das bisher gezeigte Verhalten einzelner Länder, wie dies im Ergebnis von aktuellen Beschlüssen zum Ausdruck kommt, in keiner Weise befriedigen. Offenbar spielt die weitere Erreichung eines wirtschaftlichen Wachstums bei einigen Ländern eine größere Rolle, als die dringendste Aufgabe der gegenwärtigen Menschheit, alles dafür zu tun, dass die Erderwärmung nicht über 1.5 Grad Celsius steigt.

Es kann nicht sein, dass wir die Zielstellung haben, die Klimaneutralität erst bis zum Jahr 2050 und in Deutschland 2045 zu schaffen. Wir müssen dies viel eher erreichen. Dies ist auch die Forderung vieler Wissenschaftler. Es muss alles dafür getan werden, im Interesse der Menschheit für deren Zukunft die vollständige Klimaneutralität mindestens bis 2030 oder noch davor zu erreichen, damit die Gefahr des Eintretens der Kipppunkte mit nicht mehr umkehrbaren Ergebnissen für die Menschheit eintritt. Auch gegenwärtig bei den erheblichen Auswirkungen der Starkregens, besonders in Rheinland-Pfalz und in Nordrhein-Westfalen, bei dem bis zum derzeit aktuellen Zeitpunkt am 25. Juli 2021 179 Menschen in beiden Bundesländern den Tod gefunden haben und in beiden Bundesländern immer noch viele Menschen vermisst werden und bei den in diesem Zusammenhang schlimmen Zerstörungen wurde uns die große Bedeutung eines rechtzeitigen Klimaschutzes mit den erforderlichen Maßnahmen vor Augen geführt.

Nicht alle Erfordernisse an Produkten und Erzeugnissen können durch die Marktwirtschaft, speziell auch bezüglich der Wirkung des Corona-Virus, erfüllt werden, denn in zunehmenden Maße bedarf es der staatlichen Regulierung, einer Planung dieser Prozesse, und die Rolle des Staates wächst dadurch. Man kann deshalb nicht alles nur unter marktwirtschaftlichen Aspekten und den dabei nur zugrunde gelegten Prämissen von Angebot und Nachfrage sehen. Besonders hat sich dies auch bei manchen zugrunde gelegten Preisen bemerkbar gemacht, die nach dem Marktnachfrageprinzip entstanden sind.

Man muss hierbei auch die finanziellen Möglichkeiten vieler Menschen, gerade auch unter den Gegebenheiten der Corona-Krise sehen, da diese oft im völlig ungenügenden Maße Beachtung finden. Es wurde fast nur die kostengünstige Herstellung hierbei gesehen und unzureichend aus meiner Sicht beachtet, dass manche Produkte nur in China oder in Indien hergestellt wurden und die betreffenden genannten Länder, insbesondere auch China, in dieser Phase von Corona vorrangig betroffen waren. Dadurch konnten oft nicht zum erforderlichen richtigen Zeitpunkt die Liefererfordernisse erfüllt werden.

Gerade im Gesundheitswesen hat sich unter den Bedingungen des Corona-Virus auch im besonderen Maße gezeigt, dass man das Gesundheitswesen nicht nur privatwirtschaftlich betreiben darf, sondern als eigentlich öffentliche Einrichtung betreiben muss. Dies führt zum Nachteil einer nicht geringen Zahl von Patienten. Es ist in keiner Weise richtig, dass man das Gesundheitswesen vorrangig unter ökonomischen Interessen betreibt. Es sollte insbesondere dafür da sein, dass die Daseinsvorsorge für die betroffenen Menschen gesichert wird. Dies kann in erster Linie nur gesichert werden, wenn das Gesundheitswesen ein Bestandteil der öffentlichen Daseinsvorsorge darstellt und nach öffentlichen Gesichtspunkten zum Wohle der Patienten im Sinne des Gemeinwohls betrieben wird. Dies wird derzeit in keiner Weise beachtet, und das erreichte ökonomische Ergebnis bzw. die Fallpauschalen, die oft auch Nachteile für eine nicht geringe Zahl von Patienten mit sich bringen, werden weiter als Grundlage genommen.

Es werden zu viele Lieferketten bei der Herstellung von Erzeugnissen zugrunde gelegt. Eine nicht geringe Anzahl der Teilprozesse der Herstellung von Erzeugnissen bzw. Produkten werden von wirtschaftlich ärmeren Ländern durchgeführt. Insbesondere bestehen auch Teil-Lieferketten zur Herstellung von Erzeugnissen und Produkten in ärmeren Ländern, weil die dort Beschäftigten trotz ihrer intensiven Arbeit sehr geringe Löhne bekommen. Eine Ausbeutung der Bevölkerung in armen Ländern herrscht im erheblichen Maße vor, und es werden im Interesse des Profits geringe Umweltstandards und Arbeitsschutzregelungen erlassen. In vielen ärmeren Ländern muss zur Sicherung der Existenz der Familien noch Kinderarbeit geleistet werden. In vielen wirtschaftlich unterentwickelten Ländern herrscht solch eine Armut vor, dass dadurch bei vielen Menschen Hunger und Krankheiten bestehen und manche Menschen deshalb sterben müssen. Der geringe Preis, den viele Menschen aus begüterten Ländern noch als „geil" ansehen, entsteht auch insbesondere durch die Ausbeutung bzw. die zu geringen Löhne dieser arbeitenden armen Menschen in den Entwicklungs-, Schwellen- bzw. sonstigen ärmeren Ländern der Welt.

Erhebliche Unterschiede bestehen, wie bereits beschrieben, in den Potenzialen zwischen Arm und Reich. Der Unterschied zwischen Arm und

Reich wächst weiter an, und viele Menschen können die Ausgaben, die durch ihre Existenz entstehen, kaum noch oder manchmal auch nicht mehr bezahlen. Einige Menschen müssen wegen ihrer Armut noch bestehende Suppenküchen oder auch Tafeln aufsuchen, um nur das Notwendigste zum Leben zu haben. Zu den Zeiten des Lockdowns unter den derzeitigen Gegebenheiten des Corona-Virus wurden auch manche Suppenküchen und Tafeln nicht mehr betrieben, und die Not der betreffenden Menschen wurde dadurch noch größer. Manche Menschen müssen wegen den bei ihnen bestehenden Gegebenheiten als Obdachlose regelrecht vegetieren und auf diese Art und Weise ihr Leben fristen. Man will hauptsächlich Wachstum betreiben und beachtet hierbei unzureichend die Belange des Entstehens von CO_2 für das Ansteigen der Erderwärmung, da man bei vielen Erzeugnissen die Erfordernisse der Klimaneutralität noch nicht umgesetzt hat. Beim Streben nach Wachstum wird oft nur eine nicht hinnehmbare kurze Lebens- bzw. Nutzungsdauer von herzustellenden Erzeugnisse zu Grunde gelegt.

Die Belange einer auch im Interesse des Klimaschutzes erforderlichen längeren Lebens- und Nutzungsdauer von Erzeugnissen und Produkten werden im Interesse der Sicherung des Wachstums oft negiert. Auch fragt man nicht oder nur ungenügend, ob eine Sättigung von bestimmten Produkten bereits eingetreten ist. Man versucht dann oft, nahezu gleiche Produkte zu erneuern, nur, um ein Wachstum dieser Erzeugnisse zu erzielen. Man fragt nicht ausreichend danach, ob man diese Produkte überhaupt benötigt oder ob man sich diese finanziell leisten kann. Oftmals ist damit verbunden, dass man für das jeweilige Produkt keine Ersatzteile mehr herstellt und das bisherige Produkt nicht mehr zu beschaffen ist bzw. aus der Herstellung genommen wird. Ich betrachte dies als eine Nötigung, die durchgeführt wird, um auch bei bereits gesättigten Produkten Wachstum zu erzeugen. Die Folge ist ein Wegwerfen von Produkten zur Unzeit, was völlig gegen Erfordernisse des Klimaschutzes steht und man sich oft ein dadurch entstandenes neues Produkt finanziell überhaupt nicht mehr leisten kann. Man beachtet hierbei in völlig unzureichender Weise, dass auch manche Menschen nicht das neue Produkt nutzen wollen bzw. auch aus finanzieller Sicht nicht nutzen können, weil man das bisher nahezu gleichwertige Produkt noch nutzen wollte. Es werden dann oftmals die bisherigen Produkte nicht mehr hergestellt oder Ersatzteile nicht mehr geliefert und somit dazu beigetragen, dass man das veränderte Produkt kaufen muss. Man beachtet hierbei überhaupt nicht die Freiheit des Handelns, und die betroffenen Menschen werden nur zur Sicherung des Wachstums und unfrei behandelt, und Wünsche von Menschen werden auf diese Weise ignoriert, nur, um wirtschaftliches Wachstum zu erreichen. Diese zugrunde gelegte Verfahrensweise entspricht in keiner Weise erforderlichem demokratischem Verhalten und ist auch mit den Vorstellungen von Freiheit in keiner Weise vereinbar. Wirtschaftliche Erfordernisse haben, wenn man so vorgeht, offenbar hierbei den Vorrang vor demokratischen Erfordernissen, und dies widerspricht alles aus meiner Sicht den Zielstellungen der sozialen Marktwirtschaft bzw. unserer vorherrschenden Gesellschaftsordnung.

Auch werden im Interesse des Wachstums bewusst Materialermüdungen und eine kurze Lebens- bzw. Nutzungsdauer zugrunde gelegt. Dabei sollen so gut wie keine Reparaturen oder andere Maßnahmen zur eigentlich notwendigen Erhöhung der Nutzbarkeit von Gütern zur Sicherung der Werterhaltung durchgeführt werden. Vielmehr ist alles darauf ausgerichtet, diese Erzeugnisse neu zu produzieren, nur, um ein höheres Wachstum zu erreichen. Auf eine höhere Nutzungsfähigkeit legt man keinen Wert und fördert auch damit das weitere Ansteigen der Erderwärmung. Man ist noch stolz darauf, dass man bis 2050 klimaneutral sein will bzw. – wegen den Regelungen des Bundesverfassungsgerichts – nach neuestem Stand (2021) jetzt 2045. Nicht nur gegen den Umweltschutz macht man nicht das unbedingt Notwendige und arbeitet letztlich dagegen und beachtet wichtige Menschheitsinteressen dadurch nicht im ausreichendem Maße. Die Erlangung von Wachstum und die Erzielung von Profit hat Vorrang vor allen Erfordernissen unseres Lebens. Man beachtet dabei nicht, dass man in Größenordnungen wegwirft, und oft landen die dann weggeworfenen Erzeugnisse – unter anderem auch Lebensmittel – im Müll, obwohl Lebensmittel – eine Genießbarkeit vorausgesetzt – von Hungernden noch verwendet werden könnten. Dass man dabei übermäßigen Abfall produziert, der in dieser Höhe nicht entstehen bräuchte, spielt dabei keine Rolle, selbst auf die Gefahr hin, dass wir in unserem übergroßen Abfall ersticken könnten. Auch beim Abfall bräuchte man nicht so viel verbrennen und könnte manchen weggeworfenen Abfall im

Sinne einer besseren Nachhaltigkeit ressourcenschonend noch nutzen. Auch Sekundärrohstoffe werden trotz der Rohstoffknappheit, insbesondere in Deutschland, nicht im dringend erforderlichen Umfang im Sinne einer höheren Nachhaltigkeit genutzt. Man stellt auch manchmal nicht umweltverträgliche Produkte und Erzeugnisse her, die auch gegen Erfordernisse des Arbeitsschutzes sowie notwendige Arbeitsschutzbelange verstoßen. Dies wird alles nicht ausreichend berücksichtigt und beachtet. Hauptsache, man erreicht Wachstum, und man kann dies als Steigerung des Bruttosozialproduktes ausweisen. Einhergehend mit dem Bestreben, höheres quantitatives Wachstum zu erzeugen, wird im Übermaß, nur, um dieses höhere quantitative Wachstum zu erreichen, Werbung und Marketing betrieben, was wir uns auch unter den Gegebenheiten der drohenden weiteren Erderwärmung und deren Folgen für die Menschheit überhaupt nicht mehr erlauben können. Dies spielt bei allen Handlungen nicht die erforderliche Rolle, und man betreibt weiterhin ungehindert das lineare Wirtschaftsmodell, da das quantitative Wachstum um jeden Preis erreicht werden soll.

Die Erfordernisse der aktuellen Zeit haben bei der Verwirklichung des Turbokapitalismus kaum noch Bedeutung. Hauptsache, man kann immer mehr produzieren, alles schneller machen, immer höher und immer weiter kommen. Ob der Mensch diese Belange des Turbokapitalismus noch verkraften kann, spielt eine untergeordnete Rolle. Wir brauchen als Mensch dringend eine Entschleunigung, denn so wie bisher kann es nicht weitergehen. Immer mehr Menschen werden psychisch krank oder unterliegen einem Burnout. Die Psyche und das Vermögen des Menschen werden dabei unzureichend beachtet. Diese in hohem Maße dabei eintretenden Probleme werden beim gegenwärtigen Wirtschaftssystem nicht oder völlig ungenügend beachtet.

Vieles, was in unserem nunmehr gemeinsamen Deutschland geltenden Wirtschaftssystem erheblich zu bemängeln ist, könnte ebenfalls an dieser Stelle noch genannt werden, aber diese Mängel werden im Rahmen dieses Buches, um den Inhalt und den Text nicht noch weiter erheblich zu erhöhen, nicht noch weiter im vollen Umfang detailliert erläutert. Es werden jedoch nachfolgend manche noch bestehende Unzulänglichkeiten des gemeinsamen

Deutschlands beschrieben, wofür man in der früheren DDR, im anderen deutschen Staat, praktikable Lösungen gefunden hat. Es werden auch einige bestehende Fehlhaltungen im gemeinsamen Deutschland, die sich im Nachhinein als ungünstig aus vielerlei Gründen ausgewirkt haben, benannt. Deshalb wird – ebenfalls bezogen auf einige der Probleme der aktuellen Zeit – zu den Belangen, was noch nicht so gut im gemeinsamen Deutschland läuft und wo durchaus aus meiner Sicht noch manche Mängel bestehen oder was auch im gemeinsamen Deutschland verbesserungswürdig ist und somit bei unserer zukünftigen Behandlung in Deutschland beachtet werden könnte, hingewiesen. Die Belange werden deshalb sehr konkret benannt, weil man oft seitens der alten Bundesrepublik der voreingenommenen Meinung ist, nur, weil man u. a. auch wirtschaftlich stärker war, dass damals in der früheren DDR alles falsch gemacht wurde und die frühere DDR nur als Unrechtsstaat bzw. vorrangig – bezogen auf Belange der nicht ausreichenden Freiheit und auf das Bestehen auf Staatssicherheit und anderer damaliger Missstände in der früheren DDR – reduziert wird. Manche Gegebenheiten hat man in der früheren DDR oft ganz anders betrieben und auch die Belange der früheren DDR, die das vierte Gesellschaftssystem darstellte, in der mein Vater auch relativ lange von 1949 bis 1990 gelebt hat, werden auch in dieser Form nachfolgend in diesem Buch ebenfalls entsprechend meiner Erinnerungen und meiner Wertung, die wahrscheinlich auch mit der Wertung meines Vaters übereinstimmt, beschrieben.

Schwerpunkt stellt das Bildungswesen im gemeinsamen Deutschland dar, weil hierbei auch erhebliche Mängel bestehen und Manche sogar sagen, dass es antiquiert und rückständig sei. Nach Meinung vieler Bildungsexperten wird durch die sehr frühe Aussortierung im Regelfall nach Abschluss der vierten Klasse in der überwiegenden Anzahl der Bundesländer die soziale Spaltung bei den jungen Menschen befördert. Dass das Schulsystem im nunmehr gemeinsamen Deutschland erhebliche Nachteile gegenüber Bildungssystemen anderer Länder aufweist, kam auch in den erreichten Ergebnissen der „Pisa- Studie" zum Ausdruck. Das gemeinsame Deutschland hat bei den aktuellen Erhebungen im Bildungsvergleich durch die OECD (Organisation für wirtschaftliche Zusammenarbeit und Entwicklung –

Organization for Economic Cooperation and Development) im Rahmen der „Pisa“-Vergleiche im Leseverständnis und in der Mathematik geringfügig besser als der Durchschnitt der verglichenen Länder abgeschnitten. Der Rückstand ist jedoch erheblich gegenüber den asiatischen (China) und europäischen (Finnland) Spitzenländern in der Bildung. Durch die aus meiner Sicht zu frühe Selektierung erhöht sich die Chancenungleichheit und die soziale Spaltung in Deutschland im besonders hohen Maße. Man müsste viel länger zusammen lernen und die Länder, die dieses längere gemeinsame Lernen beherzigen, weisen wesentlich bessere Bildungsergebnisse auf als das seit dem 3. Oktober 1990 bestehende gemeinsame Deutschland. Auch das Mobbing und viele andere negative Erscheinungen der gegenwärtigen Bildung in Deutschland kommen zum Ausdruck. Noch immer wird das preußische Bildungssystem aus dem 19. Jahrhundert als Grundlage für die Bildung genommen und nicht eine andere herangereifte und erforderliche Bildung, wie sie beispielsweise der Philosoph Richard David Precht (geb. 1964) vorschlägt. Gerade in Deutschland, wo nur wenige Rohstoffe vorhanden sind und die Forschung und auch die Bildung auch deshalb noch einen höheren Stellenwert und eine höhere Bedeutung gegenüber rohstoffreichen Ländern hat, werden – im Gegensatz zur ebenfalls rohstoffarmen ehemaligen Sowjetrepublik Estland im Nordosten Europas, die als erstes Land der Welt einen Rechtsanspruch jeder Bürgerin und jedes Bürgers auf Internet in ihrer Verfassung festgeschrieben hat und im Rahmen der Digitalisierung und der elektronischen Zur-Verfügung-Stellung von Gesetzen und Verordnungen (E-Government) zu den weltweit führenden Ländern gehört – solche unzureichenden Ergebnisse in der Bildung erreicht. Man spricht in Deutschland nicht von einer Bildungsrepublik, sondern in vielen Redebeiträgen – insbesondere von oppositionellen Parteien – von einem bildungsfernen Deutschland. Die Zeiten von Deutschland als „Land der Dichter und Denker“ ist seit der deutschen Wiedervereinigung beider ehemaliger deutscher Teilstaaten am 3. Oktober 1990 vorbei. So kann es auch im Interesse der Menschen in Deutschland in der Bildungspolitik nicht weitergehen.

Die Bildung in der früheren DDR war aus meiner Sicht, abgesehen von einigen Passagen, vorbildlich gegenüber der Bildungspolitik der alten Bundesrepublik und des nunmehr gemeinsamen Deutschlands. Sicherlich hätte man die Bildungspolitik in der früheren DDR nicht so ideologisch ausrichten dürfen. Manche Lehrfächer, wie beispielsweise Staatsbürgerkunde, hätten nicht mit einer solchen ideologischen Ausrichtung, wie erfolgt, unterrichtet werden dürfen. Auch Fahnenappelle und ähnliche Veranstaltungen hätten nicht durchgeführt werden sollen. Auch der ab 1978 durch die damalige DDR-Volksbildungsministerin Margot Honecker für die Schülerinnen und Schüler der 9. und 10. Klassen eingeführte Wehrkundeunterricht und ähnliche vormilitärische Ausbildungen hätten in der früheren DDR im Bildungssystem in keiner Weise erfolgen sollen. Dass manche Kinder trotz guter Leistungen, weil ihre Eltern nicht zur Arbeiterklasse gehörten, nicht die damalige Erweiterte Oberschule besuchen und damit dort nicht das Abitur ablegen konnten, stellt eine erhebliche Diskriminierung der betreffenden Menschen dar. Diese Diskriminierung in der Weiterbildung hätte ebenfalls nicht erfolgen dürfen. Man begründete diese und ähnliche aus meiner Sicht in keiner Weise gerechtfertigten Maßnahmen mit dem weiteren Bestehen des „Kalten Krieges" und der Durchsetzung der „Diktatur des Proletariats". Dies alleine gab jedoch nicht das Recht, die Bildungspolitik der früheren DDR so undifferenziert zu betrachten und wegen der zweifellos vorhandenen ideologischen Ausrichtung in den „Panzerschrank" der Geschichte zu werfen und in keiner Weise in der Bildungspolitik des gemeinsamen Deutschlands zu beachten bzw. zu berücksichtigen. Dies ist meines Erachtens im Interesse der Qualität der Bildungspolitik in einem gemeinsamen Deutschland nicht richtig.

Deshalb und weil Viele im nunmehr gemeinsamen Deutschland aus den verschiedensten Gründen das Bildungssystem der DDR nicht kannten, werden einige Aspekte aus dem Bildungswesen der früheren DDR beschrieben, die aus meiner Sicht besser und anders gestaltet wurden und nach objektiver und kritischer Prüfung und Wertung im gemeinsamen Deutschland Beachtung finden und eventuell bei gegebener Berechtigung eingeführt werden sollten:

Die Beibehaltung der föderalen Strukturen im Bildungswesen haben erhebliche negative Auswirkungen für die Schüler und Studenten und zum Teil auch für die Eltern. 60 Prozent der Bevölkerung des gemeinsamen

Deutschlands lehnt eine föderal betriebene Bildungspolitik ab. Man beachtet unzureichend die Auffassungen der Menschen in Deutschland zur Bildung.

Diese bestehen u. a. darin:

- Die notwendige berufsbedingte Flexibilität der Eltern und damit der Schüler wird durch das gegenwärtige föderale Bildungswesen überhaupt nicht bzw. unzureichend beachtet. Dies führt auch aus meiner Sicht zum Nachteil der Schüler, denn es steht außer Frage, dass gerade in der heutigen Zeit auch zum Erhalt der Arbeitsplätze unter Berücksichtigung der hohen und wahrscheinlich noch weiter anwachsenden Flexibilität ein berufsbedingter Wechsel der Arbeitsorte und auch oft der einzelnen Bundesländer erforderlich ist.

- Durch unterschiedliche Schulsysteme und Abläufe bzw. Lehrauffassungen in den einzelnen Bundesländern Deutschlands bestehen auch erhebliche Probleme in Verbindung mit einem notwendigen Wechsel für betroffene Schülerinnen und Schüler.

- Die unterschiedlichen Schwerpunkte in der Ausbildung sowie in den Fächern bestehen ebenfalls und verursachen erhebliche Unterschiede zwischen den einzelnen Bundesländern, die sich sehr negativ auf die betroffenen Schülerinnen und Schüler und – sofern nach dem Schulabschluss ein Studium angestrebt wird – auch auf die Studentinnen und Studenten auswirken (können).

- Es besteht eine unterschiedliche Handhabung des Schulsystems sowie des Beginns der jeweiligen Schularten, wie u. a. der Realschule oder des Gymnasiums in den einzelnen Bundesländern. Dies wirkt sich ebenfalls aus meiner Sicht negativ auf die Schülerinnen und Schüler aus.

- Das unterschiedliche Schulsystem in den einzelnen Bundesländern trägt unter Beachtung der bestehenden Bestimmungen in nicht geringem Maße dazu bei, dass eine Ungleichheit in der Schulbildung besteht, was besonders auch von der OECD im deutschen Schulsystem als großer Kritikpunkt angemahnt wird und dass die Ungleichmäßigkeit auch dadurch begünstigt wird, dass viel zu früh bei den Schülerinnen und Schülern selektiert wird.

- Die ungenügende vorherige Analyse des tatsächlichen Bedarfs, was sich nicht nur bei den Lehrern kontraproduktiv auswirkt – es fehlen oft Lehrer – weil man die Erfordernisse der Bedarfsplanung nicht beachtet bzw. unter den Gegebenheiten des derzeit bestehenden Gesellschaftssystems und des Mangels an der Zentralisierung meines Erachtens nicht ausreichend beherrscht sowie die notwendigen Maßnahmen nicht anwendet. Auch bei den Schülerinnen und Schülern entstehen dadurch in Folge dieser ungenügenden Voraussetzungen erhebliche Probleme.

- Besonders bei den Studenten, die oftmals trotz teilweiser guter und sehr guter Leistungen in ihren Fachrichtungen bzw. Studiendisziplinen keine Arbeit bekommen, entstehen psychische Krankheiten durch die unzureichende Bedarfsplanung. Ca. 500.000 von ca. 2.900.000 Studenten und somit 17,2 Prozent aller Studenten in Deutschland weisen psychische Erkrankungen auf. Das Entstehen von psychischen Krankheiten wird auch mit durch die unzureichende Bedarfsplanung auch bei den Studentinnen und Studenten erzeugt, weil diese oftmals keine Arbeit oder nur eine befristete Arbeit entsprechend ihrer studentischen Ausbildung bekommen. Auch dadurch wird die bestehende Unsicherheit, zu einem adäquaten beruflichen Leben zu kommen, erhöht.

- Die Möglichkeit, studieren zu können, ohne den tatsächlichen Bedarf zu beachten und auch den damit im Zusammenhang stehenden Akademisierungswahn und die dadurch mit verbundenen Konsequenzen, u. a. fehlende Fachkräfte, müssen hierbei auch gesehen werden. Derzeit legen an den Schulen ca. 50 Prozent von den ausgebildeten Schülern in ganz Deutschland das Abitur ab. Auch dadurch entsteht eine übergroße Anzahl an Studierenden. In der DDR waren es nur ca. 10 Prozent der Schüler, die das Abitur ablegten und somit Studenten werden konnten.

Durch nicht den tatsächlichen Erfordernissen entsprechende Bedarfsplanung ist die Arbeitslosigkeit von manchen Studentinnen und Studenten, wie bereits geschrieben wurde, vorprogrammiert, da man, wie erwähnt, nicht für alle Studenten einen ausbildungsgerechten Arbeitsplatz sichern kann.

- Durch die unterschiedlichen qualitativen Anforderungen für die Erlangung der Befähigung, ein Studium aufzunehmen, werden die Voraussetzungen dafür geschaffen, dass eine übergroße Anzahl von bisherigen Schülern im gemeinsamen Deutschland studiert. Dadurch ergibt sich eine völlige Disproportion der gesellschaftlichen Erfordernisse bezüglich der Anzahl der Studierenden zur übrigen Bevölkerung. Viel zu Wenige absolvieren deshalb eine Facharbeiterausbildung, weil diese nicht typisch für die Erlangung eines Abiturabschlusses ist. Dadurch fehlen in vielen Berufsgruppen, die nicht unbedingt ein Abitur als Ausbildungserfordernis voraussetzen, die Arbeitskräfte für diese Berufstätigkeiten. Die hohe Anzahl der fehlenden Facharbeiter ist u. a. auch dadurch vorprogrammiert. In der früheren DDR haben, wie erwähnt, ca. 10 Prozent der Schüler über die Erweiterte Oberschule das Abitur ablegen können. Heute beträgt die Abiturientenquote, wie ebenfalls schon beschrieben wurde, nahezu 50 Prozent. Aus meiner Sicht ist diese Anzahl möglicher Abiturienten im gemeinsamen Deutschland viel zu hoch. Auch muss in diesem Zusammenhang beachtet werden, dass ca. ein Drittel der Studenten scheitert und nicht den Studienabschluss schafft. Dies ist neben anderen Gründen auch ein Beleg dafür, dass zu viele Schüler das Abitur ablegen und studieren könnten. Auch aus diesem Grund sollte die Anzahl der Schülerinnen und Schüler, die das Abitur ablegen können, reduziert werden und nicht mehr ca. 50 Prozent aller Schüler betragen.

- Daraus kann man nur die mögliche Schlussfolgerung ziehen, dass nicht nur zu viele Schüler das Abitur machen können, sondern auch eine Disproportion zwischen der schulischen Ausbildung für die Abiturablegung und den Studienerfordernissen und der Art der Schulausbildung besteht.

- Auch die insgesamt gesehen nicht ausreichende Lehrer-Ausbildung und Lehrer-Fortbildung gehört aus meiner Sicht ebenfalls dazu. Manche Lehrer haben dadurch nicht das eigentlich erforderliche Wissen und Können. Wir liegen wegen der unzureichenden Qualifizierung und Weiterentwicklung mancher Lehrer im gemeinsamen Deutschland an zweitletzter Stelle aller OECD-Länder. Auch manche Lehrer, insbesondere in einigen westlichen Bundesländern, halten es nicht für notwendig, sich ausreichend weiterzubilden. Sie werden dabei oft von den politisch Verantwortlichen noch manchmal unterstützt, da führende Vertreter im Schulsystem in Deutschland oft die Auffassung vertreten, dass, weil bei manchen Lehrerinnen und Lehrer die Schulausbildung und der Studienabschluss schon länger zurück liegt, dass sie sich nicht weiterqualifizieren brauchen. Die Erfordernisse des lebenslangen Lernens, was in der früheren DDR immer üblich war und auch bei Professorinnen und Professoren, die Studierende in internationalen Studiengängen ausbilden, ebenfalls sehr stark ausgeprägt ist, haben manche Menschen, vorrangig im Gebiet der westlichen Bundesländer, noch nicht begriffen. Manche Lehrerinnen und Lehrer sind der Meinung, weil sie ihre Ausbildung früher absolviert haben, nichts Neues und Erforderliches mehr dazulernen zu müssen. Sie bekommen manchmal noch Rückendeckung in den meines Erachtens nicht richtigen Auffassungen von verantwortlichen Stellen der Bundesrepublik bzw. der betreffenden Bundesländer. Sie bekommen auch in vielen Bundesländern, insbesondere in den westlichen Bundesländern, noch nicht einmal den verpflichtenden Auftrag, eine Lehrerfortbildung durchzuführen. In den östlichen Bundesländern gilt im Regelfall, wie es in der DDR üblich war, die Lehrerfortbildung weiterzuführen. Im Schulgesetz ist sicherlich für alle Bundesländer für die Lehrerinnen und Lehrer die Pflicht enthalten, sich fortzubilden, aber es gibt, im Gegensatz zur damaligen DDR, in der Bundesrepublik keine verpflichtende Festlegungen bzw. Strafen für Diejenigen, die sich nicht fortbilden. Wenn es auch eine Minderheit ist, die sich nicht fortbilden, zeigen Diejenigen, die sich nicht fortbilden, manchmal keine ausreichende Eigeninitiative zur Fortbildung im gemeinsamen Deutschland. Dies macht sich besonders bei den Folgen des

Corona-Virus durch die manchmal mangelnde Ausbildung und auch die bei Einigen nicht ausreichende Fortbildung und die sonstigen Erfordernisse des Bildungswesens im Rahmen der Tätigkeiten in den Schulen in Deutschland negativ bemerkbar. Die Bundesrepublik Deutschland liegt im EU-Vergleich an 27. und somit an letzter Stelle in der Beherrschung der Digitalisierung. Dies kann ebenfalls auch mit, trotz auch anderer in Frage kommender Gründe, an der nicht sanktionierten mangelnden Lehrerfortbildung, die insbesondere in den westlichen Bundesländern weiterhin vorherrscht, liegen. In der früheren DDR war in dieser Zeit zwingend die Lehrerfortbildung für jede Lehrerin und jeden Lehrer vorgeschrieben. Alle Lehrerinnen und Lehrer mussten in den Schulferien in fünf Jahren mindestens drei Weiterbildungskurse absolvieren. Waren in der DDR Lehrer-Fortbildungen während der Schulzeit erforderlich, wurden die Lehrerinnen und Lehrer von anderen Kolleginnen und Kollegen vertreten, die dann ihren schulklassenbezogenen Fachunterricht vorzogen und wenn die anderen Lehrerinnen und Lehrer ihre Fortbildung beendet hatten, konnten diese Lehrerinnen und Lehrer dann ihren Schulstoff nicht nur in ihren eigenen Unterrichtsstunden vermitteln. Sie bekamen dann auch die Unterrichtsstunden anderer Fachlehrer, die, wie erwähnt, ihren eigenen zu vermittelnden Schulstoff bereits vorgezogen hatten, zur Verfügung gestellt. Damit konnte sichergestellt werden, dass die Schülerinnen und Schüler trotz des zeitweiligen weiterbildungsbedingten Ausfalls bestimmter Lehrerinnen und Lehrer den von diesen Lehrerinnen und Lehrern zu unterrichtenden Unterrichtsstoff danach wieder vermittelt bekamen. Diese Art der Überbrückung von zeitweisen weiterbildungsbedingten Personalengpässen erfolgte, um den im Schuljahresplan zu behandelnden Schulstoff schaffen zu können. Es wurde auch deshalb so gehandelt, um, wie sich dies heutzutage in Zeiten des Corona-Virus insbesondere in Deutschland auf Grund der mangelnden Digitalisierung und der mangelnden diesbezüglichen Ausbildung der Lehrerinnen und Lehrer, Schülerinnen und Schüler sowie deren Eltern, aber auch Studentinnen und Studenten bzw. Professorinnen und Professoren an den Hochschulen und Universitäten, zeigt, Bildungslücken mit der Konsequenz schlechter Abschlüsse zu vermeiden.

Heute wird, wie bereits erwähnt, die Lehrerfortbildung nicht oder nicht ausreichend in allen Bundesländern durchgeführt, und es wird den einzelnen Bundesländern überlassen, ob eine Lehrerfortbildung, wenn Einzelne diese Erfordernisse nicht erfüllen, durchgeführt wird oder nicht. Man sieht zur Zeit sehr eindrucksvoll, welche negativen Folgen diese völlig unverständliche nicht einheitliche Regelung für alle Bundesländer und damit für die Lehrerinnen und Lehrer hat. Die Folgen sind derzeit, dass diese Lehrerfortbildung mit erheblich unterschiedlicher Qualität zum Nachteil von Schülerinnen und Schülern und deren Ausbildung erfolgt. Es gibt zwar ein Fortbildungssystem und eine relativ hohes Fortbildungsangebot, das zwar von der Mehrheit gut genutzt wird, aber einige Wenige halten sich nicht ausreichend an die geltenden freiwilligen Bestimmungen bzw. Regelungen.

- In der DDR hatte man in jedem Kreis jeweils einen Fachberater für die entsprechenden Fächer. Der ausgewählte Fachberater sollte besondere Kenntnisse auf dem jeweiligen Fachgebiet haben und die Lehrerinnen und Lehrer konnten sich bei Bedarf an ihn wenden. Auch bei der Lehrerfortbildung kamen die Fachberater oft zum Einsatz. Dadurch wurden gute Voraussetzungen zur Erhöhung der Unterrichtsqualität erreicht. Für die Fachberater werden im Bildungssystem des gemeinsamen Deutschlands die Fachleiter und Fachbereichsleiter wirksam. Für Referendare gibt es in den Schulen anleitende Lehrer und den Lehramtsstudenten, die ein Schulpraktikum absolvieren müssen, werden Mentoren an die Seite gestellt. Trotz dem sich die Mehrheit der Lehrer sich auch an diese Regelungen halten, halte ich jedoch auch hier den geltenden Gesichtspunkt, dass diese Regelungen nur auf Freiwilligkeit beruhen, wegen den dringenden Erfordernissen, dass Alle die Regelungen einhalten, aber Wenige sich in der Realität nicht an die betreffenden Reglungen halten, auch im Interesse aller davon betroffenen Schüler, für nicht im vollen Umfang ausreichend.

Das ganze System der föderalen Schulen ist auch dadurch viel zu bürokratisch und langatmig. ehe es zum Tragen kommt. Es ist zum Teil noch immer so, dass wertvolle Zeit verloren geht, bis die notwendigen Notebooks und anderen dringenden Geräte für die Arbeit in der Schule, trotz bestehender Finanzierung, zum Nachteil der betroffenen Lehrer und Schüler beschafft wurden bzw. noch werden. Dies macht sich bei den Folgen des Corona-Virus und deren Erfordernisse für die Ausbildung und deren Sicherung durch das unterschiedliche Verhalten und die unterschiedlichen Bestimmungen der einzelnen Bundesländer ganz besonders bemerkbar. Es wäre auch nicht nur erforderlich gewesen, die notwendige Anzahl an Atemschutzmasken, Beatmungsgeräten, Medikamenten usw. rechtzeitig vor dem Entstehen des Corona-Virus als Sicherheit, da immer mit Viren zu rechnen ist, bereitzustellen. Genauso hätte man auch die notwendigen Tablets, Multifunktionsgeräte und andere für die Digitalisierung der Bildung für die Schüler und Lehrer erforderliche Materialien bereitliegen haben müssen. Aber diese wichtigen Erfordernisse hat man in keiner Weise für die Ausbildung beachtet. Auch wäre es dringend erforderlich gewesen, sich ähnlich, wie die asiatischen, skandinavischen Länder oder wie Estland usw., eher mit der Digitalisierung, rechtzeitig, schon viele Jahre vor dem Entstehen des Corona-Virus zu beschäftigten und die dafür notwendigen Geräte mit der entsprechenden Software in den Schulen zu installieren.

Wie erfolgreiche Digitalisierung funktionieren kann, lege ich in Auszügen aus dem durch das Bundesnetzwerk Bürgerschaftliches Engagement (BBE) im Jahre 2018 veröffentlichten Artikel „Digitalisierung und Zivilgesellschaft in Estland. Lehren aus der digitalen Gesellschaft?“ von Mirko Schwärzel dar.

„Estland nahm im Bereich der digitalen Verwaltung früh diese europaweite Spitzenstellung ein. Technische Grundlage war das im Jahr 2001 zunächst für die estnische Regierung und Verwaltung eingeführte dezentrale Schnittstellensystem “X-Road“. über das mittlerweile rund 1.000 Institutionen, regionalen und kommunalen Verwaltung (Stand: 2018) eingebunden sind, die eine Vielzahl von digitalen Diensten anbieten. Die verwaltungstechnische Revolution dieser digitalen Verwaltungsstelle war die Bündelung der Daten aller Einwohnerinnen und Einwohner Estlands. ....

Der zweite wichtige Schritt zum Ausbau des Angebots digitaler Dienstleistungen war die Einführung einer digitalen Identitätsnummer und damit eines digitalen Personalausweises, was eine rechtsfähige digitale Unterschrift möglich machte. Die Identifikationsnummer, die mit Geburt zugeteilt wird, wird mittlerweile zentral automatisiert generiert. Somit können in Estland heute beinahe alle Verfahren digital abgewickelt werden (Ausnahmen bleiben lediglich die Heirat und der Erwerb von Immobilien oder Grundbesitz). Die Erstellung einer Steuererklärung beispielsweise ist lediglich eine digitale Zusammenführung von Informationen, die sämtlich abrufbar sind und benötigt zumeist nur wenige Minuten.

Seit dem Jahr 2005 ist auch die digitale Stimmabgabe bei Wahlen möglich: Bei den Europa-Wahlen 2014 wurde bereits jede neunte Stimme elektronisch abgegeben, und bei den Parlamentswahlen stimmten 20 % der Bevölkerung digital ab.

Im Gesundheitssektor besteht seit dem Jahr 2005 mit der Estonian E-Health Foundation (Estnischen Stiftung für digitale Gesundheit) eine Koordinierungsstelle für die Digitalisierung des Gesundheitswesens.

Im Jahr 2008 führte Estland als erstes Land ein einheitliches System einer elektronischen Patientenakte zur Speicherung der persönlichen Krankengeschichte (Electronic Health Record EHR) ein. ………… Da (sie) die gesamte Krankenakte der Patientinnen (und Patienten) speichert und über X-Road einsehen lässt, sind für allgemeine Beratungen keine Arztbesuche mehr notwendig, was die Gesundheitsbelastung insbesondere im ländlichen Raum entlastet. Eine wichtige Funktion ist die Verschreibung von Medikamenten: Inzwischen werden 98 Prozent (Stand: 2018) aller Rezepte über das X-Road-System abgewickelt. ……………………..……………..……..
Estland ist europaweit führend bei der Einführung und Anwendung digitaler Lerninstrumente im schulischen Unterricht. ……………………………..……
Auch in der nach- und außerschulischen Weiterbildung bestehen digitale Qualifizierungsangebote wie „Teach Entrepreneurship“ („Unternehmertum lehren“) oder „IT-Innovation“. Mit der „Lifelong Learning Strategy 2014 –

2020“ („Strategie des lebenslangen Lernens 2014 – 2020“), die das estnische Parlament im Jahr 2014 verabschiedet hat, sowie dem „Adult Education Act“ („Erwachsenenbildungs-Gesetz“) aus dem Jahr 2015 sollen die Bedürfnisse des Arbeitsmarktes mit Blick auf die Digitalisierung noch besser bedient werden.“

Obwohl bis 1990 noch nicht die Voraussetzungen für eine Digitalisierung in der früheren DDR bestanden, weil dies zur damaligen Zeit noch nicht gegeben war, hat man im Rahmen der Bildungspolitik im Fernsehen der damaligen DDR für die jeweiligen Fächer und für die jeweiligen Klassen ein Schulfernsehen angeboten und die Nutzung des Inhalts dieser fachbezogenen Sendungen ermöglicht. In der DDR wurde ab Beginn der 1950er Jahre ein Bildungsfernsehen ausgestrahlt. Vorbild für die Einführung des Schulfernsehen in der DDR war das sowjetische Schulfernsehen, das ab 1965 ausgestrahlt wurde. Die jeweiligen Schulfernsehsendungen wurden in der DDR mit den Lehrplänen für die jeweiligen Klassen der Polytechnischen Oberschulen (POS) abgestimmt. In den Ausführungen der Bundeszentrale für politische Bildung (bpb) vom 30. August 2012 wird u. a. diesbezüglich geschrieben:

„ …………….. Themen und Unterrichtsgebiete für das DDR-Schulfernsehen waren: Chemie, „Einführung in die sozialistische Produktion" (ESP), Englisch („English for you"), Geographie, Geschichte, Heimatkunde, Literatur, Physik, Staatsbürgerkunde und Russisch ……………………………………"

In den 1970er und 1980er Jahren wurde das DDR-Schulfernsehen fortgesetzt, zum Teil entsprechend den aktuellen Erfordernissen neu strukturiert und qualitativ in gewisser Weise verbessert. Dadurch waren in der DDR solide Grundlagen für die Schulbildung gegeben. Man hätte, wenn alle Schüler alle Sendungen des Bildungsfernsehens in der DDR gesehen hätten, den Unterricht im Notfall aus meiner Sicht auch ohne Lehrer absolvieren können. Bis 1972 stand auch in der alten Bundesrepublik Deutschland Schulfernsehen zur Verfügung. Bayern fing damit 1964 an und der Westdeutsche Rundfunk (WDR) folgten ab 1969. Ab Beginn des Jahres 1980 wurde das Schulfernsehen in der alten Bundesrepublik nicht mehr fortgeführt. Die

Strukturierung auf Erfordernisse des Lehrplans gab es in der alten Bundesrepublik nicht, denn es gibt durch den vorherrschenden Föderalismus in der Schulbildung, mit allen damit verbundenen Nachteilen keinen einheitlichen Lehrplan. Jedes Bundesland hat seinen eigenen Lehrplan für das jeweilige Fach und die jeweilige Klassenstufe. Erst Bayern fing angesichts der vielen Schulschließungen durch die Corona-Pandemie am 18. März 2020 mit dem Schulfernsehen im dreistündigem Programm ab 09:00 Uhr im Bayrischen Rundfunk wieder an. Alle Jahrgangsstufen sollen in allen Fächern das Schulfernsehen sehen können. Da ab den 1980er Jahren, wie erwähnt, kein strukturiertes Schulfernsehen in der alten Bundesrepublik ausgestrahlt wurde und man auch im gemeinsamen Deutschland kein strukturiertes Schulfernsehen für die einzelnen Schulklassen ausgestrahlt hat, hat man ungünstigere Voraussetzungen beim Erreichen des Schulabschlusses, gerade unter den schwerwiegenden aktuellen Gegebenheiten der Corona-Pandemie. Es hätte dann in dieser Zeit, als die Schule durch Corona nicht stattgefunden hat, den Schülern mancher Klassen Schulfernsehren in der notwendigen strukturierenden Form angeboten werden müssen, das, wie erwähnt, den Stoff der einzelnen Schulklassen beinhalten konnte. Wenn das Schulfernsehen auch im gemeinsamen Deutschland entsprechend den Erfordernissen der Schule, der Schüler und Lehrer weitergeführt worden wäre, hätte man die Voraussetzungen für eine Schulausbildung auch notfalls ohne Durchführung der eigentlichen Schulausbildung in der bisherigen Form ausnahmsweise schaffen können. Ich habe selber noch, trotz dem dies schon lange her ist, das Bildungsfernsehen genutzt und mit Interesse angesehen. Auch hierbei hätte man von der DDR-Bildungspolitik im gemeinsamen Deutschland lernen können.

Die Verbeamtung von Lehrern erweist sich auch hier aus meiner Sicht als Hindernis für die manchmal in diesem Fall auch notwendige dringend erforderliche Disziplinierung von manchen Lehrern, die nicht oder nur unzureichend die erforderliche Weiterbildung bzw. Lehrerfortbildung absolvieren und dafür keine berechtigten Gründe, wie u. a. gesundheitliche Gründe, haben. Die Weiterqualifizierung muss als ein Erfordernis für Lehrkräfte angesehen werden, um ihren Beruf als Lehrkraft ausüben zu können. Wenn sie die Fortbildung nicht durchführen, müssen aus meiner

Sicht sie für den Lehrerberuf als ungeeignet angesehen werden, und es müssten dann die erforderlichen Konsequenzen gezogen werden.

Man kann nach dem Abitur aus meiner Sicht nicht alle Studienrichtungen sofort studieren, und es wird zu wenig und unzureichend beachtet, dass es in manchen Studienrichtungen unbedingt auf den vorherigen Erwerb von praktischen Kenntnissen ankommt. Auch im Jahr 1991 war die völlig ungenügende Handhabungsweise in dieser Hinsicht in der alten Bundesrepublik zu sehen. Dies ging so weit, dass Schüler, die die Berufsausbildung mit Abitur in der DDR absolviert haben und dadurch viele erste praktische Kenntnisse erwarben, durch die vorhergehende Berufsausbildung bezüglich ihres zukünftigen Studienfachs in manchen Studiendisziplinen ihren Mitkommilitonen aus der alten Bundesrepublik bzw. dem damaligen Westteil Berlins manchmal bis zu 1,5 Jahre in der gleichen Studiendisziplin voraus waren. Dies machte sich deshalb in denjenigen Fachgebieten, die im besonderen Maße praktische Kenntnisse erforderten, bemerkbar. Es war festzustellen, dass die westdeutschen Studenten durch den unterschiedlichen Ausbildungsstand oft durch ihre mangelnden praktischen Kenntnisse auffielen, da sie in der besuchten Schule im Gymnasium der Bundesrepublik keine ausreichenden praktischen Kenntnisse vermittelt bekamen. Deshalb muss man bei den in Frage kommenden betreffenden Studiendisziplinen viel mehr, als dies bisher geschieht, auf berufspraktische Kenntnisse vor Beginn eines Studiums Wert legen.

Dies betraf insbesondere Diejenigen, die in der alten Bundesrepublik ihr Abitur abgelegt und danach keine vorhergehende Berufsausbildung und im gemeinsamen Deutschland das gleiche Studium an der gleichen Studieneinrichtung zu diesem Vergleichszeitraum absolviert haben. Die ostdeutschen Studenten waren den westdeutschen Studenten in den betreffenden Studiendisziplinen in dieser Zeit im erheblichen Maße überlegen. Es wird deshalb auch für dringend erforderlich gehalten, auch die Berufsausbildung mit Abitur flächendeckend in der gesamten Bundesrepublik Deutschland einzuführen und nicht, wie es derzeit der Fall ist, diese Ausbildung nur in einigen wenigen Bundesländern im gemeinsamen Deutschland. Überhaupt muss der berufspraktischen Ausbildung und

Tätigkeit vor Beginn eines Studiums in bestimmten Studienrichtungen wesentlich mehr Bedeutung im gemeinsamen Deutschland beigemessen werden. In einigen Studiengängen wird bereits auch in der Bundesrepublik vor Aufnahme des Studiums vorausgesetzt, dass die Studenten zum einen berufspraktische Kenntnisse mitbringen bzw., wenn dies vor Aufnahme des Studiums noch nicht in dem ausreichenden Umfang erfolgen konnte, von ihnen verlangt, dass neben dem im Rahmen des Studiums zu absolvierenden Pflichtpraktikum bis zum Ende eines bestimmten Semesters ein Vorpraktikum in einer im jeweiligen Curriculum des jeweiligen Studiengangs bestimmten Wochenanzahl zu absolvieren und die Absolvierung dieses Vorpraktikums auch nachzuweisen ist.

Obwohl man in der früheren DDR sehr gute Erfahrungen mit der Unterrichtung des Fachgebiets Polytechnik gemacht hat und gesondert auch Lehrer für Polytechnik ausgebildet wurden, wurde im gemeinsamen Deutschland das Fachgebiet Polytechnik nicht mehr ausgebildet, und nicht nur die Schüler hatten dadurch erhebliche Nachteile, sondern denjenigen Lehrern, die nur Polytechnik studiert hatten, wurde dieses Studium in der Bundesrepublik aberkannt. Durch die nicht mehr mögliche Ausbildung in der Polytechnik haben die Schüler noch weniger praktische Kenntnisse mit den dadurch sich ergebenden gravierenden negativen Auswirkungen erwerben können. Es wird auch bei manchen Studieneinrichtungen zu sehr auf theoretische Belange und oft zu wenig auf praktische Erfordernisse Wert gelegt. Die Folge sind oft fehlende oder nicht ausreichende praktische Kenntnisse. Deshalb kommt es auch zu langen international unüblichen Zeiträumen, bis in der erforderlichen Qualität die praktischen erforderlichen Voraussetzungen erreicht werden. Dadurch kann man aus meiner Sicht nur unzureichend eine Berufstätigkeit entsprechend den Erfordernissen in der üblichen Zeit durchführen.

Durch die in der DDR vorhandene Möglichkeit, ein Fernstudium in fast allen Studieneinrichtungen und an allen Studienorten durchführen zu können, wenn man eine Delegierung dazu hatte, was im gemeinsamen Deutschland nur in nicht ausreichender Weise möglich ist, kam es in der DDR oft dazu, weil die Fernstudenten im Regelfall als Leiter schon beruflich tätig waren, dass die Fernstudenten oft sehr gute bzw. umfangreiche praktische Kenntnisse hatten und dadurch für das Zusammenwirken der Studienausbildung zwischen Fernstudenten und Lehrenden gute Voraussetzungen bestanden. Die Lehrenden hatten verständlicherweise, da sie im Gegensatz zur Mehrheit der Fernstudenten oft nicht so in der Praxis standen, nicht in jedem Fall immer ausreichende neue praktische Kenntnisse bezogen auf aktuelle Erfordernisse der Praxis. Man konnte die praktischen Kenntnisse auch an die Lehrenden weitergegeben, weil die Lehrenden daran interessiert waren, neue aktuelle praktische Kenntnisse zu erwerben. Diese Möglichkeit haben die Lehrenden in der DDR deshalb gerne angenommen, und man hat diesen Wissensaustausch nicht als Schwäche, sondern als eine ganz normale Erscheinung in der Lehre gesehen. Auch dadurch konnte die Qualität des Unterrichts erhöht werden und die erforderliche Praxiswirksamkeit viel stärker erfolgen.

Die vielfach nicht ausreichende Vermittlung der notwendigen Erfordernisse der Erziehung in der pädagogischen Ausbildung im gemeinsamen Deutschland für die zukünftigen Lehrer muss ebenfalls genannt werden. Dies macht sich leider manchmal darin bemerkbar, dass sie nicht immer ausreichende erforderliche Fähigkeiten in der praktischen Lehrertätigkeit gegenüber den noch in der DDR ausgebildeten Lehrkräften haben.

Zur Nachhilfe war jeder Lehrer in der damaligen DDR bei seinen Schülern, wenn diese Probleme beim Verstehen des Lernstoffs in den Unterrichtsfächern hatten und der Nachhilfe bedurften, im Regelfall auf kostenloser Basis verpflichtet, was in der alten Bundesrepublik sowie im gemeinsamen Deutschland bisher nicht der Fall ist, jedoch auch hier nur auf freiwilliger Basis erfolgt. Ich fand diese Vorgehensweise der kostenlosen Nachhilfe durch die Lehrer zu DDR-Zeiten viel sozialer für die Eltern und auch für die Schüler. Dadurch konnte ebenfalls eine bessere Chancengleichheit erreicht werden und Allen, die Hilfe brauchten, diese gegeben werden, auch Eltern, die über weniger Einkommen verfügten. Dass man aktuell insbesondere wegen den Folgen des Corona-Virus für die Beschulung nunmehr Fördermöglichkeiten für die Nachhilfe gibt, finde ich zwar richtig, aber man vergibt diese Förderungen nur wegen dieses aktuellen

Erfordernisses durch Corona. Die erforderliche kostenlose Nachhilfe müsste allein aus sozialen Gründen gewährleistet sein.

Die Lehrerinnen bzw. Lehrer hatten in der damaligen DDR die Aufgabe, nach einem festgelegten Rhythmus Elternbesuche bei den Eltern ihrer Schülerinnen und Schüler abzustatten. Sie konnten u. a. auch dadurch rechtzeitig auf eventuelle Probleme der Schüler, aber auch auf gute Seiten hinweisen. Dadurch bestand auch ein viel besserer Kontakt zwischen den Lehrern und den Eltern der Schüler, als es heute im gemeinsamen Deutschland der Fall ist, da nunmehr keine Elternbesuche mehr von den Lehrern vorgesehen sind.

Im Lehramt Mathematik werden studierende Lehrer, die später Schüler unterrichten sollen, manchmal mit Studenten der Mathematik auch gemeinsam ausgebildet, mit unmittelbaren Mathematikern, die später nach Abschluss ihres Studiums Mathematiker werden und vorher keine Lehrer-Ausbildung mit pädagogischer Ausbildung absolviert haben. Die Folge ist, dass den Schüler zu sehr theoretisierten Stoff vermittelt wird und dabei oft vergessen wird, den Schülern die praktischen Kniffe in Mathe beizubringen. Viel gravierender ist zudem, dass bei der Berechnung von Aufgaben in der Bundesrepublik kaum noch Wert darauf gelegt wird, dass die Schülerinnen und Schüler die einzelnen rechnerischen Zwischenschritte niederschreiben, um besser nachvollziehen zu können, wie bestimmte von den Schülerinnen und Schülern errechnete Ergebnisse zu Stande kommen. Damit wird auch mit dazu beigetragen, dass Schülerinnen und Schüler im Fach Mathematik oft nicht ausreichende Ergebnisse erreichen. Dies liegt auch daran, dass manche Lehrer viel zu wenige praktische Handhabungsweisen in der Mathematik kennen. Dieser Mangel ist auch der nicht ausreichenden pädagogischen Ausbildung der Lehrer mit geschuldet. Auch von westdeutschen Lehrern, die Mathematik in der alten Bundesrepublik unterrichten, wurde festgestellt, dass die Mathe-Schulbücher und damit auch die Mathematik-Ausbildung in der früheren DDR viel systematischer und viel besser geeignet war, als die Mathematik-Schulbücher im gemeinsamen Deutschland. Ein Mathe-Lehrer aus der alten Bundesrepublik, der auch die Mathe-Ausbildung in vielen Ländern der Welt kannte und verglichen hat, kam zu dem Schluss, dass die

DDR-Mathe-Schulbücher und die damit verbundene Mathematik-Ausbildung die systematischste und beste von allen Ländern der Welt war. Mir sind Beispiele bekannt, dass Lehrkräfte, die früher aus Westdeutschland kamen und im gemeinsamen Deutschland Mathematik unterrichteten, auf der Grundlage noch vorhandener Mathe-Schulbücher der früheren DDR die Mathe-Ausbildung in den Schulen durchgeführt haben, weil sie die inhaltliche Aufbereitung des zu vermittelnden Themenstoffs in den Mathe-Büchern der ehemaligen DDR wesentlich systematischer und besser fanden, als Mathe-Schulbücher aus der alten Bundesrepublik bzw. des nunmehr gemeinsamen Deutschlands.

Man hätte auch von der damaligen Sowjetunion lernen können, da in der ehemaligen Sowjetunion ab der 2. Klasse Schach als Schulfach unterrichtet wurde, weil man beim Schach das logische und systematische Denken lernt, was gerade für die Bewältigung der Mathematik bzw. der Mathematik als Schulfach sehr wichtig ist. In der ehemaligen sowjetischen Republik Armenien, die seit dem Zusammenbruch der Sowjetunion ein unabhängiges selbständiges Land ist, ist Schach auch deshalb wieder ein Schulfach geworden. Die Schülerinnen und Schüler in der Sowjetunion, die Schachunterricht als ordentliches Schulfach absolviert bzw. Schach teilweise schon im Kindergarten gelernt hatten, haben einen recht guten Notendurchschnitt erreicht und waren oft besonders im Fach Mathematik sehr gut. Auch in der früheren DDR wünschten deshalb Manche, zu denen auch ich gehörte, dass interessierten Kindern Schach noch vor dem Schulbeginn beigebracht wird und auch wegen den günstigen Folgewirkungen für andere Schulfächer, wie u. a. Mathematik, ordentliches Schulfach wird. Dies wurde aber vom damaligen Volksbildungsministerium der DDR, Allen voran von der von November 1963 bis November 1989 als Volksbildungsministerin in der früheren DDR tätigen Margot Honecker, nicht zugelassen. Es wäre aber meines Erachtens sehr sinnvoll, auch wegen der erheblichen Verbindung von Schach zum Fach Mathematik, dass Schach in die schulische Ausbildung bzw. in die Ganztagschulbewegung im gemeinsamen Deutschland einbezogen wird, da viele Kinder und spätere Schüler in Deutschland logisches Denken vermissen lassen.

Die Anforderungen an das Abitur sind gegenüber der Vergangenheit erheblich zurückgegangen. Eine bekannte und sehr erfolgreiche Schriftstellerin aus Deutschland, die früher auch in der alten Bundesrepublik ihr Abitur abgelegt hat und deren Tochter aktuell das Abitur ablegt oder inzwischen schon abgelegt hat, kommt zu dem niederschmetternden Ergebnis aufgrund ihrer Erfahrungen im Vergleich, dass das gegenwärtige Abitur im gemeinsamen Deutschland noch nicht einmal vom geforderten Niveau vergleichsweise den früheren Anforderungen, die an den Realschulabschluss gestellt wurden, entspricht. Es ist deshalb dringend erforderlich, dass wir die Anforderungen an ein Abitur im gemeinsamen Deutschland gewaltig erhöhen müssen, weil wir uns dann, wenn es weiter so bleibt, nur was vormachen. Es sollten auch einheitliche Maßstäbe für das Abitur zugrunde gelegt und nicht für jedes Bundesland extra Abiturprüfungen festgelegt werden und erfolgen. Es ist so schon sehr schwierig und kaum möglich, Noten in der Schule zu vergleichen. Durch das nicht vergleichbare Abitur zwischen den einzelnen Bundesländern wird diesem wichtigen Problem des besseren Notenvergleichs noch ein Bärendienst geleistet. Auch darin können ebenfalls mit Ursachen liegen, dass ein Drittel der Studenten ein Studium nicht schafft.

Ein Notenvergleich ist wegen der sehr unterschiedlichen Bewertung der Noten zwischen den einzelnen Lehrenden und auch den unterschiedlichen Anforderungen u. a. auch von jedem Bundesland kein ausreichender objektiver Maßstab für die Entscheidung, ob ein Studium erfolgen kann bzw. dafür die Voraussetzungen bestehen. In der früheren DDR war es für nahezu jeden Schüler, der sich für ein Direktstudium bewarb, eine Verpflichtung, dass eine Aufnahmeprüfung absolviert wurde. Im Ergebnis der Aufnahmeprüfung und der Noten wurde dann von einer Kommission die Entscheidung getroffen, ob man den betreffenden Bewerber zum Direktstudium zuließ. Ähnlich wird in Russland heute noch verfahren. Im gemeinsamen Deutschland wird nicht immer so verfahren, und oft reicht der Abitur-Abschluss für ein Studium aus. Dies finde ich auch wegen den angeführten Gründen nicht richtig. Auch bei den Studiendisziplinen, bei denen man im Rahmen eines Numerus Clausus (NC) die Notenbewertung für die Zulassung zum Studium in einem besonders nachgefragten Studiengang zu Grunde legt, ist meines Erachtens nicht ausreichend, wenn man nur auf die

Noten schaut, da diese oftmals auf subjektiver Grundlage vergeben werden und nicht immer ausreichend vergleichbar und damit vielfach nicht genügend objektiv sind. Man müsste in jedem Fall allein schon deshalb über eine zielgerichtete Aufnahmeprüfung überprüfen, ob der betreffende auf der Grundlage des Notenstandes Auserwählte für das jeweilige Studienfach nicht nur die fachlichen, sondern auch charakterlichen und sonstigen erforderlichen Voraussetzungen für das Studienfach besitzt und überhaupt geeignet ist.

Die Bachelor-Ausbildung ist insbesondere an den Universitäten oft zu verschult und erfüllt in einer Reihe von Studiengängen nicht die Anforderungen, die an eine solche Ausbildung von den praktischen realen Erfordernissen des Lebens für die jeweilige Studiendisziplin bestehen. Die erforderliche Einstellung auch zum späteren Leben kann bei einigen Studiendisziplinen nur unzureichend erfüllt werden, und es entsteht bei den Studenten oft ein erheblicher Stress, um das gewollte Lernen oft „einzupauken". Man sollte vielmehr die Dialektik und das praktische Lernen zum Gegenstand dieser Ausbildung machen, weil auswendig Gelerntes, was man auch in Büchern oder im Internet jederzeit nachlesen kann, zu schade ist, da man sich in dieser Zeit viel mehr mit praktischen und dialektischen Lehrinhalten beschäftigen kann. Auswendig Gelerntes hat auch den Nachteil, dass, wenn man den Sinn dahinter nicht verstanden hat, dieses auswendig Gelernte auch schnell wieder vergessen wird. Neben dem Lernen müssen von den Studentinnen und Studenten teilweise auch noch Projekte durchgeführt und Hausarbeiten geschrieben werden als Voraussetzung, um in einem Bestandteil des Studiums bildenden Fach überhaupt zur Prüfung zugelassen zu werden. Hinzu kommt, dass einige Studentinnen und Studenten weder finanzielle Unterstützung durch ihre Eltern bekommen, noch einen Anspruch auf BAföG (finanzielle Leistungen nach dem Berufsausbildungsförderungsgesetz) haben, weil ihre Eltern entweder zu viel verdienen oder wenn die Studentinnen und Studenten sich bei einer Bachelor-Ausbildung im mindestens 31. und bei einer Master-Ausbildung im mindestens 36. Lebensjahr befinden und deshalb neben ihrem Studium einer Nebenbeschäftigung nachgehen müssen. Dadurch haben die Studenten heutzutage im Grunde keine Zeit für das studentische Leben, was auch zum Leben eines Studenten und auch zu den erforderlichen Gegenmitteln für das

Entstehen von psychologischen Störungen gehört. Aus meiner Sicht kann die 1999 von 29 europäischen Bildungsministern in Bologna beschlossene Bologna-Reform, die das Ziel hatte, die akademischen Abschlüsse in Europa bzw. weltweit vergleichbarer zu machen, so nicht weitergeführt werden. Man sollte zu Studienabschüssen sowie zur Studienausbildung wieder übergehen, die vor der Bologna-Reform für ganz Deutschland galten, auch für die DDR.

Dass ein Drittel der ausgebildeten Studenten das Studium unter diesen Gegebenheiten nicht schaffen, ist zum einen darin zu sehen, dass die Bologna- Reform gescheitert ist, aber auch zu viele Menschen studieren und die Bedarfserfordernisse beim Studium unzureichend beachtet werden.

Auch Migranten, die zum Teil einen hohen Berufsabschluss, wie einen Universitäts-, Hochschul-, Fachhochschul- oder Fachschulabschluss haben, bekommen leider ihren Studienabschluss, weil der Abschluss nicht in Deutschland erfolgte, vielfach nicht anerkannt. Ich finde dies nicht richtig, und es ist auch kein Ausdruck für eine gelungene Migration und zeigt auf, dass oft eine Nichtanerkennung der Leistungen ausländischer Menschen durch die Bundesrepublik Deutschland erfolgt. Man stellt sich bezüglich des Wissens und der Erkenntnisse und im Lernen in meines Erachtens nicht ausreichend gerechtfertigter Weise über andere Nationen bzw. Länder, ohne in manchen Fällen dazu überhaupt die Voraussetzungen zu besitzen. Es wird in diesem Fall überhaupt nicht beachtet, dass in manchen Fällen die Qualität der in einigen anderen Ländern erworbenen Ausbildung und Berufsabschlüsse noch höher einzuschätzen ist, als eine Studienausbildung in der Bundesrepublik Deutschland. Dies betraf zum Beispiel einen Diplom-Psychologen und eine Diplom-Mathematikerin, die in der damaligen Sowjetunion ihren Studienabschluss erfolgreich abgeschlossen hatten und schon in der früheren Sowjetunion berufstätig waren. Sie mussten im gemeinsamen Deutschland noch eine Umschulung zum Programmierer absolvieren, weil man ihre Berufsabschlüsse in Deutschland nicht anerkannte. Damit sie überhaupt eine Berufstätigkeit ausüben konnten, mussten sie diese Umschulung noch zusätzlich zu ihrem jeweiligen in der Sowjetunion absolvierten Studienabschluss absolvieren. Dies sind bestimmt keine Einzelfälle, und ich habe dies persönlich erleben müssen, da ich in

Wirtschafts- und Sozialkunde (Volkswirtschaftslehre, Betriebswirtschaftslehre, Rechtslehre) deren Dozent war.

In diesem Zusammenhang muss auch erwähnt werden, dass in Deutschland im Ausland erworbene Berufs- und Meister-Abschlüsse sowie Studienabschlüsse im Regelfall nicht anerkannt werden, trotz der Bologna-Studienreform 1999 und dem am 1. April 2012 in Kraft getretenen „Gesetz zur Verbesserung und der Feststellung im Ausland erworbener Berufsqualifikationen“, das aus dem Berufsqualifikationsfeststellungsgesetz (Artikel 1) sowie Änderungen in den berufsrechtlichen Fachgesetzen (Artikel 2 bis Artikel 61). Von der Bologna-Reform profitieren jedoch in erster Linie Menschen aus den EU-Staaten. Ich finde dies nicht richtig und typisch für die Mängel der föderalen Struktur des Bildungswesens des gemeinsamen Deutschlands. Auch werden bestimmte Bildungsabschlüsse bzw. Bildungsnachweise von einzelnen Bundesländern in Deutschland oft nicht anerkannt, nur, weil sie in einem anderen Bundesland erworben wurden, obwohl diese ausgebildeten Menschen ebenfalls im gemeinsamen Deutschland leben. Auch dies ist ein erheblicher Mangel der gegenwärtigen föderalen Schulpolitik der einzelnen Bundesländer.

Auch die Diskriminierung gegenüber der russischen Sprache, obwohl nach dem Zusammenbruch der Sowjetunion viele so genannte „Russland-Deutsche“, auch aus anderen ehemaligen Sowjetrepubliken außerhalb Russlands, seit der Wende 1989/1990 ins nunmehr wiedervereinigte Deutschland übergesiedelt sind, muss erwähnt werden. Obwohl es zum Ende der DDR in Ostdeutschland ca. 16.000 Lehrerinnen und Lehrer gab, die Russisch unterrichten und Russisch bis zur Wende 1989/1990 in Ostdeutschland erste Pflicht-Fremdsprache war, die in der Regel ab der 5. Klasse und in Ausnahmefällen – unter bestimmten Voraussetzungen – ab der 3. Klasse in Klassen mit erweitertem Russisch-Unterricht, den so genannten „R-Klassen“, erlernt werden konnte und auch die Sowjetunion unter großen Opfern entscheidend wirksam war, dass auch die Menschen in Deutschland vom Faschismus befreit wurden, nahm die Anzahl der Schülerinnen und Schüler, die Russisch in der Schule lernen, seit der Wende in Ostdeutschland rapide ab. Heutzutage (Stand: 2021) sollen nach Informationen des

Mitteldeutschen Rundfunks nur noch 3 Prozent aller Schülerinnen und Schüler in Ostdeutschland Russisch in der Schule lernen. Insbesondere in der Wendezeit 1989/1990 wurden Schülerinnen und Schüler, die sich – auch als Vorsorge für die spätere berufliche Laufbahn für den Fall, dass als Voraussetzung, um einen Beruf erlernen zu können, der Abschluss in zwei Fremdsprachen verlangt wurde – für die Beibehaltung des Russisch-Unterrichts, natürlich unter angepassten inhaltlichen Voraussetzungen, eingesetzt haben, von ihren Mitschülerinnen und Mitschülern, die sich mainstreamgerecht der Teilnahme am Russisch-Unterricht entledigen wollten, diskriminiert. Dies geschah, ohne für sich selbst zu beachten, dass ein Abschluss in Russisch mangels genügender Lehrer in den in der DDR ab der 7. Klasse fakultativ, also freiwillig, unterrichteten Fremdsprachen-Fächern Englisch bzw. Französisch durchaus Sinn machte, da es in einigen Schulen durchaus vorkommen konnte, dass Englisch oder Französisch oder zumindest eines der beiden Fächer teilweise nicht unterrichtet werden konnte, da es, wie erwähnt, an entsprechend ausgebildeten Lehrern fehlte. Viele ehemalige Russisch-Lehrer wurden entweder entlassen oder mussten, um weiter beschäftigt zu werden, Zusatzausbildungen in anderen Fächern absolvieren. Die russische Sprache zu beherrschen, ist für die Völkerverständigung, die Erhaltung des Friedens, die Wirtschaft und auch im gemeinsamen Handel von großer Bedeutung. Heute beherrschen im Ergebnis dieser aus meiner Sicht in keiner Weise berechtigten drastischen Reduzierung des Russisch-Unterrichts viel zu wenige Menschen im gemeinsamen Deutschland die russische Sprache, was auch als großer Nachteil gewertet werden muss, der sich auf die wirtschaftlichen Verflechtungen und die Handelsbeziehungen von Deutschland mit Russland, aber auch weiteren Nachfolgestaaten der ehemaligen Sowjetunion, in denen Russisch als Bindeglied für die sprachliche Verständigung dient, erheblich negativ bemerkbar macht.

In den beiden nachfolgenden Tabellen wird als Überblick über den gegenwärtigen Stand des Fremdsprachen-Unterrichts an allgemeinbildenden und Berufsschulen in Deutschland die Anzahl der Schülerinnen und Schüler, die eine Fremdsprache erlernen, gemäß einer am 21. Oktober 2020 vom Statistischen Bundesamt Wiesbaden veröffentlichten Aufstellung gegenübergestellt. Aus Gründen des Datenschutzes wird hierbei seitens dieser Behörde nur die Gesamtzahl der jeweiligen Schülerinnen und Schüler, die die jeweilige Fremdsprache lernen, angegeben, jedoch keine Hinweise, in welchen Bundesländern sie welche Fremdsprache lernen. Nicht alle Bundesländer können alle genannten Fremdsprachen anbieten, da in einigen Bundesländern die jeweiligen Fachlehrerinnen und Fachlehrer oft fehlen bzw. nicht ausreichend verfügbar sind.

Sprachen	**Schuljahr**		
	2018/2019	**2019/2020**	**Veränderungen zum Vorjahr in %**
Englisch	7.025.004	6.979.308	- 0,7 %
Französisch	1.401.089	1.342.299	- 4,2 %
Latein	579.279	562.861	-5,9 %
Spanisch	464.061	473.775	2,1 %
Russisch	101.862	98.343	- 3,5 %
Italienisch	47.784	46.935	- 1,8 %
Türkisch	42.435	38.622	- 9,0 %
Altgriechisch	10.815	10.707	- 1,0 %
Sonstige Sprachen	80.421	79.029	- 1,7 %

Tabelle 6: Anzahl der Schülerinnen und Schüler an allgemeinbildenden Schulen in Deutschland, die in den Schuljahren 2018/2019 und 2019/2020 die jeweilige Fremdsprache gelernt haben (Quelle: Statistisches Bundesamt Wiesbaden vom 21. Oktober 2020;

(https://www.destatis.de/DE/Themen/Gesellschaft-Umwelt/Bildung-Forschung-Kultur/Tabellen/allgemeinbildende-beruflicheschulen/fremdsprachl-unterricht.html)

Sprachen	**Schuljahr**		
	2018/2019	**2019/2020**	**Veränderungen zum Vorjahr in %**
Englisch	1.345.215	1.326.528	- 1,4 %
Spanisch	120.648	110.928	- 8,1 %
Französisch	56.913	47.817	- 16,0 %
Türkisch	42.435	38.622	- 9,0 %
Russisch	9.138	10.449	14,3 %
Italienisch	4.401	3.759	- 14,6 %
Türkisch	1.929	1.662	- 13,8 %
Latein	117	87	25,6 %
Altgriechisch	13.563	17.727	30,7 %
Sonstige Sprachen	80.421	79.029	- 1,7 %

Tabelle 7: Anzahl der Schülerinnen und Schüler an berufsbildenden Schulen in Deutschland, die in den Schuljahren 2018/2019 und 2019/2020 die jeweilige Fremdsprache gelernt haben (Quelle: Statistisches Bundesamt Wiesbaden vom 21. Oktober 2020;

https://www.destatis.de/DE/Themen/Gesellschaft-Umwelt/Bildung-Forschung-Kultur/Tabellen/allgemeinbildende-beruflicheschulen/fremdsprachl-unterricht.html)

Auch die Kinderkrippenerzieher- und die Kindergärtner- bzw. Kindergärtnerinnen-Ausbildung wies in der damaligen DDR eine höhere Qualität in der erzieherischen Ausbildung auf, als eine vergleichbare Tätigkeit in den alten Bundesländern, trotz einiger Fortschritte im gemeinsamen Deutschland in der Ausbildung und bei den Voraussetzungen für diese Tätigkeit. In der früheren DDR war es Pflicht, dass man diese Tätigkeit nur mit einem Fachschulabschluss ausführen konnte. Neben einer vielfältigen pädagogischen und erzieherischen Ausbildung wurde es auch als Pflicht für eine Tätigkeit in diesen Berufen angesehen, dass man mindestens zwei Musikinstrumente spielen konnte, um die jungen Menschen auch besser für das Musizieren zu gewinnen. In der alten Bundesrepublik hat man viele Jahre – und teilweise ist es im gemeinsamen Deutschland noch teilweise heute so – diese Tätigkeit ohne eine mit der Ausbildung in der DDR gleichzusetzende Ausbildung durchgeführt. Zwischenzeitlich wurde diese Ausbildung der Erzieher im gemeinsamen Deutschland gegenüber früher in den alten Bundesländern etwas verbessert. Doch war es lange Zeit so, dass Malta und das gemeinsame Deutschland, die einzigen Länder in Europa waren, wo es keine Hochschulbildung für auszubildende spezielle Erzieher bzw. Erzieherinnen gab.

In der früheren DDR war es ganz normal, dass die Möglichkeit für alle Interessierten bestand, im Rahmen eines Eintritts in eine sogenannte „Arbeitsgemeinschaft“ (AG) eine außerschulische Weiterbildung zusätzlich aufzunehmen, aus heutiger Sicht gesehen, eine Art Ganztagsbeschulung in Anspruch zu nehmen. Erst jetzt, im Mai 2021, hat man im gemeinsamen Deutschland das Recht auf Ganztagsbeschulung eingeführt. Auch der Rechtsanspruch auf einen Kindergarten- und Kinderkrippenplatz bestand in der früheren DDR. Erst ab dem 1. August 2013 wurde insbesondere durch den Einsatz der damaligen gesamtdeutschen Arbeits- und Sozialministerin Ursula von der Leyen den Kindern zwischen dem ersten und dritten Lebensjahr zumindest per Gesetz das Recht auf einen Kindertagesstättenplatz sowie auf einen Platz bei einer Tagesmutter oder einem Tagesvater im gemeinsamen Deutschland eingeräumt. Es ist unverständlich, dass es so lange diese dringend erforderliche Regelung im gemeinsamen Deutschland nicht gab. Die Ursache lag insbesondere darin, dass eine völlig verfehlte, nicht zeitgemäße Rolle gegenüber Frauen in der alten Bundesrepublik und auch längere Zeit dadurch im gemeinsamen Deutschland insbesondere seitens von westdeutschen Politikern, Journalisten und Unternehmern eingenommen wurde. Die Folge dieser aus heutiger Sicht rückständigen Politik war, dass insbesondere in den alten Bundesländern kaum Plätze in Kindertagesstätten für Kinder zur Verfügung standen. Durch den Geburtenknick in den ostdeutschen Bundesländern ab 1989/1990 wurden einerseits weniger Kinder geboren. Viele Familien, in denen Kinder geboren wurden, mussten im entstehenden gemeinsamen Deutschland aus wirtschaftlichen Gründen in die alten Bundesländer wegen den besseren Arbeitsmöglichkeiten ziehen. Die Gründe, warum besonders in den 1990er Jahren insbesondere viele jüngere Erzieherinnen aus ihren bis dato bestandenen Arbeitsverhältnissen entlassen wurden, lagen in den geringen Nachwende-Geburtenraten in und dem oft berufsbedingten Wegzug aus Ostdeutschland wegen den bereits erwähnten besseren Arbeitsmöglichkeiten in den alten Bundesländern, aber auch im über die westdeutsch geprägten Medien kolportierten unzureichenden Bedarf an Kinderkrippen- und Kindergartenplätzen. Auch fehlte es – insbesondere in den alten Bundesländern – im erheblichen Maße an ausgebildeten Erzieherinnen bzw. Erziehern, Kindergärtnerinnen und Kindergärtnern. Erst am 10. Dezember 2008 wurde ein Kinderförderungsgesetz im gemeinsamen Deutschland erlassen. Es trat am 16. Dezember 2008 in Kraft. Im Kinderförderungsgesetz wurde u. a. geregelt, „bis zum Jahr 2013 das Angebot an Betreuungsplätzen für Kleinkinder zwischen einem und drei Jahren so auszubauen, dass ein durch das Gesetz eingeführter Rechtsanspruch ab dem 1. August 2013 auf Bereitstellung eines Betreuungsplatzes für alle Kinder in dem betreffenden Alter bedient werden kann. Es verpflichtet die Träger öffentlicher Kinder- und Jugendhilfe, d. h. die (Land-) Kreise und kreisfreien Städte durch die bei ihnen eingerichteten Jugendämter, allen Kindern ein Betreuungsangebot in einer Tageseinrichtung oder Kindertagespflege bereitzustellen. Bedingung dafür war, dass für deren Entwicklung hin zu einer eigenverantwortlichen und gemeinschaftsfähigen

Persönlichkeit eine solche Betreuung geboten ist oder die Erziehungsberechtigten erwerbstätig sind und einer Erwerbstätigkeit nachgehen, Arbeit suchend sind, sich in beruflichen Bildungsmaßnahmen, der Schul- oder Hochschulbildung befinden oder Leistungen zur Eingliederung in Arbeit erhalten. ...."

Das 2013 eingeführte Recht auf einen Kindergartenplatz wird trotz des Rechtsanspruchs in einer Reihe von Regionen, insbesondere in den westdeutschen Bundesländern, heute manchmal immer noch nicht eingehalten, kann aber selbst in einigen Regionen Ostdeutschlands, was in der DDR selbstverständlich war, heutzutage teilweise ebenfalls nicht mehr eingehalten werden. Dies liegt noch immer an der verfehlten Politik gegenüber arbeitsfähigen Frauen und Müttern in der alten Bundesrepublik und seit der Wiedervereinigung Deutschlands auch gegenüber der gleichen Bevölkerungsgruppe in Ostdeutschland. Dadurch hat man in manchen westlichen Bundesländern viel zu wenige Tagesstätteneinrichtungen für Kinder, aber auch beispielsweise in Berlin, hier auch dadurch bedingt, dass ein Zuzug von mindestens 300.000 Menschen in den vergangenen zehn Jahren erfolgte. Wie an anderer Stelle bereits erwähnt, haben es viele alleinstehende Frauen schwer, die Tätigkeit in ihrem Beruf mit der Kinderbetreuung in Einklang zu bringen. Da die Schulbildung in Deutschland im Regelfall zur Mittagszeit beendet wird, ergibt sich für die Eltern, die beide in Vollzeit arbeiten, die Notwendigkeit, dass die Kinder nach der Schulzeit betreut werden müssen. Die Notwendigkeit der Betreuung bzw. Horterziehung bestand deshalb für damals beide deutsche Staaten. In Westdeutschland hat man jedoch dem Hortwesen nicht die erforderliche Bedeutung beigemessen, da man dort gar nicht interessiert war, dass beide Elternteile in Vollzeit arbeiteten. So gab es nur vereinzelt Horte, und diese dienten in der Regel in der alten Bundesrepublik im Vergleich zur ehemaligen DDR vorrangig nur, wenn diese bestanden, der Beaufsichtigungsfunktion der Kinder. In der früheren DDR ging man da ganz anders vor. Dadurch, dass ca. 90 Prozent der Frauen voll arbeiteten und in der DDR sogar eine Pflicht zur Arbeit bestand, war es dringender notwendig, Horte zu errichten. Ende der 1950er Jahre hat man gemäß der geltenden Schulordnung der DDR im verstärken Maße Horte eingerichtet. Bis 1965 sollten die Horte in der DDR mehr als verdoppelt werden. Die Horte dienten nicht nur, wie in Westdeutschland, der Notwendigkeit der Betreuung, sondern sie sollten gemäß den geltenden Gesetzen in der DDR zur systematischen Bildung und Erziehung beitragen. Die Horterzieherinnen erlangten gleichzeitig im Rahmen eines vierjährigen Studiums die Lehrerberechtigung, so dass sie in der Grundschule tätig sein konnten. Während zuerst Anfang der 1950er Jahre nur 13 Prozent der Schüler in der DDR die Horteinrichtungen besuchten, stieg die Hortteilnahme beträchtlich an. 1970 erreichte man eine Hortbeteiligung von 47 Prozent und 1980 von 75 Prozent. 1989 erreichte man sogar eine Hortbeteiligung von 81 Prozent. Die übliche Hortzeit an den Arbeitstagen war von 12:00 Uhr bis 17:00 Uhr und bei Erfordernis sogar bis 18:00 Uhr. Verbunden mit der Hortbetreuung war auch die Hilfe bei den und Kontrolle der Hausaufgaben durch die Horterzieherin bzw. den Horterzieher. Erst danach, wenn die Schüler die Hausaufgaben erledigt hatten, konnten sie im Hort spielen oder ihren Interessen oder Hobbys im Rahmen einer Ganztagsschulbetreuung nachkommen. Mit der vollständigen Ganztagsschulbewegung hat man erst zu einem späteren Zeitpunkt auch im gemeinsamen Deutschland begonnen und mit der Zeit dazu bestimmte Voraussetzungen erfüllt. Ab 2021 hat man, wie bereits erwähnt, erst das Recht auf eine Ganztagsbetreuung in ganz Deutschland geschaffen. Die Hortbetreuung war in der früheren DDR nur für die 1. bis 4. Klasse vorgesehen. Da ein sehr großer Teil der Beschäftigten in Vollzeit arbeitete, war nur eine Hortbetreuung bis einschließlich zur 4. Klasse oft nicht ausreichend, da manche Schüler noch nicht so weit waren, sich ab der 5. Klasse eigenständig zu beschäftigen und auch die Hausaufgaben fachbezogen selbständig anzufertigen.

Obwohl die Horterzieherinnen und Horterzieher in der DDR mit ihrer Ausbildung auch gleichzeitig die Lehrbefähigung für die Grundstufe bzw. – im gemeinsamen Deutschland – für die Grundschule erworben haben, hat man im gemeinsamen Deutschland, trotz dem sie in unterschiedlicher Menge in der einzelnen Bundesländern fehlten, diese Horterzieherinnen und Horterzieher nicht im gemeinsamen Deutschland als Grundschullehrer eingesetzt. Erst 2018 hat man im Bundesland Thüringen die Ausnahme gemacht, dass man auch Horterzieherinnen bzw. Horterzieher, die, wie bereits erwähnt, auch die Grundschullehrer-Tätigkeitsbefähigung besitzen, als Grundschullehrer eingesetzt. Durch diese im Bundesland Thüringen getroffene Entscheidung konnte viel besser der Bedarf an Lehrern gedeckt werden.

In der früheren DDR hat man die Tätigkeit der Mitarbeiter für die Kinderkrippen, Kindergärten und Horte so ausgerichtet, dass die jeweiligen Kinder und Schüler im Mittelpunkt der Betreuung standen. Die benötigte Zeit für diese Betroffenen wurde respektiert. Die Kinderkrippen und Kindergärten waren, wie erwähnt, im Regelfall von 06:00 Uhr frühmorgens bis abends um 18:00 Uhr geöffnet. Damit wurden auch die Erfordernisse der Eltern für die Ausübung der Berufstätigkeit beachtet. Wenn Eltern ausnahmsweise im Schichtsystem arbeiteten, ein anderes Zeitregime für ihre Arbeit oder andere Gründe hatten, dass sie den vorgegebenen Zeitrahmen nicht einhalten konnten, bestand die Möglichkeit, unter konkreter Beachtung der jeweiligen Erfordernisse ausnahmsweise auch eine andere Zeitform der notwendigen Betreuung ihres Kindes bzw. der Kinder zu wählen, z. B. für die Abend- oder Nachtstunden bzw. für den gesamten Tag in den Wochenkrippen und Wochenkindergärten. Diese Möglichkeiten bestehen im gemeinsamen Deutschland nicht in ausreichender Weise, da man das zu wählende Arbeitszeitregime nicht, wie in der DDR, nach den Erfordernissen der berufstätigen Eltern bzw. den Erfordernissen der Kinder, sondern vorrangig nach den Wünschen und Erfordernissen der Angestellten dieser Institutionen richtet. Ich betrachte dies auch als weiteren erheblichen Mangel im gemeinsamen Deutschland.

In der Antike in Griechenland wurde die Schulausbildung im Regelfall nur im Freien durchgeführt. Sicherlich war es dort durchschnittlich wärmer als in Deutschland, und es gab nur wenige Zeiten in Griechenland, in denen man die Schulausbildung nicht in Freien durchführen konnte. In Anbetracht, dass im Freien oder im Außenbereich so gut wie keine Gefahr besteht, sich mit dem Corona-Virus zu infizieren, ist es für mich eigentlich nicht verständlich, warum man bei guten Wetterverhältnissen den Schulunterricht nicht im Freien durchführt. Aus meiner Sichtweise bräuchte dann nicht in einem so hohen Umfang, wie dies erfolgt ist, der Unterricht wegen den Folgen des

Corona-Virus ausfallen. Auch dies sollte man im gemeinsamen Deutschland berücksichtigen.

In der früheren DDR haben manche Lehrer auch oftmals, ohne dafür gesondertes Geld zu bekommen, Vieles zur Freizeitgestaltung für die Schüler außerhalb der Lehrtätigkeit getan. Dies kam bei den Schülern im Regelfall sehr gut an, und oft haben die betreffenden Schüler bessere Noten als Andere, die diese Freizeitbeschäftigung nicht durchführen konnten, erreicht. Dies war in den alten Bundesländern und im gemeinsamen Deutschland nicht üblich, und manchmal haben diese Lehrer, die sich so uneigennützig um die Belange der Kinder auch in ihrer Freizeit gekümmert haben, noch Nachteile in der alten Bundesrepublik bzw. im gemeinsamen Deutschland bekommen.

Weiterhin muss im gemeinsamen Deutschland im aktuellen Bildungssystem als kritisch gesehen werden:

- Der enorme Lehrermangel, insbesondere in den allgemeinbildenden Fächern, was wiederum dazu führt, dass viel Unterricht ausfällt und ein umfangreicher werdende Teil des Unterrichts durch kurz im Referendariat ausgebildete Quereinsteiger oder überhaupt nicht als Lehrer ausgebildete Personen durchgeführt werden muss.

- Schlecht mit modernen (digitalen) Lehr- und Lernmaterialien bzw. Gegenständen ausgestattete Schulen. Dazu kommt noch, dass viele Schulen sanierungsbedürftig sind.

- In den letzten 15 Jahren entstand ein wachsender Teil an Aufgaben (insbesondere Schul- und Entwicklungsbildungsaufgaben) für die Lehrkräfte außerhalb des Unterrichts, der zu einer wachsenden Arbeitsverdichtung und Arbeitsbelastung der Lehrkräfte führte und somit den Lehrern weniger Zeit für Unterrichtsvor- und -nachbereitung lässt und zu höheren Krankenständen, inklusive psychischen Krankheiten führt.

- Wachsende psychische Auffälligkeiten bei Schülern führen zu größeren Schwierigkeiten des Unterrichtens, z. B. durch hohe Fehlzeiten der Schüler und / oder Unterrichtstörungen etc.

Wegen den erheblichen Nachteilen des föderalen Bildungssystems sollte man meines Erachtens das zentralisierte Bildungssystem auch im gemeinsamen Deutschland anwenden, was beispielsweise u. a. auch in Frankreich, in England, Schottland, Nordirland und Wales angewandt wird. Das föderale Bildungssystem ist nicht nur aus den aufgeführten Ausführungen aus meiner Sicht als rückständig anzusehen und weist erhebliche Nachteile auf. Es wurde zum Beginn der alten Bundesrepublik in Deutschland auf Betreiben der Alliierten vorrangig deshalb eingeführt, damit in Deutschland kein Nationalismus wieder entsteht, wegen des nationalsozialistischen Gesellschaftssystems in Deutschland von Januar 1933 bis Mai 1945. Da die Alliierten in Deutschland nicht mehr zuständig sind, sollte man vom föderalen Bildungssystem, das mit erheblichen Nachteilen behaftet ist, was auch gerade in der Corona-Krise noch mehr erkennbar ist, aus meiner Sicht abkommen. Die USA, die noch heute das föderale Bildungssystem aufweisen, können in keiner Weise mehr als Vorbild angesehen werden. Wider besseren Wissens wird die föderale Struktur vorrangig aus der Beibehaltung von Machtinteressen der jeweiligen deutschen Bundesländer im Bildungswesen weiter beibehalten.

Die Mängel des Bildungswesens im gemeinsamen Deutschland sind eindeutig zu erkennen, und man könnte die Vielzahl der Mängel am gegenwärtigen Bildungssystem des gemeinsamen Deutschlands noch weiter ergänzen, da man noch viele Beispiele für das unzureichende Bildungswesen im gemeinsamen Deutschland nennen könnte.

Über auch manche weitere Mängel unseres Bildungswesens im gemeinsamen Deutschland kann man in meinem 2019 erschienenen Buch "So kann es mit unserer Lebensweise nicht weitergehen. Unsere westliche Lebensweise erfordert dringend Kurskorrekturen für ein Weiterbestehen unseres Planeten Erde und für uns selbst als Menschen" im Gliederungspunkt 4.4. – Polarität von Arm und Reich und bestimmte notwendige bessere Ausgangsbedingungen auf diesem Gebiet und auf anderen Gebieten in Deutschland – ergänzend nachlesen.

Nachfolgend gehe ich auf weitere aus meiner Sicht bestehende erhebliche Mängel im gemeinsamen Deutschland ein, die ganz anders gelöst werden könnten und aus meiner Sicht sogar bisher in der alten Bundesrepublik und im gemeinsamen Deutschland, aus meiner Sicht gesehen, falsch gemacht wurden und man in dieser Hinsicht die Erfahrungen und Handhabungsweisen in der DDR für das gemeinsame Deutschland beachten sollte:

Im Gegensatz zur in der DDR gehandhabten Verfahrensweise bei der Realisierung der für die gesamte Gesellschaft sehr wichtigen Investitionen werden die Abläufe zur Realisierung von Investitionen im gemeinsamen Deutschland völlig ungenügend organisiert. Diese mangelnde Organisation bietet „Profit-Haien“ die Möglichkeit, finanzielle Schlupflöcher zu nutzen. Die wichtigen Großvorhaben, wie u. a der Flughafen Berlin Brandenburg International „Willy Brandt“ in Berlin-Schönefeld und die Elb-Philharmonie in Hamburg wurden wesentlich später und mit einem viel höheren – bei vorheriger richtiger Planung vermeidbaren – Kostenaufwand als ursprünglich kalkuliert fertig gestellt. Das Projekt "Stuttgart 21“, bei dem nicht nur der Stuttgarter Hauptbahnhof umgestaltet werden soll, sondern auch die Voraussetzungen geschaffen werden sollen, dass sich die Fahrzeit zwischen Stuttgart und Ulm durch die Errichtung von neuen geschwindigkeitsertüchtigten Trassen verringert, befindet sich immer noch im Realisierungsstadium. Es sollten deshalb die erforderlichen Regelungen getroffen werden, die die entsprechende Unabhängigkeit sichern. So kann es bei der Kalkulation und bei der Realisierung großen Bauvorhaben nicht weitergehen, da für mögliche Manipulationen „Tür und Tor“ geöffnet werden können. Man sollte die in der DDR gehandhabte Investitions-Verfahrensweise für strukturbestimmende Vorhaben, z. B, wie es auch früher beim Großvorhaben der Errichtung des damaligen VEB Eichsfelder Zementwerke Deuna üblich war, dabei beachten. Dazu gehörte u. a, auch die Bildung einer relativ starken, fachlich auf dem jeweiligen Gebiet der Investition versierten Investitions-Bauleitung, die u. a. auch die Aufgabe hatte, alle notwendigen Vorbereitungsunterlagen für die Investitionsrealisierung durch den ausführenden Betrieb zusammenzustellen, der die Projektbearbeitung und die Realisierung der Investition zu schaffen hatte. Es konnte gesichert werden, dass eine ständige aktuelle laufende Kontrolle über die Erstellung der Investition durch den Investitionsauftraggeber erfolgte. Auf diese Art und Weise konnten rechtzeitig entsprechende Mängel bei der laufenden Realisierung erkannt werden und der notwendige aktuelle Einfluss auf eine hohe Qualität der Realisierung aller Bestandteile der Investition durch den projektausführenden und -realisierenden Betrieb, der für die Investitionsrealisierung verantwortlich war, genommen werden. Bei Beendigung der Realisierung der einzelnen Investitionsobjekte wurde eine fachgerechte Abnahme durch die jeweiligen Fachleute des Investitionsauftraggebers erreicht. Wenn noch Mängel in der Realisierung des jeweiligen Investitionsobjekts bestanden, erfolgte dann bei der sorgfältigen Abnahme des Investitionsobjekts eine konkrete Auflistung aller Restmängel. Erst, wenn alle Restmängel durch den projekt- und bauausführenden Betrieb beseitigt wurden, erfolgte die Bezahlung durch die Investbauleitung. Dadurch wurde ein ausreichender Druck auf eine fach- und möglichst auch termingerechte Realisierung der jeweiligen Objekte der Investition und somit auf die gesamte Investition ausgeübt. Mängel in der Projektbearbeitung und der -realisierung musste der ausführende bzw. der die Investition realisierende Betrieb bezahlen. Durch diese Art der „Daumenschrauben" in der Finanzierung wurde erheblicher Einfluss auf eine fachgerechte Realisierung und möglichst termingerechte Realisierung entsprechend den Anforderungen der Investitionsabteilung bzw. des Investitionsauftraggebers genommen. Durch ein System von Abschlagszahlungen wurde ein möglicher Einfluss auf die Finanzierung der gesamten Investitionsmaßnahme genommen. Auch ein Probebetrieb und eine erfolgreiche Inbetriebnahme sowie Inbetriebsetzung des gesamten Investitionsvorhabens wurde ebenfalls kontrolliert und abgenommen. Erst, wenn alles richtig entsprechend den Festlegungen der Vorbereitungsunterlagen, die vom sogenannten Investitionsauftraggeber bzw. Investbauleitungsbetrieb für alle Vorhaben, vor der Projektausführung durch den eingesetzten Generalauftragnehmer als Grundlage für die projektgerechte Realisierung zugrunde gelegt wurden. erfolgte, wurde das dafür vereinbarte

Geld gezahlt. Die jeweiligen Investitionen wurden nicht den jeweiligen Bezirken bzw. heute Bundesländern zugeordnet und unterlagen somit nicht der Finanzierung durch die betreffenden Kommunen, sondern befanden sich als strukturbestimmende Investitionsvorhaben im Aufgabenbereich des jeweiligen Fachministeriums und wurden damit zentral geleitet und unterlagen deshalb nicht, wie heute in der Bundesrepublik, dem jeweiligen zuständigen Bundeslandesminister. Auch in der Investbauleitung waren fachlich sehr gute versierte Personen für die einzelnen Objekte zuständig und wurde nicht, wie heute in den einzelnen Bundesländern im gemeinsamen Deutschland, die Hauptverantwortung für eine ordnungsgemäße Realisierung in erster Linie Politikern gegeben. Durch die zentrale Leitung solcher sehr wichtiger strukturbestimmender Vorhaben waren auch mit die Voraussetzungen zu einer völlig anderen Verfahrensweise in der DDR als im gemeinsamen Deutschland gegeben. Ich habe am Anfang meiner beruflichen Tätigkeit in einem solchen strukturbestimmenden Vorhaben im Direktionsbereich Investitionen bzw. in der zuständigen Investbauleitung gearbeitet und kann auch diese zugrunde gelegte Verfahrensweise in der DDR ebenfalls aus fachlicher Sicht bestätigen.

Aus meiner Sicht wird eine völlig unzulässige Prüfung durchgeführt, indem man Diejenigen, die beraten oder Bilanzen aufstellen, gleichzeitig zur Testierung von Bilanzen einsetzt, wie es für mache Wirtschaftsprüfer, die gleichzeitig manchmal auch beratend im Sinne der Aufgaben eines Steuerberaters bei der Erstellung der Bilanz mitwirken oder sogar zuständig für die Bilanzerstellung sind, erfolgt. Dies kann vereinfacht so gesehen werden, als wenn man den Lagerverwalter, der für die Ordnung und die Wahrung der Bestände im jeweiligen Verantwortungsbereich zuständig ist, gleichzeitig als Inventurverantwortlichen für das betreffende Lager einsetzt. So kann man dies einfach nicht machen, dass Verantwortliche oder Mitwirkende und auch Mitberatende für die Erstellung von Bilanzen gleichzeitig für die Prüfung und Testierung verantwortlich sind. Es wird hier eine unzulässige Erfüllung von sich widersprechenden Aufgabenvermischungen vorgenommen. Derjenige, der Bilanzen erstellt und vor der Bilanzerstellung zusätzlich berät, kann nicht gleichzeitig Kontrolleur bzw. Testierender sein. Der notwendige Interessenkonflikt wird hierbei unzureichend beachtet und Tür und Tor für Manipulationen geöffnet. Dies trifft meines Erachtens teilweise auch auf die Verfahrensweise zu, dass Berater, die teilweise nicht unwesentlich an der Erstellung der Bilanz sowie durch ihre Beratung mitgewirkt haben, zu. Man kann diese Personen nicht gleichzeitig für die Testierung beauftragen, wie dies teilweise bei Wirecard geschah. In der DDR wurde diese Verfahrensweise anders geregelt, dass unabhängige Prüfer, nämlich die Staatliche Finanzrevision der DDR, die jeweilige Prüfung und die Testierung vorgenommen hat. Die Erstellung der Bilanz und auch eine etwaige Beratung wurde immer von den jeweiligen betreffenden Betrieben durchgeführt. Dadurch wurde die Unabhängigkeit immer gesichert, und es wurden nicht selbständige Privatpersonen dafür eingesetzt. Dadurch wurde verhindert, dass ein Interesse an einer positiven Testierung der jeweiligen Bilanz sowie ein materielles Interesse besteht. Die Rolle und die Befugnisse der Steuerberater und der Wirtschaftsprüfer und ihr Abhängigkeitsverhältnis sollten deshalb überdacht werden, da die Ursachen für diesen Verstoß auch meines Erachtens in einer falschen Handhabungsweise liegen, da die Unabhängigkeit nicht ausreichend gesichert wird. Als damals bei der Staatlichen Finanzrevision in der DDR im ersten Jahr tätiger Mitarbeiter kann ich diese Verfahrensweise ebenfalls bestätigen.

Die sogenannte Produktionsfondsabgabe (PFA) betrug in der DDR 6 Prozent in anteiliger Höhe bezogen auf Bestände des Anlagen- und Umlaufvermögens des jeweiligen Betriebes zum festgelegten Berichtszeitraum. Diese PFA hatten alle Betriebe, die Anlagen- oder Umlaufmittelbestände besaßen, an den Staat neben dem jeweils festgelegten Nettogewinn und dem konkreten Beitrag für gesellschaftliche Fonds, für den vorrangig die Höhe des konkret bestehenden Arbeitsvermögens des jeweiligen Betriebs maßgebend war, abzuführen. Durch die zunehmende Anwendung der Digitalisierung und zur Sicherung einer Finanzierung der wohl unumgänglichen Einführung eines Grundeinkommens sollte zumindest der Anlagenbestand, der zur Digitalisierung Anwendung findet, besteuert werden, um damit auch noch besser die finanziellen Voraussetzungen für die Einführung eines Grundeinkommens neben der Einkommensbesteuerung sichern zu können. Da diese Prozesse der zunehmenden Digitalisierung nicht nur von den jeweiligen Unternehmen geschaffen werden, sondern vielfältige finanzielle Mittel für die Digitalisierung durch die Grundlagenforschung und durch Fördermittel des Staates bereit gestellt werden müssen und zum Teil bereit gestellt wurden, wäre eine Besteuerung gerechtfertigt, da nicht nur die Unternehmen an den zunehmenden Digitalisierungserträgen den alleinigen Anteil haben.

In der DDR war die Gebrauchswert-Kostenanalyse fester Bestandteil der Betriebswirtschaftslehre und wurde sogar als gesondertes Studienfach behandelt. Auch auf diesem Gebiet besitze ich, wie viele Andere in der damaligen DDR, Erfahrungen, da ich auch in diesem Studienfach die Dozententätigkeit in der DDR mit ausgeübt habe. Gerade unter den Bedingungen der Klimakrise bzw. der steigenden Erderwärmung wäre die Anwendung der Gebrauchswert- Kostenanalyse und der daraus gewonnenen Erkenntnisse sehr wichtig. Aber man beschäftigt sich in der Betriebswirtschaft der alten Bundesländer und nunmehr im gemeinsamen Deutschland nicht mit dieser aus meiner Sicht wichtigen Lehre. Die Gründe der Nichtbeschäftigung mit der Gebrauchswert-Kostenanalyse könnten ggf. ideologischer Natur sein. Der Grund könnte auch darin liegen, dass erhebliche Widersprüche zur besonderen Bedeutung der Marketing-Theorie bestehen. Wahrscheinlich führt man auch die dringend erforderliche Gebrauchswert-Kostenanalyse auch nicht durch, weil sie einer völlig umfassenden Betreibung der Marktwirtschaft bei Beibehaltung des linearen Wirtschaftsmodells und einer umfassenden Erreichung eines quantitativen Wachstums ohne Beachtung notwendiger qualitativer Erfordernisse und auch der völlig übersteigenden Dominanz eines Marketings sowie auch der Werbung in gewisser Weise, entgegensteht. Neben der Marktwirtschaft wird völlig unzureichend das Erfordernis einer auch benötigten Planung dieser Prozesse beachtet. Die Gebrauchswert-Kostenanalyse wäre in einer richtigen Form der Anwendung auch ein wirksames Gegenmittel gegen den übermäßigen Verbrauch, das aus meiner Sicht wesentlich zu hohe Marketing und die viel zu hohe Werbung, gerade wegen des Erfordernisses der dringend notwendigen CO_2-Reduzierung und des nicht weiteren Anstiegs der Erderwärmung. Alles dies setzt jedoch voraus, dass nicht nur einseitig Marktwirtschaft, die kapitalistische Produktionsweise sowie der Neoliberalismus in der bisherigen Form betrieben wird.

Die erstellten Regelungen der DM-Eröffnungsbilanz waren aus meiner Sicht in manchen Punkten nicht ausreichend und oft auch kontraproduktiv. Es wurde bei diesen Bestimmungen zugrunde gelegt, dass nahezu alles, was in der DDR oder was teilweise in Osteuropa produziert wurde, im Regelfall keinen Wert besaß, da es mit Null bewertet werden sollte. Diese aus meiner Sicht aus vielerlei Gründen nicht richtige Regelung haben andere Länder, besonders einige osteuropäische Länder, auch wirtschaftlich genutzt. Manche noch verwendbare Erzeugnisse bzw. Produkte, die zumindest andere damalige osteuropäische Länder noch gebrauchen konnten und dafür auch noch etwas bezahlt hätten, haben eindeutig aufgezeigt, dass diese Handhabung nicht richtig war. Die Betriebe, die sich nicht in allen Punkten nach den festgelegten Regelungen der DM-Eröffnungsbilanz gerichtet haben, haben für ihre Produkte noch Erlöse für den Verkauf nach Osteuropa erzielen können. Bei diesen Produkten, die noch an andere Länder Osteuropas verkauft werden konnten, handelte es sich u. a. auch um gerade an die DDR verkaufte völlig neue Produkte aus osteuropäischen Betrieben, die über den Umweg DDR bzw. Ostdeutschland wieder nach Osteuropa verkauft werden konnten. Wegen der vorgeschriebenen sowie verordneten Null-Bewertung wurden diese Produkte von vielen DDR-Betrieben verschrottet bzw. wertlos gemacht Die Regelungen der DM-Eröffnungsbilanz haben letztlich darauf hingewirkt, dass zum einen Warenwerte in Milliardenhöhe in der DDR nach dem 1. Juli 1990, dem Tag der Einführung der Wirtschafts-, Währungs- und Sozialunion in der DDR mit der BRD, vernichtet wurden und andererseits osteuropäische Länder „wertlos“ gewordene Produkte der DDR aufgekauft, diese aufbereitet und nach der Aufbereitung wieder in die Bundesrepublik exportiert haben. Produkte aus Osteuropa hatten durchaus noch ihren Wert, und von diesen Ländern wären auch noch Zahlungen bei einem Verkauf dieser Produkte erfolgt. Meines Erachtens wurden die betreffenden Produkte zu unrecht weggeworfen, wegen der Nullbewertung, nach der sich leider viele Leiter in der damaligen DDR richteten und die Produkte verschrotteten bzw. wegwarfen. Dies war wegen der noch vorhandenen Werte dieser Erzeugnisse ein Frevel und kann auch umweltpolitisch in keiner Weise befriedigen. Andere Länder haben dieses Verhalten derjenigen westdeutschen Politiker, die die Regelungen zur DM-Eröffnungsbilanz erarbeitet hatten und somit zu verantworten haben, ad absurdum geführt. So haben beispielsweise

Menschen aus Osteuropa u. a. auch Schrauben und Muttern aus der DDR, weil diese mit Null völlig unverständlich bewertet wurden und damit im Regelfall kostenlos zu haben waren, an andere mögliche Abnehmer, insbesondere aus den alten Bundesländern verkauft. Die gleichen Schrauben und Muttern, die sie aus der DDR im Ergebnis der Bewertung der DM-Eröffnungsbilanz für 0,- DM bekommen konnten, wurden, wie erwähnt, noch ein wenig gesäubert und dann für ca. 15.000 DM oder mehr an das betreffende Unternehmen, insbesondere in der Bundesrepublik Deutschland, „wiederverkauft", da diese auch Schrauben oder Muttern brauchten. Das Abnehmer-Unternehmen bezahlte auch diesen Betrag, und dies traf auch für manche andere Erzeugnisse zu, die man zu Null damals in der DDR im Rahmen der Festlegungen der DM-Eröffnungsbilanz und auch dieser Bestimmungen der Wirtschafts-, Währungs- und Sozialunion bekommen konnte. Sicherlich ist dies kein Einzelfall im gemeinsamen Deutschland gewesen. Mit solchen Mitteln wurde von Anderen gearbeitet aufgrund der nicht richtigen und leider aus meiner Sicht voreingenommenen Bewertung der ehemaligen DDR-Produkte. Manche dieser Erzeugnisse aus der DDR hatten noch eine hohe Qualität, aber nur, weil sie ursprünglich in der DDR oder in Ländern Osteuropas hergestellt wurden, wurden sie letztlich herabgewürdigt und pauschal mit Null bewertet. Die Ursachen können meines Erachtens in ideologischen Gründen bzw. einer Geringschätzung von Produkten aus der ehemaligen DDR oder aus Ländern Osteuropas oder in unzureichenden Kenntnissen der Verantwortlichen für die Belange der DM-Eröffnungsbilanz liegen. Da ich es nicht richtig fand, dass nahezu alles aus der früheren DDR mit Null bewertet wurde und manche bestimmte neue Erzeugnisse dann, wie erwähnt, durch die zugrunde zu legende Bewertung der DM-Eröffnungsbilanz auf dem Schrott landen würden, habe ich mich damals an den betreffenden Verantwortlichen des gemeinsamen Deutschlands für die DM-Eröffnungsbilanz in einem Schulungstreffen über die DM-Eröffnungsbilanz in Rostock gewandt. An dieser Veranstaltung in der Stadthalle Rostock nahmen damals über 1000 Verantwortliche teil. Ich habe dem Betreffenden damals u. a. gesagt, dass diese Erzeugnisse in anderen Ländern Osteuropas noch gebraucht werden können und zu einem bestimmten Anteil sicher auch von diesen Ländern bezahlt werden würden. Deshalb habe ich dem betreffenden Verantwortlichen für die Schaffung der

Regelung der DM-Eröffnungsbilanz vorgeschlagen, dass man durch eine konzertierte Aktion in den betreffenden Ländern Osteuropas, an der sich viele Betriebe beteiligen müssten, diese Produkte ggf. noch verkaufen könnte. Ich habe auch vorgeschlagen, dass man noch Angebots- und Verkaufsaktionen durchführt und verwies in diesem Zusammenhang darauf, dass Ludwig Erhard (1897 – 1977) auch zum Beginn der Einführung der Marktwirtschaft in der damaligen Bundesrepublik Deutschland eine ähnliche erforderliche vergleichbare Aktion, selbst, wenn es sich um eine zentralistische Maßnahme handelt, auch ggf. noch durchgeführt hätte. Außerdem wies ich darauf hin, dass es auch ökologisch aus meiner Sicht nicht richtig ist, wenn man alles verschrottet. Seine Antwort an mich auf meinen Vorschlag war sinngemäß so: „Sie gehören wohl auch zu den Ewiggestrigen, und offenbar haben Sie die Marktwirtschaft noch nicht verstanden." Es war eine für mich sehr beleidigende Antwort auf die aus meiner Sicht berechtigte Anfrage, die ich besonders auch aus betriebs- und volkswirtschaftlichen sowie ökologischen Gründen zur Nutzung noch vorhandenen Vermögens, das durch die Erzeugnisproduktion entstand und zur Vermeidung der Vernichtung von Produkten, die gemäß den Festlegungen der DM-Eröffnungsbilanz vernichtet werden sollten, gestellt habe. Auch spielten Umwelterfordernisse einer höheren und längeren Nutzung dieser Erzeugnisse bzw. Produkte, wie erwähnt, bei dieser von Allen zugrunde zu legenden Bewertung ebenfalls offenbar keine Rolle. Weil ich die Antwort vom Verantwortlichen für die DM-Eröffnungsbilanz auf die anstehenden Erfordernisse nicht richtig fand, haben wir als Unternehmen die mit Null zu bewertenden DDR- oder osteuropäischen Produkte verkauft und somit noch über 50.000 DM, vorrangig durch Käufe dieser Produkte durch andere Länder Osteuropas erzielt. Auch dadurch wurde bewiesen, dass es nicht richtig war, die Bewertung der DDR- und osteuropäischen Produkte nur mit Null vorzunehmen und damit leider die Voraussetzungen zu schaffen, dass viele, auch neue, Erzeugnisse bzw. Produkte mit Null bewertet wurden. Damit hat man auch dazu beigetragen, nicht das noch mögliche Vermögen aus Erzeugnissen oder Produkten, die in der DDR oder in Osteuropa hergestellt wurden, für das gemeinsame Deutschland zu erzielen. Die aus meiner Sicht unzureichende Beachtung von Werten von DDR- bzw. osteuropäischen

Produkten bei der Erstellung der DM-Eröffnungsbilanz haben dazu leider geführt.

Auch wurden im Grunde alle DDR-Waren in ihrer Qualität zu einem bestimmten Anteil bewusst schlecht geredet, vorrangig aus dem Bestreben begründet, nur Erzeugnisse bzw. Produkte aus der Bundesrepublik und dem westlichen Ausland zu verkaufen, um dort den erwarteten Profit zu erzielen. Der erhebliche Teil der DDR-Bürger ließ sich dadurch beeinflussen und glaubte an die Heilsbringer aus dem Westen, u. a. insbesondere auch deshalb, weil die Produkte aus der alten Bundesrepublik und anderen westlichen Ländern anregend bzw. attraktiv verpackt waren. Man beachtete bei der übermäßigen Verpackung aus meiner Sicht nicht ausreichend entstehende Klimaprobleme. DDR-Waren, die manchmal gar nicht schlecht waren und in nicht geringem Anteil wegen ihrer guten Qualität auch in die alte Bundesrepublik und an deren Unternehmen verkauft wurden, wurden offenbar auch dadurch in ihrem Angebot und in ihrer Qualität manchmal aus meiner Sicht schlechtgeredet, um die DDR-Betriebe, die diese Produkte herstellten, als Konkurrenten auszuschalten.

Eine andere, wesentlich perfidere Methode in ländlichen Gebieten Ostdeutschlands war in den 1990er Jahren, Falschetikettierungen an landwirtschaftlichen Produkten, die in ostdeutschen Landwirtschaftsbetrieben hergestellt wurden, vorzunehmen. Angeblich wurden die Produkte im Ausland hergestellt, so wurden die Produkte mit der entsprechenden Länderbezeichnung zumindest teilweise etikettiert. In Wahrheit wurden diese landwirtschaftlichen Produkte in einheimischer Produktion hergestellt. Somit sollte erreicht werden – und dies ist bei einem Teil der konservativ denkenden ländlichen Bevölkerung in Ostdeutschland gelungen – die auf Skepsis gegenüber Neuem beruhende Ablehnung ausländischer Produkte durch die einheimische Landbevölkerung auszunutzen. Dass damit jedoch, ohne es zu ahnen bzw. zu wissen, die einheimische landwirtschaftliche Produktion abgelehnt wurde, hatten Diejenigen, die eine Zwangs-Umetikettierung von einheimischen Landwirtschaftsprodukten angeordnet hatten, weil sie damals dazu die Macht hatten, billigend in Kauf genommen. Dadurch mussten auch die Betriebe, die DDR-Waren insbesondere im

Lebensmittelbereich hergestellt haben, bewusst wirtschaftlich untergehen, weil keine Nachfrage durch die Beeinflussung mehr nach diesen Produkten bestand. Auch die in diesen Betrieben tätigen Beschäftigten wurden arbeitslos.

Da nahezu alle Produkte aus der damaligen DDR mehr oder weniger als minderwertig erklärt wurden und damit nicht mehr oder kaum noch verkauft werden konnten, wurden diese ehemaligen DDR-Produkte oft zu einem relativ geringen Preis verkauft, da diese DDR-Produkte noch zu einem gewissen Umfang vorhanden waren. Die ursprünglichen DDR-Waren wurden entweder von den Betrieben, wie erwähnt, über freie Händleraktionen noch selbst verkauft oder durch neu entstehende Händler oder auch manchmal durch frühere Hersteller aus der DDR, die an die Qualität ihrer Produkte glaubten, zum Teil noch in einem bestimmten Maße verkauft. Sie haben die in der ehemaligen DDR hergestellten Produkte, wie genannt, manchmal kostengünstiger im freien Verkauf an Interessenten, besonders an die Bevölkerung der ehemaligen DDR verkauft. Eine nicht geringe Anzahl von Menschen kauften die preisgünstigen Produkte im freien Verkauf. Ich persönlich fand es nicht gut, dass viele auch qualitativ hochwertige, in der DDR hergestellte Produkte auf diese Art und Weise, dass nur noch in erster Linie die Westprodukte verkauft wurden, damit keine reale Chancen mehr zum Verkauf hatten.

Ich fand persönlich beispielsweise die Qualität der DDR-Wurstwaren wesentlich besser vom Geschmack als die Westwaren, da oft künstlich erzeugte Produkte, zum Beispiel Geschmacksverstärker, in der alten Bundesrepublik und im nunmehr gemeinsamen Deutschland dazu gegeben wurden, insbesondere im Bestreben, dass diese Produkte attraktiver aussahen.

Auch fand ich es nicht gut, dass eine sehr schlechte Solidarität von den betreffenden Unternehmen und anderen Verantwortlichen der alten Bundesrepublik gegenüber der DDR-Bevölkerung bestand.

Mit der Zeit haben auch manche Menschen aus der ehemaligen DDR ursprünglich in der DDR produzierte Waren, die immer noch existierten und ihnen angeboten wurden, vermisst. Oft waren die früheren Betriebe aus der DDR wegen der beeinflussten nicht mehr bestandenen Nachfrage schon pleite gegangen bzw. nicht oder kaum noch existent. In Rostock wurden vor einigen Jahren von einem holländischen Unternehmen in erster Linie ehemalige DDR-Waren in dem eigens dazu errichteten Supermarkt angeboten. Für die meisten dieser Waren wurde der Preis knapp unter den entsprechenden ALDI-Preis gesetzt. Man konnte sich der Nachfrage damals kaum erwehren, da fast alle möglichen Käufer in diesem speziellen Supermarkt waren. Obwohl ich erst nach ca. drei Wochen nach der Eröffnung aus Zeitgründen dort zum Einkaufen für unsere Familie kam, waren zu diesem Zeitpunkt noch immer erhebliche Menschenströme da, die die Ostprodukte damals in Rostock kaufen wollten. Obwohl man damals wohl mindestens drei Kassen eingerichtet hatte, habe ich nahezu drei Stunden gebraucht, bis ich die von mir gekauften Produkte bezahlen konnte. So viele Menschen waren da, um die Produkte zu kaufen und mit den gekauften und bezahlten Waren wieder aus dem Geschäft heraus zu kommen. Auch daran, an dieser sehr großen Nachfrage, hat man gesehen, welchen Stellenwert von der ehemaligen DDR hergestellte Produkte auch im gemeinsamen Deutschland – insbesondere in Ostdeutschland – bei den Menschen, die in der ehemaligen DDR aufgewachsen sind und viele Produkte noch kannten, genossen haben. Vom niederländischen Eigentümer dieses Unternehmens wurde auf Grund der großen Nachfrage ein sehr hoher Umsatz erreicht. Weil man zu sehr an die Marktmechanismen, bzw. an die üblichen Marktregularien von Angebot und Nachfrage glaubte und dies auch im Handeln zugrunde gelegt hat, hat man so falsch gehandelt, dass die Nachfrage erheblich zurück ging. Damals wurden von den niederländischen Eigentümern wegen der hohen Nachfrage an diesen Produkten die Preise dieser angebotenen Erzeugnisse bzw. Waren derart hochgesetzt, dass sie wesentlich über den ALDI-Preisen lagen. Durch diese Fehlentscheidung wurde die Nachfrage nach den ostdeutschen und osteuropäischen Produkten immer geringer und der Verkauf der ostdeutschen und osteuropäischen Produkte musste deshalb eingestellt und die Teilfläche des Marktes, auf der diese Produkte ursprünglich verkauft wurden, neu vermietet werden, da die monatlichen Betriebskosten durch den sinkenden Umsatz dieser Produkte nicht mehr erwirtschaftet werden konnten. Ich bin der Auffassung, dass, wenn man, wie bisher, auch unter Anwendung der günstigen Preisregelungen das Angebot so weitergeführt und nicht an die üblichen Marktmechanismen geglaubt hätte, könnte das Unternehmen noch heute existieren und weiterhin einen erheblichen Zuspruch bzw. eine gute Nachfrage erreichen. Man hätte in Ostdeutschland noch weitere solche Unternehmen errichten können. Der Fehler, dass dieses Unternehmen dann letztlich scheiterte, lag, wie schon erwähnt, in erster Linie daran, dass man zu sehr an die üblichen Marktmechanismen von Angebot und Nachfrage glaubte und eine für mich unverschämte Preiserhöhung an die bisherigen Käufer weitergegeben bzw. zugrunde gelegt hat. Man wollte seitens des betreffenden Handelsunternehmens viel zu viel Profit haben und hat die realen Preis-Bezahlungs-Möglichkeiten und die vorhandene Kaufkraft, der vorrangig ostdeutschen Bevölkerung völlig unzureichend beachtet. Auch daraus war zu sehen, dass manche Erzeugnisse und Produkte der DDR eine nicht geringe Qualität besaßen, aber bewusst ihre Qualität damals herabgestuft wurde. Diese Art und Weise der Marktbeeinflussung hat besonders im Lebensmittelbereich und bei manchen Industriewaren auch mit dazu beigetragen, dass auch dadurch bedingt eine höhere Arbeitslosigkeit in Ostdeutschland entstanden ist.

Die Bürokratie ist im nunmehr entstandenen gemeinsamen Deutschland so schlimm und wesentlich höher als in der damaligen DDR. Dadurch wird oftmals ein nicht notwendiger Aufwand auch bezüglich der Anzahl der vorhandenen Stellen insbesondere in den Behörden des öffentlichen Dienstes betrieben, der eigentlich in dem Maße aus meiner Sicht nicht erforderlich wäre. Durch alte Vorschriften, die von der Aktualität der Zeit überholt sind, wird oftmals nicht genügend das Aufwand-Nutzen-Denken hierbei berücksichtigt und nicht genügend eine Suche nach rationelleren schnell einführbaren Lösungen eingeleitet. Auch sind manche Verantwortliche, Beamte, sonstige Mitarbeiter und ihre Leiter im öffentlichen Dienst nicht flexibel genug und unzureichend in der Lage, auf neue Herausforderungen schnell zu reagieren. Besonders unter den aktuellen Gegebenheiten der Pandemie bzw. des Corona-Virus. bei denen auch dringend die Erfordernisse der Digitalisierung nicht nur im Gesundheitswesen, sondern im gesamten Verwaltungswesen erforderlich sind, macht sich dies besonders nachteilig bemerkbar. Durch die vielfach überbürokratischen Vorschriften und oft übermäßigen unrationellen Prüf- und Genehmigungsverfahren wird bei vielen notwendigen Erfordernissen viel zu lange Zeit verbraucht, die international völlig unüblich ist. Anstatt bestimmte Dinge, die eine hohe Dringlichkeit aufweisen, wie beispielsweise die Belange des Corona-Virus, sofort zu erfüllen, beruft man sich auf noch geltende, zum Teil bürokratische Bestimmungen und kann dadurch anstehende Aufgaben nicht mit der gebotenen Schnelligkeit, die die Realisierung dieser Aufgaben erfordert, erfüllen.

Das gemeinsame Deutschland ist bezüglich der Realisierungszeiten für Vorhaben und gerade auch für dringend erforderliche Investitionen viel zu langsam, und bei vielen Maßnahmen liegt man nahezu an der letzten Stelle der Industrieländer Europas. Andere Länder sind viel weiter, auch westliche Länder, die nicht solch eine übermäßige Bürokratie haben. Die Investitions- und Realisierungszeiten für die Durchführung von Investitionen sowie der Zeitraum für Genehmigungsverfahren ist oft viel zu lang, insbesondere weil auch zu umständlich und wenig die Erfordernisse der richtigen Organisation dieser Prozesse aus praktischer Sicht beachtet werden. Die Mängel und Rückstände in der Digitalisierung, die Deutschland gegenüber anderen Ländern aufweist, sind auch neben der Tatsache, dass man diese notwendigen Prozesse nicht rechtzeitig bearbeitet hat, auch auf die übergroße Bürokratisierung und der oft nicht ausreichenden Organisation im gemeinsamen Deutschland zurückzuführen.

Dringende Realisierungen, die auch am Wochenende weiter erfüllt bzw. durchgeführt werden müssen und die keinen Aufschub zulassen, wie u. a. die Belange des Corona-Virus, werden manchmal am Wochenende nicht oder nicht ausreichend erfüllt, weil man davon ausgeht, dass Alle an diesen Tagen Freizeit haben. Das man dies anders organisieren muss, durch andere Beschäftigte, die dann an anderen Tagen frei bekommen, beachtet man oft nicht oder in völlig unzureichender Weise und oft nicht im erforderlichen Umfang. Die Regelmäßigkeit der üblichen Freizeitinanspruchnahme an den Wochenenden, der Erhalt des Urlaubs zur individuell von den Einzelnen gewünschten und üblichen Zeit wird vielfach als wichtiger angesehen als gesellschaftlich notwendige Erfordernisse. Andere Länder gehen da oft ganz anders vor und erfüllen dadurch die bestehen den dringenden Aufgaben viel schneller.

Die Probleme der geschilderten unzureichenden durchgeführten Digitalisierung, wie beschrieben, auch in der Verwaltungswirtschaft oder im Schulwesen, um nur diese Beispiele zu nennen, schaffen enorme Probleme für die Erfüllung aller bestehenden Aufgaben für das gemeinsame Deutschland. Wir sollten uns in Europa ein Beispiel am bereits erwähnten Estland oder an einigen skandinavischen Ländern nehmen, die die Digitalisierung wesentlich besser als Deutschland beherrschen. In einigen Bereichen der Digitalisierung, wie zum Beispiel im Schulwesen, haben wir zwischenzeitlich die „rote Laterne" als Letzte in Europa erreicht. Der bürokratische Aufwand und die dadurch sich ergebenden Arbeiten sind, wie erwähnt, in vielen Bereichen, wie zum Beispiel im Gesundheitswesen, oft so hoch und verlangen so viel Verwaltungszeit, dass manchmal für bürokratische Aufgaben mehr Zeit verwendet werden muss und durch die umständliche und sehr zeitaufwändige Bearbeitung der anstehenden Verwaltungsarbeiten, auch für Unternehmen oder sonstige Verwaltungsaufgaben man nicht genügend Zeit, beispielsweise für Patienten, hat.

Die Organisation, die im Regelfall von der Krankenversicherung verlangt wird, ist oft zu aufwendig und beachtet in nicht ausreichender Weise, dass bei jeder Anforderung bzw. Verwaltungsmaßnahme Aufwand und Nutzen gegenübergestellt werden muss. Wenn der Aufwand höher als der Nutzen ist, sollte man die jeweilige Maßnahme aus Zeit- und aus Kostengründen nicht beauflagen. Das Wohl des Patienten muss immer vor Verwaltungsarbeiten stehen. Der bürokratische, oft nicht mehr zu verantwortende Verwaltungsaufwand, der von den Krankenkassen beauflagt wird, ist meines Erachtens dadurch viel zu hoch. Man findet im Regelfall immer neue Anforderungen durch die betreffenden Stellen des Gesundheitswesens. Aus meiner Sicht werden viel zu viele Menschen bei den Krankenkassen beschäftigt, und wir haben in Deutschland viel zu viele Krankenkassen. Ein Drittel der gesamten Kosten der Krankenkassen sind Personalkosten. Viele

Länder, auch der westlichen Welt, wie u. a. Frankreich, haben nur eine zentrale Krankenkasse, und dadurch könnte man, wenn man dies auch im gemeinsamen Deutschland anwenden würde, die Anzahl der Mitarbeiter der Krankenkassen in der Krankenversicherung wesentlich verringern. Aus meiner Sicht ist die Vielzahl der Krankenkassen auch aus Kostengründen für die Belange der Krankenversicherung nicht in dem Maße notwendig, wie es noch immer im gemeinsamen Deutschland üblich ist. Dadurch werden Aufwendungen getätigt, die viel mehr den Patienten und den übrigen Mitarbeitern im Gesundheitswesen zustehen sollten. Man führt das System der Fallpauschalen als betriebswirtschaftliche Methode ein, und auch dadurch müssen viele Patienten viel zu früh das Krankenhaus verlassen. Auch die Probleme beim Corona-Virus haben eindrucksvoll aufgezeigt, dass die Arbeit der Krankenkassen so nicht weitergehen kann. Es sind deshalb meines Erachtens tiefgreifende Veränderungen bei den Krankenkassen bzw. der Krankenversicherung und überhaupt in unserem Gesundheitswesen notwendig.

Die Zwei-Klassen-Medizin bzw. das System der Privatkrankenkassen, was es in der DDR auch nicht gab, sollte, aus meiner Sicht und auch aus vielerlei anderen Gründen verändert werden. In der DDR haben vergleichsweise weniger als 10 Mitarbeiter die Verwaltungsaufgaben der gesetzlichen Krankenversicherung, der gesetzlichen Rentenversicherung und der gesetzlichen Unfallversicherung für den gesamten damaligen Kreis Worbis in Thüringen erledigt. Sicherlich müssen noch weitere Gesichtspunkte im Vergleich berücksichtigt werden. Aber trotzdem lässt sich aus diesem Vergleich die Erkenntnis ziehen, dass wir viel zu viele Personen im betreffenden Sozialversicherungs-Bereich bei den Krankenkassen beschäftigen. Es wäre – auch in Auswertung der Corona-Krise – erforderlich, dass wir nur eine staatliche Krankenversicherung und nicht einen Flickenteppich der verschiedenen Krankenkassen haben. Wir sollten in Anbetracht der erheblichen Probleme, die in unserem Gesundheitswesen entstehen und da leider die erzielten bzw. erzielbaren ökonomischen Ergebnisse in diesem System vor dem Patientenwohl stehen, baldmöglichst das Gesundheitswesen öffentlich mit bestmöglicher Sicherung der

Daseinsfürsorge und nicht mehr in erster Linie privat zum Nachteil von Patienten betreiben.

Auch die entstandenen, bereits erwähnten Probleme des unzureichenden Schul- bzw. auch Bildungswesens in Deutschland, die Bewältigung der konkreten Gesichtspunkte der Corona-Krise auch für Deutschland, die Wirkungslosigkeit der Kultusministerkonferenzen, das aus meiner Sicht nicht ausreichende Agieren der Bundesbildungsministerin und manche der bereits genannten noch immer bestehenden erheblich nachteiligen Probleme in unserem Bildungswesen im gemeinsamen Deutschland zeigen aus meiner Sichtweise auf, dass das föderale Schulsystem, überhaupt die föderale Bildungspolitik, erhebliche Nachteile aufweist. Dadurch erfahren nicht nur die Schüler, sondern auch die Lehrer Nachteile. Für die Bildungspolitik sollte deshalb gemäß meiner Einschätzung nur der Bund verantwortlich sein und die Bildungspolitik nicht mehr auf föderaler Grundlage betrieben werden. Die Bildungspolitik im Bund sollte auf zentraler Basis erfolgen und von erheblichen Missständen der gegenwärtigen Bildungspolitik, die im gemeinsamen Deutschland noch immer herrschen, befreit werden und besonders die erheblichen Rückstände in der Digitalisierung, die in Deutschland auch in der Bildungspolitik gegenüber anderen Ländern bestehen, aufgeholt werden. Die am 29. Juni 2021 gegenüber verschiedenen Medien vertretene Auffassung des baden-württembergischen Ministerpräsidenten Winfried Kretschmann (geb. 1948), dass wir keinen Bildungsminister für den Bund mehr benötigen, kann deshalb von mir nicht akzeptiert werden.

Wir müssen eine höhere Qualität in der Durchführung der unmittelbaren Leitung und Lenkung des Staates erreichen. Auf den Führungsposten sollten unmittelbare Fachleute bzw. Fachexperten auf den jeweiligen speziellen Gebieten im Interesse der Bewältigung der anstehenden Aufgaben wirksam werden. Es sollte bei der Besetzung dieser Stellen nicht, wie es bisher im besonderen Maße geschieht, vorrangig beachtet werden, dass die jeweiligen Funktionsinhaber eine Mitgliedschaft in den führenden Parteien der Regierung haben. Deshalb sollten vorrangig für die jeweils betreffende Funktion nur Fachleute in Frage kommen. Es sollten für die jeweils betreffenden Aufgaben die fachlich Qualifiziertesten und von der Charakterbildung für die einzelnen Aufgaben Auszuwählenden festgelegt und die Mitgliedschaft in einer jeweiligen Partei sollte hierbei sekundär gesehen werden. Nur so können meines Erachtens die konkret anstehenden Belange – bezogen auf das ganze Volk – in der erforderlichen Qualität optimal erfüllt werden. Auch sollte beachtet werden, dass die betreffende Funktion nur bis zu einer bestimmten Zeit ausgeübt wird, beispielsweise fünf Jahre, damit auch prophylaktisch besser als bisher die Vorkehrungen getroffen werden, dass nicht ungerechtfertigte Vorteile für sich persönlich gezogen werden und die betreffende Funktionärstätigkeit ausgenutzt werden kann.

In der DDR wurden nahezu alle Versorgungsaufgaben für die ländliche Bevölkerung oft weiterhin in den Dörfern belassen bzw. gesichert. Dadurch bestand in den größeren Dörfern der DDR, wenn diese Verkaufseinrichtungen vorhanden waren, auch die Möglichkeit des Einkaufs. In der DDR bestanden auch Transportmöglichkeiten, um in die jeweilige nächstgelegene Stadt oder in den nächstgrößeren Ort zu kommen. Die betreffenden Landwirtschaftlichen Produktionsgenossenschaften (LPGen), die Agrargenossenschaften, die betreffenden staatlichen Einrichtungen, die Maschinen- und Traktorenstationen (MTS) oder speziell die Busbetriebe hatten die Pflicht, diese Einrichtungen zur Sicherung der Versorgung der Landbevölkerung weiterhin aufrecht zu erhalten. Sie sollten auch den möglichen notwendigen Transport an den betreffenden Tagen gewährleisten. Der Gewinn aus diesen Dienstleistungen, sofern Gewinn erzielt werden konnte, spielte dabei nicht so die Rolle wie jetzt im gemeinsamen Deutschland. Es wurde hierbei auch im Interesse der Menschen in ländlichen Gebieten gehandelt und nicht so sehr, wie es in den alten Bundesländern bzw. im gemeinsamen Deutschland der Fall ist, gesehen, dass die Ökonomie bzw. der Profit in erster Linie den Vorrang hat. Die betreffenden Genossenschaften und staatlichen Einrichtungen oder andere in Frage kommende Organe hatten bei Erfordernis den Auftrag, wo es erforderlich war, den notwendigen finanziellen Ausgleich für den betreffenden DDR-Betrieb im ländlichen Bereich zu sichern. Der wichtigste Gesichtspunkt für alle notwendigen Handlungen, auch im ländlichen Bereich, war die Sicherung der lebensnotwendigen Versorgung in der jeweiligen ländlichen Region und des erforderlichen Transports zu den betreffenden Einrichtungen. Dadurch bestand auch die Möglichkeit zu ärztlichen Einrichtungen, im Regelfall zu den Polikliniken, zu kommen. Auch die Sicherung der kulturellen Versorgung bzw. die Inanspruchnahme von kulturellen Veranstaltungen war ebenfalls eine wichtige Aufgabe der jeweiligen dafür verantwortlichen Genossenschaften sowie sonstigen staatlichen Einrichtungen der jeweiligen ländlichen Regionen. Oberstes Ziel war, alles dafür zu tun, dass der Mensch auf dem Land auch weiterhin mit staatlicher bzw. genossenschaftlicher Hilfe seinen Aufgaben nachkommen konnte. Dadurch bestand in der früheren DDR, weil das Landleben auch manche Vorteile gegenüber dem Stadtleben brachte, auch vielfach der Wunsch, auf dem Land weiterhin wohnhaft zu bleiben oder ins ländliche Gebiet zu ziehen. Leider ist diese Tendenz im gemeinsamen Deutschland erheblich zurück gegangen bzw. hat sich in die umgekehrte Richtung vollzogen, mit all den sich daraus ergebenden Problemen.

Insbesondere deshalb, weil marktwirtschaftliche Gesichtspunkte, verbunden mit dem unbedingten Gewinnstreben, leider den Vorrang vor wichtigen Versorgungs– und Transporterfordernissen haben. Meines Erachtens müssten notwendige Versorgungs- und Transporterfordernisse der Menschen einen Vorrang gegenüber marktwirtschaftlichen Belangen haben.

Dies hat sich zum Teil auch schon in den alten Bundesländern und noch mehr im gemeinsamen Deutschland schlagartig verändert. Der Profitgedanke und die Sicherung der Effizienz wurden nunmehr vorrangig gesehen. Alles musste sich rechnen, und die menschlichen Erfordernisse im ländlichen Raum spielten nicht mehr die erforderliche Rolle. Die Versorgungssicherheit, die Gewährleistung der Transporte war plötzlich im Interesse des Profits in einer kapitalistischen Gesellschaft bedeutungslos geworden. Man hat bei der Planung der logistischen Infrastruktur auf dem Land nicht ausreichend Rücksicht auf die Menschen im ländlichen Raum bei den seit der Wiedervereinigung Deutschlands eingeleiteten Maßnahmen genommen. Oft können manche Menschen auf dem Land wegen ihres Alters, ihrer Gesundheit, eines fehlenden Fahrzeugs oder nicht vorhandener Fahrerlaubnis ihre Versorgung für sich nicht mehr absichern. Vielfach besteht auch keine

Zugverbindung und fährt auch kein Bus mehr in manche Dörfer. Die dringend notwendigen Verkaufseinrichtungen fielen dem Profit bzw. der dadurch möglichen Verringerung des Aufwandes zum Opfer. Es spielte keine Rolle, ob die Menschen in die Städte zur Nutzung der Verkaufseinrichtungen kommen konnten. Selbst die Busverbindungen wurden gekappt, alles was sich nicht ausreichend rechnete, wurde nicht mehr zur Verfügung gestellt. Menschliche Erfordernisse spielten, wie erwähnt, keine Rolle mehr. Im Endeffekt hat man danach nicht mehr gefragt. Eine völlig inhumane Entwicklung wurde und hat man dadurch seitens der dafür Verantwortlichen vollzogen. Diese rücksichtslose Entwicklung gegenüber der Land-Bevölkerung hat sich besonders nach dem Beitritt der DDR vollzogen. Viele Menschen, auch aus den alten Bundesländern, die in ländlichen Gebieten wohnen, wurden ebenfalls Opfer dieser Politik. Auch mit ihnen wurde bereits vor der Wiedervereinigung Deutschlands diese unsägliche völlige disharmonische Politik zwischen Stadt und Land betrieben. In der DDR hat man wenigstens Vorkehrungen getroffen, dass man trotzdem auf den Dörfern leben kann, aber dies geschieht im gemeinsamen Deutschland in völlig unzureichender Weise. Man geht offenbar davon aus, dass Jeder einen Pkw besitzt und damit zu jedem Ort fahren kann. So ist aber nicht die Realität. Manche Menschen haben, wie schon erwähnt, diese Voraussetzungen nicht. Die Folge dieser in erster Linie profitorientierten, aus meiner Sicht völlig falschen Strukturpolitik im gemeinsamen Deutschland ist, dass das Gefälle zwischen ländlicher und städtischer Bevölkerung weiter wächst. Dadurch muss auch mehr Pendelverkehr, weil dieser dann erforderlich ist, in relativ hohem Maße erfolgen. Da ein großer Teil der Pendler auch einen vergaserbetriebenen Pkw fährt, führt diese Wirkung zu einer dadurch verursachten weiteren Erderwärmung. Durch diese erhebliche Benachteiligung der Menschen im ländlichen Raum in vielen Gebieten Deutschlands muss auch diese erfolgte Verfahrensweise als nicht ausreichend langfristig angesehen werden. Auch dies führt dazu, dass immer mehr Menschen in den Städten wohnen müssen und ländlicher Wohnraum nicht genutzt wird oder verfällt. Auch in Anbetracht des fehlenden Wohnraums und der oftmals nur schwer oder kaum noch bestehenden Möglichkeit, Platz für die Schaffung von Bauten zu schaffen und der oft freistehenden Bodenfläche in den Dörfern ist deshalb die betriebene Strukturpolitik im gemeinsamen Deutschland nicht zu begreifen. Dadurch wird noch in höherem Maße wegen des oft nicht oder ungenügend genutzten Wohnraums zu einer wesentlichen Erhöhung der Asphaltierung beigetragen, die in dem bestehenden Umfang nicht entstehen bräuchte. Dies hat nicht nur negative Auswirkungen auf die Grundwassermenge, sondern auch auf die Sicherung der Biodiversität und anderer wesentlicher klimapolitischer Erfordernisse. In vielen Städten werden sehr hohe Mietpreise zugrunde gelegt. Heute bekommt man in vielen Städten nur ganz schwer Wohnraum, und es müssen oft solche Mietpreise gezahlt werden, die sich viele Familien im gemeinsamen Deutschland oft nicht leisten können. Aus meiner Sicht gesehen, hatten noch viele Plattenbauten den Standard, dass sie nicht oder noch nicht abgerissen werden brauchten. In anderen Ländern der Welt, auch in westlichen Ländern, damals in der alten Bundesrepublik, aber auch im gemeinsamen Deutschland sind im Ergebnis dieser Entwicklung, wie beschrieben, erhebliche Disproportionen zwischen der Bevölkerung auf dem Land und in der Stadt weiter entstanden bzw. fortgeführt worden. Auch die politischen Folgen aus dieser aus meiner Sicht völlig falschen Behandlung der Menschen in den ländlichen Gebieten sind auch an den Wahlergebnissen, insbesondere in Ostdeutschland, zu erkennen, weil die Menschen in der früheren DDR die Versorgung auf dem Dorf anders kannten.

Auch der Wegfall von Fahrtstrecken, weil diese sich nicht ausreichend wirtschaftlich rechnen und damit den bisher diese Eisenbahnstrecke nutzenden Menschen nicht mehr zur Verfügung stehen, muss als erheblicher Nachteil im gemeinsamen Deutschland gesehen werden. Dies hat zu einem erheblichen Unwillen bei den davon betroffenen Menschen beigetragen. Um überhaupt noch zu den jeweiligen Orten zu kommen, musste der jeweilige Ort per Pkw logistisch genutzt werden. Auch dadurch sind negative Auswirkungen auf die steigende Erderwärmung bei der erheblichen Nutzung der mit Vergaserkraftstoffen betriebenen Pkw´s eingetreten. Besonders betroffen von den aus Profitinteressen vorgenommenen Stilllegung von Eisenbahnstrecken waren die Bahnstrecken in Ostdeutschland. 40 Prozent aller stillgelegten Strecken befinden sich in Ostdeutschland und wurden auf dem Gebiet der früheren DDR noch genutzt. Allein in Sachsen betraf dies 527 Kilometer, in Mecklenburg-Vorpommern 299 Kilometer und in

Brandenburg 539 Kilometer Bahnstrecke, die stillgelegt wurden. Dadurch sind im gemeinsamen Deutschland wesentliche Nachteile für die Menschen in der früheren DDR zugelassen wurden, was eigentlich für die davon betroffenen Menschen nicht akzeptabel ist. Ich habe früher von 1970 bis 1988 im VEB Eichsfelder Zementwerken Deuna gearbeitet. Wir haben den Zement in der DDR an die Abnehmer in Ganzzügen nur per Schiene befördert. Um dies zu ermöglichen, haben wir 32 Millionen DDR-Mark für die Errichtung und den Ausbau der Anschlussbahn in Deuna investiert. Die Nutzung der Schiene als Transportmittel war aus den verschiedensten Gründen günstig, auch um der nunmehr steigenden Erderwärmung vorzubeugen und aus damaliger Sicht eine rationelle Transportbeförderung durchführen zu können. In Verbindung mit der Wende hat man aus Profitgründen die Beförderung über die Schiene verteufelt und nur noch eine Beförderung des Zements per Lkw-Nutzung im gemeinsamen Deutschland vorgenommen. 32 Millionen DDR-Mark wurden für die Anschlussbahn in der DDR ausgegeben, aber die Anschlussbahn musste nunmehr stillgelegt werden, um einen höheren Profit durch eine andere Art der Belieferung, insbesondere aus marktwirtschaftlichen Gründen, zu erreichen. Die Umweltbelange, die auch vor 1990 bereits absehbar waren und von Vielen gesehen wurden, spielten wegen des möglichen höheren Profits keine Rolle mehr. Der Transport über die Schiene wurde im gemeinsamen Deutschland für dieses und auch für viele andere Unternehmen der früheren DDR eingestellt. Dadurch entstand auch eine höhere Fahrzeug- bzw. Transportbelastung in Deutschland, die vermeidbar war. Das war nicht nur aus klimapolitischer Sicht ein erheblicher Fehler des gemeinsamen Deutschlands. Es sollten die noch realisierbaren richtigen Schlussfolgerungen aus den verfehlten klimapolitischen Maßnahmen bzw. der Politik, durch die das höhere CO_2-Aufkommen entstanden ist, im gemeinsamen Deutschlands gezogen werden. Ich halte auch aus diesen aufgeführten Gegebenheiten, die erheblich zum Nachteil der Landbevölkerung beigetragen haben und weil noch viele Menschen gerade im ländlichen Raum ihren oft noch vergasergebundenen Pkw zur Beförderung bzw. insbesondere auch zum Erreichen der Arbeitsorte benötigen, eine Erhöhung der Vergaserkraftstoffpreise, wenn diese aus klimapolitischen Gründen zur Verringerung des CO_2-Verbrauchs erfolgen soll, schon aus sozialpolitischen

Gründen für die nicht richtige Verfahrensweise. Das Gefälle von Arm und Reich ist noch viel zu hoch, und eine nicht geringe Zahl insbesondere von Menschen, die nicht so ein hohes Einkommen haben, müssen diese hohen Preise dann bezahlen. Dem reicheren Teil der Bevölkerung macht eine Preiserhöhung aus diesen Gründen nicht so viel aus, und sie bezahlen dann auch den höheren Benzin- oder Dieselpreis. Wenn man besonders der davon betroffenen ländlichen Bevölkerung ein Energiegeld als Ausgleich geben will, muss auch dieses Energiegeld aus meiner Sicht gesehen wieder für den vorhandenen Treibstoffverbrauch, der durch die höheren Preise bedingt ist, wieder verwendet werden. Damit bestehen nicht die erforderlichen Gegebenheiten der aus klimapolitischen Gründen gewollten Lenkungswirkung eines zu erreichenden zu verringernden CO_2–Verbrauchs beim Treibstoffverbrauch, weil die davon betroffenen Menschen weiterhin den betreffenden Treibstoffverbrauch für ihre Fahrzeuge zum Erreichen der Transportwege zu ihren Arbeitsorten benötigen. Man muss auch dabei bedenken, dass sich die wenigsten Menschen ein neues elektrobetriebenes oder anderes Auto, das die notwendigen Erfordernisse zu einer höheren Klimaneutralität sichert, auch aus finanziellen Gründen nicht leisten können. Die Lösung aus diesen erheblichen allein aus marktwirtschaftlichen Gründen aus meiner Auffassung nicht richtigen Strukturpolitik gegen die Erfordernisse der Menschen im ländlichen Raum sowie auch gegen die klimapolitischen Erfordernisse kann nur in einer Erhöhung des zum Teil leider unter Beachtung des gegenwärtigen Standes oft entfallenen Schienenverkehrs im ländlichen Raum, der Sicherung der besseren Erreichbarkeit durch eine Verbesserung des öffentlichen Personen-Nahverkehrs auch für die leider vorrangig aus marktwirtschaftlichen Gründen nicht mehr vorhandenen bzw. betriebenen Busverbindungen bestehen. Die Fahrtkosten mit der Eisenbahn sowie mit Bussen sollten allein aus klimapolitischen Gründen wesentlich verringert werden mit der Zielstellung, möglichst zum vertretbaren Zeitpunkt eine kostenlose Beförderung zu sichern. Auch die Beförderung mit dem Rad sollte, wo dies möglich ist und von den Betroffenen noch durchgeführt werden kann, unter Sicherung der erforderlichen Radwege, wo dies möglich ist, auch verstärkt in Frage kommen. Geeignete auch in Frage kommende Transportmittel sollten, wo dies möglich ist, ebenfalls bei einer notwendigen klimapolitischen und sozialpolitischen Veränderung der bisher gezeigten Verkehrspolitik in Frage kommen.

Auch im zu schnellen Abriss von Plattenbauten, die in der DDR mit dem Wohnungsbauprogramm geschaffen und in DDR-Zeiten sehr begehrt waren, hat man – aus heutiger Sicht gesehen – meines Erachtens Fehler gemacht. Bezogen auf den Umfang der abgerissenen Plattenbauten in der DDR und unter Berücksichtigung des nunmehr fehlenden Wohnraums, zeigt sich dies im gemeinsamen Deutschland in nicht geringem Maße in den Städten. Dieser Abriss wurde nicht nur in Großstädten der damaligen DDR, sondern auch in Städten, die nicht als Großstädte bezeichnet werden können, durchgeführt. In unserer Region betraf dies u. a. auch Leinefelde, den Ort, in dem ich lange Zeit meines Lebens gewohnt habe. Der Abriss des Wohnkomplexes in der Schillerstraße in Leinefelde, der Wohnung, in der ich, wie erwähnt, auch mehrere Jahre in Leinefelde von 1985 bis 1990 nahezu vier Jahre wohnte, muss auch, aus meiner Sicht gesehen, als äußerst kritisch angesehen werden, weil man diesen Abriss vorrangig aus marktwirtschaftlichen Gesichtspunkten vornahm, nur, weil damals auch an diesen Orten Wohnraum frei stand.

Wenn man heute den fehlenden Wohnraum bzw. die Wohnungsprobleme in den Städten in Deutschland sieht, kann man diese damaligen Handlungen nicht verstehen. Der Abriss vieler Plattenbauten diente, trotz zeitweiligem Leerstand mancher Plattenbauten durch die Folgen der Wiedervereinigung, vorrangig dazu, um meines Erachtens aus marktwirtschaftlicher Sicht Wohnraum zu verknappen. Zur damaligen Zeit stand durch die Folgen der Wiedervereinigung noch Wohnraum zur Verfügung, weil eine nicht geringe Zahl von Arbeitslosen aus dem Osten Deutschlands notwendigerweise vorrangig in die alten Bundesländer zog. Im Wohnungsbauprogramm der DDR wurden 1.000.000 Neubauwohnungen im Plattenbau-Format zusätzlich zu den bisherigen Wohnungen ab den 1980er Jahren bis 1990 gebaut. 300.000 dieser damals relativen Neubauwohnungen wurden abgerissen. Diese Wohnungen wurden u. a. in den Großstädten der damaligen DDR errichtet. Manche Wohnungen, besonders in Berlin, Leipzig, Dresden und anderen Großstädten wurden, obwohl manche Wohnungen erst 1990 fertiggestellt wurden, trotzdem abgerissen. Der Abriss dieser wichtigen errichteten Wohnungen wurde im gemeinsamen Deutschland gefördert und somit die Vernichtung dieser Wohnungen noch finanziell unterstützt. Unter Berücksichtigung der in den letzten Jahren und besonders auch aktuell bestehenden Probleme auf dem Wohnungsmarkt, u. a. auch bei den Sozialwohnungen, kann man solche damals getroffenen Entscheidungen nicht verstehen. Es wurden damals von der Bundesregierung, wie erwähnt, noch Fördermittel für den Abriss von Plattenbauten bereitgestellt. Im Zeitraum von 2002 bis 2012 wurden allein in Ostdeutschland, wie erwähnt, ca. 300.000 Wohnungen abgerissen, und damit stand der Bevölkerung dieser Wohnraum nicht mehr zur Verfügung. Die Höhe dieses Abrisses im gemeinsamen Deutschland betrug 30 Prozent der Summe an Wohnungen des in der DDR geschaffenen Wohnungsbauprogramms. Das Wohnungsbau-Programm der DDR beinhaltete, wie angeführt, die Schaffung von 1.000.000 Wohnungen. Nicht nur in Großstädten Westdeutschlands, sondern auch in einigen Großstädten Ostdeutschlands macht sich eine hohe Wohnungsnachfrage bemerkbar, die oftmals bisher nicht gedeckt werden konnte. In den betreffenden Städten Ostdeutschlands hat man leider damals, wie bereits erwähnt, verstärkt die Abrissbirne angesetzt. Im Nachhinein muss diese überzogene Abrissstrategie auch unter den sich nunmehr ergebenden Gegebenheiten im wiedervereinigten Deutschland aus meiner Sicht als ein schwerwiegender Fehler gesehen werden. Es muss auch bemerkt werden, dass man auch wegen dieser Einschätzung lange im gemeinsamen Deutschland kaum Sozialwohnungen errichtet hat, obwohl dies notwendig war. Viele Menschen sind vom Land in die Großstädte gezogen. Die Hauptstadt Berlin hat einen sehr hohen Einwohnerzuwachs (mindestens 300.000 Menschen in den vergangenen zehn Jahren sind dazugekommen) und auch viele andere Großstädte, auch Ostdeutschlands, wie Leipzig und Dresden, haben ebenfalls – relativ gesehen – einen ebenfalls nicht geringen Einwohnerzuzug. Die Baukosten sind erheblich angestiegen, was die Hauptgründe für die erheblich steigenden Mietpreise sind und auch ebenfalls Gründe für den Wohnraummangel darstellen. Dass viele gemietete Wohnungen privaten Gesellschaften, auch in einigen Großstädten in Ostdeutschland verkauft wurden, muss durch die teilweise gerade unter dieser veränderten Einkommensstruktur erheblich gestiegenen Mietpreise als schwerwiegender Fehler im Nachhinein angesehen werden, Auch in dieser Beziehung ist Österreich ein Vorbild, denn beispielweise in Wien hat man einen sehr hohen Anteil an Mietwohnungen im kommunalen Bereich belassen, und man konnte dadurch auch die Mietpreise ziemlich stabil halten.

Die erheblich steigenden Baukosten resultieren neben anderen Faktoren insbesondere aus den wesentlich steigenden Grundstückspreisen. Der frühere Oberbürgermeister von München (1960 bis 1972), Bundesminister (1972 bis 1974 für Raumordnung, Bauwesen und Städtebau, 1974 bis 1981 für Justiz), Regierender Bürgermeister von Berlin (West) von Januar 1981 bis Juni 1981, Kanzlerkandidat der SPD bei der Bundestagswahl 1983, Vorsitzender der SPD-Bundestagsfraktion (1983 bis 1991) und SPD-Partei-Vorsitzender (1987 bis 1991 als Nachfolger von Willy Brandt), Hans-Jochen Vogel (1926 – 2020), hat dazu in seinem noch im 94. Lebensjahr vor seinem Tod geschriebenen und 2019 im Verlag Herder GmbH Freiburg im Breisgau erschienenen Buch „Mehr Gerechtigkeit! Wir brauchen eine neue Bodenordnung – nur dann wird das Wohnen wieder bezahlbar“ u. a. wichtige Gründe für die hohen Immobilienpreise beschrieben. Nachfolgend wird in Kurzform aus diesem Buch zu einer gerechteren Bodenordnung und der Frage, wie der seit Jahrzehnten unablässig andauernden Steigerung der Baulandpreise Einhalt geboten werden kann, u. a. Folgendes auszugsweise zitiert:

„In meinem politischen Leben schon vor fast 50 Jahren in meinen Funktionen als Münchner Oberbürgermeister (1960 – 1972) und dann als Bundesminister für Raumordnung, Bauwesen und Städtebau (1973 – 1974) hat dies eine zentrale Rolle gespielt. Waren doch schon damals die Baulandpreise auf der Bundesebene im Durchschnitt von 7,58 Euro pro Quadratmeter im Jahre 1962 – erst von da an wurden die Preise auf dieser Ebene erfasst – auf 15,72 Euro pro Quadratmeter im Jahre 1970 und damit um 107 Prozent gestiegen. In München – dort begann schon die Erfassung 1950 – betrug der durchschnittliche Quadratmeterpreis hingegen in diesem Jahr 3 Euro und 1970 70 Euro. Er hatte sich also seit 1950 sogar um 2234 Prozent erhöht. Diese Entwicklung hat sich in der Folgezeit kontinuierlich fortgesetzt. Eine ganz ähnliche unheilvolle Entwicklung, wie damals, ist dann vor allem seit

2010 wieder in Gang getreten. Die Baulandpreise pro Quadratmeter stiegen in dieser Zeit bundesweit von 156,63 Euro pro Quadratmeter im Jahre 2016 auf 174,94 Euro pro Quadratmeter im Jahre 2017. Für München betrugen die entsprechenden Zahlen 1700 und 1870 Euro pro Quadratmeter. In den Medien und auch in der Politik wurde jetzt aber nur über die rapide Steigerung der Mieten und den zunehmenden Mangel an bezahlbaren Wohnungen diskutiert. Das – für sich betrachtet – durchaus zu Recht. Denn die Angebotsmieten stiegen im Bundesdurchschnitt pro Quadratmeter von 6,81 Euro im Jahr 2015 auf 7,09 Euro im Jahr 2017. In München stiegen sie sogar von 12,60 Euro auf 13,10 Euro. ....".

Für mich ist es unverständlich, dass auch ehemalige DDR-Betriebe schließen mussten, die eine sehr hohe Qualität hatten. Ihre Produktion sowie ihre hergestellten Leistungen wurden vorrangig auf dem westdeutschen Markt bzw., wie früher gesagt wurde, an das nicht-sozialistische Wirtschaftsgebiet (NSW) verkauft. Man hätte diese Betriebe aus der damaligen DDR auch im gemeinsamen Deutschland bestehen lassen können, aber man tat dies nur unzureichend. Auch diese Betriebe sind größtenteils unverständlicherweise „kaputt" gegangen. Wenn es daran lag, dass ihre Herstellungskosten zu hoch waren, hätte man die betreffenden Betriebe sanieren und durch entsprechende Maßnahmen auf geringere Kosten ausrichten können. Trotz der relativ hohen Qualität und hohen Nachfrage dieser Produkte ist dies in völlig unzureichender Weise geschehen. Auch damit hätten manche dieser Erzeugnisse bzw. Produkte, die ursprünglich in der DDR hergestellt worden, erhalten werden und auch ein Teil der für diese Tätigkeiten qualifizierten Arbeitskräfte verbleiben können. Dies ist kaum und somit unzureichend geschehen, und offenbar hat man im Interesse des damaligen Westdeutschlands und der ökonomischen Wirkung dieser Landstriche viel zu wenig an die betreffenden Menschen, die in den ehemals ostdeutschen Unternehmen beschäftigt waren, gedacht. Die von den Menschen in Ostdeutschland gewöhnte und erwartete Solidarität war leider oft nicht da. Vielmehr hat man viel zu sehr auf den eigenen ökonomischen Vorteil vieler Unternehmen aus der alten Bundesrepublik im neu entstandenen gemeinsamen Deutschland gedacht. Man war wenig solidarisch, und dies ist kein rühmlicher Beitrag für die Gemeinsamkeit Deutschlands, was auf gerechter Grundlage eigentlich entstehen sollte.

Auch bezüglich der Wirtschaft in der DDR und der Betriebswirtschaftslehre wird auf einigen Gebieten völlig zu unrecht im gemeinsamen Deutschland von einigen einflussreichen Leuten vorrangig aus der ursprünglichen alten Bundesrepublik behauptet, dass viele Gebiete der Betriebswirtschaftslehre nur in der alten Bundesrepublik eine hohe Qualität haben. Dies ist in vielen Fällen nicht richtig. Mir hat ein deutschlandweit anerkannter Wirtschaftsprüfer aus Hamburg gesagt, der aus den alten Bundesländern kam, dass die Qualität der Kosten- und Leistungsrechnung in der DDR, die er auch eingehend kannte, weil er sich mit ihr unvoreingenommen neutral beschäftigt hat, in der Qualität und der Logik höher war als die mit diesen gleichzusetzenden Gebiete der Buchhaltung bzw. der Kostenrechnung der alten Bundesrepublik, die nunmehr auch für das wiedervereinigte Deutschland gilt.

In der früheren DDR wurde auch in der Wirtschaft viel langfristiger gedacht, als in der Bundesrepublik Deutschland, bei der leider das kurzfristige Denken Vorrang hat und man viel zu wenig an das „Morgen" denkt. Wenn einflussreiche führende Politiker in der DDR unter Honecker sich nicht gegen die eigentlich erforderliche Wirtschaftsstrategie gerichtet hätten und eine zu hohe Konsumtion zu Lasten bzw. zum Nachteil der erforderlichen Akkumulation und diese verfehlte Wirtschaftsstrategie noch als „Einheit von Wirtschafts- und Sozialpolitik“ genannt hätten, kann dies nicht als systemimmanent bezeichnet werden. Die real existierende Wirtschaft der DDR wurde von diesen politischen Führern der DDR aus meiner Sicht völlig falsch angewandt und war auf das eigentlich nicht vorgesehene kurzzeitige Denken ausgerichtet und zeigt auf, dass die damaligen Politiker unter Honecker zum einen letztlich zu wenig von der Wirtschaft verstanden und durch ihre falsche Wirtschaftsstrategie die Voraussetzungen schufen, dass die DDR auch wirtschaftlich zugrunde ging.

Obwohl in der DDR im Durchschnitt relativ viel Alkohol getrunken wurde, bestand in der DDR für Pkw- bzw. Lkw-Fahrer eine Null-Komma-Null-Pro

Mille-Grenze. Nahezu fast alle osteuropäischen Länder weisen auch gegenwärtig noch eine nur zulässige Alkoholbegrenzung von Null-Komma-Null pro Mille auf, während nahezu alle westlichen Länder einen maximal zulässigen Alkoholverbrauch von ca. 0,5 pro Mille aufweisen. In der DDR und in den osteuropäischen Ländern wurde im Interesse der Sicherheit der Pkw-Fahrer und der betreffenden Beifahrer sowie der anderen in Frage kommenden betreffenden Verkehrsteilnehmer kein Alkohol, auch nicht in einer geringen Menge für eine Pkw-Fahrt erlaubt. Die DDR hat somit keine Alkoholinanspruchnahme für eine Pkw-Fahrt zugelassen. Anders ist es im wiedervereinigten Deutschland. Als „Kompromiss" wurde im deutsch-deutschen Einigungsvertrag festgelegt, dass im wiedervereinigten Deutschland die Pro-Mille-Grenze, ab der Fahrer unter Alkoholeinfluss beim Autofahren bestraft werden, von vor der deutschen Wiedervereinigung 0,8 pro Mille in Westdeutschland und West-Berlin gesenkt und von 0,0 pro Mille in Ostdeutschland und Ost-Berlin erhöht und somit – ab dem 3. Oktober 1990 im ab dann wiedervereinigten Deutschland – auf einheitlich 0,5 pro Mille festgelegt wurde. Ich finde dies nicht in Ordnung, und daraus kann man auch erkennen, welche Bedeutung der Alkoholkonsum in einem westlichen System aus marktwirtschaftlichen Gründen hat. Höchstmögliche Geschäftserfüllung kommt leider vor der Sicherheit der Verkehrsteilnehmer.

Für die Fahrzeug-Betreibung wird in der Regel derzeit im überwiegenden Maße Vergaserkraftstoff benötigt, was wiederum die weitere Erhöhung der Erderwärmung beeinflusst. Es ist aus den genannten notwendigen Sicherheitsinteressen und aus Klimaerfordernissen unbedingt notwendig, dass wir endlich eine Geschwindigkeitsbegrenzung auf Autobahnen einführen, wie es in anderen Ländern bereits üblich ist. Trotz dieser genannten erheblichen ungünstigen Auswirkungen hat man es immer noch nicht im gemeinsamen Deutschland geschafft, dass eine Geschwindigkeitsbegrenzung wirksam wird. Das ist unökologisch, weil hier Geschäftsgründe und übliche Freiheitsgewohnheiten von den Einzelnen zum Schaden der Gemeinschaft wahrscheinlich den Vorrang vor Sicherheitsinteressen haben. Leichtfertig wird dies in Anbetracht möglicher entstehender Gefahren für den Pkw-Fahrer, die Beifahrer des betreffenden Pkw-Fahrers und sonstige gefährdete Verkehrsteilnehmer in Kauf genommen. Auch in der DDR galt für Pkw´s und alle übrigen Verkehrsteilnehmer eine maximal zulässige Geschwindigkeit auf Autobahnen von in Höhe von 100 km/h. Im gemeinsamen Deutschland gibt es für Autobahnen überhaupt keine Geschwindigkeitsbegrenzung und für Straßen liegt die maximale zulässige Geschwindigkeit bei 100 km/h. Sicherheitsinteressen und auch Umweltschutzinteressen spielen offenbar bei dieser Regelung im gemeinsamen Deutschland keine Rolle, da keine Geschwindigkeitsbegrenzung festgelegt wird. Damit gehört das gemeinsame Deutschland wohl zu den ganz wenigen Ländern auf der ganzen Welt, wo es keine Geschwindigkeitsbegrenzung auf Autobahnen gibt. Die Folge der für die Autofahrt zugelassenen Regelung ist, dass diese Regelung vorrangig im Interesse der Autoindustrie und mancher Autofahrer erlassen wurde. Das sehr schnelle Fahren ist oft rücksichtslos gegenüber anderen Pkw-Fahrern und deren Mitfahrern. Jährlich sterben durch dieses inhumane Verhalten anderer Pkw-Fahrer und mitfahrender Beifahrer eine nicht geringe Zahl von Menschen. Auch auf die Klimakrise und den Anstieg der Erderwärmung hat diese zu hohe Geschwindigkeit einen sehr negativen Einfluss. Durch zu schnelles Fahren wird erheblich mehr Sprit verbraucht, und dies führt, da vergaserbetriebene Fahrzeuge noch in der Überzahl im gemeinsamen Deutschland gefahren werden, auch zu einem erhöhten umweltschädlichen CO_2-Verbrauch. Man könnte auch in dieser Hinsicht von der DDR im gemeinsamen Deutschland, trotz der nunmehr vorhandenen schnelleren Autos und der damit bestehenden Möglichkeiten im Interesse der notwendigen höheren Sicherheit bzw. wegen des negativen Einflusses auf die Erderwärmung lernen, da hier Geschwindigkeitsbegrenzungen vorlagen und einzuhalten waren.

In der früheren DDR wurden nur im geringen Maße Genehmigungen für Waffenscheine erteilt. Auch Schützen und andere Personen, die dienstlich dazu befugt waren, Waffen zu nutzen, konnten die Waffen nur zur sportlichen Tätigkeit oder zur Diensttätigkeit benutzen, durften jedoch die Waffen nicht während ihrer Freizeit in Verwahrung behalten. Sie mussten die Waffen sofort wieder in den Waffenkammern abgeben und durften diese Waffen, nur von wenigen Ausnahmen abgesehen, nicht persönlich verwahren. Die Rückgabe in die Waffenkammern und auch die Rückgabe nicht verwendeter Munition wurde von den Verantwortlichen der

Waffenkammern sehr streng kontrolliert. Im gemeinsamen Deutschland ist dies ganz anders. Zum einen wird nicht so streng kontrolliert (siehe Probleme mit der Munition in der Bundeswehr), und zum anderen können beispielsweise Schützen auch die Waffen in der Freizeit verwahren. Die Gefahr, dass Manche psychische Störungen bekommen oder Amokläufe begehen, wird auch im gemeinsamen Deutschland unzureichend beachtet. Man sollte bei einer Erteilung zum Waffenbesitz hierbei immer beachten, dass auch Menschen ihr bisheriges Verhalten durch vielfältige Einflüsse verändern können und die Waffe als Schutzwaffen zum Nachteil anderer Menschen verwenden können, und dadurch können Unbeteiligte zu Opfern werden, wie vielfältige Vorkommnisse, nicht nur die Amokläufe, sondern auch andere Erscheinungen in diesem Bereich beweisen. Da die diesbezügliche Gefahr viel zu hoch ist, sollten im gemeinsamen Deutschland auch in dieser Hinsicht andere Regelungen gelten.

Auch der Verkauf von Spielen, die aggressive Gewalt oder kriminelle Handlungen erzeugen, die im nunmehr gemeinsamen Deutschland in Überzahl angeboten werden sind zu nennen. Dies war auch für die frühere DDR nicht typisch. Besonders auch junge Menschen, die sich noch in ihrer Entwicklung befinden, können erheblich negativ beeinflusst werden. Sie können dadurch auch erheblich auf ihrem weiteren Weg sehr negativ bezüglich der Durchführung von aggressiven oder auch kriegerischen Handlungen beeinträchtigt werden. Weil diese Angebote besonders auch aus marktwirtschaftlichen Gründen erfolgen, kann wegen der erheblichen Beeinflussungsgefahr durch die Wahrnehmung der so genannten „Freiheit" auch aus pädagogischer und erzieherischer Sicht dies in keiner Weise befriedigen. Leider spielen nicht nur die Betriebe, die diese Leistungen, ob als Hersteller oder Händler, anbieten, sondern auch manche Medien oder Firmen aus dem Internet, die manchmal im erheblichen Maße diese Leistungen anbieten, eine unrühmliche Rolle. Auch das Übermaß an kriminalistischen Fernsehsendungen muss, aus meiner Sicht gesehen, ebenfalls sehr negativ gewertet werden. Auf diese Weise wird gerade auch bei jungen Menschen auf die humanistische Erziehung in sehr negativem Maße Einfluss genommen. Auf diese Weise werden auch mit bestimmte Ausgangsbedingungen für das Entstehen einer zügellosen Freiheit genommen, die eigentlich nicht im Sinne einer notwendigen fortschrittlichen gesellschaftlichen Entwicklung ist.

An manchen Stellen in der Bundeswehr herrscht aus meiner Sicht eine nicht ausreichende Disziplin. Damit sind meines Erachtens nicht die notwendigen Fähigkeiten im möglichen Verteidigungsfall durch die Bundeswehr und auch ihre Ordnung gegeben. In der früheren DDR musste eine Gefechtsbereitschaft ständig zu 80 Prozent für den Verteidigungsfall erfüllt werden. Danach richteten sich auch der mögliche Urlaub und die Ausgangszeiten. Dies wird aus meiner Sicht unzureichend beachtet. Es herrschte ein sehr strenges Regime in der früheren DDR in der Waffen- und Munitionsverwahrung in Waffenkammern vor. So einen Schlendrian, dass Munition nicht auffindbar ist, verloren gegangen ist oder einzelne Bundeswehrangehörige behalten könnten, gab es durch die unbedingte Einhaltung der Ordnungsregelungen in der Waffen- und Munitionsverwahrung nicht. Die Einsatzbereitschaft der gesamten Technik, einschließlich der betreffenden Fahrzeuge, wurde in der früheren DDR streng überwacht und musste im Regelfall immer eingehalten werden. Es kam dadurch vor, dass manchmal bis tief in die Nacht noch gearbeitet werden musste, um auch durch notwendige Reparaturen bzw. Instandhaltungsmaßnahmen die entsprechende Technik bzw. die Fahrzeuge einsatzbereit zu bekommen. Bei Notwendigkeit von Instandhaltungs- bzw. Reparaturmaßnahmen konnte durch die erforderliche Ersatzteilbeschaffung viel schneller und wirkungsvoller gehandelt werden, als dies im überbürokratischen Verwaltungssystem der Bundeswehr im gemeinsamen Deutschland der Fall ist. Auch in den jeweiligen Standtorten der NVA in der früheren DDR musste immer und jederzeit – auch in der Nacht – die Wachbereitschaft gesichert werden. Dadurch kam es so gut wie nicht zu Verstößen in der Wachbereitschaft am jeweiligen Standort der Nationalen Volksarmee der DDR, was leider manchmal an den betreffenden Standorten der Bundeswehr im gemeinsamen Deutschland meines Wissens leider vorgekommen ist oder noch vorkommt.

Ich finde es auch in keiner Weise richtig, dass man viel zu spät und nicht ausreichend aktuell zum Zeitpunkt der Erarbeitung dieses Buches Solidarität gegenüber afghanischen Menschen gezeigt hat, die in den verschiedensten Funktionen für die deutsche Bundeswehr oder für die deutsche Polizei als so genannte „Ortsbeauftragte“ zum Einsatz kamen oder von Diesen ausgebildet wurden. Die Solidarität anderer Länder, die nicht so bürokratisch wie Deutschland gehandelt haben und zuallererst die Hilfe dieser Menschen gesehen haben, müssen im positiven Maße genannt werden. Manche Länder haben mit dieser notwendigen Hilfe bereits im Mai 2021 begonnen und sie von Afghanistan in ihre betreffenden Länder gebracht. Fünf Mal wurden diesbezüglich schriftliche Anträge an die Bundesregierung gestellt, diese „Ortskräfte“ nach Deutschland zurückführen zu können. Man hat noch nicht einmal auf diese dringend notwendigen Anträge geantwortet. Auch die von der FDP, den Grünen und der Linken gestellten Anträge, die beteiligten „Ortskräfte“ rechtzeitig nach Deutschland zu führen, brachten keinen Erfolg, da auch die damalige Bundesregierung, bestehend aus der CDU, der CSU und der SPD, gegen diese im Parlament gestellte Anträge stimmte.

Wegen den Gefahren an Leib und Leben für diese afghanischen Menschen und ihre Familien durch die nunmehr eingetretene vollständige Regierungsgewalt der Taliban nach der Eroberung von ganz Afghanistan kann man solche wesentlich verspäteten oder zum Teil auch nicht vollständig erfolgten Aktionen, wo für Alle doch klar war, dass die Taliban relativ schnell die Regierungsgewalt bekommen würden, nicht verstehen. Wenn sich die verantwortlichen militärischen Leiter, auch der USA und der Bundesrepublik, „aus dem Staub“ machen und die von den westlichen Ländern ausgebildeten Afghanen nicht befehligen, braucht man sich nicht zu wundern, dass die betreffenden afghanischen Soldaten keine militärische Gegenwehr zeigen. Sie sehen es nicht ein, dass sie allein ihr Leben opfern sollen, und es wurde auch in keiner Weise beachtet, dass es sich auch bei den Taliban um Afghanen handelt und auch die Taliban enge Verwandte von ihnen sein können. Man ist auch davon ausgegangen, dass man die in Deutschland und der westlichen Welt zugrunde gelegten westlichen Werte und die aus meiner Sicht unzureichende Demokratie auch in Afghanistan verwirklichen kann. Man beachtet hierbei überhaupt nicht, dass in Afghanistan ganz andere Sitten, Bräuche und auch Gesellschaftsverhältnisse herrschen, so dass man Afghanistan nicht die westliche Demokratie aufzwingen kann.

Diese gezeigte Handlung bzw. Nichthandlung, weil die Überbürokratie die den Vorrang hatte, vor der dringenden menschlichen gebotenen Hilfe, war wieder typisch für die Realitätsfremdheit der betreffenden Verwaltung und für die Mängel unser derzeit betriebenen Politik und auch, aus meiner Sicht gesehen, leider unserer vorherrschenden gesellschaftlichen Aktivitäten. Es zeigte sich die mangelnde, nicht rechtzeitige Solidarität und die mangelnde Menschlichkeit, denn lange Zeit – und leider ist dies zum aktuellen Zeitpunkt wohl leider bei Einigen immer noch der Fall – scheiterten wegen übergroßer Bürokratie zum aktuellen Stand wohl auch manche Gesuche von davon betroffenen Menschen deshalb, nach Deutschland bzw. in andere westliche Länder zu kommen. Ich sehe darin ein rücksichtsloses Verhalten. Als viele Menschen in den 1970er und 1980er Jahren in Chile Hilfe brauchten, weil die Menschen dort unter dem Regime des damaligen von 1973 bis 1990 im Amt gewesenen chilenischen Diktators Augusto Pinochet (1915 – 2006) verfolgt wurden, hat die damalige DDR für diese verfolgen Menschen sehr konkrete Solidarität gezeigt und diese Menschen, die von der damals herrschenden chilenischen Regierung verfolgt wurden, rechtzeitig nach Deutschland, in diesem speziellen Fall, in die DDR kommen lassen und sehr hilfsbereit aufgenommen und sie nicht einem möglichen Tod oder Verfolgung ausgesetzt.

In der früheren DDR war es üblich, bei dringendem Erfordernis Sirenengeräusche zur Warnung der Bevölkerung im Rahmen der Zivilverteidigung einzusetzen. Hierzu bestand im Rahmen des Katastrophenschutzes bzw. der Belange der Zivilverteidigung sogar eine gesetzliche Pflicht. Die Sireneninformationen erfolgten dann bei Erfordernis in unterschiedlicher Form, um die jeweiligen erforderlichen Informationen im Rahmen der Gesetzgebung in der Zivilverteidigung der betroffenen Bevölkerung mitzuteilen, damit die notwendigen Schutzmaßnahmen eingeleitet werden konnten. Die gesamte Bevölkerung und nicht nur die jeweiligen beauftragten Leiter der Zivilverteidigung mussten eine Schulung auf diesem Gebiet im Interesse ihres eigenen Schutzes absolvieren.

Dadurch wurden alle in Frage kommenden Personen informiert. Die Sireneninformation wäre auch bei Erfordernis als Katastrophenmaßnahme bei aufkommenden Naturereignissen erfolgt, die eine Gefahr für Leib und Leben der davon Betroffenen darstellten.

Im Rahmen der Wiedervereinigung Deutschlands am 3. Oktober 1990 hat man die geltenden Bestimmungen zur Sireneninformation im Katastrophenschutz geändert und festgelegt, dass keine Sireneninformationen bei Erfordernis mehr erfolgen und Informationen nur in anderer Form durch die jeweils betroffenen Bundesländer gegeben werden. Bei diesen Regelungen, die ich für nicht ausreichend halte, gerade auch bei den erfolgten Unwetterkatastrophen, die aktuell durch Starkregen eingetreten sind und derzeit 182 Opfer in Deutschland im Gebiet von Rheinland-Pfalz und Nordrhein-Westfalen bisher gekostet haben. Auch materielle Substanz wurde stark zerstört. Man hat die Informationen an die von diesem Naturereignis Betroffenen, sofern überhaupt eine Information über den aufkommenden Starkregen erfolgte, nur den örtlichen kommunalen Vertretern übertragen. Unter Beachtung, dass auch der Strom ausfallen kann, Handys und Smartphones bzw. SMS und auch Warnapps dadurch nicht mehr funktionieren können und nicht Alle auch diese Informationen wahrnehmen, halte ich diese nur erfolgte Informationsmöglichkeit bei den eingetretenen Naturereignissen für völlig unzureichend. Man beachtet dabei auch außerdem nicht, dass Manche bewusst kein Handy oder Smartphone nutzen oder auch eine Warnapp nicht eingeschaltet haben bzw. sein kann und viele Menschen zu dieser Zeit des aufkommenden Ereignisses kein Radio oder Fernsehen eingeschaltet haben. Außerdem beachtet man in keiner Weise, dass besonders manche ältere Leute mit Computern oder Internet nicht umgehen können oder Manche sich auch keinen Computer finanziell leisten können. Eine Sireneninformation mit Nutzung eines Notstromaggregats gerade in Zeiten, wo kein Strom mehr fließen kann, halte ich zur rechtzeitigen Information aller Betroffenen und des unterschiedlichen Sirenengeheuls, das die Menschen vor den aufkommenden Ereignissen, wie es in der früheren DDR üblich war, informiert und die erforderlichen Handlungen auch sehr schnell treffen können, für unbedingt schnellstens erforderlich, da wir auch durch die Folgen der Klimazerstörung auch mit solchen oder ähnlichen Naturereignissen jederzeit rechnen und dafür gewappnet sein müssen. Deshalb muss die Notfallinformation unbedingt im Interesse der davon betroffenen Menschen verbessert werden.

Das in fast allen Orten der DDR, insbesondere in den ländlichen Gebieten bestandene System der Gemeindeschwestern, die für alle erreichbaren Polikliniken zur Verfügung standen, erwies sich zur Sicherung der Erreichbarkeit als sehr günstig für die davon betroffenen Menschen. In der DDR arbeiteten ca. 5.000 Gemeindeschwestern, die eigene Sprechzeiten hatten, teilweise für mehrere Dörfer verantwortlich waren und auf Grund des Ärztemangels in ländlichen Regionen in Absprache mit den Ärztinnen und Ärzten Untersuchungen und zeitintensive Hausbesuche durchführten und so zu ihren Patientinnen und Patienten oft ein persönliches und vertrauensvolles Verhältnis aufbauen konnten. Nach der Wiedervereinigung ab dem 3. Oktober 1990 wurde der Beruf Gemeindeschwester, den es in den alten Bundesländern weder gab, noch gibt, auch in Ostdeutschland abgeschafft.

Durch das in der DDR bestandene System der Polikliniken, in denen Ärztinnen und Ärzte unterschiedlicher Fachdisziplinen und Spezialisierungen in einem Haus für die Patientinnen und Patienten erreichbar waren, zusammenarbeiteten und im gleichen Haus staatlich angestellt waren, bräuchte nicht, wie derzeit im gemeinsamen Deutschland die ärztliche Tätigkeit auf Basis einer selbständigen Tätigkeit erfolgen, zu deren Tätigkeitsform auch bis zur Wiedervereinigung im Oktober 1990 in Polikliniken in Ostdeutschland tätige Ärztinnen und Ärzte im wiedervereinigten Deutschland gezwungen wurden, sondern könnte diese medizinische Tätigkeit auch auf Arbeitnehmerbasis ausgeübt werden. Die bestehenden Ärztehäuser in der Bundesrepublik haben im Gegensatz zu den in der DDR bestandenen Polikliniken den Nachteil, dass die in den Ärztehäusern tätigen Ärztinnen und Ärzte in der Regel selbständig tätig sind und auf Grund des Mangels an Fachärzten in bestimmten Regionen unter den (heutigen) Verhältnissen der Bundesrepublik kaum eine engmaschige interdisziplinäre Gesundheitsversorgung möglich ist.

Trotz der schon seit längerer Zeit bestehenden Erkenntnis, dass wir nicht ausreichend Pflegekräfte im gemeinsamen Deutschland haben, muss erwähnt werden, dass sich in einer Klasse, in der ich 2002 als Dozent unterrichtet habe, ca. 70 Prozent Hoch- und Fachschulabsolventen im Bereich Betriebswirtschaft befanden. Die Mehrheit dieser Leute wollte trotz ihrer bisherigen Ausbildung nicht mehr im betriebswirtschaftlichen bzw. im Steuerbereich, sondern – nach einer entsprechenden Umschulung – im Sozial- bzw. im Pflegebereich arbeiten, weil sie dort viel mehr eine Beschäftigungsmöglichkeit als nunmehr arbeitslos Gewordene sahen. Sie mussten jedoch ihre Ausbildung durch die Entscheidung der zuständigen Arbeitsagentur im Steuer- bzw. betriebswirtschaftlichen Bereich absolvieren und durften keine Ausbildung im sozialen bzw. Pflegebereich machen. Diese völlig falsche Bedarfseinschätzung der damaligen Arbeitsagentur ist angesichts der schon damals hohen Nachfrage, die schon damals von den Betreffenden so eingeschätzt wurde, nicht zu verstehen.

Eine ähnlich falsche Bedarfseinschätzung und Entscheidung zur weiteren Ausbildung wurde in den 1990er Jahren im gemeinsamen Deutschland von den zuständigen Verantwortlichen getroffen. Trotz einer erfolgreichen Lehrerausbildung und kurzzeitigen Berufstätigkeit als Lehrerinnen bzw. Lehrer wurde im gemeinsamen Deutschland festgelegt, das manche junge Lehrerinnen bzw. Lehrer wegen eingeschätzter zu geringer Nachfrage ihre Tätigkeit als Lehrerin bzw. Lehrer beenden mussten, und sie konnten damit ihre bisherige Lehrertätigkeit nicht mehr weiter ausüben. Gemäß den Festlegungen der zuständigen Arbeitsagentur mussten diese bisherigen Lehrerinnen und Lehrer im gemeinsamen Deutschland im Rahmen einer Umschulung eine Betriebswirtschaftsausbildung absolvieren, weil angeblich dort ein hoher Bedarf vorhanden war. Trotz dieser betriebswirtschaftlichen Ausbildung, die man nun abgeschlossen hatte, war oftmals keine ausreichende Nachfrage nach ausgebildeten Betriebswirtinnen und Betriebswirten vorhanden. Damit hatten sie durch die Falscheinschätzungen der betreffenden Verantwortlichen im gemeinsamen Deutschland wieder keine Arbeit. Ich betreute selbst drei ehemalige Lehrerinnen, die eine betriebswirtschaftliche Ausbildung absolviert hatten, als Praktikantinnen. Wir sagten ihnen rechtzeitig, dass wir keine Stellen zur Verfügung hatten. Sie hatten wieder durch diese falsche Bedarfseinschätzung der Verantwortlichen der damals zuständigen Arbeitsagentur eine weitere Ausbildung umsonst absolviert. Eine der ehemaligen Praktikantinnen hat sich nach diesem Praktikum und ihrer betriebswirtschaftlichen Ausbildung dann selbständig gemacht, und ich konnte ihr dabei helfen. Ich hoffe, dass die anderen beiden Betreffenden inzwischen eine Arbeitsstelle gefunden haben und wieder wegen dem nunmehr vorhandenen Bedarf als Lehrerin tätig sein konnten.

Die Abschnittsbevollmächtigten (ABV), vergleichbar mit einem heutigen Kontaktbeamten in der Bundesrepublik, waren als Angehörige der Volkspolizei (VP) für die Sicherheit und Ordnung in nahezu allen Orten und oft auch in den Dörfern in der ehemaligen DDR, aber auch auf Teilstrecken der bis zum 31. Dezember 1993 bestandenen Deutschen Reichsbahn tätig. Damit konnte regional in den Städten und Dörfern prophylaktisch der notwendige Einfluss auf eine hohe Sicherheit und Ordnung genommen werden, so dass nur wenige Verbrechen begangen werden konnten, trotz dem auch in der früheren DDR die Devise galt: Die Polizei – dein Freund und Helfer.

Gemäß dem Wikipedia-Eintrag „Abschnittsbevollmächtigter“ wurde diese spezielle Funktion ab Oktober 1952 in der DDR nach sowjetischem Vorbild eingeführt.

„Die Anzahl der ABV variierte wie folgt:

- Berlin und Großstädte: pro Polizeirevier 8 bis 9
- in Mittelstädten, die meistens nur ein Revier besaßen: 9 bis 12
- in Kreisstädten: 6 bis 12
- im Landgebiet eines Landkreises je nach Wohngebiet: 40 bis 80“

Auch die spezielle Transportpolizei, die in Verkehrseinrichtungen, insbesondere in Zügen, u. a. auch solchen, die als so genannte „Interzonen-Züge“ von der DDR nach West-Berlin (insbesondere zum seit einigen Jahren in der ursprünglichen Form nicht mehr genutzten Fernbahnhof „Zoologischer Garten“) und in die bis zum 2. Oktober 1990 neben der DDR als weiterer deutscher Teil-Staat bestandene alte Bundesrepublik Deutschland fuhren, für die Sicherung der Ordnung in der früheren DDR sorgte, insbesondere auch bei auswärtigen Fußballspielen, hat sich aus meiner Sicht sehr positiv auf die Vermeidung von Verbrechen bzw. Aggressionen im Bahnverkehr ausgewirkt. Am 30. September 1990 wurde die Transportpolizei der DDR aufgelöst.

In der früheren DDR wurden die dort von 1955 bis 1990 bestandenen Technischen Normen, Gütevorschriften und Lieferbedingen (TGL) nicht als Empfehlungen gegeben, wie es die DIN (Deutsche Industrienorm) für das gesamte Deutschland darstellt. Die TGL hatten in der früheren DDR Gesetzescharakter und mussten von allen Beteiligten bzw. Nutzern damals in der DDR eingehalten werden. Bestandteil der TGL waren auch Vorschriften, die festlegten, wie lange jedes Erzeugnis mindestens funktionsfähig sein musste. Damit wurde auch die Mindestnutzung bzw. Mindesthaltbarkeitszeit von jedem hergestellten Erzeugnis festgestellt. Grundsätze einer Materialermüdung, wie es im gemeinsamen Deutschland im Sinne der Erreichung des Wachstums erfolgt und in deren Ergebnis relativ geringe Zeiten für eine Materialnutzung zugrunde gelegt werden, gab es in der früheren DDR nicht. Dies kann im Sinne des nicht weiteren Anstiegs der Erderwärmung, weil die Herstellung der betreffenden Produkte vielfach noch nicht klimaneutral erfolgt und weiterhin trotz einer relativ kurzen Nutzungszeit für die Herstellung dieser Erzeugnisse CO_2 dabei entsteht, in keiner Weise befriedigen. Die frühere DDR hat durch die längeren Nutzungszeiten der Erzeugnisse durch die Festlegungen der TGL letztlich mehr in dieser Hinsicht für ein nicht weiteres Ansteigen der Erderwärmung getan. Beispielsweise musste ein Kühlschrank gemäß TGL eine Mindestnutzungszeit von 12 Jahren haben. Diejenigen, die noch einen DDR-Kühlschrank besitzen, konnten manchmal feststellten, dass diese nach mehr als 30 Jahren noch funktionsfähig waren. Kühlschränke und oft auch andere angebotene Waren im gemeinsamen Deutschland sind wegen der eingearbeiteten Materialermüdung nur eine relativ kurze Zeit funktionsfähig. Diese Materialermüdung wird, um nur eine kurze Nutzungszeit zu erreichen, bei fast allen Produkten im Interesse der Erhöhung des Verkaufs von neuen Produkten und somit der Erhöhung des Wachstums in fast jedes Produkt im gemeinsamen Deutschland und in vielen anderen oft kapitalistischen Ländern eingearbeitet. Das Steigen des linearen Wachstums hat immer noch Vorrang, trotz der oft umweltschädlichen Wirkungen. Die möglichen Reparaturen werden kaum durchgeführt, und man verteuert sie bewusst, damit die Käufer Neuwaren kaufen. Auch damit handelt man gegen Umwelterfordernisse. Die zugrunde gelegte Haltbarkeitszeit von Lebensmitteln entspricht vielfach nicht den gegebenen Möglichkeiten einer auch unter Beachtung der Hygieneeinhaltung möglichen Haltbarkeitsdauer. Auch hier will man den Neukauf im Interesse der Wachstumssteigerung anregen und künstlich eine Wachstumssteigerung erreichen. Auch dadurch und durch das nicht genügende Schätzen von produzierten Erzeugnissen und Produkten werden diese weggeworfen. Dadurch entsteht nicht nur mehr vermeidbarer Abfall, wenn man keine Verwendung der Produkte über Tafeln oder Sozialkaufhäuser für bedürftige Menschen erreicht oder den Hunger auf der Welt und das manchmal damit verbundene Sterben verringern will. Durch die oft nicht rationelle Nutzung von Ressourcen bzw. Rohstoffen durch den vermeidbaren und auch zu früh erfolgten Neukauf wird eine vermeidbare Umweltbelastung durch den erhöhten CO_2-Verbrauch daraus entstehen, weil diese Erzeugnisse bzw. Produkte im Regelfall noch nicht klimaneutral produziert wurden. Man sollte deshalb verstärkt, wo dies möglich ist, auf Miete setzen. anstatt auf Neukauf. Von der Handhabungsweise der früheren DDR in dieser Hinsicht kann man auch heute im gemeinsamen Deutschland noch lernen. Auch das Wegwerfen, was in der alten Bundesrepublik und nunmehr im gemeinsamen Deutschland bei vielen Menschen erfolgt und auch meines Erachtens zur Erreichung der Wachstumspolitik und zur Beibehaltung von Preisen unter den Bedingungen der Marktwirtschaft leider meistens somit gesellschaftlich bisher gewollt ist, war in dem Maße, wie es im nunmehr gemeinsamen Deutschland geschieht, nicht so typisch für die DDR, trotz dem manchmal nicht ökonomisch gerechtfertigte Subventionen, wie beispielsweise bei der Altbausubstanz, die Menschen dadurch eingeladen wurden mit der betreffenden Substanz nicht den Erfordernissen umzugehen.

Die oft nicht gegebenen materiellen Voraussetzungen in der DDR müssen dabei auch gesehen werden. Auch unter den Bedingungen der drohenden steigenden Erderwärmung können wir uns bei der oft noch nicht vorhandenen Klimaneutralität solch ein regelrechtes Wegwerfverhalten nicht mehr erlauben. Dieses Verhalten, gerade bei Lebensmitteln bei oft noch verhungernden Menschen auf dieser Welt, ist verantwortungslos.

Auch die Sekundärrohstoff-Aufbereitung ab den 1960er Jahren war in der früheren DDR viel besser organisiert als im gemeinsamen Deutschland das Recycling im Rahmen des „Grünen Punkts“ ab den 1990er Jahren. Die Nutzung der Sekundärrohstoffe entstand in der früheren DDR, wie erwähnt, bereits in den 1960er Jahren und kann auch als erste Form des Kreislaufwirtschaftssystems gewertet werden. Das System des „Grünen Punkts" besitzt, nicht die Qualität bezüglich der Tiefe der Mülltrennung. Man könnte daraus – bezogen auf die Belange der Sekundär-Rohstoff-Verwertung – auch in der Kreislaufwirtschaft im gemeinsamen Deutschland die daraus möglichen Schlussfolgerungen zu einer höheren ressourcensparenden Behandlung und Verwertung bzw. Wiederverwertungen von Rohstoffen ziehen. Allein schon zur Verringerung des Ressourcenverbrauchs und wegen der negativen Wirkungen auf das Klima und des Abkommens von der im gemeinsamen Deutschland noch leider üblichen Wegwerfmentalität ist dies von erheblicher Bedeutung. Leider wurde dieses Sekundärrohstoff-System, das dem im gemeinsamen Deutschland vorhandenen Recycling-System „Grüner Punkt" in seiner Effizienz erheblich überlegen war, im Zuge der Wiedervereinigung zum 3. Oktober 1990 nicht mehr angewandt. Das Sekundärrohstoffsystem, das sich in der DDR als sehr erfolgreich erwiesen hat, wurde abgeschafft. Die Abschaffung wurde vorgenommen, obwohl die Recycling-Expertin Prof. Susanne Hatard von der damaligen Bundesregierung im Sommer 1990 den Auftrag bekam, das SERO-System der DDR zu untersuchen und es für sehr effizient befand. Auch der damalige Umweltminister der BRD, Prof. Dr. Klaus Töpfer (CDU) (geb. 1938) zeigte sich vom SERO-System begeistert. Da es auch auf Grund der Währungsumstellung der DDR-Mark auf die D-Mark zum 1. Juli 1990 bereits Umrechnungsschwierigkeiten gab und insbesondere aus nicht gerechtfertigten ideologischen Gründen ließ man dieses Modell bereits zu diesem Zeitpunkt auslaufen, um nicht in die Bedrängnis der Umrechnung der Altstoff- Abgabepreise der DDR zur D-Mark zu kommen. Auch bestanden neben den genannten ideologischen Gründen leider weitere aus meiner Sicht unberechtigte Gründe, dass man das DDR-SERO-System nicht für das gemeinsame Deutschland einführte. Einige Westdeutsche haben das SERO-System und seine Bestandteile als Handlungen der „Politik armer Leute aus der früheren DDR“ bezeichnet. Auch aus der Sicht der bestehenden klimapolitischen Gründe, der steigenden Erderwärmung, kann diese Haltung in keiner Weise akzeptiert werden. Die besonderen Vorteile dieses SERO-Systems – gerade auch für Schüler und die daraus sich ergebenden besonderen Möglichkeiten und noch mehr über das SERO-Systems kann man im Gliederungspunkt 7.20. aus dem ebenfalls von mir geschriebenen Buch „Wir müssen für die Menschheit auf unserem Planeten Vieles ändern. Bemerkungen zur gegenwärtigen Situation auf unserer Erde bezogen auf die Klimakrise und den Corona-Virus und Vorschläge zu einer Änderung des Herrschafts- und Gesellschaftssystems." bei Interesse lesen.

Die Rechts-Gesetze in der DDR waren übersichtlich, koordiniert und für Jeden viel verständlicher. Man brauchte im Regelfall keinen Rechtsanwalt, da man aufgrund der Gesetze ableiten konnte, ob man in der jeweiligen Sache Recht bekam. Als Beispiel für die sehr gute Übersichtlichkeit des früheren DDR-Rechts kann u. a. das einheitliche Arbeitsgesetzbuch der DDR genannt werden. Wenn Rechtsstreitigkeiten in der DDR auftraten, konnte man sich in der DDR auch an die Konfliktkommissionen wenden und brauchte nur in wenigen Fällen einen Rechtsanwalt. Daraus leitete sich auch ab, dass es in der DDR nur wenige (ca. 600) Rechtsanwälte gab. Durch die Kompliziertheit der Gesetzgebung in der Bundesrepublik und somit seit dem 3. Oktober 1990 auch gemeinsamen Deutschland und da es keine Konfliktkommissionen mehr gibt und die relativ wesentlich höhere Zahl an strafrechtlichen Fällen und wegen der erheblich hohen Anzahl von Gerichtsverfahren, in denen im Regelanfall Rechtsanwälte eingesetzt werden, ergibt sich für das gemeinsame Deutschland die recht hohe Zahl an Richtern sowie an Rechtsanwälten.

Aus den bestehenden Regelungen der DDR zur Gleichberechtigung und die andere wohl auch bessere Rolle der Frauen und ihre Achtung und Wertigkeit in der ehemaligen DDR gegenüber den alten Bundesländern, trotz eingetretener Verbesserungen im gemeinsamen Deutschland, könnte man noch heute in dieser Hinsicht Manches übernehmen und lernen. Im Prozess der Vereinigung Deutschlands hat man auch wegen den veralteten Auffassungen Westdeutschlands diese oft rückständigen Auffassungen auch auf das gemeinsame Deutschland übertragen, und dadurch wurde die Anzahl der Kindergärtnerinnen erheblich verringert, und es wurden auch Gebäude von Kinderkombinationen abgerissen oder einer anderweitigen Nutzung zugeführt. Diese und andere Regelungen haben sich in dieser Hinsicht als völlig falsch erwiesen, und man hat dadurch die Voraussetzungen für eine nicht ausreichende Entwicklung von Kinderkrippen- bzw. Kindergartenplätzen geschaffen. Dies kommt noch heute u. a. darin zum Ausdruck, dass Kinderkrippen- und Kindergartenplätze fehlen, viel zu wenige Frauen im gemeinsamen Deutschland ein technisches Studium absolvieren oder in einem technischen Beruf arbeiten. bzw. arbeiten können. Sie erhalten heute noch oftmals einen geringeren Verdienst als vergleichbar berufstätige Männer, und es besteht eine wesentlich geringere Anzahl an berufstätigen Frauen im gemeinsamen Deutschland. Auf Grund der Altersstruktur schwindet bei der technischen Berufs- bzw. akademischen Ausbildung der einstige Vorteil der ostdeutschen Bundesländer gegenüber den westdeutschen Bundesländern immer mehr. In meinem Buch „Wir müssen für die Menschheit auf unserem Planeten Vieles ändern – Bemerkungen zur gegenwärtigen Situation auf unserer Erde bezogen auf die Klimakrise und den Corona-Virus und Vorschläge zu einer Änderung des Herrschafts- und Gesellschaftssystems." wurden auf den Seiten 242 bis 286 und im ebenfalls von mir geschriebenen Buch „So kann es mit unserer Lebensweise nicht weitegehen - Unsere westliche Lebensweise erfordert dringende Kurskorrekturen für ein Weiterbestehen unseres Planeten Erde und für uns selbst als Menschen." auf den Seiten 534 bis 559 wurden Aussagen zu dieser Problematik getroffen.

Das vielseitige Angebot, was Schülern, Jugendlichen, Erwachsenen und Senioren in der damaligen DDR oft kostenlos oder für einen nur sehr geringen Preis unterbreitet wurde, war für die Freizeitgestaltung für die betreffenden Menschen in der DDR vorbildlich und beispielgebend für das gemeinsame Deutschland. Durch das umfangreiche und vielseitige Freizeitangebot war es gar nicht nötig, dass man in der DDR Rauschgifte zu sich nahm, was heute eine nicht geringe Anzahl besonders junger Menschen im annähernd gleichen Alter im gemeinsamen Deutschland und vorher auch in der alten Bundesrepublik konsumiert haben. Das Angebot für junge Menschen in der früheren DDR war wesentlich höher als das Angebot im gemeinsamen Deutschland, wenn man die nunmehr bestehenden Reisemöglichkeiten ins westliche Ausland nicht berücksichtigt. Die Disziplinlosigkeit mancher insbesondere auch junger Menschen war in der früheren DDR in keiner Weise so, wie es leider heute bei manchen Menschen im gemeinsamen Deutschland auftritt. Das lag auch mit am umfangreichen und oft kostenlosen oder mit geringen Kosten verbundenen Freizeitangebot in der früheren DDR für eine Vielzahl von Menschen. Auch hierbei könnte man im gemeinsamen Deutschland von der früheren DDR lernen.

Heute wird die Forschung in der früheren DDR so dargestellt, dass man auf fast allen Fachgebieten in der DDR nur sehr geringe Forschungsergebnisse erreicht hätte. Auch deshalb wurden viele Forschungseinrichtungen in der DDR abgewickelt. Obwohl die DDR durch nicht ausreichende finanzielle Mittel, insbesondere an Devisen und ungenügend vorhandener Technik, allein schon deshalb Rückstände gegenüber der Forschung in der alten Bundesrepublik zu verzeichnen hatte, hatte man in einigen Forschungsrichtungen der DDR nicht geringe Ergebnisse erreicht. Zu den Disziplinen mit besonders guten Ergebnissen unter den genannten Schwierigkeiten in der DDR gehörten u. a.:

- Pädagogik, insbesondere in der Erziehung und besonders auch in der Mathematik

- die Agrar- bzw. Landwirtschaft

- die Kernforschung bzw. Atomphysik, auch vorrangig in der ersten Jahren in Zusammenarbeit mit der früheren Sowjetunion

- der Gerätesektor, insbesondere durch das Manfred-von-Ardenne-Institut in Dresden, die Hochenergiephysik und angewandte Physik usw.

- manche Gebiete der Medizin, u.a. auch der derzeit sehr wichtigen Virologie

- die optische und feinmechanische Forschung und zum Teil auch Astroforschung, insbesondere durch Carl Zeiss Jena

- Polarforschung und damit in Verbindung stehende Fachdisziplinen

- Sportwissenschaften

- der Investitionsökonomie und anderer ausgewählter spezieller Fachrichtungen in der Betriebswirtschaftslehre

- Gender- bzw. Gleichberechtigungsforschung

und weitere ausgewählter Fachdisziplinen.

Nachfolgend werden zu einem Gebiet, auf dem die frühere DDR ebenfalls sehr gute Leistungen erreicht hat, zur damaligen Polarforschung in der DDR, einige kurze Ausführungen auch beispielhaft für andere Gebiete gemacht:

Die Polarforschung, speziell die Antarktisforschung, wurde in der DDR bereits ab 1959 betrieben. Expeditionen aus der DDR waren mit Fachleuten aus anderen Ländern in der Antarktis tätig. Auf vielen Gebieten der Polarforschung wurden sehr gute Ergebnisse erreicht. Besonders in der Ozonforschung war die DDR in Europa und in der Welt führend. Die Wissenschaftler aus der DDR waren die Ersten, die sich mit Ozon beschäftigten, und die Erkenntnisse der DDR-Forscher in der Polarforschung wurden dann von Großbritannien genutzt und als Forschungsergebnisse in der Ozon-Forschung weltweit dokumentiert. Auch bundesdeutsche Forscherinnen des Alfred-Wegener-Instituts Bremen waren im Zeitraum

1989/1990 als Expedition in der Antarktis im Rahmen ihrer Forschungsaufgaben tätig. Die bundesdeutsche Expedition befand sich ca. 800 Kilometer von der Antarktisexpedition der DDR entfernt. Bis 1991 – auch nach dem Ende der DDR – waren die DDR-Polarforscher noch in der Antarktis tätig. Dadurch konnte ab 1990 nur eine Verbindung per Funk aufgenommen werden, weil ja vorher ein Kontakt zwischen den beiden deutschen Expeditionen nicht erlaubt war. Auch ein Mitglied der westdeutschen Expedition fand die Kenntnisse der Mitglieder der DDR-Expedition auf ihrem Fachgebiet und deren vielseitige Allgemeinbildung sehr gut. Trotzdem durften die DDR-Polarforscher die auch für die weitere Klimaforschung wichtige Tätigkeit 1991 nicht mehr fortsetzen und wurden 1991 nach der Heimkehr von der Antarktis trotz ihrer sehr guten Kenntnisse in der Polarforschung alle abgewickelt und dadurch arbeitslos. Sie konnten sich nun bewerben, um eventuell wieder eine Tätigkeit zu bekommen. So ging es vielen Mitarbeitern auch anderer Institute, auch von solchen Instituten, die dank ihrer besonderen Leistungen weltweit anerkannt bzw. bekannt waren. Das gleiche Schicksal traf viele anerkannte Wissenschaftler aus der ehemaligen DDR. Auch die Mitarbeiter des Zentralinstituts für Mikrobiologie wurden abgewickelt. Das Zentralinstitut für Mikrobiologie wurde am 1. Januar 1972 gegründet und am 31. Dezember 1991 abgewickelt. Es war ein außeruniversitäres Forschungsinstitut der Akademie der Wissenschaften der DDR (AdW) mit Sitz in Berlin-Buch. 1989 waren rund 620 Mitarbeiter in diesem Institut beschäftigt. Zu den Forschungsaufgaben dieses Instituts gehörte auch die Virologie, deren Kenntnisse auf diesem Gebiet zur Zeit ja besonders wichtig und aktuell für viele Menschen sind.

Nicht alle westlichen Länder haben diese Abwicklungspolitik von führenden Eliten bzw. anerkannten Wissenschaftlern wie in der alten Bundesrepublik und im gemeinsamen Deutschland so betrieben, denn sie erkannten die besonderen Fähigkeiten und Kenntnisse von manchen Wissenschaftlern und Trainern aus der DDR. Diese Wissenschaftler und Trainer aus der DDR haben ihre Tätigkeit beispielsweise in den USA, in skandinavischen Ländern, in Österreich und anderen führenden westlichen Ländern, aber auch in osteuropäischen Ländern oftmals fortsetzen können, weil ihr Fachwissen von diesen Ländern geschätzt wurde.

Es könnten noch manche Belange genannt werden, was im gemeinsamen Deutschland noch von der DDR übernommen werden kann. In meinem Buch „So kann es mit unserer Lebensweise nicht weiter gehen – Unsere westliche Lebensweise erfordert dringend Kurskorrekturen für ein Weiterbestehen unseres Planeten Erde und für uns selbst als Menschen." wurden einige Aussagen zu nachfolgenden Gebieten über die Lebensweise ebenfalls aufgeführt.

Auch im ebenfalls von mir erarbeiteten Buch „Wir müssen für die Menschheit auf unserem Planeten Vieles ändern. Bemerkungen zur gegenwärtigen Situation auf unserer Erde bezogen auf die Klimakrise und den Corona-Virus und Vorschläge zu einer Änderung des Herrschafts- und Gesellschaftssystems." wurden aus meiner Sicht erforderliche Änderungen auf unserem Planeten in den Einzelheiten beschrieben. Nachfolgend wird auszugsweise auf die betreffenden Seiten in den beiden erwähnten Büchern verwiesen:

- Gleichberechtigungsbelange bzw. Rolle der Frau in der DDR. Was von der DDR in dieser Hinsicht übernommen werden könnte bzw. Bemerkungen dazu (Seiten 536 bis 540, 543 bis 547, 554, 556 und 557 im Buch „So kann es mit unserer Lebensweise nicht weiter gehen – Unsere westliche Lebensweise erfordert dringend Kurskorrekturen für ein Weiterbestehen unseres Planeten Erde und für uns selbst als Menschen."

- Seiten 242 bis 285 im Buch „Wir müssen für die Menschheit auf unserem Planeten Vieles ändern. Bemerkungen zur gegenwärtigen Situation auf unserer Erde bezogen auf die Klimakrise und den Corona-Virus und Vorschläge zu einer Änderung des Herrschafts- und Gesellschaftssystems."

- zunehmendes rüpelhaftes, aggressives und gewalttätiges Verhalten mancher Menschen als aktuelle Zeiterscheinung und mögliche Ursachen und Erfordernisse einer anderen Lebensweise und eines anderen Verhaltens, Jugend- und Freizeitarbeit in der DDR, kein Bedarf an

Drogen und mancher anderer Suchtmittel durch die Schaffung von sinnvollen bewussten Beschäftigungsmöglichkeiten (Seiten 622, 625 bis 630, 632 und 644 im Buch „So kann es mit unserer Lebensweise nicht weiter gehen – Unsere westliche Lebensweise erfordert dringend Kurskorrekturen für ein Weiterbestehen unseres Planeten Erde und für uns selbst als Menschen."

- Seiten 122 bis 128, 390 und 391 im Buch „Wir müssen für die Menschheit auf unserem Planeten Vieles ändern. Bemerkungen zur gegenwärtigen Situation auf unserer Erde bezogen auf die Klimakrise und den Corona-Virus und Vorschläge zu einer Änderung des Herrschafts- und Gesellschaftssystems."

- verstärkte Wiederverwendung von Sekundärrohstoffen, im Gegensatz dazu bewusste Materialermüdung, künstliche Verkürzung der Nutzungszeiten, Übermaß an Verpackung, andererseits Recycling und Müllbeseitigung, Kreislaufwirtschaft, Ressourcenerfordernisse, Wachstumsproblematik, Bruttosozialprodukt und weitere Erfordernisse usw. (Seiten 429, 430 bis 438, 440 sowie 462 bis 468 im Buch „So kann es mit unserer Lebensweise nicht weiter gehen – Unsere westliche Lebensweise erfordert dringend Kurskorrekturen für ein Weiterbestehen unseres Planeten Erde und für uns selbst als Menschen." sowie Seiten 183 bis 200, 290 bis 292, 296, 387 bis 392 sowie 413 bis 415 im Buch „Wir müssen für die Menschheit auf unserem Planeten Vieles ändern. Bemerkungen zur gegenwärtigen Situation auf unserer Erde bezogen auf die Klimakrise und den Corona-Virus und Vorschläge zu einer Änderung des Herrschafts- und Gesellschaftssystems."

- Die Defizite des westliche Wertesystems, die sich nach meiner Auffassung sehr nachteilig auswirken und im Buch „So kann es mit unserer Lebensweise nicht weiter gehen – Unsere westliche Lebensweise erfordert dringend Kurskorrekturen für ein Weiterbestehen unseres Planeten Erde und für uns selbst als Menschen." auf den Seiten 31 und 32 sowie im Buch „Wir müssen für die Menschheit auf unserem Planeten

Vieles ändern. Bemerkungen zur gegenwärtigen Situation auf unserer Erde bezogen auf die Klimakrise und den Corona-Virus und Vorschläge zu einer Änderung des Herrschafts- und Gesellschaftssystems." auf den Seiten 62 bis 65, 119, 120, 173 bis 182, 203, 204, 238 bis 241 sowie 429 bis 432 beschrieben werden, sollten im Interesse eines besseren gemeinsamen Deutschlands unbedingt beachtet werden. Diese werden wegen der aus meiner Sicht bestehenden Notwendigkeit der Beachtung auch in diesem Buch nochmals nachstehend aufgeführt.

Diese bestehen u. a. in:

"1. mangelndem Gemeinsinn, verbunden mit einer zu hohen Individualität bzw. einer zu großen Verwirklichung eigener Interessen bzw. einem zu großen Ich-Selbstbezug,

2. mangelnder Gleichheit: Zulassen eines zu großen Gefälles zwischen den Mitmenschen insbesondere zwischen Arm und Reich,

3. nicht ausreichende bzw. mangelnde Solidarität, Brüderlichkeit und Menschlichkeit,

4. mangelnder Authentizität, da das Handeln vorrangig von äußeren Werten bestimmt wird und nicht genügend innere Werte hierbei Beachtung finden und von Vielen dadurch ein schauspielhaftes Verhalten an den Tag gelegt wird, um diesen „In"- oder auch Mainstreamerfordernissen Genüge zu tun,

5. nicht ausreichende Empathiefähigkeit durch die Überbetonung des Ichs und des Äußeren und anderer Verursachungsfaktoren,

6. der ungenügenden Erkennung der Grenzen der Freiheit durch eine nicht geringe Anzahl von Menschen und deren Handlungen, um das Ausleben der Freiheit für sich auf Kosten der Unfreiheit anderer zu erzwingen,

7. den sehr negativen Auswirkungen des übertriebenen Konsums und Profitstrebens,

8. den ungenügend vorhandenen Voraussetzungen für eine ausreichende tatsächliche Demokratie durch die teilweise vehementen Unterschiede in den Eigentums- bzw. in den Einkommens- und Vermögensverhältnissen, überhaupt durch die zunehmende Ungleichheit in der Gesellschaft der zu geringen Anzahl tatsächlich bewusster Staatsbürger und einer Reihe anderer Faktoren,

9. dem Bedürfnis einer unbedingten Änderung der ständigen Einflussnahme auf das Selbstbewusstsein und das Selbstwertgefühl der Menschen, ihnen das Gefühl der Unmündigkeit zu geben und damit auf ihren Marketing-Interessen oder deren wichtigen Bestandteil, der Werbung, nahezu unbehindert einfließen zu lassen. Wir sollten viel mehr den „Kategorischen Imperativ" des Philosophen Immanuel Kant (1724 – 1804) verwirklichen, der von mündigen nicht beeinflussbaren Menschen ausgeht und bei der Verwirklichung des „Kategorischen Imperativs" auch die Aufwands- und damit verbundenen Ressourcenkriterien auch aus ökologischer Sicht berücksichtigen."

Diese und weitere Faktoren, die von der damaligen DDR angewandt wurden bzw. die Nachteile, die noch immer größtenteils im gemeinsamen Deutschland bestehen und in der früheren DDR besser gelöst wurden und bei denen die in der DDR praktizierten Lösungen noch heute Anwendung finden könnten, sollten geprüft werden und bei möglicher Verwirklichung im Interesse der Erreichung eines qualitativ besseren gemeinsamen Deutschlands im Gesellschaftsmodell der sozialen Marktwirtschaft im wiedervereinigten Deutschland angewandt werden.

Es besteht diese Möglichkeit, manche Lösung, die für das gemeinsame Deutschland noch heute gut und praktikabel wäre, nach sorgfältiger Prüfung in die gemeinsam vom gesamten deutschen Volk zu beschließende Verfassung aufzunehmen und damit die Festlegungen des bisherigen Grundgesetzes für ganz Deutschland auf gleichberechtigter Basis zu erfüllen und somit zu verwirklichen. Man braucht dann auch nicht mehr von einem Beitritt zu sprechen, weil das gesamte deutsche Volk eine neue Verfassung beschließen könnte und die Belange und Erfordernisse aller Menschen West- und Ostdeutschlands auf diese Weise Berücksichtigung finden könnten und das Schöpfertum aller Menschen in Deutschland, egal, aus welchem Teil Deutschlands sie kommen, dann auf gleichberechtigter Basis besser Beachtung findet, als dies gegenwärtig der Fall ist.

Der große Mangel an unserer vorrangig in der westlichen Welt individualistischen, zum Teil auch von manchen Egoismen geprägten Lebensart ist der Mangel an Gesamtverantwortung. Man kann nicht nur auf Freiwilligkeit und Selbstverpflichtungen setzen, weil diese oft nicht entsprechend den gesellschaftlich notwendigen Erfordernissen erfüllt wird. Diese meines Erachtens falsche Lebensart macht sich besonders auch unter den gegenwärtigen Gegebenheiten der Pandemie, der Ergebnisse der Digitalisierung, der Belange der Klimakrise, besonders der zunehmenden Erderwärmung und in vielen anderen Erscheinungen unseres Lebens bemerkbar. Der mangelnde Gemeinsinn und dass keine Pflichten festgelegt werden, die im Interesse Aller erfüllt werden müssen, hat sehr negative Folgen für uns alle. Nicht umsonst liegt auch die Bundesrepublik Deutschland in vielen der auch zum Teil genannten Erfordernisse oft mit an letzter Stelle oder gehört zum hinteren Viertel in Europa. Die Länder, in denen ein anderer Gemeinsinn herrscht – und dazu gehören auch demokratisch geprägte Länder – weisen auch im Ergebnis der Pandemie und in vielen anderen Belangen wesentlich bessere Ergebnisse auf, als die Länder, in denen die Freiheit im Übermaß auch gegen dringend notwendige Erfordernisse der gesellschaftlichen Entwicklung steht. Dadurch entsteht auch ein Mangel an Organisation und eine regelrechte Desorganisation, die sich bei vielen Belangen unseres gesellschaftlichen Lebens im hohen Maße auch in der Bundesrepublik Deutschland auch bei der gegenwärtigen Pandemie bemerkbar macht. Das geflügelte Sprichwort „Viele Köche verderben den Brei." ist auch hier festzustellen. Es haben zu Viele was zu sagen, und es fehlt an einer notwendigen zentralen Verantwortung. Dadurch entsteht bei vielen wichtigen Belangen, die für die gesamte Gesellschaft erforderlich sind, ein Mangel an Organisation. Vielfach macht Jeder, was er für richtig hält. Oft spielen auch die persönlichen Belange eine Rolle, und dies kann deshalb in keiner Weise aufgehen. Der persönliche Vorteil spielt oft solch eine Rolle, dass er zu Lasten des Gemeinwohls und der notwendigen Erfordernisse von Betroffenen, für die eigentlich die notwendigen Regelungen gelten müssen, geht. Beispielsweise in Kinderkrippen bzw. im Kindergarten, aber auch in vielen anderen Bereichen spielen persönliche Interessen, u. a. von Erziehern oder anderen Beauftragten, z. B. geregelte Arbeitszeiten, eine größere Rolle als die Erfordernisse von Kindern und Eltern. Man denkt vorrangig an sich, und die anderen, eigentlich Betroffenen, für die die Einrichtungen in erster Linie erreichbar sein sollen, spielen kaum eine Rolle. Hauptsache, man sieht nur sich dabei. So kommt es vor, dass Kindereinrichtungen, dies betrifft besonders auch die staatlichen Kindereinrichtungen, insbesondere in den alten Bundesländern, schon mittags oder nachmittags schließen, da man dort bereits insbesondere vor 1990 davon ausging, dass eine Frau, wenn sie schon nicht als Hausfrau tätig war, nur halbtags arbeitet. So haben gerade alleinstehende Frauen mit Kindern oftmals auch heute in Gegenden, in denen keine Ganztagsbetreuung angeboten wird, nur die Möglichkeit, halbtags zu arbeiten, um die Betreuung des Kindes bzw. der Kinder abzusichern. Dies macht sich auch bei der späteren Rente der betroffenen Frauen bemerkbar. Die persönlichen Belange der Beschäftigten im öffentlichen Dienst werden oft vor die Erfordernisse des Gemeinwohls gestellt. Man denkt in nicht ausreichendem Maße an die Erfordernisse der Eltern, ihr zugrunde gelegtes Arbeitszeitregime und die sich damit ergebenden Erfordernisse der Kinderbetreuung. In der früheren DDR waren die Erfordernisse der Eltern und der Kinder vorrangig vor den Wünschen von einzelnen, die Kinder Betreuenden. Die Kindereinrichtungen hatten dort immer von 06:00 Uhr frühmorgens bis 18:00 Uhr abends geöffnet. Wenn Eltern auf Grund von notwendigen Qualifizierungsmaßnahmen bzw. Dienstreisen auch diese Zeit nicht reichte, bestand, wie an anderer Stelle in diesem Buch bereits erwähnt, auch die Möglichkeit, in diesem Ausnahmefall Wochenkindereinrichtungen oder betriebliche Kindereinrichtungen zu nutzen, die auf diese Belange und Erfordernisse zugeschnitten waren. Wenn dadurch für den einzelnen Erzieher bzw. Betreuer die Arbeitszeit höher als die gesetzlich festgelegte Arbeitszeitregelung war, wurden spezielle Arbeitszeitregelungen, wie Schichtarbeit oder eine stundenweise weitere

Beschäftigung, getroffen. Dies wurde in der alten Bundesrepublik und wird im nunmehr gemeinsamen Deutschland aus meiner Sicht nicht ausreichend gemacht, obwohl man die Möglichkeiten dazu hätte. Darin kommt ein Mangel an Organisation und ein Vorrang von persönlichen Interessen zum Ausdruck. Die notwendigen Belange der eigentlich Betroffenen, für die solche Einrichtungen da sind, werden, wie bereits erwähnt, in völlig ungenügendem Maße berücksichtigt. Auch in dieser Hinsicht und bei vielen anderen ähnlichen Erfordernissen wurden in der früheren DDR bessere Lösungen praktiziert, als nunmehr im gemeinsamen Deutschland. Auch hierin zeigt sich die Rückständigkeit des nunmehr gemeinsamen Deutschlands und die mangelnde Beachtung der eigentlich Betroffenen in diesen und ähnlichen Einrichtungen. Aus meiner Sicht kommt hierin auch eine mangelnde Organisation zum Ausdruck, dass man die gesellschaftlichen Erfordernisse nicht oder ungenügend berücksichtigt. Auch bei den öffentlichen Gesundheitsämtern wird im Zeitalter der Pandemie völlig unzureichend verfahren, da man oft solche wichtigen Einrichtungen, wie die Gesundheitsämter oder auch Labore, nicht ausreichend auch an Wochenenden weiterbetreibt und vorrangig die Wochenendfreizeit hierbei sieht. Dies betrachte ich als ein völlig ungenügendes und verantwortungsloses Verhalten, gerade auch in dieser wichtigen Phase, wo es um Leben und Tod ging oder vielleicht noch geht und man unbedingt die Infektionsketten verfolgen und möglichst unterbrechen muss. Auch dies kann man durch Organisationsregelungen anders lösen, dass dann entsprechende Arbeitskräfte zeitweilig zum Einsatz kommen, dass gesichert wird, dass auch an Wochenende genauso, wie in der Woche, die Infektionsketten weiter verfolgt werden können. Aber dies tut man im gemeinsamen Deutschland aus meiner Sicht in nicht genügender Weise, obwohl man aus meiner Sicht die Kapazität dazu hätte und andere Organisationsregelungen treffen könnte, dass, wie erwähnt, andere Arbeitskräfte des öffentlichen Dienstes an Wochenenden bei der Suche nach Infektionsketten wirksam werden und dafür in dieser schwierigen außergewöhnlichen Zeit an anderen Tagen als an Wochenenden für diese Zeit Freizeit bekämen.

Ich bin aus der früheren DDR eine andere Arbeitsweise gewöhnt. Obwohl ich aus heutiger Sicht des gemeinsamen Deutschlands leitender Mitarbeiter in der Verwaltung des damaligen Zementwerks Deuna in Thüringen war, mussten wegen den Erfordernissen in der Produktion bzw. den auch dort fehlenden Arbeitskräften auch die Verwaltungsmitarbeiterinnen und Mitarbeiter, egal, in welcher Funktion sie in der Verwaltung arbeiteten, einschließlich des Betriebsdirektors, im Rahmen so genannter „Subbotnik-Einsätze“ arbeiten.

Einen Monat pro Jahr mussten wir damals als männliche Mitarbeiter dieses Betriebes, wozu ich ebenfalls gehörte, bis auf die unmittelbare Betriebsleitung und einige ausgewählte Arbeitskräfte aus dem Bereich Produktion und der Instandhaltung, in der Verladung bzw. in sonstigen Produktionstätigkeiten im Zementwerk arbeiten. Wenn Witterungsunbilden waren, beispielsweise starkes Eis oder Schnee, wurden auch wir männlichen Verwaltungsmitarbeiter bei dringender betrieblicher Notwendigkeit in dieser Zeit, in der wir sonst in der Verwaltung arbeiteten, zusätzlich im Kalksteintagebau oder in einem anderen erforderlichen Fachbereich in der unmittelbaren Produktion eingesetzt. Auch wenn dringende Erfordernisse in der Landwirtschaft bestanden, die von den dafür zur Verfügung stehenden Arbeitskräften nicht im ausreichen Maße erfüllt werden konnten, kamen auch wir Verwaltungskräfte bei Erfordernis in der Landwirtschaft zum Einsatz. Ich will die Verrichtung dieser Tätigkeiten auch für Verwaltungskräfte nicht unbedingt gutheißen, aber unter besonderen Gegebenheiten mussten sie im Interesse Aller bzw. des Gemeinwohls und der Erfordernisse erledigt werden. Dies ist aber im gemeinsamen Deutschland nicht üblich und sollte meines Erachtens bei Notfällen des Lebens, wie u. a. auch während der Corona-Pandemie, erfolgen und nicht nur auf Ehrenamtsbasis durchgeführt werden. Der vielseitige Einsatz auch von uns Verwaltungsmitarbeiterinnen und -mitarbeitern und auch die praktischen Kenntnisse wirkten sich auch in dieser Hinsicht für solche dringend notwendigen Einsätze positiv aus. Diese Praxiskenntnisse sind aber nicht immer im ausreichenden Maß bei dem im Übermaß in der Berufsausbildung bzw. im Studium vermittelten Theoriewissen in manchen Einrichtungen in der alten Bundesrepublik bzw. im seit Oktober 1990 nunmehr bestehenden gemeinsamen Deutschland gegeben bzw. vorhanden.

Auf diese auch möglichen Erfordernisse des Lebens sind wir, aus meiner Sicht gesehen, nicht im ausreichenden Maße im nunmehr gemeinsamen Deutschland vorbereitet, und dies wirkt sich auch als Nachteil in der gegenwärtigen Zeit bei manchen Menschen aus.

Ich sehe es als Sohn meines Vaters so, dass er sich auch diese Belange für das gesamte Deutschland wünschen würde, wenn er noch am Leben wäre. Die Abwertung auch der guten Seiten der früheren DDR, nur weil damals ein anderes System vorherrschte, war niemals im Sinne meines Vaters. Die politische Wiedervereinigung Deutschlands am 3. Oktober 1990 sollte auch dazu beitragen, dass die Spaltung und leider noch mangelnde Gemeinsamkeit zwischen Westdeutschland und Ostdeutschland auf diese Weise im Interesse aller Menschen in Deutschland verringert wird. Dieses Deutschland sollte nicht weiter dadurch gekennzeichnet sein, dass immer noch eine einseitige Dominanz Westdeutschlands gegenüber Ostdeutschland besteht, nur weil in Westdeutschland vor nunmehr über 30 Jahren damals höhere wirtschaftliche Erfolge erreicht wurden und man in der alten Bundesrepublik im Gegensatz zur damaligen DDR eine Demokratie betrieben hat, die leider in der Form, wie sie derzeit betrieben wird, noch erhebliche Mängel aufweist. Wir sollten eine bessere Demokratie betreiben, die u. a. auch in vielen Punkten notwendig ist und den Belange und Erfordernissen der gegenwärtigen Zeit, u. a. auch der gewaltigen Herausforderungen an die Menschheit – nicht nur in Deutschland – durch die Klimaproblematik besser und wirkungsvoller Rechnung trägt, als dies gegenwärtig geschieht.

Auch dies war in Verbindung mit der Würdigung des Lebenswerks meines Vaters in seinem nicht leichten Leben in fünf Gesellschaftssystemen mit der Sinn, dieses Buches. Wir sollten auch diese Belange verstärkter, als dies gegenwärtig geschieht, ebenfalls mit berücksichtigen.

16. Danksagung

Bei Allen, die bei der Erarbeitung dieses Buches mitgewirkt haben, möchte ich mich recht herzlich bedanken.

Besonders möchte ich meinen Schwestern Astrid und Karin Dank aussprechen, die mir manche Hinweise zu Einzelheiten bezüglich meiner Eltern und der Verwandtschaft gaben, da mir oft manche Daten und Sachverhalte manchmal nicht mehr oder nicht ganz in den Einzelheiten so genau bekannt waren. Danke auch für die Übersendung mancher Privatfotos zu unserer Familie, die bei ihnen noch im Besitz waren.

Auch meinem Neffen Lars möchte ich für seine Erlebnisse und Erfahrungen mit seinem Opa, die er mir in einem Beitrag geschildert hat, recht herzlich danken.

Mein Dank richtet sich auch an Hartmut Schneegans, den Sohn des noch einzig lebenden Mitarbeitern der damaligen Stammmannschaft der Kreissparkasse Worbis, Emil Schneegans, der mir noch Bilder von der gemeinsamen Zeit seines Vaters und anderer Kolleginnen und Kollegen der Kreissparkasse Worbis mit meinem Vater übersandt hat und mir auch wertvolle Hinweise über die Hilfsbereitschaft meines Vaters gab.

Der Cousine meines Vaters und unserer Verwandten, Hermine Köllner, möchte ich ebenfalls recht herzlich danken, da sie mir noch manches Erinnerungswürdiges zu ihren Treffen mit meinem Vater, meiner Mutter und uns als Kinder schrieb. Meinen besonderen Dank möchte ich Hermine und dem leider bereits verstorbenen Horst Köllner und auch ihren ebenfalls bereits verstorbenen Eltern meines Paten Horst Köllner noch im Nachhinein aussprechen, da durch ihre Hilfe und Einsatzbereitschaft mir das wichtige Medikament Streptomyzin besorgt wurde und ich dadurch am Leben bleiben konnte.

Ich möchte auch meinem Sohn Andrè für seine mir gegebenen Angaben und Hilfe von vielen IT-Belangen und bei der Gestaltung des Covers und der technischen Belange zur Einführung von noch vorhandenen Bildern in die entsprechenden Rubriken dieses Buches meinen Dank aussprechen.

Meinen Dank möchte ich auch Marion Mann für ihren persönlichen Beitrag über die Tätigkeit meines Vaters in der Sparkasse ausrichten, da sie früher im Nachbarkreis Heiligenstadt Sparkassen-Leiterin war.

In meinen Dank schließe ich die langjährige und spätere Mitarbeiterin im Vorstand der Sparkasse Eichsfeld, Inge Roth, die Tochter des langjährigen, bereits verstorbenen Mitarbeiters und Zweigstellen-Leiters der Sparkasse Leinefelde, Richard Roth und seinen bereits genannten langjährigen, inzwischen über 90 Jahre alten früheren Mitarbeiter der Kreissparkasse Worbis, Emil Schneegans, mit ein, die mir Beide telefonisch auf manche Anfragen und über einige Ereignisse, die mit dem Leben meines Vaters verbunden waren, berichteten.

Außerdem möchte ich Herrn Christian Görzel, dem Enkel des früheren Kriegskameraden meines Vaters, Willi Görzel, danken, der mich anrief und mir ebenfalls noch wichtige Hinweise über die Familie Görzel gab.

Ebenfalls möchte ich dem Sohn von Bernhard Kortüm danken, denn sein Vater, der ebenfalls Bernhard Kortüm hieß, war ebenfalls Kriegskamerad von meinem Vater im Zweiten Weltkrieg, und genauso wie Willi Görzel hat sich Bernhard Kortüm ebenfalls noch nach dem Zweiten Weltkrieg mit meinem Vater mehrmals getroffen.

Bei der Mitarbeiterin der Bibliothek Friedrichroda, Frau Dietl und dem früheren Bürgermeister von Friedrichroda, Klaus Henniges, möchte ich mich für die freundlichen Worte und die Hilfe, die mit Herr Klaus Henniges gab, sehr bedanken.

Ich möchte auch meinem früheren Schulfreund Gerhard Hunold, dem Sohn des früheren Mitarbeiters in der Kreissparkasse Worbis, Paul Hunold, sehr herzlich danken, der mir eine sehr freundliche Mail in Erinnerung an unsere damalige gemeinsame Zeit geschrieben hat. Wir haben damals fast die gesamte uns zur Verfügung stehende Zeit für Leichtathletik und speziell den von uns selbst geschaffenen Zehnkampf, einschließlich der von uns erarbeitenden Punktbewertung genutzt.

Meinen Dank möchte ich auch an den Sohn meines früheren bereits verstorbenen Studienkollegen Wolfgang Reinsch, Torsten Reinsch, richten, mit dem ich ein langes Telefongespräch führen konnte. Ich kannte durch dieses Gespräch Manches über Wolfgang und seinen Tod erfahren, was ich vorher gar nicht wusste. Mit Wolfgang habe ich mich sehr gut verstanden, und wir konnten damals sehr gut gemeinsam in der Bergstraße in Dresden während unseres Studiums an der TU Dresden lernen.

Für die gezeigte Hilfe bei der Übersendung von Schach-Bildern, die mein Freund Wolfgang Thormann noch besaß und mir zuleitete, damit ich diese in dieses Buch noch einarbeiten konnte, danke ich Wolfgang sehr herzlich.

Vielen Dank auch an meinen Cousin Hubertus, insbesondere für die freundlichen Mails, nachdem wir so viele Jahre den Kontakt verloren hatten.

Auch möchte ich nicht vergessen, meiner Ehefrau Elfriede Märtin für die vielfältige Hilfe für mein Wohlergehen und ihre erbrachten Pflegeleistungen für mich sehr zu danken.

17. Personenverzeichnis

18. Bildverzeichnis

Bild 59: Waltraud Märtin und Heinz Märtin auf dem Amselsee in Rathen

Bild 60: Waltraud Märtin mit den Kindern Astrid und Heinz in Friedrichroda

Bild 61: Walter Märtin mit den Kindern und unserer Tante Marie (mit Hund) und meinem Cousin Hubertus

Bild 62: Waltraud Märtin mit den Kindern Heinz, Astrid und Karin sowie meinem Großvater Paul Hasert

Bild 63: Astrid und Heinz Märtin in Friedrichroda

Bild 64: Geschwister Astrid, Karin und Heinz

Bild 65: Fußballmannschaft der Kreissparkasse Worbis, unten u. a. als Zweiter sowie Torwart Paul Wachtel. Oben ganz links Richard Roth, Fünfter von links: Heinz Begau, Sechster von links: Emil Schneegans, Achter von links Hans Josef Nolte. Daneben mein Vater, Herbert Ziesing und ebenfalls als Trainer bzw. Betreuer Paul Hunold

Bild 66: Heinz Märtin in Worbis

Bild 67: Heinz Märtin beim Versuch Auto zu fahren

Bild 68: Paul Märtin mit den Enkeln Astrid und Heinz auf dem Inselberg

Bild 69: Astrid und Heinz in Friedrichroda

Bild 70: Geschwister Astrid und Heinz

Bild 71: Heinz Märtin

Bild 72: Geschwister Heinz, Karin und Astrid

Bild 73: Geschwister Heinz, Karin und Astrid und meine Mutter sowie der Kollege meines Vaters, Emil Schneegans, in Worbis

Bild 74: Heinz Märtin, mein Großvater Paul Märtin und meine Mutter

Bild 75: Karin, Heinz mit Mutter Waltraud und Großvater Paul Märtin

Bild 76: Waltraud Märtin mit den Kindern Heinz und Astrid auf dem Inselberg

Bild 77: Meine Großeltern Paul und Clara Märtin mit meiner Mutter, Heinz und Karin

Bild 78: Vorbereitung des Fußballspiels von der Kreissparkasse Worbis, ganz links: Walter Märtin. Daneben seine Kollegen Emil Schneegans und Hans Josef Nolte und andere

Bild 79: Ehrung von Mitarbeitern der Kreissparkasse Worbis von links beginnend: Karl Josef Nolte, Karl-Heinz Koch, Richard Roth, Heinz Begau, Julius Helwig, Emil Schneegans und Christoph Hunold

Bild 80: Feierstunde der Kreissparkasse Worbis. Redner: Walter Märtin

Bild 81: Feierstunde der Kreissparkasse Worbis, Dritter von rechts: Walter Märtin, ganz vorne links Julius Helwig

Bild 83: Feierstunde der Kreissparkasse Worbis. Redner: Walter Märtin

Bild 83: Auszeichnung von Christoph Hunold. daneben Walter Märtin als Auszeichnender

Bild 93: Weiteres Bild zur Verabschiedung meines Vaters. Hintere Reihe: Hans Josef Nolte und Emil Schneegans und Herbert Ziesing und mein Vater beim Erhalt einer weiteren Auszeichnung

Bild 94: Simultan-Schachspiel mit Schach-Großmeister Wolfgang Uhlmann

Bild 95: Simultan-Schachspiel mit Schach-Großmeister Rainer Knaak

Bild 96: Simultan-Schachspiel mit Schach-Großmeister Dr. Burghard Malich

Bild 97: 5. Platz beim Finale der Studenten-Einzelmeisterschaft der DDR (im Bild zu sehen der Internationale Meister Hans-Ulrich Grünberg und daneben der Studenten-Meister Horst Tucholke

Bild 98: Platz 4 in der B-Gruppe beim Schach-Turnier in Ungarn

Bild 99: Platz 5 in der B-Gruppe des Balaton-Pokals im Schach

Bild 100: Platz 2 in der B-Gruppe für die BSG Lok Leinefelde und Partie gegen Norbert Bernach und auf dem Bild rechts das Mitglied in unserer Schach-Mannschaft der BSG Lok Leinefelde, der leider bereits verstorbene Werner Mann

Bild 101: Blitzschach-Kreismeisterschaft Worbis (Sieger: Heinz Märtin)

Bild 102: Blitzschach-Kreismeisterschaft Worbis (Sieger: Werner Mann)

Bild 103: Gewinn-Partie gegen den angehenden Großmeister Raj Tischbierek im Strausberger Turnier 1981

Bild 104: Teilnehmer am Pneumant-Turnier in Bad Saarow. 3. oben links: Heinz Märtin

Bild 105: 8. Pneumant-Schach-Turnier in Bad Saarow – Heinz Märtin (Lok Leinefelde) gegen Hans-Jürgen Meißner (Einheit Pankow Berlin)

Bild 106: Teilnehmer des 1. Leinefelder Einladungsturniers – vordere Reihe 3. von rechts: Heinz Märtin, ganz rechts: Turnierleiter Hermann Kaufmann (beide Lok Leinefelde)

Bild 107: Teilnehmer am 2. Leinefelder Einladungsturnier, oben ganz links: Heinz Märtin, ganz links vorne: Bernd Petri und Werner Mann, ganz rechts Turnierleiter Hermann Kaufmann (alle Lok Leinefelde)

Bild 108: Feier des 70. Geburtstags von Walter Märtin. Rechts: Emil Schneegans

Bild 109: Geburtstag: meine Mutter und mein Vater beim Tanzen

Bild 110: Walter und Waltraud Märtin in Bad Doberan

Bild 111: Walter und Waltraud Märtin in Bad Doberan

Bild 112: Walter und Waltraud Märtin im Gartenhaus in Friedrichroda

Bild 113: Waltraud und Walter Märtin beim Spaziergang in der Umgebung von Bad Doberan

Bild 114: Walter Märtin und Heinz Märtin in Bad Doberan

Bild 115: Walter und Waltraud Märtin mit Heinz Märtin und Enkel Oliver in Bad Doberan

Bild 116: Walter und Waltraud Märtin mit ihren Enkeln Oliver und Steffi in Bad Doberan

Bild 117: Walter und Waltraud Märtin mit ihren Enkeln Oliver, Steffi, Claudia und Urenkel Pierre

Bild 118: Walter und Waltraud Märtin mit den Enkeln Oliver, Steffi und André in Bad Doberan

Bild 119: Walter Märtin an der Ostsee

Bild 120: Walter und Waltraud Märtin an der Ostsee

Bild 121: Walter und Waltraud Märtin beim Kaffee

Bild 122: Walter und Waltraud Märtin mit Heinz Märtin und Enkelin Steffi

Bild 123: Hochzeitsbild 1952: Walter Märtins ehemaliger Kriegskamerad Karl Lasezki und dessen Ehefrau

Bild 124: Kriegskamerad Bernhard Kortüm

Bild 125: Walter Märtin und Alfred Bause in Cuxhaven

Bild 126: Grab von Walter und Waltraud Märtin in Worbis

19. Tabellenverzeichnis

20. Internet-Quellen-Verzeichnis

1. Panzer-Division (Wehrmacht)
(https://de.wikipedia.org/1._Panzer-Division)_(Wehrmacht))

2. Panzer-Division
(http://www.lexikon-der-wehrmacht.de/Gliederungen/Panzerdivisionen/2PD.htm)

2. Panzer-Division (Wehrmacht)
(https://de.wikipedia.org/wiki/2._Panzer-Division_(Wehrmacht)

52. Infanterie-Division
(http://www.lexikon-der-wehrmacht.de/Gliederungen/Infanteriedivisionen/52ID.htm)

52. Infanterie-Division (Wehrmacht)
(https://de.wikipedia.org/wiki/52._Infanterie-Division_(Wehrmacht)

163. Infanterie-Division (Wehrmacht)
(https://de.wikipedia.org/wiki/163._Infanterie-Division_(Wehrmacht))

Abgrenzung der CDU (Ost) und CDU (West) im Internet-Artikel „Christlich-Demokratische Union Deutschlands (DDR)
(https://de.wikipedia.org/wiki/Christlich-Demokratische_Union_Deutschlands_(DDR)

Absatz 6 des Artikels 37 – Bildung – des “Gesetzes zu dem Vertrag vom 31. August 1990 zwischen der Bundesrepublik Deutschland und der Deutschen Demokratischen Republik über die Herstellung der Einheit Deutschlands“ – “Einigungsvertragsgesetz“ und der Vereinbarung vom 18. September 1990“ vom 23. September 1990, das am 28. September 1990 im Bundesgesetzblatt Teil II Nr. 35-1990 auf den Seiten 885 bis 1244 veröffentlicht wurde
(https://www.juraforum.de/gesetze/einigvrt/art-37-bildung)

Abschnittsbevollmächtigter (https://de.wikipedia.org/wiki/Abschnittsbevollmächtigter)

Atombombenabwürfe auf Hiroshima und Nagasaki (https://de.wikipedia.org/wiki/Atombombenabwürfe_auf_Hiroshima_und_Nagasaki)

Beitrag des Norddeutschen Rundfunks vom 09. Februar 2018: „1953: Enteignungswelle an der DDR-Ostseeküste" (https://www.ndr.de/geschichte/chronologie/Aktion-Rose-Enteignungswelle-an-der-DDR-Ostseekueste-1953,aktionrose101.html

Beitrag im Gemeinschafts-Projekt-Portal „Lebendiges Museum" der Stiftung Deutsches Historisches Museum Berlin, der Stiftung Haus der Geschichte der Bundesrepublik Deutschland Bonn und des Bundesarchivs Koblenz in der Rubrik „Geschichte" zu den „Stalin-Noten" (https://www.hdg.de/lemo/kapitel/geteiltes-deutschland-gründerjahre)

Berlin-Blockade (https://de.wikipedia.org/wiki/Berlin-Blockade)

Besatzungszonen in Deutschland (https://de.wikipedia.org/wiki/Besatzungszone)

Bundeszwang (https://de.wikipedia.org/wiki/Bundeszwang)
Das Rentenstrafrecht (http://www.ostrentner.de/rentenrecht/K7.htm)

Deutsch-Sowjetischer Wirtschaftsvertrag (offiziell: „Kreditabkommen zwischen dem Deutschen Reich und der Union der Sozialistischen Sowjetrepubliken) (https://de.wikipedia.org/wiki/Deutsch-Sowjetischer_Wirtschaftsvertrag)

Deutsche Besetzung Frankreichs im Zweiten Weltkrieg (https://de.wikipedia.org/wiki/Deutsche_Besetzung_Frankreichs_im_Zweiten_Weltkrieg

Deutsche Westfront 1944/1945 (https://de.wikipedia.org/wiki/Deutsche_Westfront_1944/1945)

Einwohnerentwicklung von Magdeburg (https://de.wikepedia.org/wiki/Einwohnenentwicklung_von_Magdeburg)

Funktionshäftling (https://de.wikipedia.org/wiki/Funktionshäftling)

Gauliga Wartburg (https://de.wikipedia.org/wiki/Gauliga_Wartburg)

Hitler-Stalin-Pakt 1939 (auch „Deutsch-sowjetischer Nichtangriffspakt") (https://de.wikipedia.org/wiki/Deutsch-sowjetischer_Nichtangriffspakt)

Informationen über August Frölich (https://de.wikipedia.org/wiki/August_Frölich)

Informationen über Józef Lipski (https://de.wikipedia.org/wiki/Józef_Lipski_(Diplomat)

Informationen über Konstantin Hermann Karl Freiherr von Neurath (https://de.wikipedia.org/wiki/Konstantin_von_Neurath)

Informationen zum Schwermaschinenbau-Kombinat "Ernst Thälmann" (SKET) Magdeburg (https://de.wikipedia.org/wiki/Schwermaschinenbau-Kombinat)

Internet-Artikel „Bildungsfernsehen in der DDR" der „Bundeszentrale für politische Bildung" Bonn vom 30. August 2012 (https://www.bpb.de/143086/bildungsfernsehen-in-der-ddr)

Internet-Artikel „Unsere Schule in der Zeitung, Schuljahr 2006/2007" des Heinrich-Mann-Gymnasiums Erfurt über meinen Onkel Horst Schulz zur Wiesch

Kampf um die Brester Festung 1939
(https://de.wikipedia.org/wiki/Kampf_um_die_Brester_Festung_(1939)

Konsum (Handelskette)
(https://de.wikipedia.org/wiki/Konsum_(Handelskette)

Luftangriffe auf Dresden
(https://de.wikipedia.org/wiki/Luftangriffe_auf_Dresden)

Luftangriff auf Magdeburg am 16. Januar 1945
(https://de.wikipedia.org/wiki/Luftangriff_auf_Magdeburg_am_16._Januar_1945)

Luftangriffe auf Rostock
(https://de.wikipedia.org/wiki/Luftangriffe_auf_Rostock)
Luxemburg-Feldzug 1940
(https://de.wikipedia.org/wiki/Luxemburg_im_Zweiten_Weltkrieg)

Marshall-Plan (siehe https://de.wikipedia.org/wiki/Marshallplan)

mündliche Übereinkunft zur Gründung der "Operation Gehlen"
(https://de.wikipedia.org/wiki/Reinhard_Gehlen

Orjoler Operation (https://de.wikipedia.org/wiki/Orjoler_Operation)

Persönlichkeiten aus Friedrichroda
(https://www.friedrichroda.info/buerger/unsere-stadt/persoenlichkeiten.html)

Piłsudski-Hitler-Pakt vom 26. Januar 1934 (auch „Deutsch-Polnischer Nicht-Angriffspakt")
(https://de.wikipedia.org/Deutsch-polnischer_Nichtangriffspakt)

Potsdamer Abkommen (https://de.wikipedia.org/Potsdamer_Abkommen)

Prof. Dr. Wolfgang Benz: „Demokratisierung durch Entnazifizierung und Erziehung“, veröffentlicht durch die Bundeszentrale für politische Bildung am 11. April 2005 (https://www.bpb.de/geschichte/nationalsozialismus/dossier-nationalsozialismus/39605/entnazifizierung-und-erziehung)

Reichsarbeitsdienst (https://de.wikipedia.org/wiki/Reichsarbeitsdienst)
Reichsarbeitsdienstgesetz vom 26. Juni 1935 (https://de.wikipedia.org/wiki/Gesetz_für_den_Reichsarbeitsdienst)

Reichsexekution (https://de.wikipedia.org/wiki/Reichsexekution)

Schlacht am Dnjepr (https://de.wikipedia.org/wiki/Schlacht_am_Dnjepr)

Schlacht um Moskau (https://de.wikipedia.org/wiki/Schlacht_um_Moskau)

Schlacht von Rschew (https://de.wikipedia.org/wiki/Schlacht_von_Rschew)

Schloss Reinhardsbrunn – Eine fast 1000jährige Geschichte (http://www.schloss-reinhardsbrunn.de/?page_id=74)

Smolensker Operation (https://de.wikipedia.org/wiki/Smolensker_Operation)

Sowjetische Besatzungszone (https://de.wikipedia.org/wiki/Sowjetische_Besatzungszone)

Teilzitat eines im Nachlass von Waldemar Pabst gefundenen 1969 von Waldemar Pabst geschriebenen Briefs über die Mitschuld von Gustav Noske an der Ermordung von Karl Liebknecht und Rosa Luxemburg (https://de.wikipedia.org/wiki/Waldemar_Pabst)

Unternehmen Zitadelle (https://de.wikipedia.org/wiki/Unternehmen_Zitadelle)

Verfassung der Deutschen Demokratischen Republik (https://de.wikipedia.org/wiki/Verfassung_der_Deutschen_Demokratischen_Republik)

Verwaltungsakademie Forst Zinna (https://de.wikipedia.org/wiki/Forst_Zinna)

Vom Ende des Zweiten Weltkriegs 1945 bis 1955 von Sowjetischen Militär-Tribunalen Verurteilte (https://de.wikipedia.org/wiki/SMT_Verurteilte)

Wahlen zum 2. Thüringer Landtag 1921 (https://de.wikipedia.org/wiki/Thüringer_Landtag_(Weimarer_Republik)

21. Buchverzeichnis

Gaidar, Arkadi: Timur und sein Trupp (2. Aufl., 2003, LeiV Leipziger Verlag, Leipzig, 91 S.)

Hasert, Paul: Volkmar Steinsbruck - Der Müllersohn aus Steinforst (Hrsg.: Heiko Stasjulevics, 1. Aufl., 2014, d/m/z Druckmedienzentrum Gotha, 110 S.)

Herrmann, Ulrike: Deutschland, ein Wirtschaftsmärchen. Warum es kein Wunder ist, dass wir reich geworden sind (1. Aufl., 2019, Westend-Verlag GmbH Frankfurt/Main, 320 S.)

Köbbert, Horst: Erinnerungen an meinen Appetit (1. Aufl., 1999, Verlag Weymann-Bauer Rostock, 240 S.)

Märtin, Heinz: So kann es mit unserer Lebensweise nicht weitergehen. Unsere westliche Lebensweise erfordert dringende Kurskorrekturen für ein Weiterbestehen unseres Planeten Erde und für uns selbst als Menschen. (1. Aufl., 2019, Verlag Wirtschaft, Leben und Gesellschaft, Bad Doberan, 765 S.)

Märtin, Heinz: Wir müssen für die Menschheit auf unserem Planeten Vieles ändern. Bemerkungen zur gegenwärtigen Situation auf unserer Erde bezogen auf die Klimakrise und den Corona-Virus und Vorschläge zu einer Änderung des Herrschafts- und Gesellschaftssystems (2. Aufl., 2021, Verlag Wirtschaft, Leben und Gesellschaft, Bad Doberan, 472 S.)

Vogel, Hans-Jochen: Mehr Gerechtigkeit! Wir brauchen eine neue Bodenordnung – nur dann wird das Wohnen wieder bezahlbar (1. Aufl., 2019, Verlag Herder GmbH Freiburg/Breisgau, 80 S.)

22. Zeitschriften- und Zeitungsverzeichnis

unbekannter Verfasser: „Diese Folgen hatte der Erste Weltkrieg" („Süddeutsche Zeitung" vom 5. November 2018; https://www.sueddeutsche.de/politik/geschichte/diese-folgen-hatte-der-erste-weltkrieg-1.4198466)

„Gesetz zur Förderung von Kindern unter drei Jahren in Tageseinrichtungen und in Tagespflege (Kinderförderungsgesetz – KiföG)" des Bundesministeriums für Familie, Senioren, Frauen und Jugend vom 10. Dezember 2008 (BGBl. I Nr. 57-2008 vom 15. Dezember 2008, 2403 - 2409)

Höhne, Heinz: „Berija wollte die DDR liquidieren" („Der Spiegel" 24/1983 vom 13. Juni 1983; https://www.spiegel.de/politik/berija-wollte-die-ddr-liquidieren-a-725-ca4c3-0002-0001-0000-000014022192

Kellerhoff, Sven Felix: „Die drei tödlichen Fehler der Weimarer Verfassung" („Die Welt" vom 11. August 2019; https://www.welt.de/geschichte/article198259345-Weimarer-Republik-Die-drei-toedlichen-Fehler-der-Verfassung.html)

Schwärzel, Mirko: „Digitalisierung und Zivilgesellschaft in Estland. Lehren aus der digitalen Gesellschaft?" (Bundesnetzwerk Bürgerliches Engagement) (2018)

Seewald, Berthold: „Als die Ostfront 1943 fast zusammengebrochen wäre" („Die Welt" vom 2. Dezember 2013; https://www.welt.de/geschichte/zweiter-weltkrieg/article122460150/Als-die-Ostfront-1943-fast-zusammengebrochen-waere.html)